문예신서
317

욕망의 땅

상인과 권력, 그리고 새로운 미국 문화의 발흥

윌리엄 리치

이은경 · 임옥희 옮김

東文選

욕망의 땅

상인과 권력, 그리고 새로운 미국 문화의 발흥

William Leach

Land of Desire

Merchants, Power, and the Rise of a American Culture

This edition was published by arrangement
with Pantheon Books, adivision of Random House, Inc.,
through Korea Copyright Center, Seoul

차 례

제I부 유인 전략

제II부 권력의 회로

제III부 꿈의 문화 관리하기
1922-1932

서 문

____

좋은 생활이 과연 어떤 것인지, 그것에 관한 비전을 가지고 있을 뿐만 아니라 그것을 널리 유포시킬 수 있는 사람이라면 누구든지 가장 결정적인 힘을 가진 사람이다. 지속적으로 거래량은 증가하고 이윤의 수준은 점점 더 높여 가면서도 물건을 그야말로 값싸게 생산하여 판매하는 데 있어서, 미국 사업계는 간혹 힘든 위기의 순간과 마주치기도 했지만, 어쨌거나 1890년 이후로 그런 힘을 획득하여 계속적으로 유지해 왔다. 1890년 이후로 미국 기업계는 핵심적인 제도와 제휴함으로써 미국 사회를 소비에 몰두하는 사회로 변형시키기 시작했다. 말하자면 편안함과 육체적인 복지, 사치, 소비, 획득, 올해는 지난해보다, 내년에는 올해보다 점점 더 많은 것을 가질 수 있는 사회로 변형시켜 나갔다. 미국식 소비자본주의는 과거와 전통에 관해서는 대단히 적대적이며, 좋은 생활(good life)이 곧 물품(goods)을 많이 소유하는 생활과 혼동하는 미래 지향적인 욕망의 문화를 만들어 왔다. 처음에 그런 문화는 그야말로 대안적인 문화처럼——혹은 공화주의적인 초기 전통과 기독교적인 미덕에 대체로 반대하는 방향으로 움직여 나간 문화——보였다. 그러다가 이 문화는 점차 미국의 지배적인 문화로 전개되었다. 얼마 되지 않아서 세계의 많은 사람들이 **그야말로** 미국 생활의 정수로 이해한 그런 문화가 되어 버렸다.

이 책은 이런 문화의 핵심적인 형성기인 1880년에서부터 1930년대까지를 다룬 것이다. 이 책은 그것이 미국 생활에 가져온 엄청난 윤리적 변화뿐만 아니라 힘과 호소력을 조명하고자 한다. 오늘날 대량 소비자본주의는 모든 분야를 망라하여 전파된 것처럼 보인다. 그러므로 이런 문화가 어떻게 형성되었으며, 그것이 가져다준 이득과 손실은 무엇이며, 그 과정에서 어떤 것이 억압되었는지를 이해하는 것이 우리에게 절실히 요청된다. 만약 우리가 이 문화를 염려하고 그것을 변화시키고 싶거나 혹은 아예 완전히 거부하고 싶다면, 이런 소비자본주의 문화를 유한한 역사적 산물로 이해하는 것이 절실하게 필요하다.

현대 미국 소비 사회를 분석하는 데 역사가가 부족했던 것은 아니었다. 많은 역사가들의 당대 작업은 유용하고 유익한 것이었다. 그들의 노고가 없었더라면, 사실상 《욕망의 땅》은 씌어지지 못했을 것이었다. 하지만 이와 동시에 대다수 새로운 문헌은 왜 이런 소비 사회가 출현하게 되었는지를 도무지 이해할 수 없을 정도로 비난을 하거나 혹은 그런 사회를 너무나 찬양하는 바람에 오로지 바보, 청교도주의자들, 마조히스트만이 이런 문화의 결함을 잡아내거나 그것에 저항할 수 있었을 것처럼 긍정했다. 오늘날은 주로 칭찬과 과찬 일변도인 후자의 경향으로 나가고 있다. 심지어 사회주의자나 급진적인 문화비평가를 지향하는 사람들마저도 소비자본주의는 근본적으로 그리고 궁극적으로 해방적이며, 모든 인간 존재의 '진정'한 욕구와 욕망을 충족시킬 수 있는 잠재력을 가진 최선의 체계였으며 현재도 그러하다는 생각을 받아들였다.

이 책은 소비자본주의 문화에 관한 보다 충분한 접근을 하려는 시도이다 이 책은 소비자본주의 문화가 초래한 경제적인 실체——전국적인 주식회사, 대량 마켓 소매상, 은행 등——를 논의한다. 이 책은 사업계에 이바지한 매력적인 유혹 장치들을 고안했던 광고주, 프로모터들, 디스플레이 예술가들, 패셔니스트, 무수한 브로커들, 사기꾼들을 다룬다. 하지만 이 책은 단순히 경제적 분석을 넘어서 문화 전체, 즉 다른 여러 종류의 사람과 집단들이 맺는 일련의 복잡한 관계와 제휴——문화적 · 비경제적 · 종교적 · 정치적인 관계와 제휴——를 통해 상인인 존 워너메이커가 '욕망의 땅' 이라고 불렀던 것을 함께 만들어 나간 것으로 파악하고자 한다. 이 책의 첫 부분은 상인과 상인들의 유혹 전략에 할애된다. 제II부와 제III부는 이런 상인들이 어떻게 교육자, 사회개혁가, 정치가, 예술가, 종교적인 지도자와 협동하여 새로운 경제와 문화가 현실화되도록 만들었는지를 보여준다.

나는 《욕망의 땅》이 대중적인 동의와 수용에 초점을 맞춘 것이 아니라는 점을 독자들에게 알려 주고 싶다. 비록 많은 행위가 이 책의 페이지에 기술되어 있고, 많은 사람들이 새로운 문화를 긍정하거나 그것에 반대하거나 적대하거나 혹은 찬양하는 행위를 보여주고는 있지만, 그렇다고 그런 행위가

이 책의 핵심 주제인 것은 아니다. 어디까지나 나의 주제는 이 문화를 동의하는 데 있는 것이 아니라 **창조** 과정에 초점을 맞추는 데 있다. 동의가 핵심적인 역할을 하기는 하지만 그래도 결정적인 것은 아니었다. 이 생각은 모순처럼 들릴 것이다. 왜냐하면 자본주의의 옹호자들은 자본주의가 가장 민주주의적인 경제 체계였으며 현재도 그렇다고 언제나 주장해 왔다는 사실을 우리는 알고 있기 때문이다. 자본주의가 제대로 기능하려면 대중의 동의를 요구할 뿐만 아니라 간청한다. 많은 경제학자의 주장에 따르면 자본주의 마켓은 소비자들의 '진정한' 욕구와 욕망들 혹은 소비자들의 동의에 잘 부응하지 않는 한 제대로 기능할 수 없다.

하지만 나는 동의가 이 새로운 현상의 창조와 영속화에 핵심적인 것이라고 믿지 않는다. 사실상 소비자본주의 문화는 여태껏 창조되었던 문화 중에서 가장 비동의에 바탕한 대중문화였을 수도 있었다. 그것은 두 가지 이유에서 비동의에 기초한 문화이다. 첫째, 소비자본주의 문화는 '민중'에 의해 만들어진 것이 아니라 이윤을 창출하고 가일층 자본의 규모를 축적하는데 몰두하는 것에 이력이 난 여러 엘리트 집단과 제휴한 상업 집단에 의해서 만들어진 것이기 때문이다. 둘째, 이 문화는 그야말로 일상적인 태도에 있어서도(음모적인 것이 아니라), 좋은 생활에 대한 그밖의 모든 것을 제쳐두고 오로지 하나의 비전만을 전면에 부각시키기 때문이다. 이런 방식으로 인해 소비자본주의는 미국인들의 공적 생활을 축소시키고, 미국인들이 삶을 조직하고 인식하는 다른 방식에 대한 통찰, 즉 지배적인 문화에 진정 민주주의적인 방식으로 동의(그런 동의가 가능한 것이라면)하고 접근하는 것을 부인하도록 만든다.

이 책은 다년간에 걸쳐서 수행된 포괄적인 연구에 바탕한 것이었다. 나는 1930년대 뉴욕의 로드 & 테일러의 디스플레이 매니저였던 다나 오클레어와 인터뷰를 할 수 있었던 것에 감사드린다. 필라델피아의 워너메이커스에서 은퇴한 수석부회장이자 디스플레이 전문가였던 프레드 요스트. 은퇴한 소매 바이어들인 마조리 플레세트, 엘리자베스 하밀, 도라 샌더스, 투자은행가인 고(故) 폴 마저의 아내인 아돌피나 마저, 필라델피아 워너메이커스의 전 회장이었던 고(故) 리처드 본드, **PR** 학문의 개척자적인 창시자인 에드워드 L. 버네이스 등에게 감사한다.

나는 지난 60년 동안 필라델피아의 워너메이커 백화점의 고문서보관소에 접근할 수 있었던 최초의 사람이었다. 그것은 잊지 못할 행운의 경험이었다. 왜냐하면 워너메이커는 20세기 초반 미국에서 가장 영향력이 있었던 상인이었기 때문이었다. 워너메이커스의 수석부회장이었던 로버트 해리슨은 백화점 고문서보관소에서 그다지 귀중한 것을 찾아내지는 못할 것이라고 말했지만 그의 판단은 틀렸다. 워너메이커와 아들인 로드먼 워너메이커 사이에 오간 제본되지 않는 수백 통의 편지들과 더불어 제본된 존 워너메이커의 모든 편지들이 그곳에 있었다. 많은 신문 스크랩, 개인적인 노트북, 일지, 이 사업의 성장과 발전의 모든 측면을 다루고 있는 무수한 문서들을 살펴보는 것이 가능했다. 그곳은 정말로 풍부한 고문서보관소였다(이제는 펜실베이니아 역사학회에 보관되어 있지만 아직 분류가 덜 된 상태이다). 나는 이곳을 이용할 수 있었다는 점에 정말로 감사드린다. 그곳에서 보낸 거의 5개월에 가까운 시간으로 인해 이 책의 처음 절반을 구성할 수가 있었다. 이 책의 초반부는 존 워너메이커의 전기인 만큼이나 그가 창조하려고 했던 문화에 관한 연구이기도 하기 때문이다.

그밖의 6개 다른 기관으로부터 활용한 출전들도 이 책의 범위에 핵심적인 기여를 해주었다. 뉴욕 공립도서관, 뉴욕 역사학회, 의회 도서관, 국립 고문서보관소, 미국역사국립박물관, 뉴욕대학교의 봅스트 도서관이 그런 기관에 해당한다. 나는 다음과 기관의 기록 보관인들과 사서들에게 또한 감사드리고 싶다. 조지 베이커 도서관, 매사추세츠 주 케임브리지 소재 하버드 무역학과, 뉴욕시 메트로폴리스 미술관, 뉴욕시 아메리칸 자연사박물관, 뉴욕 주 브룩클린의 브룩클린 박물관, 매사추세츠 주 우스터의 우스터 희귀도서협회, 뉴욕 시립고문서보관소와 기록 센터, 뉴욕 주 브룩클린의 프랫 연구소, 일리노이 주 시카고의 시카고 역사학회, 일리노이 주 시카고 뉴베리 도서관, 뉴욕 주 브룩클린의 브룩클린 역사학회, 뉴욕 시 콜롬비아대학교 버틀러 도서관 원고보관실, 뉴욕대학교의 대학 고문서보관소와 태미먼트 도서관에 감사드린다. 또한 시카고의 마셜 필즈, 필라델피아의 스트로브리지 & 클로디어, 워싱턴 D. C.의 우드워드 러스럽에서도 귀중한 자료를 볼 수 있었다. 나는 특별히 마셜 필즈의 수석부회장이었던 조지 린더에게 감사드리고 싶다. 1985년 여름 그곳을 방문했을 때 그 분은 친절하게도 많은 도움을 주셨다. 또한 호머 샤프, 마셜 필즈의 기록 보관인에게, 헨리 애덤스, 미주리 주 캔자스시티 넬슨 아트킨스 미술관 소장에게, 사진과 더불어 즉각적인 도움을 주었던 다트머스대학 도서관의 필립 크로넨웨트에게 감사드리고 싶다.

구겐하임 재단, 국립인문학 기금, 워싱턴에 있는 학자들을 위한 우드로 윌슨 인터내셔널 센터, 뉴욕대학교 인문학을 위한 뉴욕 연구소로부터 받은 특별 연구비는 이 책이 세상에 나올 수 있도록 연구하는 데 필수불가결한 도움을 주었다. 텍사스 주 스탠리 마커스에게 감사를 드린다. 이 연구 초기에 그가 보여주었던 관대함으로 인해 작업하는 데 필요한 여러 가지 기회를 주었을 뿐만 아니라 확고한 방향을 정하는 데 도움이 되었다.

하지만 이 책은 연구와 재정적인 지원 이상의 것에 바탕하고 있었다. 이 책은 친구들의 관대함과 다른 학자들의 많은 치밀한 연구조사로 인해 사실과 판단의 오류로부터 종종 나를 구출해 주었다. 나는 엘리자베스 그레이 코건과 워렌 I. 서스먼 부인의 도움에 감사드리고 싶다. 《오즈의 놀라운 마법사》의 저자인 L. 프랭크 밤의 생애와 시대에 관해 많은 지식을 주었던 마이클 패트릭 헌에게 신세진 바 있다. 프랭크 밤의 책은 이 연구에 주요한 역할을 한 바 있다. 종교에 관한 리처드 폭스의 한 장(章)은 내 논의를 심화시키는 데 도움을 주었다.

크리스토퍼 라쉬와 윌리엄 R. 테일러는 이 책의 재교를 읽어 주었으며 그로 인해 세 번, 네 의 원고 수정을 해야 하는 수고로부터 나를 자유롭게 해주었다. 나는 또한 도널드 메이어 · 메리 O. 퍼너와 같은 분들에게 신세진 바 있다. 이들은 원고를 두 번이나 공들여 읽어 주었다. 퍼너와 메이어의 지적은 직접적이고도 예리했으며, 많은 잘못된 발상과 지나친 주장을 인식하도록 해주었다. 비록 두 사람은 많은 곳에서 나와 의견을 달리했지만, 이 책은 그들의 주장을 전달할 수 있었기 때문에 훨씬 더 탄탄해진 바 있다. 똑같은 말을 로이 로젠즈위그에게도 할 수 있다. 초교에 보여주었던 그의 충분하고도 세밀한 반응은 이런 종류의 작업에 모델이 되었다.

편집장인 지네트 홉킨스는 몇 개월에 걸쳐 원고 작업을 열심히 해주었다. 그녀는 원고를 다듬어 주었으며 그 점에 관해 감사를 드린다. 프레드 조던 · 수전 노턴 이외에도 판테온의 다른 많은 사람들에게 이 프로젝트가 결말을 맺을 수 있도록 도와준 것에 감사드린다.

엘리자베스 블랙마는 헤아릴 수도 없을 만큼 여러 번 읽고 비판해 주고 내 한계를 짚어 주고 장점을 강화해 준 것을 포함하여 여러 면에서 이 책을 나오는 데 누구도 따를 수 없을 정도로 헌신해 주었다. 그녀가 보여준 절실한 동료애는 힘들 때마다 어려움을 헤쳐 나가는 데 도움이 되었다.

마지막으로 워렌 서스먼에게 감사를 드린다. 그 분은 1985년에 죽었다. 그는 인생의 모든 면에서 지칠 줄 모르는 정력과 말로 표현하기 힘든 자양분을 통해 수년 전 내가 역사 연구에 착수하도록 만들었다. 스승으로서 자신의 의견을 개진하는 힘뿐만 아니라 저작 활동을 통해 보여준 힘으로 인해 그는 위대한 역사가의 길에 우뚝 서 있었다. 그는 내가 알았던 어떤 사람보다도 아이디어에 대한 열정을 가장 잘 유지했던 분이었다. 그는 역사 연구를 종종 가장 스릴을 느낄 수 있으면서도 가장 보상이 있는 천직처럼 만들었던 분이었다. 무엇보다도 그 분에 대한 기억으로 인해 이 연구 작업이 계속되어 이 책이 완성될 것이라는 확신을 가지게 되었다.

서 론
욕망의 땅과 소비자본주의 문화

1906년 상인인 존 워너메이커는 "새로운 것을 시작한 모든 사람들은 콜럼버스가 항해를 시작했을 때와 같은 자세를 취해야 한다. 욕망의 땅에 도달하리라는 믿음을 가졌던 사람은 거의 없었기 때문이다"라고 적었다. 워너메이커는 새로운 문화의 출현이 미국인의 삶을 지배하게 되리라고 공언했다. 이 새로운 문화의 핵심은 쾌락, 안정, 위안, 물질적 안녕을 추구하는 것이었다. 또 다른 상인은 "새로운 문화는 우리 자신과 우리의 쾌락과 우리의 인생에 관해서만 우리에게 말을 건네는 것이다. 그것은 기도하라, 복종하라, 네 자신을 희생하라, 왕을 존경하라, 네 주인을 두려워하라고 말하지 않는다"고 주장했다. 새로운 문화는 속삭인다. "네 자신을 즐겨라, 네 자신을 보살펴라"고. 이것이야말로 개인주의 시대의 자연스럽고 논리적인 결과가 아니겠는가?"[1]

남북 전쟁 이후 몇십 년 동안, 미국 자본주의는 뚜렷이 부각되는 문화를 만들어 내기 시작했다. 말하자면 전통적인 가족이나 공동체의 가치와는 무관하며, 관습적인 의미에서의 종교 · 정치적 민주주의와는 관련이 없는 문화를 산출하기 시작했다. 그것은 세속적인 사업이었으며 시장 지향적인 문화였다. 이 새로운 문화의 미학적인 삶과 도덕적 감수성의 토대에는 돈과 상품의 교환과 순환이 자리하고 있었다. 이 책은 그런 문화의 성장, 그것의 성격, 그런 문화를 가져온 사람들과 집단에 관한 것이다.

---

1) Hurbert Duce, *Poster Advertising*(New York, 1912); 워너메이커의 인용에 관해서는 Wanamaker's advertising editorial, *North American*(April 5, 1906), 광고 스크랩북에 스크랩된 것으로는, WA, Philadelphia, Pennsylvania(워너메이커 소장품은 현재 펜실베이니아 역사협회, 필라델피아에 소장되어 있다).

이 문화를 관통하는 주요한 특징은 행복을 쟁취하는 수단으로서의 획득과 소비였다. 말하자면 새로운 것의 숭배, 욕망의 민주화, 한 사회의 모든 가치를 측정하는 압도적인 수단으로서의 돈 가치 등이었다.

제1차 세계대전 무렵, 미국은 행복에 이르는 길로서 노동보다는 소비의 쾌락과 탐닉에 빠져들고 있었다. 이런 유혹의 근원은 미국과 유럽의 역사에 깊이 뿌리내리고 있었다. 수세대 동안 미국은 풍요의 땅이자, 천국의 갈망이 전부 만족될 수 있는 낙원으로 묘사되어 왔다. 많은 신교도 정착민들은 천년 왕국의 약속, 즉 예수 그리스도의 재림이 이 땅에서 실현되어 새로운 예루살렘이 구원과 영적인 축복을 가져다줄 뿐만 아니라 속세의 축복과 가난의 종말을 가져다줄 것[2]으로 예견되어 있다고 믿었다. 1900년대 초반 이런 신화는 변형되고 도시화되고 상업화되면서 점차적으로 종교적인 목적과 유리되어 점점 더 개인적인 만족에 초점이 맞춰졌다. 심지어 백화점·극장·레스토랑·호텔·댄스홀·유원지와 같은 새로운 쾌락을 제공하는 장소에 초점이 맞춰지게 되었다. 물론 이런 시설들은 여전히 이전의 신화적 메시지, 즉 미국인들은 새롭게 갱생되고 새롭게 만들어질 수 있다는 메시지를 간직하고는 있었다. 하지만 과거의 오래된 메시지에 따르면 미국은 천년 왕국의 땅이므로 다양한 많은 형태의 꿈들이 실현되는(물질적인 것뿐만 아니라 영적·직업적·정치적인 꿈) 땅으로 인식되었다. 반면 새로운 시대는 모든 '선(good)'과 개인적인 구원을 위한 수단으로서 물품(goods)의 추구를 예고하고 있었다. 따라서 선구적인 광고업자인 아테머스 워드는 낡은 종교적 차원을 버리면서도 천국을 유지했다. 1892년 그는 이렇게 기록했다. "우리의 개인적인 특성에 대답을 줄 때라야만 이 세계는 현실적인 것처럼 보인다. 꿈의 땅이나 진배없는 이곳에는 우리의 손길 너머, 우리의 발자취 너머, 우리의 노동 너머, 우리의 현재 사고 너머에 우리가 지금 파악하고 있는 것보다 훨씬 더 강하고, 크고, 넓은 것이 놓여 있다. 모든 사람들에게 이 세계는 열려 있다. 모든 사람들에게 가능성은 존재한다."[3]

---

2) 이런 믿음에 관해서는 Charles L. Sanford, *The Quest for Paradise: Europe and the American Moral Imagination*(Urbana, Ⅲ., 1961, pp.10-11, 74-93) 참조. David Potter, *People of Plenty: Economic Abundance and the American Character*(Chicago, 1954) and Henry Nash Smith, *Virgin Land: The American Myth as Symbol and Myth*(New York: 1950).

'새로운' 것의 숭배는 새로운 문화에 속했다. 여기서 다시 한번 미국인 나름의 역사가 미국인들을 기다리고 있었다. '신세계' '지상의 새로운 천국' '새로운 나라'와 같은 구절들이 빈번하게 유포되었다. 유니테리언 목사였던 윌리엄 엘러리 채닝처럼 모든 사람들은 이 나라의 '혁신적인 방식'을 자랑스러워하는 것처럼 보였다. 그는 미국의 1830년대를 '신자유'의 '신대륙' '새로운 사회 제도' '새로운 길' '새로운 추수'와 같은 열광적인 표현으로 나타냈다. 새로움과 변화 자체는 미국의 전통이 되었다. "세계와 책들은 우리나라와 관련하여 '새로운'이라는 단어에 너무나 익숙해 있었다"라고 마크 트웨인은 《미시시피 강 위에서의 생활》에서 기술했다. "그래서 이 나라에는 오래된 것이라고는 아무것도 없다는 인상을 일찌감치 그리고 영원히 간직하게 되었다."[4] 이런 상황 아래서 대대로 물려받은 어떤 전통·관습·신념을 수호한다는 것은 힘든 일이었다. 왜냐하면 과거는 언제나 현재의 인질이었기 때문이었다.

에머슨과 휘트먼은 사람들에게 새로운 경험에 빠져 보고, 표현 가능한 모든 것들을 포용하며, 다른 사람들이 강제했기 때문이 아니라 스스로 새로운 것을 추구해 보라고 권유함으로써, 새로운 것의 숭배에 심원한 측면을 부여했다. 에머슨은 '새로움 그 자체를 위한 새로움'이나, '누추한 만족' '안락함에 대한 과도한 관심'을 위해 새로운 것을 추구해서는 안 된다고 강조한다. 이처럼 물질적 가치와 연관된 것이 아니라 그곳에서 만나거나 발견할 수도 있는[5] 영적인 재탄생·통찰·미덕을 위해 새로운 것을 추구해야 한다는 것이다. 새로움의 추구는 계몽주의와 과학 혁명에 의해서 선과 악, 이 양자로부터 자유로워진 서구의 지식 추구로 인해 강화되기도 했다.

하지만 19세기가 끝날 무렵 상품자본주의는 새 것의 숭배를 완전히 장악하게 되었다. 그로 인해 상품자본주의가 곧 새 것의 숭배의식인 것처럼 새

---

3) Artemas Ward, 〈Stray Shots〉, *Fame 1*(December 1892): 323; Lewis Hyde, *The Gift: Imagination and the Erotic Life of Property*(New York, 1983), pp.67-68.

4) Twain, quoted in Sanford, *The Quest for Paradise*, p.113; Channing, quoted in Rush Welter, *The Mind of America, 1820-1860*(New York: 1975), pp.7-8.

5) 에머슨으로부터 인용한 이 구절들은, Christopher Lasch in *The True and Only Heaven*(New York: 1991), pp.261-79.

로움을 자기 것으로 전유해 버렸다. 혁신은 점점 더 많은 상품 생산과 연결되기 시작했다. 패션과 스타일은 핵심이 되었으며, 민속 디자인과 이미지들은 상품으로 전유되었고, 관습은 그저 표면적이고 피상적인 것으로 축소되었다. 아마도 새 것 숭배는 이런 문화의 가장 급진적인 측면이었는지도 모른다. 새 것 숭배는 자기 손안에 넣을 수 있는 것이면 그것이 무엇이든지간에, 즉 관습이든, 가치든, 대중적 통념이든지 간에 손쉽게 전복시켰기 때문이었다. 과학 역시 급진적이었지만 관습·전통·종교 등과 본질적으로는 결코 적대적이지 않았다. 오히려 시장자본주의가 그런 것들에 적대적이었다. 어떤 이민 문화——상당한 정도까지 종교 또한 예외는 아니었다——도 그것에 저항하지 못했다. 이처럼 그 시대는 어느 누구도 새 것 숭배에 저항하지 못했던 것처럼 보였다. 이 나라로 오게 된 어떤 집단이든지간에 그들은 미국 자본주의 문화의 가장 기본적인 특징을 수용하고 그것에 적응하는 법을 배워야만 했다.

새 것 숭배와 더불어 욕망의 민주화가 출현했으며 소비자 천국이 전개되기 시작했다. 욕망의 민주화 역시 그 근원은 민주화를 지향하는 미국의 위대한 운동이었다. 적어도 19세기 전반의 반세기 동안, 대다수 미국 백인 남성들은 자영업을 하는 투표자, 땅의 소유주, 식료품과 원자재의 생산자가 되었다. 그들은 상품을 대량 생산하는 데 필요한 노동력에 의존하고 훈련된 노동 리듬에 의존하는 공장제 제품생산의 위험으로부터 대체로 자유로웠으며, 그로 인해 번창하는 대서양 무역을 주도하게 되었다. 미국인들은 광범하게 확산되어 가는 번영을 구가했다. 미국은 모든 사람들에게 '안락의 땅'이 되었다.[6]

하지만 1885년 이후, 이 나라가 급격하게 산업화의 궤적을 따라감에 따라, 그리고 새 것 천국이라는 사상과 마찬가지로 민주주의 사상은 급격하게 변모하기 시작했다. 점차적으로 부는 땅에 기반하지 않게 되었으며, 새로운 상품 생산에 요구되는 돈과 자본에 점점 집중되었다. 금전적인 부는 극히 소수에 의해 장악되었다. 이와 동시에 점차적으로 많은 미국인들은 자기 노

---

6) 이 점에 관한 19세기 초반의 구절로는 Joyce Appleby, *Capitalism and the New Social Order*(New York, 1984), p.44.

동을 통제할 수 없게 되면서 다른 사람, 즉 자본의 소유자들에게 자신들의 임금과 복지를 의존하게 되었다. 이런 맥락에서 민주주의라는 새로운 개념은 증대하는 수입과 생활 수준의 향상으로 발전되고 강화되었다. 이와 더불어 자본가와 많은 진보적인 개혁가들에 의해 신봉됨으로써, 민주주의는 한편으로는 좀더 포괄적임과 동시에 이전보다 더욱 제한적인 의미가 되었다.

대단히 개인주의적 민주주의 개념은 지역 사회나 혹은 시민의 복지보다는 자기 쾌락 추구와 자기 실현을 강조했다. 경제적 · 정치적 자유에 대한 과거의 토대가 부식됨에(자산 소유권과 노동의 통제) 따라, 좀더 새롭고 좀더 '나은' 토대가 출현하기 시작했다. 이 개념은 두 가지 측면을 가지고 있었다. 첫째, 그것은 여태까지 그랬던 것처럼 미국 경험의 한 부분으로서 안락과 번영의 확산을 단순히 강조한 것이 아니라 오히려 그것을 핵심으로 삼아서 강조하게 되었다는 점이다. 따라서 시어도어 루스벨트 대통령에게 영감을 전수했던 진보주의자 허버트 크롤리는 "미국 생활의 약속은 증가하는 대다수 선량한 미국인들에게 평안과 번영을 약속"하는 데 있다고 말했다. 사업지원가이자 영향력 있는 경제학자인 존 베이츠 클라크는 "미국에서 점차적으로 부의 불평등이 증가하고 있지만, 그래도 민주주의는 '자유' 시장의 비교적 온건한 특성(benign genius)을 통해 확보될 수 있었다. 왜냐하면 자유 시장은 미국인들에게 무한대로 증가하는 상품과 서비스의 공급을 배당해 왔기 때문이었다"[7]고 주장했다. 둘째, 새로운 개념은 욕망의 민주화를 포함시켰다. 보다 정확하게 말하자면 동일한 상품을 누구나 원할 수 있는 동일한 권리와 다같이 안락과 사치의 세계로 편입할 수 있는 권리를 포함시켰다. 따라서 미국 문화는 1880년대 이후부터 모든 사람들——어른뿐만 아니라 어린이들, 남자와 여자, 백인과 흑인 모두——은 개인으로서 그들이 원하는 것은 무엇이든지 욕망하고 동경하며 소망할 수 있게 되었다는 점에서 점점 더 민주적이 되었다. 이렇게 하여 안락의 땅은 욕망의 땅이 되었다.

민주주의에 대한 이처럼 새로운 정의는 정치적인 반목이 없었더라면 출현하지 않았을 것이다. 사실상 남북 전쟁에 뒤이어 격렬한 갈등이 이 나라를

---

7) Dorothy Ross, *The Origins of American Social Science*(Cambridge, Eng., 1991), pp.121, 152.

휩쓸었다. 산업적인 미국에서 민주주의를 어떤 방식으로 조직할 것인가라는 문제를 놓고, 정착농민과 노동자들은 사업가들에게 저항했다. 1880년과 1890년 무렵에 이르러, 직접 유세하는 인민주의자들(vocal populist)과 유니언 운동(union movement)은 과거 공화정 미국으로 되돌아가자는 소리에 귀기울이게 되었으며, 민주주의는 단순히 상품의 소유에 의존할 것이 아니라 자산 소유자와 노동 자원에 기초해야 한다고 주장했다. 그들은 민주적인 생활과 공화정의 미덕은 자기가 소비하는 것의 대부분을 스스로 생산하고 자기 땅과 연장을 소유한 독립적인 가족에 의존해야 한다고 주장했다. 사회 개혁론자들과 새로운 경제학자들은 이런 사상을 되풀이했으며, 자산의 민주화와 일반적인 미국인들의 자율성을 확립하기 위한 조처를 취해야 한다고 요구하게 되었다. "자산과 생산고의 보다 정당한 분배를 확립하거나, 아니면 민주주의의 치명적인 파국으로 인해 전제 정치와 퇴폐로 끝장이 나든지 양자택일하게 될"[8] 것이라고 진보적인 경제학자인 헨리 카터 애덤스는 1879년에 경고했다.

하지만 민주주의라는 새로운 시장 개념은 많은 추종 세력을 거느리게 되었으며 재빨리 지배적인 위치로 부상하게 되었다. 개인적인 욕망을 민주화하는 것──부나 정치적 권력이나 경제적인 권력보다──이 현대 사회에 미친 영향은 아마도 새로운 문화가 기여한 것 중에서 가장 주목할 만한 것이었는지 모른다. 그리고 개인적인 욕망의 민주화가 성취한 것은 많은 결과를 낳았다. 그것은 노력에 대한 박차를 가했고, 사람들에게 경쟁심을 부추겼으며, 스스로 훈육하도록 만들었고, 미래의 쾌락을 위해 현재를 부정하도록 만들었다. 동시에 그것은 종종 남편과 아내가 불화하고, 어린이들이 부모에게 반항하며, 친구가 친구에게 적대하도록 만들었다. 그것은 불안과 초조감을 조성했으며, 불만족한 채로 남아 있게 될 때, 원망과 증오심을 부추겼다. 그것은 새로운 것으로 연상되고 환상이 덧붙여졌기 때문에 그로 인해 미국인들이 죽음을 당연한 것으로 받아들이지 못하도록 만들었으며, 죽음

---

8) Quoted in Ross, *Origin of American Social Science*, pp.100-101. 인민주의 운동에 관해서는 Lawrence Goodwyn, *The Populist Moment*(New York, 1978) and Christopher Lasch, *The True and Only Heaven*, esp. Chap.5 참조; 노동의 측면에 관해서는 Nick Salvatore, *Eugene V. Debs: Citizen and Socialist*(Urbana, Ⅲ., 1982), pp.23-177.

과 욕망을, 그리고 외경심과 동경을 분리시키지 못하도록 만들었다. 대부분의 문화에서 욕망과 동경의 수용은 외경심, 시간의 경과, 그리고 필멸성의 수용과 대체로 혼합된다. 하지만 미국에서, 그 중에서도 특히 문화적인 맥락에서 색조를 부여하려고 했던 많은 작가들은 욕망으로부터 외경심과 공포——혹은 이 나라의 가장 유명한 동화 작가였던 프랭크 밤은 외경심과 공포를 상심과 악몽으로 표시하고자 했다——를 빼내고 결코 늙지 않을 것 같은 행복한 얼굴을 인생에 부여했다.

이런 문화를 통해 욕망에서 기인된 불안과 동경을 강화하는 또 다른 흐름이 생기게 되었다. 돈의 영향력이 그것이었다. 역사가인 페리 밀러는 금전적인 가치는 이미 1815년 무렵 미국에서 지배적인 가치가 되었다[9]고 기록했다. 그럼에도 불구하고 1880년 이후 돈은 과거 어떤 시절에도 볼 수 없었던 방식으로 미국 경제와 문화에 흘러들어 가고 있었다. 과거에 사람들은 자기 스스로 물품을 만들었고, 교환의 매체로서 다른 통화에 의존했으며, 때로는 물물 교환도 했다(적어도 1865년 이전에는). 하지만 점차적으로 점점 더 미국인들은 더 이상 땅이나 연장을 소유하지 않았으며, 자신들의 복지와 안정을 금전적인 수입——임금이나 월급 등——에 의존하지 않을 수 없게 되었다. 이와 동시에 미국인들은 '알지 못하는 사람의 손에 의해 만들어진 물건'에 의존하게 되었다. 무역 주기에 관한 이 나라 최초의 권위자인 경제학자 웨즐리 클레어 미첼은 이 점을 오래전에 이미 지적했었다.[10]

그와 같은 변형은 미국인들의 생활에서 돈이 가장 중요한 자리를 차지하도록 만들었다. 그때부터 금전적인 가치(혹은 시장 가치)는 다른 모든 가치를 측정하는 기본적인 척도가 되었다. 심지어 '그들에게 가치 있는 것이 무엇인지를 판단하는 어두운 내면 세계마저'[11] 돈을 기준으로 판단하게 되었다고 미첼은 지적했다. 현대 사회학의 선구적인 설립자인 찰스 쿨리는 이런 추세를 거의 하룻밤 사이에 형성된 군살처럼 간주하면서 염려했다. 1912년 그는 "금전적인 가치는 '자연스럽거나' '정상적인' 것이 아니다. 그것은 새

---

9) Quoted in Thomas Cochran, *200 Years of American Business*(New York, 1977), p.8.
10) Wesley Clair Mitchell, *Business Cycles*(Berkeley, Calif., 1913), p.21.
11) Ibid., p.599.

로운 경제와 문화의 역사적인 부산물이었다. 전체 사람들이 균질적으로 활동한 노동의 산물이 결코 아니었다"고 기록했다. 과거에 가치의 성격은 '교회로부터' 왔다. 하지만 이제 가치는 '사업과 소비'로부터 나오고 있다. 점차적으로 모든 것의 가치——심지어 아름다움, 우정, 종교, 윤리적인 생활——는 시장에서 사올 수 있는 것에 의해 결정되고 있었다.[12]

행복에 이르는 수단으로서 소비, 새 것 숭배, 욕망의 민주화, 금전적인 가치는 초기에는 지배적이지 않았다. 그 문제에 관해서 계몽주의 철학자들은 일찌감치 18세기 후반에 이미 국가와 문화에 금전적 가치를 촉구하기는 했지만 지배적이지는 않았다. 1880년 이전에 미국은 주로 농업 경제였으며, 대다수 미국인들의 생활은 농장에서 하는 일에 의존했다. 늦은 1870년에 이르기까지, 공장노동자의 평균 숫자는 여전히 10명 이하였다.[13] 대부분의 시장은 지방에 위치하거나 지역적인 것이었으며, 대다수 사업은 개별적인 소유로 관리되었다. 문화는 대체로 농경 문화였고 공화적이었으며 종교적이었다. 대다수 사람들——백인들——은 자기 소유의 땅과 자산을 스스로 지배했다.

이 책은 이 오래된 문화가 어떻게 도전받게 되었으며, 점차적으로 새로운 문화로 대체되어 나갔는지를 검토한다. 이 책은 거의 하룻밤 사이 미국인의 모든 생활에 파고든 새로운 전국적 기업과 투자은행을 다룰 것이다. 이 책은 우편 주문 하우스, 체인스토어, 잡화점, 호텔과 레스토랑, 그 중에서도 특히 백화점에 초점을 맞춘다. 이런 것들에 초점을 맞추는 부분적인 이유는 대다수 역사가들은 이런 것들——사실상 시장, 분배, 물품화의 전체 장——을 오랫동안 무시해 왔기 때문이다. 농산물과 공산품의 장과 비교해 볼 때 역사가들에게 이런 주제는 2차적인 것에 불과했으며, 따라서 상세하게 연

12) Charles Cooley, *Social Process*(Carbondale, Ill.; 1966), pp.301, 303, 332-33. Cooley, 〈The Sphere of Pecuniary Valuation〉, *American Journal of Sociology 19*(September 1913): 188-89; 〈The Institutional Character of Pecuniary Valuation〉, *American Journal of Sociology 18*(January 1913): 549; and 〈The Progress of Pecuniary Valuation〉, *The Quarterly Journal of Economics 30*(November 1915): 1-21. Hugh Duncan, *Culture and Democracy*(New York, 1965), esp. Chap. 13 참조. 〈The Glamorization of Money in Art〉, pp.142-52.

13) Robert Heilbroner, *The Nature and Logic of Capitalism*(New York, 1985), p.156.

구할 만한 가치가 있다고 보지 않았다.[14] 하지만 이런 접근법은 잘못된 것이었다. 이런 제도들은 과거 자본주의 경제에 필수 불가결한 것이었으며, 현재도 역시 필수 불가결하다. 이들 제도는 자본주의 현실——말하자면 자본주의의 꿈같은 생활——을 수세대에 걸쳐 사람들에게 가장 직접적이고도 구체적으로 절실하게 소망하도록 해주기 때문이다. 다른 제도와 더불어 이들 제도는 욕망의 땅을 형성하는 것들이었다. 이것이 없었더라면, 새로운 기업 경제는 제대로 기능할 수 없었을 것이고, 욕망의 땅은 탄생하지 않았을 것이다.

《욕망의 땅》은 왜 그리고 어떻게 소비자본주의가 이런 방식으로 출현하게 되었는지를 이해하는 데 핵심적인 세 가지 문제를 다룰 것이다. 새로운 상업적인 미학의 발전, 경제적·비경제적들인 것들 사이의 협력, 브로커라는 새로운 계급의 출현이 바로 그 세 가지이다. 1880년 이후부터 미국 업계는 대량 상품 유통과 판매와 같은 상업적인 유혹——상업적인 미학——이라는 새로운 환경을 창조하기 시작했다. 이것은 미국 자본주의 문화의 핵심적인 미학이었으며 좋고 선한 생활(good life)과 천국의 비전을 제공해 주는 것이었다. 문화는 천국의 개념이나 좋은 생활이 과연 어떤 것인지에 관한 상상적인 개념을 만들어 내야만 했다. 새로운 문화는 최소한 관심을 자극시키고 최대한 그것에 몰두하고 충실할 수 있는 이미지, 상징, 기호를 소생시켜야만 했다.[15] 1880년 이후 미국 상품자본주의는 시장 물품의 이해 관계에 따라서 돈을 벌어들이기 위해 좋고 선한 생활의 비전을 제시함과 더불어 그런 상징과 기호, 유혹의 체계와 환경을 창조하는 길을 따라가기 시작했다. 1880년 이후부터 오늘날에 이르기까지 욕망과 동경에 관한 상업적

---

14) 이런 편견은 다음과 같은 책이 출판됨으로써 기업 역사의 장에서는 현재 뒤집히고 있다. Susan Strasser, *Satisfaction Guaranteed: The Making of the American Mass Market* (New York, 1989), Richard Tedlow, *New and Improved: The Story of Mass Marketing in American*(New York, 1990). 서로 대단히 다른 이 2권의 책은 시장 혁명의 성격과 혜택에 관해 거의 상반되는 주장을 하고 있다. 슈트라서는 비판적이며 신랄하다면, 테드로는 낙관적이다 못해 입심 좋은 것처럼 보인다.

15) 이 역사적 패턴에 관해서는, Michael Schudson, *Advertising, the Uneasy Persuasion: Its Dubious Impact on American Society*(New York, 1984), pp.222-33. Schudson은 클리포드 거츠의 인류학적인 저술로부터 그런 패턴을 도출했다.

인 미학은 업계의 요구를 충족시키는 방향으로 형성되었다. 그런 욕구가 지속적으로 증대하고 점점 더 대규모 시장에서 실현을 추구하게 되자, 동경과 욕망의 미학은 모든 곳에서 다양한 형태로 드러나게 되었다. 1880년 이후 이런 미학은 쇼윈도 · 전기 사인보드 · 패션쇼 · 광고 · 빌보드 등을 통해 표현되었다. 또한 무료 서비스와 호화스러운 소비 환경, 공예품과 상품 그 자체를 통해 미학적으로 표현되었다.

상업적인 미학의 발전 과정의 한복판에 욕망의 시각적 재료들이 있었다. 색깔 · 빛 등이 그런 시각적인 재료들이었다. 왕정에 의해서, 헌신과 충성과 공포를 자극하기 위해 군대에 의해서, 피안의 천국을 묘사하기 위해 종교에 의해서, 수세기 동안 사용되었던 이런 재료들은 이제 스트레스 없는 행복한 이 세상에서의 천국을 암시하기 위해 미국과 다른 산업 국가들에 의해 가동되었다. 독일의 건축적인 유토피아주의자인 파울 슈에바르트는 "채색 유리는 증오심을 파괴했다"고 기록했다. 그는 미스 반 데어 로에와 프랭크 로이드 라이트에게 영향을 미쳤다. "빛은 색깔에 의해 부드러워지고, 신경을 진정시킨다."[16] 1910년 무렵 미국 상인들은 새로운 상업적 미학을 창조하려고 노력하면서, 색깔, 유리, 빛을 자유자재로 이용하게 되었다. 이런 재료들과 소비 사이의 연결이 유행하면서 오늘날 이들 사이의 연결은 너무나 자연스러운 것처럼 보이게 되었다. 1920년대에 이르러, 너무 많은 상업 제도와 사람들이 '색깔'을 이용하는 바람에, 《뉴욕 타임스》에 따르면 그 단어 자체는 '닳아빠지게 되었다.'[17]

미국의 새로운 소비문화 방향은 욕망의 민주화와 새 것 숭배를 강화하기 위한 관계의 회로가 서로 맞물려서 함께 작동하는 경제적 · 비경제적인 다

---

16) Paul Scheerbart, *Glass Architecture*, ed. Dennis Sharp and trans. James Palmes(New York, 1972; orig. pub. 1914), pp.8-9. 상업적인 목표를 지원하면서 동시에 상업 발달을 이끌어 낸 것으로써 색채, 유리, 빛에 '유토피아'적으로 접근한 것으로는 다음을 참조. Faber Birren, *Color and Human Response*(New York, 1978); Edwin D. Babbitt, *The Principles of Light and Color: The Classic Study of the Healing Power of Color*, ed. and annot. Faber Birren(New York, 1967; orig. pub. 1878), 연필과 펜 제조업자이자 어빙 베비트의 아버지인 베비트는 영성주의를 포용하고 1870년대 뉴욕에서 색깔 치유를 믿었으며 그후로 수년 동안 컬러리스트의 지도적인 등불이 되었다.

17) Quoted in *MRSW* 69(August 1931): 40.

양한 제도와 결탁한 결과였다. 전국적인 기업, 백화점, 투자은행, 호텔 체인, 유흥 산업은 이 회로에 합류했다. 메트로폴리스미술관, 브루클린 박물관, 하버드 무역학과, 휘턴 스쿨, 코넬대학교, 뉴욕대학교, 프랫 연구소, 뉴욕 디자인 스쿨 역시 이런 회로에 가세했다. 심지어 이 나라의 가장 급진적인 노동조합인 세계산업노동자조합 역시 의도치 않게 새로운 문화의 구축에 참여하게 되었다.

미국 종교 기관들과 그들이 전파하는 영적인 문화는 새로운 대중경제와 문화에 의해 변모되었으며, 그런 문화의 창조에 도움을 주었다. 이 책을 저술한 목적 중 하나는 이런 변화의 성격을 밝히는 것이며 이런 기관들의 성격뿐만 아니라 영적인 성격과 그것이 의식에 미친 영향을 규명하는 것이다. 1900년 무렵 주류 프로테스탄트 종파는 새로운 문화적 전망에 순응함으로써 그들 종파의 미션을 변형시켜 재정의하고 있었다. 때맞추어 많은 가톨릭과 유대교 역시 비슷한 길을 따라가고 있었다. 신흥 종교 혹은 유사 종교 집단들——정신치료사와 심령술사인 오리슨 스윗 마든과 헬레나 블라바츠키, 엘리너 포터와 같은 작가(《폴리야나》의 저자), L. 프랭크 밤(《오즈의 놀라운 마법사》의 창조자) 등이 이런 무대에 도착했으며, 사업 세계의 우선성과 사업 세계의 관점과 화목하게 조화할 수 있는 전망을 제시했다.

대략 1910년 이후 연방 정부 역시, 이런 지지 세력의 합창에 가세했으며 허버트 후버 대통령 아래 미국 상무성의 확장과 더불어 1920년대 그런 합창은 절정에 이르렀다.

내구성이 있는 문화는 다른 제도들과의 강력한 관계에 의존했다. 1895년 이후 백화점, 박물관, 교회, 정부 기관은 욕망의 땅을 창조하는 데 함께 행동하기 시작했으며, 소비자 동경, 소비자 상품, 소비자 쾌락과 소비자 유흥을 지향하는 방향으로 재조정되었다. 브로커라는 새로운 집단은 이미지, 돈, 정보의 유통을 용이하게 하기 위한 회로의 핵심에 있었다. 이 과정에서 그들은 문화를 변화시키는 데 일조했다. 나는 여기서 '브로커'라는 단어를 대단히 넓은 의미로 사용했는데, 왜냐하면 누구나 알고 있는 공인중개사 혹은 주식중개인뿐만 아니라 중개 능력을 갖추고 사업을 돕는 일을 맡아서 하는 개인이나 집단을 포괄하고자 하기 때문이었다. 그래서 투자은행가, 기업 법률가, 크레디트 전문가, 도시 미술관 큐레이터, 장래가 촉망되는 디자이

너들에게 상업예술과 산업 '예술' 을 가르치는 예술학교 교사들, 사업 계지
도자들을 훈련시켰던 대학교수, 좀더 많은 소비를 유도하기 위해 산업 질서
의 목표를 재정의한 경제학자, 광고대행자와 여행사 직원, 타임스 스퀘어와
같은 장소를 위해 '빛과 색깔' 을 창조했던 '전문가들,' 여성의 몸을 중개하
는 전문적인 모델대행사(맨해튼에 있는 존 파워스 주식회사와 같은)를 브로
커라는 개념에 망라시켰다.

저널리스트인 새뮤얼 스트라우스에 의하면 1920년대 브로커는 '그 시대
의 변화하는 요구에 스스로를 적응할 수 있는'[18] 탁월한 '재능' 을 가진 사람
들이었다. 태곳적부터 그들은 냉철한 중개인으로서 봉사했으며, 사람들을
연결시켜 주고, 거래를 주선하고, 계약을 협상하고, 가장 중요하게는 돈을
빌려 주었다. 초기에는 경제 생활의 언저리에 있었던 브로커——특히 고리
대금업자——들은 경멸의 대상으로 간주되었으며 다른 사람의 자원을 착
취하기 때문에 두려움의 대상이었지만, 시장이 성장하고 새로운 유형의 브
로커가 출현하게 되면서(도매 상인·공인중개사·상품과 주식중매인 등등),
그런 편견은 약화되기 시작했다. 비록 중간 매개라는 주변적인 성격은 여전
히 유지되었지만 말이다.[19]

1895년 이후나 혹은 그 무렵 브로커 계급은 전대미문의 숫자로 증대했
으며 20세기를 중개인의 시대로 전환시킬 정도로 미국 생활에서 한 자리를
채우기 시작했다. 그렇게 하여 뉴욕과 같은 도시는 중개업의 거대한 안식
처가 되었다. 중개 스타일——자기 자신의 확신을 눌러두고, 돈벌이가 되
는 관계를 강화하려는 동업자로서 판단을 중지하는 등——은 가장 현대적
인 스타일 가운데 하나였다. 중개는 현대의 정치적·도덕적 경제에 있어서
가장 두드러진 자리를 차지하고 있다. 이제 브로커는 모든 활동 분야에서
아마도 가장 바쁜 사람들이다. 그들은 미덕과는 아무런 관련이 없는 새로운
무도덕주의(amoralism)를 미국 문화에 주입시키는 데 일조했으며, 목하 진행
중인 욕망의 팽창에 우호적인 문화를 주입시켰다. 상인과 수공업자와 더불

---

18) Samuel Strauss, 〈Rich Men and Key Men〉, *The Atlantic Monthly*(December 1927):
726.

19) 이런 발전 과정에 대한 최근의 논의에 관해서는 Ann Fabian, *Card Sharps, Dream
Books, and Bucket Shops: Gambling in 19th Century America*(Ithaca, N.Y., 1990).

어, 그들은 시장과 거래량을 확장시키는 데, 생산자로부터 소비자로 상품을 유통시키는 데, 사람이 아니라 돈에, 과거가 아니라 미래에 관심이 있었고 현재도 그렇다. 과거를 걱정하지 말아라. 마거릿 미드의 어머니이자 광고 전문가인 에밀리 포그 미드와 같은 브로커는 1901년 경제 저널에서 "이노베이션의 모든 초기 단계에 언제나 수반되는 것은 비상에 대한 두려움, 이상을 저버리는 것, 사회의 기반을 앞으로 파괴할지도 모른다는 두려움이다. 하지만 그다음 세대는 앞선 세대가 경험했던 양심적인 불안을 전혀 느끼지 않게 된다"[20]고 조언했다.

그와 같은 상업적인 미학, 브로커 계급 유형, 제도적인 유통 형태 등이 미합중국에서 출현했던 것처럼 다양하게 영적인 수용을 발전시켰던 나라는 어디에도 없었던 것처럼 보인다. 미합중국은 대량 생산에 헌신했던 경제를 창안한 세계 최초의 나라였으며, 대량 소비 제도와 대량 생산을 유인함으로써 시장과 병행하여 대량 생산된 상품을 판매하는 최초의 나라였다. 세계의 다른 어떤 나라들보다 좀더 효율적이고 전면적이었던 미국(보다 정확하게 말하자면 미국에서 지배적인 사업 계급)은 사업적인 목적에 이바지했던 다양한 제도들 가운데서 고유한 유대를 강화시켰던 나라였다. 이 책은 이런 제도의 역사를 추적하고 상업적인 규정들 자체와 더불어, 워너메이커가(家), 필드가, 스트라우스가와 더불어 그들이 어떻게 세계에서 가장 강력한 소비문화를 주도하고 영속화하는 데 일조했는가를 보여줄 것이다.

시간이 경과함에 따라 미국의 문화 자체가 되어 버렸던 소비자본주의 문화는 애초부터 저항이나 반발이 없이 출현했던 것은 아니었다. 이 새로운 문화 혹은 이 거대한 문화가 그저 쉽고 용이하게 진행되면서 이행되었던 것은 전혀 아니었다. 아직까지도 소비자본주의 문화가 어느 정도 손 닿지 않은 곳도 남아 있다. 농촌의 읍내, 종교적인 공동체, 심지어 도시의 해방구 등은 여태까지도 소비문화에 물들지 않은 곳이다. 게다가 소비문화가 전개되고 있었던 바로 그 무렵, 또 다른 복합적인 제도가 부상하고 있었다. 새로

20) Emily Fogg Mead, ⟨The Place of Advertising in Modern Business⟩, *Fame* 10(April 1901): 165(repr. *The Journal of Political Economy*[March 1901] and ed. Thorstein Veblen). On Emily Fogg Mead, Margaret Mead, *Blackberry Winter: My Early Years*(New York, 1975), pp.1~72 참조; 사망 기사, *The New York Times*(February 23, 1950), p.27.

운 공립학교, 공립대학교, 사립대학 등은 직접적으로 상업적인 시스템과 결합되지 않았으며, 헤아릴 수도 없이 많은 미국의 젊은이들에게 성공과 성취에 도달하는 또 다른 길을 보여주었다. 우리가 나중에 보게 되겠지만, 물론 이런 제도들마저도 사업을 위한 교육적 우월성에 결국 굴복했다. 내가 이 책에서 보여주고 싶어하는 것처럼, 많은 집단과 개인들은 새롭게 일어나고 있는 문화적 변화에 저항하는 목소리를 드높이면서 반발했다. 이런 반발 집단에는 대기업과 싸웠던 농부들과 노동자들이 포함되었다. 거대한 백화점에 대항하여 '소매 전쟁'에 참여했던 그 시대의 소규모 자영 상인들도 포함되었다. 종교적인 지도자, 신도뿐만 아니라 의회민주주의자와 시정의 사회주의자들 역시 포함되었다. 반란을 도모한 경제학자, 문학 지식인들, 무수히 많은 '보통' 시민들도 포함되었다. 이들 중 대다수는 주로 전통을 유지하고 있는 오래된 민주주의에 충실한 사람들이었다. 이런 강력한 전통은 국민들 스스로가 자기 문화의 운명, 정치의 형태, 노동의 조건을 결정해야 한다고 보았다. 그밖의 다른 사람들은 영적·창조적 생활에 미치는 자본주의 문화의 파급 효과를 단순히 두려워했다. 다름 아닌 이 문화의 새로움 자체가 그 속에서 살아가는 사람들을 소외시키고 불안하게 만들었다. 그들은 자기 인생이 종말로 치닫고 있다고 느꼈으며 자기 나라에서 소외감을 맛보았다. 하지만 이런 반대와 이견에도 불구하고, 이 문화는 미국의 경험을 휩쓸면서 지배하고 재형성하게 되었다.

제I부

유인 전략

1

상업적인 제국의 여명기

에밀리 포그 미드의 남편이자 경제학자인 에드워드 미드는 새로운 사업체(business corporation)들의 출현을 보면서 이렇게 적었다. "이들 기업은 인류의 욕망과 필요성으로 인해 넓고 깊은 원시림에 있는 나무들처럼 출현했다.[1] 포장육 회사인 아모르 & 스위프트(Armour and Swift)에서부터 거대한 U. S. 철강 회사에 이르기까지, 이들 기업은 경제를 무색하게 했으며 집단적으로 미국을 놀라게 만들었다. 이들은 거대하게 포진한 경제 집단과 회사에 속했으며 나무들이 빼곡히 들어찬 새로운 원시림이 되었다. 시어스(Sears), 뢰벅(Roebuck), 울워스(Woolworth)와 같은 대규모 소비 회사들, 엘스워스 스태틀러(Ellsworth Statler)와 같은 호텔 체인에서부터 시카고의 마셜 필즈(Marshall Field's), 뉴욕의 시겔-쿠퍼스(Siegel-Cooper's), 필라델피아의 존 워너메이커스(John Wannamaker's)와 같은 백화점들은 각자 때로는 꿈같고 때로는 현대 제품의 악몽 같은 세계를 발명해 낸 공격적인 상인들이 경영하고 있었다.

세기가 바뀔 무렵, 과거의 소매 잡화점(the retail dry goods)──심지어 알렉산더 터니 스튜어트의 맨해튼 중심가에 있는 화이트 마블 팰러스까지──은 사실상 미국의 전역에 나타나게 되었던 거대한 백화점들에게 자리를 내놓았다. 모험을 감행하고 심지어 파산이나 감옥행까지도 불사했던 사

---

1) Edward Sherwod Mead, *Corporation Finance*, 6th ed.(New York, 1931; orig. pub. 1910), pp.361-62. 주식회사의 부상과 성장, Morton Horwitz, *The Transformation of American Law*(Cambridge, Mass., 1977); William E. Nelson, *The Americanization of the Common Law*(Cambridge, Mass., 1985); Harold Underwood Faulkner, *American Economic HIstory*(New York, 1958), esp. chap. 21, "Consolidation of Business," pp.420-48; and R. Jeffrey Lustig, *Corporate Liberalism: The Origins of Modern American Political Theory, 1890-1920*(Berkeley, Calif., 1982).

람들이 이끌어 나갔던 대규모 소매 사업은 경쟁이라는 엄청난 소용돌이 속으로 휘말려들게 되었다. 특히 소비 혁명의 정수(精髓)를 상징하는 백화점은 갖가지 수단을 통해 지배적인 위치로 부상하게 되었다. 백화점은 한 지붕 아래 엄청난 범위의 물품들을 팔았으며, 방대한 자본(자기 자본과 타인의 자본을 포함하여)을 주무르면서 소규모 경쟁자들을 제거하려고 했다. 이런 전략이 실패했을 때, 백화점은 다른 수단들 가운데서도 국가라는 무기를 이용하여 1890년대 소매 전쟁에서 적들을 붕괴시켰다.

성장은 빠르고 격렬했다. 오래된 형태의 조용한 시장과 판매에 익숙해 왔던 많은 사람들에게 이런 변화는 심지어 너무 위험하고 너무 강렬했다. 1890년대 무렵 사실상 너무 많은 물건들이 공장에서 흘러나와 백화점으로 들어감으로써 사업가들은 과잉 생산, 탐욕, 공황, 경기 침체를 두려워하게 되었다. 분배의 위기는 새로운 경제에 타격을 가하면서 생산에서 얻어낸 이윤을 위협했다. 이런 소란으로부터 벗어나기 위해(하지만 결코 사라지지 않을 위협으로부터), 사업가들은 새로운 머천다이징 전략으로 눈을 돌리려 했다. 소비로 유인하는 꾸준한 흐름이 이런 소란 가운데서 나타나게 되었다. 전시·장식·광고·패션·스타일·서비스 등의 유인책들은 상품의 적체를 타개하면서 미국인들에게 에밀리 포그 미드가 말했다시피, '선택하고 소망할 수 있는 능력'을 일깨웠다.

'문명 생활을 영위하는 데 으뜸가는 제도들'

새로운 경제와 문화의 핵심에는 공산품과 농산품 생산의 혁명과 이윤 추구 회사의 출현이 있었다. 이 혁명은 브로커들을 산출했으며, 미국의 새로운 제도석인 회로 생산의 창조 이면에 놓여 있는 주요한 원인이 되있다. 1899년과 1905년이라는 불과 6년 사이에 미국의 음식 산출은 거의 40퍼센트나 증대했다. 값싼 인조 보석의 양은 1890년에서부터 1900년대 사이에 배가되었으며, 남녀 기성복의 생산량 역시 마찬가지였다. 유리 제품과 램프의 생산은 1890년 8만 4천 톤에서 1914년 25만 5백63톤으로 껑충 뛰었다. 미국인들은 19세기가 끝날 무렵, 이 세상에 있는 모든 융단을 합친 것보다 더 많은 융단 위를 걷고 있었다──혹은 그렇다고 주장되었다.[2] 사람들이 가지고 있었으리라고는 생각지도 못했던 그런 욕구를 만족시키기 위해 무수히 많은 제품들이 생산되었다. 이제 "우리는 피클과 올리브 포크를 가지고 있다"고 에밀리 포그 미드는 적었다. "그리고 스트로베리 아이스크림, 그리고 무수히 다양한 형태의 수프 스푼, 소금 스푼, 겨자 스푼을 가지고 있다."[3] 1890년에는 총 3만 2천 대의 피아노가 팔렸다. 1904년 무렵에 팔린 피아노 대수는 37만 4천 대였다. 이와 더불어 악보들도 엄청난 양으로 산출되었다. 오늘날 오로지 1,2개의 미국 피아노 회사가 살아남았지만(가장 성공적인 것으로는 스테인웨이가 있다), 1904년에는 아마도 수백 개가 넘는 '이름 있는' 피아노 회사가 있었다. 그 가운데는 치커링·볼드윈·그래니쉬·바흐·메이슨과 햄린·에머스·보즈·키볼·브루스터 등이 있었는데 이들은 대부분 비교적 값싼 악기를 중산층 시장에 범람시켰다.[4]

모든 생산물은 새로운 도구와 '연속 과정(continuous process)' 기계의 첨가와 석탄·증기·가스·기름──그 중에서 가장 핵심적인 것은 전기──과 같은 새로운 에너지원의 발견의 결과였다. 기계와 에너지는 대량 생산의 수준에 박차를 가했고 산출량이 증대되었으며, 사업가들에게 이 나라에 있는 어떤 곳에서든지, 어떤 방향으로든지 공장과 사무실을 건축할 수 있도록 해주었다. 그래서 포그 미드는 '결코 끝나지 않을 팽창 규모'[5]라고 부를 만한 잠재력을 창조했다고 말했다. 오늘날 우리가 익히 알고 있는 주요한 간선 철도들은 1895년 무렵에 완성되었으며, 엄청난 거리를 연결해 주는 전화·

---

2) 융단과 카펫에 관해서는 *DGE*(June 18, 1904) 참조; 유리 제품과 도자기류에 관해서는 *The Crockery and Glass Journal*(July 28, 1904); 보석에 관해서는 *DGE*(August 1, 1903); 음식에 관해서는 *The American Grocer*(November 29, 1905): 7. 이 모든 저널들은 미국 센서스 보고서로부터 직접 도출했다. U.S. Department of Commerce, Bureau of the Census, *Historical Statistics of the United States: Colonial Times to 1957*(Wash-ington, D. C., 1960).

3) Emily Fogg Mead, 〈The Place of Advertising in Modern Business〉, *Fame* 10(April 1901): 165(repr. *The Journal of Political Economy* [March 1901] and ed. Thorstein Veblen).

4) Cyril Ehrlich, *The Piano: A History*(London, 1976), pp.132, 139. 미국 피아노 업계의 성장에 관해서는 Arthur Loesser, *Men, Women, and Pianos*(New York, 1954), pp.569-73; Craig H. Roell, *The Piano in America*, 1890-1940(Chapel Hill, N. C., 1989), pp.69-107 참조.

전보가 발명되었고, 그로 인해 물품과 돈의 신속한 이동이 가능해졌다.[6] 기계를 작동시킬 수 있는 예비 노동력도 증가했는데, 이들 노동력은 주로 방대한 이민들과 시골과 소도시에서 몰려든 원주민 실업노동자들로 채워졌다. 그때 이후부터 처음으로 업계에는 처분 가능한 노동력이 확보되기 시작했다. 투자를 위한 충분한 돈이 있었으며, 새로운 상업은행과 주립은행, 무엇보다도 새로운 보험 회사로 인한 자본의 공동 출자(pool)가 가능해졌다.[7]

대규모 주식회사와 조합들이 후위에 있었는데, 이들 업체는 19세기 중반에 경제적으로 중요한 역할을 차지했던 전형적인 회사들을 대체해 버렸다. 초기의 회사들은 소규모였고, 생산량도 소량이었으며, 그래서 제품 차별화를 통해 혹은 안전하고 비교적 경쟁이 없는 고유한 제품을 수공업으로 만들어 냄으로써 성공을 추구했다. 새로운 주식회사들은 차별화에는 거의 신경 쓰지 않았다. 모든 것은 대량 생산과 생산량의 최대화, 대중 시장의 지배에 매달렸다. 이들 회사는 급격한 가격 하락과 상승하는 노동 비용, 시장의 취약성에 대처해야만 하는 상황에(특히 1895년 이후부터) 이르게 되었다. 모든 것은 과열된 경쟁 탓이었다. 회사들은 '가격, 노동, 중간 상인'을 통제함으로써 경쟁을 불식시키고자 했다. 무엇보다도 에드워드 미드는 '가격 통제'를 주장했다. 경쟁의 본질은 사는 사람에게는 가격의 희생이며, 조합의 본질적인 원칙은 파는 사람에 의한 공급의 조절이다. 회사는 어느 누구로부터도 간섭받지 않고 '거래가 허용되는 한' 가격을 자유롭게 매기기 원한다. 그래서 "구매자가 돈을 지불할 수 있는 한 모든 것을 그들로부터

5) Fogg Mead, 〈The Place of Advertising〉 10: 165; 새로운 에너지와 테크놀러지에 관해서는 Douglas C. North, *Structure and Change in Economic History*(New York, 1981), pp.162-71; Alfred D. Chandler, Jr., *The Visible Hand: The Managerial Revolution in American Business*(Cambridge, Mass., 1977), pp.224-83; David Hounshell, *From American System to Mass Production*, 1800-1932(Baltimore, 1984).

6) Thomas Cochran, *200 Years of American Business*(New York, 1977), pp.70-90; George W. Edwards, *The Evolution of Finance Capitalism*(London, 1938), p.154.

7) 자본 공동 출자에 관해서는 Marshall Sahlins, *Stone Age Economics*(Chicago, 1972); Douglas North, 〈Capital Accumulation in Life Insurance Between the Civil War and the Investigation of 1905〉, in *Men in Business: Essays on the Historical Role of the Entrepreneur*(New York, 1962), pp.238-54; Marquis James, *The Metropolitan Life: A Study in Business Growth*(New York, 1947), pp.131-50.

얻어내고자 한다."[8]

개인이나 아니면 파트너에 의해 운영되고 소유되는 기업회사(entre-
preneurial firm)와 달리, 주식회사(corporation)는 유한 책임을 제공하도록 고
안된 법적 실체이며, 창업자의 일생을 넘어 소유권의 영속성을 보장하는 회
사 형태이다. 주식회사는 행정적인 위계질서, 관리하는 기계, 연장, 노동 등
을 특징으로 하는 사회적인 조직체였다. 무엇보다도 주식회사는 사적ㆍ공
적인 주식 소유권을 통해, 그리고 이윤을 얻기 위해 시장 통제를 장악하고
종종 합병과 통합을 통해 자본을 창출하는 경제적인 제도였다. "근대 자본
주의 주식회사는 대규모 산업에 필요한 자본의 요구를 충족시켜 주기 위한
수단으로 발전되어 왔다"[9]고 1907년 하버드대학교 경제학과 교수인 아더
해들리는 주장했다.

근대 기업 주식은 오로지 이윤 추구 기계였다. 1900년 무렵 합병과 통합
을 형성하는 데 도와주었던 프로모터들과 투자은행가들과 결탁함으로써,
많은 주식회사들은 '제품을 만들어 내'기보다 오히려 '이윤을 만들어 내는
것'에 열중하는 시스템으로 경제를 개조하고 있었다. 투자은행가들──그
중에서도 토스타인 베블런이 처음으로 주목했다시피──은 대체로 금전적
인 노선을 따라 경제 생활을 유도하고 있었다. 이들은 물품의 내적인 가치
에는 거의 관심이 없었으므로 오로지 시장을 통제하고 확장하고 합병할 크
레디트를 주식회사들에게 제공했다. 그들은 중역회의에 앉아서 종종 기업
자체마저 관리하고 있었다. 그들은 새로운 형태의 자본──베블런이 '사업
자본'이라고 부른 것──이 작동하도록 만들었다. 1895년 무렵 '이윤을 위

---

8) Edward Sherwood Mead, *Trust Finance: A Study of the Genesis, Organization and
Management of Industrial Combinations*(New York, 1903), pp.65-66, 76-80. 미드의 연구
와 흡사한 분석으로 주식회사의 부상에 관해 연구한 탁월한 저서는 Naomi Lamoreaux,
The Great Merger Movement in American Business, 1895-1904(Cambridge, Eng., 1985),
pp.1-45.

9) Arthur Hadley, *Standards of Public Morality*(New York, 1907), pp.69-70. '소유자들
에게 배당금을 주기 위한 조직'으로서 주식회사에 관한 것은, Mead, *Trust Finance*,
pp.153-54 참조; 합병과 산업 안정에 관해서는 Ralph Nelson, *Merger Movement in
American Industry, 1895-1956*(Princeton, 1959) 참조. Thomas Nevin and Marion Sears,
〈The Rise in the Market in Securities〉, *The Business History Review* 29(June 1955): 105-39.

한 투자'는 '산업과 장인 정신(workmanship)에 헌신하는' 것을 바꿔 놓았으
며, '인류 역사상 가장 심대한 돌연변이 중 하나'[10]라고 베블런이 묘사한 그
런 전망으로 변경시켜 놓았다.

　로버트 헤일브로너가 주장해 왔던 것처럼, 주식회사는 자본주의 과정의
본질이라고 할 만한 것을 거대한 규모로 실행해 왔다. 다시 말해 돈으로서
의 자본을 상품으로서의 자본으로 전환시키고, 그런 다음 상품으로서의 자
본을 또다시 돈으로서의 자본으로 재전환시키는 과정이 끊임없는 뒤따르는
과정을 방대한 규모로 수행해 왔다(에드워드 미드는 또다시 "거대한 법인체
(corporate being)는 지속적으로 성장하면서 이윤을 창출하기 위한 장비를 지속적
으로 첨가해 왔다고 주장했다").[11] 미국 경제와 사회에 활력과 혁신과 공격적
인 성격을 부여했던 것이 다름 아닌 이 필사적인 과정이었다. 작년보다 올
해는 더 많은 물품을, 그리고 내년에는 올해보다 더 많은 물품을, 그리고 이
윤 또 이윤 또 이윤을 추구함으로써 생산적인 자원과 자본을 소유주의 수
중에 점점 더 많이 축적시키는 과정이었다. 이런 과정을 통해 자본과 자원
의 소유자들에게 누구를 고용하고 누구를 고용하지 말아야 되는지, 그리고
노동 자체의 성격에 관한 권력을 부여해 주게 되었다. 이 과정은 소유주들
에게 사회 활동의 방향을 결정할 수 있는 권력을 부여해 주고, 부·상품·
행복에 접근하는 방식을 통제할 수 있는 권한을 부여하게 되었다.[12] 베블런
의 언어로 표현하자면, 1900년대 주식회사는 경제적 구조를 지배해 왔을
뿐만 아니라 문명화된 생활의 으뜸가는 제도가 되었다."[13]

　모든 사업이 주식 형태를 채택한 것은 아니었다. 예를 들어 건축과 봉제
회사 양자는 합병을 피해 개별적으로 작동하는 많은 회사들로 구성되었다
(종종 하도급에 의존하면서 가장 값싼 노동을 고용하는 데 자유로운 형태).[14]

---

　10) Veblen, quoted in Joseph Dorfman, *Thorstein Veblen and His America*(New York, 1934), pp.160, 326; Thorstein Veblen, *The Theory of Business Enterprise*(New York, 1904), pp.45-85.

　11) Mead, *Corporation Finance*, pp.218, 362; and Robert Heilbroner, *The Nature and Logic of Capitalism*(New York, 1985), pp.36-38.

　12) Heilbroner, ibid., p.36.

　13) Veblen, quoted in George W. Edwards, *The Evolution of Finance Capitalism*(London, 1938), p.162.

하지만 주식회사는 경제의 생산과 소비 양쪽 구역에서 압도적이 되었다. 이 기록 경신의 시기 동안, 사업 연구 사학자(business historian)인 알프레드 챈들러가 보여주었다시피, 주식회사는 미합중국에서 상품의 생산과 분배를 장악했으며 소규모 자영업체의 중요성을 완전히 경질시켜 버렸다. 자이언트 생산 제품 회사(producer-goods firm)들이 세워졌다. 폭발물 제조업자인 E. I. 뒤퐁에서부터 미국 철강과 스탠더드 오일 등이 설립되었다. 이와 동시대 혹은 그 직후에 대규모 소비 물품 주식회사들이 건설되었다. 비누 회사인 프록터 & 갬블, 담배 재벌인 R. J. 레이놀즈와 P. 로릴라드, 육류 사업체인 구스타브스 스위프트 주식회사. 양고기·돼지고기·소고기·가금류 고기의 풀 라인(full-line)과 더불어 무수히 많은 정육점의 분점들이 생겨났으며, 1890년 무렵에 이르면 이런 분점들은 전국을 채우는 판로를 형성했다.[15]

1895년 서비스 산업의 확장 이후에 미국인들은 거대한 물결의 쇄도를 목격했다. 호텔과 레스토랑 사업들은 불과 몇 개 도시를 제외하고는 소규모였으며, 사실상 19세기를 통틀어 거의 존재하지 않았다. 남북 전쟁 이후 새로운 철도가 이 모든 것을 변화시켰다. 사업 여행을 하는 대규모 구매자와 판매자들, 정치가들, 여행하는 배우들과 서커스단, 급증하는 관광객, 온갖 층위의 사이비 예술가들(con artists of all stripes)의 요구를 충족시켜 주기 위해 태평양 연안에서 대서양 연안까지, 도시에는 화려한 호텔과 레스토랑이 건축되거나 건축할 수 있도록 도움을 주었다. 최대의 성장은 1900년대 이후 '마천루 호텔'의 도래와 최초의 대규모 호텔 체인, 공장처럼 경영되는 다목적 건물(multistory monoliths)들, 새벽부터 저녁까지 수고하는 수천 명의 노동자들이 직원으로 일하는 호텔에 의해 부각되었다.[16]

잡화점, 체인스토어, 우편 주문, 명품점, 특히 장관인 백화점을 포함하여 머천다이징(merchandising)은 이와 유사한 방향으로 발전했다. 챈들러가 주장했다시피, 이런 사업체의 다수가 독자적인 소유권을 가지고 나름대로 작

---

14) Philip Scranton, *Proprietary Capitalism: The Textile Manufacturers at Philadelphia, 1800–1885*(Cambridge, Eng., 1983).

15) Alfred D. Chandler, Jr., 〈The beginnings of 'Big Business' in American Industry〉, in *Managing Big Business*, ed. Richard S. Tedlow and Richard R. John, Jr.(Boston, 1990), pp.2–31; Faulkner, *American Economic History*, pp.420–48.

동했지만(오늘날 많은 사업체가 그렇다시피), 머천다이징 전체는 팽창, 집중, 심지어 경제의 나머지 부분을 장악해 버린 합병을 향해 나가는 동일한 충동을 경험했다.[17]

마블 팰러스에서부터 물품과 자본의 대량화

1880년 이전에는 백화점과 같은 사업은 존재하지 않았다. 그때까지 존재했던 것은 인근 상인, 소규모 잡화점, 도시·읍내·마을에 소매점의 배치를 통해 분포되었던 대규모 도매 상점들이 고작이었다. 그로부터 20년이 지나면, 전국적으로 도시는 대규모 소매상 건물로 가득 차게 될 터였다. 판매력을 집중시켜 놓은 유리창 많은 다층 건물들이 세워지게 되었다. 영국·일본·프랑스·북유럽에서 백화점은 오로지 수도에서만 발판을 구축했다(하지만 로마나 마드리드에는 백화점이 없었다).[18] 미국 제품 생산에 영향을 미쳤던 '대중적인 거래(popular trade)'를 위한 대규모 프랑스 가게들──갤러리즈(Galeries), 라파예트(Lafayette), 레 프랭탕(Les Printemps), 봉 마르셰(Bon Marché)──은 파리 한 군데에만 나타나게 되었다(어떤 경우든지간에 사치스러운 명품관(specialty store)을 위한 것으로 주로 알려진 도시에서 나타나게 되었다).[19] 일본에서는 오직 대규모 가게 하나만이 관심을 보였는데, 도쿄의 미츠코시 백화점이 그것이었다.[20] 소규모와 대규모 협동조합과 다수의 명품

---

16) Matthew Josephson, *The History of the Hotel and Restaurant Employees and Bartenders International Union, AFL-CIO*(New York, 1955), pp.4-9, 84-86; Russell Lynes, *The Tastemakers*(New York, 1954); Rufus Jarman, *A Bed for the Night, the Story of the Wheeling Bellboy, E. M. Statler and His Remarkable Hotel*(New York, 1952), pp.3-16, 99-105; Neil Harris, 〈Urban Tourism and the Commercial City〉, in *Inventing Times Square, Commerce and Culture at the Crossroads of the World*, ed. William R. Taylor(New York, 1991), pp.66-82.

17) 챈들러의 주장에 관해서는 Chandler, *The Visible Hand*, pp.237-38.

18) 전반적인 역사에 관해서는 H. Pasdermadjian, *The Department Store, Its Origins, Evolution, and Economics*(London, 1954). James B. Jefferys and Derek Knee, *Retailing in Europe, Present Structure and Future Trends*(London, 1962), pp.1-64, 이들 저서는 유용한 역사적 자료를 포함하고 있다.

관 모두가 대단히 발전했지만, 그럼에도 영국 소매점들인 주로 중산층을 위한 백화점은 런던에만——예를 들면 화이트릴 백화점, 해로드 백화점, 그리고 셀프리지 등——있었다. 셀프리지는 영국 최초의 상업 빌딩이었는데, 강화 콘크리트와 강철 프레임으로 건축되었던 이 빌딩은 의미심장하게도 미국인인 H. 고든 셀프리지에 의해 설립되었다.[21] 독일에도 백화점은 있었지만 주로 '하층 계급'에게 값싼 물품들을 주로 팔았다. 오직 베를린 소재 베르트하임만이 외국인 상대로 물건을 팔았으며, 중산층 성격을 자랑했다.[22]

미국 백화점의 머천다이징은 그 크기와 범위, 그리고 풍요로운 중산층을 위한 것이라는 점에서 다른 나라와 성격을 달리했다. 견실한 중산층 가게들이 많은 도시에 세워졌으며, 심지어 세계 어느 곳에서나 진행되었던 그 모든 것들을 능가할 정도로 작은 읍내에도 세워지게 되었다. "이런 범주의 백화점들은 뉴욕·시카고·필라델피아에서 뿐만 아니라 미합중국을 통틀어 무

---

19) 이런 가게에 관해서는 〈Paris Big Store Seek Popular Trade〉, *DGE*(May 13, 1911), p.37; 〈New Features in Big Paris Stores〉, *DGE*(December 14, 1912), pp.31-33. 프랑스 제품 판매와 소비문화에 관한 역사를 관해서는 Michael Miller, *The Bon Marché*(Princeton, N.J., 1982); Rosalind Williams, Dream Worlds: *Mass Consumption in Late-Nineteenth-Century France*(Berkeley, Calif., 1982); Richard Sennett, *The Fall of Public Man*(New York, 1978), pp.140-49; Walter Benjamin, *Illuminations*(New York, 1967); Emile Zola, *The Ladies' Paradise*, with introduction by Kristin Ross(Berkeley, Calif., 1992).

20) 일본에 관해서는 〈Japan's Big Department Store〉, *DGE*(October 31, 1908), pp.38-39, p.73; Edith Wells, 〈When Milady Shops in Tokyo〉, *World Outlook* 9(May 1915); pp.26-27; 〈Did Japan Start 'One Price' Policy?〉 *DGE*(September 23, 1922), p.13; Miriam Silverberg, 〈Problematizing Commodity Culture in Inter-War Japan: The Reconstruction of Modernity〉, 이 논문은 〈Global Americanization〉 workshop, Rutgers University(May 8-9, 1987)에 발표.

21) 셀프리지에 관해서는 Jeanne Catherine Lawrence, 〈Steel Frame Architecture versus the London Regulations, the Ritz, and American Technology〉, *Construction History*, Vol. 6, 1990, pp.23-45. 영국 제품 판매 전반에 관해서는 Neil McKendrik and J. H. Plumb, *The Birth of Consumer Society: The Commercialization of Eighteenth-Century England* (Bloomington, Ind., 1982); Christina Fulop, Competition for Consumers(London, 1964), pp.43-155; W. Hamish Fraser, *The Coming of the Mass Market, 1850-1914*(London, 1981), pp.110-33. Alison Adburgham, *Shopping in Style: London From the Restoration to Edwardian Elegance*(London, 1979), pp.138-154.

22) 독일 가게에 관해서는 Karl Gerstenberg, 〈Observation on American and German Department Stores〉, 미발표 원고(May 1, 1941), Bobst LIbrary, NYUA; 〈German Retail Methods〉, *DGE*(May 11, 1907), p.29; Jefferys and Knee, *Retailing in Europe*, p.60.

수히 많은 여러 도시에도 엄청난 규모의 잘 알려진 백화점들이 있다"[23]라고 1915년에 미국을 방문했던 스위스 상인은 놀랍다는 듯이 말했다.

백화점은 그 빠른 성장 속도와 크기 확장을 통해 시대적 풍경을 압도했다. 1890년대 초기 상인들은 옛날 건물에다 새로운 날개를 달아냄으로써 들쭉날쭉하긴 했지만 그래도 진지하게 확장을 시도했다. 그렇게 되자 '통일성이나 품위라고는 찾아볼 수 없이 누덕누덕 덧붙여 기운' 건물들이 생기게 되었다고 한 건축가는 불만을 털어놓았다.[24] 소매상 체인과 모든 종류의 우편 주문 사업과 더불어 백화점들은 1895년 이후부터 머천다이징을 지배하게 되었다. 백화점들이 소비를 유혹하는 새롭고 강력한 우주를 창조하는 데 기여했기 때문이었다. 대중 시장 상인들은 한 지붕 아래 온갖 새 상품이라는 세계를 팔면서 대규모 총자본(다른 주식회사들처럼)을 통제하고 경쟁자들을 도산시키거나 흡수하고, 많은 개인들에게 기술을 가르쳐 주었기 때문에 성공할 수 있었다.

초기의 소수 대상(大商)들 중에서 스콧-아일랜드계 이민인 알렉산더 터니 스튜어트는 1860년대와 1870년대 뉴욕에서 이 나라 최대의 가게를 소유했다. 그는 우리가 현재 생각하는 현대적인 대규모 소매상에 가장 근접하는 인물이었을 것이다. 스튜어트는 분명 특별한 현상이었다. 그는 미국에 동일 가격 시스템을 도입했던 인물이었다고 한다. 1860년대 후반에는 너무나 성공적이어서 율리시스 S. 그랜트 대통령은 그를 재무상으로 임명하려 했지만 보람없이 끝났다. 스튜어트는 남북 전쟁 기간 동안 대부분의 돈을 뉴욕 시에서 수지맞는 산업을 확장하여 벌어들였다. 5층짜리 강철 건물로 된 잡화점인 마블 팰러스는 맨해튼 중심가에 있는 아스토 플레이스(Astor Place)와 브로드웨이에서 한 블록을 완전히 차지했다. 흰색 코린트식 원주 위에 놓인 장엄한 모습과 가스등과 수백 개의 창문으로 빛을 발하는 이 가

---

23) M. Auguste Guembe, 〈Les Grands Magasins des États-Unis〉, *DGE*(April 3, 1915), p.191(필자가 번역한 것임).

24) Theodore Delemos, of the firm Delemos and Cordes, architects for Siegel-Cooper's and Macy's, quoted in 〈Third Largest Retail Establishment in the World〉, *The Dry Goods Chronicle*(July 22, 1896), in the Delemos and Cordes scrapbook, 〈Newspaper Clippings〉, NYHS.

게는 1950년 화재로 소실될 때까지 그 위용을 자랑했다. 마블 팰러스는 1860년대 뉴욕 시에서 가장 큰 건물이었다.[25] 4층은 제품 제조 공장이 자리 잡고 있었는데, 등이 굽은 여자들과 어린아이들이 재봉틀 앞에 여러 줄로 앉아서 일하고 있었다. 아래층은 숙녀들이 쇼핑을 하면서 진열된 고급 패션 제품들과 팬시 상품들을 훑어보고 있었다. 벨파스트 레이스, 실크 가운, 1천 달러짜리 낙타털 숄 등이 전시되었다.[26]

스튜어트는 부가 미국인들에게 제공할 수 있는 것이 과연 어떤 것인지에 관한 이 나라 최초의, 그리고 최대의 환상과 신화를 창조한 사람이었다. 그에게 맹목적인 편지를 보냈던 사람들이 생각했던 것처럼, 수천 명의 사람들이 그를 '관대함과 ······풍요로움으로 유명한 세계'를 유지하고 있다고 간주할 정도로 꿈을 추구하고 팔았다.[27] 공화국의 땅에서 희한하게도 왕족이었던 그는 얼토당토않는 관대함의 환상을 태동시켰으며 많은 사람들이 어처구니없는 하소연을 하도록 만들었다. 브루클린에 사는 한 여성은 그에게 자기 몸을 제공하겠다는 편지를 썼다. "나는 돈이 있어야 하고 그 돈을 수중에 넣기 위해 나 자신을 팔려고 해요. 당신에게 가겠어요. 왜냐하면 당신은 신사이고, 안심하고 믿을 수 있다는 느낌이 들기 때문이에요. 나는 세상이 말하는 세련된 사회와 교제하고 싶어요. 30세이고 훌륭한 외모를 하고 있

---

25) Herbert Adams Gibbons, *John Wanamaker*(New York, 1926), vol. 2, p.9.

26) 〈A Scene at Stewart's〉, *U. S. Economist and Dry Goods Reports*(June 22, 1869), p.2. Gail Hamilton, *Harper's Bazaar*(June 10, 1876). 스튜어트 가게의 묘사와 그의 사업 발전에 관한 설명은 〈The Yankee Style〉, *The American Builder*(August 1872); William Leach, *True Love and Perfect Union*(Middletown, Conn., 1989), pp.222–27; Harry E. Resseguie, 〈Alexander Turney Stewart and the Development of the Department Store, 1823–1876〉, *Business History Review 39*(1965): 301–22; Resseguie, 〈A. T. Stewart's Marble Palace: The Cradle of the Department Store〉, *New York Historical Society Quarterly* 48(April 1964): 131–62; Roger A. Wines, 〈A. T. Stewart and Garden City〉, *The Nassau County Historical Journal* 19(Winter 1958): 1–15; Mary Ann Smith, 〈John Smook and the Design for A. T. Stewart's Store〉, *The New-York Historical Society Quarterly* 55(January 1974): 18–33.

27) Hattie Newal of Atlanta, Georgia, To A. T. Stewart(January 24, 1871), L. Simms of Culpeper, Conn., to Stewart(October 17, 1871), A. T. Stewart Papers, NYPL. 이 전집에는 수백 통의 편지로 구성되었는데, 대개는 모든 종류의 도움을 요청하고 하소연하는 편지들로 되어 있었다.

습니다. 나를 사시겠어요?" 오하이오 출신의 한 남자는 스튜어트에게 '5만 달러만 보내 달라'고 애걸했다. "난 땅을 사서 묘목 농원을 시작하고 싶습니다. 그걸 보내 주면 곧장 돈이 됩니다." 플로리다 출신의 18세 된 청소년은 "한동안 나는 자전거를 사기 위해 돈을 모으려고 노력하고 있었습니다. 그런데 돈을 저축할 수가 없었어요. 순간적으로 선생님께서 저에게 그 돈을 줄 수 없으신지 묻지 않을 수 없군요." "저에게 3달러만 보내 주세요"라고 뉴욕의 벨빌에 사는 14세의 소년이 요청했다. "내가 알기로 당신은 이 세상에서 가장 부자이기 때문입니다."[28]

스튜어트는 또 다른 사람들로부터는 '사회적 흡혈귀'이자 그의 '전체 사업 시스템'은 '압제'라는 비난을 받았다.[29] 심지어 그가 죽어서 황금과 비단으로 치장한 관에 누워 무덤으로 들어갔던 1876년 이후에도 스튜어트가 지배했던 환상의 세계는 지속되었다. 인기 있는 칼럼니스트이자 《하퍼스 바자》 편집장이었던 게일 해밀턴에 의하면 그는 마침내 부자가 되고 돈을 소망하는 것에서 느끼는 죄의식으로부터 미국인들을 자유롭게 해주었다. "우리 모두 돈과 사치를 원한다"라고 그녀는 주장했다. "우리는 돈과 사치를 우리 수중에 넣지 못했을 때에만 그것을 비난한다. 그러므로 돈에 대한 부질없는 불평은 그만두어야 한다"[30]라고 적었다.

이 모든 것에도 불구하고 어쨌거나 스튜어트는 대체로 도매 사업(1870년대와 1880년대에 유일한 대규모 머천다이징 형태가 도매업이었다)을 했으며 그의 소매 가게들은 팬시 잡화 제품들을 팔았다. "1876년 이전에 존재했던 유일한 가게는 A. T. 스튜어트 가게였는데, 그 가게는 잡화 제품에 한정되어 있었다"[31]고 1908년 워너메이커는 친구에게 보낸 편지에서 말했다. 90

---

28) Eddie Comstock to Stewart(August 20, 1871); Lou Cameron, Brooklyn, to Stewart(September 28, 1871); A. Kappel of Washington County, Ohio, to Stewart(Novemver 14, 1870); J. E. Allen of Fernandina, Florida, to Stewart(May 8, 1871), Stewart Papers.

29) Paker Pillsbury, 〈The Largest Store〉, Revolution, September 3, 1868.

30) Gail Hamilton, 〈The Blameworthiness of Wealth〉, Harper's Bazaar(June 10, 1876). 스튜어트의 관에 관에서는 NYT(April 11, 1876), p.1; NYT(April 12, 1876), p.8; NYT(April 14, 1876), p.10; 〈The Deceased Millionaire〉, Frank Leslie's Illustrated Newspaper 42(April 22, 1876): 105, 111; James Grant Wilson, 〈Alexander T. Stewart〉, Harper's Weekly 20 (April 29, 1876): 345-46.

년대 중반에 이르러, 새롭게 통합된 대규모 소매 시설들이 세워졌으며, 최초의 건물은 뉴욕 시의 넉살 좋은 헨리 시겔에 의해 세워졌다. 시겔은 시카고에서 자영 상인으로 출발했다가 네덜란드 태생 프랭크 쿠퍼와 동업으로 1887년 최초의 시겔-쿠퍼 스토어를 열어서 엄청난 성공을 거두자 뉴욕으로 진출했다. 골드만, 삭스와 같은 투자은행가들은 총 2백만 달러에 달하는 채권을 그에게 발행해 주었다. 이로 인해 그는 엄청난 규모의 맨해튼 부동산을 구입했다. 그는 1896년 18번지 6번 애비뉴에서 새로운 시겔-쿠퍼 가게를 열었다. 가게는 강철 골조의 석조 빌딩이었는데, 6층 높이에 꼭대기는 온실을 만들었다. 옥상 레스토랑, 2백 피트 타워——한 지붕 아래서 세계의 모든 것을 감당하는 최초의 자족적인 백화점이 되었다——를 세웠다. 시겔의 건축가에 따르면 그것은 델레모스(Delemos)와 코르데스(Cordes)였다.[32]

새로운 세기의 초엽, 존 워너메이커는 '5백 와트 텅스턴 전구'로 장식한 백화점들이 과거의 '촛불'을 대신했으며, 12층에서 25층으로 솟아오르면서 수백만 평의 판매 공간을 차지하게 되었다고 기록했다.[33] 가장 유명한 다수의 회사는 이 기간 동안 지금과 같은 친숙한 모습을 띠게 되었다. 마셜 필즈는 1902년과 1912년에, 카슨, 피리에, 스콧은 1903년에 세워졌는데, 두 가

---

31) JW to Powell Day(February 8, 1908), Wanamaker Letterbook, 〈December 14, 1906 to February 20, 1908〉, p.941, WA. 워너메이커는 바로 그 편지에서 이렇게 적어 놓았다. R. H. 메이시 백화점은 (…) 초기에는 온갖 종류의 물품을 갖춰 놓은 그런 가게가 아니었다. 그런 가게에서 팔았던 것은 오늘날 뉴욕의 6번 애비뉴 가게에서 팔고 있는 것보다 훨씬 저가의 물품들었다." 윈도 전시와 광고가 아직 부재했던 시절에 관해서는 다음을 참조할 것. Gibbons, *John Wanamaker*, vol. I, pp.124-25, and Bessie Louise Pierce, *A History of Chicago: The Rise of the Modern City, 1871-1893*(New York, 1957), vol. 3, pp.177-78.

32) 〈The Third Largest Retail Establishment in the World〉, Delemos and Cordes scarpabook, Manuscripts Collections, NYHS. 시겔과 골드만 삭스의 거래에 관해서는 *DGE* (May 11, 1895) 참조. 백화점에 관해 좀더 알고 싶다면, Siegel-Cooper and Co., *New York——a Bird's Eye View of Greater New York and Its Most Magnificent Store*(New York, 1898), p.96, NYPL; *The Dry Goods Chronicle 22*(September 26, 1896): 27; *The American Grocer* 56(September 16, 1896): 6. 시겔과 쿠퍼에 관한 전기적인 스케치에 관해서는 *DGE*(August 22, 1896); 시카고 가게의 성장에 관해서는 Harry Resseguie, 〈The Man Who Wrecked Sixth Avenue〉, 이것은 베이커 도서관이 소장하고 있는 비출판 원고이다. HBS, Cambridge, Mass., p.15.

33) JW, quoted in *PT* 13(February 1915): 116.

게 모두 시카고에 세워졌다. 메이시즈는 1902년에 맨해튼에 세워졌다. 필렌즈(Filene's)는 1912년 보스턴에 세워졌다. 화이트 페이머스 바 백화점은 1913년 세인트루이스에 세워졌다. 이 웅장한 구조물은 아직도 도시 상업 지구의 번화가를 내려다보고 있다. 1913년 신시내티에는 라자러스 백화점을 형성해 왔던 '건물들의 거대한 덩어리'가 허물어지고 그 자리에 통합적인 블록을 형성한 백화점이 들어섰다.[34]

어떤 사업보다도 백화점은 미국 경제가 무엇을 생산하고 수입하는지를 총체적으로 잘 보여주었다. 1880년대 대부분의 백화점은 불과 15개 정도의 매장을 갖고 있었다. 하지만 1910년에 이르러 대다수 백화점들은 거의 1백50개에 달하는 매장을 갖게 되었다. 시겔-쿠퍼스는 1890년 후반에 이르러 기본 상품들, 피륙(야드 단위로 파는), 잡화, 기성품 옷감, 기계 제품의 가구들, 수백 가지 이름을 가진 브랜드 피아노뿐만 아니라, 최대의 화랑에서는 사진 장비들, 원숭이 · 개 · 고양이 · 새 · 사자 · 새끼판다, 거대한 애완용 매장에서는 열대어 등을 팔았다. 1910년 메이시즈는 맨해튼 35번지 7번 애비뉴에서 이 나라 최대의 가정용 카펫 사업을 경영하고 있었다. 필라델피아의 워너메이커스는 시카고의 마셜 필즈 다음으로 '미국에서 가장 훌륭한 서점'을 가지고 있었는데, '용적이나 판매고에서 전 세계'[35]의 어떤 사업도 능가했을 것이다.

뉴욕에 있는 블루밍데일스와 시겔-쿠퍼스에서부터 시카고에 있는 더 페어(The Fair)에 이르는 백화점들은 저장 보관하고 냉동한 고기, 통조림 식품, 신선한 야채들, 치즈, 빵, 캔디, 헤아릴 수 없는 커피와 차들, 미식가를 위한 특제품 등을 팔았다.[36] 이 백화점의 식품 구매자인 윌리엄 티톤에 따르면

34) Interview with Fred Lazarus, 1965, Oral History Project, Records of the Federated Department Stores, Butler Library, Columbia University, pp.30-39; Bessie Louise Pierce, *History of Chicago*, vol. 3, pp.47-59, 268-88.

35) 워너메이커스에 관해서는 interview with Charles Butler, treasurer of Brentano's (February 13, 1914), Resale Price Investigation(RPI), Record Group 122, file 7224-6-1, Records of the Bureau of Corporations, NA, p.1; 메이시즈에 관한 것은 interview with Macy's rug buyer(November 1914), file 7224-64-1, RPI, RG 101, NA, p.1; 필즈에 관한 것은 Emily Kimbrough, *Through Charley's Door*(New York, 1952), p.51, interview with Alfred Harcourt by Lloyd Lewis, transcript of 〈Lloyd Lewis Interviews〉(1946), MFA.

1914년 무렵, 코셔 식품을 판매하는 최초의 대규모 소매점인 메이시즈는 '계절과는 상관없이 모든 희귀한 열대과일과 야채들' [37]을 팔고 있었다. 식품 매장은 다이어트 식품(그라놀라 · 밀기울 · 밀겨 · 피넛 버터 · 밀기울을 빼지 않은 통밀가루 식품 · 요구르트 등등) 2백65종의 각기 다른 포도주 · 클라레 · 샴페인. 각양각색의 맥주 · 진 · 브랜디 · 럼 · 위스키, '모든 등급'의 알코올 음료와 메이시즈 자체 라벨인 레드 스타 브랜드 칵테일(맨해튼과 마티니를 미리 혼합한 것) 등이 있었다. [38] 백화점의 식료품 사업은 수입이 좋았지만, 상당수 상인들은 그 사업에 참여하기를 거부했다. "우리 회사는 식료품 사업을 사절해 왔다"라고 존 워너메이커는 1899년 물어보는 고객에게 답장을 보냈다. "왜냐하면 식료품 사업은 와인과 알코올 음료 없이는 수익을 남길 수 없었는데, 우린 원칙상 술의 사용에 반대하고 있기 때문입니다." [39]

엄청난 상품을 판매하는 이외에도 대규모 소매상들은 지속적으로 편이 시설을 확장할 수 있는 자본을 확보했으며 점점 더 많은 물품을 사고 팔게 됐다. 예를 들어 많은 상인들은 원자재에서부터 분배와 마케팅까지 그리고 도소매 판매에 걸친 경제적인 과정의 모든 요소들을 통합하려고 했다. 1900년 무렵에는 분명히——1920년 무렵에는 완전히——이런 통합 과정이 급속하게 사라지고 있었으며, 대규모 소매상들은 제조 단위와 도매 구분을 전적으로 소매 분야에 집중했으며, 다른 기능은 다른 분야에서 좀더 효율적으로 수행하도록 했다. 하지만 그 시기 이전에도 A. T. 스튜어트와 같은 상인은

---

36) 시겔-쿠퍼스에 관해서는 *The American Grocer* 83(March 2, 1910): 12; 심슨 크라우포드 심슨에 관해서는 *The American Grocer* 74(December 13, 1905): 19 참조.

37) Interview with Macy's food buyer, William Titon, by Arthur Johnson(September 30, 1965), Record Group 10, Harvard History Project, Box 4 of 4 〈Harvard Interview〉, MA.

38) *Quartely Catalog and Price List Winter 1914-15*, submitted as part of store interview (November 10, 1914), Resale Price Investigation, RG 1222, pp.25-30, NA. 메이시즈는 알코올 음료를 무차별적으로 우편으로 보내지 않았다. "일부 도시와 주에서는 금주법이 있기 때문에, 와인과 알코올 음료 C.O.D의 배달은 물품 가격이 지불된 바로 그 자리에서 판매한 것으로 한정한다고 법원에 의해서 해석되었다. 고로 장차 포도주와 알코올 C.O.D는 우리의 백화점의 트럭 배달 범위를 넘어서는 어떤 지점으로도 운송할 수가 없다." (p.68)

39) JW to George V. Wendel(December 13, 1899), vol. 24, p.154, WA. 워너메이커는 1895년 식료품 매장을 실험해 보았지만 1896년 그만두었다. *The American Grocer* 55 (January 1, 1896): 7.

심지어 1870년대 이미 그와 같은 관리 통제를 실시했다(자기가 소유한 가게에서 뿐만 아니라 해외에 있는 공장에서도). 제분 공장, 지부 도매 사무실에 이르는 광범한 시스템과 더불어 1930년 초반에 이르면 마셜 필즈 역시 그런 식으로 관리 통제했다(심지어 1932년에는 30개). 존 워너메이커는 어느 정도(캔디 · 베개 · 화장품 · 아이스크림 · 치약 등)까지 그렇게 했다.[40] 블루밍데일스는 맨해튼 63번지에 위치한 4층짜리 건물에서 1909년 자회사 제품의 속옷을 만들었을 뿐만 아니라 수백 명의 전문 피아노 제작자들을 고용하여 자회사 제품의 피아노도 제작했다. "시카고의 스테이트 스트리트에 있는 맨델스는 상류층을 위한 매트리스와 박스 스프링과 속을 지나치게 채운 가구들을 제작했다."[41]

많은 상인들은 전국적인 체인을 형성하기 위한 첫 단계 조처를 취했다. 1906년 월 스트리트에서 투자은행가들은 시어스, 뢰벅 & Co의 확장을 위한 자금 조달을 했으며, 우편 주문 상점은 1892년 처음으로 통합되었으며, 그때까지 유명한 시골장에 기여했다. 은행은 확장에 필요한 자본을 회사가 확보할 수 있도록 공공 안보 시장에 수백만 달러어치의 시어스 주식에 투자했다. "처음으로 시어스, 뢰벅은 판매량의 급속한 증가를 뒷받침하는 데 필요한 엄청난 운영 자본과 더불어 탄탄한 재정적인 발판을 구축하게 되었다"[42]

40) 메이시즈의 경우 아일랜드에 있는 직조 공장의 경우 그렇게 했으며 프랑스에 있는 도자기 그릇의 경우에, 보헤미아에 있는 유리 아울렛에서 그렇게 했다. 메이시즈에 관해서는 R. H. Macy and Co., 〈R. H. Macy and Co. Importers, Manufacturers, and Retailers〉(New York, 1890), in the Bella Landauer Collection of Advertising Art, NYHS. 필즈에 관해서는 〈Department Stores Cash In〉, *Business Week*(May 12, 1934), p.14; 스튜어트에 관해서는 Harry Resseguie, 〈Alexander Turney Stewart and the Development of the Department Store〉 참조. 워너메이커스에 관해서는 interview by author with Richard Bond, president of Wanamaker's in the 1950s and 1960(June 20, 1985), Johnn Wanamaker and Co., 〈Souvenir Guide Book of the Wanamaker Store in New York City〉(New York, 1907). 백화점의 수직 통합에 관해서는 〈Case Studies in Department Store Expansion〉, HBR 6(October 1927), Susan Benson Porter, 〈The Clerking Sisterhood〉, *Radical America* 12(March-April 1978): 41-55.

41) Interview with the Mandels management(December 5, 1913, and January 7, 12 and 15, 1914), Resale Price Investigation, RG 122, file 7224-26-1, NA, p.3; 블루밍데일스에 관해서는 Bloomingdale and Co., 〈Bloomingdale's Diary 1909 and Souvenir〉(New York, 1909), Bella Landauer Collection of Advertising Art, NYHS.

라고 회사의 역사가는 적고 있다. 이것은 이 나라의 경제와 문화를 형성하는 데 주목할 만한 의미가 담긴 추세였다. 역사가인 앨런 네빈스는 "1906년에 이르기까지 대량 머천다이징 영역에서 기업가들에게 대중 화폐 시장이 개방되었던 적은 거의 없었다"[43]고 기록했다. 하지만 투자은행가들은 그들과 그들 고객의 눈앞에 상당한 재정적 보상이 되돌아오는 것을 보고서는 이런 추세를 역전시키는 데 도움을 주었다. 1912년 시어스를 도왔던 동일한 협동은행 회사들은——레만 브라더스 앤드 골드만, 삭스——F. W. 울워스 주식회사를 재정 지원하고 재조직하면서 1892년에는 18개였던 가게들이 미국과 유럽 양 대륙에서 6백 개로 증가했다.[44]

다른 소매 상인들은 경쟁자들을 흡수함으로써 팽창해 나갔다. 일찌감치 1901년 존 클래플린은 이 나라 최대 규모의 도매 사업을 설립했던 호레이스 B. 클래플린의 아들인데, 그는 이제는 돌아간 아버지 사업을 물려받아 그것을 백화점 체인으로 통합하려고 했다. 존 클래플린은 회사를 재구조 조정했다. 엄청난 숫자의 소매 가게들 위에 군림하는 지주회사로 이미 기능해 왔는데, 이런 가게들을 1890년대 하나의 주식회사로 통합했으며, 투자은행가인 J. P. 모건의 재정적인 도움과 충고에 따라서 클래플린은 점점 더 규모를 확장했다. 1901년과 1909년 사이에 모건은 2개의 지주회사를 만들어 보라고 그에게 충고했다. 회사의 담보물은 대중 시장(public market)에서 판매되고는 했다. 1910년 무렵 클래플린의 사업은 전체적으로 대단히 잘 알려진 회사인 뉴욕 소재 로드 앤드 테일러와 맥크리리스와 뉴어크 소재 한느스를 포함하여 40개의 소매 가게를 소유했다.[45]

세인트루이스와 미조리의 메이 백화점은 미국의 최장기 백화점 체인의 하나가 되었는데, 이들 백화점은 1910년 뉴욕 시에서 통합되었다. 메이 회사는 덴버 신발 가게와 옷감 회사, 부동산과 투자 사업체를 소유했으며, 클리

42) James C. Worthy, *Shaping an American Institution: Robert E. Wood and the Sears, Roebuck*(Chicago, 1984), p.31. Boris Emmet and John E. Jeuck, *Catalogues and Counters: A History of Sears, Roebuck Co.*(Chicago, 1950), pp.132-33, 170-72; Tom Mahoney and Leonard Sloan, *The Great Merchants*(New York, 1966), pp.221-43.

43) Allan Nevins, *Herbert Lehman and His Era*(New York, 1963), p.49.

44) Joh Winkler, *Five and Ten: The Fabulous Life of F. W. Woolworth*(New York, 1940), pp.175-76.

브랜드 백화점, 피츠버그에 있는 보거스와 불 백화점, 애크런에 있는 M. 오
닐 주식회사, 그리고 무엇보다도 세인트루이스 소재 페이머스 바 백화점을
소유했다. 1913년 이들 백화점은 '이 세상에서 가장 큰 사무실 빌딩'이라고
한 백화점 프로모터는 주장한 바 있었다.[46]

　헨리 시겔 또한 머천다이징 제국을 창조하려고 꿈꾸었다. 투자은행가의
도움을 받아서, 그는 1901년 신디케이트를 형성했다. 시겔-쿠퍼 회사(이제
는 단독 소유자가 되었는데), 맨해튼 소재 심슨-크로포드-심슨 백화점, 시카
고 소재 슐레징거-마이어 백화점 신디케이트를 형성했다.[47] 몇 년 지나 헨
리 시겔은 14번지 6번 애비뉴의 코너에 있는 오래된 마이어 백화점을 사들
였다. 스트라우스 형제인 이 가족은 1877년 오래된 메이시즈를 사들였으며,
이 무렵 34번지에 있는 업타운으로 이사했다. 그는 이 백화점을 14번지 가
게(대중을 상대로 물건을 팔려고 고안된)라고 불렀으며, 보스턴에 또 다른 시
겔 백화점을 세웠다. 시겔 백화점은 50개에서 1백 개의 매장을 가졌을 뿐만
아니라 레스토랑, 미용실, 치과 시설, 정기 예금과 예금 인출을 위한 은행과
같은 '서비스' 시설을 갖추고 있었다. 고객들은 그의 은행에 수백만 달러를
예치했으며, 결과적으로 그의 몰락을 가져다주었던 그런 유혹에 넘어가게
되었다.[48]

　이제 헨리 시겔 주식회사의 우두머리가 된 시겔은 1천만 달러 이상의 자

---

45) T. J. Carlson, 〈A Corporate History of Associated Dry Goods Corporation〉(New
York, August 1977), Associated Dry Goods Corporation Archive, New York, pp.3-24;
〈Costs of Doing Business〉 and 〈Memoranda-Miscellaneous Excerpts from Statements of
Firms Having Experience with Price Maintenance〉, Resale Price Investigation(RPI), Bureau
of Corporatoins, RG 122(1913), file 1371-8, NA, pp.4-8; William Ingersoll, 〈Remedies
Needed for Unfair Practices Leading in the Retail Market〉, pamphlet(December 12, 1913),
file 7222-106-1, RPI, NA; DGE(April 1 and 11, 1903). 클래플린스가 1890년 주식회사
로 변화하는 것에 관해서는 Thomas V. Nevin and Marian V. Sears, 〈The Rise of a
Market for Industrial Securities, 1887-1902〉, The Business History Review 29(June
1955): 123.

46) "Miscellaneous Information······ on the Famous and Barr Department Store," gathered
for the RPI, Bureau of Corporations, RG 122, file 7224-36-1, NA.

47) 〈Henry Siegel Has Chicago Store〉, DGE(January 1, 1902). 이 저널의 보고에 따르면
"헨리 시겔은 파트너인 프랭크 H. 쿠퍼의 이해 관계에 따라서 이 백화점을 구입했다"고
한다.

본을 모았으며, 맨해튼의 법률가이자 재력가인 헨리 모겐소 시니어로부터 지원받았다. 그는 시겔 감독위원회의 멤버였다. 모겐소는 인생의 후반기에 이르러 역사적 위기의 순간에 터키 주재 미국 대사를 지내기도 했다. 그는 점점 커져 가는 대상(大商)들의 요구를 채워 주었으며, 뉴욕 부동산 사업의 합병을 도왔다.[49] 1893년 모겐소의 도움으로 이지도르와 네이션 스트라우스가 공동 경영을 파기하기로 결정했을 때, 그는 브루클린 소재 웩슬러 & 에이브러햄 백화점을 소유하기 위한 경매 전쟁에서 승리하게 되었다. 웩슬러의 변호사였던 모겐소는 웩슬러를 설득하여 '사업을 혼자 경영하면서 회사의 안전을 위태롭게 하는 것은 현명하지 못하다'는 이유로 팔도록 했다. 그 결과물이 에이브러햄 & 스트라우스 백화점이었다. 1896년 그 당시 A. T. 스튜어트의 아스토 플레이스의 소유주는 헨리 해밀턴 판사였는데, 그의 아스토 플레이스는 수익보다는 비용 지출이 훨씬 더 많았다. 그의 변호사로서 모겐소는 '그[헨리]를 설득하여 사업체를 팔아서 손실을 막아야 한다고 충고했다.' 이리하여 그 다음 순서로 필라델피아의 존 워너메이커가 스튜어트 백화점을 손에 넣게 되었고, 이 나라에서 가장 큰 백화점으로 키우는 것이 가능하도록 만들어 주었다.[50] 1909년 보스턴 소재 필렌즈의 링컨과 에드워드 필렌은 이 새로운 백화점을 건설하는 데 필요한 돈을 투자하려는 투자은행가들에게 의존하려는 마당에, 그들은 모겐소로부터 '자본이 충분하다면 절대 실패하지 않을 것'[51]이라는 충고를 들었다.

48) Siegel-Cooper and Co., *A Bird's Eye View of Greater New York*; and *DGE*(August 22, 1896, October 19, 1901, January 6, 1903, May 2, 1903, April 30, 1904, and September 16, 1905) 시겔의 오래된 메이시즈 구입에 관해서는 〈Another Big Store〉, *DGE* (January 31, 1903).

49) Henry Morgenthau III, *Mostly Morgenthau: A Family History*(New York, 1991), pp.109-209.

50) Henry Morgenthau, Sr., *All in a Life-Time*(New York, 1902), pp.34-38.

51) Henry Morgenthau to Lincoln Filene, recorded in Lincoln Filene, 〈Notes on Meeting on Basis of Capitalization〉(October 1909), accompanied by cover note to LK(November 1, 1909), folder 〈New Stores〉, n°. 62, LKP, Baker Library, HBS. 시겔-쿠퍼스에서 모겐소의 역할에 관해서는, 〈Siegel-Cooper and Co., in Combine〉, *MRSW*(December 1910)(모겐소의 이름은 위원회에서 유일한 부은행장이었다). 모겐소는 자서전에서 이들 고객의 이름을 전혀 거론하지 않았다.

모겐소가 시겔과의 거래에서 조만간 터득했을 터이지만 성공은 기정사실과 같은 결론이 아니었다. 1913년과 1914년 사이에 시겔과 클래플린 사업체는 붕괴되었다. 클래플린은 자멸했는데, 왜냐하면 오래된 도매 회사들은 많은 소매 가게들을 통제할 수가 없었기 때문이다. 소매 가게들은 회사의 크레디트를 수백만 달러(5천 개의 은행이 연루되었다) 이상 초과했으며, 도매 분업을 하려고 하지 않았다. 이렇게 하여 서로 충돌하는 자충수가 벌어지게 되었다. 다시 한번 J. P. 모건이 개입했다. 이번에 그는 사업체를 새로운 회사, 즉 연합 잡화류 주식회사(Associated Dry Goods Corporation)로 재조직함으로써 이 나라의 지도적인 소매 주식회사를 여전히 만들어 냈다. 그는 클래플린의 사퇴를 요구하고 그렇게 만들었다.[52] 시겔은 1914년 수치스럽게 추락했다. 그는 뉴욕 주요 은행가들로부터 대출을 받아들이는 엄청난 실책을 저지르게 되었다. 그때 이미 그는 대출금을 상환하지 못하리라는 것을 알고 있었다. 하나를 제외하고 그의 모든 가게는 이윤을 남기지 못한 채 가동되고 있었으며 자본금이 엄청나게 축소되었다. 침몰하지 않으려는 안간힘으로 그는 엄청난 손실을 막아 보려고 자기 백화점 은행으로부터(다시 말하자면 고객이 맡긴 돈으로) 돈을 인출했다. 1914년 2월, 2만 명의 채권자들이 그에게 몰려들었지만 그가 돈을 상환할 전망은 전혀 없다는 사실이 밝혀졌다. 1년이 채 못가서 그는 철창 신세를 지게 되었으며 거대한 절도범으로 기소되어 뉴욕 로체스터에 있는 몬로 카운디 교도소에서 9개월 동안 실형을 살았다. 만약 모겐소가 그 무렵 터키에 있지 않았더라면 그의 간담이 서늘해졌을 터였다. 그 무렵 모겐소는 터키의 아르메니아인 대학살과 관련하여 너무 바쁜 나머지 시겔의 몰락에는 관심을 기울일 겨를이 없었다.[53]

---

52) ⟨Causes of H. B. Claflin's Co.'s Failure⟩, *DGE*(June 27, 1914), pp.31-33; Carlson, ⟨A Copporate History of Associated Dry Goods Corporation⟩, p.14.

53) *DGE*(January 10, 1914, Febuary 7, 1914, March 28, 1914, November 14, 1914, November 28, 1914, June 26, 1915); ⟨Henry Siegel Dead at 78; One Time Merchant Prince⟩, *New York World*, August 27, 1930, Delomos and Cordes, ⟨Newspaper Clippings⟩.

1890년대의 소매 전쟁

대규모 시장 소매상인들의 성공은 그들의 능력보다는 대규모 자본이 한곳에 모여들거나 혹은 한 지붕 아래, 또는 하나의 카탈로그를 통해 방대한 물품을 제공해 주는 것으로 인해 가능했다. 그 외에도 직접적인 또 다른 이유가 있었다. 상인, 개혁가, 주정부가 결탁하여 반대자들을 무찔러 주는 것도 그들의 성공 요인에 포함되어 있었다. 1890년대 소매 전쟁은 앨런 트래히탠버그가 '아메리카의 합병(incorporation of America)'이라고 불렀던 현상과 관련된 상징적인 소요는 백화점의 적법성마저 도전받을 정도로 폭발되었다(특히 서부의 여러 주들에서).[54] '모든 것을 집어삼키는 거대한 괴물'들이 '작은 인간'들을 몰락시키고 있다고 뉴욕의 식료품 가게주인들은 비통하게 말했다.[55] 이보다 일찌감치 소상인들은 전멸을 막기 위해 대상들에게 대항하는 조직을 만들면서, 파리와 런던에서 진행되고 있는 과정을 살폈다. 역사가인 W. 하미시 프레이저가 지적했다시피, "소매업은 소상인들의 손에서 벗어나 대규모 회사로 넘어가고 있었다."[56] 하지만 미국에서 대상들에 대한 소상인들의 저항은 대규모로 진행되었다.

"이 나라는 자유로운 나라입니다"라고 1891년 캔자스시티에 있는 한 소매상인조합의 회장은 말했다. "하지만 이 도시가 모든 사업을 관장하는 2,3개의 거대한 백화점만 있다면 작은 가게들은 망할 수밖에 없습니다." "나는 3개의 백화점과 노점상 때문에 희생당하고 있어요"라고 캔자스시티의 한 잡화점 상인들이 같은 해 불만을 호소했다.[57] 1893년 불경기의 궤적을 좇아서 소규모 소매 상인들은 자신들의 불행이 백화점에서 비롯된 것으로 비난했다. "큰 가게는 사람들의 독립성 문제에 있어서 여러 가지 사소한 방식으로 많은 것들을 빼앗아 가버리고 의존하지 않을 수 없도록 만듭니다. 큰 가게

---

54) Alan Trachtenberg, *The Incorporation of America*(New York, 1982).

55) W. J. Lampton, 〈Department Stores and Advertising〉, *Fame* 1(June 1897): 143.

56) W. Hamish Fraser, *The Coming of the Mass Market, 1850-1914*(London, 1981), p.101. 프랑스에 관해서는 Michael Miller, *The Bon Marché*(Princeton, 1982).

57) Quoted in *DGE*(Feburary 7, 1891), pp.1-3.

들은 돈 많은 사람들에게는 더많은 돈을 안겨 주면서, 조만간 횡포를 부릴 수 있는 중심 권력에 복종하지 않을 수 없도록 만듭니다. 이런 횡포는 피억압자들에게 무한정한 땅을 가진 아메리카에서 집 하나 제공해 주지 못하도록 하게 될 것입니다."[58] 캘리포니아에서부터 뉴욕에 이르기까지 법안이 도입되어 "사방으로 촉수를 뻗쳐 나가는 문어발에게 세금을 부과하고, 미끈거리는 폴드 안에 전문가나 혹은 단일 품목 가게주인(one-line man)——꽃장수·구두장이·식료품 장수·보석 가게주인·가구 상인 등——을 끌어들이는 것에 세금을 매겼다." 푸줏간주인과 주류업자들은 종종 싸움을 진두 지휘했다.[59]

특히 시카고에서는 투쟁이 가열되었다. 1893년 불경기의 여파로, 수백 개의 회사들이 도산했다.[60] 스테이트 스트리트에 있는 마셜 필즈는 난국에 대처하면서 오히려 사업이 번영을 구가했고 시카고 사업 지구의 중심을 장악하여 부동산 가격을 올렸으며, 소규모 경쟁자들이 감히 경쟁을 꿈꿀 수 없도록 만들면서, 전 범위에 걸친 물품을 판매함으로써 작은 회사들의 단골들을 깊숙이 파고들었다. 1880년대 이후로, 마셜 필드(영리한 부회장인 고든 셀프리지, 그는 후일 런던에서 셀프리지의 설립자가 되었다) 백화점은 선두에 있는 모든 시카고 소매업자들——존 V. 파월 주식회사, 보스턴 스토어, 맨델스, 심지어 필드의 대상(大敵)인 카슨, 피리에, 스콧을 포함하여——을 설득하여 스테이트 스트리트에 밀집시키려고 대단히 노력했다. 그렇게 하여, 이들은 도무지 저항할 수 없는 통합된 판매력의 자기장처럼 기능할 수가 있었다. "그는 스테이트 스트리트를 구축하고 싶어했다"고 후일 필즈의 한 중역은 자기 사장을 회고했다. "그는 맨델스를 설립하는 데 심혈을 기울였고 스테이트 스트리트에 맨델스를 유치하려고 노력했어요. 그렇게 해서 보스

---

58) Quoted in *DGE*(November 17, 1894).

59) 〈Fighting That Octopus〉, *DGE*(May 15, 1897). 캘리포니아에 관해서는 〈Fighting That Octopus〉, 일리노이와 미네소타에 관해서는 〈The Big Store War〉, *DGE*(April 3, 1897), p.8; 매릴랜드에 관해서는 〈Among the Trade〉, *DGE*(April 2, 1898); 뉴욕과 매사추세츠에 관해서는 〈Oppose Department Store〉, *DGE*(April 16, 1897).

60) 이 시기 동안 시카고의 정치적 분위기의 취약성에 관해서는 the mayor's record 1897-1902, in Carter H. Harrison, *Stormy Years: The Autobiography of Carter Harrison, Five-Time Mayor of Chicago*(New York, 1935).

턴 백화점이 자리잡도록 했지요."[61]

마셜 필즈는 적을 짓뭉개는 데 이력이 났다. 그는 모든 노동조합에 이를 갈았고, 어떤 노조든지간에 노조와 관련이 있는 직원들을 해고시켰으며, 끊임없이 '직업적인 깡패'를 모집하거나 스트라이크를 분쇄하기 위해[62] 자기 호주머니에서 돈을 털어 주방위군에게 재정 지원을 했다. 시카고의 한 신문이 언급했다시피, 조직된 노동 세력에 대항하기 위한 전쟁 이면에는 '통합된 자본'이 있었다. 혹은 필드 스스로 묘사하듯이 "불법 파업자들의 횡포에 저항하기 위한 시카고의 대중들이 있었다."[63]

시카고의 거상들은 중산층 자유주의 개혁가라는 새로운 집단으로부터 놀라운 지지를 얻어냈다. '진보적'인 이들 중산층 자유주의자들은 그 시절의 노동 갈등을 싫어하고 두려워했으며, '지방적이고 (자치 독립을 주장하는) 지역주의적인 세력'과 싸울 수 있는 중앙 집권적인 기관의 출현을 고대했다.[64] 이들은 주로 법률가 · 의사 · 성직자들과 같은 전문 직업적인 계급에 속하거나 아니면 새롭게 부상한 엔지니어와 관리자 집단에 속했다. 이들은 백화점 그 자체는 미래의 물결이며, 소매 상인들과 노동자들은 필연적으로 이

61) Interview with John W. Hughes, retired head of delivery and operation, 〈Lloyd Lewis Interviews〉, transcript(1946), p.12, MFA.

62) 마셜 필즈 인사 기록대장에는 심지어 어린아이들, 그 중에서도 특히 현금 출납을 담당하는 어린 직원들은 파업을 하거나 파업자들과 함께 어울렸다는 이유로 해고되었다고 보고되어 있다. Personnel Record, 1882-1901, p.421, and 〈Records of Cash Boys, II, 1903-1906, Ledger〉, pp.20, 29, 130, MFA. Robert Twyman, *History of Marshall Field and Company, 1852-1906*(Chicago, 1954), pp.164-66. John Hughes, 〈Lloyd Lewis Interviews〉, pp.14-18; and Herbert Harris(Field's buyer in early 1900s), 〈Marshall Field ──A Great Mercantile Genius〉, unpublished manu-script, pp.6-7, MFA. 필드는 "노조와 연관이 있는 사람은 누구든지 자기 백화점에서 나가라고 명령했다"고 해리스는 기록했다. 필드의 반노동 정책에 대한 기술은 Pierce, *History of Chicago*, vol. 3, p.252, and Ray Ginger, *Altgeld's America*(New York, 1958), pp.41-42, 101-104.

63) Marshall Field to Victor Lawson(December 22, 1903), Victor Lawson Papers, Newberry Library, Chicago, Ill.; and 〈Big Clash Pending〉, *Hearst's Chicago American*(June,1, 1903), clipping in Lswson collection.

64) Joel A. Tarr, 〈The Chicago Anti-Department Store Crusade of 1897〉, *Journal of the Illinois State Historical Society* 64(Summer 1971): 166; Twyman, *Marshall Field and Company*, p.120; Samuel P. Hays, 〈City Fathers and Reform: The Politics of Reform in Municipal Government〉, *The Pacific Northwest Quarterly* 55(October 1964): 157-69.

런 변화에 체념하는 것이 의무라고 확신했다. [65] 많은 개혁가들은 에드워드 벨라미의 유토피아 소설을 존경했다. 벨라미의 인기 있었던 소설인 《뒤돌아 보면서》(1886)는 백화점을 미국 사회의 진원지로 설정했다. 그의 국가주의 운동은 모든 형태의 주 '지역주의(particularism)'를 공격했다. 벨라미에 의하면 국가주의는 '이 나라의 경쟁자들을 쳐부수고' '도시의 라이벌들을 흡수' 하여 '전체 지역을 밀집된 한 지붕 아래 수용'하여 위대한 역사적 성취를 하는 것을 의미했다. [66] 그들은 모든 미국인들에게 대량소비를 보장해 주는 중앙 집중화된 시스템 속으로 모두를 통합해들이려고 했다. 훈육된 산업 체제를 수용하는 대신, 동일한 소비 상품과 서비스에 즉각적으로 모두가 접근할 수 있는 시스템을 꿈꾸었다. 그들의 목표는 벨라미가 '동질적인 세계적 사회 체계'라고 명명한 체계가 되기 위해 군사적인 노선과 더불어 계급 갈등, 지역적인 뉘앙스, 분파주의적인 차이로부터 자유로운 그런 체계를 원했다.

상인들과 개혁가들의 이처럼 막강한 결탁에 저항하기 위해, 소상인, 숙련 노동자와 비숙련 노동자, 도시 변두리에서 가동하고 있는 작은 부동산 소유자들, 백화점을 여성과 아동의 착취자로 간주하는 노조 지도자들이 연합하게 되었다. 이들은 함께 뭉쳐서 백화점을 도시 바깥으로 몰아내는 운동에 착수했다. 이런 봉기 이면에는 '지역' 정치적 거물들이 버티고 있었다. 기계와 최근에 선출된 민주당 주지사인 카터 해리슨, 그리고 단기간이었지만 민주당 시위원회 등이 있었다. "부동산 가치는 거대한 백화점의 중앙 집중화로 인해 터무니없이 치솟았으며 하나의 거대한 소매 지구를 형성하게 되었지요"라고 한 시위원회 위원과 시장은 1897년 그렇게 말했다. 그 지역 여성들은 소매 상인들을 지원하기 위한 운동을 활성화시키려고 하면서 백화점에 대한 대중의 감정을 침식하려고 했다. [67] 드 페어(The Fair)라는 실속 있는 가게가 중대한 확장을 하면서 육류와 주류를 판매할 수 있도록 당당

---

65) Hay, 〈City Fathers and Reform〉; Lewis interview with John W. Hughes, p.11.

66) Edward Bellamy, *Looking Backward*(New York, 1888), pp.49-58; Tarr, 〈The Chicago Anti-Department Store Crusade of 1897〉.

67) 〈Assailing Department Stores〉, editorial, *DGE*(March 6, 1897): "시카고에서는 여성들 중에서 적어도 상당수가 투쟁에 나섰으며 백화점을 지원하는 것에 반대하는 분위기를 만들어 내려고 노력했다."

하게 자격증을 신청하자 시는 그런 요청을 거부했다.[68] 11월 시장은 백화점 상인들을 상대로 소송을 제기하여 육류와 주류 판매를 금지하도록 한 시의 조례를 준수하도록 요청했다. 시위원회 자체도 누진적인 자격증 수수료를 강제하는 결의안을 제출하여 한 가지 제품 이상을 파는 상인들에게 세금을 물리도록 했다.[69]

백화점의 발흥은 많은 다른 도시에서는 불만과 심지어 더 나아가 적대감을 야기시켰으며, 이런 도시에서의 일부 관리들은 공공연하게 대규모 판매를 수호할 수밖에 없다고 생각하기에 이르렀다. 예를 들어 뉴욕 시에서 풀턴 스트리트에 있는 다운타운 비즈니스맨연합은 모든 사업체에 트러스트와 독과점과 백화점의 침입을 막을 분명한 목적 아래 조직되었다. 이런 행동은 브로드웨이와 아스트 플레이스에 있는 워너메이커스 뉴욕 지점의 회장인 로버트 오그던을 자극시켜 반격을 불러일으켰다. 뉴욕과 다른 곳에서 행한 강연에서 오그던은——벨라미의 언어와 흡사한 말투로——백화점은 진보의 전위였다고 주장했다. 백화점은 수천 명에게 직장을 가져다주었으며, 소

---

68) *DGE*(August 7, 1897).

69) *DGE*(February 20, 1897); *DGE*(March 6, 1897), p.2; *DGE*(November 6, 1897), p.2. 새로운 규정을 준수하도록 백화점들에게 강제하려는 해리슨 시장의 시도에 관해서는 *DGE*(October 30, 1897), p.66. 백화점의 도전에 대처하기 위해, 시카고의 작은 소매 상인들은 그 당시 미국 전역에서 시도되고 있던 실험과 흡사한 '협동적인 실험'을 조직하기도 했다. 이런 노력은 상인들의 힘을 단결시켜 줌과 동시에 개별 상인들에게 자율성을 보존할 수 있도록 상인들의 힘을 강화하려는 시도였다. 그것은 '조직의 보호 아래 특정한 물품 라인을 팔 수 있는 배타적인 권리를 포함하는 것'이었다. 이 조직은 '상인들의 협동 마트'라고 불렸는데 '백화점과 유사하지만 협동을 바탕으로 하여 직영하는 것'이었다. 협상은 이렇게 되었다. "소규모 소매상인들이 다룰 수 없는 거래는 무엇이든지 딴 곳으로 돌려야 하며, 자기 능력에 미치는 한 중앙 마트로 전환시킨다"는 것이었다. "마트 이윤의 3분의 1은 상인 주주들 사이에서 분배하며, 백화점으로부터 거래를 딴 데로 돌릴 때뿐만 아니라 자신의 이윤을 증가시킬 때마다 마트에 1달러를 보내기로 했다." 나는 이 실험의 결과를 알지 못하지만 무역 신문의 입장은 어떤 일이 일어났는지를 암시하고 있다. 이 시도는 실패할 것이라고 《잡화 이코노미스트》의 편집장은 주장했다. 왜냐하면 대규모 백화점의 재정적인 성공의 원인이 된 탁월한 경영이 빠져 있기 때문이라는 것이었다. 둘째로 이 조직의 결속력은 불과 몇 안 되는 사업의 최종 경영에 가져다주는 것으로 겨우 유지될 수 있기 때문이다. 이 플랜은 '회장이나 감독위원회'를 요구하지 않았지만 '회의를 주재하고 의결 안건을 통과시킴으로써 상인들이 공동 사업을 관리하도록 하게 될 것'이다. "우리는 백화점이 이 새로운 경쟁상대를 그냥 두고 볼 것이라고는 전혀 생각하지 않았다." 〈New Form of Cooperation〉, *DGE*(April 9, 1898).

매 상인들의 '아이디어' 들은 부질없고 시대에 뒤떨어진 생각이라고 반박했다. "백화점에 대한 비판이 암시하는 것은 백화점이 소규모 경쟁자들의 생계를 파괴한다는 것이다." 그 점은 '어느 정도' 사실이라는 점을 인정하면서도 그는 그것이 백화점에 관한 진정한 핵심을 놓치고 있다는 점을 곰곰이 생각해 보라고 주장했다.

백화점은 생계 지책을 보존하면서도 그것을 좀더 풍부하게 만들어 주고 있다. 기존의 조건들의 재조직화를 거부하면서 부질없이 파국적인 결말을 추구해 왔던 그런 사람들에게 동정하는 사람은 있기 마련이다. 하지만 그런 판단은 다음과 같은 사실을 깨달아야 한다. 즉 결과는 무지나 혹은 고집에 의한 것이거나 혹은 이 두 가지 모두로 인한 것임을 인정해야 한다. 만약 고통받는 개인들이 그야말로 스스로 **자신을 현실적인 조건에** 맞춰서 적응해 왔다면, 그리고 보다 폭넓은 관심사를 통해 생계 지책을 추구해 왔다면, 그는 상당한 보상을 누리면서 동심점에 호소하는 동냥아치처럼 보이지는 않았을 것이다.

오그던은 백화점만큼이나 소매 상인들이 존재할 권리가 있다는 점을 거의 보지 않았다. 그는 또한 누가 승리할 것인가를 결정하는 데 있어서 자본이 하고 있는 역할을 언급하지 않았다. 오그던은 확신했다. "역사는 백화점의 출현 이전에 소규모 가게주인들은 이미 실패한 계급에 속했음을 목격했다"고 주장했다. 과거 소매 상인들 중 채 5퍼센트도 영속적인 성공에 도달하지 못했다. 따라서 실패가 규칙이라면, 대단위 소매 가게(백화점)들의 출현은 자본가 계급에게는 축복이었음이 입증되었다.[70]

1900년 즈음에 이르면 백화점을 몰아내겠다는 전쟁은 점점 힘을 잃어가기 시작했다. 백화점에 특별 소비세를 부과하려는 노력이 뉴욕과 매사추세츠를 중심으로 여전히 있었지만 그것은 어디까지나 산발적이고 실패로 끝났다.[71] 백화점은 도처에 존재하게 되었다. 주 입법 기관은 제안된 법안을

---

70) Robert Ogden, 〈Ethics of Modern Retailing〉(C. 1898), pp.7-8, Box 22, the Papers of Robert C. Ogden, LC, Washington, D. C. 다운타운 비즈니스맨연합에 관해서는 〈Oppose Department Stores〉, *DGE*(January 16, 1897).

71) 〈After the Department Store〉, *DGE*(January 20, 1900).

기각했으며, 주 대법원은 그것을 위헌으로 선언했다. 결과적으로 "상업 지구의 거대한 백화점들은 소매 상인들을 파괴시키고 알지 못하는 불가사의한 힘에 의해 창조된 괴물이다"라고 소매상들의 한 대변인이 비판했다.[72] 각 주들은——때로는 아마도 불편한 심기로——백화점 편을 들어주면서 백화점의 경제적인 실체를 합법화해 주었다. 매사추세츠의 노동통계청은 "백화점이 어떤 종류의 물품에 대해서는 독점할 위험이 있는 반면, 대규모 소매 업자들은 대중들이 믿고 싶었던 것보다는 훨씬 적게 일품목 가게(single line store)를 침범했음을 보여주는" 보고서를 출판했다.[73] 다른 한편 워싱턴 D. C. 소재 연방산업위원회는 1901년 "백화점이 물질적으로 명품 가게의 장을 확장시켰으며 그러므로 우리 도시의 교역 중심부에 위치해 있어야 한다"는 보고서를 제출했다. 이 위원회는 거대 상인들에게 "미합중국이 모든 종류의 사치품만이 아니라 가정에 편안한 의복류, 생활을 즐겁게 해주는 물건들과 장식을 제공한다는 점에서 대규모 소비자 왕국으로 만들어 줄 것"[74]을 명했다. 1890년대의 불경기가 사라짐과 더불어 게다가 많은 작은 소매 상인들이 재도약함으로써, 일리노이와 다른 곳의 상인들에 대한 저항이 힘을 잃도록 하는 데 기여했다.

시카고에서 상인들이 성취한 것이 과연 무엇인지를 보여주는 사건이 있었다. 1902년 문을 열었던 12층짜리 마셜 필즈를 보기 위해 시카고 시민들 수천 명이 그곳에 몰려들었다. 이 백화점은 '거들먹거리는 부자들' 이나 '얇은 비단(fine silk) 사업' 에 봉사할 뿐만 아니라 '일반 대중 쇼핑객' 을 위한 것으로 전환된 것이었다. "우리는 시민들을 위해——시민들의 다운 타운 홈이자, 구매 본부가 되기 위해—— 이 거대한 시설을 세웠다"[75]고, 셀프리지는 개업식에서 행한 대중 연설에서 그렇게 선언했다. 1백 평방미터가 넘는

---

72) DGE(March 3, 1900), pp.1-2; DGE(July 20, 1901).

73) *The Outlook* 65(July 28, 1900): 711-12.

74) 〈Department Store Indorsed[sic]〉, editorial, DGE(July 13, 1901), DGE, 〈Big Stores Upheld〉(February 8, 1902).

75) Quoted in 〈Marshall Field and Company, Retail〉, *Chicago Dry Goods Reporter* (October 11, 1902), 〈Advertising Ill〉, p.1, copy in MFA. '얇은 비단' 이나 혹은 '거들먹거리는 부자' 등과 같은 어휘는 시카고의 상류 계층을 묘사하는 인기 있는 용어들이었다. 'Rogan' to Victor Lswson(April 1, 1903), Lawson Papers.

구매 공간을 확보한 이 백화점은 모든 구석, 서가, 쇼케이스, 데스크 등을 꽃으로 장식했으며, 만개한 식물, 야자수, 양치식물류, 깃발과 장식리본으로 넘쳐났다. "그곳은 마치 수백만 송이의 아메리칸 뷰티 장미처럼 보였다" 고 한 젊은 시카고 여성은, 무슨 일이냐고 질문을 던진 워너메이커스의 필라델피아 관리 직원에게 그렇게 보고했다. "거대한 주발 혹은 전구들은 희한하고 눈에 띄는 형태로 만들어졌으며, 6개의 현악 오케스트라, 다양한 층마다 음악으로 가득 차 있었다. 개업 첫날에는 어떤 물건도 팔지 않았다. 새로 지은 지하층에는 '바겐세일'을 했으며, 지상층에 전시한 제품의 복제품들을 '싼값에' 팔았다. 시카고의 대중들――생선바구니를 옆에 낀 이탈리아 여자, 폴란드 사람, 헝가리 사람, 거리의 아이들이――이 눈에 띄었다. "이제 사업은 의심할 바 없이 대단히 증가되었으며, 보다 코스모폴리탄적이 되었다."[76]

많은 그 지역 상인들은 직원들이 필즈 구경을 갈 수 있도록 아예 그날 가게문을 닫았다. 다른 도시의 상인들은 그 과정을 감시하면서 개업의 충격을 주목했다. 필즈의 전국적인 라이벌인 존 워너메이커는 "당신 백화점 개업에 관한 모든 기사는 전부 읽었습니다"라고 셀프리지에게 편지를 보냈다. "그리고 나의 백화점을 제외하고는 다른 어떤 사업보다도 당신이 하고 있는 것에 더 많은 관심을 갖고 있다고 고백하지 않을 수 없군요"라고 적었다.[77] 시카고의 카터 해리슨 시장은 너무나 폭발적인 관심사에 압도당해서, 그는 필즈에게 1주간 쇼를 연장하도록 요청했다. "개막식은 시카고에서 거행되었던 행사 중에서 최대의 이벤트였다"고 위에 언급한 한 젊은 여성은 결론을 내렸다. "……한마디로 말해서 그것은 동화 속의 나라였다."[78]

76) Memorandum of Thomas Clement of Wanamaker's to the store manage-ment(April 23, 1903), in Wanamaker ⟨Scrapbook, Business ephemera, store policy, 1880s to 1900s⟩, WA. 클레멘트는 그녀는 '대단히 영리한 여자'라는 말 외에는 이름으로 자료원의 신원을 밝히지 않는다. 개막식에 관한 묘사에 대해서는 ⟨Marshall Field and Company, Retail⟩, *Chicago Dry Goods Reporter*, and ⟨Chicago's Giant Store⟩, *DGE*(October 4, 1902).

77) JW to H. Gordon Selfridge(October 18, 1902), "Mr. Wanamaker personal――June 21, 1902 to November 22, 1902," p.669, WA.

78) Memorandum, Thomas Clement, p.1. 클레멘드의 회고록은 또한 해리슨이 필즈에게 개막식을 연장해 달라는 것도 언급하고 있다.

대상들에 대한 한 가닥 저항마저 사라지고 나자, 미국의 상업적인 사업은 중대한 국면에 돌입했다. 다른 어떤 시대나 역사에서도 상인들이 이처럼 자유롭게 자기 마음대로 자신의 자산과 남의 자산을 누릴 자유를 누렸던 적은 없었다. 불과 10여 년 만에 뉴욕시의 14번지에서부터 23번지까지, 브로드웨이에서부터 6번 애비뉴 사이(역사적으로 이 거리는 '숙녀들의 거리'라고 불렸는데, 왜냐하면 너무나 많은 여성들이 그곳에서 쇼핑을 했기 때문이었다)라는 전체 다운타운 소매 지구는 고급스러운 업타운(choicer properties uptown)에게 완전히 넘어가게 됨으로써, 상인들은 새로운 운송 물품 저장고와 새롭게 부상하는 유흥 지역 가까이 있게 되었으며, 이민들로 들끓는 저지대 맨해튼 지역으로부터 떠난 부유한 중산층들과 가까이 자리잡게 되었다. 1900년대와 1915년 사이에 메이시즈뿐만 아니라 올트먼, 로드 & 테일러, 스턴스, 아널드 콘스터블, 맥크리리스, 삭스 등을 포함한 주요한 25개의 백화점들이 뭉쳐서 동서로 그리고 34번지에서부터 52번지에 이르는 업타운의 소매 구역을 완전히 장악하게 되었다.

미국에서 가장 위대한 상인

헨리 시겔과 같은 상인이 눈부신 성공의 나팔을 불었다가, 탐욕과 절제되지 못한 야심으로 인해 몰락하여 결국에는 감옥으로 추락했다면, 다른 상인들은 그보다 훨씬 더 영리하고 아마도 조금 더 미덕을 갖췄고 보다 일관적이고 영속적이었는지 모른다. 그 중에서도 가장 중요한 사람이 필라델피아의 존 워너메이커였다. 모든 면에서 볼 때 그는 '미국에서 가장 위대한 상인'(도판 17 참조)이었다. 그는 자신이야말로 '미합중국에서 소매 사업의 혁명을 일으켰다'[79]고 스스로 자랑했다.

1838년 필라델피아 중심가로부터 겨우 25마일 정도 떨어진 작은 농촌 마

79) JW speech, 〈At the Laying of the Corner Store of the New Building〉(June 12, 1909), in 〈Miscellaneous Addresses, May 12, 1902-July 1, 1915〉, privately bound volume, p.89, WA.

을에서 태어난 존 워너메이커는 벽돌공이자 건축업자의 아들이었다. 그의 아버지는 그의 어머니와 마찬가지로 독일계, 스코틀랜드계, 네덜란드계, 그리고 프랑스계 조상을 둔 가계 출신이었다. 양쪽 부모 모두 독실한 장로교 도였으며 존을 독실한 신자이자 신앙과 성서에 충실한 아이로 키웠다. 그는 평생 동안 성경을 읽고 또 읽으면서 보냈다. 1860년 무렵, 그의 나이 21세였을 때, 판매업은 젊은 청년에게는 커리어를 보장해 주는 유망한 직종이었다. 복음주의적인 신앙과 새로운 상업 세계 사이에서 번민하다가 그는 상업 쪽으로 방향을 돌렸다. 그는 또 다른 알렉산더 터니 스튜어트가 되기를 원했지만, '소매상' 스튜어트는 소매업 상인의 왕자였다. 존의 커리어는 남북 전쟁(건강이 나빠서 그는 징집으로부터 면제되었다) 기간 동안 진지하게 시작되었다. 그 기간 동안 엄청난 군납 물품과 군복에 대한 수요가 있었는데, 그는 이 기회를 잘 이용했다. 이 과정에서 부를 쌓았고, 이 부는 최초의 사업을 확장하는 방향으로 나가게 되었다. 그것이 남성복과 아동복을 위한 의복 사업이었다.[80]

1876년 세 가지 이벤트가 워너메이커가 미국에서 지도적인 상인이 되는 과정에서 추진력을 발휘하게 되었다. 알렉산더 스튜어트가 그 해 죽었다. 그의 죽음은 워너메이커의 온몸을 통해 흥분의 전율이 흘러가도록 만들었을 터였다. 다른 하나는 1백 주년 박람회가 필라델피아에서 개최되었다. 필라델피아는 미합중국에서 주요한 매뉴팩처 센터가 되었다. 1백 주년 박람회는 이 나라 최초의 세계박람회였으며 아마도 모든 박람회 중에서도 가장 지대한 영향을 미친 이벤트였다. 왜냐하면 이 박람회는 상품과 상품에 대한 환상의 지속적인 흐름의 수문을 열어 주는 계기가 되었기 때문이었다. "그것은 베일을 들어올리는 것과 같았다"고 당시의 한 사람은 말했다. "크기, 다양성, 세계의 미와 관련해서 볼 때 마치 베일을 들어올리는 것과 같았다." 그것은 초석이었다라고 워너메이커 스스로 나중에 자주 언급하고는 했다. "그것을 초석으로 하여 도처의 제조업자들은 전 세계 국가들의 박람회로부터 배운 교훈을 통해 새로운 조직과 새로운 패션과 좀더 대담한 사업을 재구축했기 때문이다."[81] 1876년에 있었던 이벤트(사실상 1875년 12월에 시작

---

80) Gobbons, *John Wanamaker*, vol. I, pp.8, 57.

되었던)는 워너메이커에게 가장 심대한 영향을 미쳤다. 그것은 주요한 부흥이었다. 그 종교부흥회는 워너메이커의 소유지에서 거행되었다. 워너메이커의 초대에 응하여 그 시대의 대표적인 복음주의자인 드와이트. L. 무디가 마켓 스트리트에서 부흥회를 집전했다. 그곳은 방치되었던 펜실베니아 수송역이었는데, 워너메이커는 즉시 이 '올드 데포(Old Depot)'를 '그랜드 데포(Grand Depot)'로 변형시킬 계획을 세웠다. 그는 이곳을 '새로운 종류의 가게'라고 불렀다.(도판 1 참조)

워너메이커의 마음속에서 그와 같은 부흥회는 적어도 자신이 하고 있었던 것을 신성하게 만들어 주었다. 부흥회로부터 1개월이 지난 뒤, 그는 무디에게 편지를 보내 시카고에서 복음을 설교해 달라고 부탁했다. "당신과 접촉하지 못하는 동안 우리는 당신을 위해 기도했으며 특히 올드 데포를 짓고 있는 기념비적인 기간 동안 당신을 위해 기도합니다. 1년 전을 이미 어제로 살아가면서, 오늘 내 가슴은 과거였던 그 시절을 동경합니다. 이 건물의 모든 구석은 아직까지도 그 다른 날들의 달콤한 향신료로 인해 향기 가득합니다."[82] 비록 드와이트 무디는 워너메이커에게 사업에서 떠나도록 종용하려 했지만 그는 무디의 설득에 퇴짜를 놓았다[83](이 점에 관해서는 나중에 좀더 상세하게 언급하겠다). 1890년 중반에 이르러, 그는 알렉산더 스튜어트의 유산을 가장 잘 간직한 인물이 되었다. 워너메이커의 필라델피아 백화점은 그 도시에서 아마도 가장 중심적인 기관이 되었다.[84] 마치 스튜어트의 유산을 물려받을 권리가 있는 것처럼, 워너메이커는 브로드웨이에 있는 '마블 플레이스'와 뉴욕에 있는 아스토 플레이스를 사들였다. 이것은 대단히 대담한

---

81) JW, ⟨The Evolution of Mercantile Business⟩, *Annals of the American Academy of Political and Social Science*, vol. 15, supplement, ⟨Corporations and the Public Welfare⟩ (Philadelphia, 1900), pp.123-35; *United States and Dry Goods Reporter*(November 18, 1876), p.4; and *The American Builder*(November 1876), p.13.

82) JW to Dwight L. Moody(November 27, 1876), Wanamaker letters, WA; and Gibbons, *John Wanamaker*, vol. pp.137-39.

83) Dwight Moody to JW(October 7 and November 5, 1877), WA. 이 편지들은 필라델피아에 있는 워너메이커의 고문서보관소의 문서 캐비닛에서 내가 찾아냈던 많은 것들 속에 들어 있었다(이제 이 편지들은 펜실베이니아 역사협회의 수중에 있다). 워너메이커의 공식 전기작가인 허버트 애덤스 기본스는 그것을 결코 이용하지 않았다 사실상 기본스가 사용하지 않았거나 혹은 사용을 거절한 많은 워너메이커 자료들이 있다.

조처였는데, 왜냐하면 스튜어트의 백화점은 이미 쇠퇴했으며 주인도 여러 번 바뀌었기 때문이다. 뿐만 아니라 심지어 1896년이었지만 뉴욕에서 상업적인 성장 운동은 다운타운에서가 아니라 업타운에서였다. 하지만 워너메이커는 한평생 동안 이 열악한 조건을 이겨냈다. 그와 로버트 오그던은 백화점의 총감독으로서 백화점에 새로운 숨결을 불어넣으면서 본인이 직접 필라델피아에 남아 있었다. 6년 뒤에 그는 과거의 팰러스로부터 거리를 가로질러 '모던한' 백화점을 건설하고서는 두 건물을 잇는 통로를 육교로 연결했다. 시카고 출신 건축가인 다니엘 버넘이 디자인한 새로운 건물은 뉴욕의 새로운 '관광 명소'가 되었으며 1940년대까지도 남아 있었다.[85](도판 3 참조)

워너메이커는 부동산을 손에 넣고 뉴욕에 있는 백화점보다 앞섰던 오래된 구조물을 허물어 내는 과정에 스릴을 느꼈다. 백화점 매니저가 나중에 주장하곤 했던 것처럼 뉴욕의 백화점은 엠파이어 스테이트 빌딩보다 더 넓고 창문도 더 많았다. 그는 신속 수송위원회의 회장인 알렉산더 오에게 1903년 이렇게 말했다 "내가 아스토 플레이스의 점포를 소유했을 때,"

브로드웨이 트러스트 주식회사를 손에 넣어 지금 있는 곳 대신 이 새로운 장소를 받아들여 성공하고 싶습니다. 물론 그렇게 하려면 8번지와 9번지, 그리고 브로드웨이와 4번 애비뉴에 걸쳐 있는 블록 위의 전체적인 건물을 재빨리 완성할 수 있도록 해야 할 것입니다. 그리고 스낙 하버 아스토 플레이스

---

84) 1895년 무렵, 워너메이커스는 필라델피아와 그 주변에 있는 수많은 병원 · 가정 · 교회 · 학교 · 호텔 · 레스토랑에 물품을 구비하여 공급하고 있었다. Thomas Clement(Wanamaker ececutive), 〈Composition of Schedules and Collections for November and December 1894 and 1895〉; and 〈Comparisons of Schedules and Collections for September and October 1896 and 1897〉, WA를 참조할 것. 이 두 가지 서류 모두에서 클레멘트는 다음과 같은 시설 목록을 열거하고 있다. Hotel Bellevue, the Stratford Hotel, the city of Philadelphia(Board of Education), the Brotherhood of St. Andrews Home, the Continental Hotel, the Episcopal Hospital, the Aldine Hotel, the Bourse Restaurant Co., Presbyterian Hospital, the Hotel Stenton, the University Club, the Custodians of the Church Home, the Bureau of Charities and Correction, Cottage State Hospital, Hahnemann Hospital, the Board of Health, the U.S. Marine Corps, Villa Nova College, Ursinus College, Temple College of Philadelphia, St. Elizabeth's Church, Hotel Walton 등등.

85) '관광 명소'로서의 워너메이커스에 관해서는 Guidebook by Clara E. Laughlin, *So You're Visiting New York*(Boston, 1939), p.21 참조.

토지 보유권을 확보하게 되면, 싱클레어 빌딩을 헐어 버리고 다른 건물들도 허물어 낼 것입니다. 그렇게 되면 멋지게 개선할 수 있을 테지요. 세 블록의 개발과 4번 애비뉴와 10번지 코너에 있는 작은 땅은 실제적으로 브로드웨이 동쪽 세일러 스낵 하버의 부동산과 10번지 남쪽을 전부 포함하는 것인데, 이 곳은 주변의 건축 조건을 엄청나게 변화시키게 될 것입니다.[86]

토지 임차권 구매시 협상을 주선하면서 워너메이커에게 그 건물을 구입 하도록 해주었던 헨리 모겐소에 의하면 "이것은 뉴욕 최대의 부동산 흥정이 었다."[87]

몇 년 후인 1911년 워너메이커는 사업가 그룹에게 말했다. "산다는 것은 엄청난 것입니다. 죽는다는 것은 무에 불과한 것입니다. 짐승과 새들도 죽 으니까요. 산다는 것이 전부이지요. 우주는 그냥 최소한의 손길에도 예민 하게 반응합니다. 따라서 세계를 먼저 달려나갈 수 있는 수레바퀴를 열심히 돌리는 것이 가능해집니다."[88] 1912년 그는 필라델피아의 심장부에 24층짜 리 백화점 건물을 세웠는데, 이 건물은 아직도 있다. 그 건물을 지었던 건 축가인 다니엘 버넘에 따르면, "그것은 이 세계 어디서 세워졌던 것보다 가 장 기념비적인 상업 구조물이었다."[89]

워너메이커는 개인적인 긴장에 더욱 흥미를 느꼈으며, 이런 긴장이 그가 창조하려고 하는 상업적인 경제와 문화에 미치는 영향에 더더욱 관심을 느 끼게 되었다. 그는 새로운 경제를 많은 미국인들을 위한 새로운 문화로 전 환시켰다. 그는 이 나라를 상업적인 문화로 순치시킨 인물로 부를 수도 있 을 것이다. 본인 스스로 주장하다시피 이 나라의 '소매업을 혁신시켰을' 뿐 만 아니라 패션을 본격화하고, 새로운 것의 숭배를 강화시켰으며, 욕망과 소 비의 민주화를 촉진시켰고, 돈 가치로 모든 것을 환산하는 상업적인 환경

---

86) JW to Alexander Orr(March 11, 1903), Letterbook(November 22, 1902-August 11, 1903), WA; and Gibbons, *John Wanamaker*, vol. 1, p.145.

87) Quoted in Gibbons, *John Wanamaker*, vol. 2, pp.4-5.

88) JW, speech, 〈At the Luncheon by the Merchants of the United States at Sherry's in New York〉(November 16, 1911), in 〈Miscellaneous Addresses〉, p.182, WA.

89) Daniel Burnham, quoted in Thomas Hines, *Burnham of Chicago*(Chicago, 1982), p.303; and Gibbons, *John Wanamaker*, vol. 2, pp.199-201.

을 산출하는 데 도움을 주었다. 하지만 다른 많은 미국인들과 마찬가지로, 그는 이런 상업 문화에 대해 두 가지 태도를 가졌던 것처럼 보였다. 대단히 종교적인 인물로서 그는 기독교 기관들을 세웠다. 성서학교, 교회, 국내와 국외의 선교 사업을 그는 희망했다. 어떤 면에서 그는 소비의 세계를 전통적인 종교적인 믿음과 관행과 화해시키려 했던 것처럼 보였다. 그는 기독교를 하나의 문화로 통합하려고 했다. 비록 우리가 앞으로 보게 되겠지만, 궁극적으로 그가 했던 것은 종교를 주변적인 것으로 만들고 부적절한 것으로 만들 수밖에 없었지만 말이다.

워너메이커는 자기 인생을 필라델피아의 조용한 농촌 변두리 지역에서 시작하여 도시의 상업 제국의 조타수로서 마감했다. 농촌과 도시, 시골과 상업은 언제나 그의 내부에서 서로 충돌하고 있었다. 그는 가장 열렬한 패션의 대표 주자였지만, 동시에 그는 '소박한 생활' 운동을 수호했다. 그는 엄청난 자본을 부렸지만 브로커들, 공인중개사, 금융자본가들을 경멸했다. 한 번은 새로운 가게를 짓기 위해 대량의 자본을 모집하면서, 그는 '외부로부터의 재정적인 도움'을 거절했다고 일기에 적어 두었다. 그의 일기에 이런 기록이 남아 있었다. "이제 극소수의 힘 있는 자와 돈의 위력에 의해 움직여 나가고 있는 이 나라의 재정적인 시스템에 의존하기보다는 차라리 내 자신에게 인간답게 의존하는 것이 나을 것이라고 확신한다."[90] 누군가가 그에게 '자본가'냐고 묻자 그는 아니라고 대답했다. 비록 그는 공장을 소유하고 있었으며 동업으로 운영하던 백화점을 '주식회사' 체계로 전환하려고 하고 있었음에도 불구하고 "나는 상인일 따름"이라고 대답했다.[91]

세월은 덧없이 흘러 1907년 공황기 동안, 미국 최대의 갑부였던 워너메이커였지만, 그 자신과 다른 사람들이 보기에는 미국에서 가장 가난한 인물이었다. 그의 모든 돈은 투자하는 데 묶여 있었다. 그는 공황기 동안(우호적인 채권자들의 도움으로) 다시 한번 살아남아 도약을 했다. "우리는 철기 시대와 석기 시대를 거쳤으며 이제는 사업의 시대이다"라고 그는 1907년 구세군을 창설한 윌리엄 부스 장군에게 말했다. "전 세계 사람들이 모든 것 중에서

---

90) JW diary entry(January and November 1907), quoted in Gobbons, *John Wanamaker*, vol. 1, pp.126, 130.

도 가장 무력한 신을 숭배하고 있다. 이도교 사원 바깥에서 나온 혹은 그 안에 있는 가장 무기력한 신은 돈이다. 볼 수 있는 눈도, 들을 수 있는 귀도, 인간의 생활에 한 뼘도 덧붙일 힘도 없는 벙어리 신을 숭배하고 있다.[92]

분배의 위기

존 워너메이커, 마셜 필드, 헨리 시겔, 퍼시와 제시 스트라우스와 이들과 유사한 상인들은 미국 생활의 방향 수정에서 최전선에 서 있었던 사람들이었다. 그들은 욕망의 땅을 창조하고 확장하는 데 기여했다. 전국적인 주식회사들과 상업적인 투자은행들이 그랬던 것처럼 말이다. 하지만 그들만이 아메리카를 근본적인 소비 사회로 변형시키거나 혹은 미국인들을 의존적인 소비자로 변형시키는 데 결정적 역할을 했던 것은 아니었다. 경제 외적인 제도들, 종교의 수용 태도, 새로운 중개자 집단의 출현(이 모든 것에 관해서는 이 책의 적절한 부분에서 검토하게 될 것이다)을 포함하여 다른 조건들 역시 상호 작동하고 있었다. 소비 사회를 부추긴 또 다른 상황 역시 출현했다.

---

91) JW to Rev. Edwin Nobbs(October 7, 1901), Wanamaker letters(August 20, 1901, to June 21, 1902), WA, p.194. 전문 인용은 다음과 같다. "나는 전혀 자본가가 아니다. 나는 단지 상인일 따름이다." JW to Mr. Walker(January 5, 1900): "당신은 내가 마치 은행가나 혹은 자본가인 것처럼 쓰고 있다. 그러나 나는 단지 상인일 뿐이다."(Wanamaker letters, vol. 24, p.333). 워너메이커는 1906-7년 사이에 백화점을 법인체로 만들어서 영구적인 소유권을 확립했다. 이로 인해 공식적인 워너메이커 가족 소유 사업과 합명회사라는 위상을 종식시켰다. 〈John Wanamaker, New York, Organization Records〉, Frederick Garvin, Solicitor(May 1907), WA. 김벨 브러더스와 마셜 필드는 1903년 법인체가 되었으며 주식회사를 창설하여 중역들에게 주식을 살 수 있는 기회를 주었다. "주식 지분은 출자자들이 소유하게 된다"고 김벨스는 선언했다(DGE[July 4, 1903], pp.24-25). 은퇴한 필즈의 중역이었던 존 휴스는 1946년의 인터뷰에서 이렇게 말했다 필즈는 "주식을 사고 출자를 허용하며 봉급과 배당금을 지불하는 회사를 형성했다. 이로 인해 사람들은 조용해졌고 기계는 지속적으로 돌아가게 되었다."(〈Lloyd Lewis Interviews〉, p.27, MFA). 1880년 이후부터 합자회사에서 주식회사로의 전반적인 변화에 대해서는 Thomas A. Navin and Marian V. Sears, 〈The Rise in the Market for Industrial Securities〉, *The Business History Review* 29(June 1955): 105-38.

92) JW to General William Booth(January 23, 1907), Wanamaker letters(December 14, 1906, to February 20, 1908), pp.867-69, WA.

공포의 충격, 소비자의 수용력(혹은 소비자 저항)에 대한 공포, 상품 이동과 분배에 관한 공포 등이 바로 그런 추진력의 조건들이었다.

주식회사와 상품들이 증폭됨에 따라, 소비——그리고 분배와 마케팅——는 당연한 것으로 간주될 수 없음이 분명해지기 시작했다. 1875년 이후 많은 경제학자들, 상인들, 제조업자들은 사업 경제가 점점 더 생산성에 몰두하면서 너무나 돈에 집착함으로써 지칠 줄 모르는 탐욕과 과잉 생산과 경제적인 위기를 초래할까 봐 두려워했다. 이런 공포는 근거 없는 것일 수도 있었지만(적어도 특정한 산업에서는 최소한의 과잉 생산이 나타났었던 것으로 보인다), 그것이 사실이든 아니든지 간에, 광범하고도 집요한 공포가 널리 확산되었다. "과잉 생산이 없었다면, 전 세계의 창고에 왜 물품들이 가득 차 있을까?" 하고 1877년 한 상인은 반문했다.[93] "이 나라는 과잉 생산으로 힘들어하고 있습니다"라고 1912년 한 상인은 주장했다. "물품은 이동이 되어야 합니다." "생산에 있어서 겨우 효율성의 문지방에 들어선 단계인데도, 여태까지의 전개 과정으로 본다면 기존의 분배 시스템을 훌쩍 뛰어넘고 있습니다. 만약 우리의 가능성이 충분히 활용되려면, 분배의 문제가 해결되어야 합니다."[94] 심지어 테오도르 드라이저는 1902년 〈분배의 문제〉라는 글에서 이런 합창에 동참하려 했다. 결코 발표된 적이 없었던 이 글에서 그는 대도시들은 과일과 야채를 제때 운송하지 못함으로 해서 변질되고 부패될 정도라고 주장했다.[95]

분배의 위기는 다른 사람들에게 다른 의미를 지니고 있었다. 노동자들과 가난한 사람들을 옹호하는 그런 사람들에게 분배의 위기는 부의 분배와 수입의 균등화를 의미했다. 역사가인 도로시 로스는 "부의 분배는 1870년 이

---

93) 〈Production and Consumption〉, *U. S. Economist and Dry Goods Reporter*(May 6, 1876), p.7. 〈Causes of Depression〉, *DGE*(June 13, 1896), p.18.

94) Archie Shaw, 〈Some Problems in Market Distribution〉, *Quarterly Journal of Economics*(August 1912): 703-65; Herbert Duce, *Poster Advertising*(New York, 1912), p.5. 과잉 생산이나 과소 소비를 문제로 제기한 관한 논쟁에 대해서는 Paul Sweezy, *The Theory of Capitalist Development*(New York, 1964), pp.214-39; James O'Connor, *Accumulation Crisis*(London, 1986).

95) 토머스 리기오는 드라이저의 일기 출판을 하면서 이 글을 언급하고 있다. *Theodore Dreiser, American Diaries 1902-1926*(Philadelphia, 1982), 각주 43, p.105.

후 개혁주의자들과 경제학자 세대들에게 핵심적인 이슈가 되었다"라고 기록했다.[96] 반면 또 다른 사람들, 그 중에서 무엇보다 사업가들에게 분배의 위기는 생산자에게서 소비자에게로 물품이나 물품의 이동을 의미했다. 물론 이 두 가지 위기는 상호 관련되어 있었다. 수입을 증가시키는 것은 필연적인 것은 아니더라도 어쩔 수 없이 소비의 증가를 의미하게 될 것이며, 따라서 물품의 흐름을 방해하는 걸림돌을 제거하는 것을 의미했다. 사실상 이 두 가지 '위기' 사이의 관계——부의 분배 위기와 상품의 분배 위기——는 1880년대에서부터 1910년에 이르기까지 열띤 논쟁거리가 되었다(오늘날까지 여전히 논쟁거리이기도 하다). 좌파의 편에 서 있는, 에드워드 벨라미와 같은 토착 사회주의자는 주정부가 모든 성인들에게 일정한 연수입을 보장해 줌으로써 모든 사람들이 동일한 물건에 동일하게 접근할 수 있어야 한다고 촉구했다. 우파의 편에 서 있는 존 베이츠 클라크와 같은 경제학자는 노동과 자본은 '합당한 가치대로 정확히 가져가야 한다'고 주장하면서 이 문제를 시장의 손에 맡겨둘 때 수입과 물품은 가장 적절하게 분배될 수 있다고 보았다.

대체로 클라크의 목소리는 부의 분배에 있어서 시장이 위기를 해소하는 데 가장 좋은 수단이 될 수 있을 것——그리고 반드시 되어야 하는 것——이라는 생각을 가진 사업가들에 의해 수용되었다. 하지만 물품의 분배 문제로 말할 것 같으면, 충분한 능력과 대량 생산 능력을 가진 회사들을 경영하는 사업가들은 다른 방향을 바라보고 있었다. 여기서 수요와 공급이라는 '자연 법칙'에 의존하는 것을 넘어선 어떤 것이 판매량을 확실히 보장해 주도록 요청되었다. 사업가들은 가격, 산출량, 노동을 통제하는 것에서 뿐만 아니라 다른 사업가들(앞으로 보게 되겠지만 무엇보다도 주정부와)과 연합함으로써 보다 적극적으로 개입하려고 했다. 또한 그들은 사람들을 설득하고 마음을 변화시킴으로써, 새로운 소비자 의식을 산출함으로써, 그리고 상상력을 변화시킴으로써, (시장에) 적극적으로 개입하고자 했다. 1901년 에밀리 포그 미드는 이것은 대단한 도전이었다고 기술했다. 그것은 '새로운 물품을 어떻게 사용해야 하는지를 즉각적으로' 알고 있는 '엘리트'만이 아니라, 전체 인구에게 '욕망'의 확산을 요구하는 것이었다. 화폐 수입은 욕망

---

96) Dorothy Ross, *The Origins of Social Science*(Cambridge, Mass., 1991), pp.113-22.

을 구축하는 데 있어서 결정적인 요소가 아니었다. "우리는 지불할 능력에 관심을 갖고 있는 것이 아니라, 오히려 원하고 선택할 수 있는 능력에 관심을 갖고 있다"라고 포그 미드는 널리 인용되는 그녀의 1901년 논문에서 그렇게 주장했다. '욕망할 수 있는 상상력과 감정'을 개방하려면 '소망하고 선택할 수 있는 능력이 필요하다.' 그렇기 때문에 **상상력이 없으면 욕망도 없다**라고 또 다른 전문가인 캐서린 피셔는 1899년 "원하는 것이 없으면 그 것을 공급해 달라는 요구도 없기 마련이다"라고 기술했다.[97]

그래서 업계는 미국 역사상 어떤 집단이 수행했었던 것보다 훨씬 더 강력하게 상상력을 추구하게 되었다. 업계는 새로운 마케팅 방법과 유혹 전략의 확산에 재빠르게 의존했다. 광고·디스플레이 장식·패션·스타일·디자인·소비자 서비스 등이 그런 전략에 속했다. 그것은 노동력 자체의 구조와 성격을 재조정하면서 새로운 브로커를 도입했을 뿐만 아니라 새로운 서비스노동자 계급을 도입하게 되었다(세일즈맨·웨이터·웨이트리스·벨보이·호텔 접수계원 등). 소비자가 왕이며 서비스노동자들이 다른 어떤 노동자들보다 훨씬 빠르게 증가했다. 노동력의 성격 변화는 남자들뿐만 아니라 여성들에게도 영향을 미치면서 소수의 여성들(특히 패션 산업 종사자들)은 점점 더 많은 봉급을 받게 되었지만 대다수 여성들은 최저임금에다 최악의 직업을 갖게 되었다. 새로운 사업 경제와 문화는 어린아이들에게도 영향을 미쳤으며 아이들을 가족 단위에서부터 분리시켜 어린아이의 세계를 독자적으로 구성해 냄으로써 어린아이를 어른들의 세계와는 별개의 **개별적인** 소비자로 만들어 주게 되었다. 그럼으로써 어린아이들은 이윤의 출처로서 어른의 세계와 경쟁하게 되었다. 다른 집단과의 결탁을 통해, 그리고 분배의 정체 현상을 타개하기 위한 동기에 추동되어 사업은 새로운 상징과 이미지를 가지고 미국 문화를 관통하게 되었다. 색깔, 유리, 빛이라는 완전히 새로운 미학이 미국인들의 무대에 등장하게 되었다.

---

97) Katherine Rolston Fisher, 〈Ad-Writing and Psychology〉, *Fame* 8(September 1899); and Fogg Mead, 〈The Place of Advertising〉 10: 163. 피셔는 또한 "광고주의 문제는 (…) 자신의 이익을 위해 다른 사람의 상상력을 조종하려고 생각하는 데 있다고 볼 수 있다. 하지만 그것은 특정한 마음 상태이지 **광고주의 성공에 본질적인 진정한 사물의 조건이 아니다**"라고 기록했다.

2

색깔, 유리, 빛의 파사드

"우리의 마음은 창문으로 가득 차 있다"고 1916년 존 워너메이커는 말했다. 워너메이커 자신의 건물은 수천 개의 창문이 있었다. 사무실 창문뿐만 아니라 뉴욕과 필라델피아의 백화점을 둘러싸고 있는 거의 수백 개에 달하는 커다란 쇼윈도도 있었다. "쇼윈도는 눈과 눈이 마주치는 곳이다"라고 그는 말했다. 오늘날 쇼윈도는 너무나 당연한 것이므로, 넘쳐나는 유리 형태와 거의 모든 도시의 표면을 덮고 있는 유리에 대해 사람들은 관심조차 없다. 하지만 1900년대 초반에만 해도 많은 사람들은 유리 뒤에 전시되어 있는 물품과 이미지나 심지어 유리 그 자체를 당혹스러워했다.[1]

1904년 영국을 방문하고 되돌아왔던 헨리 제임스는 거의 하룻밤 새 맨해튼에 우뚝 서 있는 '유리 타워'를 보면서 혼란스러워했다. 《미국적인 장면》에서 그는 타워의 창문을 예술가인 존 라 파르그가 그린 5번 애비뉴에 있는 성모승천 교회의 스테인드글라스 창문과 비교했다. 그는 교회 창문——'가장 사랑스러운 이미지'——이 '경제적인 아이디어들을 가장 시끄럽게 외쳐대는 창문'에 의해 위험에 처한 것으로 간주했다. 라 파르그의 창조품은 비록 '새롭지만' 돈을 안겨 주기로 되어 있는 '불쾌한 존재'들——사업상의 창문들——로 인해 파멸할 운명이었다. 하지만 자존심 있는 구조물이 안겨 줄 수 있는 것이 과연 돈만의 문제였을까? 교회 창문과 '불쾌한' 상업적인 창문을 비교하면서, 그리고 형식미학과 금전미학 혹은 상업적인 미학을 비교하면서, 제임스는 옛날의 '아름다움'이 필연적으로 소멸되면서 '철

---

1) JW, 〈Editorials of John Wanamaker〉(October 1, 1912 to December 31, 1917), editorial dated October 1, 1912 and November 9, 1916, bound collection in WA.

거' 될지도 모른다는 임박한 비극을 두려워했다. "어떤 대가를 치르더라도 창문으로 덧칠한 건물은 그 건물의 위엄과는 도저히 화해할 수 없는 것이다"라고 주장했다. "건물은 오직 빛을 제공할 수 있어야 한다. 각각의 빛은 최고의 가치를 가지고 있으며 사업을 이행하는 것을 돕고 빈틈없는 흥정을 이끌어 내는 데 도움을 준다. 무수한 유리창이 심지어 전문가 뉴요커가 또 다른 전문가 뉴요커를 이기는 데 도움이 되지 않을까? 혹은 그 다른 전문가가 **그를** 이기는 데 도움이 되지 않을까?"[2]

1903년 겨울에 뉴욕 시를 방문했을 때, 윌라 캐더는 코너에 있는 플라워 스탠드의 작은 유리 케이스 안에 전시되어 있는 신선한 꽃들을 보고서 놀랐다. 유리 케이스 안에 "진열된 꽃들은 자연 환경에 놓여 있었을 때보다 훨씬 더 아름답고 매혹적이었다"라고 묘사했다. 이드나 퍼버는 1911년 시카고의 쇼윈도를 보고 화가 나서 이렇게 적었다. "쇼윈도는 창문의 인공적인 기교이며, 무정부주의의 장본인이며, 내용의 파괴자이며, 제2의 탄탈로스의 향연이다"라고 분노했다. "그것은 도대체 복숭아가 놓여 있을 자리가 아닌 곳에서 솜털 보송보송한 복숭아를 자랑하며, 쇼트케이크가 지난 여름의 기억을 하고 있을 때 그곳에서는 스트로베리가 빛나고 있다."[3] 1902년 봄에 테오도르 드라이저는 뉴욕에 있는 5번 애비뉴를 관광하면서 새로 디자인되고 장식된 쇼윈도를 들여다보았다. "쇼윈도들은 정말 자극적이고 전율할 만한 열정을 전시하고 있었다"라고 말하면서 "구경꾼들에게 자신이 본 것을 갖고 싶다는 욕망을 휘저어 놓으며, 마음을 설레게 만드는 것에 대한 취향과 그것이 만들어 내는 풍경을 갖고 싶도록 만들어 버린다."[4]

제임스 · 캐더 · 퍼버 · 드라이저는 미국 생활에서 완전히 새로운 어떤 것에 대한 반응을 드러내 보여주었다. 다시 말해 상업적인 욕구에 봉사하는 미학의 확산에 대한 반발을 드러내고 있었다. 이런 미학의 핵심에는 가능한 모든 수단을 동원해서 밤낮으로 물품을 전시하려는 의도가 놓여 있었다. 전시는 미국 업계의 장에서 전혀 낯선 것만은 아니었다. 이런저런 방식으로

2) Henry James, *The American Scene*(Bloomington, Ind., 1969), pp.94-96.

3) Edna Ferber, 〈Maymeys from Cuba〉, *The American Magazine* 72(September 1911): 705-11; Willa Cather, quoted in Ellen Moers, *Two Dreisers*(New York, 1969), p.xiv.

4) Theodore Dreiser, *Color of a Great City*(New York, 1923), p.4.

전시 형태는 후기 식민지 시대 이후부터 필라델피아 · 보스턴과 같은 도시에서 진행되고 있었다. 과거와 달리 새로웠던 점이 있다면, 전시의 양과 팔고 있는 물건들의 질, 그리고 물품의 이동을 대표하는 색깔, 유리, 빛이 서로 혼합되고 적용되는 방식이었다.

1890년 후반에 '커트,' 광고 그림, 예술적인 포스터, 페인트칠한 광고 게시판, 전기 사인 간판, 그 중에서도 가장 유혹적인 쇼윈도를 포함하여 새로운 비주얼 매체들이 발명되었다. 이와 동시에 물품의 판매를 촉진하는 기술을 가진 전문가들, 적확한 이미지를 창조하는 기술을 가진 사람들, 색깔, 유리, 빛을 적절하게 배합하는 재능을 가진 전문가들이 일을 벌이고 있었다. 그들 가운데서 광고의 천재인 앨버트 허버드, 워너메이커의 동업자이자 백화점이 작은 소매 상인들을 파괴시킬 수밖에 없다고 보았던 로버트 오그던, 미국에서 가장 영향력 있는 상업예술가인 맥스필드 패리시 등이 있었다. 《오즈의 놀라운 마법사》의 저자인 L. 프랭크 밤 역시 이들 집단에 속했다. 사실상 밤은 동화 작가로서 이름을 떨치기 오래전에 이미 윈도우 디자이너로서 전국적인 명성을 날리고 있었다. 그는 '장식과 전시의 예술'이라고 불렀던 수천 명의 창문 장식가에게 조언을 해줄 정도로 이 분야의 권위자였다. 다른 윈도 전문가들과 더불어 밤은 유리를 수단으로 놀랄 만한 풍경을 창조했으며 미국 도시에서 출현한 가장 강력한 욕망의 장을 열게 되었다.

1910년 무렵 대량 마켓 사업가들은 밤 · 패리시 · 오그던 · 허버드와 같은 사람들의 도움을 받아서 엄청난 시각적 이미지들의 공습을 통해 시각적인 공간을 차지하려고 애쓰고 있었다. 그들은 다같이 협력하여 사람들의 보는 방식을 변화시켰을 뿐만 아니라 물품을 이해하는 데 도움을 주면서 자신들이 살고 있는 사회에서 생활하는 방식까지 변화시켜 버렸다.

앨버트 허버드와 시각에 호소하기

앨버트 허버드는 영향력 있는 광고주이자 프로모터였는데, 자신의 개인적인 이미지를 중심으로 커리어를 쌓아 나갔다. 허버드는 수백 명의 광고주들을 위한 공적인 조언가였으며 뿐만 아니라 업스테이트 뉴욕에서 잘 알려진 예술과 기능직 업계인 '로이크로프터스(Roycrofters)'의 매니저였으며, 대량 생산과 대량 판매 스타일을 '근대적인' 미국적 방식에 수제품과 '르네상스'를 혼합하려고 노력했다. 그는 소매 사업과 전국적인 주식회사들을 위해서 그리고 이쑤시개에서부터 모터 트럭에 이르기까지 모든 것에서 성공을 거둘 수 있는 '선전 설교'를 작성했다. 그가 광고하면서 사용한 짤막한 농담들은——그의 시대의 핵심 내용——사업과 상품에 관한 미국인들의 생각을 한 세대 혹은 그 이상의 기간 동안 형성해 왔다.

1915년 루시타니아(Lusitania)호가 침몰하여 익사하기 전에 허버드는 '상상할 수 있는 거의 모든 위치와 상황' 속에서 사진을 찍었다고 한 숭배자는 말했다. 사진사들은 존 D. 록펠러와 골프를 치고 있는 그를 포착했으며, 에바 탄구아이와 원스텝을 추고 있는 그를 찍었다. 또한 앨버트 H. 게리와 담소하는 그의 모습, 토머스 에디슨에게 심정을 털어놓는 그의 모습, 시골 장원에서 애마인 '가넷'을 타고 있는 모습, 오토바이 위에 걸타고 앉아 있는 모습, 새 안전 면도기로 면도하는 모습, 8월 중순에 모피 코트를 걸치고 선풍기 근처에서 포즈를 취하고 있는 모습을 찍었다. 장발에다 커다란 퀘이커 교도 모자를 쓰고 다소 괴상한 모습에 장신이었던 이 사나이는 사무실과 작업장 곳곳에 바이런식의 넥타이를 걸어 두고 있었다. 그의 얼굴은 사무용 문구에 새겨져 있었으며, 작업장 바깥에 설치해 둔 거대한 전기 네온사인 간판에서도 볼 수 있었다. 뉴욕 이스트 오로라의 고향 기차역에는 인상적인 그의 얼굴 페인트 간판이 걸려 있었다. 허버드가 출판했던 잡지인 《필리스틴》은 여러 가지 그의 사진이 담고 있었던 거의 모든 문제들을 다루었다. 친구들은 "그의 마지막 광고(그가 찍었던 마지막 사진) 사진이 불행한 루시타니아 호의 선실에서 그와 함께 바다 속으로 침몰했다는 애통의 말을 들었다."[5]

허버드의 인생은 "그 자체가 하나의 광고였다." "모든 사람은 살아 있는 동안 광고해야 한다"고 그는 공언했다. 1911년 이전에 그는 "광고하지 않는 사람은 그 사실을 알든 모르든 간에, 이미 죽은 사람이다"라고 한 광고 미

---

5) Milton Fuessle, 〈Elbert Hubbard, Master of Advertising and Retailing〉, *The Advertising World 20*(August-September 1915): 139-44. 허버드에 대한 탁월한 전기작가에 관해서는 *Art and Glory: The Story of Elbert Hubbard*(New York, 1968).

팅에서 그렇게 말했다. 그는 거듭거듭 주장했다. 사람들은 자기 자신과 그리고 공적인 공간을 향해 '서비스와 상품'을 촉진하고 또 촉진해야 한다. 그렇게 하는 가장 최선의 방법은 이미지를 수단으로 하는 것이었다. "인생은 겸손함으로 가리고 그 뒤에 숨어 있기에는 너무 짧다."[6]

허버드의 한 친구는 그가 '상업을 신성화하고 사업을 종교화했다'고 주장했다. 비록 그는 1870년대 '모든 사회 생활의 한가운데' 자리하고 있는 프로테스탄트 교회와 더불어 1870년대 미국 중서부에서 성장했지만, 조금씩 새로운 신앙을 위해 교회를 떠났다.[7] "당신의 그 모든 종교, 그 모든 시, 그 모든 사랑을 위한 사업의 여지가 있다. 사업은 아름다워야 하며 분명히 아름다운 것으로 되어야 한다." "요즘 나는 진정으로 훌륭한 설교를 듣고 싶을 때면, 광고 클럽의 주간 점심 식사에 참석하여, 여기 이 자리에서 지금 당장 천국을 가져다주려고 온갖 의도와 방법과 수단을 끌어들이고 있는 사람의 말에 귀기울인다."[8] 그는 자본주의의 '다중 마켓(multiple market)'이라고 부른 것을 즐겼다. 그는 오로지 지속적인 광고만이 물품과 사람 사이에 가로놓인 장벽을 허물어 낼 수 있었다고 확신했다. 그의 사업 슬로건은 "경제적인 구원은 생산자와 소비자 사이의 밀접한 관계에 달려 있다"[9]는 것이었다.

1880년대 후반 이전에 시각적인 광고는 서커스와 P. T. 버넘 광고쇼(Barnum hokum)와 연결시킬 정도로 경멸의 대상이었다. 사실상 신문과 잡지는 광고가 거의 없거나 아예 없었다. 신문과 잡지가 인쇄했던 것은 소규모에다가 작은 아게이트 활자체여서 시각적으로 전혀 호감을 주지 못했으며 단어들이 너무 가까이 다닥다닥 붙어서 하나의 기사란을 만들었다. 그러므로 삽화나 디스플레이 같은 것은 거의 없었다. 몇 되지 않은 기존의 광고대행사들은 스스로 광고를 작성하는 것이 아니라 '스페이스 브로커'로서 그냥 신문과 잡지에 공간을 얻어 줌으로써 다른 사람들이 자기 자신의 상품을 알리는 정도였다.[10] 1885년 이후부터 제품들이 공장에서 쏟아져 나옴으로써, 전국적인 제조업자들과 대규모 소매 상인들은 광고의 성격과 범위를 변

---

6) Fuessle, 〈Elbert Hubbard〉, pp.139-41; Hubbard, *The Advertising World*(July 1911).

7) Hubbard, quoted in Champney, *Art and Glory*, p.16.

8) Quoted in Champney, *Art and Glory*, p.188.

9) *The Advertising World*(July 1911).

화시키기 시작했다. 1880년에는 광고에 총 3천만 달러가 투자되었다. 1910년 무렵에 이르면 석유 · 음식 · 전기 · 고무와 같은 새로운 신종 사업들이 6억 달러 이상을 광고에 소비했으며 국가 전체 수입의 4퍼센트 이상을 소비하게 되었다(이 퍼센티지는 그후 60년 동안 변하지 않고 그대로 유지되었다). 1890년대와 1900년대 초반의 최초의 대중 마켓 신문과 대중 마켓 잡지의 존재 자체는——《코스모폴리탄》《새터데이 이브닝 포스트》《레이디스 홈 저널》《컴퍼트 매거진》——대규모 소매 상인들과 주식회사의 광고 투자에 의해 가능해졌다.[10]

전국적인 주식회사, 즉 프록터 & 갬블에서부터 콜게이트 컴퍼니에 이르기까지 이런 주식회사들은 처음으로 전국적인 광고 캠페인을 통해 소비자에게 직접적으로 도달하는 방법을 추구했다. 거대 상인들은 연중 내내 '지속적으로 광고하는 지속 광고'의 가치를 실지로 보여주었다. 1904년 한 소매 상인은 "오늘날의 신문은 주로 백화점의 창조품이다"라고 말했다. "모든 시간은 광고할 시간이다"[12]라고 워너메이커는 말했다.

앨버트 허버드처럼 전국적으로 유명해졌던 최초의 광고 에이전트들이 거래를 주선했다. 이와 마찬가지로, 전국적인 광고 에이전시들은 전문적으로

---

10) 광고에 관한 이 자료는 다음과 같은 유용한 연구로부터 나온 것이다. Frank Presbrey, *The History and Development of Advertising*(New York, 1929); Otis Pease, *The Responsibilities of American Advertising, Private Control and Public Influence, 1920-1940*(New Haven, Conn., 1958); Stuart Ewen, *Captains of Consciousness: Advertising and the Social Roots of the Consumer Culture*(New York, 1976); Sarah Stage, *Female Complaints: Lydia Pinkham and the Business of Women's Medicine*(New York, 1979); daniel Pope, *The Making of Modern Advertising*(New York, 1983); Stephen Fox, *The Mirror Makers: A HIstory of American Advertising and Its Creators*(New York, 1984); Michael Schudson, *Advertising, the Uneasy Persuasion: Its Dubious Impact in American Society*(New York, 1984); Roland Marchand, *Advertising the American Dream, Making Way for Modernity, 1920-1940*(Berkeley, Calif., 1985); William Leiss, Stephen Kline, and Sut Jhally, *Social Communication in Advertising*(New York, 1986); and Susan Strasser, *Satisfaction Guaranteed; The Making of the American Mass Market*(New York, 1989).

11) 광고의 확산과 전국적인 수입에서 광고가 차지하는 퍼센티지에 관해서는 Thomas Cochran, 〈Business in Veblen's America〉, in *Thorstein Veblen: The Carleton College Veblen Seminar Essays*, ed. Carlton C. Qualey(New York, 1968), pp.47-71; Fox, *Mirror Makers*, pp.1-40; Strasser, *Satisfaction Guaranteed*, pp.89-123. 잡지에 핵심적으로 의존하게 된 것에 대해서는 Presbrey, *The History and Development of Advertising*, pp.446-85.

광고하는 남성과 여성들(광고대행사에서 여성 광고인의 비율은 처음에는 몇 퍼센트되지 않지만 1910년 이후부터 증가했다)을 고용하여 거래를 주선했다. 1880년대는 이 나라에서 오직 2명의 카피라이터가 있었다. 1890년대 후반에 이르면 수백 명의 카피라이터가 있었으며 1915년에는 수천 명에 이르렀다. 1904년 미국광고연합(Advertising Federation of America)이 설립되었다.[13] 광고 '전문가' 들은 더 이상 판매 공간에 자신들을 국한시키는 것이 아니라 광고할 단어들과 이미지들을 **발명했다.**

초기 단계에는 누가 광고를 통제해야 하는가라는 문제를 놓고 서로 충돌이 있었으므로, 제조업자들과 소매 상인들은 공통된 스타일과 방법을 가지고 있었다. 양자는 새로운 세일즈 촉진 캠페인에 의존하면서 여러 수단을 통한 조정에 의존했다. 즉 잡지 · 직접적인 우편 광고 · 신문 · 가가호호 방문 광고 · 공짜 샘플 · 빌보드 등을 활용했다.[14] 그들은 소비자들에게 물품과 서비스를 사도록 설득하는데, 그림 · 이미지 · 사진 등이 핵심적인 위치를 차지한다는 데 동의했다.

1890년 후반에 이르러 '시각 호소(eye-appeal)' 는 눈에 띄는 광고 카피를 위한 라이벌로 등장하기 시작했다. '색채, 형태, 시각화' 는 광고의 성공에 '필수불가결' 했다고 한 초기 광고 신청자는 말했다.[15] 1905년 또 다른 시장 상인은 '상상력에 호소' 하도록 충고하면서 '예술적인 컷' 들을 통해 '구매를 유도하도록' 하라고 조언했다. 그는 광고는 '생생하게, 살아서 말하는 것' 들로 가득 차 있어야 한다고 주장했다. "그림이 으뜸가는 원칙이다"라고 또 다른 상인은 말했다. "글을 읽는 것은 읽는다 하더라도 잊어버릴 수 있

---

12) JW, quoted in *The Advertising World* 22(November 1917): 179; '날마다 광고' 에 대해서는 DGE(March 23, 1895); '지속 광고' 에 관해서는 *Printer's Ink, Fifty Years: 1888 to 1938*(New York, 1938), p.131; '오늘날의 신문' 에 관해서는 *DGE*(July 16, 1904). 워너 메이커의 중요성에 관해서는 *DGE*(July 16, 1904); Printer's Ink, *Fifty Years*, p.131; Presbrey, *The History and Development of Advertising*, pp.324-39.

13) *Printer's Ink, Fifty Years*, p.146. 강력한 대행사의 출현에 대해서는 Presbrey, *The History and Development of Advertising*, pp.522-31; Fox, *The Mirror Makers*, pp.35-77, and Pope, *The Making of Modern Advertising*, pp.112-83.

14) Strasser, *Satisfaction Guaranteed*, pp.9-11, 163-202.

15) Fox, *The Mirror Makers*, pp.41-43.

다. 하지만 당신이 눈으로 본 것은 즉각적으로 안다!"[16] 전단지 광고 제작자
는 이렇게 표현했다. "차가운 활자를 가지고 정신 활동이 작동하도록 만들
기는 힘든다. 하지만 **그림은 느끼는 것이다.**"[17]

"우리는 그림의 가치를 인정했다"고 1904년 워너메이커의 한 스태프는
1880년대의 광고를 회상했다. "하지만 우리는 매일매일의 요구에 흥미있
는 그림을 어떻게 공급해야 할지를 알지 못했다. 이제 나는 이 광고를 하는
데 3백 개의 그림을 제안할 수 있다. 하지만 그 무렵에 이미 우리는 전적으
로 다른 기반에 서 있었다는 사실을 기억해야만 한다." 1911년 자신의 개인
적인 비망록에서 '기억해야 할 것들'이라는 이름을 붙여서 존 워너메이커
는 기록을 해두었다. "그림은 교육받지 못한 사람들에게는 학습서이다." 2
년이 지난 뒤 그는 자기 바이어들에게 이런 편지를 보냈다. 무엇보다도 모
든 종류의 광고를 권장하면서 "모션이 있는 그림이나 남자든 여자든 그 그
림을 쳐다보면서 어떤 정서를 불러일으키도록"[18] 하라고 조언했다.

아마도 가장 최초로 등장한 인기 있는 이미지들은 1880년대와 1890년대
에 출현했던 '광고 카드'들이었다. 그런 카드들은 서커스, 극장, 잡화점, 백
화점, 담배 회사들이 소비자들에게 가가호호 방문이나 혹은 우편으로 공짜
로 나누어 주었던 것들이었다. 이처럼 밝은 색깔의 카드들은 다양한 활동
——코니 아일랜드에서의 수영, 오페라에서의 점보 코끼리, 날개를 팔랑거

16) Macy management, ⟨A Typed Statement About Advertising, Pasted into the
Adverising File for 2/12-3/14⟩, Harvard History Project, 1934, Record Group 10(13-14),
MA: *DGE*(February 2, 1901); *The Advertising World* 21(November 1916); 210; *DGE*
(September 2, 1905 and September 9, 1905).

17) *The Poster*(April 1913); 13. *DGE*(December 5, 1896): "디스플레이 광고는 (…) 미래
의 물결이다"; *DGE*(January 27, 1900): "광고주에 대한 우리의 충고는 컷을 사용하라는
것이다. 광고에서 그림은 모든 사람의 시선을 가장 잘 붙잡는다"; *DGE*(January 4, 1901),
p.7: "광고업자는 판매 제품의 특질을 너무나 잘 그림으로 변형시켜 전달하기 때문에 자
신이 말을 건네는 사람들에게 충분한 인상을 심어 주게 될 것이다(September 1899): "예쁜
그림은 광고하는 제품과 연결되어 영구적으로 지속될 유쾌한 인상을 심어 주게 된다."
이 시기(1895에서 1920)에 나온 이와 흡사한 인용에 관해서는 수백 구절이라도 쉽게 인용
할 수 있었다.

18) JW to Charles Simonet(May 13, 1913), Wanamaker Letterbook, ⟨April 5, 1913 to
October 25, 1913⟩, p.346, WA; JW, 광고 카드 전반에 관해서는 ⟨Things to Remember⟩
(1911), pp.1-2; Manly Gillam, interview, *DGE*(September 17, 1904).

리는 나비, 거리에서 바퀴를 돌리는 광대, 꿈처럼 모든 것이 뒤죽박죽이 된 이상한 나라의 앨리스 등——과 장면을 묘사했다. 카드들은 세일하고 있는 실제 상품과 서비스를 보여주지는 못했지만(따라서 그림과 사인으로 실제로 전시하지는 못했다), 뒷면에——가장 중요한 측면——적혀 있던 가격 목록은 게임, 사치, 즐거움, 환상, 먼 곳의 신비한 풍경들과 광고하려는 사업을 어떻게 해서든지 각각 연결시키려고 했다. 어른들과 아이들은 모든 곳에서 그 카드들을 수집해서 헤아릴 수 없이 많은 카드 앨범을 만들었다. 1880년대의 카드들을 소장했던 워싱턴의 루이스 커머 앨범이 있는데, 잡화점 카드가 주종을 이루고 있으며 이제는 워싱턴 D. C. 박물관에 전시되어 있다.[19]

이런 카드의 인기가 절정에 달했을 때, 다른 형태의 시각적인 광고 형태가 상품을 분명하게 묘사해 주기 시작했다. 특히 시어스, 뢰벅 앤드 컴퍼니, 몽고메리 워드의 우편 주문 카탈로그들, 그리고 대규모 백화점들의 카탈로그가 그런 형태에 속했다. 1860년대 후반까지 거슬러 올라가면, 몇 군데 잡화 점포들은 우편으로 모든 상품을 팔기 위해 카탈로그를 사용했지만 시각적인 광고는 거의 없었다. 심지어 1890년대에도 신뢰할 만한 시각적 재료를 사용한 카드는 거의 없었으며, 상품이 실제로 어떤 모습인지에 관해 그냥 힌트를 주는 패션 잡지들과 유사했다.[20] 하지만 세기가 바뀔 무렵, 중요한 재현 기술상의 변화가 진행되고 있었다. 이 무렵에 이르면, 거의 1천2백 개에 달하는 우편 주문 회사들은 '질 좋은 빗처럼 전국 방방곡곡을 빗질하듯

---

19) David Anderson, 〈Washington Shopper, A.D. 1880〉, *The Washington Post*, POTOMAC(November 2, 1969), pp.24-25, District of Columbia Historical Society; 광고 카드 전반에 관한 풍부한 컬렉션에 관해서는 Warshow Collection of Business, NMAH, smithsonian Institution, Washington, D.C.; in the Bella Landauer Collectin of Advertising Art, NYHS, New York City.

20) 초기 카탈로그에 대해 내가 기술한 것들은 Warshow Collection of Business Americana, Bella Landauer Collection of Advertising Art, John Wanamaker Archives in Philadelphia에 실린 수백 가지 카탈로그에 바탕한 것이다. 이 시기에 우편 주문 잡지 또한 인기가 있었는데 특히 《컴포트》는 1890년대 이후 수백만 명의 독자들에게 우편 주문 카탈로그 업계를 광고했다. 우편 주문 잡지의 탄생에 관해서는(특히 《컴포트》에 관해서), Dorothy Steward Sayward, 〈*Comfort* Magazine, 1888-1942: A History and Critical Study〉, *University of Maine Bulletin* 62(January 20, 1960): 1-108. 《컴포트》 잡지는 역사상 최대의 우편 주문 잡지였다.

이 가장 동떨어지고 가장 알려지지 않는 곳'[21]에 사는 6백만 명 이상의 소비자들마저 단골로 만드는 시스템과 경쟁하고 있었다. 특수 제작된 카탈로그는 인쇄되었다. 워너메이커의 《유모차》와 《자전거》에서부터 뉴욕의 6번 애비뉴에 자리잡은 심슨, 크로포드, 심슨의 《좋은 먹거리 잡지》, 시겔-쿠퍼스의 《현대적인 가정 관리와 먹거리 뉴스》 등이 인쇄되었다.[22] 이와 동시에 카탈로그 커버에는 상상력이 뛰어난 그림들이 등장했으며, 광고 카드로서(도판 4 참조) 다채로운 색깔을 이용하여 솜씨 좋은 석판 인쇄(잘 알려진 예술가들이 그린)로 찍어 냈다.

이런 카탈로그 안에는 수백 페이지에 달하는 생생하고도 정확한 드로잉들이 포함되어 있었으며, 대단히 매력적인 사진들과 눈부신 이미지들이 과거 광고 카피가 차지했던 자리를 대체해 버렸다. 모든 것은 '대단히 선명하고, 뚜렷한 망판화와 라인 컷'과 탁월한 '삽화'로 구성된 카탈로그들로 채워졌다. "우리는 그처럼 완벽하게 그려진 카탈로그를 본 적이 없었다." 1907년 무렵 가장 최근에 나왔던 카탈로그에 첨가된 그림을 보면서 "거의 모든 아이템들은 그림으로 그려졌다. 여성들은 카운터에서 물건을 대하는 것과 마찬가지로 이 도판 그림만으로도 대단히 만족스럽게 물건을 살 수 있다"[23]고 대단히 깊은 인상을 받은 한 광고주가 토로했다. 1898년 뉴욕의 6번 애비뉴에 있는 아일랜드인 휴 오닐의 백화점 크리스마스 카탈로그는 멋진 풍경의 앞표지로 되어 있었는데, 이는 장차 다가올 조짐의 전령사였다. 이 카탈로그는 섬세하게 코팅된 종이 위에 4페이지짜리 컬러로 제작되었는데, 황금 램프와 블루 스모킹 재킷을 보여주고 있었다. 1년 뒤 한 워너메이커스 카탈로그 광고 제작자는 장밋빛 핑크색 코르셋을 광고했다.[24]

광고에 사용한 색깔의 홍수와 광고주의 모든 지휘가 독자들에게 주었던

---

21) Paul Nystrom, 〈Notes on The Mail Order House〉, testimony before the Bureau of Corporations, Resale Price Investigation(1913), 7222-108-1, Record Group 151, NA; 〈Recent Trade Catalogues〉, DGE(November 2, 1902).

22) 시겔-쿠퍼스에 관해서는 *The American Grocer* 83(March 2, 1902): 12; 심슨, 크로포드, 심슨에 관해서는 *The American Grocer* 74(December 13, 1905): 19. 워너메이커스에 관해서는 *Baby Coaches*(Spring 1891), *Bicycles*(1897), WA.

23) *DGE*(April 6, 1907); *The Advertising World* 22(May 1918): 12, 396.

충격은 오직 추측할 수 있을 따름이다. 아테머스 워드는 선구적인 광고주이자 《명성》의 편집장이었다. 그는 미국인들이 새로운 '꿈의 땅'을 손짓해 부르고 있다고 보았다. 그는 또한 이 나라에서 가장 수익성이 높은 버스와 기차에 관한 판매 광고에 대한 프랜차이즈를 가지고 있었으며, 지하철 광고에 컬러 사용을 옹호했다. 뉴욕 지하철의 첫날부터 제1차 세계대전 이전까지 그는 사업가들에게 색깔을 사용하도록 훈계했다. 왜냐하면 색깔은 팔리는 상품의 '조직, 조직결, 수액, 맛'까지 놀랄 만큼 잘 보여주기 때문이라고 주장했다. 색깔은 '무한히 소중한 요소'라고 그는 말했다. "색깔은 **전시된 상품에 대한 욕망을 창출한다**"고 주장했다. "색깔은 사려는 기억에 각인된다." "색깔은 보편적인 그림 언어를 말하며" "외국인들, 어린아이들, 볼 수 있고 행여 읽을 수 있거나를 막론하고 인생의 모든 단계에 있는 사람들에게 닿을 수 있다"[25]고 주장했다.

도상화하려는 추세는 신문에서도 뚜렷하게 드러났다. 1894년 '일단에서부터 한 페이지로 변경한 광고'는 공식적으로 업계 신문에 공시되었다. 점점 과거의 작고 한 다발화된 비시각적 카피들은 칼럼의 절반이나 혹은 페이지 구석으로 내몰리게 되면서, 대담한 머리기사를 뽑은 전면 디스플레이 광고, 좀더 넓은 여백, 다양한 활자체, 무엇보다도 팔려는 상품에 대한 두드러진 그림으로 대체되고 있었다.[26]

매력적인 포장 또한 유행하게 되었다. 다채로운 회보, 전국적인 주식회사의 브랜드 상품과 지역에서 팔리는 소매 상품들 모두에게 중요해진 트레이드마크 라벨 등이 인기를 누리게 되었다. 사실상 그런 라벨들은 업계가 표준

24) John Wanamaker and Co., *Fall and Winter Catalogue, 1899-1900*, no. 4, Warshow Collection of Business Americana; H. O'Neill and Co., *Holiday Gifts Catalogue*(New York, 1898), Bella Landauer Collection of Advertising Art.

25) Artemas Ward, copy of the contract with the Interborough Rapid Transit Company(December 27, 1913), p.5; Artemas Ward, 〈Pictorial Presentation of Interborough Medium〉(New York, 1925), pp.5, 18-21. 이 두 가지 서류 모두 NYPL의 소유로 되어 있다.

26) 시각적인 변화 전반에 관해서는 Presbrey, *The History and Development of Advertising*, pp.244-359; Fox, *Mirror Makers*, pp.40-44; C. J. Shearer, advertising manager at Bloomingdale's, 1889년과 1897년 사이 광고에 있어서의 '커다란 변화'에 관해서는 *MRSW*(June, 1908) 참조.

화된 제품을 생산하고 판매하도록 만들었다. 1905년에 이르면 1만여 개의 등록된 트레이드마크가 있었다. 만년필에서부터 청량음료에 이르기까지, 모든 상품들은 소비자의 주목과 신의를 가시적으로 유도하려고 손을 내밀었다. 회사의 명성을 체계적으로 구축함으로써 트레이드마크는 모든 곳에서 나타나기 시작했다. 역사가인 수잔 슈트라서는 이렇게 기록했다. "쇠고기의 옆구리에 찍힌 스탬프, 침대기둥 크래커에 찍힌 소인 등은 광고에서 유명해지고 회사의 회사명 기재된 인쇄 편지지에 문장으로 등장하게 되었다."[27]

시대의 징조

미국의 옥외 광고 산업은 이보다 훨씬 더 성장하게 되었다. 1890년대와 1915년 사이에 무수한 포스터·사인보드·빌보드 그리고 전기 이미지들이 미합중국에 출현하게 되었다. 극장·유원지·잡화점 등을 위해 디자인된 최초의 미국 포스터들은 1895년 이후부터 유포되기 시작했으며, 대체로 프랑스 포스터 예술가인 쥘 셰레와 외젠 그라세의 작품이 인기를 끌었다. 이들 포스터 예술가들은 상품에 새로운 **삶의 기쁨**을 고취시켰다. 영국 시인인 루퍼트 브룩은 1913년 필라델피아에 있는 워너메이커스를 관광했는데, 그는 파리 출신의 '선도적인 젊은 후기 인상파 화가' 들이 '수년 동안 이 백화점을 위해 포스터를 제작' 하고 있다는 사실을 알고서는 대단히 놀라워했다. 그는 또한 젊은 미국의 예술가들이 '하절기 남성복을 위한 완전히 마티스풍의 일러스트레이션을 제작하는' 모습을 경이롭게 지켜보았다. 워너메이커스에서 브룩은 '담당자인 대단히 지적인 숙녀' 와 인터뷰에서 알게 되었다시피, 모든 "예술가들에게는 오직 누드와…… 담배 피우는 사람을 제외하고는 모든 것을 자유롭게 표현할 자유재량이 주어져 있었다"[28]는 것을 알게 되었다.

광고주들은 거리, 운송 수단, 기차역──최초의 지하철이 작동하는 바로

---

27) Strassser, *Satisfaction Guaranteed*, pp.43-46.

28) Rupert Brooke, 〈extracts from an article in the *Westminster Gazette*〉(October 18, 1913), p.2, WA. 포스터 예술 전반에 관한 것은 Herbert Cecil Duce, *Poster Advertising*(Chicago, 1912), pp.107-13; Presbrey, *The History and Development of Advertising*, pp.490-97.

그 순간부터——등에 포스터를 부착했으며 바로 그 동일한 장소가 아직까지도 그들에게 할당되어 있다. "코니 아일랜드가 나에게 보내온 것은 다름 아닌 포스터였는데, 그 포스터에는 게·생선·바닷가재·과일·수박·캔터롭·대합조개라는 입 안에 침이 고일 것 같은 교향악단을 지휘하는 악단장의 포스터였답니다"라고 뉴욕의 문화비평가인 조셉 허니커가 1914년 말했다. 나는 "코니 아일랜드 땅을 절대 밟지 않겠다고 맹세했지요." 하지만 "그 포스터는 대단했어요! 만약 광고주들이 그들이 사용하는 기호와 상징이 인간의 열정을 어떻게 자극하는지에 관해 조금이라도 이해했더라면, 그들은 예술가들에게 연상의 붓을 최대로 활용하는 데 좀더 신중을 기했을 테지요……. 나는 서둘러 벗어나야만 했습니다. 나는 미각의 심포니를 **마음으로 보았으니까요.**"[29]

미국 전역에 걸쳐 빌보드는 전국적인 트레이드마크와 제품을 그렸다. 질렛 면도기, 코닥 카메라, 콜게이트 치약, 리글리 츄잉껌, 버드와이저 맥주. 그리고 거대한 코카콜라 간판은 나이애가라 폭포의 경관을 가렸으며 다른 한편 메넨의 화장실 파우더 광고는 협곡 위에 매달려 있었다. 워싱턴 D.C를 구경했던 한 관광객은 "펜실베이니아 애비뉴에 있는 국회의사당 입구로부터 시작하여 오른편에 줄지어 서 있는 광고 간판을 보아야만 했다. 배경에 있는 빌보드로 인해 방해받지 않은 채 그 근처에 있는 가필드 기념관을 볼 수 있는 방법은 전혀 없었다"[30]라고 묘사했다.

수익성 있는 옥외 광고 사업이라는 부업——전기 사인 광고——은 1900년 이후부터 급격하게 발전했다. 새로운 업계 저널들이 공격적인 산업의 요구에 대처하기 위해 출판되었다. 《시대의 징조: 보다 나은 광고에 모든 관심을 보이기 위한 저널》도 그 중 하나였는데, 이 저널은 신시내티·시카고·뉴욕에서 1901년에 최초로 출판되었다. 오늘날까지 입수할 수 있는 이 정기

---

29) Joseph Huneker, *New Cosmopolis: A Book of Images*(New York, 1915), p.149; Fame(December 1896); *The Poster I*(January 1896): 1; *The Poster*(February 1896): 14-17; Presbrey, *The History and Development of Advertising*, pp.512-21.

30) Quoted in Quentin J. Schultze, 〈Legislating Morality: The Progressive Response to American Outdoor Advertising, 1900-1917〉, *The Journal of Popular Culture* 17(Spring 1983): 38.

간행물은 종교적인 구절인 '시대의 징조'를 제목으로 차용했다. 시대의 징조라는 이 구절은 수백 년 동안 복음주의 프로테스탄트들이 세계의 임박한 종말의 특정한 '징조(signs)'와 '예수 그리스도의 재림'을 보았던 것에서부터 비롯된 표현이었다. 이 저널이 고객들에게 배달되었던 첫 한 해 동안 미국 전역의 교회들은 벌집 쑤신 듯이 들끓어올랐다. 외관상 종교의 몰락과 '모더니즘'(다윈주의를 받아들였던 종교적 관점, 모든 형태의 과학적인 진보, 성서에 대한 역사적 접근)의 새로운 물결이 파문을 일으켰다. 뉴욕 시에서 침례교 목사인 이삭 홀더먼과 같은 복음주의 지도자는 그리스도 재림 이전의 몰락의 예언으로서 《시대의 징조》가 그 점을 '가장 포괄적으로' 담고 있다고 주장했다. 홀더먼이 믿기에 《시대의 징조》는 '업계의 타락과 탐욕'의 징조였다. 물론 《시대의 징조》는 다른 문화를 예견했으며 대단히 다른 신을 숭배하는 문화의 징조였다.[31]

"전기 광고는 **그림 매체**이다"라고 한 대변인이 말했다. 게다가 그것은 **컬러** 매체이기도 하다. 이에 덧붙여 전기 광고는 모션의 매체, 액션의 매체, 그리고 **인생과 빛**의 매체이며 강박적인 매력의 매체이기도 하다."[32] 미국인들과 다른 나라 사람들에게 오랫동안 도시 소비의 핵심으로 연상했던 상업적인 흰 빛(전기 불빛)이라는 새로운 구역이 이제 출현되었다. 1890년대 중반, 상인들은 최초의 '스펙터클한' 전기 디스플레이를 사용했으며 플래시 장치를 설치한 골조 프레임을 세웠다. 맨해튼에 있는 브로드웨이는 45피트 높이의 초록색 전구로 된 하인즈 피클 광고에서부터, 1910년 브로드웨이와 37번지에 있는 노르망디 호텔의 꼭대기에 조명 장식을 한 로마 전차 경주 광고(72피트 높이에 넓이가 9백 피트에 달하는)에 이르기까지, 그런 광고들로 잘 알려지게 되었다.[33]

상업적인 빛의 브로커인 O. J. 구드는 '광고계의 나폴레옹'으로 잘 알려지게 되었다. 그는 '위대한 백색의 길'이라는 신조어를 만들어 냈다. 구드

---

31) 1912년 뉴욕과 그밖의 다른 곳에서 행한 복음주의적인 '천년 지복'에 관한 설교와 이삭 홀더먼의 《시대의 징조》에 관해서는, George M. Marsden, *Fundamentalism and American Culture: The Shaping of Twentieth-Century Evangelicalism: 1870-1925*(New York, 1980), esp. subsection 〈This Age Condemand: The Premillennial Extreme〉, pp.125-26.

32) 〈Be It So, Electrical Advertising Has Only Begun〉, *ST*(December 1912).

는 빛에서 그때까지 아무도 보지 못했던 상업적인 적소를 찾아냈다. 그는 페인트를 칠한 광고를 위해 영구적인 간판을 발명했으며, 전통적인 빌포스트 사업을 한층 업그레이드시켜 주식 사업으로 만들었으며, 최초로 거대한 전기 광고 간판을 창조했다. 자기 '작업'은 미국적인 미학을 최대로 잘 표현했다고 그는 자평했다. "옥외 광고는 이 나라 사람들의 예술적인 기질의 효과를 느끼고 보여주었다. 그것은 무지막지하게 지배하는 것이 아니라 오히려 아름다움으로 지배하는 것이다."[34]

구드는 그런 사인들이 "문자적으로 관심이 있는 통행인뿐만 아니라 관심 없는 통행인들에게도 광고가 고시하려는 비전을 강제했다"고 말했다. 그는 에밀리 포그 미드가 1901년에 주장했던 말을 거의 문자 그대로 되풀이하고 있었다. 미드에 의하면 그와 같은 뻔뻔스러움은 만약 '새로운 습관이 개시되려면' 필연적인 것이었다. 포그 미드는 "성공적인 광고는 뻔뻔하다"고 말했다. 광고는 끊임없이 관심을 강제한다. 그것은 광고 간판 위에 있을 수도 있고, 전차나 혹은 잡지 페이지 위에 있을 수 있다. "모든 사람들은 그것을 부지불식간에 읽지 않을 수 없다. 그것은 미묘하고 고집스럽고 피할 수 없는 존재여서 독자들의 내면적인 의식 속으로 어느 새 살금살금 기어든다.[35] '블랭크 비스킷을 사세요'라는 광고 문구를 계속해서 읽다 보면 그 비스킷의 이름은 전의식적인 지식의 일부가 되어 버린다."[36]

처음으로 '말하는' 간판이 브로드웨이와 다른 곳(그때까지만 해도 타임스 스퀘어에는 그런 간판들이 집중되지 않았다. 타임스 스퀘어는 주로 제1차 세계

---

33) Presbrey, *The History and Development of Advertising*, pp.507-11; ST(August 1912); 9; Leonard G. Shepard, 〈Sign Lighting〉, in *Illuminating Engineering Practice: Lectures on Illumination Enginnering*, ed. Charles Steinmetz(New York, 1917), pp.535-46; David E. Nye, *Electrifying America: Social Meanings of a New Technology*, 1880-1940(Cambridge, Eng., 1990), pp.51-55.

34) O. J. Gude, 〈Art and Advertising Joined by Electricity〉, *ST*(November 1912): 3; 구드와 그의 사업에 관한 짤막한 개관에 대해서는 Robert Grau, *The Business Man in the Amusement World*(New York, 1910), pp.247-48. Presbrey, *The History and Development of Advertising*, pp.505-6.

35) Fog Mead, 〈The Place of Advertising in Modern Business〉, *Fame* 10(April 1901): 163.

36) Gude, 〈10 Minutes' Talk on Outdoor Advertising〉, *ST*(June 1912).

대전과 전후의 창조물이었다)을 따라서 세워지게 되었다. 이에 뒤따라 1912
년 이후에는 '공중 광고'로 알려진 파노라마 간판과 움직이는 간판이 등장하
여 상인들에게 광고판의 광고 카피가 왼쪽에서부터 오른쪽으로 이동하면서
날마다 읽을거리를 변화시킬 수 있도록 해주었다. 다양한 컬러 래커가 무
빙 라이트를 감당했다. 전기기사들은 극장·호텔·백화점, 그리고 다른 업
계의 입구 차양을 재디자인했으며, 사람들의 이름, 회사, 상품 이름을 라이
트로 '적어넣었다.' 관광 버스를 이용하는 수천 명의 관광객들은 구드가
'라이트와 전기 간판의 주마등' [37]이라고 불렸던 것을 보기 위해 상업 지구
를 방문했다.

　이런 침해에 대해서 모든 사람들이 즐거워했던 것은 아니었다. 많은 도
시에서 개혁주의자들은 광고 간판들을 미학적인 골칫거리이자, 부동산 가
치를 위협하는 것으로 보았다. "광고의 남용의 증거는 상당히 있었다"고 에
밀리 포그 미드는 인정했다. 피곤해진 여행자들은 입을 벌리고 있는 광고
간판들 그리고 무엇보다도 바위와 암벽과 아름다운 경치가 있는 곳마다 신
성모독처럼 버티고 있는 광고들과, 광고를 달고 달리는 전차를 견딜 수 없
어했다." [38] 광고에 짜증난 그런 여행자들 중 한 사람이 사회학자인 에드워
드 로스였다. 그는 1912년 퍼시픽 노스웨스트를 철로로 이용하여 여행하
면서 광고 간판들을 보았다. 스루버 부인의 치약(Mrs. Scruber's Tooth Power)
과 같은 광고는 무성한 소나무 숲을 배경으로 하여 전시되어 있었다. "우리
승객들이 적절한 분노를 느꼈더라면, 치약 광고와 같은 것이 우리의 하루
를 끝장내는 것을 막았을 수도 있었을 텐데라고" 적고 있었다. "하지만 '기
업'의 우상숭배자들 때문에 우리는 지금도 그렇지만 우리 눈앞에서 부적절
한 때에 자기 사업을 선전하고 있는 그런 사람들을 보이콧할 생각을 결코
하지 못할 것이다." 도시의 업계들은 공적 공간에서 자신들이 하고 싶은 대
로 할 수 있는 백지위임장을 가지고 있는 것처럼 보인다. "도시에서는 눈
길이 배회하다가 닿는 그 모든 곳은 미친듯이 누구누구의 피클이나 스카치

---

　37) Gude, 〈Art and Advertising Joined by Electrity〉,: 3; *ST*(August 1912): 9; *ST*
(October 1912): 246-47.

　38) Fog Mead, 〈The Place of Advertising〉, 10: 168.

위스키의 장점을 선전하는 간판이 있다." "집 바깥으로 나오기만 하면 매번 나의 관심을 붙잡아두려는 폭력적인 시도와 광고를 통해 내 머릿속에다 자기 제품을 번쩍거리도록 하는 어떤 사람의 의도를 허락해야만 한다는 말인가"[39]라고 로스는 반문했다.

대충 어림짐작으로 말해 보자면 이런 항의의 효과는 빌보드 옹호자들이 수정안 1조 속으로 도피하면서 많은 사람들의 만족을 위해야 한다는 주장에 의해 희석되어 버렸다. 그들에 따르면 미학은 취향의 문제이며 따라서 법적으로 규제하거나 사법적인 고려의 대상이 아니라고 주장했다.[40] 제1차 세계대전 무렵, 시의 규제는 업계의 로비의 결과로 인해 특정한 지역이기는 하지만 대부분의 경우 허용하는 식으로 단속하기 시작했다. 많은 도시에서 대규모 소매업자들에 의해 운동은 풍요로운 쇼핑 지역에 빌보드를 세우는 것을 금지하는 구역제 법안을 작동시켰다. 부유한 동네 사람들은 광고 간판을 구역제 바깥으로 몰아낼 수 있었음이 분명했다. 하지만 가난한 지역과 도시의 대규모 시장의 상업적인 센터에서, 그리고 엄청나게 증가하는 고속도로와 도로상에서는 단호한 빌보드 산업이 지속적으로 미국인들에게 자신들의 '알림판'을 계속해서 강제했다.

로버트 오그던과 맥스필드 패리시의 커리어

여러 가지 상황이 업계의 그림 광고를 서둘러 포용하도록 만들었다. 그 중 하나는 광고 간판의 양과 장소를 관리하는 전문적인 조직체의 탄생이었다. 빌보드 산업은 19세기를 통틀어 무절제하고 혼란스러웠다. 왜냐하면 도시, 읍내, 시골 어디 할 것 없이 무차별적으로 광고 간판이 난립했기 때문이었다. 특히 군중이 모이는 곳이면 어디든지 광고 장소를 선택하는 서커스와 극장이나 혹은 다른 회사의 광고를 내다버리는 행위를 막을 수 있는 방법은

---

39) Edward Ross, *Changing America: Studies in Contemporary Society*(New York, 1912), p.100.

40) John J. Costanis, 〈Law and Aesthetics: A Critique and a Reformulation of the Dilemmas〉, *Michigan Law Review* 80, I(January 1982): 400-415.

아무것도 없었다. 1910년 무렵, 옥외 광고주들의 사주에 의해 제정한 새로운 차용 계약법은 경쟁을 감독하게 되었다. 고객들은 이제 '전시물이 보호받고 등록되어야 한다'는 것을 납득하게 되었다. 이로 인해 다른 간판들은 계약 기간 동안 그런 공간에서 허락을 얻어야 한다는 것을 의미했다. 그 결과 보다 다양한 전시물이 전시되었다. 왜냐하면 많은 회사들이 광고하는 디스플레이들은 이제 동등한 대우를 받았기 때문이었다. 하지만 이와 동시에 가장 막강한 힘을 지닌 주식회사를 대표하는 많은 광고 간판 광고주들은 광고할 아무런 의도가 없더라도 비싸게 임대하여 광고 공간을 구입해들임으로써 경쟁을 배제하는 새로운 방법을 발견하게 되었다.[41]

그림 광고가 발전하는 데 기여한 또 다른 요소는 새로운 종류의 색깔과 빛의 활용 가능성 때문이었다. 물품은 생생하게 표현되고 투사되었다. 1880년 이후부터 미국 업계는 컬러리스트(colorist)인 루이스 프랭이 헤아린 숫자에 따르면, 수천 개 이상의 독립적인 농도와 색조를 가진 새로운 색깔이 비길 데 없이 정확하게 공급되었다. 이런 인위적인 색깔(연한 자줏빛과 크롬옐로색 등)들이 아닐린 콜타르 염색으로 만들어졌으며, 어떤 색깔들은 자연에서 찾아볼 수 있는 어떤 것보다 더욱 눈부신 색깔을 만들어 냈다. 19세기말 세기가 전환될 무렵 너무나 많은 색깔들이 만들어짐으로써 업계에 있는 모든 사람들에게 분명히 할 수 있는 컬러 표준화가 만들어졌다. 이로 인해 베를린에서부터 시카고에 이르기까지, 제각기 다른 붉은색과 푸른색은 이제 다 똑같은 색처럼 보이기 시작했다(가장 대중적인 표준화는 앨버트 문셀이 1900년에 고안했던 것인데 이것은 오늘날까지 사용되고 있다).[42]

새롭고 다양한 빛의 종류 역시 1910년 무렵 등장했다. 가스라이트 빛, 아크 라이트 빛, 삼릉형 라이트(효율적으로 타깃을 삼은 일광), 탄소를 태운 전기 불빛, 텅스턴 필라멘트로부터 나온 빛, 투광조명등 불빛, 스포트라이트

---

41) Philip Tocker, 〈Standardized Outdoor Advertising: History, Economics and Self-Regulation〉, in Outdoor Advertising: History and Regulation, ed. John W. Houck(Notre Dame, Ind., 1969), pp.32-33.

42) Faber Birren, *Color and Human Response*(New York, 1972), pp.63-65; K Venkataramen, *The Chemistry of Synthetic Dyes*(New York, 1952); David Paterson, *The Science of Color*(New York, 1900). 문셀의 표준화에 관해서는 Birren, p.43.

등이 출현하게 되었다. "풍부한 빛들은 효과적으로 건물들이 보여졌던 모든 기존의 시각 습관을 역전시켰다. 처음으로 건물의 진정한 본성은 이제 어둠이 드리우고 난 뒤라야 비로소 지각할 수 있도록 되었다. 인공조명이 빌딩의 구조물로부터 광휘를 드러냈다"[43]고 업계 건축사가인 레이너 베이남은 기술했다.

세기말 무렵 사진 기술의 도입과 컬러 석판화의 도입은 사업가와 상업예술가들에게 모든 종류의 이미지를 값싸고 풍부하게 복제하도록 해주었다. 그래픽 아트와 사진은, 비주얼 아트 역사가들이 보여주었다시피, 1880년과 1910년 사이에 시각 정보 재현의 새로운 시대를 인도했으며, 더더욱 사람들의 시선을 사로잡았다. 어떤 기사, 어떤 페인팅, 어떤 사진도 새로운 기술 발전에 의해서 매력적인 망판화 삽화로 전환시킬 수 있게 되었다. 테크놀로지는 이미지를 생성하는 다른 방식을 도입했으며, 비사진 예술가들에게도 대상과 사람들을 보다 더 진정성을 가지고 그려내도록 압력을 가하게 되었다. 예를 들어 '패션 플레이트' 산업은 되돌아갈 수 없을 정도로 엄청나게 변화되었다. 초기 잡지 시대의 구식 스테레오 활자에 의존하는 것이 더 이상 가능하지 않게 되었다. "심지어 지금 현재 그려지고 있는 패션 그림은 옛날에 만들어졌다. 이런 관점에서 사진은 적어도 미를 위해 훌륭한 서비스를 했다."[44]

특정한 상인들의 복음주의적인 헌신은 이런 새로운 광고 화보주의(pictorialism)를 활성화시켰다. 그와 같은 복음주의적인 상인의 한 사람이 로버트

---

43) Reyner Baynam, *The Architecture of the Well-Tempered Environment*(Chicago, 1969), p.70; Matthew Luckiesh, *Torch of Civilization*(New York, 1940), *Artifical Light*(London, 1920).

44) DGE(October 18, 1902), p.13; Printers' Ink, *Fifty Years*, p.118; Presbrey, *The History and Development of Advertising*, esp. chap. 41, 〈The Tremendous Effect of the Half-Tone〉, pp.356-60; Estelle Jussim, *Visual Communication and the Graphic Arts: Photographic Technologies in the 19th Century*(New York, 1974), pp.1-73, 111-19; Peter Marzio, *The Democratic Art: Chromolithography, 1840-1900: Pictures for a 19th-Century America*(Boston, 1979); Neil Harris, 〈Iconography and Intellectual History: The Half-Tone Effect〉, in *New Directions in American Intellectual History*, ed. John Higham and Paul Conkin(Baltimore, 1979), pp.198-201; and 〈The Making of Cuts〉, *DGE*(May 19, 1906): 〈Any article can be photographed and made into a cut〉.

오그던이었다. 그는 워너메이커의 동업자였으며 1890년대 후반 뉴욕 백화점의 총감독이었다. 오그던은 다른 사업가들이 그림의 힘을 인정하기 오래 전에(워너메이커를 포함한) 그림 광고의 용도를 공공연하게 옹호했다. 1880년대 그는 워너메이커의 광고 스태프진들에게 "고집스럽게 삽화의 사용을 옹호했다. 그 사람은 정말 열광했어요"라고 맨리 길램은 기억했다. 길램은 전국적으로 잘 알려진 카피라이터였으며 세기가 전환될 무렵 워너메이커를 위해 일했던 인물이었다.[45]

오그던은 다른 문제들에 관해서도 또한 열성적이었다. 예를 들어 그는 인종 정의의 수호자로도 잘 알려져 있었다. 1836년 필라델피아에서 태어난 그는 '흑인 유모'에게서 한동안 양육되었다. 그는 부커 T. 워싱턴이 설정한 노선을 따라 남부에서 흑인 교육을 위한 투쟁을 선도했다. 오그던은 버지니아 소재 햄프턴 연구소 관선위원회(Board of Trustees of Hampton Institute)의 회장이었는데, 이곳은 흑인들을 위한 최초의 산업노동자대학 중 하나였다.[46] 워너메이커는 오그던을 대단히 존경했다. 그는 오그던을 "내 가족 외에 정말 진정으로 사랑한 사람이었다"고 말했다. "남자가 다른 남자를 사랑하는 것은 쉬운 일이 아니다. 하지만 그 사람에게는 정말 숭엄함이 있었다." 1913년 오그던이 죽었을 때, 워너메이커는 자기 아들인 로드먼에게 편지를 보냈다. "우리는 그와 같은 사람을 두 번 다시 만나지 못할 것이다. 그는 선량함의 기적이었다."[47] 오그던은 워너메이커와 마찬가지로 장로교주의자였지만, 그의 입장은 정통파 장로교주의는 아니었으며, '경건한 기독교인의 말투'를 몹시 싫어했다. 그리고 카드놀이·극장·당구와 같은 것들이 근본적으로 잘못되었다고는 보지 않았다.[48] 하지만 오그던은 부유해지면서 '실천적인 문제'와 '기독교적인 이상'을 조화시키는 것이 점점 불가능해지는 것

---

45) Manly Gillam, *DGE*(September 17, 1904); *DGE*(Gillam)(November 11, 1897); DGE(Gillam)(February 2, 1901).

46) Robert Ogden to W. H. Baldwin(February 12, 1903), 〈Letters〉, Ogden Papers, Box 3, LC; Philip W. Wilson, *An Unofficial Statesman——Robert Ogden*(New York, 1924).

47) JW, speech at a 〈Meeting Held in the Board Room, regarding the death of Robert Curtin Ogden〉(August 7, 1913), unpublished 〈Miscellaneous Speeches〉, p.274; JW to RW(August 7, 1913), WA.

48) Robert Ogden to H. P. Ford(August 9, 1893), Box 3, Ogden Papers.

을 근심했으며, 그 중에서도 특히 필라델피아 '사교계에 데뷔'한 10대의 두 딸들이 방종하게 구는 것에 관해 걱정했다. 그는 한 친구에게 "워너메이커스에 전시되어 있는 훌륭한 모든 장식품들을 취급할 만한 권리가 자신에게 과연 있는지 정말 의심스럽다"[49]고 털어놓기도 했다.

로드먼 워너메이커가 1890년대 후반 뉴욕 백화점을 경영하는 데 오른팔 노릇을 했던 오그던은 다소 다른 입장을 보였다. "나는 이상을 가지고 있다"고 1898년에 그는 적어두었다. "그런 이상의 핵심에는 근본적인 원칙이 있다. 내가 추진하고 싶은 것은 돈을 만들어 내는 힘이다." 소매 사업은 "인생의 안락함을 제공해 줄 수 있는 돈의 힘을 증가시킴으로써 인간 행복의 총량을 늘리는 것이다." 돈은 그 모든 것의 중심에 있다──물품을 통한 돈, 다른 사람의 꿈을 통한 돈, 서비스를 통한 돈, 그림을 통한 돈이 이 모든 것의 핵심이다. 그는 존 워너메이커 본인에게 광고의 중요성에 관해 편지를 통해 강의를 했다. "광고는 이 업종에서는 핵심이자 영감입니다. 우리가 하는 모든 것을 위한 생명력입니다……. 광고는 결코 사소하게 볼 수 없는 과학입니다."[50]

1897년 이 나라의 최초 광고 클럽인 스핑크스 클럽 이전 뉴욕에서 행했던 연설에서, 오그던은 왜 '뜨거운 그림'이 '차가운 활자'보다 우월한가에 관해 설명했다. 그림은 다른 광고와는 달리 관심을 붙들어둔다. "활자가 실패한 곳에서 뜨거운 그림은 호기심을 야기시키며, 유머 감각을 건드리며, 세련된 취향에 호소하며, 무의식적으로 보통 사람의 주목을 이끌어 낸다. 광고주는 부지불식간에 관심을 이끌어 내야 한다." 그는 여기서 미션을 보았는데, 그가 말하는 미션은 보통 사람들에게 '아름다움'을 전달하는 것이었다. "예술의 고위 사제들이 광고에서 예술은 인류 그 자체를 위한 예술이라는 진술을 아무리 비웃을지라도, 그럼에도 불구하고 그것은 사실이다. 인류

---

49) Robert Ogden, quoted by S. C. Mitchell in his unpublished biography of Ogden, pp.60-61, Box 27, Ogden Papers; Wilson, *An Unofficial Statesman*, p.6, and Diary of Robert Ogden(June 9, 1879), Box 1, Ogden Papers.

50) Robert Ogden to JW(April 14, 1890, and February 9, 1891), Ogden Papers; Robert Ogden, 〈Ethics of Modern Retailing〉, undated speech, Box 22, Ogden Papers; Robert Ogden to RW(July 24, 1898), WA.

는 광고에 의해 확대되고 있는 예술에 의해 혜택을 누린다. 광고로 인한 혜택은 예술가 자신과 그 예술가가 호소하고 있는 청중까지를 포함한다." " '예술을 위한 예술'이라는 귀중한 개념을 제거하라. 예술은 상업에 속한다. 예술은 '실천적인 것'과 연결되어야 한다"[51]라고 그는 주장했다.

오그던과 워너메이커와 같은 상인들은 광고에 대비하기 위해 훈련된 예술가들을 고용했다. 그림 광고를 하는 또 다른 이유는 그것이 너무나 확장되고 너무나 세련되었기 때문이었다. 세기말 무렵 대량 마켓 주식회사와 소매 상인들은 점증하는 상업예술가들 집단 가운데서 선택하여 빌보드 디자인, 포스터, 카탈로그, 신문과 잡지에 광고하는 디스플레이를 할 수 있도록 만들 수 있었다.

물품을 파는 데 예술가로서의 재능으로 가장 유명했던 사람이 맥스필드 패리시였다. 그는 20세기 전반부를 통틀어 미국에서 가장 위대한 상업예술가로 간주되었다. 패리시는 모든 가능한 권장 매체를 위해 디자인했다. 그는 호텔, 레스토랑, 호텔 바의 벽화를 그렸다. 예를 들자면 1906년 뉴욕의 니커보커 호텔을 위해 '전설적인' 올드 킹 콜(Old King Cole) 벽화를 그렸다. 이 벽화는 나중에 세인트 리지스 호텔에 있는 킹 콜 룸으로 이송되었다. 그는 자동차 회사를 위한 빌보드를 디자인했으며, 크레인 초콜릿을 위해 루바이야트와 클레오파트라 디자인과 같은 광고 판넬을 제작했다. 《콜리어즈 매거진》에는 아라비안나이트와 같은 잡지 삽화를 그렸다. 그런 광고 중 하나에서는 한 신하가 르네상스 시대의 왕과 여왕에게 젤리-오를 서비스하는 그림을 그렸다. 왕과 여왕은 황금 왕관을 쓰고 자주색 제왕의 복장을 하고 있었다. 그의 작품은 많은 다른 예술가들이 부러워 마지않았던 배급(distribution)을 하게 되었는데, 맨해튼에 있는 광고대행사인 루싱 우드(Rushing Wood) 덕분에 그의 디자인들은 요구가 있는 즉시 빌보드, 캘린더, 포스터, 백화점과 명품점을 위한 윈도 카드로 전환되었다. 사람들은 잡지에 실린 그의 그림을 잘라내어 주방이나 침실에 붙여 두었다.[52]

---

51) Robert Ogden, 〈Advertising Art〉, *DGE*(May 15, 1898); 오그던 자신의 카피에 관해서는 Ogden Papers(April 13, 1898).

52) Coy Ludwig, *Maxfield Parrish*(Oswego, N. Y., 1973), pp.106, 141-45.

미남이었던 패리시는 남자들을 위한 누드 모델로, 그리고 자기 포스터에서 여성 인물을 위해 종종 포즈를 취했다. 그는 1870년 필라델피아에서 태어났으며, 불가지론 퀘이커교도인 아버지 스티븐의 반항적 태도로부터 많은 혜택을 받았다. 어떤 설명에 따르면 그의 아버지인 스티븐은 '인생에 대한 칙칙한 관점'에 등을 돌렸으며, 파트타임 예술가(그는 성공적인 문구 회사의 소유주였다)[53]가 되었다고 한다. 젊은 패리시는 1890년대 후반 그가 그린 동화책의 삽화로 인해 대중적인 주목을 받게 되었다. 그 중에는 프랭크 밤이 쓴 《산문으로 쓴 엄마 거위》에 그린 컬러 드로잉도 포함되어 있었다. 패리시는 이디스 훠턴의 인기작이었던 《이탈리아인 빌라와 그들의 정원》에 삽화를 그렸으며, 훠턴 스스로 그 그림에 상당히 만족했다고 한다. 주식회사 업계와 소비 시설들을 위해 다양한 광고 디자인을 작성했다. 리넨 라벨, 1890년대 워너메이커스의 카탈로그 표지, 필라델피아의 배트럼 호텔의 메뉴판, 로열 베이킹 파우더와 같은 전국적인 제조 회사를 위한 포스터, 콜게이트, 산타클로스 비누, 임프루브드 웰스바흐 라이트를 위한 포스터 등을 제작했다. 그는 옛 것과 새 것을 대비시켜 '근대적인 것'의 미덕을 눈에 띄게 하는 배치를 함으로써 물품의 근대성(그런 물품을 만든 회사의 근대성)에 호소하고 그 점을 고양시켰다. 그는 새로운 상품을 르네상스, 중세, 고대적인 배경에 배치시키고서는 아드레이크 카메라를 가지고 스냅 사진을 찍어서 더블릿과 타이츠를 입은 현란한 복장의 소년들과 대비시키거나 혹은 공장 제품의 비누를 사용하면서 알라딘의 동굴과 같은 요정을 세계를 대비시켰다.

패리시는 종종 상품이나 회사를 변덕스러운 분위기와 연결시켰다. 사실상 그는 삽화계의 피터 팬이라고 불리어졌다. 그는 당대인들이 '표면의 마술'이라고 묘사한 것에 매료되었던 것처럼 보였다. 단순한 디자인 위에 유약을 반복적으로 사용함으로써, 색깔에 광택이 나는 효과를 거두곤 했다. 눈부신 에나멜 광택이 나는 그의 그림에 부여된 이 특별한 푸른색은 '패리시 블루'[54]로 널리 알려지게 되었다. 패리시는 1915년 필라델피아의 '드림 가

---

53) Adeline Adams, 〈The Art of Maxfield Parrish〉, *The Magazine of Art* 9(January 1918): 85-101; Ludwig, *Maxfield Parrish*, pp.1-13.

54) Ludwig, *Maxfield Parrish*, p.143.

든'을 건축할 때, 또 다른 상업적인 컬러리스트인 루이스 티퍼니와 공동 작업하게 되었다. 드림 가든은 무지개빛 모자이크 벽화로 길이가 50피트, 넓이가 15피트에 달했으며 커티스 출판사에 의해 위임되었다. 패리시는 벽화를 디자인했으며, 티퍼니는 그것을 유리로 옮겨서 제작했다. 최근 들어 복원되어서 필라델피아에 있는 커티스 센터에 지금도 볼거리로 남아 있다. 그 벽화는 신비로움을 전달하고자 의도되었으며, 창조자가 말했다시피, "심지어 비교적 교육받지 않은 사람의 눈에도 충분히 다가갈 수 있게" 만들어졌다. 패리시는 폭포, 자줏빛 산, 무성한 식물들, 황금 계곡, 풍성한 꽃들 등과 같은 것들을 서로 뒤섞어 모호하고도 다형태적인 색채 덩어리를 만들었다. 벽화는 관람자의 입장에서는 관람에 필요한 아무런 요구 사항이 없었다. 그것은 대량 상업예술 작품이었으며 상업예술의 목적은 모자이크 위에 예쁜 색깔과 빛의 놀이와 더불어 시선을 즐겁게 해주면 그만이었기 때문이었다.[55]

에디슨 전기 회사의 마즈다 램프를 위한 패리시의 캘린더는 유명해졌다. 각각의 캘린더는 패리시가 빛의 신비한 역사라고 부른 모양에 할애되고 있었다. 패리시는 여기서 그의 트레이드마크인 이미지를 발견했다. 즉 눈부신 자연적인 분위기 속에서 푸른색과 황금색 복장을 한 선남선녀들이 동경에 가득 찬 시선으로 저 먼 곳을 바라보는 이미지를 만들어 냈다. 종종 그의 그림이 보여주는 비주얼한 눈부신 '광채'——예를 들어 자동차 빌보드, 그것은 그가 10대 후반에 그렸던 것이었다——는 너무나 효과적이어서 어떤 관찰자가 표현했다시피, "대중들은 발걸음을 멈추고 그림을 응시하면서 즐겁게 빠져든 나머지 그림이 광고하려는 것을 잊어버리고 말았다."[56](도판 5 참조)

패리시는 회사를 단지 '암시하는' 정도로 표현하기를 좋아했다. 다시 말해 공공연하게 회사나 상품 자체를 보여주기보다는 오히려 상품에 호소하는 그림을 선호했다. "나는 차라리 이상적인 정원, 봄, 가을, 젊음, 바다의 영혼, 삶의 환희(만약에 그와 같은 것이 있다면)와 같은 것을 그리고 싶었다"

55) Robert Koch, *Louis Tiffany: Rabel in Glass*(New York, 1964), pp.84-85; Alma Gilbert, *Maxfield Parrish: The Masterworks*(Berkeley, Calif., 1992), pp.127-128.

56) Samuel Strauss, editoral, *The Villager* 3(March 20, 1920): 182-83.

고 그는 자기 고객인 초콜릿 제조 회사인 클라렌스 크레인에게 말했다. "나는 제너럴 일렉트릭사를 위해 그렸던 것과 같은 '드림라이트'를 당신이 보았으면 합니다. 가을이면 대중들에게 그들 회사가 훌륭한 램프를 만들고 있다는 사실을 상기시켜 주기 위해 나누어 주는 일종의 캘린더 같은 것 말입니다. 나는 **사물의 영혼**을 포착했다고 생각합니다. 사물의 영혼이라는 말이 무슨 말인지 이해하실 수 있겠습니까? 내가 말하는 사물의 영혼은 그로 인해 우리가 인생에서 최대의 환희와 행복을 누리는 것을 의미합니다. 옥외의 영혼, 빛과 거리의 영혼…… 그것은 대중들에게 절대적인 영향을 미치는 자질입니다. 난 그걸 확실히 느낍니다.[57]

패리시는 자기의 작품이 모든 사람들에게 기쁨을 주고 아무에게도 불쾌감을 주지 않는 것 이상으로 특별한 메시지를 전달하거나 특별한 목적이 있는 것이 아니라고 주장했다. 그 점은 "당신도 알고 나도 알고 있어요"라고 그는 자기 고객인 루싱 우드에게 말했다. "사람들이 좋아하는 것은 아름다운 배경에 아름다운 옷을 입은 매력적인 인물들이지요. 만약 그렇지 않을 경우 아마 누구도 특별한 인물은 없습니다. 그것이 무엇이든지간에 그것은 포착하기 힘든 것이지요." 내 "그림은 복제품으로서 가능한 가장 광범위한 사람들에게 호소하기 위해 계산된 것들입니다." 패리시는 광고 그림 제작을 애니미즘적인 페티시즘으로까지 몰고 갔으며, 사업과 상품을 빛과 색깔 속에서 풍경으로 흠뻑 적시며, 생명을 주는 온기와 재생으로 가득 찬 것으로, 순수와 동심으로, 꿈꾸는 듯한 초월로 연결시키고 싶어했다.

패리시와 다른 광고주들은, 과거의 다른 집단이 발견했던 것과 마찬가지로, 그림이 관심을 유도하고, 일종의 신의를 요구하며, 욕망을 자극한다는 점을 발견했다. 광고주는 눈에 두드러지는 그림이 성공했다는 것을 알았다. 왜냐하면 그런 그림은 그렇지 않았더라면 무의미와 무생명의 대상에게 생명과 의미를 주기 때문이다. 그림들은 상품에 결핍되어 있는 잠재력을 상품에 부여해 주었다. "더 이상 과거로부터의 경직된 유물이 아니라 그림에는 오로지 **성격, 생명, 색채, 액션**, 인간적인 관심만이 있다"고 한 상인은 말했다. 그리고 무엇보다도 **자연적인** 모든 것에 주목과 관심을 끌어들이는 것,

---

57) Ludwig, *Maxfield Parrish*, p.134.

팔려고 내놓은 물품의 다른 측면이나 **제품**에 관심을 집중하도록 만들어 준다. '색깔, 광택, 대비, 분위기, 공간과 부피의 즐거운 불균형' 등은 절대적으로 필요 불가결하다.[58]

L. 프랭크 밤과 쇼윈도

물론 쇼윈도는 어쨌거나 가장 유혹적인 방법으로 물품을 보여주고 다른 화보 매체로서는 상대가 되지 않는 방식으로 '공간과 부피의 즐거운' 불균형적인 배치를 했다. 오늘날은 텔레비전 광고가 오랫동안 시행되고 난 뒤이기 때문에 쇼윈도는 유혹의 레퍼토리에서 핵심적인 위치를 상실했으며 그런 만큼 우리는 헨리 제임스 혹은 이드나 퍼버와 같은 작가들이 어떻게 그처럼 충격을 받을 수 있었던지에 대해 상상조차 할 수가 없거나 아니면 쇼윈도가 어떻게 소비자를 사로잡는 핵심적이면서도 시각 차원의 장치로 이바지할 수 있었던가를 이해할 수조차 없을 것이다. 하지만 그 시절 판매력에 있어서 쇼윈도와 경쟁할 다른 매체는 없었다. 광고 카드, 포스터, 빌보드, 심지어 초기의 전기 간판마저도 쇼윈도의 경쟁 상대가 되지 못했다. 쇼윈도는 지속적으로 확대되는 유리의 풍경이었으며, 예외적인 차원의 새로운 경제와 문화가 작동했던 것을 보여주는 가장 생생한 회화적 지침이었다.

1885년 그 무렵쯤에, 근대적인 의미에서의 윈도 디스플레이는 거의 존재하지조차 않았다. 트리머(Trimmer)들은 물품을 창문 안에 빼곡히 쌓아 두었으며 날씨가 좋을 경우에는 거리에 물품을 포개 놓았다. 많은 가게들은 윈도에 아무것도 전시하지 않았다. 어떤 사람들은 천박하다는 이유로 인해 디스플레이를 회피했다. 그보다도 선반에서 넘쳐나는 제조된 물품을 어떻게 전시해야 하는지를 몰랐다는 것이 가장 단순한 이유였다. 자원과 세팅은 대단히 싸구려였다. 대체로 이 가게든 저 가게든 너나 할 것 없이 조명은 빈약했으며, 유리는 질이 형편없었고 디스플레이 비품은 임시방편이었다(종종

---

58) G. Schonfarber, 〈What the Advertiser Wants〉, *The Advertising World* 21 (November 1916): 210.

투박한 무명, 상자, 피륙, 무작위적인 재료들이 안쪽 방에서부터 쭉 널려 있었다).[59](도판 2 참조) 질 나쁜 유리 역시 보잘것없었다.

근대적인 디스플레이 스타일은 특히 1889년으로 거슬러 올라갈 수 있다. 19세기 후반에 가장 영향력 있는 목소리였던 《잡화 이코노미스트》가 그들의 관심을 재정에서부터 소매업으로 이동하게 되었던 때로 거슬러 올라갈 수 있다. 뉴욕에 발판을 두었던 이 기관은 1858년에 설치되어 1880년대까지 지속했는데, 상인들에게 소매업에 관해서는 아무것도 알려 주지 않았으며, 그 대신 화폐 시장, 중개업, 부동산, 상품 거래에 관한 보고를 주로 했다. 이 잡지는 기독교 복음주의 활동에 관해서는 1주일 한 번 칼럼을 실었으며 상인들에게 '이타적이고 스타르타식 길'을 추구하도록 호소했다. 1889년 점점 더 세속화되고 점점 더 상업적으로 경쟁적인 분위기가 고조됨에 따라, 이 잡지는 과감하게 제조업을 포용하게 되었다. 이 잡지는 "물품을 보여주어라. 심지어 가지고 있는 물품량이 얼마 되지 않는다 할지라도, 물품에 대한 판매는 그것을 얼마만큼 전시하는가라는 그 비율에 따라 달라질 것임이 분명하다"[60]고 상인들에게 충고했다. 세기말에 이르러, 업계의 주기가 신속하게 상승함과 더불어, 새로운 전망이 시각적인 판매 방식으로 열리게 되었다.

새로운 방법으로 전환한 최초의 중요한 전향자는 업계 유형이라기보다는 오히려 동화 작가로서 미국에서 가장 잘 알려진 L. 프랭크 밤과 같은 인물이었다.(도판 17 참조) 소매에 관한 그의 작업은 오즈 스토리와 환상 소설만큼이나 미국의 문화 발달에 중대한 기여를 했다. 패리시와 마찬가지로, 그는 상인들의 요구에 맞춰서 새로운 기술을 잘 다듬었다. '장식과 전시 기술'에 관한 그의 잡지와 매뉴얼들은(이 부분은 앞으로 보게 될 것이다) 이 세계에서 최초로 발표된 것들이었다.[61] 그의 매뉴얼은 삽시간에 윈도 디스플레이를 지배하게 되었으며, 세월이 감에 따라 판을 거듭하게 되었다. 그의

---

59) John Crawford Brown, 〈Early Days of Department Stores〉, in *Valentine's Manual of Old New York*, ed. Henry Collins(New York, 1921), pp.134-35. 오래된 관행에 관해서는 *DGE*(October 12, 1889, December 2, 1889, July 21, 1892, and esp. 〈Piling Goods Outside〉, June 27, 1896).

60) *DGE*(October 12, 1889).

저널은 그 분야에서는 가장 오래 지속된 것으로 부상했다. 그는 이 저널을 《쇼 윈도》라고 불렀는데, 이것은 1900년 이후부터는 《상인의 기록과 쇼윈도》로 발전되었으며, 그러다가 1920년대에는 《디스플레이 세계》로 바뀌었으며, 마침내 《비주얼 판매》로 전환되었다.

밤은 1856년 뉴욕의 업스테이트에 있는 로즈 로운이라는 상당한 넓은 장원에서 태어났다. 대체로 독일계 미국인이었던 부유한 가문의 7명의 아이들 중 막내로 태어났다. 그는 부모의 사랑을 듬뿍 받고 자랐으며 특히 경건한 어머니 신시아 밤으로부터 특별한 사랑을 받았다. 그의 어머니는 그를 엄격한 감리교 원리에 따라서 키우고자 했다.[62] 밤 집안의 바로 남쪽으로는 펜실베이니아 유전이 있었다. 1850년대 그곳의 검푸른 석유——오즈의 에메랄드 색깔처럼 거의 초록색이었던 석유——로부터 그들의 부가 쏟아져 나왔다. 밤은 어린 시절과 젊은 시절을 석유의 그늘에서 보냈다. 그의 아버지 벤저민은 유전으로 인해 벼락부자가 되었으며, 유전을 관통하여 흘러가는 강물에서부터 원유를 걷어내고 정유하여 이윤을 남기고 팔았다. 그의 고용인 중 한 사람이 존 D. 록펠러였었는데, 그는 얼마 가지 않아서 자기 자신의 정유 회사인 스탠더드 오일사를 설립하여 역사상 최초로 가장 거대한 주식회사를 만들었다.[63] 나중에 벤저민은 시러큐스의 제2내셔널 뱅크를 설립했으며 그 지역을 인수하여 경제적인 성공의 지표로서 낙공업과 소매 자산에 투자했다.[64]

L. 프랭크 밤은 아버지의 산업 세계와 은행업에 그다지 매력을 느끼지는

---

61) 이런 종류의 제품 판매에 관한 매뉴얼의 증폭에 관해서는 Leigh Eric Schmidt, 〈The Commercialization of the Calendar: American Holidays and the Culture of Consumption, 1870-1930〉, *The Journal of American History*(December 1991): 887-916.

62) 로즈 로운의 묘사에 대해서는 Frank Baum and Russell MacFall, *To Please a Child: A Biography of L. Frank Baum, Royal Histrorian of Oz*(Chicago, 1951), p.150.

63) Allan Nevins, *John D. Rockefeller*, vol. 1(New York, 1940), chap. 8. Maud Baum, Baum's wife, claimed in her biographical notes for *The Cyclopedia of Ameri-can Biography*(1922) that 〈John D. Rockefeller worked for him〉(Benjamin Baum). 〈Biographical Notes〉, Papers of Lyman Frank Baum, Arendts Library Syracuse Uni-versity.

64) 벤저민 밤의 석유 활동에 관해서는 Russell MacFall to Dr. Justin Call(July 29, 1974), LFB Papers, Arendts Collection, Syracuse University; and MacFall and Baum, *To Please a Child*, p.17.

않았다. 그가 좋아했던 것은 자본주의의 이면이었던 유흥업과 소비, 그리고 '꿈의 세계'와 같은 쪽이었다. 밤은 욕망을 표현하는 데 있어서 금기 사항을 없애고자 했다. "인생의 견과로부터 모든 고기를 얻어내는 것이 지혜의 본질이다. 따라서 먹고 마시고 즐겨라. 왜냐하면 **내일은** 죽을 것이므로"[65] 라고 그는 주장했다. 그는 저축보다는 소비를 선호했다. 만약 그에게 종교가 있었다고 한다면, 그것은 다름 아닌 미국의 신흥 종교인 접신학이라는 심리 치료요법이었다. 그의 심리 치료요법은 자신의 추종자들에게 인생과 물품과 돈을 즐기는 것에서부터 느끼는 죄의식으로부터 해방시켜 주는 것이었다. 그는 19세기의 지도적인 여성해방론자였던 마틸다 조슬린 게이지의 딸인 모드 게이지와 결혼을 했다. 밤 역시 여성의 권리를 옹호했는데, 이유인즉 남성과 마찬가지로 여성 또한 자신이 원하는 것이면 무엇이든지 자유롭게 해야 한다는 이유에서였다. "우리나라의 성공의 열쇠는 관용이다" 라고 그는 주장했다. "살고 또한 살도록 내버려두라."[66] 밤은 어린아이들을 위한 책 또한 썼다. 그 중에서 무엇보다도 《오즈의 놀라운 마법사》는 상업적인 미국의 영적인 갈망에 안성맞춤인 책이었다(밤의 동화책과 인생철학에 관해서는 8장에서 다시 좀더 상세히 거론하겠다).

젊은 시절 밤은 극장에 빠져서 그보다 더 어린 시절이였더라면 종교에 투자했을지도 몰랐을 에너지를 극장에 쏟아부었다. 막 10대를 벗어날 무렵부터 그는 극장에 뛰어들어 희곡을 쓰고 그것을 제작하고 주요한 역을 연기하면서 아내와 더불어 중서부를 관광하고 있었다. 이와 동시에 그는 판매업이라는 커리어를 택하면서 직업적인 생활에서 돈 버는 일에 재빨리 집중하기 시작했다. 그는 여행하는 세일즈맨으로서 일했으며 자기 자신의 사업을 설립했는데, 그것이 '밤의 캐스토린 회사'였다. 이 회사는 원유에서부터 차축 유지(axle grease)를 뽑아내는 것이었다.[67] 1880년대 후반 그는 사우스 다코타의 애버딘을 여행했는데, 자작 농장을 경영하는 아내의 가족들은 자기 주장대로 그곳에서 살아가고 있었다. 그는 그곳에 정착하여 소매업을 건설

---

65) LFB, *The Aberdeen Saturday Pioneer*(이후부터 Pioneer로 부르겠다); and quoted by Matilda Gage, 〈The Dakota Days of L. Frank Baum〉, pt. II, *The Baum Bugle* (Autumn 1966).

66) *Pioneer*(February 1, 1890, February 8, 1890, February 15, 1890, and March 1, 1890).

했으며, 뉴욕의 유티카에 있는 F. W. 울워스의 체인점을 모델로 삼아서 밤의 바자를 세웠다. 도회지 사람인 밤은 많은 세일즈 여행을 하다가 유티카를 방문했던 적이 있다.

과장 광고와 허풍에 점차 익숙해지게 됨으로써 밤은 '군터의 캔디(Gunther's Candy)'를 개업하는 첫날 자기 가게에 들른 모든 여성들에게 그것을 선물로 주었다. 끊임없이 광고 구절들이 그의 펜에서 쏟아져 나와서 인근 신문에 실렸다. 밤의 바자는 모든 사람들에게 중요한 존재가 되었다. 즉 중국제 호롱, 양철 제품, 공장제 도자기류, 캔디, 담배, 자전거, 아이스크림, 단단한 놋쇠 타구 등과 같은 새로운 상품을 포함하여 그의 가게는 모든 사람에게 중요한 존재가 되었다. 어린아이들은 밤 가게의 전면을 장식했던 플레이트 글라스 창문을 통해 가게 안을 들여다보았다.[68]

밤이 사업을 해나가고 있는 그 사이 불경기가 그 지역을 강타했으며 사업가들은 부채와 파산으로 내몰렸다. 밤의 바자 역시 망했다. 다른 곳에서 일자리를 찾지 않을 수 없었던 그는 저널리즘으로 눈을 돌렸으며 푼돈을 끌어모아서 《애버딘 새터데이 파이오니어》라는 망해 버린 지역 신문을 사들였다. 그는 광고를 포함하여 이 신문의 거의 모든 기사를 혼자서 썼다. 그는 가난에 쪼들렸지만 그럼에도 불구하고 애버딘의 성장을 위해 열렬한 후원자로 남았다. 그는 '연중 사업을 보장해 주는 제조업'을 원했으며 상인들에게 소비를 촉진시키는 데 필요한 모든 수단을 동원하도록 촉구했다.[69]

무엇보다도 언제나 배우였던 그는 1890년 상인들이 터득하기 시작했던 디스플레이 요령에서 짜릿한 자극을 맛보았다. 다시 한번 그는 "'쇼윈도' 같은 것은 어디에도 없다"라고 적었다. 이제 사우스 다코다처럼 촌스러운 곳에서도 상인들은 윈도에 상품을 전시하는 법을 배우고 있었다. "심지어

---

67) MacFall and Baum, *To Please a Child*, pp.32-33; Robert Stanton Baum, 〈The Autobiography of Robert Stanton Baum〉, pt. I, *The Baum Bugle*(Christmas 1970); Alla T. Ford and Dick Martin, *The Musical Fantasies of L. Frank Baum*(Chicago, 1958), p.14; and *The Syracuse Herald*(November 19, 1899), LFB Papers.

68) MacFall and Baum, *To Please a Child*, pp.60-61; Matilda J. Gage, 〈The Dakota Days of L. Frank Baum〉, *The Baum Bugle*(Spring 1966); *Pioneer*(April 19, 1898).

69) *Pioneer*(December 22, 1890).

96 욕망의 땅

그런 문제에 천성적으로 둔한 남성들마저도 디스플레이의 아름다움에 놀라지 않을 수 없었다."[70] 그는 지역 상인들이 실시했던 '호화스러운 카니발'에 관한 칭찬을 늘어놓았다. 이 카니발에서 상인들은 국내산과 수입산 물품을 전시하기 위해 중심가에 부스를 설치하고, 각 부스에는 팔려는 물품을 '입은' '살아 있는' 여자 마네킹들이 있었으며, 어떤 여성은 딸기·오렌지·견과류·크래커로 온몸을 감쌌고, 다른 여성들은 다이아몬드·실크·중국산 비단·하빌랜드 차이나, 심지어 소형 타이프라이터로 장식을 했다. 오늘날이었더라면 그와 같은 카니발은 여성에 대한 모욕으로 공격받았을 것이다. 하지만 밤은 이상하다고는 전혀 생각지 않았다. 실제로 그는 두 가지 발전을 마음속에서 긍정적으로 결합시켰던 것 같았다. 머천다이징의 성장과 여성의 진보를 바로 그 두 가지 발전으로 보았다. 의복은 "중세 여왕의 궁정의 품위를 충분히 보여줄 수 있을 정도로 우아하고 정교하며 화려했다." 모든 것은 '현란한 스펙터클'이었으며, '엘리시온의 풍경'을 엿보는 것이었다.[71]

1891년 봄에 애버딘의 모든 것은 무너져 내렸던 것처럼 보였다. 경제적인 위기가 이 도시를 황폐하게 만들었다. 밤은 파산했고 모든 재산을 잃었다. 그는 다시 한번 다른 직장을 찾아야만 했다. 이번에는 황금을 찾아 시카고를 선택했다. 그 당시 가장 경기가 좋았던 곳이 시카고였으며 미국 역사상 가장 대규모 세계박람회임을 입증하려는 전시회가 준비중이었다.[72] 시카고에서는 대단히 다양한 물품들이 시장에 나와서 팔려 나갔다. 처음으로 제조되었던 초콜릿 키세스(1890년대 시카고에서 발명되었다)에서부터 제철이 아닌 풍성한 과일들, 동양의 카펫, 브랜드 상품인 그랜드 피아노에 이르기까지 모든 물품이 전시되고 팔려 나갔다. 심지어 창녀——독일의 사회학자인 막스 베버는 세기말 시카고를 방문했다가 이 사실을 보고서는 충격을 받았다——들마저 쇼윈도의 전기 불빛 아래서 가격표를 (…) 붙인 채 골목길에서 팔리고 있었다!"[73] 중서부 최대의 백화점이 도시의 중심에 걸터앉았던

---

70) *Pioneer*(May 17, 1890); *Pioneer*(February 8, 1890).

71) Pioneer(March 8, 1890).

72) Pioneer(June 28, 1890).

곳이 다름 아닌 이곳이었으며, 마셜 필드가 노조를 분쇄하기 위해 주방위군을 요청했던 곳도 바로 이곳이었다.

몇 개월 동안 밤은 《시카고 이브닝 뉴스》를 위해 일했다. 그러다가 그는 피트킨과 브룩에서 상근직을 얻게 되었다. 피크킨과 브룩은 시카고에서 선도적인 도자기와 유리 도매상이었는데 노상에서 물건을 팔고 있었다. 밤은 얼마 되지 않아 회사의 최고 세일즈맨으로 부상했으며, 1890년 중반 무렵 그는 시카고의 노스사이드에 욕실과 가스라이트가 있는 커다란 집을 장만할 정도로 안정되었다. 그와 그의 아내는 4명의 아이들에게 아무것도 아끼지 않았다. 특히 크리스마스가 되면, "4개의 크리스마스 트리——4명의 아이들에게 각자 하나씩——가 각기 다른 색깔로 광채를 발하고 있었다. 방의 사방 구석에 세워 놓은 트리 아래쪽에는 멋진 선물이 놓여 있었다고 밤의 아들 중 1명은 추억했다. 사실상 어떤 휴일이든지 밤에게는 가족과 자기 자신이 즐기기 위한 핑계가 되었다.[74]

거리에서 세일즈를 하는 데 지칠 무렵쯤에, 밤은 집에서 가족을 부양할 수 있는 일거리를 찾기 시작했다. 그는 자신을 유명하게 만들어 주었던 어린이 이야기를 쓰기 시작했다. 또한 그는 시카고 소매 상인들의 요구를 완벽하게 충족시켜 줄 수 있는 것을 생각해 내게 되었는데, 그것이 다름 아닌 쇼윈도였다. ·

애버딘에서 그랬던 것과 마찬가지로 시카고 역시 분명한 변화가 일어나고 있었다. 하지만 시카고에서의 변화는 기념비적인 규모였으며, 10년 동안 암울한 소매 전쟁으로, 노조와 백화점 사이에 초래되었던 투쟁으로, 상인들로

---

73) Max Weber, quoted in Marianne Weber, *Max Weber: A Biography*, trans. and ed. Harry Zohn(New York, 1975, orig. pub. 1920), p.286. 이 시기에 시카고의 눈부신 성장에 관해서는 Bessie Pierce, *A History of Chicago: The Rise of the Modern City*, 1871-1893, vol. 3(New York, 1957), pp.64-277; Christine Rosen, *The Limits of Power: Great Fires and the Process of City Growth*(Cambridge, Mass., 1986), esp. chap. 6, 〈The Rebuilding of Chicago〉, pp.92-176; Vincent Carosso, *Investment Banking in America*(Cambridge, Mass, 1970), pp.105-9; U. S. Works Project Administration for the State of Illinois, *A Descriptive and Historical Guide*(Chicago, 1939), pp.195-223; Cyril Ehrlich, *The Piano: A History*(London, 1976); and U. S. Works Project Administration for the State of Illinois, *Chicago's Candy Kettle*(Chicago, 1941), pp.1-21.

74) Harry Neal Baum, 〈Santa Claus at the Baum〉, *The Baum Bugle*(Christmas 1965).

98 욕망의 땅

서는 줄여 나갈 도리가 없었던 제조 물품 재고 목록이 끊임없이 증대하는 것으로 상징되었던 변화였다. 밤은 소매 전쟁이나 노동 쟁의보다는 재고 목록에 훨씬 더 많은 관심이 있었다. 사실상 그는 물품을 이동시켜 이윤을 증대시킬 수 있는 방법을 상인들에게 보여줄 수 있는 새로운 디스플레이 전략과 방법과 계획을 가지고 있었다. 대다수 상인들은 디스플레이에 관해 무지하다고 그는 확신했다. 그때까지만 해도 상인들은 제품을 윈도 안과 선반 위에 무더기로 쌓아 놓았다. 물품은 이제 새로운 대접을 받아야만 새로운 구매력을 창출할 것이라는 점을 그는 감지했다.

다년간 극장에서 일하고 다년간의 판매 경험이 있었으므로 사실상 이 새로운 디스플레이 전략을 상인들에게 가르쳐 줄 사람 중에서 밤보다 나은 인물은 없었다. 물품을 구매하도록 하는 데 윈도보다 사람들을 더 잘 설득하고 요령 부릴 수 있는 것은 없다고 확신하는 점에서도 그를 따를 자가 없었다. P. T. 바넘과 확신을 공유하면서 그는 "사람들은 윈도 디스플레이에 의해서 쉽사리 속지는 않는다. 하지만 우리는 그 이상을 알고 있다. 심지어 속임수로부터 보호받고 싶다고 할지라도, 강요로부터 사람들이 보호받을 수 있는 방법은 없는 것처럼 보인다"라고 밤은 주장하고 있다. 어떤 경우든지간에 "광고 없이는 근대적인 상인들은 망각의 늪으로 가라앉는다"[75]고 주장했다.

1898년 밤은 윈도 트리머 전국연합을 설립했으며, 이것은 '제품 장식을 전문직 수준으로 끌어올리려는'[76] 목적을 가진 최초의 거래 조직이었다. 순식간에 회원수가 2백 명에 달했다. 밤은 그 조직의 서기가 되었다. 1년 먼저 그는 《쇼윈도》라는 잡지의 창간호를 출판했는데, 이 저널은 월간으로 중간 사이즈였으며, 대체로 60페이지 내외의 길이였으며, 드로잉과 사진으로 가득 차 있었고, '기품 있는 코르셋'에서부터 '프랭크의 윈도 반사경'에 이르는 모든 물품을 망라한 선전으로 가득 차 있었다. 1900년 무렵, 이 저널은 컬러로 꾸며졌다――장밋빛·핑크빛·초록·노랑·황갈색·푸른색·갈

75) LFB, *The Art of Decorating Dry Goods Windows and Interiors*(Chicago, 1900), p.7; and LFB, *The Show Window*(December 1899): 255-57.

76) *MRSW* 21(January 1908): 58.

색 등. "나는 잡지가 윈도 트리밍에 이바지해야 한다는 생각을 품고 있었다"라고 밤은 가족 구성원에게 귀띔을 했다. "내가 알기로 윈도 트리밍은 대단히 필요해질 것이며 그것을 잘 활용하면 번창해질 것이다"라고 털어놓았다. 마셜 필드의 오른손이었던 H. 고든 셀프리지는 그 무렵 보다 큰 윈도를 건설하면서 디스플레이 직원을 충원하고 있었는데, 그는 《쇼윈도》를 보고서는 너무나 환호하면서 백화점을 위해서는 '필수 불가결한 기관'이라고 말했다. 몇 개월이 지나지 않아, 이 저널의 발행 부수는 수만 권에 이르렀다.[77]

《쇼윈도》는 1년 내내 소비자의 욕망을 촉진시키려고 디자인된 판매 전략에 있어서 새로운 운동의 전위가 되었다. 이 과정에서 《쇼윈도》는 디스플레이의 모습을 변모시키는 데 이바지했다. 페이지마다 소비자의 관심을 끌 만한 새로운 전략을 권장했으며, 특히 밤의 개인적인 선호도에 따라서 회전하는 별들처럼 '구경거리가 될 만한' 움직이는 전기 디스플레이, '사라지는 숙녀들,' 기계 장치를 한 나비, 회전하는 바퀴, 백열 광채의 램프공 등은 고객들이 '윈도를 쳐다보지' 않을 수 없도록 만들었다! "사람들은 움직이는 것은 무엇이든지 멈춰서 지켜본다. 그들은 기계 장치를 살펴보고서는 그런 효과가 어떻게 나오는지 알고 싶어한다"[78]고 그는 말했다.

《쇼윈도》의 가장 급진적인 메시지는 제품 그 자체에 관한 관심사였다. 최고의 예술을 이용하여 "관찰자들의 호기심을 자극하고, 그 물품을 갖고 싶다는 갈망을 불러일으켜라"라고 밤은 설교했다. 밤은 탐욕에 관대했던 모양이었다. 말하자면 결국 모든 성공적인 사업은 다른 사람의 탐욕에 달려 있었던 것은 아니었을까? 아니면 그는 세일하는 물품의 내재적인 가치에 대단히 흥미가 있었던 것은 아니었을까? (많은 상인들이 그러했을지도 모른다.) 그보다는 오히려 밤은 물품이 '보여지는' 방식에 몰두했으며 따라서 '판매할 수 있는' 판매력에 몰두했다. 여기서 관건은 사람들에게 물건을 보도록 만드는 것이다. 물품이 '제대로 잘 디스플레이될 수만' 있다면, "쇼윈도는 너무 오래되어서 회색 구레나룻이 자랄 정도가 된 물건이라도 마치 핫

77) MacFall and Baum, *To Please a Child*, pp.75-78, 93-95; 〈The Autobiography of Robert Neal Baum〉, *The Baum Bugle*(Christmas 19700, p.2; and LFB to 〈My Darling Sister〉,(October 3, 1897), LFB Papers.

78) LFB, *The Art of Decorating*, pp.87, 109, 128.

케이크인 것처럼 팔 수 있을 것이다"[79]라고 주장했다.

밤은 상인들에게 과거에 그랬던 것처럼 윈도 안에 물건을 빼곡하게 채우지 말라고 훈계했다. 램프와 양철 주전자를 그냥 놓아두지 말라고 밤은 충고했다. 그런 물건들을 마치 무대 위에 있는 인물들처럼 '생생하게 살아 있는'[80] 것처럼 진열하라고 말했다. 《쇼윈도》는 극적인 주제에 관해 심사숙고했다. "아름다운 상품 속에서 누워서 잠잘 수 있는 가능성을 추구하라." "앞치마 하나라도 아취가 있도록 진열하라." 쇼윈도를 넓고 깊게 보이도록 전기 조명을 잘 조절하라. "컬러와 고가의 디스플레이의 가능성을 제시함으로써 동양인의 가슴을 즐겁게 하도록 하라." "물품을 영광의 광휘 속에 진열하라." 물건이 마치 보석처럼 보이도록 만들어라.[81]

반짝이는 크리스털의 미로

밤이 그로부터 2년 후 소매업을 떠나서 《오즈의 놀라운 마법사》를 출판했을 무렵에는 쇼윈도의 숫자가 엄청나게 증가했었다. 프랑스로부터 판유리를 수입하지 않을 수 없었던 사업가들은 이제 국내산 판유리를 엄청 가질 수 있게 되었다. 국내 공장에서 제조된 엄청난 양의 유리가 시장에 나왔다. 15년 뒤에 미국인들은 전 세계 판유리 생산량의 절반을 소비하게 되었다. 유리는 점점 더 저렴해지고 점점 더 투명해지고 크고 튼튼하게 되었다. 윈도는 깊이와 모양이 다양해지고, 증가하는 다양한 수요를 수용할 수 있게 되었으며, 제품의 양도 많아지게 되었다. 1906년에 새로 개업한 워너메이커의 뉴욕 백화점에서 쇼윈도 하나하나는 '평균적인 거실의 크기' 정도가 되었으며, '그 뒤를 따라' 서재, 객실, 침실, 식당에 사용될 정도가 되었다. 세인트루이스 소재 뉴스크루그스(New Scruggs), 밴더부트(Vandervoort), 바니(Barney) 백화점은 '사실상 온통 유리였으며' 가장 아래쪽 3층은 '거대한

79) LFB, *The Art of Decorating*, p.15.

80) LFB, *The Art of Decorating*, pp.7-8, 82-86.

81) LFB, *The Show Window*(April 1899): 66;(May 1899): 243;(October 1900): 33; and LFB, *The Art of Decorating*, pp.7-9, 14-15, 22, 82, 140, 213-44.

판유리' [82]로 되어 있었다. 얼마 지나지 않아 번창하는 소매 상가 지구에서 '정면이 모두 유리로 된' 건물은 흔한 것이 되어 버렸다. '반짝거리는 크리스털의 쪼개진 미로' 안에 덧붙여진 거울들은 빛뿐만 아니라 내부와 외부에 있는 대상들을 비춰 주었다고 한 소매 상인은 묘사했다. 창문 안쪽을 들여다보는 것은 지각 없고 천박한 행동으로 간주되었던 19세기 중반과는 달리, 20세기 초반에 이르면 사람들은 들여다보도록 장려되거나 심지어 유혹되었다. 상인들은 전문적인 '윈도 들여다보는 사람'을 고용하여 바라다보는 것을 권장했다. [83]

새로운 외부 유리 환경은 사람들과 상품이 맺는 관계를 변화시키기 시작했다. 과거에——가장 최근의 과거에서도——사람들은 읍내 시장에 내다 놓은 물품들 가운데서 쇼핑을(혹은 유럽이나 딴 곳에서는 마켓 광장, 홀, 바자에서) 했다. 예를 들어 1850년대 런던의 화이트채플 재래시장 구역은 노동자들과 빈민들을 위한 곳이었다. 그곳에 정착한 몇 개의 가게와 더불어 확장된 옥외 시장은 도붓장수로 넘쳐났으며, 거리의 행상인들로 넘쳐났다. 그들은 가축에서부터 생선·꽃·민스파이에서부터 조개·레모네이드·커피·물냉이·금붕어에 이르기까지 모든 것들을 팔았다. 노동 계급의 아낙네들은 화이트채플의 거칠고 소란스러운 곳을 뚫고 나가기 위해 팔꿈치로 사람들을 비집고 다니면서 베이컨·치즈·차와 설탕, 심지어 땔감을 흥정했다. 이런 패턴은 미국에서도 그대로 되풀이되었다(그처럼 완전히 계급적으로 분리된 형태나 그 정도까지는 결코 아니었다 할지라도). [84] 남북 전쟁 이전의 필라델피아에서 도시는 그 당시 상업 발전의 정점에 있었으며, 쇼핑객들은 그 도시의 중앙 동맥인 마켓 스트리트를 따라서 펼쳐진 옥외 좌판을 어슬렁거리고 다니면서 쇼핑했다. 시장에서 사람들은 물품을 만져 보고 냄새 맡고 요모조모 살펴보는 것을 한꺼번에(시장은 또한 사람들이 모여드는 사교적

82) *DGE*(November 23, 1907); and 〈The New Wanamaker Store〉, *Architects' And Builders' Magazine* 38(June 1906): 365-72.

83) '전면이 모두 유리'이고 '쪼개진 미로'에 관해서는 *DGE*(January 29, 1910) 판유리의 국내 생산과 소비에 관해서는 U.S. Department of Labor, Bureau of Labor Statistics, 〈Productivity of Labor in the Glass Industry〉, n°. 441(Washington, D. C., 1927), p.170.

84) W. Hamish Frazer, *The Coming of the Mass Market*, 1850-1914(London, 1981), pp.94-109.

인 맥락까지 포함하고 있었다) 할 수 있었다. 모든 측면에서 접근과 이동이 가능했으며 고객과 물품 사이에 접촉이 '방해받지 않고 유통되었다'고 한 논평가는 그 당시 시장을 묘사했다.[85]

그와 같은 옥외 시장은 시골과 노동 계급이 모여 사는 동네에서는 1920 년대까지 지속되었다.[86] 심지어 오늘날에도 많은 도시에서 거리 벼룩시장 이 통상적으로 열리고 있다. 뉴욕이나 로스앤젤레스처럼 특히 새로 이사해 온 사람들과 이민으로 인해 인구가 밀집된 곳에서는 좀더 정착된 노천 좌 판 시장이 되살아나고 있는 것처럼 보인다. 예를 들어 뉴욕의 캐널 스트리 트는 노천가게로 가득 차 있다. 하지만 1890년 후반부터 노천시장에서의 쇼핑 형태는 대단히 다른 것에 의해서 많은 사람들에게 점차 바뀌게 되었 다. 모든 가격대의 대량 생산된 물품은 항시적으로 지어 놓은 대규모 건물 에 보관되면서 많은 사람들을 끌어들였고, 이제 상인들이 물품의 유통과 전 시를 통제하기 시작했다. 한편으로 물품——혹은 보다 정확히 말하자면 물 품에 투여한 상인들의 자본 투자——은 좀도둑질뿐만 아니라 날씨와 거리 의 먼지로부터 보호될 필요가 있었다. 다른 한편으로 물품이 고객들에게 친 근하다는 인상을 강화시켜야 할 뿐만 아니라 동시에 물품을 처박아 두는 것 으로부터 벗어나는 방법을 찾아야만 했다. 사실상 대량으로 물품을 이동시 켜야 한다는 압력과 이윤 수준을 확장시키는 것이——오스트리아 이민 예 술가이자 나중에 쇼윈도 전문가가 된 프레더릭 키슬러가 표현했다시피, 그 래서 고객과 제품 사이를 갈라 놓는 장벽을 허물어 내는 것이——그 어느 때보다 절실하게 요구되었다. 그것에 대한 하나의 대안이 2차원적인 광고 그 림과 간판을 창조하는 것이었던 것처럼, 또한 3차원적인 쇼윈도가 있었다.

디스플레이를 하는 데 유리에 의존하는 것은 여러 가지 측면에서 중대한 결과를 가져왔다. 그것은 새로운 계급 문화 형성에 기여했다——말하자면 그것은 부자와 가난한 사람들을 보다 분명하게 구분시켜 주었다. 1890년대

---

85) Frederick Kiesler, *Contemporary Art Applied to the Store and Its Display*(New York, 1930), p.70; 1850년대의 필라델피아에 관해서는 Marion Bell, *Crusade in the City: Revivalism in Nineteenth-Century Philadelphia*(Lewisburg, Pa., 1977), p.171.

86) Lizabeth Cohen, *Making a New Deal: Industrial Workers*, 1919-1939(New York, 1990), pp.114-15.

후반 뉴욕과 같은 도시에서 업타운 쇼핑은 유리와 풍요로 연상되었다면, 반면 다운타운 쇼핑은 이민들과 빈민들과 모든 계급을 망라하여 염가품을 찾아다니는 사람을 위한 것으로 연결되었다. 유리는 또한 냄새와 손 닿는 것을 막아 줄 뿐만 아니라 고객과 물품의 관계를 축소시켰다. 동시에 유리는 시각을 최대화하며 이미 쳐다보는 데 익숙한 도시 사람들을 잠재적으로 강박적인 구경꾼으로 전환시켜 버렸다. 모든 것을 쳐다볼 수는 있지만 직접 만져 보지 못하게 됨으로써 물품과 사람 사이의 관계의 성격을 변경시켰음에 틀림없었다. 1830년대 랠프 왈도 에머슨은 그의 에세이 〈자연〉에서 시각의 원초적인 역할을 서정적으로 묘사했다. "나는 초월적인 눈동자가 되었다. 나는 아무것도 아니다. 나는 모든 것을 본다"라고 그는 말했다. 하지만 1910년 무렵 에머슨류의 쇼핑객들이 태동하게 되었으며 상상력 속에서 점점 더 증대하는 욕망에 의해 부담을 느꼈다——모든 것은 눈이었으며 코나 손가락은 없었다.[87]

유리는 자본주의 사회에서 상인들의 일방적인 권력을 상징하는 것이었다. 다시 말해 필요로 하는 사람들에게는 물품을 거절하면서도, 잔인하다거나 비윤리적이라는 인상을 주지 않으면서도 사람들의 접근을 막는 장치가 유리였다(전 자본주의적 봉건 사회였더라면, 상인은 그런 점에서 비난받았을 터였다. 그 시절 권력자들은 농민들로부터 지불금액을 짜낸다 하더라도 그 대신 무엇인가 보상을 해야 할 의무를 지니고 있는 것으로 기대되었다).[88] 이와 동시에 유리 뒤에 있는 그림은 구경꾼을 유혹했다. 그 결과는 거부와 욕망의 혼합이었다. 욕망은 엄청나게 확대되었으며 그로 인해 또 다른 잔인성이 첨가되었다. 어떤 매체보다도 유리는 욕망을 구체적으로 표현했다. 유리는 물건에 접근하는 방식의 민주화를 통해 욕망을 민주화시켰다. 말하자면 유리는 인생만큼 중요한 것으로 간주되었다. 어디에서나 유리가 증폭되고 모든 것을 노출시키는 것을 보았지만 그렇다고 그것에 닿을 수는 없다. 원

---

87) Ralph Waldo Emerson, 〈Nature〉, in *Selected Writings of Ralph Waldo Emerson*. ed. William H. Gilman(New York, 1965), p.189.

88) 가난한 사람들은 부자들로부터 도움을 받을 자격이 있다는 것을 포함하여 상호 의존적인 전 자본주의 전통에 관해서는 Robert L. Heilbroner, *The Nature and Logic of Capitalism*(New York, 1985), pp.38~42.

도를 깨뜨리지 않는 한, 혹은 물건값을 지불하기 위해 들어가지 않는 한, 물품을 가질 수는 없다. 그런 맥락에서 유리를 깨는 것은 쉽사리 계급적인 행동이 될 수도 있었다.

1910년 무렵, 쇼윈도는 지상에서 뿐만 아니라 지하에도 있었다. 미국 주요 도시의 지하철 정거장에도 쇼윈도는 있었다. 쇼윈도가 이렇게 자리를 차지함으로써 지하철로 지나다니는 승객들이나 플랫폼에서 기다리고 있는 사람들에게 쇼윈도는 피할 수 없는 것이 되었다. 이로 인해 쇼윈도는 가장 바람직하고 가장 값비싼 창문이 되었다. 상인들은 지역 시 정부로부터 쇼윈도를 설치할 공간을 얻어내는 권리를 두고 싸웠다. "쇼윈도 특권은 너무나 귀중한 것이었다"고 필렌(Filene)의 부동산 중개인이 1909년에 보고했다. 보스턴의 워싱턴 스트리트에 있는 필렌 백화점은 '눈부신' 지하 윈도를 가지고 있었다. 트레이드 저널 보고서에 따르면 필라델피아의 마켓 스트리트를 따라 줄지어 있는 백화점들 역시 그렇게 했다. 스넬렌버그스 · 워너메이커스 · 리츠 · 스트로우브리지 · 클로디어 · 김벨스 등은 각자 지하철의 플랫폼 길이만큼 확장된 '멋진 디스플레이'를 제시하는 윈도를 가지고 있었다. 시카고 지하 쇼윈도는 필즈 · 맨델스 · 카슨 · 피리에 · 스콧 백화점을 위해 1905년에 설립되었다. 1902년 뉴욕의 **IRT**는 맨해튼에서부터 브루클린까지 이르렀는데, 이 **IRT**의 건설 이후부터 뉴욕시에는 백화점마다 제각기 밤낮으로 디스플레이를 할 수 있는 길게 확장된 지하 쇼윈도를 눈부시게 밝힐 수 있게 해달라고 요구했다.[89]

89) Artemas War, Inc. *A Pictorial Presentation of Interborough Medium*(New York, 1925), pp.5-12; ⟨Illinois Tunnel Company…… Chicago Subway System⟩(Chicago, c. 1910), NYPL; Edward Eldredge to L.K, superintendent of Filene's department stores (September 12, 1909), LKP, Baker Library, HBS; *MRSW*(April 1908, May 1908, July 1908, January 1908, and March 1908). 필라델피아의 워너메이커스에 관해서는 Herbert Adams Gibbons, *John Wanamaker*, vol. 2(New York, 1926), p.211.

혼란에서 벗어난 형식

제품의 전시와 장식이라는 우산은 창문의 급증과 더불어 확산되었다. 배경이 있고 천장을 나무 패널로 한 '엔클로즈드 창문(enclosed window)' 개념은 처음으로 소매 가게에서 인기를 끌게 되었다. "엔클로즈드 창문은 먼지와 파리를 막아 줍니다"라고 한 장식가가 말했다. "제품 손상을 막아 주고 배경이 있어서 드레이프를 할 수 있도록 해줍니다."[90] 1910년 무렵 그처럼 컨테이너 상자처럼 된 비주얼 공간은 참나무나 마호가니로 짰으며, 소비자들의 환상을 이용할 수 있는 많은 기회가 도시의 가게들에게 제공되었다. 디스플레이어의 레퍼토리는 컬러 유리, 뚜껑, 컬러 판유리, 윈도에 컬러를 넘쳐나게 하는 프로젝터들을 활용하는 기회 또한 열리게 되었다. 독자적인 디스플레이 회사는 상인들에게 받침대, 모자 장식 스탠드, 벨벳과 실크, 장식적인 배경, 놀랄 만한 새로운 가게 설치물인 마네킹 등이 있었다.[91]

19세기를 지나면서 사람들은 주로 싸구려 간이 박물관(dime museum)에서 전신 마네킹을 보았다. 이런 간이 박물관은 괴상하고 '희귀한' 동물과 새들, 죽은 왕과 왕비의 밀랍 초상과 악명 높은 범죄자 등과 같은 진기한 구경거리를 전시하는 것으로 잘 알려진 곳이다. 1875년 이후 보다 '세련된' 마네킹들이 필라델피아와 시카고에서 열린 세계박람회의 인류학적인 전시회에서 '집단화된 형상(grouped figure)'으로 선보이게 되었다.[92] 하지만 판매하는 데 있어서 가장 흔한 드레스 형태는 '머리 없는 인형들'——팔이나 머리나 혹은 발이 없는——이었다. 그러다가 1912년에 이르러 기성복의 부상과 더불어 완제품으로 만들어진 의복 생산이 증가함에 따라, 완전한 형태

---

90) 〈The Art of Paneling〉, *DGE*(August 28, 1897). 이 기사는 '적잖은 가게' 가 '뒷부분과 천장을 다같이 판넬' 로 하기 시작했다는 점에 주목한다.

91) *DGE*(January 25, 1908), p.81; *DGE*(July 7, 1917); *DGE*(July 21, 1921), pp.59, 79; And Matthew Luckiesh, *Light and Color in Advertising and Merchandising*(New York, 1922), pp.146-70, 207-17.

92) 인류학적인 박람회에서 집단화된 인물들에 관해서는 Ira Jackins, 'Franz Boas and Exhibits; 인류학에 관한 박물관 방법' 의 한계에 관해서는 *Objects and Others: Essays on Museums and Material Culture*, ed. George W. Stocking(Chicago, 1985), pp.75-111.

의 마네킹이 '놀라운 인기'를 누리게 되었다. 심지어 머리 없는 인형을 오랫동안 거부해 왔던 마셜 필즈마저 제품을 전시하기 위해 그런 인형들에게 포즈를 취하게 한 채 윈도에 진열하기 시작했다.[93] 이 최초의 '새로운' 마네킹은 주로 인형처럼 정적이고 열기에 녹는 경향이 있는 밀랍 인형으로 된 주로 여성 형상이었다. 이런 마네킹들은 《구디즈 레이디 북》과 같은 잡지에 등장하는 이미지와 흡사했다. 시간이 지남에 따라 상인들은 마네킹들을 온도 조절이 가능한 윈도 공간에 배치하게 되었으며, 혼응지와 밀랍을 적절히 혼합하여 좀더 안전한 형태의 주형으로 빚어냈다. 그리고 사진의 부상으로 인해 도전받게 되면서, 사진은 모든 형태의 이미지 생산에 영향을 미치게 되었는데, 마네킹은 실물처럼 보이는 머리카락, 조절 가능한 팔다리, 자연스러운 얼굴 표정, '움직이는 자세'를 보여주는 것으로 제작되었다. "인간이 있었던 것처럼, 여러 유형의 밀랍 형상도 있었다"라고 한 소매 상인은 말했다.[94]

　마네킹과 다른 디스플레이 재료로 무장한 상인들은 윈도에 제품을 전시하는 데 엄청난 특권을 누리게 되었다. 1920년대에 이르기까지 비록 많은 핸디캡이 있었지만——제대로 조절되지 않는 조명, 윈도섬광, 너무 많은 제품과 너무 많은 장식으로 인해 윈도 안에서의 '번잡스러움' 등——백화점 소유주들은 전체 디스플레이 전 문화를 새로운 방향으로 추진해 나갔다.[95] 그리고 모든 제품에 대한 욕망을 자극하려는 노력의 일환으로, 그들은 울워스와 같은 값싼 체인 상인들을 도와 주었는데, 그런 곳은 디스플레

　93) 필즈의 디스플레이맨이었던 Aurther Fraser와의 인터뷰, 〈Lloyd Lewis Interviews〉(1946), MFA; *MRSW* 33(April 1908): 16-19. 마네킹 산업의 발달 과정에 관해서는 〈The Evolution of Expression〉, *Visual Merchandising* 5(February 1978): 49-51 and 〈Mannequins from the Beginning〉 4(May 1980): 42; The *Department Store* 3(April 1914): 61-63; *Show Window* 3(January 1, 1899): 12; *DGE*(October 12, 1889), p.15; *DGE*(December 10, 1898): 12.

　94) Leonard Marcus, *American Store Window*(New York, 1978), pp.34-35; *DGE* (August 18, 1908), p.3; *DGE*(July 26, 1913), p.8; *DGE*(February 21 and April 14, 1914), pp.3, 17; *DGE*(Ocotober 27, 1917), p.14; and *DGE*(July 12, 1919), p.23.

　95) 수백의 "무수히 많은 작은 소매 상인들은 비록 비용이 비싸게 먹히더라도 대규모 백화점 디스플레이를 모방하기 위해 열심히 노력해야 한다"고 한 무역 저널은 보고했다. *The American Grocer* 74(December 13, 1905): 19.

이나 장식과 같은 것은 전혀 하지 않았다.

디스플레이어들은 제품의 호소력을 높이기 위해 제품을 온통 컬러로 흠뻑 '적셔 놓았다.' 에드몽 로스탕의 연극인 〈수탉〉이 1910년 브로드웨이에서 공연되었는데, 이 작품은 주도적인 역할을 담당한 새들에게 눈부시게 밝은 색깔을 입혔다. 이로 인해 붉은색의 홍수가 뉴욕 시 윈도를 범람하게 되었다. 모자 · 슬리퍼 · 파라솔 · 양말 · 메리야스류 등이 온통 붉은 수탉색의 앙상블로 보여주게 되었다. 눈부시게 붉은 드레이프들이 윈도의 배경에 걸리게 되었다. 34번지에 있는 B. 올트먼 윈도의 트리머는 윈도를 수탉 디자인으로 된 주홍색 실크와 검은색 수탉 레이스로 된 옷 모양으로 채웠다. 1906년 2월 브로드웨이 34번지의 김벨스는 또 다른 컬러로 모든 윈도를 '극화' 시켰다. 식탁용 실버웨어 위에는 자주빛, 실크 위에는 초록, 가구 위에는 푸른색, 일본식 디자인에 영감을 받은 침실 세트에는 붉은 조명을 비췄다.[96]

디스플레이어 또한 밤식의 쇼윈도 매너를 통해 대상을 전경화하고 집중적으로 돋보이게 했다. 비록 대부분의 디스플레이어들이 1920년대까지 윈도를 가득 채우려는 욕망을 억제하지 못하기는 했지만, 많은 사람들이 그런 욕망을 이제 억제할 수 있게 되었다.(도판 7 참조) "형식은 혼돈으로부터 나와야 한다"고 한 소매 상인이 1905년에 촉구했다. "분리된 선과 심지어 개별적인 아이템들이 눈에 띄어야 한다"고 말했다. "디스플레이의 한 특징이 그밖의 모든 것을 압도해야 한다"고 또 다른 사람은 주장했다. 가능하고 느낄 수 있는 정도에 따라서, 날마다 제조되는 물품과 음식을 포함하여 모든 상품이 그와 동일한 방식으로 취급되었다. 빛의 전략적인 사용은 깊이와 에너지라는 환상을 창조하는 데 도움을 주었다. '떨림이 있는 대면'이라고 테도오르 드라이저는 1902년에 묘사했다.

마네킹은 특히 혼돈으로부터 형식을 추출하는 데 도움을 주었으며 몇 가지 상품에 시선을 '꽂아서 고정' 시키는 목적에 이바지했으며, 핵심적인 앙상블을 만들어 내면서 열광을 야기시키는 실재 분위기를 창조하며 자기 암

---

96) 올트먼 윈도우에 관해서는 *DGE*(March 5, 1910); 김벨스 윈도우에 관해서는 *MRSW*(February 1916) 참조.

시적인 태도로 행동하도록 하는 데 이바지한다." 디스플레이어들은 쇼윈도에 전신 마네킹을 동원하여 여성의 내의를 '극화' 시켜 진열했다. 이런 전시는 19세기적인 방법으로부터 과격하게 등을 돌리게 되었다. 19세기만 하더라도 가게들은 그런 물품을 선반에 쌓아 두거나 아니면 건물의 아치나 원추에 감아 두는 경향이 있었다. 소설가인 존 도스 파소스는 이런 진열에 너무나 감동을 받은 나머지 1910년 자기 소설에 이런 풍경을 이용했다. 파소스는 남성의 성적 욕망이 이처럼 새로운 도시 환경 속에서 어떻게 자극될 수 있었던가를 묘사했다. "모든 것이 지독하게 그의 감각을 휘저어 놓았다"고 파소스의 등장 인물은 말했다. "그래서 보지 않을 수가 없었다. 음식을 접대할 때 일어나는 웨이트리스의 엉덩이와 가슴의 출렁거림과 쇼윈도에 진열된 여자들의 속옷을 보지 않을 수 없었다."[97]

어떤 속옷 디스플레이는 거리의 혼잡을 야기시킬 정도로 충격적이었으며 때로는 심지어 거리 폭동을 일으켰다. 워싱턴의 스포케인에서는 '디렉투아(Directoire)' 가운을 입은 '실제 사람 마네킹'과 더불어 전시하는 쇼윈도를 인파가 완전히 에워싸 버림으로써 군중을 해산시키기 위해 경찰을 부르게 되었다. '쇼윈도에서부터 떨어지지 않으려는' 한 젊은 남자는 경관에 의해 강제로 끌려 나간다. 그것은 디렉투아의 전시의 결과로 노스웨스트에서 최초로 발생한 체포 사태였다고 한 소매 상인은 자랑했다.[98]

하지만 아무런 저항에 부딪히지 않고 윈도가 자리잡았던 것은 아니었다. 일찌감치 1899년 그런 디스플레이가 처음으로 등장했을 때 여성 클럽은 이런 전시가 '비윤리적'이라는 이유로 박멸 운동을 전개했다. 해마다 공격이 약화되기는 했지만 하여튼 그와 비슷한 시위가 간헐적으로 있었다. 벤자민 올트먼은 1913년 죽었는데, 그는 전신 마네킹을 혐오했다. 그는 윤리적인 이유로 모든 마네킹 전시를 싫어했다. 그의 견해를 존중하기 위해 올트먼 백화점은 늦은 1920년대까지 마네킹 전시를 하지 않았다. 하지만 이런저런 이유로, 즉 대량 시장 판매에 대한 압력뿐만 아니라 전반적으로 대중들이 그것을 수용하게 됨으로써, 대다수 백화점들은 마네킹 디스플레이에 전

---

97) John Dos Passos, *1919*(New York, 1932), p.99.
98) *The Dry Goods Reporter*(August 15, 1908).

념했다. "만약 속옷 거래일 경우, 속옷을 전시하지 않는 백화점은 경쟁에서 질 수밖에 없다"[99]고 1919년 디스플레이 산업의 한 대변인은 주장했다.

1910년 미국 업계는 극적인 대응을 통해 제품의 의미를 변경시켜나가기 시작했으며, 제품에다 여러 가지 의미를 부여하게 되었다. 상인들은 단지 시각적으로 초점을 맞추는 것 이상을 하게 되었다. 상인들은 제품에다 '연상'의 힘을 부여하기 시작했다. "단순히 제품을 사고 파는 것을 연상시키는 것이 아니라 사람과 사건을 연상시킬 수 있도록 하라"고 한 소매 상인은 충고했다. '마력'·'격렬한 색깔 도식'·사치·도피·모험·여가 활동 등을 연상시킴으로써 쇼윈도는 고객들을 제품에 매료되도록 만들었다.[100]

연상 스타일은 남성과 여성에게 대단히 다른 방식으로 작동했다. 남성복 디스플레이는 명암 대비가 낮고, 너무 눈에 튀지 않도록 했다. 따라서 검은 색조로 연상시켜 언제나 심플하고 조용하며 '남성적인' 매너로 장식이 없는 것과 연결시켰다. "단순성은 남성복과 비품의 모든 디스플레이에서 가장 핵심이 되어야 한다"는 것이 전형적인 상인들의 충고였다. "대다수 남성들은 넥타이에 있어서도 밝은 색상을 꺼려한다……. 보통 남성들은 정교한 장식 효과를 '쓸데없는 수식'으로 간주하는 경향이 있다." 남성복은 절대로 '지나치게 발랄한' 방식으로 전시되어서는 안 되며, 시각적으로 밝은 색상을 강화해서는 절대 안 된다는 것이 20세기 초반 남성복 디스플레이의 철칙 중 하나였다. 속옷을 입은 남성 마네킹이 쇼윈도에 전시된 적은 전혀 없었다. 남자 마네킹이 사용된 적도 없었다. 다만 다른 디스플레이를 위한 장식용이나 혹은 가장 정적인 방식으로 남성복을 조명하는 경우를 제외하고는 말이다.[101]

하지만 여성들에게 이 문제는 대단히 달랐다. 1911년 필라델피아에서 소박한 워너메이커스의 여성용 모자 디스플레이는 존 싱어 사전트의 방식으로 채색된 아름다운 여성의 초상을 둘러싸고 조직되었는데, 이것은 사치의

---

99) *MRSW* 44(June 1919): 12-13; *Fame* 7(May 1899): 217; *The Department Store* 2(August 1914): 3; *The Dry Goods Reporter*(August 15, 1908), p.13; Emily Kim-brough, *Through Charley's Door*(New York, 1952), pp.101-3.

100) *MRSW* 47(October 1920): 29-30.

101) *DGE*(April 3, 1920 and October 9, 1920).

의미나 혹은 감각적인 욕망에 내맡긴다는 의미를 전달했다. 뉴욕 시 14번지에 있는 그린헛 백화점에서 벨벳 세팅으로 전시되었던 트리밍은 "저녁 활동의 흥분이 임박했다"는 느낌을 '마음속에 줄곧 심어 주려'고 디자인되었다. 1914년 메이시즈의 봄철 윈도는 백화점을 위한 '급진적인 출발점'이 되었다. 이브닝 가운을 전시하기 위해 전체 무도회 장면을 연출했으며, "리비에라에 있는 산책길을 재연했으며, 사치스러운 옷을 입은 마네킹들이 다른 것들 또한 전시했다.[102]

아서 프레이저의 사원

이런 디스플레이를 했던 대다수는——그 시절 디스플레이어는 전부 남자였다——자기 작업을 사업으로 간주했지 그 이상은 전혀 아니었다. 그밖의 다른 사람들은 그것을 예술 형식으로 변형시켰다. 그때까지 많은 사람들은 자신들이 하고 있는 것에 대한 도덕성에 혼란을 느꼈다. 자기 일에 대해 양가적인 감정을 품고 있었던 트리머, 월터 F. 앨러트는 자신의 커리어를 메이시즈에서 시작했다. 그는 시각적 머천다이징의 찬양과 비난 사이를 시소처럼 오갔다. 앨러트는 메이시즈에 새로운 인테리어인 '디스플레이 설치물'을 가게의 가장 중심 부분에 세웠다. 백화점의 중심 위치는 이전에는 한번도 디스플레이 공간으로 기능한 적이 없었다. 그는 마네킹을 가구가 설치된 침실 쇼윈도에 도입했다. 그는 새로운 테크놀로지의 수호자였으며 윈도의 번쩍거리는 광택과 반사광을 제거했다.[103] 때때로 그는 '전체 사업 세계는 무엇을 하든 아름다운 방식을 일깨우는 것'이라고 말했다. 어제 윈

---

102) 메이시즈에 관해서는 *The Department Store* 3(April 1914): 61–63; *MRSW* 47(October 1920). 워너메이커스와 그린헛에 관해서는 각각 Wanamaker's show window photograph(1911), WA; *Signs of the Times* 3(December 1912): 4. 이와 유사한 윈도 디스플레이에 관해서는 *DGE*(December 6, 1917), p.10; *MRSW* 47(October 1920): 29–39.

103) 〈A Window Without Reflection〉, *PT* 11(January 1914): 103, 앨러트의 인테리어 디스플레이에 관해서는 〈A Notable Series of Displays〉, *MRSW*(November 1913); 앨러트의 중앙층 디스플레이 설치에 관해서는 Macy's Council Minutes(May 25, 1914), Record Group 1, MA.

도 장식가는 '모자를 한 수레 가득 풀어 놓고 디스플레이' 했다면, 오늘 그는 "읍내에 있는 모든 여성들이 **멈춰서서 쳐다보고 귀기울일 수 있는 방식으로**——한 걸음 더 나아가 **사도록**——그 모자들은 무대화한다"고 말했다. 앨러트는 시정부에게 '시 디스플레이 매니저'를 고용하도록 촉구함으로써 도시들 역시 '아름다운 백화점'처럼 되어야 한다고 주장했다. 그는 "**디스플레이라는 단어가 고취시키는 도시의 꿈은 디스플레이의 원칙에 따라……** 건설되어야 한다"[104]고 말했다.

메이시즈와 더불어 3년 동안 일한 뒤, 1910년 그 또한 '지불할 능력도 없는 물건에 돈을 낭비하도록 사람들을 유혹하는 것'에 주의를 주기 시작했다. 한동안 그는 '과잉'과 '낭비'보다는 '가치'와 '경제'를 옹호하고 있었다. 그러다가 4년이 지나자 그는 점점 더 팬시 쇼윈도를 공격하게 되었다. "우리는 극장 프로듀서가 아니다"라고 그는 주장했다. "우리는 무대를 설치하는 것이 아니다. 고객들에게 **거짓** 욕망이나 기대를 야기시키는 그런 환경으로 윈도에 물품을 진열한다는 점을 생각해 보라."

1916년 한동안 앨러트는 한 친구의 표현을 따르자면 '위기'를 경험했다. 그는 자기 직업을 그만두고 기독교과학자가 되었다.[105] 다른 디스플레이어들은 당혹스러워했다. 그 중에서 가장 존경받았던 올트먼 백화점의 헤르만 프랑켄탈, 그 역시 '개인적인 위기'에서 살아남아서 복귀했는데 그는 앨러트 역시 살아남을 것이라고 확신했다. 프랑켄탈은 독일계 이민이었는데, 1870년대 필라델피아에서 일했으며 그러다가 맨해튼 다운타운에 있는 스턴 백화점에서, 최종적으로는 34번지에 있는 올트먼 백화점에서 일했다. 그는 최초로 드레이프 형식을 쇼윈도에 설치했던 인물이었으며 그 이전에는 한번도 시도되었던 적이 없었던 고급스런 예술을 디스플레이에 끌어들였다. 그 결과 올트먼 백화점에서는 단 하루만에 2만 5천 야드 이상의 실크가 팔려 나갔다. 약 1910년 무렵, 그는 신경쇠약으로 올트먼 백화점을 떠났지만 몇 개월 지나 다시 복귀했다. "윈도에는 매혹이 있다"고 프랑켄탈은 말

---

104) *DGE*(April 22, 1916); and quoted by Joseph Purdy, 〈Notes on New York〉, *MRSW* (April 1916 and May 1912).

105) 앨러트의 기독교과학으로의 전향에 대해서는 *MRSW*(October 1916), 40; 메이시즈로부터 그의 은퇴에 관해서는 *MRSW*(September 1916).

했다. "그런 매력으로 인해 19년 동안이나 꾸준히 올트먼 백화점에서 일하
게 되었다. 그처럼 특이한 전문 직업이 바로 윈도 예술이다……. 그러니까
그들 모두 되돌아올 것이다……. 앨러트 역시 돌아올 것이다.[106] 프랑켄탈
의 말이 맞았다. 앨러트는 되돌아왔지만, 이전의 영광을 회복하는 데는 실
패했다. 그로 인해 무역 신문으로부터 그의 이름은 사라지게 되었다.

다른 디스플레이어——마셜 필즈의 아서 프레이저와 같은 1920년대(그
후로도 몇 년 동안) 미국의 '선도적인 디스플레이 감독'——들은 디스플레
이라는 자기 직업에서 모순을 느끼지는 않았던 것 같았다. 퀘벡 출신 가톨
릭 신자인 프레이저는 그에 앞선 어떤 트리머들과 비교가 되지 않을 정도로
'연상적인 스타일'을 추구했다. 프레이저는 형을 따라서 미국으로 왔으며,
1890년대 중반 아이오와 주 크레턴에서 잡화점 점원으로 10대를 다 보냈
다. 만약 그가 해리 셀프리지의 한 대표자의 방문을 받지 않았더라면 아마
도 영원히 크레스턴에서 머물렀을지도 몰랐다. 해리 셀프리지는 마셜 필즈
의 총감독이었는데, 그는 이제 소매업에서 새로운 길을 모색하고 있었다.
"과거를 잊는 법을 배워라"라고 셀프리지는 자기 스태프들에게 반복해서 말
했다. "그리고 현재를 더 많이 다루어라"[107]가 그의 신조였다.

셀프리지는 심지어 마셜 필드마저 당혹스러워하는 방식으로 사업을 경
영하고 있었다. 마셜 필드는 근본적으로 도매 상인이었기 때문이다. 그래서
필즈의 한 이사는 셀프리지의 영향력을 "드높은 바람이 백화점을 강타한 것
같았다"라고 털어놓았다. 그는 "멋진 강연자이자, 대단히 강직하고, 모든 것
은 소매였다." 1890년대 셀프리지는 필즈에 낮은 선반과 전화, 디스플레이
설치물, 회전문, 최초의 트리머들과 더불어 최초의 쇼윈도를 첨가시켰다.
'이 시설 안에서는 날마다 쇼데이'라고 1902년 어느 날 그는 자기 스태프
에게 말했다. 그 해 백화점은 시카고에 있는 어떤 건물보다도 '고도로 광택
이 나는 판유리로 된 가장 큰 윈도'를 설치했다.[108] 셀프리지야말로 밤의
《쇼윈도》를 디스플레이에 관한 가장 주요한 미국의 트레이드 저널로 부상

---

106) Herman Frankenthal, quoted in *MRSW*(December 1916, May 1912, September 1916,
January 1917, 〈Draping Deluxe〉, April 1908).

107) Selfridge, 〈Selfridge, Harry, Notes Concerning Subjects of Talk…… to Department
Heads〉, compiled by Waldo Warren(1901-4, April 14, 1902), MFA.

시킨 인물이었다.

셀프리지의 에이전트 중 1명이 아서 프레이저를 1895년 디스플레이 업계의 신입회원으로 선발해 왔다. 그때까지도 프레이저의 나이는 어렸다. 1897년 보고된 바에 따르면 그는 최초로 한 가지 컬러만을(어떤 제품도 포함시키기 않은) 윈도를 통해 투사했다고 한다. 이 경우 색조와 음영은 붉은 색이었다. 1900년대초, 이제 디스플레이 수석이 된 프레이저는 혼잡스럽게 윈도에 물품을 채우는 비율을 줄여서 물품량을 75퍼센트에서 90퍼센트까지 줄이는 선례를 세웠다. 그는 1913년 필드 백화점에 전신 마네킹을 도입했는데, 이들 마네킹은 대단히 리얼리스틱한 혼응지로 만든 형상이었다. 《여성복 데일리》에 따르면 그는 '마네킹을 액세서리'로 만든 최초의 트리머였으며, 본인에 따르면 자신이 그것을 발명했다고 한다. "나는 마네킹을 대단히 리얼하게 만들었기 때문에 여성들은 마치 자신이 그 옷을 입고 있는 것처럼 느끼고는 했지요"라고 그는 말했다. 1916년 그는 화가, 조각가, 그리고 장인들을 포함하여 50명의 남녀 스태프를 거느렸다.[109]

프레이저는 디스플레이 방법에 있어서 그야말로 연극적이었다. "우리는 우리 제품을 극화하고는 했습니다. 그것은 실제로 무대 작품이었지요"라고 그는 한 인터뷰에서 회상했다. "나는 뉴욕에 있는 극장을 무수히 다녔지요. 그 어떤 것보다 극장에 이끌렸거든요."[110] 1900년 초반 뉴욕 극장들은 점점 더 리얼리스틱해지고, 연극의 아이디어와 연출가와 점점 더 조화를 이루면서 보다 잘 만들어지고 있었다. 프레이저는 이런 변화를 포착했으며, 1907년 쇼윈도가 심화되고 넓어지게 되자, 그는 실험을 시작했다. 그는 즉각적인 욕망에 초점을 맞추기 위해 메시지를 전하는 값비싼 세팅 안에 자기 상품을 대체적으로 배치했다.[111] "만약 드레스가 루이 14세 스타일

108) 〈Chicago's Rapid Growth〉, DGE(March 30, 1901), p.3. Lloyd Lewis interviews with John W. Hughes and David Yates, 〈Lloyd Lewis Interviews〉(1946), MFA.

109) MRSW 79(November 1936): 4–5; MRSW 30(November 1913): 20; interview with Fraser, 〈Lloyd Lewis Interviews〉; S. H. Ditchett, Marshall Field and Co.: The Life Story of a Great Concern(New York, 1922), pp.87–91; Robert Twyman, dissertation on Field's, University of Chicago, 1950, copy in MFA, p.386; MRSW 61(October 1927): 7; and Earl Dash, 〈Fraser Was the Greatest Displayman of Them All〉, WWD(July 8, 1947), p.71.

110) Fraser, 〈Lloyod Lewis Interviews〉, MFA.

의 영향력을 보여주려고 한다면, 세팅은 정확하게 그 시대의 특징에 따라서 설치되었지요. 혹은 고대 제국의 패션으로 알려진 것을 선호하여 전시하려고 한다면, 배경, 물건 걸이, 가구와 그밖의 모든 액세서리는 고대 그리스와 로마의 장엄하면서도 단순한 것을 회상시키는 방식으로 진열되었지요"라고 프레이저의 흠모자는 말했다. 모티프나 '핵심 아이디어'가 일본적인 것이라면, 1913년 가을에 전시했던 것처럼 프레이저는 윈도에 일본 풍경화를 설치했으며, 그것을 배경으로 일본적인 모티프에 고취된 제품을 전면에 부각시켰다. "부드럽고, 몽롱한 톤과 모호한 선, 저 멀리 흐릿하게 눈 덮인 후지야마의 풍경과 더불어, 전문가는 전체 세팅에 멋진 원근법을 제시했다. 그것은 진짜 일본 예술이었다."[112]

아직까지 우리에게 남아 있는 그의 쇼윈도 사진으로 판단해 보자면, 그리고 그 이후에 뒤따른 디스플레이와 관련해서 비교해 보자면, 프레이저의 '예술적 재능'은 오늘날의 안목으로 본다면 1910년대 사람들에게 미쳤던 것과 같은 그런 강한 인상을 남기기는 힘들 것이다. 그의 디스플레이 '작품'(무수한 그의 아류작들)은 야하고, 지나치게 과장되고 판에 박은 듯하며, 배경으로 그려진 무대 배경 그림에 의존하고 있었다. 시간이 경과함에 따라 그의 스타일은 점점 향상되었으며, 심지어 1915년 혹은 1916년 무렵에 이르면 그가 성취한 효과는 정말 놀라웠다. 하지만 아무리 세월이 흘러가도 그의 목표는 결코 변하지 않았다. 거대한 백화점의 모든 디스플레이어들과 마찬가지로 그는 여자들이──무엇보다도 우선은 여자들──자기 윈도를 쳐다보면서 "집안에서 내가 해봤으면 하는 아이디어가 여기 있네"라거나 혹은 "저 드레스는 재료와 컬러의 배합이 정말로 제대로 되었군" 하고 상상하기를 원했다. 그는 "보는 사람의 마음에 심리적인 조화를 창조하고자 했다. 우리 모두 안에 있는 내재적인 욕망이라는 내부의 사원을 어렴풋이 들여다보고자"[113] 했다.(도판 8 참조)

1930년대에 이르러 마셜 필즈의 모든 쇼윈도는 일요일마다 커버를 씌웠

111) Frank Robertson, 〈Window Displays Deluxe〉, *MRSW* 30(February 1913): 12.

112) *MRSW* 53(October 1923): 4; interview with Fraser, 〈Lloyd Lewis Interviews〉; Ditchett, *Marshall Field*, p.88; Robertson, 〈Window Displays Deluxe〉.

113) *MRSW* 56(February 1925): 31; and Fraser interview, 〈Lloyd Lewis Interview〉.

다. 백화점 설립자의 '청교도주의'를 존중하기 위한 처사였다고들 한다.[114] 하지만 그와 같은 전략은 주중에는 드러나게 될 것에 대한 기대 심리를 구축하려는 계산된 효과를 노린 것이었다. 그래서 헤아릴 수 없이 많은 고객들이 프레이저의 '예술품'을 보러 왔다. 1916년 가을, 황금 커튼이 걷히고 전시물이 드러날 때까지, 수천 명의 여성들이 그것을 보려고 기다리고 있었다. 남자들 역시 필즈의 윈도와 다른 환상적인 트리머들의 쇼윈도 안을 들여다보았다. "우리는 34번지와 5번 애비뉴를 가로질러 42번지로 따라 올라갔다"라고 테오도르 드라이저는 뉴욕 시의 쇼핑 여행을 하면서 일기장에 적어 놓았다. "쇼윈도 안을 들여다보았다······. 멋진 디스플레이······. 우리는 아널드 콘스터블, 프랭클린 사이먼 & Co, 로드 앤드 테일러, 메이시즈를 방문했다. 점점 날씨가 추워졌다······. 이런 백화점들은 겨울에 너무 매혹적이다.[115]

114) 〈Questionnaire for Guides〉, Training Division(June 21, 1933), 〈Employment Development Box〉, MFA.

115) Theodore Dreiser Diary(November 10 and 26, 1917), in *Theodore Dreiser: American Diaries, 1902-1926*, ed. Thomas Riggio(Philadelphia, 1982), pp.204, 222.

3

인테리어

1879년 1월 뉴욕 시 감독교회 목사 부인인 소피 홀은 기도회와 앞으로 다가올 선교 사업에 관한 세간의 평을 일기로 적기 시작했다. "오직 한 계절 동안의 죽음은 다시 소생해야 한다"고 그녀는 기록했다. 그다음 주 일요일에 그녀는 저지대 맨해튼에 있는 조합교회에서 설교를 들으면서 목사의 경고에 감동을 받았다. "기독교나 종교가 어떤 방식으로든 여러분의 사업에 걸림돌이 된다면, 아마 그런 사업은 합법적인 것이 아닐 겁니다." 하지만 그다음 날 홀 부인은 14번지에 있는 메이시즈에 친구와 함께 쇼핑하러 갔다. 그녀는 생각했던 것보다 훨씬 오랜 시간을 그곳에 머물렀다. "메이시즈에 갔었는데, 너무나 예쁜 물건들이 많아서 우리는 그곳에서 빠져나오는 것이 너무 고통스러웠다.[1]

그로부터 40년이 지난 뒤, 뉴욕 중산층 집안의 10대 소녀였던 패니 슈메르츨러는 백화점에서 물건을 훔치다 잡혔다. 그녀의 변호사는 메이시즈의 부사장에게 선처를 요청하는 편지를 보냈다. "그녀는 부도덕하지 않습니다. 어디로 보나 고상하고 좋은 성품을 지니고 있습니다." '그 사건이 일어나기' 8개월 전 그녀는 메이시즈에서 일하기까지 했다. 백화점을 떠나서

그녀는 이스라엘 고아원과 연결된 좀더 나은 자선 단체에서 일을 해왔습니다. 방심한 순간, 게다가 물건을 갖고 싶다는 욕망이 최고조에 달하는 크리스마스 시즌 동안, 백화점의 물건 전시는 정말로 마음을 사로잡았습니다. 게

---

1) Sophie C. Hall Diary(February 1879 and January 31, 1879), **Manuscript Division, NYPL**.

다가 물품은 슬쩍하기에 너무 쉽게 배치되어 있습니다. 그녀에게 끼친 심리적인 효과로 인해 유혹에 저항하기가 어려웠을 터입니다. 그래서 의도적이 아니라 충동적으로 도덕적 결단이 흐려지면서 나쁜 짓을 저질렀던 것입니다.[2]

1879년 소피 홀은 물건의 유혹으로 인해 백화점을 장시간 배회함으로써 사소한 윤리적 고민거리에 불과한 경미한 죄의식을 경험했다. 1920년 패니 슈메르츨러 역시 메이시즈를 어슬렁거리면서 물건 그 자체뿐만 아니라 '마음을 사로잡는 디스플레이'에 의해서 많은 유혹을 느꼈다. 소피 홀이 제시간에 백화점에서 빠져나가지 못했음은 물론이었다.

홀과 슈메르츨러의 도둑질 사이에 인테리어 머천다이징이라는 새로운 시대가 열렸다. 고객들은 소비를 촉진하기 위해 상인들이 조직한 새로운 인테리어 공간과 만나게 되었다. 상인들은 에스컬레이터에서부터 유리 케이스에 이르기까지 기술적인 장비를 설치함으로써 물리적인 이동과 쇼핑이 용이하도록 했다. 그들은 인테리어의 사회적 특성을 구성하고 그것을 계급이라는 분리의 선을 따라서 구획했다. '대중'들이 바겐세일할 수 있는 공간은 지하층에 배치했으며, 우아하고 작은 '살롱식 방'들은 상류층(상인들 스스로 이런 어휘를 사용했다)을 위한 매장으로 만들었다. 축제 분위기로 장식한 아동용 매장(특히 장난감 매장)이 백화점에 등장하게 되었으며, 부상하는 어린이들의 세계의 한 증후군이자 그 이전에는 미합중국에서 결코 존재하지 않았던, 어른들의 세계와는 전혀 다른 아이들의 세계가 구분되기 시작했다. 상인들은 상상적인 무대를 장식했으며, 색깔, 유리, 빛에 의존하여 연극적인 전략을 창조——혹은 '핵심적인 장식 아이디어'——함으로써 인테리어 공간을 변형시켰다. 달리 말하자면 바깥에서 일어나고 있었던 것이 안에서도 일어나고 있었다.

---

2) Louis Ferkin, counselor at law, to PS(January 12, 1921), Shoplifting File, MA.

층계 없애기와 물품과의 새로운 친밀성 창조하기

1880년 이전에 대다수 업계는 구매자들의 마음을 붙잡는 방식으로 물품과 공간을 배치한 적이 거의 없었다. 그나마 가장 관심을 쏟았던 상인들마저——대규모 소매 상인들의 경우——가게 안에 물건을 아무렇게나 전시하는 정도였다.(도판 9 참조) 장식 기술의 표시——심지어 1890년대로 진입했음에도——물건을 수랑의 돔, 난간, 벽과 기둥에 매달아 놓았다.[3] 상인들은 물품을 벽에 전시하거나 혹은 선반에 얹어 두거나 서랍장 안에 넣어두었다. 그렇게 함으로써 먼지와 고객의 더러운 손길로부터 물건을 보호할 수 있었다.[4] 많은 소매 상인들은 1885년 이후에도 대체로 이런 방식으로 장사를 계속 꾸려 나갔다. 하지만 인테리어 디스플레이와 데코레이션이라는 새로운 방법의 출현과 더불어 변화의 바람이 대기 중으로 퍼져 나갔다.

점차적으로 '손대지 마시오'라는 요청은 '좀더 가까이 다가오세요'라는 요구에 자리를 내놓게 되었다. 상인들은 층계를 없애 버림으로써 고객을 유도했으며 《잡화 이코노미스트》의 필자에 따르면, '살롱 건축'을 모방하게 되었다. 살롱 건축은 이 작은 건축의 디테일에 있어서 효과적이었던 것으로 판명되었다. "입구의 계단은 잘못된 것이다"라고 한 기사는 조언했다. "사람들이 가게로 자연스럽게 이끌려 들어오도록 하는 데 걸림돌이 전혀 없어야 한다."[5] 상인들은 이동을 빠르게 하기 위해 안팎으로 저절로 열고 닫히는 '스윙도어'를 '회전문'으로 교체했다. "스윙도어는 무심한 군중들이 언제나 오고 가는 데 지속적인 위협"이 된다는 주장이 제기되었다. 반면 '회전문'은 '쉽게 접근'이 가능하다[6]는 것이었다. 상인들은 지하철 입구를 지

---

3) 그와 같은 장식을 묘사한 것으로서는 Wanamaker's, *The Public Ledger* (December 19, 1887): 182: "가게에서 상품으로 유쾌하게 장식했던 벽과 기둥은 환상적인 디자인으로 변형되었다……. 수랑 돔의 2층에 걸린 견본품들은 양탄자로 커버가 되어 있었다. 호화롭게 자수를 놓은 피아노 커버가 난간에 매달려 있으면서 아래에서부터 시선을 붙잡았다."(Wanamaker scapbook, 〈Notices, Invoices〉, WA)

4) *The Show Window*(June 1899): 297-98; *DGE*(December 8, 1894), p.3.

5) 〈A Model Store Front〉, *DGE*(February 5, 1898), p.9.

하 매장으로 연결시켰으며, 전체적으로 백화점으로 들어오는 입구를 증가 시켰다. 복도는 넓어졌다. "내가 알기로는, 이 백화점에서 거리로 나가는 입구와 출구를 이처럼 잘 구비해 놓은 곳은 이 세계 어떤 도시에서도 찾아보지 못할 것이다"[7]라고 워너메이커는 한 친구에게 필라델피아 백화점을 자랑했다. 보다 넓은 복도는 1890년 중반에 처음으로 도입되었다. 시겔-쿠퍼스의 헨리 시겔이 고객들을 매장으로 유인하기 위해 '넓찍하게 열린 공간'의 '방대한 거리'로 변형시킴으로써 뉴욕 백화점의 주요 동맥을 변형시키게 되었기 때문이었다. "백화점 매장의 한가운데 나 있는 복도는 방대한 코트로 나갈 수 있도록 넓혀지게 될 것"라고 건축가는 설명했다. 쇼핑객들은 평정을 되찾고 휴식하면서 주변을 둘러볼 수 있게 되었다.[8]

엘리베이터와 에스컬레이터 또한 쉽고 빠르게 순환하도록 만들어졌다. 1900년 무렵이면 백화점 어디에서나 존재했던 엘리베이터는 백화점 입구에서부터 멀리 떨어진 곳에서 '신속하게 세일' 흥정을 할 수 있도록 그룹화되었다. 따라서 고객들은 백화점을 '통과하면서 이동'하지 않을 수 없었으며, 중앙 통로에 있는 값비싼 상품 진열대를 통과하지 않을 수 없었다. 소매 상인들은 개별층과 매장을 동일한 원리에 따라서 배치했다. 예를 들어 1916년 브루클린에 있는 에이브러햄 & 스트라우스 백화점은 엘리베이터 근처에 값비싼 동양 카펫을 전시하고 뒤쪽으로는 값싼 카펫을 깔도록 함으로써 그 층을 담당하고 있는 매장을 완전히 변경시켰다.[9]

존 워너메이커가 처음으로 1898년 에스컬레이터를 의식하게 되었을 때, 그는 두번째로 '큰 백화점'을 완성함과 더불어 자기네 백화점에서 그것을 설치해야 한다는 점을 알게 되었다. '움직이는 계단'은 고객들을 위아래로 이동시켜 주었으며 많은 사람들에게 놀라움을 안겨 주었다.[10] '아, 행복한 땅'이라고 런던의 한 관광객은 1904년 감탄사를 발했다. "이런 도구는 고

6) 〈Revolving Doors〉, *DGE*(April 13, 1907); and 〈Revolving Doors Best〉, *DGE*(August 20, 1904).

7) JW to A. I. English(December 20, 1899), *Wanamaker Letterbook*, vol. 24, p.215, WA.

8) Theodore Delemos, *The Dry Goods Chronicle*(July 23, 1895), Siegel-Cooper Scarpbook, NYHS.

9) *DGE*(March 25, 1916), p.25; *MRSW* 32(June 1913): 12-13.

통받는 사람들을 즉각적으로 기쁨의 제7의 천국으로 운반시켜 준다." "그것
은 기계 장치입니다!"라고 필즈의 관리부장은 말했다. "에스컬레이터는 당
신을 위로 올라가도록 해줍니다. 에스컬레이터는 피가 정맥을 따라 올라가
듯이 위층으로 순환합니다."[11] 에스컬레이터는 상인들에게 매장을 전반에
걸쳐 광범하게 '신속한 판매자'가 되도록 해주었다. 뱀버거 경영진은 에스
컬레이터로 인해 상인들이 전체 매장을 통해 좀더 넓게 '퀵 상품'을 분해할
수 있게 만들어 주었다. 그들은 1912년 5대의 에스컬레이터로 인해 2층과
3층에 '기본적이고 주요한 연중 가판대'를 설치할 수 있게 됨으로써 메인
플로어의 혼잡을 피할 수 있게 되어 이윤을 증대시켰다"[12]고 주장했다.

　움직이는 계단과 다른 순환 설비와 더불어, 유리 환경은 외부뿐만 아니라
내부도 급속하게 확장시켜 놓았다. 실제로 이 나라에서 유리와 그것의 솜씨
좋은 응용을 통해 물건을 판매하는 것은 모든 판매 과정에 영향을 미쳤다.
휘어진 유리, 직선인 유리로 된 도어들, 선반들, 글라스 카운터, 컨테이너
등은 1905년 이르면 41종의 다른 모양새의 글라스 쇼케이스가 선보이게 되
었다.[13]

　핸리 모리슨은 유토피아 기질이 있는 엔지니어였는데, 그는 인테리어 디
스플레이에 유리의 도입은 소비 '혁명을 가져다주었다'고 주장했다. 유리
를 통해 자동판매의 대변인으로서, 그는 시카고에서 명성을 떨쳤다. 시카고
에서 그는 바이볼트(Wieboldt) 백화점 체인을 위해 여러 개의 카페테리아를
지었다. 그처럼 새로운 카페테리아와 자동판매 식당에서 유리 진열대는 매

　10) JW to Thomas Wanamaker(February 22, 1898), WA, and 〈Escalator a Success〉,
DGE(November 24, 1900), p.37.

　11) R. F. Starr, 〈Lloyd Lewis Interviews〉, MFA; 〈Through English Eyes〉, Store
Life(October 1904): 8-9; DGE(November 24, 1900), p.14; DGE(January 25, 1908), p.83;
DGE(February 6, 1915), p.60; DGE(May 22, 1915), p.67; DGE(January 25, 1913), p.61.

　12) 〈How Escalators Contributed to the Development of a Great Store〉, DGE(January 25,
1913), p.61.

　13) 다양한 디스플레이 케이스에 관해서는 DGE(September 24, 1898), p.9; DGE(April
14, 1900), p.14; DGE(January 21, 1905), p.55; Warren C. Scoville, Revolution in
Glassmaking: Entrepreneurship and Technological Change(Cambridge, Mass., 1948),
pp.78-83, 103-4, 253-59; Freda Diamond, The Story of Glass(New York, 1953),
pp.79-128.

상고를 증대시켰으며 충동적인 식사를 조장하게 되었다. 어떤 옹호자에 의하면 카페테리아는 성공했는데, 왜냐하면 시각과 맛에 호소함으로써 많은 음식을 팔게 되었고…… 그 이전의 맥빠진 메뉴판으로서는 상상조차 할 수 없을 정도로 많은 음식을 팔게 되었기 때문이다. "카페테리아에서 먹기 시작하면, 우리는 다 먹을 수 없을 정도로 많은 음식을 언제나 주문하게 되었다. 카페테리아에서 음식을 먹을 때 너무 많이 주문하지 않도록 하려면 훈련이 필요할 정도이다."[14)

1911년 존 워너메이커는 뉴필라델피아 백화점을 유리로 인테리어하기 위해 모리슨을 고용했다. 사실상 워너메이커는 평생 동안 구매력을 신장하려고 백화점 안과 바깥을 유리로 변경시켜 나가는 데 일생을 바쳤다. 1880년대 중반, 그는 파리에서 봉 마르셰·프랭탕·루브르와 같은 유명한 회사의 인테리어를 시찰하고 있었다. 워너메이커는 '이 세계에서 최고의 백화점을 유지하는 곳'이라면서 파리의 위대성을 부르짖었다. 그는 파리에서 살고 있던 아들 로드먼에게 "날이면 날마다 새로운 접근법이 제공될 것이며 그로 인해 네가 우리 백화점으로 되돌아오게 될 때, 그런 접근법이 **떼돈을 벌어 주게** 될 것이다"[15)라고 말했다. 그런 와중에 1886년 파리 방문 일기에 의하면, 그는 '프랭탕의 유리 마루와 푸른색 테두리를 단 리놀륨 천(plain)과 판유리 연결 복도'에 주목했다. 브리지 글라스 플로어, 널찍한 계단, 판유리 엘리베이터 케이스…… 전기 불빛을 위한 판유리 방. 상품 전시 등은 정말 **대단한** 점이었다"[16)고 감탄했다. 고국으로 되돌아온 그는 많은 인테리어 글라스 설치물을 구입했다. 예를 들어 그는 감춰진 불빛으로 조명하는 글라스 케이스, 거울로 배경을 장식했다. 모리슨은 워너메이커를 좀더 설득하여 뒷면이나 아래나 할 것 없이 '가능한 모든 곳'에 유리를 설치했다. "존 워너메이커의 백화점에서, 유리 아래 진열된 물품 시스템은 최고도로 발전되었다. 여성복은 저장실에서 가지고 나와 유리 케이스 아래에 진열되

14) Harry Morrison, 〈Modern Store Desiging〉, *MRSW* 1(January 1922): 1; *DGE*(January 21, 1905), p.55; *DGE*(April 14, 1900), p.14; *DGE*(September 24, 1898), p.9; and *The Advertising World* 22(November 1917): 206-8.

15) JW to RW(January 2, 1891, August 10, 1890, and October 24, 1890), WA.

16) JW, 〈Memorandum Book: Trip Abroad, 1886〉, in metal tin box, WA.

었다"[17]고까지 그는 주장했다.

거울화된 유리들은 백화점에서 확장되었으며(호텔과 레스토랑까지) 슬라이딩 엘리베이터 도어에까지 뻗어 나갔다. 쇼케이스와 선반에 끼워넣게 되었으며, 벽과 기둥에도 매달리게 되었다. 거울의 충격은 그야말로 거의 환상적이었다. 상인들 스스로가 그 점을 인정했다. 거울은 '외관상 마루 공간을 확장시켜 주는 것처럼 보였다.' 거울은 가게에서 감추고 싶은 부분을 감춰 주었다. 거울은 글라스 쇼케이스를 통해 모든 각도에서 물품을 보여줌으로써 물품에 대한 '유혹'을 증폭시켰다. 거울은 '원기를 회복시키고' '깊이'[18]를 더해 주었다. 거울은 고객들에게 나르시시즘적인 자기 반영의 미로를 제공해 주면서 가장 개인적이고도 친밀한 방식으로 상품과 상호 작용할 수 있는 환경을 창조했다. 1897년 필라델피아에 있는 워너메이커스의 1층의 모든 기둥들은 '마루에서부터 천장까지' 유리 케이스로 덧씌워졌다. 1904년 6번 애비뉴에 있는 시겔-쿠퍼스에서 코르셋 매장은 '거울로 뒤덮이게 되었다.'[19]

연극이 공연되는 무대

모든 종류의 상인들은 한때 실용적이었던 인테리어들을 디스플레이와 상품 판매를 위한 매혹적인 공간으로 다시 꾸며 나가기 시작했다. 1900년 무렵 백화점 상인들은 가게의 을씨년스러운 부분을 고객들에게 감추려고 노력했다. 거울뿐만 아니라 장부를 정리하는 층을 판매하는 층과 분리하려고 애썼다(만약 그런 공간이 남아 있다면 제품이 만들어지는 층). 제1차 세계 대전이 발발했던 때늦은 시기까지 뉴욕의 메이시즈는 아무런 장식 없는 황량한 고층에서 일하는 '비판매 고용인'들의 작업 공간을 완전히 분리시키려고 노력했다. 백화점은 사람들이 땀 흘려 노동하고 일하는 실질적인 사업

---

17) Morrison, 〈Modern Store Designing〉, *The Show Window*(June 1899); *MRSW* 30(March 1913): 20; and *DGE*(August 7, 1897).

18) 〈Mirrors in Stores〉, *DGE*(September 24, 1898), p.9.

19) *DGE*(February 20, 1904), p.32; and 〈Mirrors in Stores〉, 9.

장이라는 모든 표시를 제거하려고 했다. 말하자면 요점은 쇼핑 공간은 그 나름의 고유한 정체성을, 오로지 소비만을 위한 공간이라는 인상을 주어야 한다는 점이었다. 1902년 한 소매 상인은 "판매 매장은 연극이 상연되는 무대이다"[20]라고 주장했다.

청동 장식과 마호가니 목공품이 낡은 철제 장식과 밋밋한 장식을 대신하게 되었다. 나무로 깐 마루는 '뜯어내어' '테네시 대리석'(필즈의 경우)으로 깔거나 석회화된 잿빛 화산석(로드 & 테일러 백화점)으로 깔게 되었다.[21] 카펫이 깔리고 거울은 원주와 벽에서 반짝이게 되었다. 대규모 호화로운 상업적인 건물은 환기 시설을 개선하여 상인들이 '무료한 계절'[22]이라고 불렀던 여름의 열기와 겨울의 냉기를 완전히 극복하지는 못했을지라도——대단히 늦은 시기까지——보다 나은 난방과 냉방 시스템을 갖추게 되었다. 완전한 형태는 1920년대까지 나타나지 않았기 때문에, 과도기적인 것이기는 했지만 새로운 광선의 형태가 출현했다. 워너메이커는 가장 선두에 서서 파리를 영감과 가이드로 삼았다. "모든 곳에 있는 공간은 풍부한 빛을 발산했다"라고 워너메이커는 루브르 백화점에 관해 묘사했다. 봉 마르셰는 '최고의 빛'이었으며 "조명은 모든 곳에 있었다. 빛의 과잉이었다."[23] 쇼핑을 위한 조명이나 단순히 걸어다니기에 필요한 조명은 워너메이커와 다른 백화점 등에서 강화되었다. 상인들은 간접 조명과 반간접 조명 시스템을 설치함으로써, 빛의 출처를 감추려고 반투명 주발 모양의 용기를 사용하거나 혹은 빛을 천장으로 투사시키는 거꾸로 된 받침접시를 이용했다. 그렇게 하여 빛이 흩어지면서 부드러운 광채를 뿜도록 조명했다. "나는 그 조명을 다름 아닌 눈부신 봄날 아침 햇살과 비교하고 싶었어요"라고 방금 조명으로 인테리어

---

20) Macy's, 〈Minutes of the Board of Operations〉(February 19, 1920), MA; *DGE*(August 23, 1902), 21.

21) Interview with Reynard F. Starr, head of maintenance and construction at Marshall Field's, 1923-40, 〈Lloyd Lewis Interviews〉(1946), transcript, MFA.

22) W. J. McC., 〈Report〉(July 24, 1902), beginning 〈I first visited Gimbels〉, WA. "무료한 계절에 관해서는 JW to Reverencd Eckels(December 6, 1895), JW Letterbook, vol. 15, p.930; and JW to William Nesbitt(January 9, 1897), vol. 17, p.987, WA.

23) JW, memorandum book, 〈1900〉(September 7, 1900); and memorandum book, 〈1894〉, p.10, WA.

를 한 곳을 걸어 나오면서 한 고객은 감탄했다. 조명으로 받은 "인상은 자연광선처럼 느껴졌다는 겁니다"라고 또 다른 고객은 말했다.[24](도판 10참조)

1880년대 후반 존 루트와 루이스 설리번과 같은 건축가는 제한적인 성공을 거두기는 했지만 어쨌거나 상업적인 공간에서 색깔 사용을 향상시켰다. 옥외를 실내로 가져다 놓으려는 목표는 다채색 장식과 황금색 출입구 등을 통해 자신이 건축한 운송 빌딩과 1893년 시카고에서 개최되었던 콜롬비아 세계박람회, 그리고 최초로 빛과 색깔을 통합하여 성공적으로 인테리어 디자인을 한 시카고 다운타운에 있는 공연 극장의 경우에는 성공했다고 설리번은 확신했다. 1900년대 초반 극장 흥행주인 마크 클로와 에이브러햄 얼랜저와 슈베르트 형제는 뉴욕과 그밖의 곳에다 컬러로 조명한 인테리어와 호화스러운 로비, 1920년대를 능가하는 장식적인 기술을 미리 선보이는 본부 극장을 건축하고 있었다.[25]

이런 미학적인 프로젝트를 위해 선발된 초기 인물들 중 한 사람이 루이스 티퍼니였다. 그는 열렬한 컬러리스트스였으며 램프와 보석으로 유명해졌다. 그는 맥스필드 패리시와 더불어 필라델피아에 있는 커티스 출판 빌딩에 '드림 가든' 벽화를 창조하는 데 공동 작업을 했다. 1902년 티퍼니는 마셜 필즈를 위해 초록, 황금색, 유백광 글라스 돔을 디자인했는데, 이것은 무지개빛 글라스 모자이크로 만든 단일 작품으로서는 최대의 것이었다. 티퍼니는 '자기가 만든 것 중에서 예술 작품의 절정'으로 간주했다. 그는 컬러를 대단히 조심스럽게 선택했으며, '거리와 무한성'과 연결시키려는 예술적인 전통을 잘 의식하고 있었다. 노란색과 붉은색은 '가깝고 다혈질적인' 것을 암시했으며, 그것이 '기본적인 분위기'였다. 돔의 형태는 3개의 동심원적

---

24) *MRSW*(March 1913); *DGE*(May 20, 1905).

25) Macy C. Henderson, Theater Architecture as Corporate Symbol: Syndicate and Shubert Theaters:(1988), 저자가 소유하고 있는 미출판 원고 중에서. Harriet Monroe, *John Wellborn Root: A Study of His Life and Work*(Park Forest, Ⅲ., 1966; orig. pub. 1896), pp.207-46; Robert Twombly, *Louis Sullivan: His Life and Work*(New York, 1986), pp.163-96, 247-79, 337-47; Lauren S. Wingarden, 〈The Colors of Nature: Louis Sullivan's Polychromy and Nineteenth-Century Color Theory〉, *Winterthur Portfolio* 29(Winter 1985): 243-60; 설리번에 관해서는 William Gray Purcell, 〈Creating Background and Atmosphere Which Sell Merchandise〉, *MRSW*(January 1930).

인 원으로 구성되었는데, 무한한 천국의 영역이라는 열린 공간의 환상을 심어 주었다. 돔과 유사하게 티퍼니는 롱 아일랜드에 있는 자택의 침실 위에도 그런 돔을 설치했다. 그것은 블레이크의 신비주의로부터 빌려온 영감이었다. 그것은 '갈망과 욕망'의 '무한한 필요'라는 인상을 전달했으며 소비적인 환경에 대한 완벽한 미학적인 상징이었다.[26](도판 11 참조)

세기가 바뀔 무렵 컬러 설계는 대규모 소비 공간에서는 점차 필수적인 것이 되었다. 1915년 샌프란시스코에서 개최되었던 파나마-퍼시픽 국제박람회는 파나마 운하 건설을 축하하기 위한 것이었으며, 컬러리스트인 쥘 게랭에 의해 전적으로 컬러로 합성된 것이었다. 쥘 게랭은 미국인들에게 좀더 상업적인 용도로 컬러를 사용하라고 촉구한 새로운 화가들 집단의 일원이었다. 박람회는 "나의 컬러 창조품이었으며 내 꿈의 도시였다"고 그는 말했다. "사방팔방 모든 곳은…… 컬러였다! 그것은 우리의 공공 건물들이 오랫동안 잃어버렸던 마술적인 특질이다. 컬러는 음악과 마찬가지로 감정의 언어이다."[27] 1903년 캘리포니아 주 샌디에이고 근방에 있는 코로나도 호텔의 모든 층——L. 프랭크 밤이 휴가를 보내면서 그곳에서 '오즈 시리즈'의 많은 분량을 썼다——은 자기 고유한 컬러 도식을 가지고 있었다. 모든 방은 그 나름의 색채를 가진 벽지, 도자기, 손 닦는 타월 등을 구비해 두었다.[28] 이 나라를 가로질러 뉴욕의 그리니치 빌리지에 있는 찻집은 그 나름의 고유한 색깔과 색깔별 주제를 가지고 있었는데, 그 중에서 **자주색 술집**

---

26) Unsigned, ⟨The Educational Value of a Great Shop⟩, *House and Garden* 13(May 1904): 21-25; and Samuel Howe, ⟨One Source of Color Values⟩, *House and Garden* 10(September 1906): 105-13. 1904년 5월자 *House and Garden* 기사에 의하면 내가 알고 있기로는 티퍼니 자신이 그 돔을 디자인했다는 유일한 증거를 보여준다. 초록과 푸른색에 대한 상징적 의미에 대한 논의는 Oswald Spengler, *The Decline of the West*(New York, 1991; orig. pub. 1932), pp.128-29.

27) Jules Guerin, ⟨The Magic City of the Pacific's Architects, Painters, and Sculptors Offer Their Best to the Panama-Pacific Exposition⟩, *The Craftsman* 26(August 1914): 465-80.

28) Ann Halpenny Kantor, ⟨The Hotel Del Coronado and Tent City⟩, in *Victorian Resorts and Hotels: Essays from a Victorian Society Autumn Symposium*, ed. Richard Guy Wilson(New York, 1982); L. 프랭크 밤이 이 호텔에서 원고를 쓴 것에 관해서는 Scott Olsen, ⟨The Coronado Fairyland⟩, *The Baum Bugle*(Winter 1976).

(Purple Pub), 푸른 말(Blue Horse), 알라딘의 배(Aladdin Ship) 등이 있었다. 그런 찻집에서 커피와 동양 과자들은 '낯설고도 아름다운 다채로운 공간'에서 접대되었다. 그것은 '너무나 생생하고 동양적이며 그야말로 도취하도록 만드는'[29] 것이었다. 백화점에서 특실, 사적인 층, 심지어 가게 전체가 단 하나의 색깔 도식을 중심으로 디자인되었다. 1901년 보스턴에 있는 필렌즈는 지하실에서 지붕에 이르기까지 모든 것은 초록색 음영과 색조가 지배했다. 1907년 다운타운 맨해튼 거래에 봉사하고 있던 마지막 남은 중산층 백화점의 하나인 그린헛에서는 모든 것이 초록색이었다. 카펫, 보조벽, 스툴(팔걸이가 없는 바 등에서 볼 수 있는 높은 1인용 걸상), 책상 지압대 등은 다양한 음영의 초록색으로 디자인되었다. 초록색 박스, 초록색 포장지, 초록색 문구, 초록색 끈, 심지어 가게의 초록색 타이프라이터를 위한 초록색 잉크와 초록색 리본으로 채색되었다. 한 '진보적인' 서부 백화점 소유주는 '색채 도식의 충실한 지지자'였는데, 그는 자기 가게의 안팎을 밝은 레몬빛깔 노란색[30]으로 도배했다.

대중과 상류 계층을 위한 유혹

데코레이션과 디스플레이를 통해 물건에의 유혹을 고취시킴과 더불어 글라스 케이스 · 거울 · 엘리베이터 등에 의존함으로써 상인들은 인테리어에 사회적인 의미를 부여했다. 어떤 인테리어는 중산층의 취향을 반영했고, 어떤 것은 노동 계급의 욕구에 대처하기 위한 것이었다. 그러고도 남는 부분이 있다면 무엇이든지간에 '상류 계층'과 '노동 계급' 모두를 위한 것이라고 말했다.

값싼 지하 매장은 문자적으로 그리고 비유적으로 최아래층 공간이었으며

---

29) Anna Alice Chapin, *Greenwich* Village(New York, 1925; orig. pub. 1917), pp. 209-40; and Lewis Erenberg, 〈Village Nights: Episodes in the Nightlife of Greenwich Village, 1910-1950〉, 저자가 소유하고 있는 미출판 원고 중에서, pp.1-3.

30) *DGE*(September 21, 1907), p.36; *DGE*(February 2, 1904), p.58; *DGE*(April 6, 1901), p.12; *MRSW* 50(December 1923): 6.

1870년대의 경제적인 불경기로 인해 메인 플로어(main floor)로부터 '값싼 카운터'로 발전해서 나오게 되었다. 물품이 거의 없는 검소한 사람들을 위해 지하 매장은 가격을 내린 물품과 위층에서 파는 보다 값비싼 물품들의 싸구려 개조품들을 팔았다. 그렇게 하여 계급이 다른 쇼핑객들을 분리시키게 되었으며, 메인 플로어의 혼잡을 방지하게 되었다. 1890년 후반 시카고 소재 백화점들은 처음으로 값싼 지하 매장을 열었다. "그것은 한 시카고 백화점의 아이디어였다"라고 맨해튼 소재 스턴 백화점의 루이 스턴은 인터뷰에서 밝혔다. 뉴욕과 달리 시카고에서는 '계급'들이 서로 뒤섞여 있었으며, '한 지붕 아래서 쇼핑'을 하게 되었다고 스턴은 주장했다. "이로 인해 바겐세일 마트를 채택하는 방향으로 나가게 되었으며, 계급과 계급을 격리하는 실험으로 활용되었다."[31] 1909년 보스턴의 필렌즈는 '자동판매' 바겐세일 지하층을 만들었으며 지하 매장으로서는 가장 유명한 것이었다. 몇 년이 지나자 존 워너메이커가 자신의 '바겐세일 마트'와 '저가 지하 매장'을 개설하면서 뒤를 이었다. 비록 루이스 스턴과 같은 상인은 지하 매장의 사회적 의미와 씨름을 했지만, 그럼에도 불구하고 지하 매장이라는 아이디어는 정착되었다. "지하 매장이 필수적이라는 생각을 난 받아들일 수가 없어요"라고 그는 말했다. "그런 계급 구별(계급의 구분의 강화시키는 것)은 비민주적이고 비미국적인 것입니다——평등을 지향한 신세계의 이상에는 낯선 것임이 분명합니다." 하지만 "그런 것이 만약 있어야 한다면, 계급적인 고려와는 전혀 상관 없이도 바겐세일 지하 매장은 그 자체의 장점으로 인해 성공하지 못할 이유가 하등 없다고 봅니다."[32]

다른 백화점 공간은 다른 사회적 특징을 지니고 있었다. "가게 같지 않은 특별 공간, '살롱 룸' '아케이드 숍' 등은 상인들이 짐작하기에 중산층의 욕망과 기대에 부응하기 위해 세워졌다. 1902년 가을, 맨해튼 다운타운에 있는 심슨-크로포드 백화점의 장식가는 식품매장에서 병에 든 상품, 고기·생선·크래커 등을 전시하기 위해 밝은 색 별관 세 채를 세웠는데, 각각의

---

31) 〈Store's Bargain Mart〉, *DGE*(May 19, 1901). 지하 바겐세일 매장의 발전 과정에 관해서는 *DGE*(December 14, 1889, August 29, 1891, November 7, 1894, November 17, 1900, May 18, 1901, October 18, 1902, and October 2, 1912).

32) Quoted in 〈Store's Bargain Mart〉, p.11.

별관은 타원형의 유리 디스플레이 케이스로 가장자리를 하고 유백광의 조명을 낸 유리 돔으로 지붕을 덮었다. 뉴욕 소재 김벨스는 1912년 선례를 세웠다. 김벨스는 융단 매장에 예술적인 리놀륨을 배치함으로 시작되었다. 융단은 선과 형태와 컬러를 강조하기 위해 커다랗게 말아서 함께 전시했는데, 매장 그 자체가 '동양적인 모자이크'[33]처럼 보였다. 시카고에서 마셜 필즈는 4층에 있는 모피 매장의 유혹적인 인테리어 디스플레이를 뽐냈다. 모자 진열대, 망토, 란제리 매장에서처럼, 필즈 관리자들은 디스플레이를 하면서 많은 고객들의 지갑을 고려했다. 백화점의 한쪽으로는 테이블, 카운터, 그리고 값싼 모피와 액세서리를 파는 라인이 있었으며, 다른 한쪽으로는 정말 값비싼 물품을 파는 라인으로 구분되었다. 그곳 라인에는 때로 수만 달러에 상당하는 물건을 전시했다. 매장의 중심으로 내려가면서(그리고 전체 층을 통틀어), 사치스러운 모피 의상의 혼합물을 전시하느라고 조명을 밝힌 커다란 유리 케이스들이 배열되어 있었다.[34]

필즈의 모피 디스플레이의 전체 인테리어는 계급 구분의 핵심이었는데, 이곳은 사회적 부적격자이라든가 혹은 부러움과 같은 감정을 불러일으켜 사람의 마음을 휘저어 놓음으로써 충동적인 구매를 자극하려는 의도가 있었다. 그것은 분명히 효과가 있었지만 그렇다고 언제나 필즈가 원하는 방식으로 작동된 것은 아니었다. 1910년 모피는 너무나 매혹적으로 전시되어서 도난이 빈발하여 백화점의 안녕을 위협할 지경이 이르렀다. 하지만 가게 도둑치고 '전문적인' 도둑은 거의 드물었다는 점을 필즈의 매니저는 주목했다. 오히려 좀도둑들은 10대 소녀들(패니 슈메르츨러처럼)이거나 혹은 부유하고 잘 교육받은 지체있는 집안의 여성인 경우가 허다했다. 그들은 흔히 모피 액세서리를 훔쳤다. 그들은 일군의 도둑 집단에 속했는데, 1850년대 이후부터 흔히 '도벽' 있는 사람으로 분류되었다. 도벽이라는 유사과학적

33) *DGE*(April 12, 1912); *DGE*(October 25, 1902).

34) 이와 같은 인테리어 디자인 전략에 관해서는 〈Marshall Field and Company, Retail〉, *Chicago Dry Gooods Reporter*(October 11, 1902), 새 가게를 오픈하고 난 지 얼마 지나지 않아 씌어진 광범위한 기사는 **MFA** 참조. 1920년대 초반 도매상에서 필즈의 세일즈 매니저로 일했던 마이클 캐리와의 인터뷰와 1890년대 현금 출판 직원과의 인터뷰는 〈Lloyd Lewis Interviews〉, **MFA** 참조.

인 어휘는 필요에 의해서가 아니라 충동적으로 모든 종류의 물건을 훔치는 여성을 의미했다. 그런 여성들이 기소된 적은 전혀 없었다("나는 그런 여성들을 상대로 소송을 제기하고 싶지는 않다"고 존 워너메이커는 1883년에 한 친구에게 말했다). 종종 도둑들은 상인들의 친척들인 경우가 많았다. 그들은 독소이자 소매 상인들의 농담거리였다.[35] 그들은 휴대할 수 있는 것이면 사실상 무엇이든지──값싸고 겉만 번지르르한 물건, 보석, 스타킹, 속옷──가지고 도망쳤으며, 파라솔이나 옷소매부리 아래 감춰서 훔쳐 나갔다. 하지만 필즈의 모피 매장의 경우, 도벽이든 도둑질이든 어떤 종류든지 간에 그것은 더 이상 농담이 아니었다. "모피는 크리스마스 동안 백화점에서는 가장 위험한 취약점이 되었다"라고 필즈의 도매 세일 매니저는 인터뷰에서 말했다. 도둑의 위협으로부터 대처하기 위해 그들은 '백화점 바로 한 가운데 탐정'을 고용했다. "탐정은 언제나 모든 사람들을 쳐다보면서 모든 사람의 눈을 들여다보았다."[36]

모피 매장이나 다른 장소에서의 매혹적인 디스플레이에 덧붙여, 상인들은 모델 전시실을 도입하여 제품의 그림을 가장 시각적으로 전시했다. 워너메이커의 엔지니어인 해리 모리슨은 가구에 관해 말했다. "무엇이든지간에 아무런 의미 없이 그곳에 세워 두는 것보다는 풍경으로 정렬하는 것이 보다 낫다"고 말했다. 마셜 필즈의 경영진은 이런 전략을 승인했다. "마셜 필즈에 들어가면, 전시만 보는 것이 아니라 해석을 보게 된다"고 1912년 시카고 데일리 광고는 공지했다. 그곳에서 디스플레이는 단순한 매혹과 관심사를 훨씬 넘어서 있었다. 제품은 유용성을 보여주는 환경과 배치를 전시해야만 했으며, 미와 품위를 시범적으로 보여주고 신선한 의미를 제시하며 좀더 광범한 가능성을 드러내 주어야 한다."[37]

---

35) JW to G. Harry Davis(May 2, 1883), Wanamaker Letterbok, 〈J. W Private, 1883-1884〉, p.33; JW to George Burgurn(February 24, 1886) in Wanamaker Letterbook, 〈J. W. Personal-December 22, 1885 to December 2, 1886〉, p.154, WA. '관대한 처분'에 관해서는 Frederic Kernochan, chief justice of Special Sessions, to Jesse Straus(April 24, 1919), Shoplifing File, MA.

36) Michael Cary, interview, 〈Lloyd Lewis Interviews〉, MFA, 도벽에 관한 최근에 나온 책에 관해서는 Elain Abelson, Ladies Go A-thieving(New York, 1988). 프랑스에서 이 '징후군'에 대한 분석에 관해서는 Michael Miller, The Bon Marché(Princeton, N. J., 1982).

아마도 모델 전시실의 기원은 19세기 미국 상업 극장에서 당대의 이미지 메이킹에서 찾을 수 있을 것이다. 상업 극장들은 극장 소유주들에게 엄청난 이윤을 가져다주었다. 팬터마임, **활인화**(tableaux vivant), 극적인 스펙터클은 인기 있는 여흥거리였으며, 1880년대와 1890년대에 절정에 달했다. 헨리 어빙·데이비드 벨라스코·스틸 맥케이와 같은 미국의 영향력 있는 연극연출가들의 전성기였다. 세 사람 모두 대화와 이야기를 가능한 줄이고 '생생한 무대 정경'을 강조했다. 어빙의 셰익스피어 극은 대화와 성격 묘사보다는 오히려 고고학적인 고증과 '장엄한 광경'에 보다 주목했다고 극장 역사가는 설명했다. 벨라스코는 전기 불빛과 컬러에 있어서 미국 최고의 장인 중 한 사람이었는데, 그는 "무대에 제시되는 등장 인물은 사실상 조명 효과보다 부수적인 것"이라고 자랑했다. 스틸 맥케이는 장면, 스펙터클한 액션, **활인화**, 전기적인 장면, 대규모 집단적인 동작의 무대화를 통합함으로써 현대 연극 테크닉에 영속적인 기여를 했다. 그는 그때까지 미국의 상업적인 극장에서 보여주었던 가장 리얼리스틱한 건축적인 광경을 연출하는 데 주도적인 역할을 했다.[38]

미국 상인들은 이런 회화적인 전략을 상품의 내부 전시에 응용했으며 일찌감치 1880년대부터 대단히 제한적인 규모이기는 하지만 모델 전시실을 조직하는 데 적용시켰다. 1910년 무렵 전시실은 뉴욕의 김벨 브라더스의 경우 3에이커에 달하는 전체 층을 다 차지하게 되었다. 워싱턴의 우드워드와 러스럽 백화점에는 스위트 전체를 차지했다. 백화점의 광고주는 "그 특별 기획은 많은 사람들을 만족시켜 주었으며, 자기 집에서도 한번 용도에 맞게 개조해 보려는 워싱턴의 가정주부들이 끊임없이 찾아온다"고 말했다. 1908년 존 워네메이커의 뉴욕 백화점은 '하우스 팰레이셜(House Palatial)'을 열었는데, 그것은 여태까지 보았던 그 무엇보다도 가장 대규모인 데다 영구적인 가구와 부속품의 전시회였다. '진짜' 2층집에다 백화점 원형홀의

37) Quoted in *WWD*(January 2, 1912), pp.6-7.

38) A. Nicholas Vardac, *Stage to Screen: Theatrical Method from Garrick to Griffith* (New York, 1949), pp.139-51, 89-135; Elizabeth Kendall, *Where She Danced*(New York, 1979); Dolf Stembeger, *Panorama of the 19th Century*. 니콜라스 바댁의 책은 극장과 그밖의 다른 시각적 재현 형태 사이의 관계를 시사하는 데 특히 유용하다.

심장부에 24개의 방을 갖추고 있었으며 6층에서 8층까지 확장되었다. '하우스 팰레이셜'은 난방, 환기 시설까지 갖추고 관리 유지되면서 워너메이커의 제품 특징을 보여주는 것으로 그 다음 10년 동안 남아 있었다. 로드먼 워너메이커가 좀더 효율적인 디스플레이 공간과 좀더 많은 엘리베이터를 설치하기 위해 허물어 낼 때까지 남아 있었다. '거의 모든 면에서 진짜여서,' 벨라스코나 맥케이의 무대를 그대로 올려놓았던 것처럼 보였다. 그것은——다른 특징들 가운데서도——계단, 식기실, 하인들의 식당, 호랑이 가죽으로 장식한 엘리자베스조의 서재, 자코비아 왕조 시대의 식당, 루이 14세 시대의 살롱, 심지어 식당 옆에 있는 커다란 이탈리아식 정원 등이 있었다. 마네킹들이 직원처럼 현관의 큰 방을 지키기까지 했다. 세트는 장식 조명을 밝혔으며 실제 사람이 거주하는 것처럼 보였다. 책이 던져져 있었으며 골프클럽이 벽에 기대어 세워져 있었다. 가구, 장식 커튼, 백화점으로부터 가져온 기술의 완벽한 배합으로 인해 대중들에게 가장 최신의 장식적인 '취향과 아름다움'의 모델이라는 인상을 주었다. 워너메이커는 이 '모델 전시관'을 세우면서 마음속으로 '대중 시장'을 염두에 두었다고 주장했다. 하지만 그것은 사실상 동질적인 '대중'들이라기보다는 '대중'과 '상류계층' 사이의 갈등으로 인해 욕망하는 공간이 되었다. 실제로 하우스 팰레이셜이 모든 사람들을 위한 것이었더라면, 그것이 구비하고 있었던 값비싼 상품을 과연 어떤 사람들이 원할 수 있었겠는가? 백화점 보고에 따르면, 1백만 명이 넘는 사람들이 1912년 이후 이곳을 방문하고 있었다.[39]

핵심 아이디어라는 '제거하는' 힘

모든 종류의 상인들과 상업적인 흥행주들은 인테리어를 통해 '핵심 아이

---

39) JW and Co., *New York: Metropolis of the World*(New York, 1916), p.53; JW and Co., *The Guide Book and Information Concerning the Wanamaker's Mail Order Service*(New York, 1910), p.32; *Betty Comes to Town*(New York, 1920), pp.11-65; *The Wanamaker Originator* 2(November 1908): 2, WA; *DGE*(October 17, 1908); and *The Dry Goods Reporter*(October 17, 1908).

디어(central idea)'를 작동시켰는데, 이때 핵심 아이디어는 특별하고도 바람직한 특징을 가진 사업이나 혹은 활동과 연결시키는 전략이었다. 한 디스플레이어가 지적했다시피, 그것의 목적은 제품생산 공간의 문자적인(노동과 같은 고통의 흔적) 특징을 '제거하여' 그것을 상업과 사업으로 연결시키는 데 이바지하도록 했다.[40] 다시 한 번, 모델 전시관의 경우에 '핵심 아이디어' 개념은 19세기 후반의 미국 극장 지역으로부터 파생되어 나온 것처럼 보였다. 스펙터클한 무대 연출은 감독과 디자이너들이 쇼 전체를 통해 단 하나의 주제를 실행하는 방식으로 인해 많은 호소력을 얻게 되었다. 핵심 주제에 의존하는 것은 세계박람회로부터 나온 아이디어였을 수 있으며, 그것의 성공은 부분적으로 핵심 주제의 분명한 표현에 의존하고 있었다. 1876년 미국 혁명을 기념하기 위한 필라델피아의 1백 주년 박람회에서부터 1893년 시카고의 콜롬비아 세계박람회, 그리고 1904년 세인트루이스에서 개최되었던 루이지애나 구매 박람회에 이르기까지, 이런 주제들은 박람회와 더불어 결합되었다. 장차 미국의 진보적인 운동의 지적인 지도자가 될 허버트 크롤리는 1901년 버팔로에서 개최되었던 팬-아메리카 박람회에 관해, "흥겨움이 지배적인 곡조였으며, 방문객들이 일상적으로 익숙했던 그런 분위기와는 가능한 다른 분위기 속으로 빠져들게 만들었다." "모든 것은 축제였으며 오락이었다." 그리고 그것에 "알맞은 분위기는 아마도 행복의 요소들인 것처럼 보인다."[41]

미국의 야외극 운동은 1900년 이후부터 미국 중부에서 너무나 인기가 있어서 '핵심 아이디어' 전략을 위한 원천이 되었던 것 같았다. 퍼레이드, 퍼포먼스, 음악은 하나의 앙상블로 연결되었다. 성공할 수 있는 시나리오를 위해, 전문적인 야외극 매니저들과 나중에 중요한 세력으로 부상한 브로드웨이 극장 에이전트들은 "그것은 통일적인 아이디어였음에 틀림없었다. 그래서 전체 야외극을 지배할 수 있었다"고 버나드 소벨은 기술했다. 디자인과 색깔은 '영원하고 통일된 인상'을 창출하기 위해 조정되어야만 했다.[42]

40) Jerome Koerber, 〈Store Decoration〉, *MRSW* 23(April 1912): 54.

41) Herbert Croly, 〈Some Novel Features of the Pan-American Exposition〉, *The Architectural Record* 11(October 1901): 591-614.

인테리어 장식을 위한 기초로서 핵심 아이디어의 기원이 무엇이든지간에 하여튼, 1915년 무렵 극장 소유주들, 레스토랑 소유주, 백화점 소매상인들은 어른들에게 환상적인 분위기를 고안하는데 그것은 **의례적으로** 필요한 것이었다. 1890년 후반 극장 흥행주인 오스카 해머스타인은 여러 개의 옥상 정원 레스토랑을 눈에 안 띄는 곳으로 변형시킴으로써 뉴욕 사람들이 도시의 우중충한 피곤으로부터 도피할 수 있도록 해주었다. 브로드웨이와 45번지에 있는 그의 올림피아 극장 옥상 정원은 목가적인 작은 동굴이 되었는데, 그곳에는 정자, 연못, 바위, 그리고 작은 다리까지 갖춰 놓았다. "여기서는 고탐(뉴욕 시의 속칭)에서 여름 한철 고생한 피곤한 도시 사람들의 눈은 진짜 물이 가득 찬 연못에서 놀고 있는 여러 마리의 백조를 바라봄으로써 시원한 광경이 주는 신선한 감각으로 인해 휴식을 취할 수 있다"고 한 방문객은 기록했다. 다른 옥상 정원들은 '몬테 카를로에 있는 멋진 산책로' 로 전환되었으며, 혹은 '외양간' 과 '아름다운 시골 다리' [43]에 떠 있는 오리와 함께 완벽한 '네덜란드 농가' 로 전환시켰다.

뉴욕 시의 또 다른 곳에 있는 찻집과 카바레는 유사한 인테리어를 하게 되었다. 로마니 마리의 루마니아 술집 같은 그리니치 빌리지에 있는 음식점을 포함하여 대단히 '이국적인 장식' 을 한 곳도 있었다. 웨스트 포스 스트리트에 있는 **매드 해터**는 디킨슨 분위기로 장식했다. 크리스토퍼 스트리트에 있는 **해적 동굴**은 뷰캐너(17세기 서인도 제도의 스페인령을 휩쓴 해적들) 스타일로 안성맞춤을 했다. **해적 동굴**은 '작지만 단단히 빗장을 건 참나무 문' 을 통과해서 들어가도록 되어 있었다. 그곳에서부터 교묘하게 설치해 놓은 "배의 호롱에서부터 깜빡거리는 촛불에 의해 희미하게 밝혀 놓은 좁은 복도를 따라가도록 해놓았다. 화가인 뉴웰 와이어스가 나중에 묘사하다시

---

42) Bernard Sobel, 〈Pageantry Possibilities〉, *Proceedings of the Mississippi Valley Historical Association* 9, 1(Cedar Rapids, Ia., 1917): 301-6. 최근 들어 각기 다른 관점에서 접근한 야외극 운동에 대한 논의는 David Glassberg, 〈History and the Public: Legacies of the Progressive Era〉, *The Journal of American History* 73(March 1987): 957-80.

43) Margaret Knapp, 〈A Historical Study of the Legitimate Playhouses on West Forty-second Street Between Seventh and Eighth Avenues in New York City〉, Ph. D. diss., City College of New York(1982), pp.56, 80-81; Stephen Burge Johnson, *The Roof Gardens of Broadway Theaters, 1883-1942*(Ann Arbor, Mich., 1985).

피, 단골손님들은 '배의 발코니, 선장의 산책로, 그와 유사한 종류의 길들을 손으로 더듬으면서 꼬불꼬불한 계단을 돌아서 위로' 올라가지 않을 수 없었다. 마침내 손님들은 '총들과 단검이 걸려 있는 시렁, 수백 정의 피스톨이 쌓여 있는 널찍한 방에 도달했다.' 밧줄, 온갖 종류의 연장, 보딩 아이론, 컬버린 소총, 청동 대포, 앵무새 새장과 원숭이 우리——모든 것은 배의 호롱의 불빛으로 조명이 되었다!"[44]

소매 상인들 역시 유사한 전략을 추구했다. "핵심 아이디어를 통해 직조함으로써 백화점이라는 느낌을 없애 버리라"고 1912년 오스트리아 이민 장식가인 제롬 쾨르버는 충고했다. 그는 필라델피아에 있는 스토로브리지 & 클로디어(Strawbridge and Clothier)에서 디스플레이를 시작했으며 다른 실내 장식가들에게 엄청난 영향을 미쳤다.[45] '핵심 아이디어'를 가지고 상품을 통일하도록 하라고 워너메이커의 실내장식가는 〈백화점 장식의 힘〉이라는 글에서 말했다. "특정한 물품을 강조하여 다루고자 하는 모든 경우에, 그 물건이 실제처럼 다루어져야만 한다. 다년간에 걸친 실제 경험을 통해, 말하자면 진실은 구체화된다는 것을 보아 왔기 때문이다. "사람들은 물건을 사는 것이 아니라 물건의 효과를 사는 것이다." "핵심 아이디어를 중심으로 모든 세부적인 것들을 구체화하라." "모든 매장들을 현란한 전시관으로 만들어라."[46]

모든 면에서 이 개념을 이용함으로써 상인들은 자기 시설물들을 마치 프랑스 살롱, 장미 축제나 혹은 사과꽃 축제, 풍요의 뿔 축제, '파리의 거리,' 일본의 정원, 한겨울의 아열대 휴식처, 남부 플랜테이션 농장처럼 보이도록 장식했다.[47] '나른한 동양적인 분위기'——시크(shiek), 텐트, 이국적인 복장의 여자들——는 1990년 3월 달라스에 있는 생어 브라더스(Sanger

44) Quoted in Erenberg, 〈Village Nights〉, p.9; 여기서 언급한 다른 빌리지 플레이스에 관해서는 Erenberg, pp.3-4.

45) 〈Store Decoration〉, *MRSW* 2(April 1912): 54.

46) *DGE*(December 5, 1895); *DGE*(July 8, 1905); 〈The Power of Store Decoration〉, *Store Life*(October 1904); *MRSW*(June 1918).

47) 다양하고 환상적인 인테리어에 관해서는 *DGE*(March 20, 1897), p.97; (October 6, 1900), p.20; and(May 24, 1902), p.73.

Brothers) 백화점의 '모든 후미진 곳과 구석까지 스며 있었다.'[48] 부활절의 풍요라는 주제가 1900년 4월 시겔-쿠퍼스를 지배했다. 즉 천장에 매달려 있는 새장에는 살아 있는 카나리아가 배치되었고, 백화점 전체를 통틀어 인형으로 만든 토끼가 흩어져 있었다. 제롬 쾨르버(와 24명의 그의 조수들)는 1911년 1월 스트로브리지 & 클로디어에서 '오페라 주제'를 연출했다. 원형 홀과 복도를 '담황색 가죽과 황금빛 컬러 도식'으로 장식하면서, 그는 주의 깊게 모피를 입은 밀랍 인물들을 배치하고, 메인 플로어에는 오페라 의상을 입은 밀랍 초상들을 배치했으며, 유명한 오페라 가수들의 초상화를 벽에 걸어 놓았다. 루이 15세 시대의 가구들이 입구와 출구와 살롱 근처에 놓여져 있었다.[49]

존 워너메이커는 이런 전략에 너무나 탁월해서, 숭배하는 사람들은 그를 '판매계의 키랄파이(Kiralfy)'라고 불렀다. 키랄파이라는 별명을 그는 혐오했는데, 왜냐하면 임르 키랄파이는 종종 미국에서 가장 악명 높은 무대 장식을 한 외설적인 건축가로서 명성이 높았기 때문이었다. 하지만 1880년대부터 죽을 때까지, 핵심 아이디어를 중심으로 하는 실내 장식을 하지 않았던 직원이나 워너메이커 후계자는 없었다. 예를 들자면 1895년 필라델피아 백화점의 원형홀을 꾸미는 데 천사들의 형상이 활용되었다. "천사들은 모두 위를 향해 날아오르고 있다"고 로버트 오그던은 워너메이커에게 보낸 편지에서 '천사'라는 핵심 디스플레이 개념을 적어 보냈다(그는 이 전체 디스플레이를 '천사들의 비상'이라고 이름 붙였다). 워너메이커는 이 디스플레이를 몸소 볼 수가 없었는데, 왜냐하면 그 당시 그는 유럽에 머물고 있었기 때문이다. 오그던은 자신이 고객들에게 보여주었던 디스플레이를 입증하기 위해 사진을 보내 분명히 했다. "선도하는 천사는 각자 뒤따르고 있는 다른 천사들, 즉 뒷줄에 있는 천사나 혹은 전면에 있는 낮은 위치의 천사들보다 훨씬 더 위로 비상하고 있어요"라고 그는 적었다. 맨 처음으로 내려오는 천사와 가장 마지막으로 내려오는 천사들 사이에는 14피트 혹은 15피트

---

48) ⟨Oriental Display⟩, *DGE*(March 17, 1900), p.62.

49) ⟨Special Interior Displays⟩, *MRSW*(January 1911); ⟨Elaborate Easter Display⟩, *DGE*(April 21, 1900).

정도의 간격이 있어요. 하지만 바닥에서 위로 올려다보면 그 거리 차이가 그렇게 뚜렷하게 보이지 않는 게 좀 문제이기는 했지요." 오그던은 자신이 의도한 바가 무엇이었던가를 잘 보여주기 위해 워너메이커에게 사진을 머리 위로 올려서 보라고 강조했다. 그는 또한 워너메이커가 보지 못했던 점을 지적하기도 했다. 즉 무수히 많은 작은 꼬마 요정들을 천사들과 함께 점점이 뿌려 두었는데 네거티브 필름으로 인해 식별하기가 힘든다고 지적했다. '컬러와 조명' 과 디스플레이의 전체적인 시각적 특징은…… 사람들의 눈앞에 엄청난 상상력의 세계를 보여주었다." 이번 디스플레이는 '대단한 성공이었으며 엄청난 관심을 이끌어 냈다' 고 오그던은 자랑했다.[50]

워너메이커스의 크리스마스 스펙터클의 많은 부분은 1920년대 제품을 판매할 목적으로 화려하게 번쩍거리도록 만든 종교적인 성상들이 어떻게 이용될 것인지에 대한 전조가 되었다. 워너메이커의 실내장식가들은 '중세 교회의 장밋빛 창문들' 의 완벽한 복제품을 끼워넣었으며, 심지어 랭스와 샤르트르 성당의 전면을 전부 다 복제하여 원형홀 천장을 장식했다.[51] 하지만 이와 같은 선례는 이보다 좀더 일찌감치 시작되었다. 1898년 크리스마스 시즌 동안, 워너메이커는 뉴욕 백화점의 원형홀에 '교회의 거대한 모델' 을 세웠으며, 고객들을 즐겁게 하기 위해 오르간과 합창대가 주기적인 간격으로 연주를 했다.[52] (도판 12 참조)

세속적인 주제는 심지어 보다 정교하게 백화점 생활과 교직되어 실내 장식과 상품을 연결시켜 주었다. 1908년 겨울의 2주 동안, 워너메이커는 필라델피아 백화점의 모든 실내 장식을 '신부의 환희' 라는 주제에 맞췄다. "백화점 전체는 가슴 설레는 결혼식과 관련된 것으로 충전되었다." 핑크빛과 흰색이 거의 모든 층마다 전시되었다. 지하매장의 비품 부서에서 일했던 실

50) Robert Ogden to JW(December 31, 1895), Box 5, 〈Letters to John Wanamaker〉, Robert C. Ogden Papers, Library of Congress.

51) 이런 외관과 장밋빛 창문에 관해서는 필라델피아 디스플레이 매니저였던 호워드 크라츠의 크리스마스 디스플레이 사진 앨범을 참조하기 바란다(1921, 1924, and 1928), WA. 뉴욕 백화점들의 디스플레이에 관해서는 *WWD*(February 4, 1928), p.3 참조. 파사드에 관한 세부적인 것을 '제대로(just right)' 알기 위해, 뉴욕 디스플레이맨이었던 크라츠와 윌리엄 라킨은 메트로폴리탄 미술관의 아메리칸 윙의 핸드북에 의존했다.

52) *DGE*(December 3, 1898).

지 시범자들은 '신부를 위한 요리 강습'을 실시했으며, 새로운 주방 도구와 주방 장비들의 사용법을 보여주었다. 8층으로 올라가면 '신혼임을 암시하도록 완벽하게 꾸며 놓은 신혼집'이 전시되어 있었다. 거의 모든 층마다 ——모든 구석과 거의 모든 엘리베이터 주변에—— **극적인 장면**이 설치되었다. 신부와 '우아하고 아름다운 드레스를 입은' 2명의 신부 들러리들과 함께 결혼 초야의 장면, '아침 식탁의 신부,' 리셉션, 디너, 무도회를 위한 프랑스 란제리 같은 드레스를 입은 신부를 보여주는 두 가지 장면들, '신혼집에서 친구들을 맞이하는' 신부, '주방에서의 신부,' '현관에서의 신부의 오후' 등등의 주제를 극적으로 연출했다. "작은 방 한 칸이든 아니면 저택이든 간에 모든 신부의 집은 궁전입니다. 그렇지 않아요?"라는 카드가 놓여 있었다. 그랜드 코트에서는 오르간 주자가 주기적으로 결혼 행진곡을 연주했다. 백화점 극장 공연장에서는 피아니스트가 국내산 브랜드 피아노인 '나베 아이디얼(Knabe ideal)'을 '신부를 위한 가장 적당한 직립형 피아노'라고 제시하면서 시범적으로 연주했다.[53]

새로운 어린이들의 세계와 '장난감 매장이라는 천국'

상인들은 어린이용 제품을 위한 특별한 주제와 색깔 역시 고안해 냈다. 1910년 무렵 미국 소매 상인들은 자칭 어린이들을 위한 주요한 '공공 구조(public structure)'를 형성하고 있었다. 말하자면 이것은 어린이용 물품이라는 완전히 새로운 형태의 생산품을 반영한 구조의 변화를 뜻한다. 1890년 이전 대다수 미국 어린이들은 부모들이 만든 것이나 그들을 위해 보모들이 준비해 주었던 것을 입고, 먹고, 놀았다. 그런 것들은 거의 대부분 집안에서 아이들을 위해 제작된 것이었다. 하지만 그다음 20년 동안 기성복, 스포츠복의 세일과 어린이용 캔디들은 유아복만큼이나 엄청나게 신장되었다. 1915년 유아복이라는 단일 산업은 이 나라에서 가장 큰 산업 중 하나가 되었으며, 저지대 맨해튼에서 75개의 유아복 공장이 가동되었다.[54]

---

53) *MRSW* 23(February 1908; April 1908).

미국 장난감 업계의 증대는 그야말로 폭발적인 현상이었다. 1905년에서부터 1920년 사이에 산출량은 1천3백 퍼센트 증가했다. "오늘날 장난감 산업은 기적이 되고 있다"고 1916년 존 워너메이커는 장난감 바이어들에게 말했다. "장난감을 제조하는 사람들은 훨씬 더 많은 봉급을 받는다"[55]고 했다. 1900년 이전에 뉴욕에 있는 메이시즈, 필라델피아의 워너메니커스와 같은 백화점들은 모두 장난감 딜러로 유명해졌으며, 장난감 섹션은 계절별로 대규모로 전시되었기 때문에 일단 휴일 축제가 지나고 나면 장난감 섹션은 해체되었다.[56] 시카고의 시겔-쿠퍼스는 1908년 '토이 타운'을 6층에 개점했으며, 그 안에다 거의 한 블록 전체에 걸친 실제 도로와 애비뉴의 번호를 매겼다. 과거의 장난감 섹션의 경계를 넘어서서 확장되었다. 그로부터 몇 년이 지나 브루클린 소재 남스(Namm's)와 시카고 소재 더 페어는 많은 백화점 가운데서도 연중 장난감 매장을 개설하는 곳이 되었으며, "1년 내내 사계절을 통틀어 소유권을 가지려는 욕망을 만들어 내게 되었다."[57] 1912년 마셜 필즈는 그와 동일한 정책을 채택하게 되었으며, 여기에 덧붙여 장난감 전시를 체계화하여 어린이들의 나이에 따라서 장난감을 분리했으며, 실외 장난감과 실내 장난감으로 분류하기 시작했다.[58]

이렇게 급성장한 이유는 보다 향상된 제조 기술과 지나치게 관대한 관세와 어린이 장난감에 대한 폭발적인 수요 때문이었다. 보다 핵심적인 이유는 제1차 세계대전 기간 동안 독일 장난감 업계의 붕괴 때문이었다. 1913년에서부터 1917년 사이에(그리고 전쟁 이후에도 또한) 미국 공장은 독일의 호전성을 이용했으며 독일인들을 '도살자'로 매도하면서 독일 장난감을 '유

---

54) 〈Wonderful Industry for American Baby Built Up in Last 60 Years〉, *DGE* (November 19, 1921), p.225; and *PT*(March 19, 1920), p.144.

55) 〈To the Members of the Toy Section〉, in 〈Addresses to Store Chiefs〉, privately printed(October 30, 1916), p.203, WA. 미국 장난감 산업의 증가 퍼센티지에 관해서는 U.S Department of Commerce, 〈International Trade in Toys〉, Trade Information Bulletin no. 445(Washington, D.C., December 1926).

56) *DGE*(September 21, 1893; November 25, 1893).

57) 시겔-쿠퍼스에 관해서는 *The Dry Goods Reporter*(December 12, 1908) 참조 *DGE* (Cecember 19, 1908), p.19; 남스과 더 페어에 관해서는 *DGE*(November 10, 1910).

58) *PT* 10(March 1912): 75.

3. 인테리어 139

혈낭자한 장난감'으로 비난했다. 미국 업계는 독일의 경쟁력을 제거하기 위해서라면 어떤 상투적인 비유도 마다하지 않았다.[59]

1915년에서부터 1917년 사이 미국은 인종차별주의적인 '알라바마 쿤 지거(Alabama Coon Jigger)'의 마케팅으로 인해 국제적인 대량 생산 장난감 시장에서 처음으로 엄청난 '성공'을 거뒀다. '알라바마 쿤 지거'는 웃고 찌르고 하는 기계적인 장난감 남자 니그로였다[60](이 장난감으로 인해 국내 상인들은 엄청난 성공을 거뒀다. 존 워너메이커스를 포함하여, '쿤 지거'가 매진될 때마다 다시 채워넣고는 했다).[61] 어른들이 사용하거나 혹은 어른들에게 팔리는 상품으로서 그런 장난감이 축소된 형태로 등장한 것은 1905년 이후부터였다. 장난감 회사는 자전거, 세발자전거, 대형 운송 화물차, 스쿠터를 제작했다. '쿤 지거'이외에도 전기 기차, 발전소, 신호탑 등을 포함하여 기계적인 장난감들이 증폭되었다. 교육용 장난감으로 블록, 이렉터 세트, 철자 학습판, 그림 그리기 연장 일체 등이 있었다. 이런 장난감들은 수지맞는 투자로 부상하게 되었다. 미국인들은 '껴안는' 장난감, 말하는 인형, 부드러운 몸을 가진 인형들, 진짜 같은 사지를 가진 고무인형, 진짜 머리카락의 속눈썹을 가진 장난감이 등장했다. 인형 유모차와 인형의 집을 만드는 데에만 투자된 돈이 거의 3백만 달러에 이르렀으며 진짜 유아용 유모차를 제조하는 데 해마다 3백만 달러가 들어간 것과 버금갔다.[62]

어린아이들을 위한 새로운 공공 구조의 특징은 단순히 어린이 용품의 생산에 있었던 것이 아니라 어린이들에 대한 교육·보살핌·대우 등과 같이 광범한 범위에 걸친 변화가 수반되었다. 19세기 내내 어린이들은 성인 사회

---

59) ⟨Report on Value of Toy Manufactures Based on Summary of Questionnaires Issued by War Industries Board⟩, Toys-General-918-25, file 205.6, Record Group 151, BFDC, NA; Fletcher Dodge, secretary of Toy Manufacturers of U.S.A., to the Bureau of Foreign and Domestic Commerce(March 5, 1921), 205. 6, RG 151, BFDC, NA; *DGE*(August 29, 1896), p.49; *DGE*(February 9, 1918), p.80.

60) *PT* 15(Stptember 1971): 19; and *Toy World* 2(March 1929): 48.

61) JW to RW(November 30, 1915), Wanamaker Letterbook, p.851, WA. 이 편지에서 워너메이커는 뉴욕에 있는 아들에게 맨해튼 매장에 있는 '지거' 장난감을 보내 달라고 요청했다. 왜냐하면 "넌 그 장난감을 엄청 많이 갖고 있는 것 같구나"라고 말했기 때문이다.

62) U.S. Department of Commerce, ⟨International Trade in Toys⟩, 껴안을 수 있는 장난 감에 관해서는 *DGE*(September 13, 1919); 인형에 관해서는 *DGE*(March 28, 1918).

와 성인 경제 안에 둘러싸여 있었다. 도제 생활을 하기 위해 집을 떠나지 않는 한 대체로 어린이들은 부모나 다른 어른들과 어울려 일하거나 혹은 이런 관계의 맥락 속에서 양육되거나 착취당했다. 하지만 1880년 이후에 즈음하여 숫적으로 증가한 어린이들은 어른의 세계와 분리되었다. 새로운 형태의 성인노동의 출현(전문적이고, 기계적이며, 협동적인)으로 좀더 많은 교육이 요구되었으며, 의무 교육으로 인해 어린이들은 노동력에서부터 벗어나게 되었다. 산아 제한으로 인해 결과적으로 출산율이 저하되고 임금과 봉급의 증대로 인해 많은 부모들이 시간과 돈을 각각의 아이들에게 헌신할 수 있도록 만들어 주었다. 심리학자와 철학자들은 어린이란 특별한 요구를 요하는 성인과 구별되는 집단임을 강조하기 시작했다.

자신들이 애써 성취하려는 노력을 하지 않았음에도 불구하고 어린이들은 그 범위와 정도에 있어서 성인들의 그것과 대등한 권리와 사랑을 수중에 넣게 되었다. 이와 동시에 자신들의 잘못이라고는 없음에도 불구하고 어린이들은 새로운 방식으로 인해 성인들의 세계로부터 차단되었다. 어린이들은 또한 새로운 요구와 기대치로 인해 받게 되는 스트레스와 열광에 대단히 취약하게 되었다. 이제 과거의 어린이들이었더라면 경험하거나 표현하기는커녕 상상조차 할 수 없었던 그런 새로운 요구와 기대로 인해 받게 되는 스트레스와 열광에 또한 취약해지게 되었다.

미국의 소매 상인들은 이런 추세를 감지하고 그것을 이용했다. 1902년 마셜 필즈는 '어린이 날'을 도입했다. 왜냐하면 필즈의 매니저였던 해리 셀프리지는 직원들에게 "어린이들은 우리 가게의 장차 고객들이다. 지금 받은 인상은 영원히 지속될 것이다"라고 말했다. 몇 년이 지나 이 백화점은 4층 전체 매장을 '어린이 층'으로 전환시켰다.[63] 그런 다음 1912년 필즈의 광고주들은 시카고 데일리에 이렇게 공고했다.

---

63) 〈Important Dates Marshall Field and Co., 6/25/1887-Sept. 7, 1933, Inclusive〉, compiled by F. L. Morgan, MFA; and Harry Selfridge, 〈Children's Day〉(September 25, 1905), from 〈Notes Concerning Subjects of Talks Made by H.G.S. to Department Heads …… as Compiled by Waldo Warren, 1901-1906〉, MFA; and Toys and Novelties 4(April 1911): 10.

근대적인 어린이 세계의 방대한 전개 과정은 제품 설비에도 중요합니다. 어린아이들도 제품과 서비스를 요구한다는 점을 모든 사람들이 깨닫고 있는 것은 아닙니다. 하지만 그런 요구는 자연스러운 것입니다. 작은 어른들의 관심사, 그들의 욕망, 그들의 선호도와 물품에 대한 권리는 지역 사회의 어떤 어른들이나 마찬가지로 강하고 분명합니다. 그러므로 점점 더 많은 관심을 어린아이들에게 베풀어야 할 것이며 그들의 요구를 마셜 필즈 주식회사에서 충족시켜 드릴 것입니다.

상인들은 새로운 문화 패턴에 예민했다. 그 중에서도 특히 새로운 '어린이-세계'에 지대한 관심을 보였다. 도처에 있는 도시의 상인들처럼, 필즈는 어린이들을 끌어들이는 전략을 개발하고 있었다. 어린이들만을 위한 분리된 디스플레이를 고안하고, 어른들을 위한 것과 마찬가지의 어린이용 연동식 매장을 분리시킴으로써 뚜렷한 어린이 세계를 창조했다고 한 전문가는 말했다. "어린이들에게 보여준 모든 관심사는 어머니들을 가게에 묶어 두게 되었다." 어린이들이 갖게 하라. "그러면 장차 그들은 평생 동안 고객이 될 것이다."[64]

어린이용 제품 생산 구조의 핵심은 장난감 가게였다. 오늘날 백화점 장난감 섹션은 위축되었다. 하지만 19세기 초반만 하더라도 장난감 섹션은 어떤 분야와도 비교가 되지 않을 정도로 휴일 판매에서 황금알을 낳는 거위였다. 장난감 섹션은 단순히 파는 공간이 아니라 환상 공간이었으며, 어린 시절의 꿈의 세계라고 상인들은 주장하고 싶어했다. 장난감 섹션을 통해 상인들은 시장에서 연령 구분을 하기 시작했다. 연령을 구분함으로써 상인들은 '어린이 세계'를 전략적인 마케팅 중요성에 있어서 어른들과 대등한 위치에 두게 되었다. 세기가 바뀔 무렵(19세기) 환상과 도피에 대한 어른들의 취향처럼 보이는 것에 도취되어, 장난감 매장의 판매 전략은 어린이들, 가게, 그리고 소비자 욕망과 상호 결탁하게 되었다. 이것은 어른들에게 소비에 대한 압력을 가하게 되었으며, 상품과 돈이 흘러가는 새로운 채널을 창조

---

64) *TN* 4(April 1911): 10; 마셜 필즈의 사설에 관해서는 *The Advertising World*(March 1912) 참조.

하게 되었다.

"장난감 매장은 천국이었다"고 1940년 필즈의 회장 휴스턴 맥베인은 회고했다. 1900년대 초반이었던 그의 소년 시절 어머니는 미시간 주 그랜드 래피즈에서 시카고로 쇼핑 여행을 가면서 그를 데리고 갔다.[65] "그곳엔 엄청난 변화가 있었다"라고 1912년 또 다른 상인은 필즈의 사보 사설에서 주장했다. "장난감을 전시하는 방법에서부터 엄청난 변화가 있었다. 어린이들에게 일종의 계시처럼 보였다…… 이제 우리는 10년 전이었더라면 꿈조차 꿀 수 없었던 매력적인 것들을 갖게 되었다."[66] 상인들은 장난감 매장의 인테리어를 바꿨다. 산광, 거대한 채색공과 무지개 색깔의 별빛을 통해 장식하고 디스플레이 장소에 광채를 발산시켰다. 장난감 매장은 시각적으로 가장 '즐겁고' 가게 중에서 가장 '환상적인' 곳이 되었으며, '장난감 동화의 땅에서 진정한 로망스'를 표현하고 있었다. "장난감 가게에 이름을 지어 보세요"라는 제안은 색깔과 관련된 이름이 나오도록 만들었다. '빨간 토끼 신호에서' 혹은 '분홍색 돼지' '자주색 젖소'와 같은 이름을 제안했다.[67]

소매업을 하면서 연극적인 장치를 사용하는 것을 비웃었던 현실적이고 융통성이 없었던 상인들도 이제는 색깔과 은유의 사용을 생각하지 않을 수 없게 되었다. 그들은 자기 가게를 '카니발' '동화' '분홍색 코끼리'로 바꾸어 나갔다. 그 중에서도 가장 수지맞는 것은 가게를 산타클로스와 크리스마스 요정의 집으로 바꾸는 것이었다. 1890년대 중반 이전만 해도 산타클로스라는 아이콘은 개별 부르주아 가정과 벽난로를 제외하고는 하나의 관례에 부착된 이미지가 아니었다. 심지어 부르주아 가정에서도 산타클로스는 극히 최근에 나타난 이미지였다. 하지만 대규모 백화점이 소매 지역을 장악하게 되자, 산타클로스의 위상 또한 변신하기 시작했다. 대상들은 산타클로스를 주장하면서 크리스마스 휴일의 이미지를 만들어 나갔다. 도시의 광고 판매는 크리스마스 의례에 실체와 형식을 부여하기 시작했다. '살아 있는' 산타클로스가 아동용 장난감 매장과 섹션에 등장했다.[68]

---

65) Hughston McBain, 〈Lloyd Lewis Interview〉(1946), MFA.

66) *PT* 10(December 1912): 44.

67) *PT* 15(June 1917): 5; and *DGE*(November 11, 1922), p.17.

이 책의 후반부에서 다시 살펴보겠지만, 산타클로스의 상업화는 1920년대에 가장 화려하게 개화했다. 하지만 그에 앞서 훨씬 이전부터 소매상들은 상업적인 목적에 산타클로스를 이용할 방법을 탐색하고 있었다. 1890년대 가게들은 산타클로스를 작고 튀는 섹션에 장식했다. 그 외에도 다른 전략들이 동원되었다. 산타클로스를 철도를 통해 북극에서부터 데려온다거나 혹은 기차 차고에서 만나게 하거나 아니면 팡파르와 함께 그를 중앙 가게에 세워 두거나 했다. 대규모 도회지 장난감 매장에서 초록색과 빨간색 옷을 입은 요정 일꾼들의 시중을 받으면서 산타클로스는 화려하게 장식된 왕관을 쓰고 어린이들이 원하는 선물을 가져다주겠다고 약속하면서 부지런하게 일하고 있었다.[69]

어린이들을 위한 크리스마스 스펙터클이 있었다. 그 중에서도 워너메이커의 뉴욕과 필라델피아 백화점은 가장 세련되었다. 그곳의 내부 휴일 퍼레이드는 엄청난 비용이 투자되었기 때문에 비록 그것을 따라서 흉내를 낸 가게들이 몇몇 있기는 했지만, 워너메이커스를 흉내낼 수 있는 소매상은 거의 없었다. 지역 목사들은 산타클로스에게 포커스를 맞추는 것은 기독교 크리스마스에서 벗어난 것처럼 보인다고 불평했다. 그러자 워너메이커는 목사를 안심시켰다. "어린 친구들은 오래가지 않아서 산타클로스가 단지 기분 좋은 익살이자 전통이라는 것을 이해할 것이다. 산타클로스 의례로 인해 그리스도의 재림 이야기가 빛을 잃는다고 보지는 않는다"[70]라고 위로했다.

1890년대 워너메이커는 이미 대규모 아동용 사업체를 가지고 있었지만 그의 장난감 섹션은 그때까지만 해도 작고 평범했으며 '단지 휴일에 대비한 정도였다.' 그가 말했다시피, 장난감 매장은 백화점 사업에서 부차적인 것에 불과했다. 하지만 그로부터 15년이 지난 즈음, 장난감 매장은 '영구적

---

68) Siegel-Cooper and Co., *New York——a Bird's Eye View of Greater New York and Its Most Magnificent Store*(New York, 1898), p.136, NYPL; *The Show Window* (November 1899): 209; *Fame* 5(January 1897): 419; *DGE*(December 22, 1894); *DGE* (October 30, 1920), p.43; And *The Washington Star*(December 18, 1899), p.13.

69) *ST*(December 1912); *DGE*(December 4, 1913), p.107; and *PT* 18(December 1920): 174.

70) JW to Reverend S. W. Steckel(December 11, 1907), in Wanamaker Letterbook, 〈Personal Letters of John Wanamaker, December 14, 1906 to February 20, 1908〉, p.763, WA.

인 것'이 되었으며, '백화점에서 가장 최고의 층이 되었다.'[71] 1912년 11월에 이르러 그는 아동용 섹션 '사업장의 분위기를 완전히 바꾸기'로 결심하고서는 '진짜 극장과 같은 분위기에 호소하는' 형태로 장난감 매장을 다시 디자인했다. 그는 벽화로 벽을 장식했고, 천장으로부터 다양한 색채의 빛이 내려오는 거대한 반원형을 설치했으며, '무시무시한' 초록색 드래곤을 장식하고, 층 전체에 걸쳐 코믹한 인물들의 거대한 플라스틱 두상을 배치했다. 각 층에 설치된 거울들이 형형색색의 광선을 반사했다.[72]

이 시점으로부터 뉴욕과 필라델피아 백화점에 있는 장난감 매장은 문자 그대로 해를 거듭할수록 점점 더 정교해지게 되었다. 워너메이커는 다른 모든 상인들보다 능가하려고 애를 썼다. 1914년 12월 그는 뉴욕 장난감 매장을 지하층에서부터 4층으로 옮겼는데, 그로부터 향후 40년 동안 장난감 매장은 4층에 있게 되었다. 크리스마스 기간 동안 그는 장난감 매장을 장식하고 '잭에게 달려드는 괴물'이라는 주제로 원형홀을 만들고, 거대한 광대, 서커스 그림자 형상들(circus shadow pictures), 천장에 매달아 놓은 황금색과 은색의 입방체 별들, '세계에서 가장 큰 토끼 가족'으로 장식했다.

2년 후 워너메이커스는 윌리엄 마스턴과 해리 버드가 자신의 디스플레이 팀을 동원하여 조직한 가게 퍼레이드를 보여주었다. 해리 버드는 극장에서 훈련을 받았으며 극장 흥행주이자 극작가인 데이비드 벨라스코의 친구였다.[73] 11월 9일부터 크리스마스이브에 이르기까지 날마다 아침 10시 30분이면 워너메이커의 장난감 매장의 불이 꺼졌다. 수천 명의 어린이들이 퍼레이드를 지켜보았으며, 트럼펫과 북소리를 신호로 하여 워너메이커의 고용인들로 구성된 유니폼을 입은 브라스 밴드의 등장을 지켜보았다. 거인을 죽인 잭에서부터 챈티클리어(Chanticleer), 유쾌한 광대들이 등장하고, 마침내

71) JW, speech, 〈To the Members of the Toy Section〉(October 30, 1916), in 〈Addresses to the Store Chiefs〉, privatedly printed for store staff, p.202, WA.

72) *PT* 10(December 1912): 34; *PT* 11(December 1915): 52-54; *DGE*(December 22, 1894), p.15; and John Wanamaker and Co., Wanamaker advertsing card, 〈Visit Santa Claus and See the Toys in the Basement〉, c. 1900, Dry Goods Collection, Warshow Collection of Business Americana, Archive Center, NMAH, Smithsonian Institution.

73) *PT* 12(December 1914): 64. 1914년 장난감 매장을 지하에서부터 지상 4층으로 옮긴 것에 대해서는 Wanamaker Letterbook, WA.

산타클로스가 4명의 에스키모들이 위엄 있게 운반하는 기품 있는 가마에 높직이 올라앉아 산타 타운에서 로열 레드 극장에 등장했다. 1919년 퍼레이드에는 새로운 인물들이 늘어났다. 작은 소녀들이 눈송이 같은 옷을 입고 작은 소년들은 은빛 별들과 팅크벨과 같은 복장을 했다. '외관상 자가 발전을 하는 것처럼 보이는' 15피트짜리 기관차는 '취급주의'라는 표시가 붙은 커다랗게 포장된 상자를 실은 무개화차를 끌었다. 산타클로스는 푸른색과 황금색 난간 뒤에 있는 무지갯빛 발코니에 자리잡았다. 요정들과 난쟁이들에게 둘러싸인 산타클로스는 동양의 신처럼 보였다. 산타클로스는 자기 무릎 위에 앉아서 소망하는 것을 그의 귀에다 대고 속삭이는 어린이들에게 3인치짜리 인형을 나누어 주었다.[74]

이제 산타클로스──전체 크리스마스 자체의 장관인──는 근대 머천다이징의 주요한 일부가 되었던 실내 장식의 유혹으로 끌어들이는데 있어서 새로운 성좌를 차지하게 되었다. 산타클로스는 거울로 된 유리, 에스컬레이터, 모델 전시관, 환기 장치, '위로 향해 날아오르는 천사들'에 속했다. 그는 모피 매장에 휘몰아친 계급 갈등에 속했다. 이 모든 것들은 요람에서부터 신부의 초야에 이르기까지 인생 주기의 모든 순간을 사실상 상품화하려는 사업가들의 결정이 표현되어 있었다. 하지만 이런 기획의 전개 과정에는 또 다른 양상이 나타나 있었다. 즉 이윤이 남는 것으로 입증된 기획, 계급과 사회적인 차이를 추동하는 전략에 덧붙여, 이 모든 것은 새로운 것을 추구하려는 압도적인 욕망에 의해 결정되었다.

---

74) *PT* 12(December 1914): 64.

4

패션과 필수 불가결한 물건들

'패션!' 필라델피아에 있는 스트로브리지와 클로디어의 실내장식가이자 디스플레이 매니저인 쾨르버는 "백화점에서 **패션**만큼 많은 의미를 지닌 또 다른 단어는 찾을 수 없다"[1]고 말했다. 패션 머천다이징은 업계에서 회화적이고 연극적인 새로운 전략을 바탕으로 구축되고 완성되었다. 패션은 많은 여성들을 고용하게 되었으며, 그 중에는 높은 지위를 차지한 여성들도 있었지만 대부분의 경우는 하위직 임금노동자였다. 그것은 디스플레이와 광고에 종사하는 많은 남성들에게도 마찬가지였다. 페이스 치퍼필드와 앤 에반스와 같은 수백 명의 여성들은 패션 바이어로 일하면서 유럽을 여행하거나 유럽에서 살면서 상당한 영향력을 미치는 지위까지 올라가기도 했다.

서구 업계 관행에 고유한 패션 머천다이징은 새로운 것을 추구하는 데 있어 **가장 탁월한** 연극적인 전략이었다. 윈도 디스플레이와 장난감 가게와 마찬가지로 패션은 욕망을 민주화했다. 패션은 자극적인 의미를 부여했으며 소비자 대중들에게 파리의 예술적인 광휘로부터 오리엔탈리즘의 이국적인 매혹에 이르는 모든 것을 제공해 주었다. 1908년 한 소매 상인은 이렇게 말했다. "패션은 제품에 내재적인 것 이상의 가치를 부여해 주었다. 그렇지 않았더라면 그냥 단순히 흥밋거리 이상이 될 수 없었던 상품을 특별히 욕망할 만한 것으로 만들어 주었다.[2] 패션의 목적은 여성들에게(정도는 덜하다

---

1) Jerome Koerber, quoted in *MRSW*(February 1912).

2) *DGE*(September 14, 1901); and *The Advertising World* 21(October 1916): 172. '스타일'은 상품의 '가치'에 영향을 미치며, '대단히 변화무쌍한 것이다.' "스타일 가치는 구매자에게 초과 비용을 요구하게 된다. 스타일이 한물 지나고 나면 그 스타일의 가치는 그에 따라 하락하게 된다."

하더라도 남성들에게도) 특별한 느낌을 부여해 주는 데 있었다. 특별한 느낌을 줌으로써, 구질구질한 일상과 일과 세금 영수증 등을 떠나 사치 혹은 사치와 유사한 세계 속으로 들어가도록 만들어 주고 연출하도록 해주었다. 패션의 효과는 때때로 초조와 불안을 야기시켰는데, 그 중에서도 계급의 노선이 불분명해지거나 부정된 사회에서 특히 그러했다. 계급의 경계선이 모호해진 사회에서 사람들은 평등한 위상과 부를 획득하기 위해 애썼다. 그런 사회에서 사람들은 남들이 하는 것처럼 따라갈 수 없거나 혹은 남들이 가진 것과 같은 것을 가질 수 없음으로 인해 무시당하거나 혹은 뒤쳐질까 봐 두려워했다.

이와 동시에 미국적인 대량 시장의 맥락에서 패션은 지속적인 변화를 요구했다. 새로움에 대한 끊임없는 요구는 새로운 아이디어의 마케팅 잠재력에 의존하는 방향으로 중력이 작용했다. 단 하나의 패션이 지닌 특별함은 소비자들이 그것을 구매하려고 노력하는 동안 이미 진부해지거나 재빨리 사라지기 때문에, 상인들은 신비스런 매혹과 고유함이라는 허구가 시장에 유지될 수 있도록 가열찬 노력을 해야만 했다. 물론 이런 교묘한 책략이 정규적인 총매상고를 높이고 심지어 중독적인 구매를 가능하게 한다면, 사업에 보탬이 되는 것은 분명했다.

1894년 여성의 의복에 관한 논문에서 토스타인 베블런은 패션이란 "어떤 것도 시대에 뒤쳐질 만큼 낡은 것은 없다. 새롭게 소비될 장신구나 의상은 옛 것으로 끊임없이 바꿔 나가야 한다"는 입장에 기초해 있다고 말했다. 베블런의 관찰은 사태를 그대로 기술한 것이지 사태를 비판한 정도는 아니었다. 베블런이 말한 것은 상인들 스스로가 말한 것이기도 했다. 1903년 한 업계 편집장은 이렇게 말했다. '모든 계급의 소비자들에게 강력한 인상을 강요하려면,'

지난 계절의 외투, 의상이나 모자는 도저히 만회할 수 없을 정도로 구식이 되어야 한다. 수요가 창출되고 결과적으로 업계는 행복하게 소비자의 구미를 맞춰 준다. 이것은 특히 미국에서 사실이다. 미국에서 지난 해 썼던 모자나 입었던 외투나 의상을 그대로 입는 것은 구매할 능력이 없다는 것의 증거이다. 구매할 능력이 없다는 것은 미국의 모든 사람들이 인정하기를 주저하는 것이다. 이것은 거래와 관련된 모든 사람들이 인정해야만 하는 사실이며 자기 손에 쥐어 준 강력한 지렛대를 이용하는 데 실패하지 말아야 할 것이다.[3]

패션은 사람들에게 사도록 강요하고 소비해서 없애고 다시 사도록 압력을 가했다. 패션은 물품의 유용성이나 지속하는 예술적 효과를 취급하는 것이 아니라 덧없이 사라질 사람들의 호소력에 기댄다. 상인들은 앞으로 다가올 봄과 가을 패션을 의례적으로 고지함으로써 이런 취약성을 가중시키고, 인위적으로 창조된 패션의 변화에 미리 대비하도록 사람들에게 알려 준다.

패션은 물 그 자체이다. 말하자면 소망하는 대상이 되도록 만든 것의 핵심이자 새로움이 곧 패션이다. 제1차 세계대전이 발발함에 따라 패션은 여러 가지 형태를 취하게 되었다. 부당한 로열티 조장을 포함하여, 패션쇼, 패션 희가극의 형태로 나타났다. 1913년 로드먼과 존 워너메이커는 가장 인상적인 초기 패션 스펙터클을 연출했었다. 그것이 다름 아닌 알라의 정원이었다.

패션의 성장과 거대해진 복장 산업

19세기 중반 무렵, 미국 패션 시장 구조의 상당수가 자리를 잡았다. 《피터슨즈》《하퍼스 바자》《구디즈 레이디 북》《홈 저널》 등과 같은 패션 잡지는 도시 여성들에게 패션 뉴스를 전달했으며 파리에 대표단을 보내 최신 유행을 배워 오도록 했다. 전문화된 가게와 A. T. 스튜어트의 맨해튼 팬시 잡화점 등은 바이어들을 파리로 보내서 새로운 스타일에 관한 것을 고국에 보고하도록 했다. 그 세기를 통틀어 패션은 아직까지도 대체로 불과 얼마 안 되는 대도시의 작은 인구에 한정되어 있었다. 주로 여행과 커뮤니케이션의 한계로 인해 스타일과 다자인의 변화는 느렸다. 1880년 후반 이후로 전화, 무선, 대서양 횡단 케이블, 최초의 증기선과 순양선의 출현은 아이디어와 디자인의 신속한 전달을 가능하도록 해주었으며, 패션의 템포를 가속화시

---

3) *DGE*(August 15, 1903); and Veblen, quoted in Dorfman, *Thorstein Veblen*(New York, 1934), p.113.

컸다. 마케팅 패션은 점점 더 중요해졌으며 기성품의 생산이 추진되었다. 이로 인해 소매업의 면모가 바뀌게 되었다.

이런 성장의 토대로서 거대한 직물과 의복 산업은 1885년 이후부터 가장 큰 대도시에서 차례로 확장되었다. 특히 뉴욕은 다른 산업 분야에서보다 2, 3배로 신속하게 확장되었다. 1915년 무렵 의복 거래는 미국에서 세번째로 큰 사업이 되었으며 강철과 석유 산업 다음이었다. 면화와 양모 제조 공장은 뉴잉글랜드에서 번창했으며, 비단 공장을 따라서 남부와 펜실베이니아로 이동하게 되었다. 1875년 비단은 소규모 사치 시장이었으며 지역적인 산업이었다. 비록 기계화가 진행되고는(유럽에서와는 달리) 있었지만, 장인들의 기술과 수직기에 여전히 의존하고 있었다. 1910년 무렵 뉴저지 주 패터슨과 같은 센터에 있는 미국 비단 제조 공장은 고속 자동 기계에 의존함으로써 값싸고 '고속화된' 비숙련 노동을 지향했다. 그런 기계들을 이용한 산업은 전통적인 수공예 방법에 익숙했던 노동력에게 획일적이고도 신속하게 압력을 가했으며, 1900년 한 해만도 거의 1천만 파운드(1870년대 68만 파운드에서 수직적으로 치솟았다)[4]에 해당하는 원사를 이용하게 되었다. 이 과정은 '다이너마이트와 같은 폭발력'을 가진 것이었다. 혹은 피륙에 금속을 주입하여 동시에 새로운 광택을 첨가했다. 급진적 노동 세력인 윌리엄 헤이우드는 그 과정을 그야말로 '찬란한 색깔'이라고 불렀다. 그것은 피륙의 생명력과 내구성을 축소시켰다.[5] 시장은 이제 커졌으며, 비단 의상에 대한 요구가 최대화됨으로써 가속화되었다. 노조 지도자였던 엘리자베스 걸

---

4) 원사 이용의 증대에 관해서는 *DGE*(June 18, 1904) 참조.

5) William D. Haywood, 〈The Rip in the Silk Industry〉, the *International Socialist Review*(May 1913), repub. in Joyce L. Kornbluh, ed., with introductions, *Rebel Voice: An I.W.W. Anthology*(Ann Arbor, Mich., 1964), pp.205-6. 콘블러가 지적했다시피, 나중에 헤이우드는 자기 자신의 리서치에 바탕하여 이 기사의 자료를 이용했다. 이 자료는 산업계에서 고용주가 '태업'을 이용하는 것에 대해 미국 산업관계위원회 앞에서 증거 자료가 되었다. 그로 인해 패터슨 실크 제조업자들은 대단히 당혹스럽게 되었다. 실크 산업 방식의 발전 과정에 대해서는 Philip Scranton, ed., *Silk City: Studies on the Paterson Silk Industry, 1860-1940*(Newark, N.J., 1985); Melvyn Dubovsky, *We Shall Be All: A History of the Industrial Workers of the World*(Chicago, 1969), pp.229-69; and James D. Osborne, 〈Paterson: Immigrant Strikers and the War of 1913〉, in *At the Point of Production, The Local History of the I.W.W.*, ed. James R. Conlin(Westport, Conn., 1981), pp.61-78.

리 플린 또한 주목했다시피, "1913년에 비단은 비록 사치였었지만…… 그래도 멋이 있었다. 모든 여성들은 실크 가운을 원했으며 얇은 비단일수록 더더욱 원하게 되었다."[6]

제1차 세계대전 무렵, 미국 비단 제조 공장은 해마다 유럽의 모든 공장을 합한 것보다 더 많은 원사를 이용하게 되었다고 방직 전문가인 모리스 디캠프 크로포드가 말했다. 전체 의복 산업에서 연간 산출량은 10억 달러를 웃돌게 되었다. 1만 5천 개의 공장은 뉴욕 한 군데서만 50만 명 이상을 고용했는데 그들 중 대다수가 터무니없는 저임금으로 일한 비숙련 이민 여성과 아동들이었다.[7] 공장제 제조업자들은 그런 노동을 구하기 위해 싸웠는데, 왜냐하면 그것이 돈을 절약하면서 경쟁력을 높이고 많은 수익성을 보장해 주었기 때문이었다.[8] 그들은 하도급에 의존했다. 이 시스템으로 인해 제조업자들은 노동을 조직하는데 직접적으로는 2,3명의 남자들에게만 임금을 지불했다. 그러면 이 남자 직공들이 다른 값싼 일꾼들을 고용했다. 그 다음 차례로 이들 일꾼들이 하청노동자들(여자, 아동들, 다른 남자들)을 고용했다. 전체 연쇄사슬은 값싼 노동을 중심으로 연결되면서 저임금을 유지하도록 만들었다. 거의 모든 사람들에게 노동 조건은 견딜 수 없는 정도가 되었다. 사실상 패션 세계의 진보는 최악의 착취에 의존하는 것이 되었으며, 가장 등허리가 휘어지는 노동에 의존했다. 미국 업계에서 가장 힘든 산업에 기초하고 있었다(오늘날까지도 그렇다).

기성품과 다른 기계 제조 물품의 압력이 가속화됨에 따라, 증대하는 상인들의 숫자는 패션이 필수 불가결한 주술이라는 점을 확신시켰다. "과잉 생산으로부터 벗어나는 방법은 카운터에 있는 여성이 원하는 것을 알아내는 것이었다"라고 한 패션 전문가는 말했다. "여자들이 패션을 만들고 그런 다

---

6) Elizabeth Gurley Flynn, 〈The Truth About the Paterson Strike〉(January 31, 1914), repub. in Kornbluh, ed., *Rebel Voices*, pp.215-26.

7) 의복 산업에 관해서는 Irving Howe, *World of Our Fathers*(New York, 1976), pp.154-56; and Graham Adams, Jr., *Age of Industrial Violence, 1910-1915*(New York, 1966), pp.103-12 참조. 크로포드의 인용에 관해서는 Morris d'Camp Crawford 〈Address Delivered Before the National Silk Convention〉, November 23, 1916, Box 10, 1913-1916, Central Archives, AMNH, New York City 참조.

8) Dubovsky, *We Shall Be All*, pp.267-68.

음 즉시 그것을 버리고 다른 변덕스러운 유행이 여자의 관심을 끌도록 해야 한다." "소재, 색깔, 디자인이라는 전 범위에 걸친 끊임없는 변화는 생산자와 분배자 모두에게 다같이 번영의 본질이다."[9] 패션은 전체 잡화 산업과 생산과 분배의 중심이 되었다."[10]

도시 소매 상인들은 파리·베를린·런던·비엔나 등지에 지점을 세웠다. 그들은 파리 패션 디자이너의 모델을 복제하기 위해 '패션 프로모터'들을 보냈는데 이들은 레이스에 끼워넣는 천과 같이 대단히 사소한 것까지 카피를 했다. 왜냐하면 미국의 한 프로모터가 기록했다시피, "우리의 대중이 구매할 수 있었던 유일한 모델 유형은 다양한 패션 저널들을 통해 전적으로 대중화된 것들"이었기 때문이었다. 유명한 미국의 국내 디자이너가 없었기 때문에 소매 상인들은 파리의 가장 최신 패션을 재생산하지 않을 수 없었다. 보다 구매의 폭은 넓지만 덜 풍요한 고객들을 위해 '정확히 3분의 1 가격으로' 물건을 재생산했다.[11] 다시 말해 프랑스 상류층의 거래는 미국에 도착하면 대중 시장이 되었다.

여성 바이어들과 파리 패션 디자이너 '여왕들'

패션이 붐을 이루게 되었다는 또 다른 신호로서, 패션 산업은 그로 인해 절대 다수가 저임금으로 하락하기는 했지만 그럼에도 불구하고 많은 여성들을 높은 봉급으로 고용하게 되었다. 1890년 초반 미국 패션 업계의 대다수 바이어들은 전반적인 머천다이징이 그렇다시피, 남성들이었다. 하지만 1915년에 이르면 1만 8백49명의 소매상 바이어들의 거의 3분의 1에 해당하는 숫자가 여성이었다.[12] 전체적으로 산업의 전면에는 뉴욕 패션의식의 시조인 에리히 브라더스(Ehrich Brothers)의 레베카 에리히, 시카고 소재 대량 시

9) *DGE*(August 15, 1903); and *DGE*, editorial(November 12, 1898).

10) *DGE*(August 15, 1909), p.3.

11) M.D.C. Crawford, *The Ways of Fashion*(New York, 1941), p.114; Alexander Deutsch, 〈The Trend in Fashion〉, *The Department Store*(April 1914): 7-11.

12) 이들 바이어에 관한 것은 *Sheldon's Retail Trade in the United States*(New York, 1916).

장 보스턴 매장의 소유자이자 회장인 몰리 네쳐 뉴베리, 1904년 '크고 아름다운 여성을 위한' 레인 브라이언트 명품점의 창업자인 레나 힘멜슈타인 등이 그런 인물들이었다. 하지만 제품 판매 매니저, 사원 감독, 광고 매니저에서 많은 숫자의 여성들이 부상하게 되었다.[13] 특히 여성 바이어들은 제1차 세계대전 이전에는 업계의 많은 지점들을 대표했기 때문에, 존 워너메이커는 회사의 최고 중역자문위원회인 무역위원회에 그들 여성을 포함시켰다.

여성 바이어들(패션 바이어들뿐만 아니라 비패션 부문 바이어들까지 포함하여)은 남성들로부터 불평이나 이견의 충돌 없이 부상했던 것은 아니었다. 많은 남성들은 부피가 크고 힘든 매장——예를 들어 신발, 가구, 하우스 비품들, 유리 제품, 카펫과 융단 등——에서는 관리 감독이 필요하다고 주장했다. 필즈의 남성 바이어들은 이렇게 실토했다. "나는 카펫과 융단 매장을 선택했다. 왜냐하면 마루 커버는 보다 남성다운 사업 스타일이기 때문이었다."[14]

워너메이커 역시, 증가하는 여성 노동에 의존하고 있었던 많은 제조업자들이나 상인과 마찬가지로 일하는 여성들에 대해서 양가적인 태도를 지니고 있었던 것처럼 보였다. 때때로 그는 남편과 아이들을 위해 모든 것을 희생하는 가정적인 여성들을 칭찬했다는 점에서는 대단히 관습적이었다. 그는 가게에서 남성들을 먼저 승진시켰으며 남성들에게 보다 많은 월급을 지불했다. 하지만 그는 수십 년에 걸친 여성 선거권의 옹호자였으며, 모든 분야에서 여성의 고용을 촉구했다. 사실상 그는 여성을 고용하는 데 있어서 무슨 유보 조건이든지간에 침묵시킬 수 있는 기득권을 가지고 있었다(사적이고 공적인 그의 글 속에서 의복 산업에서 여성의 활용에 관해 대단히 관심을 보여준 것은 어디에도 전혀 나타나 있지 않다). 소비자 산업 전반에 걸쳐 다른 사업가들과 마찬가지로, 그는 값싼 여성 노동력이 경제적인 이익의 측면

---

13) 몰리 네쳐에 관해서는 〈Boston Store to Build〉, *MRSW*(January 1910); 레베카 에리히에 관해서는 *DGE*(March 17, 1900); 레나 힘멜슈타인, Robert Hendrikson, *The Grand Emporiums: The Illustrated History of American's Great Department Stores*(New York, 1979), pp.178-79, and Tom Mahoney and Leonard Sloane, *The Great Merchants*(New York, 1966), pp.244-57.

14) Interview with Lloyd Lewis(1946), transcript, MFA.

에서 경쟁력이 있다고 보았다. 심지어 그는 가정을 벗어나서 일을 수행함으로써 여성들이 지적 혜택을 누릴 수 있다고까지 보았다. 영향력 있는 모든 필라델피아 일간지에 "여성에게 적합한 자리는 어디인가?"라는 광고 사설을 쓰면서 그는 "여성들이 마루를 쓸고 닦고 청소하고 요리하고 아이를 돌보는 것에만 묶여 있어서는 안 된다!"고 주장했다. 1914년 그는 "모든 곳에서 여성들은 이제 사업을 위해 스스로 교육을 받아 왔고 앞으로도 받아야 한다……. 과학과 1백 퍼센트 전문직과 전문적인 소명을 위해 스스로 교육받아야 한다." "지적이고 교육받은 여성들은 과거에 비하면 이제 수백 배나 많은 기회가 주어져 있으며 해야 할 많은 일들이 있다"[15]고 주장했다.

워너메이커는 많은 여성 바이어들을 사업의 성공에 필수적인 존재로 대접했다. 그는 여성 바이어들을 칭찬했다. 그는 남성들에 비해 비록 적은 임금을 그들에게 지불했지만 그래도 많은 여성들은(전부는 아니더라도) 그에게 헌신했다. 낸시 매클렐런은 진취적인 바사대학의 파이 베타 카파 출신(성적이 우수한 졸업생, 학생들로 구성된 클럽)이었다. 그녀는 1912년 뉴욕의 워너메이커 백화점에서 오 콰트리엠(Au Quatrième)을 창조했다. 이것은 최초의 백화점 내에서 최초의 실내 장식과 골동품 매장이었다. 아마도 그녀는 한 세기를 대표하는 가장 탁월하고 상상력 있는 골동품 바이어였다. 워너메이커와 그의 아들인 로드먼은 "그녀가 과로로 인해 건강을 해칠까 봐 경호를 했다." 그녀가 워너메이커를 떠나서 자신의 회사인 낸시 매클렐런 주식회사를 맨해튼 57번지에 창립했을 때, 워너메이커는 할말을 잃었다. "나는 당신

---

15) JW advertising editorials(January 8, 1914, and January 26, 1916), *Editorials of John Wanamaker*, vol. 1(October, 1912–December 31, 1917), WA. 워너메이커가 평생 동안 여성 투표권 지지자였다는 점에 관해서는 JW to Naomi Pennock(January 23, 1912), in letterbook (August 10, 1911 to March 22, 1912), p.721. Wanamaker's speech, 〈To the Members of the Toy Section〉(October 30, 1916): "이 백화점을 시작했을 때 여성들은 백화점에서 일하지 않았다. 여성들의 모든 관심사라고는 바느질과 청소와 가정을 꾸려 나가는 것이 전부였다. 이제 여성은 남성들과 경쟁하는 시대를 맞이하고 있다. 나는 여성들이 연간 1만 달러를 벌 수 있는 곳으로 인도하고 있다. 아마도 여러분들은 그들이 어디에 있는데라고 물을 것이다. 그들 중 일부는 건축가 사무실에서 일하고 있으며, 그곳에서 계획을 세우고 있다. 여성들은 위대한 계획입안자들이다. 여성들이 시작하면서 "난 건축가가 될 거야"라고 말할 때, 만약 그 여성이 그것에 합당한 인물이라면, 그렇게 하게 될 것이다. 여성이 남성들보다 못할 이유는 어디에도 없다. 〈Addresses to Store Chiefs〉, privately printed, p.204, WA.

이 내 곁을 떠날 것이라고는 상상조차 못했소"라고 자신과 아들인 로드먼을 대신하여 매클렐런에게 편지를 썼다. "우리 양인은 당신의 행복과 당신의 관리 아래 진행되고 있는 사업의 성공에 보탬이 되는 것이라면 무엇이든지 하고 싶소."[16)

워너메이커와 다른 상인들이 고용했던 많은 바이어들은 파리와 여러 곳을 왕래하면서 아이디어를 생각해 내는 데 평생을 보냈다. 1902년 워너메이커는 소매 없는 외투와 양복 시장을 위해 그가 방금 고용했던 노련한 49살의 여성 바이어에 관해 로드먼에게 편지를 보냈다. 그녀는 12살의 나이에 올트먼 백화점에 들어갔으며, 그곳에서 30년을 봉사한 다음, 화가 치밀어 그곳을 떠났다. 왜냐하면 그녀가 해외에 나가 **대서양을 70차례 넘나들** 동안 백화점에 변화가 있었기 때문이었다." 1900년 레나 로베나우는 메이시즈의 장갑 매장에서 과거 5년 동안 점원으로 일했는데, 그 당시 메이시즈 소유자인 이지도르 스트라우스에게 발탁되어 바이어로 승진했다. 그녀는 그 이후로 30년 동안 메이시즈에 머물러 있었다. 그녀는 미국에서 처음으로 해외로 나가 프랑스 장갑을 구입한 최초의 바이어였다. 그녀는 영국 · 스코틀랜드 · 독일 · 스위스 · 이탈리아 등지에서 장갑을 구입했다. 그녀가 산 것이 무엇이었든지간에 그녀는 독자적인 상인으로서 자신의 권위하에 그것을 구입했다. 그녀는 "메이시즈는 자신에게 일임했으며 전혀 자신의 일을 비판한 적이 없었다. 모든 문제는 내 자신의 신중한 결정에 달려 있었다"[17)고 말했다.

파리에서 구매를 했던 여성 패션 바이어들은 업계의 저널에 의하면 '소매업계의 여왕'들 중에서도 '여왕'으로 불렸다. 이들 여성들이 해외 나들이를 할 때면 가게 직원들이 축하해 주었다. 사람들은 부둣가에 줄을 서서 기다리다가 그녀를 기념하거나 송별 인사를 하기 위해 샴페인을 마셨다. 종종 그녀의 출발은 영화화되었다. 1915년 브루클린 풀턴 스트리트 소재 남스의 여성용 모자 바이어였던 애나 로버트슨은 스물여섯번째 유럽 여정에 올랐

---

16) JW to Nancy McClellan(January 9, 1922), and JW to Elizabeth Kaufman (November 29, 1921), Wanamaker Letterbook, 〈August 24, 1921 to June 15, 1922〉, WA. 매클렐런에 관한 전기에 관해서는 *NYT*(October 2, 1959), p.29에 실린 부음기사를 참조할 것.
17) Interview with Macy's buyer, Lena Robenau, Harvard History Project, Box 4 of 4 Record Group 10, MA.

다. 카메라는 그녀의 파리 도착과 파리 오피스에서 대표들과의 만남을 필름에 담았다. 그녀가 파리의 본점을 둘러보는 짧은 여정을 보고했다. "내 인생에서 가장 행복한 나날들이었다"고 한 바이어는 회상했다. "전쟁 전에 이나라에서 가장 멋진 백화점을 위해 파리에서 일했던 경험은 내 인생에서 가장 행복한 시절이었다."[18]

많은 패션 바이어들은 유럽으로 갔으며 그곳에서 그들이 머물고 싶은 만큼 머물렀다. 1900년대 초기 페이스 치퍼필드는 워너메이커스 파리 바이어들 중 한 사람이었는데, 그녀는 워너메이커스의 관대한 '건강과 회복' 정책을 이용하여 유럽에서 장기간 휴가를 보냈다. 화가 난 워너메이커는 "그녀가 우리의 돈으로 40일 동안이나 출근하지 않았다"고 로드먼에게 불평했다. "그럼에도 그녀는 자기 신경이 쇠약해서 좀더 많은 시간을 머물게 해달라고 하는구나. 그녀는 무한정 그곳에 체류할 모양이다. 이제 고국으로 불러들여 사표를 수리하도록 해야겠다……. 그들이 제멋대로 하도록 내버려두면서 어슬렁거리고 다니도록 한다면 우리 직원들의 사기가 떨어질 것이라는 생각이 드는구나."[19]

치퍼필드는 워너메이커스의 만류에도 불구하고 사퇴했으며 즉각적으로 워너메이커의 기록에서 사라졌다. 하지만 그녀는 거의 즉각적으로 재부상했다. 보스턴의 필렌즈의 기록에 의하면 이번에 그녀는 이 가게의 파리 패션 고문으로 다시 나타났다. 1912년 그녀는 파리에서 다른 패션 바이어인 앤 에반스와 더불어 '패션과 머천다이징 대표단'이라고 불리는 파트너십을 형성했다. 두 여성은 대학 동창이었다. 치퍼필드는 학위가 2개였는데, B.A와 B.S(어디서 그 학위를 땄는지는 모르지만, 하여튼 그녀의 문구가 보여준 바에 의하면 그렇다)를 소지했으며, 미국 시장에서는 심지어 프랑스어 번역가로 명성을 얻기도 했다. 이류 프랑스 소설인 피에르 밀의 《군주》와 키바스 바롱의 《안남의 세 여자》를 포함하여 여러 소설을 번역하기도 했다. 1950년대 뉴욕에서 살면서 그녀는 역사적으로 중요하고 널리 알려진 마거릿 풀러

---

18) Mae De Mon Stutton, *I Reminisce*(Fort Lauderdale, Fla., 1942), pp.29-39, 59-67; and 〈Style Show in Theater〉, *DGE*(September 4, 1915), p.36.

19) JW to RW, April 19, 1919, letters to RW, WA.

의 전기인 《사랑을 찾아서》를 저술했다. 이 책은 '마거릿 풀러의 가슴에 관한 스토리'를 강조하면서 극적인 긴장을 유지했었더라면 상당히 재미있게 읽을 만한 책이다. "사랑을 위해 살고 사랑을 갈망하면서 살았던 여성을 기억할 만한 시간은 아닐까?"[20]

치퍼필드의 파트너인 앤 에반스는 '파리에서 하는 일'을 즐겼으며, '그리스도의 마음(Sacré Coeur)' '근처 술집'에서 친구와 동료들과 더불어 시간을 보냈다. 1919년 그녀는 공식적인 파리 리셉션에서 우연히 우드로 윌슨과 만나게 되었는데, 그 만남 직후에 베르사유 조약이 체결되었다. "대통령은 자리를 잡지 않고 서성거렸는데 그때 나는 그의 곁에 서 있었다"고 에반스는 사업 동료들에게 말했다. "대사가 우리를 그에게 소개하면서 우리가 하는 일이 어떤 것인지를 말해 주었다. 대통령은 나와 이야기를 나누면서 내 곁에 계속 있었다. 그와 말을 나눌 절호의 기회였다. 다른 사람들은 멀리서 지켜볼 수밖에 없었던 일생일대의 중대한 사건과 만나게 되면서, 나는 그에게 말을 걸었다. 나는 그 순간을 결코 잊지 못할 것이다.[21]

치퍼필드와 에반스 두 사람은 그 이후로 거의 7년 동안 동업을 하면서 미국 패션 판매가 대단히 신장된 형태의 국제적인 궤도 속으로 진입하도록 하는 데 기여했다. 그들은 김벨스와 같은 백화점을 위해서 자기 나름의 패션잡지인 《파리 보그》지에 기사를 쓰고 편집하고 출판했다. "나는 어젯밤 김벨스 사람들에게 작은 패션 전단이 파리로부터 배달되어 왔다는 것을 알았다"고 부러워하면서 로드먼은 자기 아버지인 워너메이커에게 편지를 썼다. "그 전단은 우리가 여지껏 보았던 것 중에서 틀림없이 최고였습니다."[22] 이 2명의 여성들은 여러 백화점을 상대로 긴밀히 공동 작업을 했다. 그런 백화점 중에는 세인트루이스의 스크루그스(Scruggs), 로체스터의 포먼스(Forman's), 오하이오 주 데이턴의 라이크-쿰믈러(Rike-Kummler), 뉴어크의 뱀버거스

20) Faith Chipperfield, *In Quest of Love*(New York, 1957), p.19; and Faith Chipperfield, letter to *The New York Times*(July 7, 1957), for New York City reference.

21) Anne Evans to LK(June 6, 1919), Box 22, LKP, 〈Business Methods〉; and Lincoln Filene to LK(July 28, 1914), Box 22, LKP, Baker Library, HBS.

22) RW to JW(March 8, 1912), Wanamaker Letterbook(August 10, 1911 to March 22, 1912), p.894, WA.

(Bamberger's), 오하이이오 주 콜럼버스의 라자러스, 여성 의복을 판매하는 가장 최대의 백화점인 보스턴의 필렌즈가 포함되어 있었다. 두 여성은 "거의 매일 간격으로 귀중한 정보를 백화점에 흘려 보냈다. 그런 정보에는 가격 정보, 광고 판매 과정에 대한 정보, 가장 최근의 노선, 미국의 경쟁력에 관한 정보들이 포함되어 있었다. 그들은 전형적인 보고서를 필렌즈 앞으로 보냈다. "비록 파리에서 가격은 비싸지만 김벨스, 필즈, F. 사이먼, 조단스는 1년이나 앞서서 주문서를 보내고 있으며, 어떤 주문도 취소한 것은 없다." 같은 편지에서 "여성복 웨이스트 제조업자들은 멋지고 예쁜 제품을 판매하면서, 그들은 많은 미국 바이어들이 여기로 오기를 기대한다"고 적고 있었다. 그들은 파리 백화점의 판매 전략에 관해 대단히 세밀한 분석을 했으며, 1918년 이후에는 필렌즈를 위해 우편 주문 서비스를 개시했다. 그래서 미국 부모들은 프런트에서 아들에게 소포를 보낼 수 있게 되었다. 1919년 그들은 '외국 시장에 관한 철저한 조사'를 실시했으며 그로 인해 소매업 리서치협회(RRA: Retail Research Association)의 최초의 파리 사무실을 개설하는 기초 작업에 도움을 주었다.[23]

RRA는 참여 업체가 20개 이상으로서 국내와 외국 무대에서 머천다이징 데이터를 위한 공동의 풀을 제공하게 되었다. 그것은 새로운 추세를 시사했다. 국내에서의 머천다이징의 연합체일 뿐만 아니라 국제적인 규모로 미국의 패션 머천다이징의 신장을 가져다주었다.

로드먼 워너메이커와 여왕의 슬리퍼

파리와 관련된 모든 것이 패션 지향적인 고객들의 마음을 사로잡는 보증 수표라는 주술적인 믿음을 가졌던, 거대 상인들은 가망성이 있는 프랑스의 고안과 아이디어들을 거의 모두 수입했다. 필즈의 해리 셀프리지는 필즈를

---

23) Evans and Chipperfield to LK(April 28, 1919, February 19, 1919, and June 6, 1919), Box 22; LK to Chipperfield and Evans(July 2, 1919), Box 22; A. Lincoln Filene to LK(February 11, 1919), Box 65, 〈Filene, A. Lincoln〉, LKP, Baker Library, HBS.

주요 백화점으로 전환시키는 데 필요한 도움을 구하기 위해 파리의 프랭탕과 봉 마르셰를 방문했다. 존 워너메이커와 로드먼 워너메이커 부자는 패션 제안을 위해 지속적으로 파리를 쳐다보았다. 그들은 프랑스 어휘, 즉 **탁월한 선물**(offres merveilleuses), **화이트 세일**(vente de blanc), **즉석 판매**(en vente ici), 고객이 알아야 할 것(ce qu'on doit savoir), **지금 선택하십시오**(choisissez maintenant) 등으로 일상의 패션을 광고를 채웠다.[24]

로드먼은 1888년 프린스턴대학을 졸업하고 난 뒤 파리 하우스의 거주 매니저가 되기 위해 해외로 나가면서 기대했던 것 이상으로 파리 판매에 관해 훨씬 더 많은 것을 배웠다. 프랑스 생활과 문화로 세례를 받았던 로드먼은 그래도 여전히 시골풍이자 평민적인 면모를 지닌 아버지와는 대단히 대조적으로 관심사와 열정에 있어서 도회적인 '코스모폴리탄'이 되었다. 그의 아버지는 고등학교도 제대로 다지지 못했다. 로드먼은 피아노를 연주했다. 그는 유행하는 프랑스 살롱 음악을 작곡했으며 프랑스 회화·조각·보석·섬유·태피스트리·가구·골동품을 연구했다. 프랑스 미술관과 궁전을 공부했다. 그는 아찔할 정도로 방대한 예술책과 예술 작품을 수집했다. 1893년 그는 파리 주재 미국예술협회를 조직했는데, 그곳은 20년 동안 미국 예술가들이 모여드는 가장 유명한 장소 가운데 하나가 되었다. 로드먼은 세 자녀들과 첫번째 부인인 페르난다와 함께 1년 중 상당 기간을 파리의 '엘뤼시언 필즈 에비뉴에 있는 호화스러운 아파트'에서 살았다. 그는 비단 속옷에 관한 대단한 취향을 가지고 있었는데, 한번은 여자 친척들에게 비단 실크 속옷을 선물했다. '작년 겨울 어느 날 아침,' 나는 푸른색 '사랑의 꿈'(속옷)을 한번 얼핏 쳐다봤어요"라고 여자 친척이 1894년 로드먼에게 편지를 썼다. "다름 아니라 메도브룩에서 목욕을 한 뒤 속옷 차림을 한 당신이었어요. 당신도 아마 아시다시피 토미가 나에게 많은 물건을 가져다주었어요. 난 그야말로 제 7의 천국(천사와 하나님이 있다고 믿는 곳)에 있답니다. 이 속옷이야말로 내가 상상할 수 있는 가장 아름답고 멋진 의상이랍니다. 내년 여름에는 이 속옷 위에 아무것도 걸치지 않을 작정이랍니다! 여기로 와서 날 좀 봐주세요!" 1890년 중반 그는 흥청망청인 디너 파티를 열면서 초대 손

---

24) Wanamaker advertisements, *MRSW*(February 1914).

님들에게 양고기 다리 통째, 복숭아 한 광주리, 샴페인 더블 매그넘, 진귀한 포도주 한 병, 값비싼 보석을 저녁 선물로 던졌다.[25]

1898년 로드먼과 그의 가족은 고국에서 아버지 사업을 경영하기 위해 필라델피아로 되돌아왔다. 그것은 존 워너메이커가 희망했던 꿈의 실현이었다. 1909년 로드먼은 뉴욕의 워너메이커 백화점을 지휘하게 되면서 아버지와 대등한 파트너가 되었다. 아마도 로드먼으로 인해, 워너메이커스는 프랑스 란제리 디스플레이를 위한 최초의 파리 살롱을 만들었는데, 그 살롱은 실제로 파리에서 제작되어 그대로 뉴욕으로 실어 왔다. 파리에 머무는 기간 동안, 그는 고국으로 패션 광고, 카탈로그, 의상 라벨, 배달용 트럭, 스타일 일러스트레이션, 세일과 디스플레이를 위한 헤아릴 수 없이 많은 공예품을 보냈다. "우리는 그것으로 뭘 해야 할지 몰랐다"라고 그의 아버지는 아들의 행동에 대해 나중에 말했다. 우리는 "로드먼이 제정신이 아니라고 생각했다. 우리는 아들이 보내는 물건들을 이해할 수가 없었다"[26]고 토로했다.

이제 패션은 의상 산업의 모든 분야에 스며들기 시작했다. 비록 가구, 스포츠 장비, 주방 용품과 같은 다른 물품에까지 영향을 미치기에는 적어도 20년 가까운 세월이 걸렸지만, 이제 패션은 모든 백화점 상인들의 혀끝에 오르내리게 되었다. 왜냐하면 "패션은 정규 사업의 초석이기 때문이다"라고 1911년 워너메이커의 한 실무자는 말했다. "특별한 제품의 구입은 패션 감각이 **눈에 띄게** 뒤떨어진 것들을 제외시키는 동일한 정책에 따라야 했기 때문이다."[27] 새로운 패션 저널——《보그》《코스모폴리탄》《양재사》——등이 출현했으며, 《여성복 데일리》가 이에 합세하게 되었다. 얼마 지나지 않아 '소매의 성경'이라는 어휘가 생겨났다. 패션과 미국 머천다이징 전반에 관한 이들 저널이 날마다 하는 보고는 기성복 업계와 패션 자체의 빠른 맥

25) Obituary of RW, *New York Telegram*(March 9, 1928), p.2, and *Evening Journal* (March 9, 1928), p.1, 〈In Memoriam, Rodman Wanamaker, 1863-1928〉, scrapbook, WA; *DGE*(April 3, 1897); JW to Emily Sartrain(May 16, 1908), WA; Joseph Appel, *The Business Biography of John Wanamaker*(New York, 1930), p.402; and 〈Sam〉 to Rodman Wanamaker(October 20, 1894), WA.

26) *DGE*(January 16, 1897), pp.42-43; *DGE*(November 20, 1897), p.97; JW, quoted in Appel, *The Business Biography of John Wanamaker*, p.402.

27) R. H. Helmer to JW(c. 1911); Wanermaker Letterbook, vol. 48, p.45, JW.

박의 부상을 반영한 것이었다.

소비를 진작시키기 위해 제조업자들은 국내와 해외에서 '제왕의 위엄'을 이용했다. 말하자면 그들은 보통 사람인 소비자들의 환상을 형성하는 것을 이용하고자 했다. 그들은 자기 제품에다 상류층의 위상, 왕족과 상류층의 광휘와 모든 종류의 사치와 연결시켰다. 심지어 악명 높은 프랑스 고급 매춘부의 사치스런 이미지마저 활용했다. 뒤바리 란제리, 퐁파두어 실크가 시장화되었으며, 황제의 속옷, 레지나 페티코트, 로열 웨이스트, 스커트 서포터즈, 프린세스 루프벨트, 로열 타이프라이터도 이에 포함되었다. 워너메이커스에는 마리 앙투아네트의 방, 마셜 필즈에는 라 벨 프랑스 룸이 있었다. 란제리 룸—— '특별한 규방' ——은 여성들을 백화점으로 유인했으며, 종종 어떤 남성도 이 성역으로 들어오는 것을 허용하지 않겠다는 약속하에 여성들을 초대했다. 그래서 귀부인들은 아무런 당혹감을 느끼지 않고서도 마음껏 즐길 수 있게 되었다." 상인들이 주장한 방들은 '또 다른 세상' '미국 여성들에게는 거의 알려지지 않았던 세상'[28]에의 접근을 어느 정도 제공했다. 1908년 가을에는 이런 소문을 의도적으로 방송했다. 귀족에게만 허용하는 향수가 만들었으며, 이름 대신에 숫자로 표시되어 이 나라에서 팔리고 있다는 소문을 모든 매장에 퍼뜨렸다.[29]

"오늘날의 여성은 과거 그 어떤 시대보다도 더욱 장려함을 욕망한다"고 한 무역 대변인은 기록했다. "그리고 여성들은 장려함을 사기 위해 기꺼이 지불하려고 한다. 여성이 흡족해하는 것이 무엇인지를 가장 잘 이해하는 사람과, 앞에서 진술한 여성들에게서 돈을 뜯어내는 모든 종류의 고유한 방법을 고안한 사람들은 결코 게으를 수가 없었다. 그들은 돈의 소비자인 '여성 폐하'의 허영을 자극할 수 있는 탁월한 아이디어들을 추구하기 위해 동분서주해 왔다. 그리고 그들은 경탄할 만큼 성공했다."[30]

1906년 필라델피아의 워너메이커스는 프랑스 혁명을 기념하기 위한 호화스러운 전시회를 개최했다. 역사적인 기록을 평범하게 만들어 판매하는

28) Quoted from *DGE*(October 29, 1900); *DGE*(March 8, 1902), pp.53, 77-86, *MRSW*(June 1913).

29) *DGE*(October 19, 1908).

30) *DGE*(March 8, 1902), pp.53, 77-86.

일은 처음 있는 일도 아니었고 그렇다고 마지막일 리도 없었다. 전시회는 루이 16세와 마리 앙투아네트의 잘린 목을 '정확하게' 복제하여 거울을 씌워 그 아래 전시해 놓았다. 그뿐만 아니라 그들의 '진짜' 대관식 왕관 역시 전시했다. 이런 식의 관행이 너무 흔하다보니 가짜 왕실 공예품들을 도시 상인들에게 파는 전문적인 사기꾼들이 급부상하게 되었다. "나는 우리의 경쟁자들이 어제 광고하는 것을 보았습니다. 그들은 제정 러시아 황후의 대관식 대례복을 전시중이더군요. 보다 나은 것을 가지고 싶지 않으십니까? 나는 빅토리아 여왕이 결혼식 때 신었던 비단 스타킹 한 짝을 구입하고 흰 슬리퍼 역시 가지고 있습니다. 슬리퍼에는 왕관 표시와 함께 V. R이라는 표식이 있었다. 나는 당신의 만족을 위해 그것이 진짜임을 증명할 수 있습니다. 그것을 1주일 남짓 전시하는 것 이상으로 당신에게 더 소중한 일이 있겠습니까? 만약 그렇다면, 가격이 얼마나 할까요?" 이런 제안에 대해 스트라우스 브라더스가 어떤 대답을 했는지에 관한 기록은 전혀 없다. 하지만 근대 머천다이징은 이런 속임수를 진지하게 받아들였다.[31]

파리의 축제일: 패션쇼

미국 패션에서 가장 인기를 끌었던 혁신은 배타적이면서도 친밀한 파리 패션쇼를 대량 시장에 도입한 것이었다. 뉴욕 시에서 레베카 에리히가 상류층 여성들의 욕구를 충족시키기 위해 팬시 명품 하우스로 1857년에 설립했던 에리히 브라더스는 1903년 최초의 패션쇼를 했다. 그런 추세가 시작된 시기를 정확히 못박아 말한다는 것은 불가능하지만 아마도 그 무렵쯤으로 추정된다. 10년 만에 패션쇼의 형태는 거의 정착되었다. 즉 살아 있는 모델들이 백화점 극장의 램프 위에서 퍼레이드를 하고 조명기사들이 음악을 동반한 조명을 비추고, 때로는 극장에서처럼 '극적인 효과'를 부여했다. 한

---

31) W. H. Coade to Macy's(c. 1902), Harvard History Project, RG 10, pp.1501-1700, MA; and John Wanamaker, Scrapbook, 〈The 30th Anniversary of a New Kind of Store〉 (Philadelphia, 1906), pp.2-3, WA.

무역 잡지는 "대단히 위험한 곡예가 연출될 때마다 관객들은 숨을 죽었다"라고 적었다. 종종 주제를 중심으로 조직된――파리 사람을 주제로 하면서도 또한 페르시아인·중국인·러시아인·멕시코인들을 주제로 한――많은 패션쇼가 '잘 무대화되고 장관인 세트'를 제시했다.[32]

김벨스의 프롬나드 데 토일렛(Promenade des Toilet) 패션쇼는 1910년 최초로 개최되었는데, 5년 동안 스무 가지의 변주를 연출했다. 수천 명의 여성들이 백화점이 있는 맨해튼 34번지와 7번 애비뉴로 몰려와서 모델들이 화려한 파리 여인들의 의상을 하고 워킹하면서 램프를 오락가락하는 모습을 지켜보았다. 1911년 백화점의 주제는 '몬테 카를로'였다. 카지노, 룰렛 테이블, 가짜 지중해식 정원이 백화점 극장에 설치되었다. 34명의 모델들이 극장을 중심으로 사방에서 나와서 디이닝룸으로 도착하는 프롬나드를 거닐었다. 다이닝룸에는 길을 따라 '수천 개의 좌석'이 배치되어 뉴욕과 뉴욕 근처 교외에서 온 수천 명의 여성들을 수용했다. 김벨스의 찻집은 '파리의 몬테카를로'를 방불케 하도록 바꾸어 놓았다.[33]

필라델피아와 뉴욕에서 있었던 워너메이커스의 패션쇼는 로드먼 워너메이커의 직관에 힘입어서 아마도 가장 솜씨 좋게 잘 준비된 쇼였다. 1908년 가을 발표회는 '파리의 패션 축제'를 가장했으며, 필라델피아 백화점 극장은 나폴레옹과 조세핀의 궁정을 연상시키는 황금빛과 붉은빛으로 세팅되었다. 극장 벽의 어느쪽이든지간에 패션쇼 흥행사인 메리 월은 검은 벨벳으로 치장한 거대한 그림 액자를 배치했으며 가장 최신의 파리 가운을 입은 살아 있는 마네킹이 안쪽에서 포즈를 취했다. 주기적인 간격으로 **활인화**(살아 있는 사람들이 분장하여 정지된 모습으로 명화나 역사적 장면을 연출하기) 모델들 중 두 사람이 프레임로부터 걸어 나오면 그들에게 스포트라이트가 비쳐졌

32) *MRSW*(February and April 1912). 에리히에 관해서는 *DGE*(October 10, 1903), p.14. 〈Showing Gowns on Living Models〉, *MRSW* 25(November 1909): 39, 〈Living Models〉, *MRSW* 22(May 1908): 45; and *DGE*(August 19, 1911), p.49; *DGE*(April 12, 1913), p.55; *DGE*(October 3, 1914), pp.45-46; Lillian Drain, 〈Many Artists in Fashion Show Poster Contest〉, *Poster* 3(October 1912): 23-24; Albert Morenson, 〈Fashion Show Posters in Los Angeles〉, *Poster* 3(October 1912): 43-44.

33) *MRSW*(September and November 1915): *DGE*(March 31, 1917); *MRSW* (November 1911).

다. 나폴레옹의 시동과 같은 의상을 한 어린이들의 에스코트를 받으면서 모델들은 워커웨이를 지나서 부드러운 오르간 음악에 맞춰 관중들에게 걸어 들어왔다. 메리 월의 대본은 각 의상의 장점을 묘사해 주었다. 이 이벤트는 나폴레옹과 조세핀의 대관식 장면을 전부 재연하는 것으로 마무리됐다.[34]

워너메이커는 패션쇼 첫날 '사회적으로 유명한 여성'들 1백 명을 초대했는데, 필라델피아의 엘리트들이 파리 엘리트의 취향을 심사하도록 했다. 그 다음 이틀 동안 필라델피아의 나머지 여성들에게 쇼를 보도록 허용했다. 백화점의 보고에 따르면, 수만 명의 여성들이 몰려들었다. "파리 패션 축제는 파리의 권위를 워너메이커의 해석으로 도장을 찍었다. 제국은 제철 만난 압도적인 양식임은 두말할 나위가 없다"[35]고 대단히 감동을 받은 《뉴욕 월드》의 한 저널리스트는 보도했다. 로드먼 워너메이커의 뉴욕의 '파리 콘퍼런스'는 자기 아버지가 보여준 필라델피아의 '파리 축제'를 능가했다. 로드먼 역시 패션이라는 엔진을 추진시키기 위해 계급 구분을 교묘히 조종했다. 그는 백화점 전체——단지 백화점 극장뿐만이 아니라——를 '파리의 마법'으로 흠뻑 적셔 놓았다. '상류 사회'를 위해 오후에는 오직 엄청난 부자들만이 입장할 수 있었다. '그보다 덜 화려한 아침'에는 상류층이 아닌 대다수 시민들이 백화점에 들어올 수 있도록 허용했다. 산 모델들이 푸아레·워스·파캥의 가운을 입고 전시를 했으며, 스포트라이트를 이용하여 모델들이 들어오고 나가는 모습에 마침표를 찍어 주었다.[36]

10년대 후반 뉴욕 워너메이커스는 다른 국제적인 주제를 해석했다. 예를 들면 마야 농부 주제는 패션 세계에서는 인정받은 대히트였다. 1917년 로드먼은 널리 알려져 있던 마야 농부 '모티프'를 바탕으로 하여 최초의 '스포츠 패션쇼'를 무대에 올렸다. 극장 전체에 온통 비치된 커다란 유리 케이스에는 인디언 디자인을 본뜬 의상을 전시했다. 마야 자수로 만든 지갑, 마야 스카프로 묶은 스포츠모자, 인디언 담요로 만든 쿠션, 인디언들의 판초를 모방한 파라솔 등이 그런 사례에 속했다. 프롬나드의 극단적인 마무

---

34) *The Wanamaker Originator* 2(November 1908): 1, copy in WA.

35) *The Wanamaker Originator* 1.

36) *DGE*(October 5, 1912), p.117; *DGE*(October 2, 1909), p.12; *DGE*(October 8, 1910), p.23.

리에서 잃어버린 마야 문명의 '보물'을 보여주기 위해 백화점 실내장식가가 찍은 사진을 확대한 그림으로 무대 프레임을 삼았다. '쭉 늘어선 인디언들의 오두막'을 따라 '진짜' 인디언 여성들이 전략적으로 그림 근처에 배치되었으며, 인디언 오두막을 따라 다양한 과테말라 문화의 측면을 묘사하고 있었다. 이들은 각각 마야에 도취된 의상을 걸친 살아 있는 모델의 '교육적인' 배경으로 기능했다.[37]

1915년 메릴랜드 주 발티모어에서부터 텍사스의 와코에 이르기까지 패션쇼는 어느 정도 규모를 가진 거의 모든 도시에서 찾아볼 수 있었다. 패션쇼는 반년마다 연출되는 이벤트가 되었다. 어린이들의 패션쇼도 있었다. 그와 더불어 여러 백화점이 동시에 실시하는 합동 패션쇼도 열렸다. 이런 패션쇼가 열리면 한꺼번에 수천 명의 사람들이 몰려들었다. 이런 쇼들은 일상적인 도시 생활에 엄청난 혼란을 초래했기 때문에 뉴욕과 도처에서 경찰들은 산모델을 고용하는 모든 쇼에 자격증을 발급하도록 상인들에게 명령을 내렸으며, 심지어 맨해튼에서는 모든 쇼들을 전부 없애 버리겠다고 위협할 정도가 되었다.[38] 상인들 또한 백화점의 다른 업종에 치미는 '비윤리적인' 충격을 우려하게 되었다. 왜냐하면 고객들이 극장, 찻집, 레스토랑에 무리지어 들어오거나 프롬나드에 줄지어 서 있기 때문이었다.

일부 상인들의 눈에 이런 상황은 극심한 혼란을 초래해서 패션쇼를 백화점에서가 아니라 지역 극장으로 옮아가지 않을 수 없었다. 지역 극장은 얼마 가지 않아서 패션쇼 제작을 위한 경쟁적인 센터로 부상하게 되었다. 붙박이 원형 무대가 있는 팬시 레스토랑 또한 패션쇼를 하기 시작했다. 인기 있는 테라스 정원은 '다양한 꿈의 정원'으로서, 다운타운 시카고 소재 매디슨 스트리트에 있는 이 정원은 로마의 원형 경기장 형태로 건설되었는데, 계단식 관람석이 배치된 테이블이 있었다고 한 제조업자는 기록했다. "한 층은 높게 하고 다른 층은 낮게 하여 모두가 무대를 내려다볼 수 있도록 설계되었다." 연중 특별한 기간에는 한 주 내내 '가장 멋진 패션쇼'가 연출되었는데, 한꺼번에 50명에서 70명에 달하는 모델들이 단골관중들, 열렬한

---

37) *MRSW*(March 1917).
38) *WWD*(April 26, 1912), p.5.

패션 바이어들, 의상 제조업자들 앞에서 퍼레이드를 했다.[39] 1910년 후반 무렵 패션쇼는 환상적인 장관으로 발전되었으며, 야외극이 옥외에서 개최되었고, 오케스트라, 모델, 그리고 특수 효과와 같은 멀티미디어와 더불어 진행되었다.[40]

알라의 정원

　제1차 세계대전 이전에 모든 머천다이징 주제들 중에서 가장 인기 있는 것은 동양적인 주제였다. 말하자면 아래서 위로의 동양적인 패션과 위에서 아래로 향하는 파리 패션복이 인기를 끌었다. 파리 패션이 민중으로부터 도피하여 계급과 위상에 있어서 품위와 우아함을 함축하는 것이라면, 오리엔탈리즘은 그와는 다른 느낌을 주었다. 동양적인 것은 도회적이고 품위 있는 것이라기보다는——약간 용납할 수 없는 것임에도 불구하고——사치스럽고 뭔가 인생의 이면과 접촉하는 느낌을 주었다. 1개월 혹은 1년의 패션 주제 아래, 개별 하위 주제들은 이슬람인·인도인·일본인 혹은 중국인으로 설정되면 그에 따라 매장은 모스크, 불교 사원, 사막의 오아시스 등으로 장식되었다.(도판 6 참조) 1890년 초반 이후로 세계박람회 조직가들은 유사한 주제를 해석하면서도 특히 샌프란시스코·버팔로·세인트루이스에서 거행되었던 박람회를 염두에 두었다. 영화와 상업용 극장들은 거래를 고취하기 위해 동양적인 소재에 의존했다. 아이러니컬하게도 미국 정부가 이 나라로 중국인과 일본인 이민들이 들어오는 것을 제한하고 있을 동안, 해마다 미국 도시들은 식물원에 일본식 정원을 창조하고 있었으며, 상인들은 중국 문화와 미학의 화폐 가치에 도취하여 흥청거리고 있었다.

　문학비평가인 에드워드 사이드는 이와 같은 오리엔탈리즘을 서구 제국주의와 연결시키면서 비서구인들의 인격은 대단히 충동적·원시적·비문명

---

39) Vernie Connelly, 〈The Oasis of Madison Street〉, *The American Restaurant* 3(July 1920): 13-15, 48.

40) *DGE*(March 3, 1917), p.15; *DGE*(August 25, 1917), pp.77, 95; *DGE*(July 12, 1919), 24; *DGE*(August 27, 1921), pp.16-17.

화된 것으로 간주한다고 주장했다. 이것은 서구의 자기 존중감을 팽창시키는 데 이바지하는 통제 불가능한 열정과 욕망으로 나타나기 일쑤였다. 비서구인들은 어린아이들과 같아서 스스로를 돌볼 수 있는 능력이 없다는 생각에 흠뻑 젖은 이와 같은 오리엔탈리즘은 서구의 지배와 점령과 외국 소유지의 전유를 정당화했다. 역사가인 로버트 리델은 《전 세계는 박람회장이다》에서 이와 유사한 주장을 했다. 즉 세기가 전환될 무렵 미국과 유럽박람회는 타문화와 다른 사회를 희생시켜 서구의 솜씨를 뽐낸 유리 진열장이었다.[41)

하지만 심지어 유럽과 미국 오리엔탈리즘이 비서구 문화를 왜곡시키고 비하면서도, 다른 한편으로 오리엔탈리즘의 전시는 또한 서구인들 스스로에게 '동양적인 것'이 가지고 있었던 생명력을 결여했다는 느낌이 들도록 만들었다. 오리엔탈리즘은 서구 사회 내부에서 일어나고 있었던 변화의 징후였다──특히 도시에서 일어난 변화의 징후군은 제국주의와는 전혀 상관이 없거나 혹은 다른 사람의 소유물을 전유하려는 욕망과 관련이 있었던 것이 아니라 오히려 서구 문화 그 자체가 상실하고 있는 어떤 것에 대한 동경을 상징하는 것이었다. 말하자면 전통적인 기독교가 인정하는 것보다 훨씬 더 '만족스럽고' '관능적인' 것에 대한 갈망이었다. 이런 불만은 미국에서는 적어도 1850년대부터 형성되기 시작했는데, 이때는 풍요로운 최초의 미국 관광객 세대가 비서구 나라를 방문하게 되면서 나타난 증상이었다. 그들은 비서구 사회에서 보았던 색깔과 디자인에 관한 것들을 고국으로 부치기 시작했다. 일부는 동양의 매혹에 관해 대단히 낭만화된 책들을 출판했다.[42)

1915년 무렵 풍요로운 미국인들의 꿈같은 생활에 동양적인 환상이 자취를 찍게 되었다. 하버드와 예일대학교 학생들과 교수진들은 자기 부모와 교회에 따르는 권태로운 순응성에 반발하면서 라이더 해거드 · 에드거 살터스 · J. K. 위스망스와 같은 안개 자욱한 동양 소설에 매료되었다. 1900년대 초반 거대한 산업적인 부의 파도에 실려 떠다니던 뉴욕과 그밖의 다른

41) Edward Said, *Orientalism*(New York, 1982); Robert Rydell, *All the World's a Fair* (Chicago, 1984).

42) Baynrd Taylor, *The Land of the Saracens*(New York, 1855), pp.133-48; George Curtis, *Nile Notes*(New York, 1851), pp.128-32; and Nathaniel Willis, *Health Trip to the Tropics*(New York, 1853), pp.63, 88-89.

도시의 부자들은 터키의 파샤, 인도의 라자, 하렘 댄서, 페르시아 왕녀 같은 복장을 한 사적인 파티에 참석했다. 루이스 티퍼니는 성인 시절의 대부분을 동양적인 사치 속에 파묻혀 살았다. 알마 말러는 구스타프 말러의 아내였는데, 그녀는 티퍼니의 맨해튼 아파트를 1890년 후반에 방문했다. 그녀는 자신이 페르시아의 별장에 들어온 것은 아닐까라고 생각했다고 한다. 신비스러운 "파라다이스는…… 야자수, 끽다실, 꽃 같은 조명이 쏟아지는 판유리, 무지개 빛깔 가운을 입은 사랑스런 여인들." "그것은 꿈이었다! 뉴욕에 있는 아라비안 나이트였다!"라고 그녀는 적었다. 1913년 겨울, 티퍼니는 터번을 하고 눈부신 블라우스와 터키식 바지를 입고 델모니코스에 개최한 동양식 의상 무도회장에 참석했다(그 해에 그와 같은 무도회가 많이 열렸다). 그런 무도회장에서 모든 사람들은 "고고학자들이 발굴했던 오래된 과거 보물을 모델로 한"[43] 옷을 입었다.

1918년 무렵 미국인들은 클레오파트라의 생애에 관한 무수히 다양한 버전들의 영화를 보았다. 브로드웨이와 오페라 무대 또한 동양적인 쇼를 공연했다. 슈트라우스의 《살로메》에서부터 푸치니의 《나비부인》, 존 메이스필드의 《정숙한 부인들》, 에드워드 셀돈의 《천국 정원》이 공연되었다.[44] 오리엔탈리즘이라는 매개물을 이용하여 리 사이먼슨·노먼 벨 게디스·조셉 어반과 같은 영향력 있는 무대 디자이너들은 점점 더 사치스런 색깔을 미국 극장 무대 관객에게 전달했다. 사이먼슨의 무대 디자인(이 점에 관해서는 다

---

43) 이 무도회에 관해서는 *Town and Country* 66(September 6, 1913): 33; 알마 말러의 인용에 관해서는 Robert Koch, *Rebel in Glass*(New York, 1967), p.69. 티퍼니의 오리엔탈리즘에 관해서는 Samuel Howe, 〈The Long Island Home of Mr. Tiffany〉, *Town and Country* 68(September 6, 1913): 24-36; Howe, 〈One Source of Color Values〉, *House and Garden* 10(September 1906): 105-13; Koch, pp.142-45. 대학생들과 상류층의 오리엔탈리즘에 대한 관심사에 관해서는 Virginia Spencer Carr, *Dos Passos: A Life*(New York, 1981), p.89, and Jackson Lears, *No Place of Grace*(New York, 1981), pp.142-43, 175-77, 225-41.

44) *NYT*(October 10, 1919), p.18; Loren Ruff, *Edward Sheldon*(Boston, 1982), pp.101-3. 클레오파트라, 이집트, 상업적인 오리엔탈리즘 전반에 관해서는 Terry Ramsaye, *A Million and One Nights: A History of the Motion Picture Through 1925* (New York, 1926), pp.700-704; Miriam Hansen, *Babel and Babylon*(Cambridge, Mass., 1991), pp.172-87, 237-41; Antonia Lant, 〈Egypt and the Cinema〉, project description, New York University, in possession of author, part 3, p.4.

른 다자이너들인 어반과 벨 게디스에게도 마찬가지로 해당할 수 있었다)에 관해서 《뉴욕 타임스》는 이렇게 평했다. "그의 작품에서 동양적인 것의 특질은 미국이 여태까지 보아 왔던 것 중에서 가장 대담하고 아름다운 무대 디자인으로 구성되었다……. 5년 전 그는 보다 대담한 색상의 사용을 불온하게 고집함으로써 미국 예술 세계의 평화를 폭파시켰다."[45]

소설 또한 동양적인 주제를 탐구했다. 20세기가 시작될 무렵에 해럴드 프레더릭의 《테론 웨어의 파멸》과 1917년 마지막 무렵에 나온 이네스 헤인스어윈의 《왕국의 부인들》은 동양적인 주제를 탐구했다. 두 소설 모두 동양적인 무대는 기독교 문화와 철저한 단절을 상징한다. 프레더릭의 소설에서 젊은 목사인 테론 웨어는 자기 교구에서 '해방된' 젊은 아일랜드 여성인 셀리아 매든에게 유혹받는다. 셀리아 매든의 '아파트'는 오리엔탈리스트의 꿈과 흡사했다. 다채로운 '쿠션과 베개,' 누드인 남녀 조각상들, 노란색과 푸른색으로 조화시킨 융단과 목판, 거대한 '동양식 보료' 등이 방의 삼면을 장식하고 있었다. 사실상 셀리아 매든은 자기가 살고 있는 공간을 체화한——'번쩍거리고 말랑말랑하고' '커튼처럼 정교하고 부드러우며' '불같이 강렬한'——인물이다.[46] 이네스 헤인스 어윈은 미국 페미니스트 운동의 지도자였는데, 20년 후 그녀는 실제로 자신의 주요 등장 인물인 사우스워드 드레이크에게 매든과 흡사한 장식을 재현함으로써 오리엔탈리즘에 페미니즘의 의미를 부여했다. 소설이 시작되면, 사우드워드는 코네티컷 시골에 있는 조부모의 맨션에서 살고 있다. 그곳에서 드레이크는 높고 환상적인 다락방에 앉아서 자신을 스스로 형성해 나갔다. 벽들은 다채로운 비단 크레이프로 덮여 있었고, 방들은 인도의 왕들이 사는 곳처럼 바꾸어 놓았다. 그녀의 방문객들은 "그곳이 아라비안나이트처럼 느껴졌다"고 말했다. 여기서 사우스우드는 동양 스타일의 의상을 입고 장의자에 나른하게 기대고 있다. 그녀의 의상은 '토마토 색깔의 왕자의 외투'와 다채로운 실크 방울술이 달린 '고급스러운

---

45) *NYT*(October 10, 1919), p.18; *Theater Arts Magazine*(이후부터 *TAM*) 3(April 1919): 90-92; *TAM* 3(July 1919): 181; *TAM* 2(December 1917): 8-9; and *TAM* 2(December 1917): 12-17, Ramsaye, *A Million and One Nights*, pp.702-6.

46) Harold Frederic, *The Damnation of Theron Ware, or Illumination*, ed. Charlyne Dodge(London, Neb. 1989; orig. pub. 1899), pp.191-203.

중국식 머리장식'을 하고서는 즐거움과 모험을 위한 계획을 꾸미고 있다.[47]

보석으로 가득 찬 에메랄드 도시의 창조주인 L. 프랭크 밤은 이국적인 소설을 썼는데, 그 중에는 《최후의 이집트인: 나일 강의 로망스》(1908), 《운명의 딸들》(1906)이 있다. 《운명의 딸들》은 '모든 것이 색깔인' 동방의 나라이자 "방향제 목욕과…… 동양식 장의자에는 사향 쿠션이 깔려 있는 호화로운 나라"인 발루키스탄에 관한 이야기였다. '경직된 미국인'들과 '도식적이거나' '속임수에 능한' 서구 상인들과는 달리, 발루키스탄 사람들은 자발적으로 우러나는 마음의 소리에 따를 뿐이며 그래서 서구인들에 의해 영향을 받은 냉정한 형식에 구애받는 것을 경멸하는 '자유롭고 길들여지지 않은' 본능의 아이들이라고 밤은 말한다.[48]

따라서 오리엔탈리즘은 대단히 인기 있는 비유였으며, 모든 문화적 활동에 스며들었다. 하지만 오리엔탈리즘이 그처럼 확산되고 퍼져 나간 주된 이유는 거의 하룻밤 사이에 만개한 미국의 새로운 소비자 산업으로 인한 분배와 시장의 요구에 따른 것이었다. 미국 업계는 동양적인 메시지를 조달하면서 기회를 포착하고 사치, 충동, 욕망, 원시주의, 즉각적인 자기 만족과 같은 것들을 칭찬하기 시작했다. 이런 것들은 불과 10년 전만 하더라도 경제적인 생산성에 위험한 것으로 폄하되었다. 하지만 상인들은 이런 새로운 가치들을 비판하기를 멈췄다. 종교적인 단체도 보통의 평범한 사람들도 그런 비판을 멈추게 되었다. 하지만 그들은 서로 모순되는 두 가지 목소리로 말했다. 일과 생산을 위해 업계(그리고 문화계 역시)는 억압·합리성·자기 부정·훈육 등을 강조하면서도 다른 한편으로 팔기와 소비를 위해서는 낭비·충동·탐닉·무책임·꿈꾸기 혹은 비서구적인 특징을 열어 두었다.

동양적인 것에 대한 광범한 관심사가 아무리 복잡한 것이라고 할지라도 미국 업계는 사람들을 위한 새로운 국가적인 꿈의 생활을 창조하고 전달하는 주요한 수단을 제공했다. 다른 집단들은 훨씬 덜 왜곡되고 덜 무역사적인 동양의 메시지를 전달했을 수도 있었다. 말하자면 새로운 인류학자들과

---

47) Inez Haynes Irwin, *The Lady of Kingdoms*(New York, 1917), pp.24, 99–103, 472, 475.

48) LFB, *Daughters of Destiny*(Chicago, 1906), pp.57–58, 173, 197, 202–3, 305.

고고학자들, 하버드와 예일 출신의 젊고 급진적이고 소외된 젊은 보헤미안들은 동양 문화를 치유적인 해방과 자극에 의존하는 대신 적어도 동양 문화를 있는 그대로 이해하려고 노력했을 터였다. 그들은 이민들로부터 '오리엔트' 문화를 배우려고 노력했었다. 하지만 이런 상반된 목소리는 비록 존재했다하더라도 대중의 정서를 담아낼 만큼 충분히 강력하지 못했다.

업계는 새로운 신화를 가지고 자기네들이 하고 싶은 대로 했다. 특히 20세기에 독특한 개념이었던 끼워팔기(tie-in)라는 수단을 통해 그렇게 했다. 끼워팔기는 상인들에게 오리엔탈리즘뿐만 아니라 신화적이고 상상적인 모든 종류의 다양한 자료를 수단으로 성인과 아동들의 가시적-정신적 공간을 차지하도록 허용해 주었다. 1914년 소규모 끼워팔기에서 메이시즈는 '메이시 드레스와 패션 제품들을 결합시켰다.' 17세짜리 '인기 있는 여배우'('칼렘 에이전시'가 백화점에 주선해 주었던)와 '지역 일간지의 패션 페이지'를 연결시켰다.[49] 보다 큰 규모로 소매 상인들은 자기 자원들을 협동 광고 캠페인과 휴일 장식과 '동시' 협력적인 패션과 스타일쇼와 디스플레이 등에서 통일된 아이디어와 연계시켰다.[50] 예를 들어 1916년 3월 밤에, 다운타운 버밍햄, 알라바마의 모든 상인들은 일시에 가게 창문의 커튼을 열어젖힘으로써 '패션 주간'을 개막하고 "도시를 조명 광선으로 눈부시게 바꿔 놓았다."[51]

가장 적극적인 끼워팔기 작업을 통해 얼핏보면 전혀 닮은 점이 없는 상업적인 제도들——극장·소매 가게·레스토랑·호텔·영화관——은 유사한 주제를 서로 공유하게 되었다. 1920년대는 이보다 훨씬 더 세련된 배합을 하게 되었지만, 전쟁 이전의 끼워팔기는 주로 약식인 데다 대단히 소박한 정도였으며, 상인들 사이의 상호 인정에 기초하고 있었다. 끼워팔기는 특정한 주제를 통해 노골적으로 마케팅을 호소하고 있었다.

초기에 있었던 가장 성공적인 도약은 전쟁 바로 직전에 일어났다. 많은 상업적인 시설들에서 굉장한 인기를 모았던 자유주의 설교가의 아들이자 영

---

49) Kalem Agency to Jesse Straus(November 30, 1914), Harvard History Project (1934), RG 10, p.1837, MA.

50) 〈Store Decorations on Big Scale〉, DGE(July 20, 1907), p.29.

51) Jerome Sterne, 〈Merchants Cooperate in Holding a Fashion Week〉, DGE(April 1, 1916), p.73.

국인인 로버트 히천스의 소설, 《알라의 정원》이 그 무렵 이용되었다. 어린 시절 히천스는 무용수가 되고 싶어했지만, 아버지로부터 그다지 격려를 받지 못하자, 저널리즘으로 방향을 바꾼 뒤 소설을 쓰기 시작했다. 히천스는 오스카 와일드와 앙드레 지드를 숭배했는데 두 사람 모두 동양적인 주제에 매료되었던 소설가였다. 1890년대 후반 히천스는 알제리, 이집트와 다른 이슬람 국가를 방문했다. 그는 이들 나라에 푹 빠져서 동양적인 주제로 소설을 쓰기 시작했다. 《이집트의 마력》(1908), 《신성한 땅》(1910), 《벨라 도나》(1908) 등이 그런 동양적 주제를 탐구한 소설에 속했다. 두 작품은 연극으로 각색되었으며, 무성 영화와 유성 영화로 만들어졌다.[52]

《알라의 정원》은 히천스 자신이 가장 좋아했던 소설이었다. 극히 감상적인 소설의 전형이었는데, 이 작품은 합리적 문명과 관습적인 행동과 질서에 염증을 느낀 유럽인을 표현하고 있다. 이 작품은 억압으로부터 해방을 위한 항변처럼 보였는데, 왜냐하면 히천스가 '새로운 생활'이라고 부른 '동물적인' 열정과 일치된 것이기 때문이었다. 이런저런 이유로 이 시기의 남성과 여성들 모두에 의해서 이 소설은 여러 번 씌어졌다. 히천스와 동시대인인 라이더 해거드는 허친스의 소설과 흡사한 것을 쓸 수도(혹은 그보다 나은 것을 쓸 수도 있었다) 있었다. 프랭크 밤은 그런 소설을 쓰려고 시도했지만 실패했다.

《알라의 정원》은 여주인공인 32살의 미혼인 영국 여성인 도미니가 북아프리카를 향해 여행중인 것으로 시작한다. 그녀는 이성적인 서구에 염증을 느껴서 동양 세계에서 '원초적인 힘'과 연결될 수 있는 무엇인가를 '아리도록' 맛보고자 했다. "그녀는 북소리의 함성을 원했다. 스스로 표현할 수 있는 것 이상을 원했다. 그녀가 알고 있는 것 이상을 원했다. 그곳에는 가슴 아리는 **소망**(want)이 있었다"고 히천스는 묘사한다. "그녀는 가공되지 않은 날 것이 갑자기 드러나기를 원했다. 그녀의 무모함 속에는 여성적이라기보다는 소년 같은 대단한 모험 정신이 있었다. 그녀는 그런 정신을 충족시키지 못한 채, 자신이 그것을 얼마나 갈망하고 있는지를 충분히 깨닫지 못

52) Robert Hichens, *Yesterday: The Autobiography of Robert Hichens*(London, 1947), pp.67, 108-81, 244-45.

한 채 벌써 32세가 되었다. 이제 그녀는 그 점을 깨달았으며 피할 수 없다는 것을 이해하게 되었다……. 그녀의 영혼은 남부를 향해 걸어 나가는 자유의 발자국 소리를 들었던 것만 같았다. 그 모든 당혹감과 그 모든 스잔한 권태가 몽땅 쓸려 나갔다…… 그녀는 쫀쫀한 시민 생활로부터 자유롭게 되었다.[53]

이와 같은 구절들이 이 소설의 정수이다. 플롯이 점점 복잡해지면서 도미니는 사막의 신비(알라의 정원) 속으로 끌려들어가게 된다. "나 안에 있는 야만인을 느낀다"고 그녀는 말한다. 그녀는 '거친' 아라비아에서 먹는 곳을 방문한다. 그곳에서 여자들은 '악마 같은' 춤을 추고 '사막 생활의 초보자'인 보리스 안드로프스키라는 영국계 러시아인을 만나게 된다. 그는 섹스와 열정으로 충만한 인물이다. "그들은 서로를 서로에게 내맡긴 채 사막으로 내달리거나 고독이나 고독의 공포 속에 몸을 내맡긴다." 그들은 서둘러 결혼을 하고 사막에서 가정을 꾸린다.

소설의 이 지점에서 히천스는 다시 한번 생각을 한 뒤 이야기의 열띤 흐름을 차단시켜 버린다. 이 책의 섹스는 전희에 불과한 것으로 드러나게 된다. 돈벌이용 작품의 전형적인 제의적 패턴이 드러나는 바로 그 순간, 등장인물들이 천국의 황홀경에 착수하려는 바로 그 순간, 히천스는 그들의 부주의한 욕망에 대가를 지불하도록 만든다. 죄의식에 사로잡힌 안드로프스키는 경악한 도미니에게 자신이 사실은 과거 수도승이었는데, 지금은 방황하면서 떠돌고 있다고 고백했다. 그는 러시아 수도원으로 되돌아가야 한다. 도미니는 슬픔으로 흐느끼지만 곧 평정을 회복한다. 결국 그녀는 언제나 알라의 정원을 기억하게 될 것이다.

1904년 《알라의 정원》의 출판은 히천스에게 돈방석을 안겨 주었다. 이 소설은 영국에서는 상업적으로 실패했지만, 미국에서는 엄청난 성공을 거뒀다. 출판된 이후 40년 동안 44쇄를 찍었다. 세 번이나 영화로 만들어졌는데, 두 번은 무성 영화였고 1936년 세번째로 만든 천연색 유성 영화에서는 마르렌 디트리히와 찰스 보이어가 주연을 맡았다.[54] 1907년 히천스는 미국 여배우인 메리 앤더슨 나바로의 제안을 받아들여 이 소설을 브로드웨이

---

53) Robert Hichens, *The Garden of Allah*(New York, 1904), pp.6, 27, 106.

에 있는 뉴센트리 극장 무대를 위해 각색을 했다. 이 극장은 '거대한 스펙터클'을 동원할 수 있는 능력을 갖추고 있었다. 개막 전날 밤 "모래폭풍이 모든 사람을 뒤덮고 '야수성'이 무대를 엉망으로 만들어 놓기는 했지만, 공연은 '진정 마술적'이었다." 이 연극의 첫 장면은 이렇게 시작하는 것으로 히천스는 기억했다.

서서히 조명이 쏟아져 들어왔다. 그러자 내 눈앞에 사막이 펼쳐져 있었다. 일순간 정지! 그러다가 이번에는 무대 뒤에서 함성이 들렸다. 조명이 서서히 사라지고 밤이 사막에 드리워진 것처럼 보였다. 깊이를 알 수 없는 창공, 별들이 매달려 있는 것처럼 보이는 푸른 하늘을 보았다……. 나는 무대 위에 구름 한 점 없는 아프리카의 밤하늘을 그처럼 완벽하게 재현한 것을 본 적이 없었다. 그 사이 또 다른 장면 변화를 보았다. 밤이 서서히 사라지면서 어느새 희한하게도 차갑고 신비한 새벽이 동터오는 모습을 무대는 완벽하게 재현하고 있었다.

히천스는 제작자가 대화나 이야기 줄거리를 무시했다는 점에 안타까워했지만, '스펙터클'에 대해서만큼은 만족하고 즐거워했다(그는 실수입과 스펙터클에 감사했다).[55]

시카고에서 "관중은 엄청났으며" 매번 공연할 때마다 자리가 모자라서 발길을 돌려야만 했다. 1912년 뉴욕에서 리바이벌된 이 연극도 또한 어마어마한 성공을 거두었다. 그 해——그리고 적어도 그 이후로 10년 동안 호텔과 레스토랑은 《알라의 정원》에서 비롯된 장면과 흡사하게 장식했다. 맥스필드 패리시와 같은 상업예술가는 잡지 커버를 만들어서 작은 행운을 잡게 되었으며, 《알라의 정원》에 등장한 장면으로 꾸민 상업용 포스터와 캔디회사 광고를 통해 수입을 잡았다. 할리우드에서 알라 나지모바는 영화 스타로서는 처음으로 벽보 광고를 하게 된 배우였는데, 그녀는 선셋 대로에다

54) Ethan Mordden, *The Hollywood Studios: House Style in the Golden Age of the Movies*(New York, 1988), p.207.

55) Hichens, *Yesterday*, pp.140, 168-69, 244-45.

알라의 정원이라고 불리는 환상적인 시골 장원을 세웠다. 흑해 모양의 수영장도 딸려 있었다. 나중에 그녀는 민첩하게도 이 장원을——그 이름을 유지한 채——할리우드에서 가장 많이 언급되는 호텔로 용도 변경했다. 이 호텔에는 미국 영화계의 왕족들이 일시적으로 거주하거나 머물게 되었다. 여러 백화점들은 알라의 정원을 주제로 하는 선풍적인 패션쇼를 조직하기도 했다. 1912년 시카고에서 이 연극의 시카고 프로덕션의 캐스트로 인해 아리비아 흥행단을 마셜 필즈, 보스턴 백화점, 더 페어스가 빌려서 퍼레이드를 했는데, 그들은 패션쇼가 진행되는 동안 메일 플로어와 극장 주변을 엉터리 이슬람 복장하고 퍼레이드를 했다.[56]

가장 심화된 《알라의 정원》 패션쇼는 1912년 뉴욕 워너메이커 백화점에서 거행되었다. 무대는 개막 전야제에서 히천스에게 그처럼 강한 감동을 주었던 바로 그 '구름 한 점 없는 푸른 하늘'과 더불어 '빛나는 별들'을 그대로 본떠서 만들었다. 6명의 아라비아 남자(눈부신 터번을 두른 근육질의 사나이들)와 2명의 여성이 브로드웨이로부터 발탁되어 백화점 아케이드 주변을 '걸어다니거나' 아니면 극장에서 조용히 서 있었다. 워너메이커 자신의 수집품으로부터 빌려온 다양한 청동 제품과 동양적인 입상들이 극장 무대와 줄지어 늘어선 프롬나드를 장식했다. 현악 오케스트라는 30명 이상의 모델들이 샤세 스탭을 밟으면서 램프를 오르내리는 동안 동양적인 선율이 연주되었다. 모델들은 아라비아 디자인을 본뜬 의상을 걸치고 있었다. 가끔씩 스포트라이트는 '특별히 매력적인 의상'을 집중적으로 비쳐 주었다. 특별히 매력적인 의상이 등장하게 되면 관객들은 박수갈채를 보냈다. 아라비아를 주제로 한 새로운 패션에 대한 관심을 이끌어 내려는 로드먼 워너메이커의 착상은 《알라의 정원》 쇼를 통해 수천 명의 여성들을 매료시켰다. 인산인해를 이루어서 이들 여성들 중 일부는 아무것도 볼 수도, 자리를 찾을 수도 없었을 뿐만 아니라 입장을 완전히 거부당하기도 했다.[57](도판 13 참조)

패션, 인테리어 디스플레이, 실내 장식, 색깔, 유리, 빛이라는 외관은 20

---

56) 나지모바에 관해서는 Amy Porter, 〈Garden of Allah, I Love You〉, in *Hello, Hollywood!: A Book About Hollywood by the People Who Make Them*, ed. Allen Rivkin(New York, 1962), pp.352–59. 알라의 정원 호텔에 관해서는 Sheila Graham, *The Garden of Allah*(New York, 1970).

세기 초반 미국 소비자본주의를 유인하는 핵심적인 전략이었으며, 앞으로 다가올 미래의 토대를 구축하고 있었다. 하지만 이밖에도 다른 것들이 함께 작동하고 있었으며, 이보다 훨씬 더 포괄적인 의미를 지니고 있었다. 즉 소비 사회의 변경을 확장함으로써 오래된 미국 문화를 새로운 문화로 조각하게 되었으며, 이로 인해 이 새로운 문화는 모든 사람들에게 무제한적인 물품을 공급해 줌으로써 평생 동안 안정과 복지와 행복을 약속해 주는 것처럼 보였다.

---

57) *MRSW*(June 1912 and October 1912).

5

알리바바의 램프:
사적 혜택과 공적 혜택을 위한 서비스

1918년 워너메이커는 "현명한 사람이 세일즈를 통해 얻을 수 있는 가장 큰 이익은 돈 몇 푼이 아니라 고객에 대한 서비스이다"[1]라고 하면서 서비스에 관한 구절을 자신의 비망록 목록에 포함시켰다. 서비스는 노동자뿐만 아니라 고객의 욕구를 만족시키고 배려해야 하는 의무를 가졌던 상인들에 의해서 인정되었다. 서비스는 산업자본주의에 전환점을 마련하는 계기가 되었다. 그때까지만 해도 많은 사람들의 마음속에 산업자본주의는 오직 어둡고 악마적인 제작소이자 영원히 계속되는 빈곤이라는 이미지만을 떠올리게 만들었다. 산업자본주의의 공증서는 '공중에게 봉사하는 데 있는 것'이 아니라 '공중에게 내린 저주'로 간주되었다.

서비스는 새로운 형태의 소비자 크레디트(외상 계좌(charge account), 할부 구매)를 포함했는데, 이런 서비스는 구매의 고통을 완화시키기 위한 것이었다. 새로운 노동력은 단골손님에게 아첨을 하고 유난을 떨었다. 소비자의 즐거움을 위한 다용도 공간이 마련되었다. 독일계 미국인들이 **안락함**(Gemütlichkeit)이라고 불렀던 것들이 제도화되었으며, '순수한' 편안함과 휴식으로 생활 방식이 바뀌어 나갔다. 미국적인 형식인 서비스는 엘리트 문화에 인기 있는 '고급 예술' '대중 예술'로 통합되었다. 그것은 화랑·음악 콘서트·연예 등을 백화점과 호텔에서 창조하는 방향으로 유도했으며, 대단히 세련된 것에서부터 대단히 천박한 것에 이르기까지 다양한 스펙트럼을 감당했다. 1880년에서부터 1910년 사이 서비스 개념은 웅장한 특징을

---

1) JW, 1918 memorandum book, pp.3-4, tin box, WA.

띠게 되었으며, 이 나라에서 가장 강력한 사회적 요구를 반영하고, 말하려는 야심을 드러내게 되었다. 사업가들은 서비스를 통해 부분적으로는 자기 직원들을 달래고 이와 동시에 대중들에게 관대함과 친절한 인상을 창출했다. 흡인력이라는 전략과 더불어 서비스가 **존재하는 이유**는 언제나 지갑과 수표책이 텅 비도록 하는 데 있었다. 서비스를 안내하는 핵심적인 논리는 **개별적인 욕망**을 일깨우는 것이었다. 1932년 가톨릭 급진주의자인 피터 마우린이 지적했다시피, 1880년대 이후 미국에서 출현했던 서비스는 '상업화된 친절'이거나 혹은 '이윤을 위한 서비스'였다.[2] 서비스는 최대의 이점을 살리기 위해 상업화된 제도를 과시했는데, 그 효과는 신속하게 확산되어 호텔·레스토랑·극장·소매 상점·도시의 공공 시설을 포함하는 소비 부문을 망라하게 되었다. 이런 곳에서 전체 총매상고(volume turnover)는 경제적인 성공에 결정적인 중요성을 지니게 되었다.

'이윤을 생각하지 않는 이상'으로서의 서비스 개념

1910년 미국 사업가들은 서비스라는 새로운 네트워크를 도입하고 있었다. 이 아이디어는 비교적 새로운 것이었다. 워너메이커——동료들은 그를 '상인 귀족'이라고 불렀다——는 아마도 가장 열성적인 서비스 개념의 옹호자였다. "고객들은 나에게 모든 서비스를 요구할 권리가 있다"[3]라고 1886년 그는 말했다. 그로부터 10년이 지난 뒤 대규모 대중 광고에서 "백화점은

---

2) Peter Maurin, ⟨To the Bishops of the U.S., a Plea for Houses of Hospitality⟩, *Catholic Worker*(October 1933); repub. in Peter Maurin, *Catholic Radicalism: Phrased Essays for the Green Revolution*(New York, 1949), pp.7-8; and ⟨Communist Action in Schools: A Challenge to Catholics⟩, p.39.

3) JW to William Mason(May 18, 1886) in Wanamaker Letterbook, ⟨J.W. Personal —— December 22, 1885——December 2, 1886⟩, WA. 워너메이커를 '상인들 가운데 귀족'이라고 기술한 것에 대해서는 Alfred B. Koch(그 역시 백화점의 소유자였다), ⟨The Stevens Bill and Manufacturing Monopolies⟩, *Industrial Outlook: A Business Review* 12(December 1915): 7: "제조 물품이 브랜드 품목으로 세상에 알려지기 오래 전부터, 존 워너메이커는 고객들에게 자기 가게에서 구입한 물품에 불만이 있는 사람들에게는 브랜드 제품이든 아니든 간에 기꺼이 환불하겠다고 선언했다."

단지 이윤을 남기기 위한 것이 아니라 최대 다수에게 최대 다수의 이익을 주기 위한 것입니다. 어떤 면에서 볼 때 이것은 그냥 워너메이커의 백화점이 아니라 이용하는 사람들의 백화점입니다만, 워너메이커가 소유하고 관리하고 있을 따름입니다. 백화점으로부터 얻은 수익을 통해 그와 그의 파트너들은 사람들에게 이익을 베풀고자 합니다"라고 광고했다. 그로부터 다시 5년이 지난 뒤 "미래의 백화점은 최고 서비스라는 존엄한 권리에 의해서만 관객을 움직일 수 있을 것입니다. 미래의 백화점은 공중의 충복이 될 것입니다"라고 광고했다.[4]

마치 자신의 동기를 수상쩍게 보는 다른 사람들에게 자신은 자본주의자이거나 고리대금업자가 아니라 무엇보다 대중의 복지에 헌신하는 기독교인이라는 것을 설득할 필요가 있는 것처럼, 워너메이커는 강박적으로 이 주제로 되돌아온다. 워너메이커는 "새로운 백화점 유형은 주로 이윤을 남기기 위한 것이지만 이와 더불어 대중들의 필요에 대처하기 위한 것"이라고 주장했다. 1906년 필라델피아 백화점 확장을 기념하는 연설에서 그는 '새로운 백화점 유형'은 "인간 욕구의 외침을 소생시키는 것이었다. 그것은 정중한 예의 때문이 아니라 의무로서 고객의 편리를 충족시켰다. 우리가 제도화했던 이 새로운 거래에 의해 대중들은 그 자체로 부활되었다"[5]라고 선언했는데, 이 말은 조만간 모든 곳에서 많은 사람들이 인용하는 어휘가 되었다. 워너메이커스의 최대 라이벌인 마켓 스트리트에 있는 김벨스는 대단히 뻔뻔스럽게 이 전략을 모방했다. 워너메이커는 아들에게 "김벨스는 뻔뻔하고 아무런 생각 없이 베끼는 자들"이라면서 치를 떨었다.[6] "김벨스는 소유하려는 사례가 아닙니다"라고 김벨스 브라더스는 워너메이커가 이용했던 바로 그 신문에 이렇게 공고했다. "우리는 그것을 '우리 가게'라고 부르지 않습니다. 그것은 여러분의 가게입니다. 그것은 서비스를 위한 시설입니다.

---

4) JW, quoted in *DGE*(October 4, 1902); and JW to Mrs. Jane Wright(January 18, 1897), Letterbook vol. 18, p.719, WA.

5) JW, speech 〈at the opening of the Market St. Section of the Philadelphia Store〉(March 12, 1906), in 〈Miscellaneous Addresses〉, pp.80–81, bound collection, WA.

6) JW to RW(December 3, 1897 and July 25, 1902), 〈letter to Rodman Wanamaker〉, WA.

이것은 부질없이 하는 말이 아닙니다." 뉴욕의 시겔-쿠퍼스도 이런 무리에 합류했다. "이것은 대중의 백화점입니다"라고 1904년 공고를 했는데, 이런 전략은 1902년 고든 셀프리지가 소매 전쟁을 끝내고 뉴마셜필즈를 개업하면서 사용했던 민중주의-소비자 수사법을 그대로 되풀이한 것이었다.[7]

호텔 상인인 엘스워스 스태틀러와 루키우스 부머는 서비스 앵글을 공격적으로 추진했다. 스태틀러는 서비스에 헌신한다는 점에서 워너메이커와 흡사했는데, 그는 귀기울이는 모든 사람들에게 서비스의 복음을 설교했다.[8] 1863년 펜실베이니아에서 태어난 그는 가난한 독일계 개신교 목사의 아들이었으며 설교를 싫어해서 목사직을 포기하고 장사 분야에 뛰어들게 되었다. 1870년 무렵 가족은 오하이오로 이사를 했는데, 그곳에서 엘스워스는 처음에는 지역 유리 공장에서 일했다(용광로를 지키면서 소위 말하는 '유리 용해로(glory hole)'를 만들었다). 그런 다음 작은 호텔에서 벨보이로 일했다. 1900년 버팔로에서 그는 레스토랑 사업을 시도했지만 실패했다. 왜냐하면 그때까지만 해도 대다수 사람들은 집에서 먹는 것을 선호했기 때문이었다. 하지만 1년 뒤에는 그곳에서, 그 이후에는 세인트루이스에서 승리했으며, 각 도시의 전람회(fair)에 서비스하는 2개의 거대한 호텔을 운영하게 되었다. 전람회가 끝날 때면 임시 호텔들은 철거되었다.[9]

버팔로와 세인트루이스 양쪽에서 스태틀러는 새로운 형태의 '완벽한 서비스'를 실천하면서 배타적이고 호화로운 스타일의 호텔을 거부했다. 서비스는 다른 모든 물건과 마찬가지로 교환할 수 있거나 혹은 '판매할 수 있는 물품'으로 간주하는 자본주의적인 개념으로 이해되어야 한다[10]고 그는 강조했다. 1919년 그는 뉴욕·버팔로·디트로이트·세인트루이스·클리블랜드에서 호텔을 소유하게 되었다. 이들 호텔은 세계 최초로 대중 시장을 위해 표준화된 호텔 체인이었다. 모든 호텔들은 1.5달러부터 시작하여 서비

---

7) *Thought and Work*(July 15, 1904); 김벨스의 인용에 대해서는 *MRSW*(May 1911).

8) Edward L. Bernays, *Biography of an Idea*(New York, 1962), p.236.

9) Rufus Jarman, *A Bed for the Night: The Story of the Wheeling Bellboy, E. M. Statler and His Remarkable Hotel*(New York, 1952), pp.3-16, 98-105; Statler obituary, *NYT*(April 17, 1928), p.29.

10) Jarman, *A Bed for the Night*, p.99.

스의 선택에 따라서 값싼 방에서부터 디럭스에 이르기까지 모든 가격대의 방이 있었다. '호텔계의 마법사'는 '이윤을 생각지 않는 이상'을 향한 순례를 했다. "호텔 역시도 팔 수 있는 하나의 상품일 뿐이다. 그것이 다름 아닌 서비스이다. 손님은 언제나 옳다"라고 스태틀러는 주장했다.[11]

스태틀러에게 유능한 라이벌은 호텔 발도르프-아스토리아(Waldorf-Astoria) 주식회사의 회장인 언제나 깔끔한 차림의 루키우스 부머였다. 그는 부자와 잘사는 사람들을 위한 호텔 경영으로 명성을 떨쳤다. 서비스에 대한 그의 생각은 전체 호텔 산업에 영향을 미치게 되었다. 갓 신설된 시카고대학교의 낙제생이었던 그는 1890년대 붐을 이루었던 호텔 사업에 뛰어들었으며 플로리다, 캐나다, 뉴욕의 브링턴 비치에서 호텔을 운영했다. 마침내 그는 맨해튼에 입성했다. 1912년 그는 25층짜리 맥알핀 호텔을 열었다. 그에 따르면 그것은 브로드웨이와 34번지 백화점 지역의 심장부에 우뚝 선 '세계 최대의 호텔'이었다. 1918년 무렵 그는 호텔 체인을 경영하게 되었으며, 여러 호화로운 일류 호텔 가운데서도 발도르프-아스토리아를 손에 넣게 되었다. 부머는 1929년 그 당시의 균형을 살리면서도 발도르프를 재건축하고자 했다.[12] "가정을 꾸리는 것이 호텔 경영의 본질이다. 호텔 경영은 규모가 큰 가정을 꾸리는 것이다. 나는 손님들이 자기 집에서, 혹은 집에서보다 더 나은 서비스를 받고 싶어한다고 생각한다"라고 그는 말했다. "우리가 베풀수 있는 서비스의 유일한 한계는 법과 다른 사람의 편안일 따름이다."[13]

레스토랑과 극장은 새로운 서비스 접근법을 따르게 되었다. 자기 사업 분야에서 뿐만 아니라 대중의 시선으로 보기에도 그랬다. 철도와 공익 사업체

---

11) Ellsworth Statler, *NYHR* 14(March 24, 1919); Jarman, *A Bed for the Night*, pp.132-70; *The Hotel Gazette* 40(April 22, 1916): 4; *NYHR* 8(June 14, 1913): 25; *NYHR* 11(December 23, 1916): I.

12) Bernays, *Biography*, p.238; Horace Sutton, *Confessions of a Grand Hotel*(New York, 1951), p.18; Lucius Boomer, 〈The Greatest Houshold〉, in Frank Crwoinshield, *The Unofficial Palace of New York*(New York, 1939), p.11; Henry Lent, *The Wardorf-Astoria: A Brief Chronicle of a Unique Institution Now Entering Its Fifth Decade*(New York, 1934), p.32. 맥알핀 호텔과 부머에 관해서는 *NYT*(December 30, 1912), p.18; *The Hotel Gazette* 40(October 23, 1915): 9 and *NYHR* 12(January 20, 1917): 27-28.

13) Lucius Boomer, quoted by Kurt Heppe, 〈Attracting Hotel Patrons with Your Cuisine〉, *The American Restaurant* 4(January 1921): I.

들이 새로운 서비스 모델을 따랐다. 1910년 볼티모어 & 오하이오 철도와 펜실베이니아 철도 등은 판매자 시장(상품 부족으로 판매자가 유리한 시장)이 쇠퇴하면서 대중을 당연한 것으로 여기는 낡은 정책을 서둘러 중지하게 되면서 그 대신 '서비스'를 하겠다고 공언했다. 이와 거의 동시에 이 나라에서 가장 으뜸가는 공익 사업체인 미국 전화 & 전신 회사(AT & T)는 회장이 주장했다시피, "고객들에게 가능한 최고의 서비스를 베푸는 것이 의무라는 점을 깨닫게 되었으며," '미소 띤 목소리' [14]로 전화 회사를 경영하겠다고 선언했다. 그로부터 얼마 지나지 않아, 코먼웰스 에디슨 회사는 시카고 최대 전기 회사인데 이 회사의 회장인 새뮤얼 인슐은 자기 회사를 서비스 중심으로 운영하겠다고 대중들에게 확신시켰다. 그는 매니저들에게 말했다. "나는 여러분이 관리하고 있는 프랜차이즈가 얼마나 잘하고 있는지에 관해서는 전혀 개의치 않습니다. 여러분이 일하고 있는 지역 사회로부터 호의적인 반응을 얻는 방식으로 사업체를 운영하지 않는다면, 가게문을 닫고 당연히 다른 곳으로 이사를 해야 합니다"라고 말했다. [15]

신성함 혹은 상업적인 환대

1895년 이후 '서비스' 개념이 왜 그처럼 많은 옹호자들을 얻게 되었으며, 많은 사업체들이 '지역 사회'의 복지에 헌신하겠다고 스스로 발표하게 된 이유는 무엇일까? 네덜란드 역사가인 요한 호이징가는 1920년대 초반 미국을 두 번 방문했는데, 그는 이 질문에 대해 기독교 정신 때문이라고 대답했다. 서비스는 과거 중세 기독교에서 기원했다고 호이징가는 기술했다. 종교적인 근거로 인해서 공중의 이익을 위하여 일하고 환대하는 전통을 창조한 것이 다름 아닌 중세 기독교였다. 하지만 미국은 이런 낡은 종교적 전통을 깨고 나왔다. 기껏해야 그런 전통은 서비스 정신에서나 겨우 명맥을

---

14) AT & T, 철도 회사에 관해서는 Alan R. Raucher, *Public Relations and Business, 1900-1929*(Baltimore, 1968), pp.35-52.

15) 인슐에 관해서는 Forrest McDonald, *Insull*(Chicago, 1962), p.114.

유지할 따름이었다. 미국인들은 '새로운 서비스,' 다시 말해 일종의 세속적인 기독교 의식을 신봉했다. 많은 대학교, 정부 기관, 심지어 사업체에서 "중세의 오래되고 깊이 뿌리내린 윤리적 이상은 새로운 생활에서 깨어나게 …… 된다."[16]

많은 미국인들은 비록 그들의 '서비스'가 단지 대체된 기독교의 한 형식이라는 설명에 동의하지 않는다 할지라도, 호이징가가 주장하려고 했던 것은 받아들였을 수도 있었다. 자신을 대단히 경건한 종교인으로 생각했던 사람들에게 서비스는 기독교 행위를 대체한 것이 아니라 기독교 행위 그 자체였기 때문이었다. 1880년대 워너메이커와 다른 상인들──예를 들어 시카고의 존 V. 파월──은 무엇보다도 '개인의 신성'을 강조했던 복음주의적인 프로테스탄트 신앙 부흥 운동의 새로운 물결에 영향을 받았다. 역사가인 조지 마즈던이 기록하다시피, 개인의 신성함이라는 개념은 "심오한 개인적인 신성의 경험을 수반했으며, 영적인 힘으로 충만했고, 열렬한 기독교 서비스에 헌신"하게 되었다. 이런 교리에 의하면 부자인 기독교인은 나머지 사회에 대한 이타적인 '청지기'로 봉사할 의무가 있다는 오래된 생각을 강화하게 되었다.[17] 신앙부흥론자인 드와이트 무디는 이런 운동의 핵심 인물이었는데, 모든 곳에서 신성함을 발견할 수 있다고 설교했으며, 신성한 콘퍼런스와 기관을 조직했다. '예배(서비스)의 힘(power for service)'이라는 구절은 그가 가장 좋아하던 구절이었으며, 1890년 무렵 그 구절은 "그를 섬기는 거의 모든 사람들이 채택했던"[18] 이상처럼 보였다. 제6장에서 살펴보겠지만, 무디는 워너메이커의 종교적인 관점에 대단한 영향력을 미쳤다. 그래서 무디가 주장한 신성의 개념은 워너메이커 자신의 서비스 개념에 이바지했다고 확실히 말할 수 있다.

---

16) Johan Huizinga, *America*, ed. and trans. Herbert Rowan(New York, 1972; orig. pub. 1926), pp.310-11.

17) George Marsden, *Fundamentalism and American Culture: The Shaping of Twentieth-Centuru Evangelicalism; 1870-1925*(New York, 1980), pp.72-73. 여기서 내가 주장한 것은 부분적으로 무디에 관한 마즈던의 분석에서부터 도출한 것이다.

18) Marsden, *Fundamentalism*, p.79. 1870년 이후 청교도 복음주의적인 입장에서 본 청지기 전통에 관해서는 James F. Findlay, Jr., *Dwight L. Moody, American Evangelist, 1837-1899*(Chicago, 1969), p.85.

서비스 이데올로기의 부상은 남북 전쟁이 끝난 뒤 자유주의적인 공화주의자들에게도 지대한 영향을 미쳤다. 공화주의자들은 보다 나은 정부('공적인 서비스')와 갱신된 공화주의적인 정신을 강조하게 되었다. 주로 가문 좋은 도시 엘리트들이 뒷받침했던 이런 전통은 사적인 선보다는 공적인 것과 '최선의 인물이 통치하는 정부'를 옹호했다. 의심할 나위없이 이 전통은 많은 상인들, 그 중에서도 특히 다시 한번 워너메이커의 관점에 새로운 기운을 불어넣었다. 실제로 워너메이커는 1889년에서 1893년 사이 벤자민 해리슨 대통령 재임 시 체신부 장관으로서 연방 정부에 복무하기도 했다. 워너메이커의 강력한 '공공 서비스' 개념과 '공공의 선'은 기독교적인 관점과 혼재되어 있었으며, 백화점 서비스의 기틀이었을 수도 있었다.

하지만 이보다 훨씬 더 중요한 설명, 즉 상업적인 서비스 이데올로기의 부상에 대한 설명은——기독교나 혹은 자유주의·공화주의 이념과 관련이 없다는 것은 아니지만——업계의 '이미지 쇄신'과 밀접한 관련이 있었다. 1895년과 1915년 사이 서비스에 대한 상인들의 열광이 절정에 도달했을 때, 많은 미국인들은 억압적이고 때로는 새로운 합병의 폭력적인 관행이라고 생각한 것에 반발하고 있었다. 산업노동자들은 가혹한 대접을 받았으며, 산업계에 반발했다. 농부들은 철도, 은행, 토지 투기꾼, 탐욕스러운 가격을 매기는 공공 시설, 이 나라의 토지와 숲을 강탈하여 수용하는 국영기업들에 대한 민중주의적인 봉기를 조직했다.[19] 대규모 도시 소매 상인들은 '모든 것을 삼키는 괴물'로 소규모 상인들로부터 매도당했으며, 노조로부터는 노동자들의 복지에 관해서는 무관심한 이기적인 제도라고 비난받았다. 뉴욕에서부터 시카고에 이르기까지, 개혁가들은 대규모 소매 상인들의 정책에 대해 맹렬히 비난했다. 개혁가인 플로렌스 켈리가 이끄는 전국소비자연맹과 다른 개혁가들은 사원들에게 비참할 정도의 저임금을 지불하는 것에 대해 공격했으며, 아동들을 착취——그들의 임금 때문에——하고 여성들을 매춘으로 내몬다고 통렬하게 공격했다.

---

19) 농부와 산업노동자들의 반격에 관해서는 Norman Ware, *The Labor Movement in the United States, 1860-1895: A Study in Democray*(New York, 1929) and Lawrence Goodwyn, *The Populist Moment*(New York, 1978).

사업가들은 자신의 이미지를 혁신하여 그들이 모든 사람의 최고의 이익을 위해 노력하고 있다는 점을 입증하려고 했다. 많은 노동자들과 기능공들에게 '민중'의 이해 관계라는 문제는 원칙의 문제이지 이미지의 문제가 아니었으며, 그것은 착취로부터의 자유와 상호 의존의 문제였다. 그럼에도 불구하고 상인들에게 이 문제는 점점 더 이미지의 문제가 되어 버렸다. 자신들이 고용한 직원들과 다른 노동자들이 아니라, 생산이 아니라 소비야말로 새로운 민주주의의 영역이라고 간주함으로써, 자신들이 진정한 인민주의자라는 인상을 심어 주려는 것이 상인들의 진짜 관심사였기 때문이었다.

많은 상인들은 너그럽고 동정심이 많고 관심이 많은 것처럼 보이는 데 합당한 명성을 추구하고자 했다. 퍼시 스트라우스는 아버지인 이지도르 스트라우스가 1912년 타이태닉 호의 참사로 죽은 뒤 메이시즈의 부사장이 되었는데, 그는 백화점이 매춘의 근거지가 되고 있다는 비난을 일소하려고 노력했다. 시카고 비행위원회(Chicago Vice Commission)는 몇 년 전 메이시즈가 자리한 곳──많은 사람들의 마음속에──이 그런 이미지(메이시즈의 위치는 한때 홍등가로 악명 높았던 지역 근처에 자리하고 있었다)를 주는 것 같다고 선전했다.[20]

1913년 스트라우스는 맨해튼 14인 위원회를 초대했는데, 이 위원회는 도시의 상업 지구에서 초래되는 '비행'을 불식시키기 위해 경찰과 협동하여 감시하는 단체였다. 스트라우스의 목표는 메이시즈를 '뉴욕에서 가장 단정한 백화점'으로 만들려는 것이었다.[21] 열렬한 청교도였던 스트라우스는 비행에 대항하는 캠페인을 지도하는 데 개인적인 관심을 갖고 있었다. 무엇보

---

20) 스트라우스는 1908년과 1909년 보다 일찍은 아니라 하더라도 그 기간 사이에 '비행'을 조사하는 것으로 '커리어'를 시작했다. 1909년 2월 《잡화 이코노미스트》지는 그가 '특정한 소풍 장소 · 오락 장소 · 무도회 등'과 같은 것을 조사하는 전국잡화 소매업협회 위원회의 일원이었다고 보고한다." *DEG*(February 13, 1909), p.4. 백화점이 매춘 가능성이 있는 곳이라는 점에 관해서는 Mark Connelly, *The Response to Prostitution in the Progressive Era*(Chapel Hill, N.C., 1980); Rheta Childe Dorr, *What 8,000,000 Women Want*(New York, 1910), p.196.

21) 〈Report of Miss Faith Habberton〉(October 16−October 31, 1913), p.17, 〈Special Investigation, Committee of 14〉, Folder 2, Box 39, Committee of Fourteen Records, Manuscripts Division, NYPS.

다도 독일계 유대인이었으며 유대인 지역 사회의 대변인이었던 그는 이민 온 유대계 여성들(따라서 그들 중 다수가 자신이 고용한 사람들)이 다른 어떤 여성들보다 매춘부가 될 확률이 높다——그 당시 널리 퍼져 있던 이미지 ——는 비난이 잘못된 것임을 입증해야만 했다.[22] 스트라우스는 자기 백화점은 건전한 시설이기 때문에 여성들을 착취하지 않는다는 점을 보여주기 위해 그 자신이 몸소 위원회의 의장이 되었다. 1915년 그가 취임하고 난 지 얼마되지 않아 위원회는 메이시즈의 '조건'들이 사실상 '정상적'이라는 것을 확인하는 보고서를 출판했다. 반면에 '비밀 보고서'의 증언에 의하면, 사정은 전혀 달랐다. 여점원들은 포르노 사진과 시들을 돌려 보았으며, 공공연하게 '섹스'와 '성적 욕망'을 거론했으며, 조사관의 말을 빌리자면 '동성애'에 관한 소문들이 떠돌았다.[23] 조사에 착수했던 다른 개혁가들의 사적인 설명 역시 이런 소문을 되풀이했다. 말하자면 메이시즈와 다른 백화점의 상태는 전혀 '정상적'이거나 '단정한' 곳이 아니었다. "백화점 점원에게 최대의 유혹은 가난이 아니라 사치와 돈이었다"고 한 개혁가는 경고했다. "그것은 여점원들의 가정 환경에서 볼 수 있는 윤리적인 수준과 비교해 볼 때, 문제는 그들이 설정한 생활 수준이었다. 그들은 자기 어머니 세대처럼 섹스 윤리를 그렇게 간주하지 않는다"[24]고 또 다른 개혁가는 말했다.

공익 설비, 철도, 호텔 또한 고용원 복지 프로그램을 고안했으며, 행여 대중들이 백화점 고용 정책에 관해 가지고 있을지도 모르는 부정적인 생각을 쫓아내려는 노력을 했다. 하지만 그들은 노조를 인정하거나 혹은 노동력의 현저한 증가까지 나아가지는 않았다. 다만 그들의 복지 프로그램은 직원들

---

22) 유대인 이민 여성에 대한 이런 견해들에 관해서는 Arthur Goren, *New York Jews and the Quest for Community*(New York, 1970), pp.134-58.

23) Natalie D. Sonnichen, written report, entries(November 27, 1913, and December 1, 1913), Folder 2, Box 39, 〈Special Investigation, Committee of 14〉; 〈Report of M. Sidney〉, entires(October 7, 1913), pp.11-12(December 10-16, 1913), p.2, NYPL, 〈New York Store Workers' Morality O.K'd〉, *DGE*(February 20, 1915), p.49.

24) Katherine Bennett Davis, 〈Report of Meeting of April 18, 1913〉, investigation of the National Civic Association, 〈Department Store——Wage Survey(4 of 6)〉, p.13; same report, James Bronson Reynolds, p.2, National Civic Association Papers, Manuscripts Divsion, NYPL.

에게 보다 큰 사원 '가족'에 참여하고 있다는 참여의식을 부여해 주려는 것이었다. 시카고 맨델스 백화점의 매니저는 이런 경향을 이렇게 옮겼다. "우리의 플랜은 큰 백화점 직원들을 보다 큰 가족 구성원으로 변화시킴으로써 친절과 협동이 가능하도록 하는 것입니다."[25] 1880년대부터──1886년 특히 헤이마켓 스트리트의 폭동이 있고 난 뒤부터──업계는 이윤 분배 플랜을 도입했는데, 이 플랜은 고임금 대신에 노동자들에게 회사 주식의 소유권을 통해 돈도 벌고 노동자들이 현실적인 파트너라는 느낌을 줄 수 있도록 허용한다는 의미였다.[26] 엘스워스 스태틀러는 1916년 직원 주주 플랜을 시도했다.[27] 코먼웰스 에디슨과 같은 다른 회사들은 수혜 프로그램을 만들어서(하지만 결국 노동자 자신이 지불해야 했던), 야구 팀, 회사 소유 휴가 캠프, 휴양지 온천 등을 이용하도록 했다.[28]

이런 프로그램은 대중의 눈에 확 띄기 때문에, 대규모 소매 상인들은 아마도 이 나라에서 가장 정교한 직원 복지 프로그램을 고안했다. 1915년 무렵에 이르면 이 나라에서 주요한 상인들은 '고용인'들을 '직원 가족'이라는 명목으로 떠넘기는 데 거의 어김없이 가담했다.[29] 메이시즈는 병원을 포함하여 '복지 정책의 범위 안에서 가능한 완벽한 복지 체계'(소위 말하는 14인 위원회(Committee of Fourteen))를 구비하게 되었다. 의무적인 상호 원조협회, '사립학교,' 판매 사원들의 '복지'를 돌봐 주는 '여사감'이 운영하는 '복지 부서' 등이 마련되었다.[30] 다른 백화점에서도 1년 근무하고 나면 1주간의 유급 휴가(3년 뒤에는 2주간의 유급 휴가)를 산이나 바다 혹은 여름 휴양지에서 보내는 것 등은 협상의 일부가 되었다.[31] 1917년 조던 마시는 보스턴에 있

---

25) ⟨Commissary for Employees⟩, *MRSW*(March 1913).

26) Robert C. Ogden to JW(May 1, 1890), ⟨Letters⟩, Box, 5, Robert C. Ogden Papers, LC. 이윤 분배 계획에 대해서는 Daniel T. Rodgers, *The Work Ethic in Industiral America, 1850 to 1920*(Chicago, 1978), pp.45-62.

27) *NYHR* 11(December 9, 1906): 36.

28) McDonald, *Insull*. pp.114-25.

29) ⟨Store Family⟩, *DGE*(October 23, 1915).

30) Macy's, ⟨Minutes of the Managers' Association, 1911-1916⟩, Record Group I(May 18, 1916), MA; and ⟨Interviews, R. H. Macy Department Store, Herald Square⟩(November 6-12, 1914), pp.2-4, Resale Price Investigation, RG 122, Bureau of Corporations, File No. 7224-64-1, NA.

는 2에이커에 달하는 한때 헬렌 켈러의 소유지를, '지친' 직원들을 위한 '안식의 집'으로 사들였다.[32] 시어스와 뢰벅은 1901년 《스카이라이트》를 직원들이 편집하고 글을 쓰고 출판하여 판매했다.[33] 아마도 이 저널은 회사가 만든 최초의 잡지였을 것이다. 뒤이어 시겔-쿠퍼스가 《사유와 노동》('대가족'이라는 이상을 강화하기 위해)을, 필렌즈가 《메아리》를, 삭스가 《삭소그램스》를, 뱀버거스가 《카운터-커런트》, 그리고 뉴어크 소재 L. S. 플라우트가 《벌집 교서》를 출판하게 되었다. 1915년에 이르면 모두 합쳐서 60개 이상의 이런 사보들이 나오게 되었다[34](스태틀러와 루키우스 부머는 직원들의 논문 역시 출판했으며 그것이 《스태틀러 세일즈맨십》과 《아프로포스》였다).[35]

하지만 이 모든 논문들은 경영의 일환으로 시작되었다. 메이시즈는 심지어 직원들에게 한 부에 1페니에 팔았다.[36] 그밖의 모든 복지 혜택은 거짓 핑계였다. 그러다 보니 직원들은 심지어 복지 프로그램의 '진지한' 측면마저 회의적이거나 경멸적인 시선으로 바라보게 되었다. '여직원'들은 메이시즈의 '복지' 정책을 '자선 사업'으로 비웃었다고 메이시즈의 사적인 조사관

---

31) 백화점에서 실시되었던 이런 종류의 '복지 사업'에 관한 상세한 논의는 unpublished survey of the National Civic Federation, 〈NCF——Welfare Department——Department Stores——Wage Survey(5 of 6)〉, pp.6-30; Gertrude Beeks, 〈Survey of the Department Stores〉, Box 83, Papers of National Civic Federation, Manuscripts Division, NYPL.

32) 〈Wage Survey, 5 of 6〉, Survey of the Department Stores(April 29, 1913), National Civic Federation, Box 83, Manuscripts Division, NYPL; and 〈Estate for Employees' Use〉, DGE(June 23, 1917).

33) Boris Emmet and John E. Jeuck, Catalogues and Counters: A History of Sears, Roebuck and Co(Chicago, 1950), pp.137-49.

34) 필렌즈에 관해서는 PRL(May 7, 1924), p.4; 삭스에 관해서는 DGE(May 22, 1915); 뱀버거스에 관해서는 DGE(October 23, 1915). 플라우츠에 관해서는 〈Papers for Employees〉, MRSW(July 1913). 시겔-쿠퍼스에 관해서는 Thought and Work(이하 TW) (June 15, 1904). 직원들에 관해서는 TW(November 15, 1904); TW(December 15, 1904); and TW(September 15, 1905), 1921년 무렵 모든 산업 분야에서 사원들이 만들어 내는 잡지의 숫자는 3천3백34개에 달했다(Emmet and Jeuck, Catalogues and Counters, pp.137-49, and fn. 8, p.733).

35) 스태틀러에 관해서는 NYHR 12(January 20, 1917): 62; 부머에 관해서는 NYHR 12(January 29, 1917).

36) Interview with Macy's executive, A. S. Donaldson, Harvard History Project interviews (1934), RG 10, Box I, MA.

이 미출판 보고서에서 말하고 있었다. 그들은 '여사감'이 사생활을 캐고 다닌다고 미워했다. "백화점에서 제공되는 것은 무엇이든, 말하자면 그것이 교육이든 아니면 오락이든, 삐딱한 시선으로 보고 있다"[37]고 그 조사관은 보고했다. 다른 한편 그들은 워너메이커의 뉴욕 백화점의 조건을 '대단히 높게 평가했으며' '가장 일하고 싶어하는 곳'[38]으로 평가했다.

워너메이커는 모든 경쟁자들을 물리치기 위해 열심히 일했다. 비록 그의 전기작가에 의하면 워너메이커는 '백화점 가족'들에게 그들 스스로 복지 프로그램을 시도하라고 권장했으며 어떤 면에서도 결코 '온정주의자'가 아니라고는 하지만, 하여튼 그는 1902년 고객들에게 "자신은 자기 직원들에게 어느 정도는 아버지처럼 대한다"[39]고 썼다. 워너메이커는 '법적 임금'을 지불할 의무가 있을 뿐만 아니라 모든 그의 직원들(남녀를 불문하고 흑인, 백인, 소년, 소녀 등을 망라하여)의 '복지와 교육'까지 감당해야 한다고 믿었다.[40]

청지기 의식과 심지어 '신성'에 자극을 받은 워너메이커는 성심껏 자기 직원들에게 헌신한다는 목표를 추구했다. 하지만 그 역시 자기 시대의 경제적인 소요에 대해서는 반동적이었음에 분명했다. 노동 갈등과 회사와 백화점에 대한 공격에 맞서서 그는 결코 노동조합이나 노조의 요구에 굴복하지 않았다. 그는 자기 나름의 복지 정책을 도입했으며, 그것을 대중적 이미지에 맞게 개량했다. 그가 가장 신뢰하는 동료인 로버트 G. 오그던의 경고를 기억하고 있었음은 물론이었다. 오그던은 1890년대 초반 일찌감치 어떤 방식으로든지 노동 문제에 대처하여 그의 '인기'를 위태롭게 하지 말라고

---

37) Faith Habberton, private report(entry July 26, 1913), p.14; Committee of Fourteen, ⟨Department Store Investigation Report of the Sub-Committee⟩(1915), p.12, Committee of Fourteen Records, Manuscripts Division, NYPL.

38) Wanamaker investigation notes, Committee of Fourteen Records, Folder I, Box 39(April 1913).

39) JW to Hannah Jones(October 31, 1902), in ⟨Mr. Wanamaker Personal, June 21, 1902 to November 22, 1902⟩, p.755, WA; and Henry Adams Gibbons, *John Wanamaker*(New York, 1926), vol. 2, p.262.

40) JW, address, ⟨At the Laying of the Corner Stone of the New Building⟩(June 12, 1909), p.95, in ⟨Miscellaneous Addresses⟩, WA.

충고했다. 1890년 5월 오그던은 워너메이커에게 유명무실해지고 있는 노동자와의 이윤 분배 계획을 재활성하라고 촉구했다. 이 이윤 분배 프로그램은 1886년에 시작되었다. 만약 그렇지 않을 경우 "비윤리적이고 위험할 수 있다. 이 문제와 관련하여 우리가 탁월하게 앞서고 있지만 앞으로도 그런 운동을 해야 한다"고 그는 촉구했다. 1년 뒤 새로운 노동 소요의 소용돌이가 몰아치자, 그는 "지역 사회가 그처럼 혹심하게 단련되었던 적은 결코 없었다"고 토로했다.

지금처럼 바로 이 시간에 우리가 그처럼 철저하게 비판의 대상이 된 적은 결코 없었다……. 우리는 좋은 평판을 필요로 하지만 대중들이 과거에 그랬던 것처럼 우리에게 그럴 마음이 내키지 않는 타당한 이유가 있다. 그리고 만약 이것이 사실이라면 우리는 대단히 조심할 필요가 있다……. 토요일 오후 내가 당신께 한 발언, 즉 이번 사업은 거칠게 다루지 말아야 하는 예민한 기계의 한 부분과도 같다는 점은 모든 면에서 진실이다. 머천다이징, 고용, 광고와 같은 이 모든 기술적인 문제는 대단히 예민한 부분들이기 때문이다. 이들 모두는 **인기**라는 핵심적인 문제와 맞닿아 있으며, 이런 요소들의 양보가 우리 직원들이나 혹은 대중과 더불어 하지 않는다면, 부패가 시작될 것이다.[41]

몇 달 뒤 오그던은 다시 한번 워너메이커에게 "사람들이 어떻게 **느끼느냐**가 우리 사업의 성공의 척도"라는 점을 상기시켰다.[42]

1897년 10월 워너메이커는 대반격에 어떤 것을 얼마 만큼 배웠는지를 보여주면서 자기 백화점이 '민중의 가게'이지 '워너메이커의 가게'가 아니라는 점을 무수한 신문에 전면 광고로 게재했다. 이와 동시에 그는 노동기사단의 우두머리인 테렌스 파우더리에게 자신의 복지 프로그램의 특징을 설명하고 있었다. 오그던의 주장에도 불구하고 왜 '이윤 분배 플랜'을 감축하기로 마음먹었는지를 그는 밝혔다. 직원들을 돕는 보다 나은 방식이 있으며, 그 나은 방식이 다름 아닌 자기 방식이라고 그는 고집했다.[43]

---

41) Robert C. Ogden to JW(February 9, 1891 and May 1, 1890), Ogden Papers.
42) Ogden to JW(June 2, 1891), Ogden Papers.

이 무렵, 워너메이커는 백화점에서 통합의 정신과 가족과 같은 느낌을 고취하기 위해 음악을 이용하기 시작했다. 틀림없이 다른 상인들도 동일한 방법을 사용했으며, 심지어 백화점들끼리 연합하여 오케스트라와 음악 동호회를 함께하기도 했다.[44] 리하르트 바그너와 독일 음악가들의 숭배자였던 워너메이커는 이런 노력을 비웃었다. 그는 자기 주변의 경쟁자들에 관해 로드먼에게 편지를 보냈다. "스트로우브리지와 클로디어스, 스넬렌버그스, 김벨스, 합창 음악 소사이어티는 너무 유치해. 우리 혼자서 해도 그 정도는 충분히 할 수 있어"[45]라고 말했다. 그는 원대한 비전을 가졌다. 1915년 무렵, 그는 노동자들을 조직하여(그의 직원들은 양쪽 백화점을 합쳐 1만 2천 명에 달했다), 소년 소녀 고적대를 각각 만들었다. 청소년 합창대는 6백50명이나 되었으며, 30종의 악기로 편성된 오케스트라, 스코틀랜드 빅파이프 밴드, 1백50명의 견습생 혼성 보컬로 구성된 존 워너메이커 사원 합창단, '세상을 음악으로 채우기 위한' 연례적으로 행하는 합창 페스티벌 경연 등이 있었다. 50명 이상의 흑인 직원들은 로버트 C. 오그던 밴드에 속했는데, 이는 워너메이커의 절친한 친구의 이름을 따서 지은 것이었다. 흑인 합창단은 워너메이커가 흑인 직원들을 '가족'의 일원으로 본다는 워너메이커의 공약에 대한 증언이었다. 2백 명 이상이나 되는 흑인들이 주로 엘리베이터와 레스토랑에서 일했다. 워너메이커스에서 근무는 사실상 음악과 더불어 시작되었다. 직원들은 〈실버 라이닝을 찾아서〉 혹은 〈당신 마음을 올바르게 한다면〉과 같은 '아침 노래'를 부르면서 일과를 시작했다. 소년 단원 행진 악대들은 황금색 도금을 한 단추가 달린 분홍색 유니폼을 입고 밴드 음악과 노래의 콘서트로 백화점을 열었다. 설립자는 "드럼을 치면서 나타나는 소년들이 대단히 자랑스럽다"라고 말했다. "그들은 대단해. 곧 남들의 귀에도 들리게 되겠지. 이처럼 아름다운 음악으로 인도하는 합창대 소년들을 대견

---

43) JW to Powderly(August 6, 1896) in *Wanamaker Letterbook*, 패1. 16, p.717, JA.

44) 마셜 필즈는 심지어 이 나라의 어떤 전문적인 집단 못지않게 훌륭한 직원 합창단 동호회를 모았다. 시카고 심포니와 더불어 로시니의 《눈물 흘리는 성모》, 엘가의 오라토리오 《올라프 왕》, 하이든의 《천지창조》와 같은 작품을 공연했다. 〈Store's Choral Society〉, *DGE*(April 23, 1910), p.5; and 〈A Treat for Lovers of Good Music〉(November 15, 1904).

45) JW to RW(August 8, 1911), 〈letters to Rodman〉, WA.

해하지 않을 사람이 있을까?"[46)]

워너메이커의 백화점은 직원 식당과 의료 진료실, 지점의 공공 도서관, 연금 계획, 언어 교육을 위한 클럽, 여성 투표권을 위한 토론 클럽 등이 있었다. 필라델피아 백화점의 지붕은 워너메이커의 주장에 따르면 세계에서 가장 큰 옥외 체육관을 가지고 있었다. 육상 트랙, 야구장, 축구장, 핸드볼 구장, 테니스 코트가 구비되어 있었다. 직원 체육클럽은 매디슨 스퀘어 가든에서 전국적인 시합을 했다. 노동자들은 뉴저지의 해변과 펜실베이니아 시골에서 휴가 캠프를 보냈다. 주정부가 전적으로 공인한 '무역과 상업에 관한 미국대학' 은 젊은 남녀들에게 가장 중요하고 가장 최신의 사업 주제들을 가르치기 위해 '순전히 백화점 자비 부담' 으로 필라델피아 백화점에서 실시되었다.[47)]

보다 나은 대중적인 이미지의 추구는 기독교와 자유주의적이고 공화주의적인 이상에 호소하면서, 새로운 서비스 이데올로기의 자원에 의존했다. 하지만 새로운 서비스 이데올로기가 등장하게 된 보다 실질적인 원천(보다 분명한 원천)은 노동자들의 대우에서 암시적으로 드러난 것이었다. 오그던이 지적했다시피, 노동에 대한 관대한 정책은 대단히 중요했지만 그 자체를 위한 것은 아니었다. 그런 정책이 중요했던 이유는 상인의 관대함에 대한 올바른 이미지를 투사함으로써 '인기' 를 확보하고, 소비자 요구에 대처하려는 보다 큰 목적을 충족시키기 위한 것이었다. 달리 말하자면 서비스가 출

---

46) JW, address, 〈Upon the Occasion of Vacating the Chestnut Street End of the Store〉 (September 14, 1908), in 〈Miscellaneous Addresses, May 12, 1902-July 1, 1915〉, WA; and 〈Morning Songs〉(John Wanamaker, N.Y., 1917), WA. JW 견습생 합창대와 다른 음악 집단에 관해서는 Wanamaker Guidebook, *New York City and the Wanamaker Store*(New York, 1924), p.34, and JW and Co., 〈The John Wanamaker Store Army〉(Philadelphia: John Wanamaker, 1918), p.26, WA. 1915년 직원의 숫자에 관해서는 Gibbons, *John Wanamaker*, vol. 2, pp.199-201.

47) Gibbons, *John Wanamaker*, vol. 2, pp.218-35, 259-303; Wanamaker Medical Department, 〈Safeguards and Aids to the Health and Well-Bing of Employees〉(Philadelphia and New York: Wanamaker's, April 1917), WA; Meadowbrook Club, *Yearbook 1929* (Philadelphia, 1929), p.3, WA; JW to J. B. Learned(on 'own expense')(February 15, 1908), Wanamaker Letterbook, 'December 14, 1906 to February 20, 1908,' p.965; 〈Wanamaker 'Firsts'〉, list compiled by the store, WA.

현한 이유는 상인들이 상품을 이동시켜야만 했기 때문이었다. 궁극적으로 상인들은 노동자에게 초점을 맞춘 것이 아니라 소비자에게 초점을 맞춰서 소비자를 집에서처럼 편안하게 해주려는 데 목적이 있었다. 한 제품 판매 전문가는 서비스를 이렇게 표현했다. "서비스는 소비자의 욕구와 욕망을 만 족시켜 주는 데 달려 있다.[48]

다름 아닌 이런 맥락에서 상인들은 새로운 형태의 서비스를 창출했다. 그 것이 다름 아닌 소비자 서비스였다(한동안 그것을 '소비자' 서비스라는 이름 으로 불리지는 않았지만). 소비자 서비스는 워너메이커와 같은 상인의 눈에 는 단지 긍정적인 대중 이미지를 산출하는 것보다 훨씬 더 중요한 의미를 지녔다. 소비자 서비스 개념은 초기의 공화주의적이고 기독교적인 전통과 는 근본적으로 거리가 먼 것이었다. 소비자 서비스는 귀족적인 이상이었지 결코 공화주의적인 이상은 아니었다. 그것은 개별 자아에 초점을 맞춘 것 이지 지역 공동체나 공중의 의무나 신성함에 초점을 맞춘 것은 아니었다. 비록 소비자 중심 서비스가 지역 공동체의 욕구에 대처하려는 노력을 하기 는 했지만, 대체로 쾌락주의적인 것이며, 개인적인 즐거움·안락·행복과 사치를 추구하는 것이었다.

개인적인 소비자 서비스의 정신에는 다른 모든 '서비스'와 갈등을 야기 하는 긴장이 존재하기 때문에 상인들은 자기 직원들에게 관심을 보였다. 그 럼으로써 직원들은 소비자에게 관심을 표현하게 될 것이었기 때문이었다. 워너메이커는 자기 노동자들에게 '그들이 서비스하는 분야가 무엇이든지간 에,' 대중들에게 그를 '대표하는 것이며' 그래서 "가장 귀중한 자산이며, 선 의는 직원들이 소비자들을 어떻게 대접하느냐에 달려 있다"는 점을 강조했 다.[49] 그의 백화점에서 모든 노동자들은 서비스에 헌신해야만 했다. 1910 년 가을, 흑인 직원들이 부적절한 고객 서비스로 인해 당황한 것처럼 보였 을 때, 그는 "이 문제를 개선할 수 있는지"를 살펴보려고 한밤중에 직원들 과 만남을 가졌다고 로드먼에게 썼다. 보다 나은 서비스를 하는 데 걸림돌

---

48) Paul Mazur, *American Prosperity*(New York, 1928), p.20.

49) Gibbons, *John Wanamaker*, vol. 2, p.259. 이 단어들은 기본스가 워너메이커를 표 현한 것에서 부연 설명한 것이다.

은 절대 남겨둘 수 없다. 사업에서 상처는 비난을 회피함으로써 고객에게 만족을 주지 못할 때이자 우리가 지킬 수 없는 약속을 함으로써 불평을 막아버릴 때"[50]라고 그는 말했다.

다름 아닌 이와 같은 정신으로 워너메이커와 같은 상인들은 직원들의 복지를 증진시켰을 뿐만 아니라 고객들에게 광범한 서비스를 고안하게 되었다. 이런 서비스 정책에는 구체적인 상품 서비스도 포함되었다. 반품할 수 있는 권리, 공짜 배달, 편리한 크레디트(easy credit) 외에도 그들이 주변 정황적인(contextual) 서비스라고 부른 것들, 즉 대중들에게 복지와 안락함의 느낌을 제공하려는 목적의 서비스가 포함되었다. 그런 서비스들은 백화점, 호텔, 다른 소비자 사업에서 지역 사회의 활력으로 주입되었다. 자선을 후원함으로써 지역 사회의 욕구를 충족시키고, 결혼 공간을 제공하며, 지역 사회의 문화 예술을 장려하게 되었다. 마침내 새로운 서비스는 **안락함**(gemütlich-keit)을 전체 소비자 환경 속에 통합하려고 시도하게 되었다.

'맥시멈 맥스'와 법정에서 가격을 지불하기

1880년 이전에 대다수 사람들은 다량의 원자재를 사서 구매한 물건을 직접 집으로 날랐다. 포장된 상품도 없었으며 기성품화된 의복도 거의 없었다. 고객과 가게 소유주는 서로 잘 알고 지내는 사이였다. 그렇기 때문에 상인들이 고객들에게 오랫동안 서비스를 제공하면서 지내는 것이 흔치 않은 일은 아니었다. 소규모이자 친밀한 관계의 소매업을 하면서 상인들은 모든 고객들에게 공통되고 일관된 서비스를 제공할 수는 없었다. 그런 관계는 특수한 개인적인 특징을 띠고 있었다. 경제 전반을 통틀어 가격 정찰제가 규칙으로 고정된 것이 아니었기 때문에, 사람들은 종종 가격 때문에 다투었고 때로는 물물교환을 하기도 했다.

1880년에서 1915년 사이, 새로운 경제적 조건으로 인해 이런 면대면 상호 작용은 줄어들게 되었다. 상인들은 정찰가로 물건을 팔기 시작했으며, 제

---

50) JW to RW(November 13, 1910), 〈Letters 1910, JW to RW〉, WA.

품화되고, 포장하여 기성품화된 물품이 늘어나게 되었다. 그래서 많은 기성품들은 결함이 있는 것으로 판명되었다. 많은 물품들이 망가지거나 혹은 수송과 배달 과정에 더럽혀지기도 했다. 거래 물량이 많았기 때문에 고객과 상인들 사이의 신뢰에 바탕한 옛날 토대는 무너지게 되었으며, 새로운 토대가 요구되었다. 가게들은 제품이 믿을 만하다는 것을 고객들에게 확신시키기 위해 표준화된 반품 정책을 고안했다. 1880년대 존 워너메이커가 고안해 냈던 반품 정책을 따라하겠다고 작정했던 뉴어크의 루이스 뱀버거는 "이 정책보다 백화점을 구축하는 데 더 좋은 것은 없다"고 말했다. 잡화점과 초기 백화점들은 점차 이 노선을 따르기 시작했다. 1918년 8월 메이시즈의 퍼시 스트라우스는 뉴욕 백화점을 조사하면서 "누구도 반품 상품을 거절하지 않았다"는 점을 알게 되었다.[51]

비교적 믿을 만한 공짜 배달 시스템 또한 1880년대와 1915년 사이에 출현하게 되었다. 1913년 무렵, 30개 주의 73퍼센트의 소매 상인들이 물품을 배달하기 위해 모터트럭을 이용하게 되었다. 때로 배달 지역은 과거의 지역적인 구역의 한계를 훨씬 넘어서게 되었다. 메이시 백화점의 웨건은 남부 저지에서부터 펜실베이니아 서부까지 전부 감당하면서 돌아다녔다. 메이시즈의 경영진은 고객들에게 '태평양에서부터 대서양까지' 무료 우편 배달을 하겠다고 약속했다. 가장 열성적인 실천가는 다시 한번 워너메이커였다. 그는 '선불한 물품과 5달러 이상 외상 구매한 모든 물품'을 공짜로 배달하거나 혹은 국제적인 우편 한계 안에서 세계의 모든 곳으로 우편 배달했다.[52]

---

51) PS, 〈Minutes of Operations〉(August 15, 1918), MA; Louis Bamberger quoted by Christine Bennett in 〈Do the Wise Thing if You Know What It Is…… but anyway Do Something!〉, *The American Magazine* 95(June 23, 1923): 73; and *DGE*(April 12, 1913), p.31. 얼굴 대 얼굴을 대면하는 관계가 쇠퇴하고 반품의 부상에 관해서는 Susan Porter Benson, *Counter Cultures: Saleswomen, Managers, and Customers in American Department Stores, 1890-1940*(Chicago, 1986), pp.97-100; Susan Strasser, *Satisfaction Guaranteed: The Making of the American Mass Market*(New York, 1989), pp.29-57.

52) JW에 관해서는 *DGE*(February 5, 1910), p.12. *RSW* March 1910 참조. 30개 주에서 소매 상인들에 관해서는 *DGE*(December 27, 1913), p.61 참조. 메이시즈에 관해서는 〈Advertising〉, 1906, store folder, in RG 10, Harvard History Project, p.2606, MA. 전반적으로 이런 형태의 서비스 부상에 관해서는 Harold Berger, *Distribution's Place in the Economy Since 1869*(Princeton, N. J., 1955), pp.35-36.

이 중에서 가장 중요한 것은 이지 크레디트(easy credit) 시스템인데, 이것은 새로운 소비 환경 아래서 소비를 촉진시킬 목적으로 고안되었다. 18세기 후반부터 행상들은 할부로 물건을 팔았다. 19세기 초반 몇몇 가구 상인들 역시 뉴욕과 보스턴에서 할부로 거래했다. 소규모 대출을 하기 위해 사람들은 행상들에게 의존하지 않을 수 없었으며, 도처에 전당포와 고리로 교묘하게 폭리를 취하는 악명 높은 '대출 상어떼'에 의존하지 않을 수 없었다. 은행이 소비자들에게 소비할 돈을 전혀 빌려 주지 않았기 때문에(고리대금법이 1833년까지만 해도 매사추세츠에 있는 장부에 기록되었다), 사람들은 지역 상인들에게 외상을 구하게 되었다. 보다 대도시의 호화스러운 잡화점들, 즉 아널드 콘스터블과 뉴욕의 A. T. 스튜어트, 워너메이커의 필라델리피아 등은 부유한 단골들에게 틈나는 대로 지불하도록 허용해 주었다. 1880년대 초반 무렵 월부로 지급하는 것은 표준적인 관행이 되었다.[53]

1880년 이후부터 이지 크레디트 기회는 개인적인 대출업자에게 폭리를 취하는 협잡꾼이라고 말하기가 점점 힘든 분위기 속에서 급격하게 증가하게 되었다. 고리대금에 부착된 오점이 무엇으로 남아 있던지간에, 그런 것들은 빠르게 약화되고(심지어 1910년까지도 고리대는 '입에 담기도 싫은 것'으로 공격의 대상이 되고 있기는 했다) 있었다. 소규모 대출 업계가 출현하기 시작했으며, 19세기가 끝날 무렵 1백 개 이상의 사무실을 가진 적어도 2개의 체인이 나타나게 되었다. 몇 개의 대도시에만 국한된 불법적인 회사들은 그럼에도 불구하고 1920년대에 출현하게 될 보다 크고 합법적인 회사들의 전신이었다. 사람들에게 점점 더 외상 계좌(charge account)에 적응하도록 몰아붙이기 시작했다. 이제는 부유한 중상층 계급의 소비자에게만 그런 유혹이 행사된 것은 아니었다. 뉴욕 워너메이커스는 1896년 10월 1개월 만에 2천5백 개의 외상 계좌를 열게 되었다. 심지어 보다 자유로운 크레디트 정책을 시겔-쿠퍼스에서 채택하게 되었으며, 모든 거래로까지 확장했다.[54]

---

53) 이 초기 관행에 대해서는 Rolf Nugent, *Consumer Credit and Economic Stability* (New York, 1939), pp.43-65; Edwin R. Seligman, *The Economics of Instalment Selling*, vol. I(New York, 1927), pp.19-22; James Grant, *Money of the Mind, Borrowing and Lending in america From the Civil War to Michael Milken*(New York, 1992), pp.77-95.

54) DGE(April 26, 1902), p.18; and *Grant, Money of the Mind*, p.83.

1910년 무렵 메이시즈를 예외로 제외한다면(몇 년 뒤까지도 현금 지불 방식으로 남아 있었다), 모든 대규모 소매상은 대세를 따르게 되었다. 1914년 한 관찰자는 크레디트 계좌가 폭발적으로 증대하는 것을 보면서 이렇게 통탄했다. "유혹의 미끼는 모든 사람들에게 던져졌다."[55] 상인들은 외상 계좌 고객은 엄청난 양의 충동 구매를 하는 경향이 있다는 것을 알게 되었으며, 그래서 다른 고객에게도 유리하다는 점을 인식하게 되었다. 그들은 장기간 동안 같은 가게에 충실한 고객으로 남아 있게 되었다.

개인적인 판단에 의존하는 개인화된 정책은 새로운 크레디트 고객들을 유치하기 위해 상인들이 서로간에 경쟁하느라고 버리거나 수정되었다. 크레디트 매니저들은 친구나 이웃 사람들 중에서 외상 계좌 고객을 알려 달라는 편지를 기존 고객들에게 보냈다. 필라델피아 마켓 스트리트의 인기 있는 백화점이었던 리트 브라더스는 1904년 모든 외상 계좌를 튼 고객들에게 다음과 같은 편지를 보냈다. "우리는 외상 계좌를 열게 됨으로써…… 이제 쇼핑이 덜 피곤한 것이라는 점을 확신하는 바입니다……. 따라서 우리가 소중히 여기는 단골고객의 한 분으로 당신을 모시고자 합니다. 우리가 동봉한 카드를 다시 보내 주시는 친절을 베풀어 주시기 바랍니다. 당신의 친구 중에서 **세 사람 이하**의 이름과 주소를 적어서 보내 주시면 기꺼이 계좌를 확장시킬 수 있을 것입니다." 10년이 지난 뒤 리츠는 새로운 계좌에 대한 정보를 교환하도록 고객들을 유혹하는 미끼를 제공하고 있었다. "바람직한 외상 계좌를 여는 과정에 우리를 도와 달라는 의미에서 우리는 1천 개의 옐로 경품권을 포함하여 **옐로 경품권 장부**(One Full Yellow Trading Stamp Book)를 제공하게 될 것입니다. 왜냐하면 새로 개설하게 될 모든 계좌는 당신의 영향력이 미친 결과이기 때문입니다. 우리에게 추천하는 순간 즉시 당사자는 어떤 종류의 제품이든지 적어도 10달러 상당을 구입해 왔기 때문입니다."[56]

필라델피아에서 고객 유치를 위한 경쟁은 너무 가열되어서 워너메이커스

---

55) *The Department Store*(May 1914); *DGE*(April 26, 1902); and *DGE*(February 2, 1901).

56) Lit Brothers to Mrs. S. Oppenheimer(May 10, 1915); and Lit Brothers to its charge customers(April 1904) in JW Scrapbook, ⟨Business ephemera, store credit policies, 1880s to 1910s; discounts, charges, etc.⟩, WA.

는──이전에는 경쟁 업계들에게 크레디트 정보를 위한 자원이었는데──
데이터 공유를 중단하게 되었다. "업계에서 새로운 관심사가 지속적으로 시
작하고 있기 때문에, 우리는 다른 사람들의 크레디트 부서를 창업하는 데 엄
청나게 이용되고 있었다"[57]고 워너메이커스의 크레디트 매니저는 정보 제공
을 거절당함으로써 투덜거리는 사업가에게 설명을 했다.

외상 거래(charge transaction)를 가속화하기 위해 상인들은 일찌감치 20세
기가 시작될 무렵 고객들에게 둥근 금속 신분증 '주화'를 발급했다. 1913-
1919년 사이에 전국의 매장은 이와 같은 신분증 주화를 사용하게 되었다.
"그것은 숫자화되어 있어서 그 숫자가 회계 장부에 계산된다"라고 필라델
피아의 김벨스는 고객에게 설명했다. 하지만 신분증 주화는 간수를 제대로
하지 못해, 종종 분실하거나 쇼핑객들이 집에 두고 오는 경우가 흔했다. 때
로는 이 조그만 '외상 플레이트(charge plate)'는 '정직하지 못한 종사자'들과
"그것을 주운 아무런 권한도 없는 사람이 이용하도록" 하는 '유혹적인 미
끼'[58]가 되었다.

외상 업계(charge business)의 성장과 더불어, 소매 상인들은 부유하지 못한
고객들의 욕구에 부응하기 위해 할부 구입을 고안해 내게 되었다. 1880년
대 초반부터 향후 후불하는 물품의 판매는 남부 흑인 지역 사회를 파고들었
으며, 북동부 지역의 이민들이 모여 사는 게토에까지 뚫고 들어갔다. 이민
이 모여 사는 빈민 지역에서는 2개 국어를 말하는 행상들은 거의 모든 것을
파는 곳(wholesale dispensary)으로 기능했다. 흑인 지구와 이민 지역 양 지역
모두에서 행상들은 할부를 통해 모든 것을 팔았다. 하지만 대체로 처음에
는 높은 계약금을 물어야 했다. 그들은 융단·시계·접시 세트를 위한 깔
개·주방 용품·재봉틀·가구 등 거의 모든 것을 팔았다.[59] 심지어 러시아
혁명 전야에 뉴욕으로 망명했던 레온 트로츠키는 노동 계급이 모여 사는 뉴
욕의 브롱크스 지역에서 임대한 아파트에 가구를 들여놓기 위해 행상에게
의지했다. 《나의 인생》이라는 자서전에서 트로츠키는 "그 아파트에는 우리

---

57) Wanamaker credit manager to L. W. Ayer and Co., Indianapolis(April 8, 1908), JW,
'Business ephemera, store credit policies, 1880s to 1910s: discounts, charges, etc.,' WA.
58) CW 7(July, 1919): 15.
59) Nugent, *Consumer Credit*, pp.68-70.

유럽인들은 거의 사용하지 않았던 전등 · 가스 쿠킹 레인지 · 욕실 · 전화 등 모든 편의 시설이 갖춰져 있었다"고 적었다. "이런 물건들 때문에 트로츠키의 아이들은 뉴욕에 완전히 사로잡혔다." 같은 해 젊은 도로시 데이는 열렬한 가톨릭 노동자 계급 급진주의자로 변신하기 오래전에 뉴욕의 그리위치에서 살고 있었는데, 그녀는 '계약금조로 1달러를 주고 1주일 동안 1달러씩' 지불하는 조건으로 작은 전축을 샀다. 되돌이켜보면서 데이는 할부 플랜을 '가난한 자들의 역병'이라고 불렀다. 부정직한 할부 방식으로 인해 가난한 자들은 힘들게 번 돈을 도둑맞게 된다고 말했다.[60]

할부 행상은 종종 악랄해서 사람들의 등골이 휘도록 만들었다. 많은 행상들은 가난한 사람들을 수탈했다. 그들은 고약한 고리대 이자를 통해 남부 목화 농장에서 일하는 흑인 노동자들과 북부와 서부에서 살아가는 영어를 못하는 이민들에게 모든 것을 갈취해 냈다.[61] 그와 동시에 많은 행상들은 사랑받거나 존경받기도 했다. 출신 지역을 위해 열심히 헌신하면서 몇 개월씩 밀리는 할부금을 기다려 주었다. 아이들의 배내옷에서부터 수의와 관에 이르기까지, 그런 행상들은 단골들과 평생의 친구가 되어서 단골들의 집을 방문하고, 들을 준비가 된 사람들에게 뒷소문들을 가져다 날랐다.[62] 그들 중에서 극히 소수이기는 하지만, 라자루스 스트라우스 · 루이스 커스틴 · 애덤 김벨 · 모리스 리치 등은 위대한 상인으로 성장하게 되었다. 그 이외의 많은 행상들은 그래도 소설에서 기념되고 있었다.[63]

《데이비드 레빈스키의 출세》라는 소설에서, 에이브러햄 카한은 2개 국어를 하는 할부 행상인 맥시멈 맥스 마골리스라고 불리는 인물을 묘사했다. 그는 뉴욕의 저지대 이스트 사이드에서 열리는 '무도회 단골손님'들에게 가

---

60) Dorothy Day, *The Long Loneliness: An Autobiography of Dorothy Day*(New York, 1981), p.57; Leon Trotsky, *My Life*(New York, 1917), p.217.

61) Nugent, *Consumer Credit*, pp.70-76.

62) Nugent, *Consumer Credit*, p.8; Irving Howe, *World of Our Fathers: The Jou-rney of East European Jews to America and the Life They Found and Made*(New York, 1976), pp.76-87; Elizabeth Ewen, *Immigrant Women and the Land of the Dollars: Life and Culture on the Lower East Side, 1890-1925*(New York, 1985), pp.168-71.

63) 이들 상인들이 초기에 보여주었던 행상 활동에 관해서는 Leon Harris, *Merchant princes*(New York, 1979), pp.18, 36-37, 71.

구·의류·보석 등을 팔았다. '많은 젊은 아내들은' 이 무도회장에서 '만나기로 되어 있는 사람'을 만나서 결혼반지를 사고 맥스 마골리스에게서 구입한 '응접실 세트'로 거실을 꾸몄다고 카한은 묘사한다. 마골리스는 행상일 뿐만 아니라 고리대금업자이기도 했는데, 그는 20세기 초반의 미국 대다수 도시뿐만 아니라 유대인 이민들이 모여 사는 게토를 주름잡는 새로운 상권의 상징이었다고 카한은 말한다. 기만적이고 추잡한 그는 언제나 빈틈없는 흡혈귀였다. 소설의 중간 지점에 이르면, 카한의 주인공인 데이비드 레빈스키는 마골리스로부터 돈을 대출받으려고 노력하는 중인데, 그는 맥스의 지적이고 젊은 아내인 도라에게 반하게 된다. 도라 역시 그와 사랑에 빠지게 된다. 이 연애 사건으로 인해 마골리스는 애처롭게 되고, 심지어 비극적인 등장 인물로서 가해자임과 동시에 희생자가 된다. 그는 열심히 다른 사람들의 것을 훔치려고 했지만 자신의 것 역시 도둑맞게 된다.[64]

할부 구매는 중산층의 구매 습관의 특징으로 자리잡기 시작했다. 이것은 농기구·피아노·가구·재봉틀, 그리고 제1차 세계대전 동안에는 자동차를 포함한 주로 점점 더 많은 '내구 소비재'나 항구적인 제품 생산으로 초래된 현상이었다. 자동차 등과 같이 보다 새로운 상품 생산라인 가운데서, 할부 판매는 많은 지원자금이 요구되었으며, 따라서 상인들 중에서 일부만이 불안전하게 도약했다.[65] 다른 분야에서 이런 추세는 보다 신속하게 나타났다. 1885년 워너메이커는 필라델피아 고객들에게 편지를 썼다. "할부 장사는 하지 않는다는 우리의 규칙을 말하게 되어 송구스럽습니다." 1900년 무렵, 뉴욕과 필라델피아에 있는 거대한 피아노 살롱이 개시됨과 더불어 피아노 업계가 엄청나게 성장하게 됨으로써, 워너메이커는 피아노를 할부 플랜과 흡사한 '계약 토대(contract basis)'에서 팔고 있었다. 우리는 '고객들에게' **'욕망을 학습하라'**고 볼드체로 힘주어 '광고했다'고 워너메이커는 공지했다. 말하자면 "이런 물건들을 가지는 것이 얼마나 손쉬운 것인지, 그 방법을 알려 주었다……. 우리는 피아노를 손쉽게 손에 넣을 수 있는 방법을 말해 준다.

---

64) Abraham Cahan, *The Rise of David Levinsky*(New York, 1917), pp.105, 116, 223-51.

65) Barger, *Distribution's Place*, pp.33-36; Gordon Dakins, *Retail Credit Manual: A Handbook of Retail Credit*(New York, 1950), pp.9-10.

마침내 욕망이 무르익는다. 욕망이 진지한 곳에서라면 수단은 언제나 발견하기 마련이다." 워너메이커의 고객들은 월부로 지불하겠다는 '계약서'에 사인을 하도록 허용되었다. 분할불의 첫 불입금은 외관상 그다지 많은 것 같지 않았다.[66] 10년이 지난 뒤, 뉴욕 시의 여러 백화점들은 '특정한 품목'을 팔기 위해 '할부 클럽'을 도입했으며——축음기 · 피아노 · 재봉틀 · 주방 찬장 등은——현금이나 크레디트로 하기보다 월부 플랜을 바탕으로 했다.[67]

외상 계좌와 할부 구매로서 그와 같은 크레디트 정책의 효과는 관대한 반품 관행과 공짜 배달과 더불어 여러 가지 방법으로 실험되었다. 여러 가지 실험을 하는 도중, 1900년 이후부터 실시하기 시작했던 반품 관행으로 산더미처럼 쌓이는 반품을 보면서 많은 상인들은 원망하기도 하고 분노하기도 하면서 다양한 반응을 보였다. 다른 사람의 기분을 최악으로 망치게 하는 데 이력이 났던 메이시즈의 퍼시 스트라우스는 이렇게 투덜거렸다. "이 사람들은 같은 날 여러 백화점을 돌면서 각각의 백화점에서 물품을 선택하고는 C.O.D (대금 상환 제도)를 이용하여 집으로 물건을 배달시켰다. 집에서 어떤 물품을 선택할 것인지를 결정하기 위해 여러 물품들을 쭉 늘어놓고 비교하면서 살펴본 뒤, 그 나머지 물품들은 반품 처리했다." "어떤 사람들은 자신들이 산 물건의 절반 가령을 반품했다"고 잔뜩 약이 오른 바이어가 1916년 존 워너메이커에게 말했다. "그들은 쇼핑하는 것 외에는 아무런 할 일이 없어서 쇼핑을 하고서는 그런 다음 반품했다." 워너메이커는 완벽하게 방을 꾸밀 수 있는 앙상블을 다시 반품하자 바이어들에게 이렇게 말했다. 뉴욕에서는 축제나 결혼식을 위해 응접실을 채우려고 가구 · 융단 · 그림 · 도자기 등을 구비했다가 이 모든 것들을 반품한다는 증거가 있었다."[68] 일부 소매 상인들

66) JW editorial, repr. in *DGE*(April 14, 1903); JW to customer(March 16, 1885), ibid.

67) *MRSW*(January 1913).

68) JW, 〈Conference in the Merchandise Room〉(October 6, 1916), in 〈Addresses to Store Chiefs〉(July 1, 1915 to December 31, 1921), privately printed, pp.163-64, 172, WA; *DGE*(February 12, 1916), pp.35-36; and 〈Interview with R. H. Macy and Co.〉(November 6-12, 1914), Resale Price Investigation, Bureau of Corporations, Record Group 122, File 7224-64-1, NA, Washington, D.C. Susan Porter Benson이 말하는 〈고약한 반품 버릇〉의 출현에 관한 기술은 *Counter Cultures: Saleswomen, Managers, and Customers in American Department Stores, 1890-1940*(Urbana, Ill., 1986), pp.95-101.

에게는 그와 같은 상황이 너무 악화되고 만성적이 되어서 위반자들에게 형사 조처를 하거나 혹은 아예 반품 제도 자체를 폐기하기에 이르렀다.[69]

이지 크레디트에 대처하는 각양각색의 반응들은 돈과 관련된 재판의 홍수에서도 잘 반영되어 있었다. 뉴욕 시 한 군데서만 수백, 수천 건의 송사 사건이 법원에 쇄도했다. 비행을 저지른 고객을 고소하여 돈을 받아내려고 강제하거나 혹은 형사 처리를 해달라는 소송으로 법원은 넘쳐났다. 법원에 끌려 나온 사람들은 프랭크 H. 헤블레스웨이트와 같은 댄디도 있었다. 그는 1898년 뉴욕의 워너메이커스에서 여자친구인 지렘 G. 세어를 위해 외상 계좌를 개설했다. 어느 날 오후 그녀는 코르셋 · 가운 · 여성용 조끼 · 드로어즈 · 장갑 등을 포함하여 한 차 가득 물품을 싣고서 달아나 버림으로써 결과적으로 헤블레스웨이트가 판사 앞에 불려 나오는 수모를 초래하게 되었다. 그는 연체된 지불금 1천5백 달러를 법정에 지불하라는 판결을 받았다. 융단 상인인 헤이가잼 H. 토파카얀은 김벨스 융단 매장에서 1913년 4천 달러어치 38장의 인디언 융단을 구입했지만 할부로 한 푼도 지불하지 않았다. 또한 극장 흥행주인 오스카 해머슈타인의 두번째 아내인 에마 스위프트와 같이 부유한 여성 역시 1914년 김벨스에서 5천 달러 이상의 물품을 구입했을 때, 남편의 크레디트 계좌로는 감당할 수 없었다. 패트릭 댈리 · 제임스 버나드 · 프란세스 엘리엇 · 존 브루넬 · 애나 글린 등은 신용 있는 회사 제품 피아노를 각각 1천2백 달러 혹은 그 이상의 가격으로 구입했지만 채무를 여러 번 불이행했다.[70]

법원 기록은 또한 중산층 여성이나 혹은 상류층 여성들의 채무 불이행을 분명히 묘사하고 있다. 법원 기록에 의하면 이들 여성들은 남편의 수입에 의존하고 있으면서도 남편의 크레디트로는 버틸 수 없을 정도의 과소비를

---

69) 1916년 백화점의 〈머천다이즈 룸〉에서 있었던 전체 회의 석상에서 한 바이어는 "교환 시스템은 시대에 뒤떨어졌을 뿐만 아니라 골동품적인 것이다"라고 존 워너메이커의 면전에서 비판했다. "당신이 경영을 시작한 이후로 머천다이징 라인은 신장되지 않았다." 워너메이커는 그의 주장을 반박했다. "나는 평생 동안 돈을 벌려고 한 것이라기보다 아이디어를 추구하는 데 모든 것을 쏟았다. 백화점은 내가 능력이 닿는 한 바로 그런 아이디어를 표현하는 곳이다. 우리는 이 원칙을 도입했고, 사람들로부터 그것을 다시 빼앗아 온다는 것은 대단히 힘들다"고 반박했다. 〈Conferences in the Merchandise Room〉 (October 6, 1916), pp.162-63, 169, privately printed, WA.

함으로써 결과적으로 백화점에 빚더미를 안겼다. 1900년 이후 너무나 많은 아내들이 이런 식으로 행동함으로써 '필수품'이 무엇인가, 누가 지불할 의무가 있는가, 그런 여성들의 경우 남편에 의해서 모든 백화점 쇼핑이 금지되어야 하는가, 등의 문제에 대한 법적 혼란을 반영한 소송 사례들이 나타나게 되었다. 이런 소송 사례에 대한 해결책을 많은 상인들은 간절히 기다리고 있었다.[71]

이런 사례들 중에서 단연 '손꼽히는' 혹은 선례가 된 것이 '워너메이커 대 위버(Wanamaker v. Weaver)'의 소송 사건이었다. 이 사건은 1901년에서부터 1903년 사이에 세 가지 다른 법원 절차를 통과하게 되었다.[72] 1901년 초반 앨리스 위버는 뉴욕과 로체스터에서 사업을 하는 사이먼 위버의 아내였다. 그녀는 결혼식에 참석하기 위해 혼자 필라델피아로 갔다. 그곳에 머물러 있으면서 그녀는 남편에게 알리지 않고 자신의 이름으로 워너메이커에서 외상 계좌를 열었다. '금속 주화'가 발급되자 그녀는 장난감·타월·신발·식탁보 등을 구입했다. 그녀는 로체스터에 되돌아갔다가 메리야스류와 더많은 타월과 신발을 구입하기 위해 필라델피아로 다시 왔다. 빚이 누적되고 갚지 못하게 되었다. 워너메이커는 위버 씨에게 이 사실을 통지하고 법정 소송을 제기하게 되었다. 워너메이커스의 입장에 의하면 뉴욕에서 기혼 여성의 재산 소유권 법이 통과되었음에도 불구하고 결혼의 의무를 지

---

70) Elliott, LJ(legal judgement) 1908 E 183(April 7, 1908); Daly, LJ 1900 D 23(December 6, 1900); Brunnell, LJ 1906 B 347(June 8, 1906); Glynn, LJ 1907 G 157(March 16, 1907); *Oscar Hammerstein v Gimbels*, money judgement 26569-1915 (January 28, 1921); Topakyan, money judgment 15747(May 21, 1913); and Hebblethwaite, LJ 1903-H-76(April 28, 1903); Municipal Archives, Manhattan, New York City. 이런 법률적 판단은 이 시기의 소비자들의 소비를 측정하는 것으로 대단히 유용하다. 이런 법률적 판단은 Municipal Archives and Record Center of New York에서 수백 건 가운데서 선별한 것이었다.

71) 이런 사례에 주목한 것으로는 *DGE*(July 12, 1902), p.62 참조. *DGE*(October 24, 1903), p.49; and *DGE*(July 5, 1905), p.61. 이런 소송 사례들 중에서 가장 중요한 것은 남편이 아내에게 돈을 공급해 주었을 때, 아내의 필수품에 대한 남편의 의무와 관련된 것이었다. *Harvard Law Review* 43(1930): 961-62에 따르면 이와 같은 소송 사례들은 1902년과 1915년 사이에 가장 빈번히 나타난 것으로 되어 있다.

72) 워너메이커 대 위버 소송은 Albert Jacobs and Julius Goebel, Jr., *Cases and Other Materials on Domestic Relations*, 3d ed.(Brooklyn, N.Y., 1952), p.752.

배하는 것은 민법이라고 보았기 때문에, 남편은 아내에게 '필수품'을 제공할 의무가 있는 것으로 이해했다.[73] 이 사례의 관건은 위버 부인이 과연 필수품을 구매했는가라는 점과 비록 자기 자신의 이름으로 계좌를 개설했다고 하더라도 남편의 크레디트에 의무를 지울 수 있는 법적인 권리가 있는가라는 문제였다.

로체스터 배심원들 앞에서 행해진 재판에서 위버 부인은 워너메이커의 입장에 유리한 증언을 했다. 비록 '잘 구비되어 있었지만' 그럼에도 불구하고 그녀가 구입했던 물품들은 '필수품'이었다고 주장했다. "왜냐하면 로체스터에서는 그녀가 구입했던 그런 물건들이 없었기 때문이었다"고 말했다. 무수히 많은 타월을 이미 가지고 있었지만, 워너메이커에서 더많은 타월을 사들인 까닭은 "그것이 값이 쌌기" 때문이라고 했다. 배심원들은 워너메이커에게 불리한 판정을 내렸다. 왜냐하면 위버 부인은 남편에게 알리지 않았고, 그와 결혼했다는 이유만으로 남편의 크레디트를 속박할 수는 없으며, 그녀는 '필수품'을 구입한 것이 아니기 때문이라고 했다.[74]

워너메이커는 이 소송을 뉴욕 대법원의 항소심으로 끌고 가서 판결을 하소연하면서 "원칙은 대단히 중요하다"는 점을 강조했다. 상인들은 기혼 여성들이 크레디트로 구입한 물품에 대해 안정적으로 대금을 받아낼 수 있다는 법적인 보장이 필요하다고 확신시켰다.[75] 이번에는 워너메이커가 승소했다. 법원은 그를 위하여 상인들은 아내에게 남편의 크레디트에 관해 '심문하듯이 조사'해서는 안 된다는 판결을 내렸다. 이것은 아내의 입장에서 생활하는 데 본질적으로 필요한 물품들을 남편의 크레디트로 살 수 있는 법적인 권리가 있다고 인정한 셈이었다. 남편이 자기 아내에게 크레디트를 확대 적용하는 것을 명시적으로 금지하고 난 이후에 팔린 물건이 아니라면, 비록 필수품은 아니라고 하더라도 적절하게 구비되어야 하기 때문에 남편의 크레디트로 지불되어야 한다는 것이었다.[76] 이런 판결에 화가 치밀어 위

---

73) 〈워너메이커 대 위버〉의 배경에 대해서는 Supreme Court, Appellate Division, Fourth Department(May 20, 1902), *New York Supplement*, vol. 76, pp.392-94 참조.

74) *New York Supplement*, vol. 76, pp.393-94.

75) Judge Haight, 〈Wanamaker v. Weaver〉, *New York Reporter*, vol. 176, p.78.

76) *New York Supplement*, vol. 76, p.392.

버 씨는 뉴욕 법원에 상고심을 제출했으며 그가 승리했다. 로체스터 재판에서와 동일한 근거에 기반하여 법원은 그의 아내가 남편의 허락을 받지 않았으며, 그녀가 구입했던 것은 '필요한' 것이 아니었으며, 위버 씨가 그녀에게 이미 충분한 '현금'을 제공했다는 이유에서였다. 그 외에도 법원은 민법을 기각하면서, 뉴욕 주의 1880년 혼인법에 의하면 여성은 남편을 통해서가 아니라 본인 스스로 자율적인 행위 주체가 될 수 있음을 확립했다고 말했다. 따라서 위버 부인은 워너메이커로부터 그녀가 구입했던 물품에 대해 지불을 책임져야 했다. 왜냐하면 그녀는 자신의 이름으로 구매 행위를 했기 때문이었다.[77]

워너메이커 대 위버 사건은 뒤엉킨 문제를 분명히 하고 해결하려는 시도가 되었다. 하지만 외관상으로는 그럴지 모르지만 누구에게도 만족을 줄 수는 없었다. "필수품과 관련하여 법원에 따른 결정은 다소 혼란스러웠다. 법과 사실 사이의 분리선이 뚜렷하게 구분이 되지 않았기 때문에 더더욱 혼란스러웠다. 어떤 물품이 필수품인가에 대해 어떤 때는 배심원이 결정하고 어떤 때는 판사가 결정했다"[78]고 혼입법에 관한 가장 권위자였던 제임스 숄러는 1920년에 기록하고는 했다. 하지만 **워너메이커** 대 **위버** 판례는 해결에 실패했다는 점 이상을 보여주었다. 그것은 새로운 상업적인 경제에

---

77) 〈Wanamaker v. Weaver〉, *Northeastern Reporter*, vol. 68, pp.135-38; 〈Wanamaker v. Weaver〉, *New York Reporter*(October 1903), vol. 176, pp.75, 83.

78) James Schouler, *A Treatise on the Law of Marriage, Divorce, and Separation and Domestic Relations*, 6th ed., vol.1(New York, 1921), p.110. 〈워너메이커 대 위버〉 사건은 유사한 사건에 대한 이후의 판결에 대한 지침으로서 책자에 남아 있다. 1920년대 발생했던 이와 유사한 가장 악명 높았던 소송이 〈삭스 대 허들스톤〉의 사례였다. 이 사건은 《뉴욕 타임스》의 일면을 장식했으며 알라바마 주 하원의원이었던 조지 허들스톤의 부인과 관련된 것이었다. 허들스톤은 나중에 뉴딜 정책의 지도적인 인물이 되었다. 1925년 허들스톤 부인은 양피 코트와 여우 목도리를 워싱턴 D.C 소재 삭스 모피 주식회사로부터 구입했다. 허들스톤은 자기 크레디트를 사용하지 못하도록 금지했으며 그녀는 모피 대금을 지불하지 못했다. 그러자 삭스는 의회사무실에 있는 허들스톤에게 여러 번 전화를 했으며, 마침내 그를 시 법정에 세워서 아내의 입장에 반대하는 증언을 하도록 만들었다. 판사는 〈워너메이커 대 위버〉의 판례를 인용하면서 허들스톤의 입장을 옹호했다. 이 판결은 '남편을 보호하고 지나친 낭비를 견제하기 위한' 것이라고 판사는 덧붙였다. *Federal Reporter*, vol. 36(January-March 1930), pp.537-38; *Harvard Law Review*, vol. 43(1930), p.961; *Washington Star*(December 2, 1929), p.1; *NYT*(December 3, 1929), p.1.

의해서 결혼에 엄청난 긴장 관계가 있음을 드러내게 되었다. 다시 말해 남편과 아내가 서로 반목하면서 사회적인 유대 관계를 단절시키게 되었다. 다른 채무 불이행과 마찬가지로, 상인들이 '욕망을 학습시킴으로써' 그리고 상인들의 서비스에 의해 쉽게 그런 욕망이 성취됨으로써, 그것이 모든 사람에게 새로운 위험이 되고 있음을 입증했다.

상당한 세월에 걸쳐 다름 아닌 바로 그 상인들은 채무 불이행과 반품의 쇄도에 방어할 수 있는 대응책을 마련하기 시작했다. 주법에 로비를 하여 소비자들에게 크레디트 정보를 제공하기 위한 새로운 크레디트 장치를 창조하여 노동자들의 임금을 압류할 수 있도록 허락을 받아냈다.[79] 이런 대응책들은 전국소매상인조합(1906), 소매크레디트조사원협회(1912)를 설립하는 데 도움을 주었으며, 소비자 활동을 모니터하고, 신뢰할 만한 소비자 등급을 설정하려고 했다.[80] 사람들에 대한 서비스라는 명목으로 원칙을 고수하려는 그 모든 노력에도 불구하고 수문은 오래전에 뚫렸다. '외상으로 달아 놔(charge it)'가 위대한 미국 소비자들의 슬로건이 되었다고 한 소매크레디트조사원은 1915년 기술했다. "외상 거래는 다음 달 봉급을 안전하고 손쉽게 소비해 버릴 수 있도록 만들었다. '외상으로 달아 놔'는 근대적인 알리바바의 램프였다. 이 귀중한 단어로 무장한 채, 미국 시민들은 텅 빈 호주머니를 가지고 시내로 나가서 사치를 풍기며 집으로 되돌아왔다. 나중에 그는 37퍼센트의 이자율로 엄청난 요금을 변제하거나 여기에 덧붙여 변호사 비용까지 지불해야 한다는 것을 깨닫게 될 수도 있었다.[81]

자족적인 왕궁에 초대받은 손님으로서의 고객

알리바바의 램프는 이지 크레디트와 반품 특혜와 공짜 배달보다는 '서비

---

79) *CW* 6(June 1915): 64; *CW* 7(December 9, 1918): 12; *CW* 3(March 1, 1918): 22.

80) *CW* 5(December 1914): 6~10; *CW* 5(May 1915): 12; *CW* 6(June 1915): 52; *CW* 7(September 1918): 11; *CW* 7(July 6, 1919): 8; *DGE*(May 15, 1920).

81) George Fitch, "Charge It," *CW* 5(April 1915): 30; *CW* 7(August 1919): 12; JW. interview, *DGE*(January 5, 1918).

스'를 통해 훨씬 더 많이 유지되었다. 서비스는 지역 사회의 요구에 대처하는 형태일 뿐만 아니라 즐겁고 편안한 분위기에서 손님을 고객으로 대접하는 것까지 포함되었다. 많은 미국인들에게 소비의 민주화라는 본질 그 자체로 연상되는 이런 형태의 서비스는 백화점에서 뿐만 아니라 호텔, 레스토랑, 다른 장소에서도 실시되었다. 이런 서비스는 많은 유럽 방문객들에게는 의아하게 보였다. "영국에서라면 그런 서비스는 상상할 수조차 없을 것이다"라고 1904년 미국에서 소비자 서비스의 범위를 보고하러 온 한 영국 저널리스트는 말했다. 또 다른 영국인은 "서비스가 너무 지나친 것은 아니었던가라는 의문이 든다"고 기록했다. 미국식 머천다이징 방식에 대한 "유럽 고객들이 최초로 보이는 반응은 서비스에 관한 언급이다"라고 한 독일계 미국인은 말했다. 심지어 미국인들은 상인들이 '불합리할 정도의 서비스'라고 부르는 것과 대면하면서 놀라워했다. "많은 사람들은 백화점이 아무런 이윤도 남기지 않고 공중에게 봉사할 목적으로 유지되고 설립된 일종의 자선 기구인 것처럼 행동한다."[82]

환대받고 있다는 느낌을 고객들에게 전달하기 위해 상인들은 고객을 '특별한 사람이자' '손님'처럼 대접하도록 직원들에게 훈련을 시켰다. 고객에 대한 배려를 맡은 직원들을 포함하여 서비스노동자들의 숫자는 1870년에서부터 1910년 사이에 5배로 치솟았다. 산업노동자의 증가 숫자보다 2.5배나 높은 증가 수치였다. 그런 서비스노동자들 중에는 임금을 '팁'으로 바꾼 채 식탁 시중을 들도록 하기 위해 고용된 레스토랑과 호텔 종업원들이 많았다. 그들은 거의 최근에 이민온 자들로서 주로 가난한 독일인과 오스트리아인들뿐만 아니라 이탈리아인, 그리스인, 스위스인들이었다. 그들은 허리가 부러질 정도로 1주일 내내 하루에 11시간의 노동과 저임금에 시달렸을 뿐만 아니라 주방의 끔찍한 열기에도 시달렸다. 제1차 세계대전 직전까지 주요한 노조로부터 외면당한 이들은 그 시절의 의류와 직물노동자들의 비참한 환경과 거의 마찬가지의 끔찍한 노동 조건을 견뎠다.[83]

---

82) 〈For Discussion of Delivery Problems〉, *DGE*(October 28, 1916); *DGE*(August 30, 1919, and April 3, 1915), p.143; Karl Gerstenberg, 〈Observations on American and German Department Stores〉(May 1, 1940), Manuscripts Division, NYUA, p.3; and *Store Life*(October 1904), p.9.

팁은 웨이터와 웨이트리스들에게 뜻밖의 횡재를 기대하면서 이런 조건들을 참고 견디게 만들어 주었다. 팁은 1890년 이전의 미국에서는 낯선 관행이었다. 비록 호화스럽고 귀족적인 유럽 호텔에서는 흔한 일이었지만 미국에서는 생소한 관행이었다. 만연된 '미국식 플랜'은 고정된 시간에 음식을 접대하거나, 팁이나 추후 관리 서비스 같은 것은 전무하거나 거의 하지 않았다. 1900년 이후부터 유럽적인 요리 서비스 시스템이 대단히 신속하게 미국에 확산되면서, 화려한 시설들이 소개되었고, 해를 거듭하면서 점점 더 저렴한 장소로까지 도입되었다. 1913년 무렵 일부 유럽 관광객들은 미국에서 팁의 범위에 대해 울화통을 터뜨리기도 했다.[84] 노동자에게 미치는 팁의 효과는 극도로 양면적인 것이었다. 한편으로 그것은 저임금을 유지하는 데 도움을 주었으며, 시중들기의 긴장과 강도를 가중시키고 노동 시간을 연장시키게 되었다. "팁은 엄청난 죄악이다"라고 늙어서 은퇴한 한 웨이터는 1940년에 그렇게 토로했다. "팁은 웨이터들에게 열등감을 심어 준다. 언제나 고객의 자비에 묶여 있다는 느낌이 들도록 만든다."[85] 다른 한편, 어떤 웨이터들은 팁과 모험과 기회라는 '사행적인 흥분'에 자극받기도 했다.

하지만 고객들에게 팁은 오직 하나의 효과로 확장되었다. 다시 말해 마음껏 사치를 누리면서 집처럼 편안하게 느끼고자 하는 데 있었다. 점증하는 착취 노동의 등뒤에서 팁은 소비를 귀족화하고 상류층의 안락한 패턴을 중산층의 생활 방식으로 통합시켰다. 한 레스토랑 소유자가 말했다시피, 팁은 고객에게 자신들이 '상당한 인물'인 것처럼 느끼도록 만들어 줌으로써 웨이터와 웨이트리스에게 돌아오는 보상이었다. "그런 느낌은 웨이터의 서비스에 달려 있다"고 그는 기록했다. 웨이터는 우리를 '우리의 테이블'로 안내하고 '우리의 모든 변덕과 원하는 것을 알아서 예견한다.' "예의 바른 서비스는 레스토랑 소유자들에게는 가치 있는 자산이다. 우리 모두에게는 묘하게 꼬인 부분이 있다. 우리는 풍요라는 사치스러운 감정을 즐기며, 우리

83) Matthew Josephson, *The History of the Hotel and Restaurant Employees and Bartenders International Union*, AFL-CIO(New York, 1955), pp.4-5, 84-95.

84) Barger, *Distribution's Place*, pp.4, 92-93. 초기의 '미국식 플랜'에 관해서는 Josephson, pp.4-5.

85) Quoted in Josephson, p.90.

의 말이라면 무엇이든지 충족될 때 갖게 되는 자신이 상당한 인물이라는 느낌을 즐긴다."[86]

　대규모 호텔들 역시 '고객은 손님' 이라는 생각을 새로운 시스템에 도입하기 시작했다. 루키우스 부머의 발도르프-아스토리아는 제복을 입은 하인과 벨보이를 제공하고, 언제라도 음식이나 음료를 '주문할 수 있도록' 객실에 전기 단추를 설치했다. "침실의 설치와 서비스는 《아라비안 나이트》에 나오는 이야기를 상기시켜 주었다"라고 한 만족한 고객이 말했다.[87] 부머는 직원들에게 고객 앞에서는 굴종적인 태도를 취하라고 훈련시켰다. '프런트 데스크' 에서는 고객들이 무엇을 원하는지 알아내기 위해 '시간 단위로' 객실에 든 '손님' 들에게 전화를 하도록 지시했다. 방이 마음에 드시는지요? 샴페인을 좀 올려다 드릴까요? 방에 좀더 많은 꽃이 필요하신가요? 아침 식사는 침실에서 드실 건가요? 등을 체크하도록 지시했다.

　엘스워스 스태틀러의 호텔은 발도르프 호텔들보다 미국인들을 대표하는 호텔이 되면서, 그는 부머의 '제복 입은 하인' 들을 경멸하면서 어떤 종류의 방해도 받지 않고 손님들이 완벽하게 '자족적인 성채' 에 있을 수 있도록 하는 방법을 선호했다. 1907년 그는 **모든** 호텔 방의 침실에 사적인 욕실을 설치했던 최초의 호텔 소유자가 되었다. 호텔 역사상 처음으로 모든 방에 수도가 공급되었으며, 모든 방에 최초의 벽장을 설치하고, 모든 벽장에 최초로 전등을 달았으며, 모든 문에 최초로 잠금 플런저를 달았으며, '손님' 들이 들고 나는 것을 알기 위해 하우스메이드들에게 알려 주는 표시를 구비해 두었다. 발도르프-아스토리아 호텔은 모든 방에 전기 단추를 설치함으로써 룸서비스를 향상시킬 수 있었지만, 스태틀러는 여기에 덧붙여 전화기를 설치했다. 모든 전화기는 교환대의 교환수와 연결되었다. 그들은 손님의 요구에 따라서 '모닝콜' 이나, 방문객의 내방을 알려 주고, 룸서비스를 주선해 주었다. 1914년 12월 실험을 결코 중단한 적이 없었던 스태틀러는 일요일 아침에 대한 봉사료를 면제했다. "호텔 손님들은 다른 모든 사람들과 마

---

　86) W. L. Dodd, 〈Service, Sanitation, and Quality〉, *The American Restaurant*(August 1920): 37.

　87) *The American Restaurant* 4(January 1921): 23.

찬가지로 일요일 아침 나른하게 침대에 누워 있거나 하릴없이 어슬렁거리기를 좋아할 것이다. 그러므로 호텔은 손님들이 방에서 아침을 들 수 있도록 가능한 모든 편리를 돌봐 줌으로써 손님들에게 즐거움을 배가시킬 것이다"88)라고 그는 설명했다.

많은 상인들은 특히 여성을 고용했는데, 왜냐하면 "여성들은 사람들을 어떻게 손님으로 접대하는지를 잘 알고 있기" 때문이었다. 왜 여성을 호텔에서 매니저로 고용하는가라고 물어보면 부머는 적어도 그 점을 분명히 밝혔다. 여성들은 '여급장으로는 탁월했으며' 본능적으로 '제집처럼 마음 편한' 개념을 적용시켰다. 오스카 해머스타인은 맨해튼 극장 흥행주로서 그는 상업용 극장에서 '숙녀 안내인'으로 여성을 고용했는데, 왜냐면 '여성들의 공손할 수 있는 힘' 때문이었다. 백화점 역시 여성들이 점원으로 근무했을 뿐만 아니라 매장과 플로어를 통틀어 고객을 안내하는 '여급장'으로 일했다.89)

대규모 가게들은 손님으로서 고객이라는 생각을 해석하는 데 탁월했다. 필라델피아에 있는 스트로브리지 앤 클로디어의 총매니저였던 허버트 틸리가 말했다시피, 그들은 '고객의 피부색, 인종, 종교에 상관하지 않았다.' "모든 고객은 가게에서 어쩌다 들른 손님 이상으로 자기를 알아봐 주기를 원한다는 것"을 우리가 알고 있다는 사실을 고객이 알아 주기는 원한다. "우리는 우리 가게에 들어온 모든 고객을 우리의 손님으로 간주한다"고 워너메이커는 1901년 고객들에게 알렸다.90) 영업 사원들은 모든 곳에서 적절한 어법을 사용하도록 엄격하게 단련되었다. 언제나 모든 사람들에게 '정중하게' 대하며, 단정한 외모, 무례하지 않지만 접근하기 쉬운 태도, '제품의 가

---

88) *NYHR* 9(December 12, 1914): 31; *NYHR* 8(August 25, 1913): 35; Jarman, *A Bed for the Night*, pp.2-4, 130-32.

89) Vincent Sheean, *Oscar Hammerstein: The Life and Exploits of an Impresario* (New York, 1956), p.21; *The Hotel Gazette* 40(September 25, 1915): 11; Horace Sutton, *Confessions of a Grand Hotel*, p.30. 극장 안내인에 관해서는 Lary May, *Screening Out the Past*(Berkeley, Calif., 1980), pp.157-58; 백화점 여급장에 관해서는 〈Special Care of Customer〉, *DGE*(January 16, 1904), p.21.

90) JW to Mrs. S. W. Anderson(October 18, 1901) in 〈Letters: August 20, 1901 to June 21, 1902〉, WA. 스트로브리지 앤드 클로디어에 대한 인용은 〈Saleswomen and Salesmen〉, *MRSW*(July 1911).

치를 강조'하는 데 있어서 신중하며, '올바른 질문'으로 무장하고 있어야 한다는 것이었다. 예를 들어 마셜 필즈에서 훈련받은 점원은 "안녕하세요?" "뭘 도와 드릴까요?" "매력적이지 않아요?" 같은 질문을 하도록 되어 있었다. 하지만 백화점 지침에 따르면 결코 다음과 같이 물어서는 안 된다. "몇 사이즈를 입으세요?" "무엇을 원하십니까?" "뭘 도와드리죠?" "그밖에 필요한 것 없으세요?"라는 식으로 질문하지 말아야 했다.[91] 백화점 상인들은 가게에 있는 재고품을 잘 알고 '고객과 재고품'을 연결시키는 방법을 알고자 했다. 점차적으로 점원들은 진짜 실크와 인조 실크를 구별하는 법을 알아야 하며, 좋은 디자인과 나쁜 디자인, 좋은 도자기와 싸구려 도자기, 값싼 가죽과 아름다운 가죽 등을 구분할 수 있어야만 한다는 주장이 대두되었다. 아마도 모든 점원들이 이런 구분에 통달하지는 못했을 것이다. 하지만 1910년 무렵, 머천다이징이 점점 더 복잡해짐으로써 이윤이 남는 총거래는 주로 숙련된 점원에게 부분적으로 의존할 수밖에 없다는 사실을 많은 상인들은 분명히 알게 되었다. 결과적으로 상인들은 영업 사원들에게 '머천다이징을 가르치거나' 그들을 '교육시키기' 위한 무역학교나 대학에 의존하기 시작했다.[92]

1900년 초반부터 이미 백화점 교환대는 수백 명의 전화교환수가 근무했으며, 밤낮으로 고객들의 주문을 받는 것이 가능해졌다. 1913년에서부터 1919년 사이 워너메이커스는 24시간 '전화 주문' 서비스를 실시했으며, 뉴어크 소재 뱀버거스는 카운터 끝에 작은 붉은 전화기로 가득 차 있어서 고객들이 수화기를 들고 '백화점에 관련된 것이라면' 언제라도 물어볼 수 있었다. 이민온 고객들의 요구를 감당하기 위해 에이브러햄 & 스트라우스는 통역관을 상주시켰으며 백화점 전체를 통틀어 20개국에서부터 24개국까지 통역이 가능했다. 메이시즈에서 서비스를 사는 남자 고객들은 쇼핑을 싫어하는 남성들을 위한 것이거나 혹은 백화점을 방문할 수 없는 사람들을 위해 마련해 두었다. 인도차이나에서 살고 있는 사람이 메이시즈에게 부탁해

---

91) 이런 질문들은 마셜 필즈의 고용 훈련 부서 진술로부터 인용한 것이다. 〈Let Us Agree〉, in 〈Employment Development Box〉, MFA.

92) *DGE*(February 20, 1909); *DGE*(May 15, 1909).

서 자동차를 사달라는 주문뿐만 아니라 가구와 비품 일절을 자기를 대신하여 구입해 달라고 주문하기도 했다. "메이시즈는 기꺼이 이런 서비스를 베풀어 주었다"고 매니저는 대답했다.[93]

시카고의 맨델스, 뉴욕의 올트먼, 필라델피아의 워너메이커스와 같은 백화점들은 고객들에게 자기 아파트나 집을 어떻게 장식할 것인지를 상담해주는 상근직 직원이 있다는 사실을 자랑스러워했다. 한 필라델피아 여성이 워너메이커에게 불평을 했는데, 왜냐하면 그런 상담 직원들이 자기 집 벽지 도배를 하면서 색상을 적절하게 조화시키기 못했다는 이유에서였다. 워너메이커는 이 불평을 듣고서 서비스의 신뢰성을 확신시키기 위해 '다시 벽지 도배를 해주었다.' 그는 인테리어 장식가를 불러서 '집에 배치할 거의 모든 것들과 가구 감식가' 혹은 앙상블을 지시했다. "감식가가 당신의 장식 계획에 도움을 줄 것이며, 올바른 가구·융단·벽걸이 등과 같이 그 방과 집이 요구하는 모든 것을 자문해 줄 것입니다." 감식가는 한 층의 모든 것이나 "스튜디오에 있는 모든 것을 조화시킵니다. 마치 당신 집을 들여다본 것처럼 앙상블을 맞춤으로써 어떤 효과가 창조될지를 확실히 알게 될 것입니다."[94]

워너메이커의 앙상블러(assembler)는 거대한 규모로 실시했는데, 1910년 뉴욕의 리츠 칼튼 호텔의 꼭대기에서부터 바닥까지 카펫을 깔고 실내에 필요한 모든 설비들을 설치했다. 그들은 고객의 집에 인테리어 장식을 하기 위해 모든 곳을 여행하고는 했다. 1912년 부유한 맨해튼의 기업법률가인 존 R. 도스 파소스의 요청에 응해서 그들은 그의 아들인 존 도스 파소스를 위해 하버드 야드에 있는 맨해튼의 방 3개짜리 스위트를 장식하고 가구를 배치했다. 존 도스 파소스는 이제 막 대학 생활을 시작하고 있었다. 이 경험은

93) Macy's 〈Minutes of the Board of Operations〉(July 22, 1920), MA. 워너메이커의 전화 서비스에 관해서는 *DGE*(July 30, 1910), p.101; 통역관에 관해서는 〈Abraham & Strauss Centennial Celebration〉, 1865-1965, Records, 1965, Brooklyn Historical Society, p.15. 워너메이커의 '텔콜 시스템'에 대해서도 참조. Macy's report, 〈Minutes of the Board of Operations〉(April 27, 1917), 뱀버거의 '레드 폰'에 관해서는, 〈Minutes of the Board of Operations〉(September 14 and 21, 1917), MA.

94) JW and Co., *Betty Comes to Town: A Letter Home*(New York, 1909); and JW to Mrs. H. P. Hill(December 15, 1898), Wanamaker Letterbook, 428, WA.

젊은 도스 파소스에게 평생 잊지 못할 인상을 남겼다. 그로부터 상당한 세월이 지난 1932년 자기 소설에서 이블린 허친스라는 인물에게서 그때의 실내 장식가의 면모를 찾아볼 수 있었다. 그의 소설에서 이블린 허친스는 무책임하고 자기 자신 외에는 아무것에도 헌신하지 않은 무심한 인물이었다.[95]

행복을 나누어 주는 사람

고객들은 그들의 '특별한 욕구와 욕망에' 대처하겠다고 말하는 새로운 상업적 공간──룸·홀·공연장·레스토랑 등──을 이용할 수 있었다. 고객을 위한 설비들은 본질적으로 다용도 설비였으며 현재도 그렇다. 이런 설비들은 1885년 이후부터 미국에서는 풍부했으며, 종종 지역 공동체의 사회적인 센터로 기능했다. 이곳을 이용하는 사람들은 교회를 찾는 사람들과 겹치거나 혹은 교회와 경쟁할 지경이었으며, 다른 시설들이 충족시켜 주지 못했거나 혹은 왜 그런 고객의 욕구를 충족시켜 주어야 하는지, 그 이유를 모르거나 아니면 아예 보지 못했던 다른 시설들과는 달리 많은 사람의 욕구를 충족시켜 주었다.

호텔과 레스토랑은 사람들이 만나고 거래를 성사시키거나 파기하거나, 혹은 축하하거나 결혼하는 공간이었다. 물론 이 모든 것은 공짜가 아니라 가격을 지불해야 했다. 34번지와 브로드웨이 있는 부머의 맥알핀 호텔은 지을 때부터 전문가들과 쇼핑하는 여성들의 독자적인 욕구를 충족시키기 위해 1912년에 건설되었다. 여성 전용층을 가진 최초의 호텔이었는데, 여성이 운영하며, 여성들만을 위한 레스토랑, 여성들을 위한 전용 출입문과 프런트 데스크가 별도로 있었다. 투자은행가인 J. P. 모건의 딸인 앤 모건의 의견에 고무되어서 그런 전용 공간이 마련되었다. 모건은 그런 전용 공간이 필요한 까닭을 이렇게 설명했다. "도시에는 동행이 없는 여성이 호텔에서

---

95) John Dos Passos, *1919*(New York, 1969), pp.123-45; Virginia Spencer Carr, *Dos Passos: A Life*(New York, 1984), p.53. 리즈 칼튼 호텔의 장식에 대해서는 JW to RW(December 12, 1910), ⟨1910 Letters from JW to RW⟩, WA.

방을 예약하고 지정받을 수 있는 그런 일급 호텔이 전혀 없다. 말하자면 대다수 여성들에게 대단히 모욕적인 시련인 조사를 메인 데스크에서 강요받지 않고 들어갈 수 있는 곳이 없었다."[96] 아이러니컬하게도 일찌감치 1913년 맥알핀 호텔에서는 하루에 세 번씩 결혼식이 거행되었다. 시인인 커밍스는 보스턴에 있는 코플리 플라자(Copley Plaza) 호텔에서 결혼했다. 비록 그는 결혼 '서비스'가 어떻게 돌아가고 있는지를 알지도 못했으며, 장차 아내 될 사람이 이 모든 것을 주선하기는 했지만 하여튼 호텔에서 결혼식을 했다.[97] 무역협회와 모든 종류의 전문직들이 정기적으로 호텔, 레스토랑, 연회 시설을 이용했으며, 서비스와 리셉션룸과 정성들여 정교하게 장식한 무도회장 등을 이용할 수 있었다. 호텔과 레스토랑 상인들은 사업가들에게 전시실에 그들의 제품을 전시하도록 권장했다.[98]

도시 상인들은 도시 생활의 중심에서 그들의 사업을 유지하는 데 필요한 것들에 대단히 예민했다. "열심히 참여하라, 관심을 표현하라, 관심을 가져라, 고객의 갈망을 반영하고 교육하고 고양시켜라" 등이 바로 그런 핵심이었다. "사업은 공공 서비스 제도가 되어야 하며 그 지역의 특징을 반영해야만 한다"고 한 전문가는 말했다. "우리는 인생의 통합적인 일부가 되어야 한다."[99]

때때로 상인들은 가게 전부를 여성 집단에게 넘겨 주기도 했는데, 사우스 다코다 주, 수 폴즈에 있는 팬틀 브라더스-댄포스 회사(Fantle Brothers-Danforth Company)의 경우가 그런 사례에 해당했다. 이들은 가게를 하루 24시간 완전히 활용하기 위해 5개의 다른 여성 집단이 번갈아 가면서 가게를 열었다.[100] 인디애나 주, 포트 웨인에 있는 7층짜리 울프 & 데사우어(Wolf and Dessauer) 백화점의 극장과 강당에서, 여성들은 친구들을 만나서 카드 파

96) Anne Morgan, quoted in *NYT*(June 7, 1912), p.1; *NYT*(December 30, 1912), p.18.

97) *NYHR* 5(July 5, 1913): 10; Richard S. Kennedy, *Dreams in the Mirror: A Biography of e. e. cummings*(New York, 1980), p.249.

98) 이 무렵 부상하게 된 관광 사업과 호텔 산업 사이의 관계에 대해서는 Neil Harris, 〈Urban Tourism and the Commercial City〉, in *Inventing Times Square: Commerce and Culture at the Crossroads of the World*, ed. William R. Taylor(New York, 1991), pp.66-98.

99) *DGE*(January 20, 1900); *DGE*(December 26, 1910); *DGE*(June 11. 1919); *The American Restaurant* 40(December 25, 1916): 11.

티를 하면서 즐기거나 혹은 티파티를 즐길 수 있었다. "무대에 있는 테이블을 이용하는 것은 공짜입니다. 음악도 공짜로 틀어 줍니다. 여급장이 파티를 위한 점심 주문을 물론 해줄 수 있습니다. 특별한 서비스도 기꺼이 제공할 것입니다"[101]라고 울프 & 데사우어는 알렸다. 상인들은 가난한 어린아이들에게 '행복을 나누는 사람들'로 자처하면서 지역 자선 사업도 주관했다. 그들에게 장난감과 인형과 외투와 속옷을 기증했다. 심지어 그들은 가난한 자들을 기념하기 위한 휴일 자선 공연에 가난한 사람들을 초대하기도 했다.[102]

백화점은 '교육적인 센터'로서 갑절의 힘을 내게 되었다. 시범 설명자들은 진공청소기와 주방 스토브, 구두약, 커피포트의 장점을 설명했다. 가게 매니저들은 자기 나름의 '산업 박람회'를 지휘했는데, 말하자면 특정한 제품이 어디에서 나오며, 그런 제품들이 어떻게 제조되는가를 설명해 주었다. 1912년 백화점 전체 매장에 1백50개 이상의 모조 공장을 실질적으로 디스플레이하고 조직했으며 각각의 매장에서 우수하게 제조된 제품들을 팔았다.[103] 그런 이벤트가 있고 얼마 지나지 않아 대중들은 "제품이 어떻게 만들어지는가에 대한 무엇인가를 배울 기회를 가져야 한다"고 1912년 맨해튼의 시겔-쿠퍼스의 홍보 담당자는 설명했다. 이런 박람회는 대중에게 '무엇인가' 배움을 주는 것은 사실이었지만, 기본적으로는 산업적인 전시회라는 명목으로 위생 처리된 것이었으며, 주박람회 혹은 세계박람회에서 보여주었던 그런 노선을 따르고 있었으며, 고용주의 기준에 따라 형성된 것이며, 그것에 연루된 노동의 성격에 관한 것은 어떤 것도──노동 비용, 고통──전혀 드러나지 않았다.

미술관에서가 아니라 다름 아닌 백화점에서 현대 미국과 미국 예술은 최

100) *DGE*(July 8, 1922); *DGE*(November 12, 1904); *DGE*(December 16, 1911); *MRSW* 21(December 1907): 23; *MRSW* 11(January and February 1905): 1.

101) Shirley Ware, 〈Lots of People Are Tired of Hearing 'Service,' but They Surely Appreciate Getting It〉, *DGE*(May 6, 1922). 이 기사는 울프 앤 데사우어가 1895년 부상하여 1910년에 이르러 지역 소매업 상권을 장악할 때까지의 역사와 자취를 더듬고 있다.

102) *DGE*(November 12, 1904 and December 16, 1911); *MRSW* 21(December 1907): 23; *MRSW* 1(January and February 1905): 1.

103) *DGE*(September 14, 1912); *DGE*(June 8, 1897); *DGE*(August 20, 1910), p.11; *DGE*(February 8, 1908).

초의 진정한 후원자를 발견하게 되었다. 미국에서 가장 독창적인 컬러리스트였던 존 라 파르그는 1902년 마셜 필즈의 화랑과 쇼윈도에 나타났다. 필즈는 '촌놈 살롱'을 열었는데, 인디애나와 일리노이 주 출신의 젊은 예술가들을 위한 화랑이었다.[104] 1910년 테오도르 드라이저는 필라델피아를 산책하면서 미국인 앤 에스텔 라이스가 워너메이커스에 그린 야수파 스타일의 긴 네모꼴로 된 벽화를 보았다. 1층 엘리베이터 위에 걸려 있었던 그 벽화는 '생과 미'의 느낌을 드라이저에게 '제시했다.' '빛, 공간, 대담성, 힘, 원색적인 붉은색, 초록색, 연한 자줏빛, 흰색, 노란색!!!' 하면서 그는 미친 듯이 중얼거렸다(로드먼 워너메이커가 설립했던 파리에 있는 예술 아카데미에서 훈련받은 예술가였던 라이스는 드라이저의 많은 여자 애인들 중 1명이었다).[105]

1913년 아모리 쇼(Armory Show)에 영감을 받았던 김벨 브라더스는 현대 예술의 가장 열렬한 후원자가 되었다. 그들은 세잔·피카소·바라크 등을 구입하여 신시내티·뉴욕·클리블랜드·필라델피아 등에 있는 백화점 화랑에 전시했다.[106] 5년이 지난 뒤 카슨, 피리에, 시카고의 스콧은 미국인 헨리 벨로우스, 윌리엄 글래큰스, 존 슬론의 작품을 5층에 새로 마련된 화랑에서 전시했을 뿐만 아니라 뉴멕시코의 타오인디언 예술가협회의 그림들 역시 전시했다.[107]

자기 백화점을 '공공 시설'이라고 광고하는 데 가장 역점을 두었던 존 워너메이커는 예술을 전시하는 데 있어서도 가장 혁신적인 상인이었다는 점

---

104) 필드 화랑에 관해서는 C. Balliet, *Apples and Oranges: Emotional Expression in Modern Art*(Chicago, 1927), p.197; La Farge의 전시에 관해서는 〈Catalogue of an Exhibition of the Work of John La Farge〉(December 1-21, 1902), in scrapbook, 〈Marshall Field and Co., Ads〉, Adv-XBI, MFA.

105) Theodore Dreiser, *Gallery of Women*, vol. 1(New York, 1929), pp.143-66. Rodman Wanamaker's list of paintings, 〈Among the works of art in the 'Lindenhurst' collection and at the Store〉, WA. 앤 에스텔 라이스는 드라이저의 작품 속에서는 앨런 애덤스 라인이라는 가명으로 등장한다. 워너메이커의 목록에 의하면 "앤 에스텔 라이스는 로드먼 워너메이커에 의해서 교육받았다. 중앙층 마켓 스트리트 엘리베이터에 위에 걸린 대형 벽화는 그녀가 그린 것이었다."

106) 김벨스 전시회에 관해서는 Martin Green, *New York 1913: The Armory Show and the Paterson Strike Pageant*(New York, 1988), pp.186-87.

107) Advertisement of Carson, Pirie, Scott in *Fine Arts Journal*(January 1918): 61.

은 그다지 놀랄 일이 못된다.[108] 그는 미술관 벽에다 그림을 엉망진창으로 전시함으로써 훌륭한 그림의 효과를 파괴하는 것을 통탄해 마지않았다. 달이면 달마다 고객의 관심을 유지하기 위해 그는 자기 개인 소장품들을 필라델피아의 '스튜디오'에서——여기서는 콘스터블, 다른 곳에서는 레이놀즈를, 워너메이커가 가장 좋아하는 티치아노나 터너는 물론 말할 것도 없이 전시했다——부터 전시했다가 다시 뉴욕으로 되돌아왔다[109](근대 회화 중에서 워너메이커가 가장 흠모했던 그림은 마네였다). 그는 자신이 말하는 '새로운 디스플레이 원칙'을 적용했는데 이 원칙은 나중에 미술관 큐레이터들이 따르게 되는 기준이 되었다. 그는 벽에다 많은 공백을 줌으로써 예술이 숨을 쉬도록 해주었다. "세일을 위한 것이 아니면서도 여전히 세일을 위한 것이다." "사랑스러운 모든 것, 가치 있는 모든 것은 상인의 눈을 필요로 한다……. 왜냐하면 최고 장점을 보여주기 위해서이다."[110]

많은 다른 종류의 공간 역시 소매 가게에서 출현하게 되었는데, 대도시 호텔 역시 그랬다. 공공 도서관의 분관, 시립 우체국, 은행과 치과, 통증을 호소하는 쇼핑객이나 호텔 손님을 돌봐 주는 작은 병원과 공간이 나타나게 되었다. 어떤 백화점에는 '침묵의 방'이라는 것이 있어서 여성 고객들이 휴식을 취하면서 그들을 성찰하고 심지어 명상까지 했다.[111] 1915년 여성과 어린아이들은 호텔과 백화점 미용실이나 이발소와 '해피랜드'를 이용할 수 있게 되었다. 부머와 스태틀러가 경영하는 호텔을 포함하여 많은 호텔들은 수영장·터키탕·옥상 정원 레스토랑·칵테일 라운지·바·카페 등을 제공했다. 뉴욕 소재 부머의 맥알핀 호텔은 이 도시에서 최대형 지하 레스토랑

---

108) '공공 시절'로서의 워너메이커 백화점에 관해서는 〈Wanamaker Advertising〉, *MRSW*(May 1911): 1: "워너메이커의 백화점은 판매 제품 설명뿐만 아니라 공공 시설이라는 점을 광고해 왔다. 이런 광고 전략은 너무나 영리하고 지속적이어서 워너메이커는 미국에서 가장 잘 알려졌으며 그 이름이 상징하는 바가 무엇인지 사람들에게 가장 잘 알려지게 되었다."

109) 〈Mr. Wanamaker's Private Collection of Paintings. General Inventory…… Listed by P. Farine, 1908〉, WA. 소장품 목록에는 Van der Velde, Hogarth, Rubens, Watteau, Holbein, Tintoretto, Van Dyck, Gainsborough(many Gainsboroughs) 등이 포함되어 있었다.

110) JW, quoted in Gibbons, *John Wanamaker* vol. 2, p.81; *MRSW*(May 1913). 예술 작품들은 주요 호텔 화랑에서도 전시되었다. 발도르프-아스토리아의 옥상정원 화랑에 관해서는 Kennedy, *Dreams in the Mirror*, p.240.

을 소유하고 있다고 주장했다(독일 모델을 따라서 지하 식당과 맥주 등 모든 것을 서비스하는 공간).[112]

1899년 필즈는 시카고 최초의 대규모 끽다점을 열었으며, 오후에 차를 마실 수 있는 5백 석 규모의 크기를 갖췄다. 그곳은 '로즈 펀치로 유명' 했다. 그곳은 '선택된 사람을 끌여들였다'고 애나 넬슨은 회상했다. 그녀는 원래 끽다점 직원이었다가 나중에 '날마다 세탁하는 자수 놓은 리넨 메뉴판'[113]과 더불어 여점장이 되었다. 1914년 필즈는 중산층 부인들을 위한 엄청난 숫자의 끽다점 외에도 레스토랑을 운영했다. 그 외에도 호두나무 룸 · 영국식 룸 · 식민지 끽다점 · 나르키소스 룸 · 크리스털 끽다점 등이 이에 해당했다. 같은 해 필라델피아의 워너메이커스는 그랜드 크리스털 끽다점에서 거위간 파테를 대접하고 있었으며, 메이시즈는 단골손님들이 굴과 대합조개를 먹을 수 있는(혹은 메이시 클럽 샌드위치) 긴 런치 카운터를 갖췄을 뿐만 아니라 2천5백 명이 식사를 할 수 있는 레스토랑을 8층에 설치했다(세계에서 가장 큰 레스토랑 중 하나라고 광고했다). 종종 소유주의 재정적인 부담으로 간주되기도 했지만, 그런 레스토랑은 고객들을 유인하는 미끼였다.[114]

어린이들 역시 도서관과 미술관뿐만 아니라 백화점과 호텔에서도 그들 나름의 서비스 공간과 '시간'이 있었다.[115] 모두 뉴욕에 있는 맥알핀, 코먼웰스 등의 호텔은 어린이 놀이터, 아이방을 제공하고 훈련된 보모를 직원으로 두었다.[116] 1911년 필즈는 이 나라에서 최대의 어린이 놀이터를 갖췄다고 주장했으며, 연중 한 번은 3백 내지 4백 명의 어린이들을 돌봐 주고 즐겁게 해주는 '영구적인' 장소를 갖췄다. 스테이트 스트리트에 있는 보스턴 백화점

111) *DGE*(February 28, 1903), p.68; *DGE*(January 16, 1904), p.21; *DGE*(August 22, 1908); *DGE*(November 12, 1910); *PT* 17(June 1919): 97; 〈A Branch of the New York Public Library to Be Opened Shortly in the Big Store〉, *Thought and Work* 1(January 15, 1905); *DGE*(January 27, 1912); *DGE*(February 15, 1919); *DGE*(December 4, 1920), 73; and 〈The History of Growth of the Woodward and Lothrop Store〉, Folder 1, Manuscript 4, Woodward and Lothrop Archives, Washington, D.C.(1913), p.2.

112) *NYT*(December 30, 1912), p.18; 호텔의 시설 범위에 관해서는 Kurt Heppe, 〈Attracting Hotel Patrons〉, *American Restaurant*(January 1921), pp.19-23; *The Hotel Gazettte(HG)* 40(December 25, 1916): 11; *HG* 40(March 18, 1916): 1; *HG* 8(June 21, 1913): 28-29; *NYHR* 12(February 3, 1917): 12.

113) Interview of Anna Nelson by Lloyd Lewis, 〈Lloyd Ldwis Interviews〉(1948), MAF.

은 놀이터를 거대한 숲처럼 장식하고 벽에는 나뭇가지와 넝쿨을 그려넣고 기둥은 나무껍질로 감싸 치장함으로써 필즈와 경쟁했다. 물고기가 가득 찬 실내 연못에서는 작은배가 떠다니고 있었다.[117]

많은 여성들이 아이들을 탁아소로 데려왔는데――실제로 그곳은 탁아소 기능을 했다――종종 탁아소에 아이들을 떨어뜨려 놓고서는 2시간 제한을 무시한 채 쇼핑을 하느라 여념이 없었다. 심지어 쇼핑을 하려는 의도가 전혀 없는 어머니들마저 보모들에게 아이를 맡겼다. 그런 관행이 아이들에게 미치는 효과는 충분히 논쟁거리겠지만, 하여튼 뉴욕 시의 바이어인 아널드 콘스터블은 "일단 아이들은 백화점의 놀이터에서 놀기 시작하면, 그 경험을 결코 잊을 수 없다. 사실상 우리는 아이들을 놀이터에서 데려나오는 데 더욱 애를 먹었다"[118]고 주장했다(놀이터는 유아방, 장남감 방, 인형의 집, 아동용 신발 매장과 '끼워넣기' 매장과 가까이 있었다).

어린이들뿐만 아니라 어른들에게도 1900년 이후부터 백화점과 호텔에 짓기 시작했던 극장·리사이틀 홀·강당 등에서 공짜 콘서트와 연극 공연을 볼 수 있었다. 이런 공간들은 전문적인 콘서트 홀과 규모와 음향의 측면에서 거의 맞먹을 정도의 시설이었다. 유명한 음악가들, 즉 아르투르 루빈

---

114) Macy's, 〈À La Carte Menu〉(c. 1914), presented as a document by Macy's to the U.S. Government, Bureau of Corporations, as part of the 1914 Resale Price Investigation (interview dated November 10, 1914), RG 122, file 7224-64-1, NA; And Wanamaker menu, 〈Afternoon Tea〉(John Wanamaker, Phil., c. 1915), WA. 부담스럽지만 필요한 것으로서 레스토랑 서비스에 관해서는 Ina Hamlin and Arthur Winakor, 〈Department Store Food Service〉, *Bulletin*, Illinois University Bureau of Business Research 46(Urbana, Ill., 1933): 7. 마셜 필즈의 낀다점과 레스토랑에 관해서는 employment training department, 〈Question on the History of and Physical facts about Marshall Field and Company〉(1933), 〈Employment Development Box〉, MFA.

115) *DGE*(November 12, 1904); *DGE*(December 16, 1911); *MRSW* 21(December 1907): 23; *MRSW* 11(January and February 1905):1.

116) *The Hotel Gazette* 40(March 18, 1916): 1; Kurt Heppe, 〈Attracting Hotel Patrons with Your Cuisine〉; *Bulletin of the Metropolitan Museum of Art* 12(March 1917): 72.

117) *TN* 4(April 1911): 3; Wanamaker and Co., *The Guide Book and Information Concerning the Wanamaker Mail Order Service*(New York 1910), pp.17-18.

118) *The Advertising World* 24(January 1914): 245; *DGE*(November 12, 1910); *MRWS*(March 19, 1913); *PT* 17(June 1919): 97; *PT* 18(May 1920): 85; *PRL* Second Issue(October 1924): 8.

스타인, 미챠 엘먼, 안톤 루빈스타인은 리사이틀 홀에서 연주했다. 백화점 직원들로 구성된 합창단이 칸타타·오라트리오 외에도 고객들을 위해 다른 합창곡을 연주했다.[119] '스펙터클한 희가극'이 무대에 올려졌다. 예를 들어 뉴욕에서 시겔-쿠퍼스는 1주일 내내 '민족의 카니발'을 상연했는데, 이것은 '동양 주간'과 더불어 장엄한 클라이맥스에 도달했다. 그리고 이국적인 쇼인 〈판타즈마, 마술 정자〉 등이 있었다. 조명과 색채의 효과로 인한 '스릴' 등으로 치장된 쇼는 '오리엔트의 섬광'을 전달했다. 즉 터키의 하렘, 터키 무용단의 퍼레이드, 램프의 지니, 나일 강의 클레오파트라 등이 그런 사례에 해당했다. 1년 후 백화점은 괴상하게 변형시킨 〈아마즈마 쇼〉를 무대에 올렸는데, 그것은 '놀랍고도 아름다운 전기 디스플레이'였으며, '백열하는 환영'을 보여주었다.[120]

1910년 무렵 백화점과 유사한 시설들은 다운타운의 시민 생활에 막강한 정박처로서 기능하고 있었다. 백화점들은 상품을 파는 것만이 아니라 자유로운 유흥, 아이디어들, 정보, 정신적 고양을 전파하고 있었다. 이런 것들은 그 지역 사회에 있어서 필수 불가결한 가치가 되기도 했다.

안락함과 조셉 어반의 유토피아

소비자 서비스에서 또 다른 차원, 즉 지역 사회의 이익과는 아무런 상관이 없고 오로지 모든 것은 개인적인 즐거움과 관련이 있는 서비스는, 도피와 사치라는 환상에 호소하면서 쾌락과 안락함의 '분위기'를 고객들에게 제공했다. 이와 같은 서비스의 핵심에는 완벽한 분위기, 뮤지컬과 그밖의 것들이 추구하는 것이 행복이라는 느낌을 소비자에게 주입하는 것이었다. 남북 전쟁 이후 10년 동안, 특히 넓은 시장을 장악하기 위해 상인들이 경쟁

---

119) JW, 〈Sonata Ricital〉, Wanamaker Program(April 15, 1914), WA; *DGE*(April 1, 1903); *Outlook* 64(January 13, 1900): 94-95; 〈30th Anniversary of a New Kind of Store〉 (March 1906), Wanamaker Scrapbook, p.19, WA.

120) Leach, 〈Transformations in the Culture of Consumption〉, *Journal of American History* 71(September 1984): 329-30.

하기 시작했던 도시에서 음악은 소비자 서비스 형태에서 가장 공통된 요소가 되기 시작했다. 1900년대 초반, 대규모 중산층을 위한 카페테리아는 그 자체로 새로운 공간이었는데, 점심 식사 때 사업가들을 즐겁게 하기 위한 뮤지컬 앙상블을 고용하기 시작했다. 그래서 마이클 골드는 《돈 없는 유대인》이라는 소설에서 이 점을 회상했다. "나의 어머니는 저지대 브로드웨이에 있는 사업가들을 위한 크고 고급인 카페테리아에서 일했다……. 그곳은 슈퍼 카페테리아 중 하나였다. 테이블 위에는 꽃으로 장식한 꽃병이 놓여 있었고, 점심 시간에는 현악 오케스트라가 연주를 했으며, 그밖에도 장식이 화려한 곳이었다."[121] 1910년 10월의 어느 따스한 저녁 무렵 우울에 사로잡힌 테오도르 드라이저는 파크 애비뉴 호텔 창문으로 레스토랑의 뜰을 내려다보았다. 가정 불화를 피해서 그곳에 머물고 있으면서 절망적인 연애 사건의 의미를 반성하고 있었다. "테이블 위에 놓인 작고 붉은 램프는 날파리처럼 불타오르고 있었다. 환심을 사려는 듯 부드러운 오케스트라의 음악 소리는 고객들에게 '뭐라 말할 수 없는 슬픔'을 연주하고 있었다."[122]

레스토랑·호텔·백화점, 이런 곳들과 유사한 소비자 환경에서 음악을 연주하는 관행이 어디서 연유된 것인지를 알아내기라 어렵지만 그래도 추측을 해보자면 독일 이민들이 가져온 안락함의 전통에서 유래한 것으로 짐작할 수 있을 것이다. 게뮤트리히카이트는 '완벽한 안락'함과 같은 의미를 지닌 어휘인데, 음악, 음식, 음료가 혼합되어 있는 것이 특징이었다. 헨리 모겐소 경은 독일-유대계-미국인 금융자본가이자 정치가였는데, 그는 《내 인생 전부》라는 자서전의 첫 페이지에 이런 전통을 따스하게 묘사했다. "독일에서는 사람들의 입에서 끊임없이 '게뮤트리히'라는 단어로 가장 잘 표현할 수 있는 생활 방식이 있다고" 그는 기록했다. "이 단어는 거의 번역 불가능한 단어인데 만족, 편안함, 흡족함을 다 합친 것을 뜻한다." 모겐소와 다른 독일인들은 다름 아닌 이 단어와 전통과 생활 방식을 미국으로 가져와서 미국식으로 정착시키게 되었다.[123]

---

121) Michael Gold, *Jews Without Money*(New York, 1930), p.247.

122) Richard Lingeman, *Theodore Dreiser: An American Journal*, 1908-1945(New York, 1990), p.30.

하지만 **안락함**이라는 그것 하나만으로는 문화적인 활동으로 기능할 수 없다. 그것은 모든 독일인들이 공유하는 축제 문화라기보다는 훨씬 더 광범한 전통의 일부였다. 독일계 미국인들은 미국에서 최대의 이민 집단이었다 (1910년 무렵 9백만을 상회했다). 그들은 가톨릭, 유대인, 신교도, 세속적인 비신도, 도회적인 코스모폴리탄, 농촌의 농부 출신, 숙련 노동자, 비숙련 노동자, 상인과 농부 등 가장 다양한 이민 집단을 구성했다.[124] 그들을 종합해 보건대, 역사가인 캐서린 네일스 콘젠이 기술했다시피, 공통적인 민중 축제 문화가 그들 사이에 지역 공동체를 강화시켰다고 볼 수 있다. 많은 사람들은 독일계 이민들이 미국 문화에 이바지하는 데 중요한 몫을 했던 것으로 보았다. 민중적인 축제 문화는 두 가지 측면이 있었다. **안락함**의 측면이 사교성과 즐거움을 강화시켰을 뿐만 아니라 사업과 실용적인 것보다는 좀더 마음과 영혼을 강조하는 휴머니즘적인 측면이 있었다는 점이었다. 많은 독일인들이 생각하기에 이 두 가지 측면 모두 미국 문화에서는 실종되고 없는 것처럼 보였다. 무엇보다도 미국에는 진정으로 고급한 문화가 존재하지 않았다. 위대한 음악이나 예술이 없었다. 두번째, 미국인들은 머리를 식히면서 스스로 즐기고, 공중 앞에서 축제를 즐기는 문화와 휴식을 모르는 것처럼 보였다. "사업하고 기도하는 것이 근대 공화주의자들에게는 최고의 순간이다"라고 한 독일계 미국인은 1846년에 불평했다. "미국인들은 어떤 것에도 열광할 수 없는 사람들이다"라고 또 다른 사람이 말했다. "미국인은 스스로 즐기는 법을 모르는 자들이다."[125]

1840년 이후로 콘젠과 다른 역사학자들이 지적했다시피, 다양한 방면 출신의 독일인들은 도시마다 새로운 민중 축제를 발전시켰다. 실러·괴테·베토벤을 기념하는 축제를 열었다. 5월 축제, 민중 축제(Volksvests), 그밖의

---

123) Henry Morgenthau, *All in a Life-Time*(New York, 1922), p.1.

124) 독일계 이민의 다양성과 숫자에 관해서는 Frederick C. Leubke, *Germans in the New World: Essays in the History of Immigration*(Urbana, Ill., 1990), pp.14-15, 163-69; and Kathleen Neils Conzen, 〈Ethnicity as Festive Culture: Nineteenth-Century German American on Parade〉, in *The Invention of Ethnicity*, ed. Werner Sollars(New York, 1989), p.48.

125) Quoted in Conzen, 〈Ethnicity as Festive Culture〉, pp.51-52. Gemütlichkeit에 관해서 여기서 논의된 것들과 독일 축제 문화는 주로 이 논문에 근거한 것이다.

모든 종류의 휴일 축제 등은 노래, 정치적인 계몽, 깃발과 의상과 횃불과 각양각색의 장관과 더불어 '영웅주의'에 대한 호소 등으로 특징지어졌다.[126] 출신 지역을 막론하고 독일계 이민은 그들의 음악을 가져왔으며, 번창하는 피아노 산업 붐을 일으켰으며, 위대한 심포니 오케스트라를 창조하게 되었다. 독일인들은 거의 혼자 힘으로 밀워키 · 신시내티 · 클리블랜드 · 세인트루이스 등지에서 초기 음악 문화를 형성했다. 오케스트라 외에도 그들은 합창단을 조직하고 노래하는 모임과 축제를 조직했으며, 오페라, 콘서트, 음악당을 후원했다.[127]

독일계 미국인들은 맥주와 음악을 뭉쳐 유흥과 식사와 음주라는 하나의 혼성품을 만들어 냈다. 1840년대 이후부터 계속하여 그들은 맥주 산업을 넘겨받았으며 영국의 통제로부터 벗어나려고 씨름했다.[128] 동시에 금주법에 항의하면서 그들은 개별 고객이나 혹은 가족 전체를 즐겁게 해주는 모든 종류의 무수한 **맥주가든**(biergartens)을 위해 뮤지컬 앙상블을 고용했다. 왜냐하면 가족들이 함께 나가서 비어 홀에서 '외식' 하는 것이 독일인들의 전통이었기 때문이었다. 베토벤 · 모차르트 · 슈베르트의 초상화가 벽에 걸렸다.[129] 《지금에 이르기까지》라는 자서전의 저자인 알 스미스는 뉴욕 주 지사였는데, 1929년 그는 뉴욕 시에 있는 최대의 맥주가든의 하나를 이렇게 묘사했다. 바우어리에 있는 아틀랜틱 가든은 1870년대 후반 "독일인 인구가 후원

---

126) Conzen, 〈Ethnicity as Festive Culture〉, pp.56-60.

127) Joseph Wandel, *The German Dimension of American History*(Chicago, 1919), pp.114-21, 126-29; Cyril Ehrlich, *The Piano: A History*(London, 1976); and Loren Baritz, *The Good Life*(New York, 1989), pp.9-14.

128) 이 산업은 너무나 독일적인 것이어서 새로운 전국적 협회──미국양조협회──의 진행이 수년간 독일에서 실행되고 있었다. 1890년 무렵 가장 큰 회사를 독일계 미국인들의 소유가 되었다. 독일계들의 맥주 산업 지배에 관해서는 Thomas C. Cochran, *The Pabst Brewing Company*(New York, 1948), pp.72-74; 맥주 산업 부흥과 조직에 관해서는 Stanley Baron, *Brewed in America: A History of Beer and Ale in the United States*(Boston, 1962), pp.175-80, 214-16. '독일인' 도시 전반에 관해서는 Baron을 참조할 것. 밀워키에 관해서는 Cochran을 참조할 것. 신시내티에 관해서는 William L. Downward, *The Cincinnati Brewing Industry*(Cincinnati, 1973), pp.65-71.

129) Baron, Brewed in America, pp.180-81; Cochran, *The Pabst Brewing Company*, pp.37-41; 가족들의 외식에 관해서는 Downward, *The Cincinnati Brewing Industry*, p.68.

하는 곳"이었다. "프로페서 이셔(Professor Esher)는 숙녀 음악단을 구비했다. 가벼운 점심이 접대되고, 아틀랜틱 가든에서 누구나 할 것 없이 라거 비어를 마셨다. 누이와 나에게는 초콜릿 한 잔과 거대한 케이크 조각이 나왔다. 한편 어른들은 맥주를 마시면서 뒷이야기들을 나누고 주연을 즐겼다."[130]

미국 문화에 이런 전통이 기여한 것은 모든 미국인들이 음악을 사랑하고, 좀더 휴식을 취하고, 관능적이고 아름다운 것에서 즐거움을 찾도록 권장함으로써 미국 문화를 향상시켰다는 점이다. 미국인들은 축제가 필요했다. 하지만 독일식 축제 문화와 그 안에 새겨진 편안함과 즐거움을 추구하는 전통은 또 다른 방식으로 대중적인 표현을 얻게 되었다. 축제 자체가 그 시대의 대규모 스케일의 소비자 시설로 출현하게 되었다.[131] 자본주의 사회의 특징으로 전환시키는 과정에서, 상인들은 이와 같은 사용 가치의 전통을 사회 생활의 다른 영역을 상품화시킨 것과 마찬가지로 이윤 창출의 궤도 속에 통합시켜 버렸다.[132] 독일계 미국인 상인들 스스로, 혹은 사실상 그밖의 어떤 나라 출신의 상인들보다도 더욱더 이런 전통을 상업화했으며, 보다 민주적인 지역 사회 기반으로부터 축제를 단절시켜 버렸다. 우리가 이미 보았다시피, 많은 지도적인 미국 상인들은 1900년 무렵 독일계 후손이었다. 존 워너메이커, 애덤 김벨, 프랭크 쿠퍼와 헨리 시겔에서부터 스트라우스 브라더스, 에드워드와 링컨 필렌, 세인트루이스의 메이 백화점의 데이비드 메이, 오하이오 주 콜럼부스 F. R. 라자러스의 프레더릭 L. 라자러스 등이 독일계에 속했다.[133] 심지어 워너메이커는 자기 백화점에서 독일식 민중 축제(하지만

---

130) Al Smith, *Up to Now: An Autobiography*(New York, 1929), pp.6-7.

131) 자기 논문인 〈축제 문화로서의 인종성〉이라는 글에서 캐서린 콘젠은 미국 상업 문화와 독일 축제 문화의 역사적인 궤도는 대체로 다른 노선을 따라서 발전하고 있었다고 주장하려는 것처럼 보였다.(pp.73-74 참조) 하지만 전혀 다른 주장(보다 분명한)도 있다. 특히 머천다이징 분야에서의 독일인의 숫자로 짐작해 보건대, 이와는 다른 주장이 가능하다. 이 두 전통은 상호 작용하기는 했지만 독일 축제 전통을 훼손시키는 것이었다.

132) 자본주의에 내재적인 상업화의 과정에 관해서는 Robert Heilbroner, *The Nature and Logic of Capitalism*(New York, 1985). pp.60-61.

133) 손꼽히는 미국 상인들에 관한 전반적인 전기에 관해서는 Robert Hendrickson, *The Grand Emporiums: The Illustrated History of America's Great Department Stores*(New York, 1979); Leon Harris, *Merchant Princes: An Intimate History of Jewish Families Who Built Great Department Stores*(New York, 1979).

맥주는 제외하고)의 상업적 판본을 제시하기까지 했다. 1902년, 그리고 그 이후로 많은 세월 동안, 도시에서 생활하는 민족 집단에게 필라델피아 백화점을 열어두는 정책의 일부로서, 그는 독일인들에게 특별 대우를 했다. 예를 들어 1907년 3월 22일 백화점의 전체 아케이드는 카이저(독일 제국 황제)의 사진으로 장식했다. 독일의 한 지방 청년 중창단이 3층에 있는 콘서트 홀에서 고객을 즐겁게 했다.[134]

독일계 미국인에게 지나치게 초점을 맞춘다면 그것은 분명 잘못일 것이다. 다른 많은 미국인들의 조상은 다른 나라 출신들이었으며(특히 영국 제도에서부터, 마셜 필드와 카슨의 존 T. 피리에, 시카고의 스콧, 워싱턴 D. C.의 러스럽과 우드워드의 새뮤얼 우드워드, 디트로이트 소재 J. L. 허드슨의 조셉 로우티언 허드슨 등과 같이 엄청나게 많은 숫자가 이를 입증한다), 이들 역시 안락과 즐거움을 소비 시설로 통합시켰다. 그럼에도 불구하고 이 전통——독일식 전통 혹은 비독일식으로 변형된 전통들——이 주로 근대 소비자 서비스의 으뜸가는 원천이었다는 점은 충분히 입증될 수 있다.

대규모 미국인 휴가 호텔들은 1880년대와 1890년대에 건축되었으며, 디너타임이나 특별한 경우 손님들을 즐겁게 해주기 위해 이런 전통을 제도화하는 데 도움을 주게 되었다. 1910년 무렵 음악과 춤은 도시 호텔 생활의 표준적인 특징이 되었다(나이트클럽은 말할 필요조차 없었다). "호텔은 정말 멋있어요"라고 에밀리 프랑켄슈타인은 말했다. 부유한 유대계 의사의 10대 딸이었던 그녀는 자기 일기에다 새로 지은 에지워터 비치 호텔에 들어갔던 경험을 이렇게 적었다. "우리는 미시간 호수를 바라볼 수 있는 정문 바로 앞에 있는 아름다운 식당 테이블로 안내되었다. 풍경의 안쪽에는 눈부시게 화려한 채색 조명등과 더불어 축제 분위기였다. 분위기는 부드럽고 유쾌했다. 오케스트라가 아름다운 선곡을 연주했다." 겨울 동안 에밀리 프랑켄슈타인은 시카고 번화가에 있는 쿠퍼-찰튼 호텔에 춤추러 갔다."[135]

<hr />

134) 〈Annual Volksfest〉(March 22, 1907), in Wanamaker scrapbook, 〈The Thirty-First Anniversary of the New Kind of Store〉, pp.47-50; 〈The Fourth Annual Volksfest〉, *Anniversary Herald*(March 12, 1906), p.4, WA.

135) Emily Frankenstein Diary(June 9, 1981 and December 24, 1918), The Chicago Historical Society, Chicago.

1913년 엘스워스 스태틀러(그 역시 독일계 미국인이었다)는 자기 호텔 사업에 음악 연회를 덧붙였다. 같은 해, 루키우스 부머는 '키네-아-폰(keene-a-phone)'을 맥알핀 호텔에 설치했는데, 소위 말하자면 중앙에서 여러 호텔 방에 동시에 기계를 통해 음악을 내보내는 '통조림 음악'이었다(그 자신이 그렇게 불렀다). 많은 '손님'들이 그 실험을 너무 좋아하면서 부머에게 '호텔에 이 기계를 영구적으로 설치'하도록 촉구했다는 말들이 무성했다.[136] 워너메이커스는 수년간 점심 시간 동안 현악 오케스트라가 '부드러운 음악'을 연주했다.[137] 그밖에도 큰 백화점들은 고객들이 백화점 속으로 깊이 빠져들면서 휴식과 마음이 가라앉아 편안함을 느끼면서 쇼핑을 할 수 있는 기분이 되도록 달래기 위해 여러 층에 작은 음악 앙상블을 배치해 놓았다. 뉴욕의 시겔-쿠퍼스는 모두 여성으로 구성된 오케스트라를 고용하여——이것은 아틀랜틱 가든에 있는 프로페서 이셔의 앙상블과 흡사했다——식료품 매장과 와인 매장에서 쇼핑하는 사람들을 위해 연주했다. 보다 더 번화가에 있는 심슨-크로포드에서 "음악가들은 상추잎으로 만든 넝쿨 뒤에 숨어서 연주를 했다. 그래서 음악은 백화점의 분위기와 다소 은밀하게 섞여 들어간다는 인상을 심어 주었다.[138] 1895년 이후로 모든 주요 백화점들은 모든 시간대를 망라하여 오르간 주자를 배치했다. 필라델피아의 워너메이커스는 '이 세계에서 가장 큰 오르간'을 설치했다. 그 오르간은 세인트루이스에서 개최되었던 루이지애나 구매 박람회에서 1904년 남은 것 가운데 워너메이커가 골라잡은 것이었다. 총경비를 계속해서 통제하는 것으로 유명했던 울워스 백화점에서조차, 파이프 오르간 주자들은 고객의 '요청이 있을 때면 언제나' 고객들에게 연주를 했다. 20세기가 시작될 무렵 사람들은 '음악을 동반하면서 쇼핑하기를 기대하게 되었다.'[139]

사람들에게 휴식과 안락함을 느끼도록 하기 위한 다른 공간적인 즐거움

---

136) *NYHR* 8(July 5, 1913): 10; *NYHR* 8(June 7, 1913): 15; Jarman, *A Bed for the Night*, pp.127-28.

137) *DGE*(June 20, 1914), p.273.

138) Linda L. Tyler, 〈Commerce and Poetry Hand in Hand': Music in American Department Store, 1880-1930〉, *Journal of the American Musicological Society* 45(1992): 75-120.

역시 함께 협력했다. 20세기로 바뀔 무렵 상인들은 화랑에서 예술을 전시할 뿐만 아니라 새로운 소비 사업에 보다 합당할 수 있는 환경을 창조하기 위해 촉망받는 예술가들을 위촉했다. 이런 예술가들 중에서 일부는 거의 환상적인 대접을 받았는데, 그들은 고객을 즐겁고 편안하게 만들어 주는 상업 미학을 제공했다. "우리는 필요한 환상을 창조하고 싶다"고 무대 디자이너인 리 시몬슨이 말했다. "멋진 색깔로 우중충하고 권태로운 분위기를 바꾸어 놓고자 한다." 우리는 '사치의 제의'를 원하는 모든 남녀들에게 '갈망으로 대답'하고자 한다."[140]

1914년 잡화 주식회사 협회의 소유주는 '색채의 문제야말로 대단히 중요하다'고 생각했으므로 유명한 초상화가를 초대하여 자기 가게인 34번지 5번 애비뉴에 있는 맥크리리스 백화점을 다시 장식해 달라고 부탁했다. 조셉 커밍스 체이스는 1898년 브루클린의 프랫 연구소를 졸업했으며, 그런 다음 파리에서 공부를 했다. 파리에서 그는 "모든 대가와 모든 희생을 치르면서 색채에 관한 모든 것을 발견했다"고 말했다. 색채에 대한 광신자인 그는 색채에 관한 책을 저술했고 색채가 주는 '치유 능력'을 연구했으며, 색채가 감각, 마음 상태, 집중력에 어떤 효과를 미치는지 연구했다. 자신이 선호하는 색에 주목하면서 그는 "가장 좋은 방의 천장이 레몬 색깔의 노란 색조로 칠해진다면, 일요일 아침 신문을 보기에 편안할 것이다. 천장은 보다 부드럽고 보다 평온할 것이다. 그러면서도 방에 좀더 많은 빛을 들여보내게 될 것"이라고 설명했다. 비록 가장 중요한 그의 작업은 거의 1920년대에 이루어졌지만, 체이스는 이보다 일찍 맥크리리스에 즉각적인 충격을 주었다. 선택한 각각의 색깔은 안락함과 '암시적인 분위기'를 줄 수 있는 시선으로 이용되었다."[141]

소비 시설을 위해 작업한 가장 영향력 있는 예술가가 오스트리아 사람인

---

139) *DGE*(November 17, 1900), p.15; *DGE*(March 16, 1895), p.32; *DGE*(July 16, 1898), p.79; *DGE*(August 22, 1896), p.16; *DGE*(March 27, 1897), pp.39–41; *DGE*(April 21, 1906), p.87; Strawbridge and Clothier, *Store Chat*(store magazine) 1(April 1907): John Winkler, *Five and Ten: The Fabulous Life of F. W. Woolworth* (New York, 1940), p.128.
140) Lee Simonson, 〈The Painter and the Stage〉, *Theatre Arts Magazine* 1(December 1917): 5–16.

조셉 어반이었다. 그는 숙련된 장식 장인이었다.[142] 1872년 비엔나에서 가톨릭 부르주아 부모 사이에 아들로 태어난 그는 **안락함**을 리 시몬슨이 '사치의 의식'이라고 불렀던 것으로 변형시켰다. 어반에게 음악, 장식, 색채 이 모든 것들은 총체적인 즐거움의 경험으로 혼합될 수 있었다. 그는 비엔나에서 건축을 공부했으며 '시세션 운동'으로 잘 알려진 급진적인 비엔나 예술가 집단의 일원으로 유명했다. 시세션 집단에서 탈퇴하여 하겐반트(Hagenband)를 결성했는데, 이는 근대 예술에 헌신하는 분파 집단이었다. 오스트리아—헝가리 제국의 황제인 프란츠 요제프의 후원을 받으면서 부유한 명문가 출신사람들의 비위를 맞춰 주면서 황제의 즉위 50년 기념 행사를 디자인하고, 귀족들의 빌라, **상층 부르주아**들의 사냥터 로지를 디자인했다. 예술적인 갈등과 더불어 제국이 위기에 처하게 된 데다, 미국으로부터의 유혹적인 제안이 들어오자 어반은 1911년 39세의 나이에 미국행을 감행했다. 그는 몰락해 가는 합스부르크 지배 계급에 대한 충성심을 재빨리 미국에서 군림하는 상업자본가에게로 옮겼다. 이제 상업자본가들이야말로 가장 주요한 그의 후원자가 되었다.[143]

1932년 사망할 때까지 어반은 호텔, 백화점, 오페라 하우스, 칵테일 라운지, 상업 극장, 대학교, 궁전을 넘나들었던 탁월한 크로스오버 예술가였다. 그의 숭배자였던 오토 티간에 의하면, 어반은 인생을 포함하여 모든 것을 색깔의 관점에서 바라보았고 다채로운 구조를 추구했으며, 그런 구조의 '분위기'가 '우중충한 나날'에 매력을 발휘할 것이라고 믿으면서 인간 실존으로부터 기인하는 '추함'과 '고통'을 지우려고 노력했다. "색유리가 증오심

141) *MRSW* 59(August 1926): 29; *MRSW*(March 1, 1922): 28–29; Joseph Cummings Chase, *Face Value: Autobiography of the Portrait Painter*(New York, 1962), p.57; and Joseph Cummings Chase, *An Artist Talks About Color*(London, 1933), pp.12–13.

142) Otto Teegan, 〈Joseph Urban's Philosophy of Color〉, *Architecture* 69(May 1934): 258.

143) 근대 상업미학의 형성에 미친 어반의 중대한 영향에 관해서는 Robert A. Stern, Gregory Gilmartin, and Thomas Mellins, ed., *New York 1930: Architecture and Urbanism Between the Two World Wars*(New York, 1987), esp. pp.235–40 참조하되 이 책 전부를 볼 필요가 있다. William Leach, 〈Strategists of Display and the Production of Desire〉, in *Consuming Visions: Accumulation and Display of Goods in America, 1880–1920*, ed. Simon Bronner(New York, 1989), pp.99–132.

을 없앤다"고 믿었던 당대의 심리치료사인 파울 슈에바르트와 마찬가지로, 어반은 '아름다운' 건축물 하나만으로도 사람들을 행복하게 만들 수 있다고 믿었다. 색깔에 대한 그의 관심은 그 당시의 엄청나게 증가했던 다른 많은 상업 예술가들과 공유했던 것이었는데, 이런 관심은 그를 상업미학의 핵심적인 설립자가 되도록 만들어 주었다.[144]

제1차 세계대전 이전에 미국인들에게 알려진 어반은 **지그펠드 아방궁**과 메트로폴리탄 오페라 하우스를 무대 디자인한 인물이었다. 그의 '영적인' 삶은 음악 극장에 감싸여 있었다. "미래의 생활에서 무대는 교회가 과거에 미쳤던 것과 같은 영향력을 미치게 될 것임에 분명하다"고 그는 말했다. "여기에 마법의 세계가 있었다"고 미국인 건축가 랠프 워커가 말했다. 워커는 디뷔시의 〈펠레아스와 멜리장드〉의 무대 세트를 위해 어반과 함께 일했다. "바로 이 점이 벨라스코를 사소하게 보이도록 만드는 점이었다."[145] 어반은 12개의 아방궁을 디자인했다. 7개는 옥상 정원 쇼였고, 18개는 뮤지컬 코미디였다. 1915년 그가 지은 최초의 아방궁은 **푸른 아방궁**이었는데 왜냐하면 무대 위의 모든 것이 푸른 색조를 띠고 있었기 때문이었다.[146] 어반은 당시의 태도로 볼 때 동양적인 **풍경**을 창조하는 데 있어서 장인이었다. 관능적인 '하렘 장면'이나 대단히 정교하고 모던한 지그펠드 극장에서의 '색깔의 사원' 등이 그런 사례에 속했다. 미국인 지휘자이자 음악비평가인 딤즈 테일러는 "일상적이고 범속한 브로드웨이 쇼를 위한 장면은 아름다워야 한다는 점을 어반은 입증했다"고 말했다. 많은 사람들은 공연 자체보다는 어반의 무대 세트를 보기 위해 극장에 갔다.[147]

소비자를 위한 인테리어를 디자인했던 미국인 무대 디자이너 리 시몬슨과

---

144) Teegan, 〈Joseph Urban's Philosophy of Color〉 69: 257-71.

145) Ralph Walker, *Architecture* 69(May 1934): 271; Joseph Urban, 〈The Stage〉, *Theatre Arts Magazine*(1919), quoted in *Theatre Arts Anthology*, ed. Rosamund Gilde (New York, 1950), pp.399-400.

146) Gregory Gilmartin, 〈Joseph Urban〉, in *Inventing Times Square*, ed. William R. Taylor(New York, 1991), p.276.

147) Deems Taylor, 〈The Scenic Art of Joseph Urban〉, *Boston Advertiser*(May 23, 1920), pp.286-90; *The Architectural Review*(July 1921), p 31, clipping scrapbook, Urban portfolio, part 1, p.38, Joseph Urban Papers, Butler Library, Columbia University.

노먼 벨 게디스 두 사람과 더불어, 어반은 무대를 통합된 3차원적인 공간으로 재인식했다. "우리는 무대 위에서 대리 인생을 살 수 있었다." 그는 19세기 후반의 혼잡스런 무대를 거부하면서 새로운 유선형적인 '근대성,' 연극적인 깊이, 극적인 감동의 물결, '제대로 된 무대 분위기'를 만들어 내고자 했다. 이런 효과를 거두기 위해 그는 그려진 풍경을 배치하고 '조명'과 스포트라이트와 '반간접 조명'을 강조했다.[148] 그가 빛과 색깔에 관해 배웠던 것들, 공간과 대상의 극화와 '분위기' 형성에 관해 배웠던 것들을 다른 소비 시설의 인테리어 데코에 적용시켰다. 이 분야에서 그의 작품이 절정에 달했던 때는 1920년대였다(10장 참조). 하지만 그는 1910년대에 이미 호텔·레스토랑·옥상 정원·카바레·백화점으로부터 일거리를 주문받았다. 1915년 그는 김벨스에서 패션쇼의 개념에 새로운 토대를 개척했는데, 수입 가운의 색깔과 백화점의 장식과 디스플레이의 색깔을 조화시켰다. 프롬나드 무대를 분리시켜 절반은 오른편 무대로, 나머지 절반은 왼편 무대로 들어가도록 했다.[149]

1년 후인 1916년 어반은 상업벽화가인 랠프 키쉬너와 팀을 이루어 맨해튼의 콜럼버스 서클에 있는 라이센웨버(Reisenweber)의 호텔 레스토랑의 파라다이스 룸을 재장식했다. "그곳을 '파라다이스'라는 말에 합당한 장소로 만들기 위해 아낌없는 비용을 퍼부었다"[150]고 한 관찰자는 말했다. 1917년 두 사람은 대단히 중요한 성공을 거뒀는데, 그것이 다름 아닌 뉴욕의 새로운 코코넛 그로브 레스토랑의 인테리어 데코였다. 이 데코는 "뉴욕에서 여태껏 창조되었던 그 어떤 것과도 전혀 달랐다." 핵심 장식가였던 어반은 앙상한 시멘트층으로 구획된 객실을 개조하여 환상적인 열대 공간으로 변형시켰다. 고객들은 마치 열대에 온 것처럼 '대리 삶을 살 수 있었다.' 둥근 천장과 중앙의 식당 영역의 아치형 통로는 황금색 나뭇잎으로 장식했다. 푸른색, 초록색, 황금색 배합으로 가구, 천장, 벽, 실크 창문 커튼, 마루까지 골고루 통일시켰다. 테두리 장식에는 열대의 새들로 조화시켰다. 코코

148) Taylor, 〈The Scenic Art of Joseph Urban〉, p.35.

149) *MRSW*(September and November 1915); *DGE*(March 31, 1917); *MRSW* (November 1911).

150) *NYHR* 35(February 3, 1917): 34; *NYHR* 11(December 30, 1916): 40.

넛 매트와 '진짜 같은' 팜 비치 코코넛 나무가 황금빛 카펫 속에 직조되었다. '반간접 조명'이 방을 가로지르면서 조명을 했고, 공연 무대, 댄스 플로어, '거대한 유리전구'가 머리 위의 황금색 둥근 천장에 매달려 있었다. "비품들의 전문적인 연출과 따스한 톤으로 배합된 색깔에 의해 코코넛 숲이 창조되었다"[151]고 한 비평가는 말했다. 공연 무대의 양쪽 편에는 키쉬너의 원시적인 벽화로 장식되어 있었다. 한쪽 벽화는 거의 반라(半裸)의 "처녀들이 코코넛 숲에서 신나게 뛰어다니고" 있는 것을 그렸다. 다른 한쪽 벽화는 '요정'들이 저 멀리 해변에서 갤리선에 타고 있는 선원들에게 유혹적으로 손을 흔들고 있었다. 키쉬너의 그림이 보여주는 황금색·푸른색·초록색들은 레스토랑 전체를 흘러넘쳤으며 어반의 디자인 역시 방 그 자체가 키쉬너의 열대의 풍경 속에서 마술적으로 튀어나온 것처럼 보였다. 댄스 오케스트라의 음악과 뒤섞여서 인테리어 장식은 '완벽한' 편안함과 안락의 분위기를 연출하게 되었다.

새로운 상업 문화 질서

1915년 무렵 서비스는 변화무쌍한 전략이 되었으며 상당한 규모의 주식회사들이 대규모 총판매에 헌신함으로써 가장 잘 드러나게 되었다. 그때까지만 해도 아직 기독교적인 분위기였던 1880년대에 출발했던 서비스 개념은 신속하게 근대적 소비자 서비스 개념으로 발전되었다. 그것은 크레디트 카드와 공짜 배달을 의미할 뿐만 아니라 인테리어, 아트 갤러리, 음악적인 즐거움, 열대적인 풍경, 바쁘게 쇼핑하는 어머니들을 위한 탁아 시설, 식탁에서 굴종적으로 접대하는 웨이터, 룸서비스, 침대에서의 아침 서비스를 포함했다. 서비스가 만연됨에 따라 모든 사람들이 똑같이, 일급 서비스를 받을 수 있는 미국은 정말 멋진 나라라는 느낌을 주기 시작했다.

거의 출발부터 서비스는 새로운 언어, 즉 시각적·음악적·언어적인 것들로 작동하는 것처럼 보였다. 그럼으로써 이면에 깔려 있는 이윤 추구의 문

---

151) *NYHR* 35(February 3, 1917): 34.

제를 모호하게 만드는 새로운 방식으로 기능했다. 하지만 서비스는 사실상 그런 서비스를 결코 감출 수가 없었다. 많은 상인들 혹은 거의 모든 상인들 스스로도 어쨌거나 그런 추구를 감춰야 할 것으로는 전혀 생각하지는 않았다. 결국 미국 소비자 서비스는 이지 크레디트에서부터 호화스러운 분위기에 이르기까지 사회주의적인 예술이 아니라 자본주의 예술이었다. 가톨릭 급진주의자인 피터 마우린은 "서비스가 진정한 환대는 아니었다"고 비판했다. 왜냐하면 소비자 서비스는 과거의 가톨릭에서 실천한 호스피스와 공통점이라고는 전혀 없었기 때문이었다. 과거의 호스피스는 필요로 하는 모든 사람들에게 아무런 대가를 요구하지 않고 문을 열어 주는 것이었다. 소비자 서비스는 깊이가 없으며 깊이 같은 것은 진지한 고려의 대상이 되지 않았다. 이 문화에서의 다른 것들과 마찬가지로 좋으면 하고 싫으면 말고라는 식이었다. 그것은 '상업화된 환대'였다고 마우린은 비판했다. 더 이상 이윤을 남기지 못하거나 물품 이동이 끝나면, 서비스는 새로운 상업적 요구에 맞춰서 수정되었다. 쇼윈도 유리와 마찬가지로, 서비스는 어느 때라도 관두거나 집어치울 수 있는 시장 활동의 선두에 서 있는 것이며, 권력과 상인 지배의 상징이었다. 궁극적으로 서비스는 돈을 지불할 수 있는 사람들에게만 진정으로 베풀어지는 것이었다.[152]

그럼에도 불구하고 미국이 왜 대량 소비 사회가 되었는지를 이해하고자 하면서 그 이유를 서비스의 부상에서 찾고자 한다면, 그보다 더 잘못된 방식은 없을 것이다. 경제적인 불평등과 노동 갈등의 시대에 많은 미국인들은 서비스를 '미국의 약속'으로 연결시켰다. 말하자면 경제적인 소요 한가운데서도, 대부분의 사람들은 걱정할 필요가 없다고 말하려는 목적을 가지고 위로하고 안심시키는 기능을 떠맡은 것이 서비스 기능이었다. 안정과 쾌락이 언제나 우리를 기다리고 있다. 그러니 걱정할 것 없다고 말하는 것처럼 보였다. 서비스는 자본주의의 '관대한 측면'이라고 그 시절 그리고 지금도 많은 경제학자들은 그렇게 부르고 싶어한다. 말하자면 자본주의가 사람들에게 베풀 수 있는 측면——신뢰할 만한 이윤의 흐름의 교환——이며 보다 안락한 생활 방식을 위한 것으로 표현하고 싶어한다. 이런 견해에 의하

---

152) Maurin, *Catholic Radicalism*, p.8.

면 자본주의는 단지 '이윤만을 추구하는' 것이 아니라 서비스를 효과적으로 수행함으로써 '타인의 욕구의 만족을 추구' 하는 것이다. 20세기로 바뀔 무렵, 한 경제학자는 "자본이 지배하는 이유는 자본이 봉사하기 때문이다"[153]라고 말했다.

그렇다면 유혹의 다른 전략과 더불어 서비스는 소비 영역에 독자적인 성격을 부여해 주고 점차적으로 분명한 가치 단위로 보는 데 도움을 주었다. '추함'과 '고통' 없이도 물질적인 안녕, 사치, 안락함, 쾌락, 행복을 제공해 준다는 점이 강조되었다. 이런 가치는 많은 사람들이 '미국의 약속'이라고 생각했던 것의 일부였음은 분명했다. 하지만 이 시대에 들어와서 생산과 소비는 완전히 분리되고 주식회사들은 소비 활동을 조직함으로써, 그와 같은 가치──혹은 보다 정확하게 표현하자면 미국인들에게 가장 가치 있는 것처럼 보였던 것들──들이 인생의 한 극단적인 측면으로 끌려가는 것처럼 보였다.

이것은 전대미문의 것이었다. 1880년 이전에 대부분의 사람들에게 소비와 생산은 서로 연결된 것이었으며, 남녀노소를 막론하고 서로 밀접하게 수고하면서 지역 경제 체계 안에서 그리고 거의 자급자족적으로 그 사회에서 살아가는 것이었다. 물론 서로를 착취하기도 했다. 대부분의 미국인들은 상품과 부가 어디서 창출되는지를 알았다. 왜냐하면 그들 스스로가 그 산물의 생산자였기 때문에 그 물품의 가치를 알고 가격을 이해했으며 그런 생산품이 나오기까지의 노고를 충분히 알고 있었다. 소비에다 자율적인 성격을 부여하려는 세심한 연상적인 의미는 사회 생활의 일부로 기능하지 못했다.

사실상 1890년 이후부터 생산과 소비 제도는 업계가 장악했다. 보통 사람들이 아닌 이 업계가 거의 모든 제품의 가치와 문화적 성격을 확정지었는데, 이 경우의 생산품은 대체로 기계제 제품이었다. 이와 동시에 상인, 브로커, 제조업자들은 이데올로기적으로나 현실적으로나 거의 모든 것을 할 수 있었다. 그들은 생산의 세계로부터 소비의 세계를 완전히 분리시켜 버렸

---

153) Quoted in Robert R. Locke, *The End of the Practical Man: Entrepreneurship and Higher Education in Germany, France, and Great Britain, 1880–1940*(London, 1984), p.111.

다. 이 과정에서 남성과 여성과 어린아이들 역시 분리되었다. 1875년 뉴욕의 알렉산더 스튜어트는 그때까지 동일한 장소에서 물품을 제조하고 판매했으므로 고객은 이 모든 공정을 다 볼 수 있었다. 하지만 1910년에 이르면 그와 같은 경제적인 통합성은 사라져 버렸다. 우리가 보았다시피, 메이시즈와 같은 백화점에서, 경영은 물품 판매층에서는 힘든 노동 과정의 모든 흔적을 자취도 없이 체계적으로 지워 버리는 것이었다. "판매 부서는 연극이 공연되는 무대이다"라고 한 상인은 말했다. 색깔, 빛, 유리는 '핵심 아이디어'와 더불어 소비에다 독자적인 새로운 실체를 부여해 주기 위해 소집되었다.

한때는 하나였지만 이제는 대단히 복잡하게 갈라지면서 나타나게 된 생산과 소비라는 두 가지 세계의 출현은 남녀 모두에게 갈피를 잡기 힘든 결과를 가져다주었다. 비지니즈 사이클에 관한 선구적인 권위자인 경제학자 웨즐리 클레어 미첼이 1912년 〈돈을 소비하는 기술의 후퇴〉라는 논문에서 처음으로 밝혔다시피, 여성들은 특히 소비와 협상하는 데 있어 여러 가지 어려운 점과 마주치게 되었다. 과거 한때 여성들은 집에서 제품 생산의 전체 과정에 참여했으므로 제품의 가치를 즉각적으로 읽어낼 수 있었지만, 이제 대부분의 여성들은 생산으로부터 몇 단계나 떨어진 주요한 구매자가 되어 다른 사람들이 짜놓은 유혹과 가격을 연구하지 않으면 안 되게 되었다. 하지만 미첼이 주장했다시피, 여성들이 어떻게 우유와 신발, 가구와 고기, 잡지와 연료, 모자와 속옷, 침대 깔개와 살균제, 의료 서비스와 장난감, 융단과 캔디의 가격을 평가할 만한 지식을 가지고 있겠는가? 책정된 가격이 정말로 그만한 가치가 있는 것인가 아닌가? 그것이 진정한 경제적 가치와 유용성을 가지고 있는가? 아니면 그냥 사치품이자 사회적인 위상을 나타내는 것인가?[154]

이 새로운 화폐 경제와 문화에서 '진정한' 가치를 설정하는 것이 더 이상 가능할 수 있을까? 이제 제품의 생산 과정에서 자기 자신의 노동이 아무런

---

154) Wesley Clair Mitchell, 〈The Backward Art of Spending Money〉, *American Economic Review* 2(June 1912): 269-81, repub. in Wesley Clair Mitchell, *The Backward Art of Spending Money*(New York, 1950), p.4.

역할도 하지 못하는 그런 상품의 가치와 의미를 이해한다는 것이 가능할 수 있을까? 합리적으로 소비 욕망을 통제하거나 심지어 자기 자신을 통제하는 것이 가능할 수 있을까?

여성들은 유혹적인 미끼를 읽어내는 법을 배워야 했으며 "제품에 모든 종류의 의미를 부여하려는 사심을 가진 광고주와 가게 소유자들이 주장하는 것에서 '진품성'에 접근하는 법을 배워야 했다.[155] 여성, 그 중에서도 특히 어머니들은 자기 개인적인 욕망과 욕구와 가족의 그것을 구별하는 방법을 찾아야 했다. 남자들에게 이 문제는 전혀 달랐으며 좀더 용이했다(적어도 미첼의 주장대로라면). 남자들에게 '돈을 버는 것'은 가정이 아니라 작업장에 한정되어 있기 때문이었다. 하지만 대부분의 여성들은 그런 거리를 유지할 수가 없었다. '돈을 쓰는 것'에 대한 요구와 사랑을 제공하는 것이 한 공간에서 복잡하게 얽혀 있기 때문이었다. 그럼에도 불구하고 여성들은 가족의 안녕이라는 관심사와 팔고 있는 제품이 '정말' 가치가 있는 것인지를 알기 위해 거리를 분명히 유지할 필요가 있었다.

일부 여성들은 자기 시대와 세대가 기성품으로 제공했던 인습적인 가치를 무비판적으로 그저 수용함으로써 소비 세계의 새로운 분리에 쉽게 적응했다. 미첼이 주장했다시피, 다른 여성들은 모든 가정주부의 일에 구현되어 있는 이 새로운 금전적인 가치 도식에 관해 걱정했다.[156] 그밖의 또 다른 여성들은(남자도 마찬가지였다) 소비 세계에 적응하지 못하고 충동의 희생양이 되어 빚더미에 올라앉았다. 일부는 완전히 자제력을 상실하고 자신들이 원하는 것을 훔치게 되었다.

소비 세계의 분리는 또 다른 중요한 결과를 가져다주었다. 그것은 소비를 어느 정도 "자유와 자기 표현의 진정한 영역이자, 안락과 쾌락의 유일한 도피처이며, 모든 소망이 인정되고 어떤 것이든지 가능한 것으로 변형시키는 데 도움을 주었다. 노동과 생산이 대다수 사람들에게 덜 자기 충족적인 것이었다면, 반면 소비——특히 생산과 소비가 완전히 분리되어 자유롭게 된 떠다니는 맥락에서——는 계산서를 채우는 것처럼 보였음이 분명했다. 최

---

155) Mitchell, *The Backward Art*, p.4.
156) Mitchell, *The Backward Art*, p.19.

근 들어 시인이자 수필가인 루이스 하이드에 의하면, 소비 사회——혹은 보다 정확히 말해 소비사회를 특징짓는 기계로 만들어 낸 대량 소비 상품——는 신나는 곳인데, 왜냐하면 소비 사회는 과거와의 철저한 단절을 의미하며, 뿌리뽑힌 채 자유롭게 유영하는 것이야말로 새로움과 모험을 약속해 주는 것이기 때문이다. 아테머스 워드와 같은 선구자적인 미국 광고주는 소비 자본주의의 기호가 태동하던 시기에 이 점을 잘 포착했다. 1892년에 그는 "모든 사람에게 세계가 열린다. 모든 사람에게 가능성이 존재한다"[157]고 말했다는 점에서 그렇다. 존 워너메이커에서부터 조셉 어반에 이르기까지 미국 상인들과 브로커들 역시 이런 성격을 인식했으며, 그들은 서비스라는 복잡한 체계를 통해, 사치와 욕망과 이국 취미라는 환경과 더불어 이지 크레디트 플랜으로 이 점을 강화시켰다.

이 모든 것들은 소비에다 독자적인 하나의 성격을 부여하게 되었다. 말하자면 적어도 상품 세계에서 사람들은 고통과 괴로움으로부터 벗어나 현실에서의 영원과 천국과 해방과 변화를 찾을 수 있다고 설파했다. 종교사학자인 요셉 하로우투니언이 말했다시피, 이제 사람들은 '소유'를 통해 '존재'하고, 물품(goods)을 통해 선(good)에 이르는 길을 발견하게 되었다. 환상적인 소비 세계가 분리됨으로써, 다시 말해 영적인 선(good)이나 '영원성'을 추구함으로써가 아니라 물품(good)의 획득과 '유한성'의 추구를 통해 인간 존재의 충족을 만족시킬 수 있을 것으로 보았다는 의미였다. 하로우투니언은 자본주의의 이런 경향을 새로운 물품과 '언제나' 새로운 의미를 생산하려는 것과 연결시켰다.[158]

하지만 이 생각은 착각이다. 그것이 착각인 이유는 생산 세계와 단절된 것처럼 보이는 소비 세계는 그것을 생산하는 자본주의의 세력에 언제나 의존적이며 언제나 취약하기 때문이었다. 또 다른 의미로 이 생각이 착각인 이유는 새로운 조건 아래서 존재와 소유는 결코 조화를 이룰 수 없기 때문이었다. 하로우투니언이 주장했다시피, 존재는 유한하며, 우리는 우리의 일

---

157) Artemas Ward, 〈Stray Shots〉, *Fame 1*(December 1892): 323; Lewis Hyde, *The Gift: Imagination and the Erotic Life of Property*(New York, 1983), pp.67–68.

158) Joseph Haroutunian, *Lust for Power*(New York, 1949), pp.55–60.

생 동안만 존재한다는 사실에 구속받기 때문에 죽음의 불가피성과 대면하지 않을 수 없다. 하지만 새로운 소비 맥락에서 죽음이 극복될 수 있거나 혹은 '축적의 무한성' 속에서 영원을 발견할 수 있다는 믿음을 전파하는 것이 소유이다. '평생 동안' 한 인간이 축적할 수 있는 물품은 사실상 무한대이다. 유한한 인간은 기계의 세계에서는 무한한 존재가 된다. 존재는 자연에 따라서 규정되지만, 소유는 그런 구속을 부수고 무한성을 향해 질주한다. 죽음의 흔적을 지니고 있는 인간은 무한한 소유의 기회와 대면하고 있다. 하지만 이것은 가장 큰 착각이다. 이런 생각은 시간적인 존재라는 인간의 인간성 자체를 부정하기 때문이었다. "이상적인 무한성으로 인해 생성된 열정은 유한한 것의 축적 속으로 들어가게 되면서 전존재(全存在)를 무의미한 것으로 변형시켜 버린다.[159]

소비 세계의 분리는 이와 관련된 또 다른 결과를 초래하게 되었다. 소비와 생산의 분리는 창조 과정에 관련된 인간의 헌신과 고통을 지워 버리는 경향이 있다. 1930년대 초반에 비평가인 에드먼드 윌슨이 주장했다시피, 소비자와 생산자의 거리는 '근대 세계를 지배하는 방대한 추상화 체계' 의 일부이며, 그런 추상화의 효과는 '감정을 둔감하게 만들고 사회적 고립에 이바지하며, 산업 사회에서 삶을 빈곤하게 만든다.' 배당금을 받는 사람들은 "타인의 노동이 그런 배당금을 가능하도록 만든다"는 점에 관해서는 거의 혹은 전혀 고려하지 않는다. "자본주의 체계는 사람들에게 자신이 하는 일을 깨닫지 못하며, 위험과 곤경, 절망과 모욕에 관해 알지 못하며, 자신의 생활 방식이 타인에게 미치는 의미에 관해 알지 못하는 사람들을 편안하게 해주는 체계이다."[160]

1910년 무렵에 이르면 점점 더 많은 사람들이 물건이 어떻게 만들어지고 누가 만드는지에 관한 인식이 점점 줄어들어 있었다. 게다가 자기 탐닉, 자기 만족, 자기 쾌락을 이미 부추기고 있는 그런 문화에서 누가 과연 이런 것들을 알고 싶어하겠는가? 이런 조건 아래서 자본주의가 초래한 고통을 안다

---

159) *Ibid.*, pp.59-60.

160) Edmund Wilson, 〈An Appeal to Progressives〉, orig. pub. in 1930 and repub. in Edmund Wilson, *The Shores of Light*(New York, 1961), p.522; and Wilson, quoted in Richard Pells, *Radical Visions and American Dreams*(Middletown, Conn., 1984), p.281.

는 것은 죄의식을 불러일으킬 것이며 결과적으로 자기 자신을 괴롭히게 될 것이다. 하지만 소비의 분리는 그런 고통을 쉽사리 부정하도록 만들었다. 그 결과는 점점 더 이기심과 부패한 윤리적 무관심을 향해 나가게 되었다.

이처럼 분리된 상업 문화는 끔찍한 창조물이 되었다. 하지만 이런 분리는 주식 사업가와 상인들이 단순히 만들어 낸 산물이 아니었다. 만약 그렇다면 마침내 1900년 이후부터 부상했던 이 문화는 그처럼 널리 퍼지지 못했을 터였고 그처럼 끔찍하지도 않았을 터였다. 또한 그처럼 신속하게 모든 것을 접수하지도 못했을 터였다. 다른 집단들이 이런 변화에 가세했음은 물론이다. 이들 집단의 영향력이 새로운 상업 문화의 지속과 확대를 확립시켰다.

제II부

권력의 회로

6

"사업이 세계를 경영한다"
신질서 이면의 제도적인 제휴

1989년 가을 에이브러햄 & 스트라우스는 웨스트 33번지와 브로드웨이에 쇼핑몰을 열었다. 이 쇼핑몰은 그때까지 맨해튼에 세워졌던 쇼핑몰 중에서 최대였다. 공적·사적으로 상당한 규모의 제도적인 세력들이 이 쇼핑몰을 세우는 데 협력했다. 부동산 개발업자는 재정을 위해 차용 자본으로 대규모 적립금을 끌어왔다. 뉴욕 운송 당국은 그 지역의 지하철 정거장을 '현대화'하기 위해서 공적 자금을 5천만 달러나 투입했다. 근처의 협회들과 호텔 소유주들은 뒷골목과 거리에서 홈리스를 쓸어내는 데 도움을 주었다. 시의 백화점 주차장은 거리를 가로질러 초라한 그릴리 광장(Greeley Square)을 개조했다. 개막식 날 밤은 전국적인 텔레비전에서 방영을 했으며 비디오 테이프로 촬영되었다. 토니 베넷과 같은 유명한 연기자가 초대받은 수백 명의 사람들을 즐겁게 해줌으로써 9월의 밤은 눈부시게 번쩍거리는 플래시 라이트와 네온 컬러로 과열된 분위기 속에서 진행되었다.[1]

우리 시대 그와 같은 제휴는 미국 도시의 개발과 재개발에 있어서 예측할 만한 특징이 되어 왔음은 물론이다. 그것은 약화된 국내 상업 문화의 증후인 만큼이나——점점 더 색깔, 빛, 유리의 따분하고 구태의연한 사용 등——대단한 흥청거림에 점점 의존하는 것에 대한 증언이기도 했다. 볼티모어에서부터 미니애폴리스에 이르기까지 값비싼 프로젝트들은 각자 소비자 구역을 재활성화하는 것을 의미했으므로, 지역색과 관습을 포착하기 위해서는 약

---

1) *NYT*(September 5, 1989), p.D4.

간의 수정만 가해졌을 따름이었다. 그러므로 공적인 집단이든 사적인 집단이든지 막론하고 공통의 목적을 추구하기 위해 서로 협조하는 형태를 취하게 되었다. 우리는 그런 프로젝트들이 미국의 상업적인 생활과 상업 문화 형성에 얼마나 핵심적이었으며 어떤 역사를 가지고 있는지에 관해서 거의 아는 바가 없다. 하지만 오래 지속된 특정한 문화는 경제적 집단과 비경제적 집단 가운데서 유사한 권력의 회로와 유사한 결탁이라는 유사한 관계에 의존하고 있다.

제1차 세계대전이 발발하기 이전에 근대적인 유인 전략으로 발명해 낸 새로운 주식 기업 제도라는 새로운 네트워크는 이미 문화적인 풍경을 변화시켜 나가고 있었다. 하지만 그런 제도들 하나만으로 미국 문화에서의 지속적인 변화를 보장해 주거나 사람들이 다르게 생각하고 행동할 수 있도록 만들기에는 충분하지 않았다. 사업가들은 이런 유형의 변화를 지속하기 위해서는 다른 제도들 역시 필요로 하게 되었다. 그들은 상업적인 새로운 사물의 질서를 창조하는 데 도움을 줄 수 있는 우호적인 다른 파트너들을 필요로 했다(이 장의 마지막에 가서 살펴보겠지만 심지어 비우호적인 파트너들마저 필요로 했다).

뒤이어 따라올 세 장(章)에서 나는 세 가지 제도들의 특징을 탐구하고자 한다. 이 세 가지 제도들이 각기 다른 방식으로 소비자본주의의 대중문화에 어떻게 생명력을 부여했는지를 살펴보고자 한다. 첫번째 장에서 나는 제도적으로 후원한 네 가지 영역을 기술하고자 한다. 첫번째는 교육적인 영역인데, 상업예술학교, 전문대학, 대학교(그 중에서도 특히 펜실베이니아와 하버드대학)으로 구성된다. 이들 제도는 업계의 교육적인 목적에 봉사하기 위해 문호를 개방했다. 두번째 제도적인 영역은 문화 분야인데, 중요한 도시 미술관과 미술관의 '새로운 큐레이터'들, 예를 들어 모리스 드캠프 크로포드 · 스튜어트 쿨린 · 존 코튼 다나 · 리처드 바흐에 초점을 맞추고자 한다. 이들은 새로운 대중 소비 산업의 목적을 위해서 미국에서 가장 열렬한(혹은 몽상적인) 전향자들이었다. 연방 정부와 시 정부는 조력과 협동이라는 세번째 영역을 형성했다. 새로운 경제 분야에 정부가 개입함으로써 긴장과 모순이 많이 발생했지만 그럼에도 불구하고 정부는 새로운 상업 문화의 발전에 방해보다는 훨씬 많은 도움을 주었다. 마지막으로 이 장의 결론에 이르러, 나

는 이 새로운 권력의 회로에서 가장 있을 법하지 않은 파트너에 관해서 논의
하고자 한다. 그들은 세계산업노동자(Industrial Workers of the World(IWW))인
데 이 기구는 가장 급진적인 미국 노조였다. 자본주의를 증오하는 강도에
있어서 이 나라에서 어떤 집단도 IWW와 겨룰 수 없었다. 그럼에도 IWW는
때때로 다름 아닌 자본주의의 권력을 거울처럼 반영하고 인정해 주는 전술
을 추구했는데 그 결과는 비극적이었다.

제2부의 결론 장들은 미국의 제도적인 생활에서 또 다른 근본적인 차원
인 종교를 살펴보고자 한다. 이 장에서는 제도적인 종교의 풍경을 조사하
겠지만 그 중에서 특히 워너메이커와 복음주의 신교도들뿐만 아니라 새로
운 문화의 도전에 응전하는 다른 종교적인 집단들 역시 다루게 될 것이다.
이 장들은 새로운 정신 상태――심리 치유――를 기술하고자 한다. 심리
치유는 많은 미국인들의 희망과 기대에 가장 적합한 것이었다. 그들은 성경
의 제도적인 측면으로부터 어느 정도 결별하면서 영적인 생활에서 가치와
변화의 변동에 대처하고 있었다.

'인간적인 욕구'를 '찾아나서서' 만족시켜 주기

1898년 이전이나 그 언저리 무렵에는 미국의 어떤 대학이나 전문대학에
서도 공식적이거나 전문적인 기초 위에서 상업적인 경영을 가르친 곳은 없
었다. 단 하나의 예외가 있었다면 필라델피아 소재 펜실베이니아대학교 경
제학과의 휘턴 스쿨이었다. 1880년대 '상과대학'으로 개설되었지만 겨우 3
개월짜리 코스로 산수, 습자, 기초적인 회계와 대단히 광의의 의미에서 경
영을 가르쳤을 따름이었다. 19세기가 바뀌기 이전에 깊이 있게 경제학적인
주제를 공부하고 싶어했던 미국의 젊은이들은 농업 · 야금술 · 광업 · 엔지
니어링 등과 같이 생산과 관련된 학과를 선택할 수 있었다. 한 교육자가 지
적했다시피, 그들은 어떻게 '물건을 만들 것인가'를 연구했지 어떻게 '돈을
만들고' 물건을 팔고 시장을 형성할 것인가에 대해서는 연구하지 않았다.
교육 체계는 후세대 관찰자들이 '경영의 금전적인 측면'이라고 부른 것에
관해서는 거의 주목하지 않았다. 비용 회계에 관해서만 가르치지 않은 것이

아니었다. 미국 회사들조차 비용 회계를 거의 실행하지 않았다. 똑같은 방식으로 장부를 기록하는 사업가들은 없었다. 똑같은 관행이 없다면, 돈과 물품의 전반적인 흐름을 지속적으로 추적하거나 장차 물류의 흐름을 예측하기란 불가능하다.[2] 심지어 전문적인 경영 교육이란 명분을 앞장 세웠던 휘턴 스쿨마저 초기 시절 이 분야의 화급한 의제들과의 간극을 채워 주지 못했다. 휘턴 스쿨은 고작 1년짜리 교육이었으며 주로 회계와 거래법과 거래 관행에 관한 것에 집중했을 따름이었다(심지어 이것마저 제대로 잘하지 못했다).[3]

새롭게 부상하는 경제적인 제도에는 체계적인 시험도 없었고, 대규모 소매업자, 크레디트 시스템, 투자은행가와 은행에 관한 연구도 없었으며, 극복하기 힘든 경제적인 미개척 지대를 뚫고 들어가서 점점 커져 가는 상품 시장에 관한 연구도 전혀 없었다. 몇몇 주에서 실시한 중등 교육 과정과 사적이고 길드와 흡사한 조합을 예외로 한다면, 미국인들은 상업과 관계된 기술을 전문적으로 연구하는 데 헌신하지 않았다. 프랑스와 독일에서 뿐만 아니라 영국에서는 1800년대 중반 무렵 대규모 박물관——영국의 켄싱턴 가든에서부터 프랑스의 산업 기술 박물관(Musée d'Arts Industriels)——들은 산업 디자인을 가르치면서 제조업자들과 협력하고 있었다. 하지만 미국에서 상업예술과 산업기술, 디스플레이와 실내 장식, 광고, 스타일, 패션 등은 장족의 발전 과정에서 초기 단계이거나 아니면 아예 그런 연구 분야는 존재하지도 않았다.[4]

1895년 이후부터 산업계의 요구와 법인체들의 요구로 인해 이 모든 것들이 변하기 시작했다. 1920년대 후반 무렵에 이르러 미국이 그런 주제를 연구하기 위한 세계 최대 규모의 교육 장치를 갖출 때까지 이런 변화는 계속되었다. 초등학교와 중등학교에서 기술 교육은 새로운 교육자들에 의해서

2) 초기 경영학교에 관해서는 L. C. Marshall, 〈The American Collegiate School of Business〉, in *The Collegiate School of Business: Its Status at the Close of the First Quarter of the Twentieth Century*, ed. L. C. Marshall(Chicago, 1928), pp.4-44; Stephen A. Sass, *The Pragmatic Imagination: A History of the Wharton School, 1881-1981*(Philadelphia, 1982), pp.19-20; Melvin Copeland, *And Mark and Era: The Story of the Harvard Business School*(Cambridge, Mass., 1958), p.210; Edward Hurley, *Awakening of Business*(New York, 1917), pp.4-5.

3) Sass, *The Pragmatic Imagination*, p.140.

강조되었다. 기술사학자인 다이애나 코젠니크가 지적했다시피, 기술 교육을 강조하게 된 이면에는, 미국인들이 수제품에서 멀어지면서 새롭게 대량으로 제조 생산된 소비 물품으로 관심과 욕망을 이동하도록 만들려는 노력이 있었다.[5] 새로운 재료들, 즉 컬러 분필·컬러 크레용·컬러 종이 등이 교육 자료에 첨가되었다. 존 듀이와 같은 철학자는 '기술과 산업' 사이의 필연적인 관계에 관한 집회에서 연설을 하면서, 고등학교에서 기술 교육을 가르쳐야 하는 이유를 설파했다.[6]

새로운 산업기술 운동이나 좋은 디자인 운동은 1920년 이전 시기의 상업예술학교와 미술관 자체에 그 뿌리를 두고 있었다. 이런 학교들 가운데서 19세기에 수공업적인 생산이나 미술품 생산에 최초로 참여했던 학교가 뉴욕 시에 있는 프랫 연구소와 뉴욕대학의 응용미술과 미술학과(나중에 파슨스쿨이 되었다)였다. 1900년 이후 이들 학교는 상업예술을 가르치는 것으로 전환되었다. 프랫 연구소는 '거래 요소'에 비위를 맞추려고 한다면서 수공업 집단으로부터 혹독한 비판을 받았지만, 해가 거듭될수록 새로운 상업적인 주제들을 교과 과정에 흡수했다. 실내 장식·의상 디자인·상업 일러스트레이션·응용디자인 등을 교과 과정에 흡수해 들였다. 상업 일러스트레이션 클래스는 1913년 너무 인원이 많아져서 네 학급으로 나누게 되었으며 "전부 합쳐서 학생들이 1백17명에 달했다." 2년 후 프랫 연구소 학생들은 본위트 텔러, 에이브러햄 & 스트라우스, 김벨스, 베스츠, 올트먼스와 같은 곳에서 정규적인 직장을 발견하기 시작했다.[7]

---

4) 미국에서 산업기술학교의 부재에 관해서는 Jacob Schoenhof, 〈The Example of French Industrial Art Schools〉, *The Forum* 33(May 1902): 257–303; *DGE*(November 6, 1897); and Marshall, 〈The American Collegiate School〉, pp.4–44 참조. 19세기 미국 기술 교육에 관해서는 Diana Korzenik, *Drawn to Art*(Hanover, 1985) and 〈Why Covernment Cared〉, *Art Education Here*(Massachusetts College of Art, 1987), pp.59–74. 국내와 해외에서의 디자인 운동에 관해서는 Adrian Rorty, *Objects of Desire*(New York, 1986); Russell Lynes, *The Tastemakers*(New York, 1954); Doreen Burke et al., eds., *In Pursuit of Beauty, Americans and the Aesthetic Movement*, the Metro–politan Museum of Art(New York, 1986).

5) Diana Korzenik, 〈Why Government Gared〉, in *Art Education Here*(Boston, 1987), published by the Massachusetts College of Art, pp.61–73.

6) 〈Proceedings of the Joint Convention of the Western Art Teachers' Association and the Eastern Manual Training Association〉(New York and Brooklyn, June 1 and 2, 1906).

1910년 후반 무렵 뉴욕대학교의 회화와 응용미술학과는 프랭크 알바 파슨즈의 지도 아래 대량 시장 광고 판매의 충실한 신봉자가 되었다. 1906년 고용되었던 파슨즈는 그 이후 10년 동안 '디자인학과와 디자인 교육을 향상시키려고' 노력하면서 뉴욕의 의류 산업과 백화점과 밀접한 유대를 형성했다. 그의 커리큘럼은 디스플레이 광고와 제품 디자인과 같은 상업적인 주제로 구성되었다. 그의 개인적인 특기는 실내 장식이었다. 그의 모토는 단순성이었다. "무엇이든지 관련이 없는 것은 재료, 공간, 돈, 의식의 낭비이다"라고 그는 주장했다. 심리학자인 월터 딜 스콧의 영향을 받았던 그는 자기 학생들에게 '상상력' '본능' '심리' '암시'를 목표로 삼으라고 강의했다 ('합리적'인 것에 호소하는 것은 대체로 실패한다고 그는 말했다). 소비자의 마음에 '연상'을 불러일으켜라. '대상에 섹스 어필'하도록 탐구하라. '색깔의 언어'를 조종하라. 색깔은 '감정에 직접적으로 호소한다'[8]고 그는 말했다. 그는 '미'와 '상업,' 고급 예술과 저급 예술, 대중성과 엘리트주의 사이의 구분을 없애려고 노력했던 수백 명의 새로운 교육자들 가운데 한 사람이었다. 이런 구분은 백화점·호텔, 그리고 세계 시장에서는 이미 없어진 것이었다. "예술은 소수를 위한 것이 아니며 재능 있고, 천재이며, 부자를 위한 것이 아니다." 시장 제품으로 말할 것 같으면 '모든 사람을 위한' 것이다라고 그는 주장했다. 파슨즈의 일평생 목표는 '예술과 상업 사이를 보다 용이하게 연결시키는 것'[9]이었다.

이런 예술학교들을 넘어서 1920년 무렵이면 전문대학과 대학들이 1백25개 이상을 넘어서게 되었으며 상업적인 주제를 전공으로 하게 되었다. 그들 가운데 보스턴의 사이먼스대학, 피츠버그의 카네기 테크놀로지 연구소, 그

---

7) ⟨Reports of the Art School, 1916-21⟩; ⟨Reports of the Art School, 1901-06⟩, vol. 3, pp.7-8; and ⟨Reports of the Art School, 1911-16⟩, vol. 5, p.10, Pratt Institute Archives, Brooklyn, New York.

8) Frank Parsons, *The Art of Appeal in Display Advertising*(New York, 1921), pp.6-13, 52-65; Parsons, ⟨Art in Advertising⟩, *Playthings* 13(April 1915): 3, 92. 뉴욕대학교 회화와 응용미술학과(파슨즈 디자인 스쿨)에 관한 적절한 역사는 없지만 다음을 참조할 것. Marjorie F. Jones, ⟨A History of the Parsons School of Design, 1896-1966⟩, Ph. D. diss., School of Education, New York University(1968), pp.6-61, 83-90.

9) Parsons, *The Art Appeal in Display Advertising*, pp.6-65.

리니치 빌리지의 뉴욕대학교 세 곳은 소매업에 관한 대학원 프로그램을 만들었다. 1915년 사이먼스에 설립된 영업에 관한 프린스 스쿨은 지칠 줄 모르는 루신다 프린스가 지도하고 있었다. 14년 전에 이미 루신다 프린스는 보스턴에서 자신의 소매업에 관한 학교를 경영하고 있었다. 보스턴 소재 백화점——필렌즈·R. H. 화이트·조단 마치——들은 그녀 학교의 졸업생들을 실험적으로 고용하였으며, 실험의 결과에 만족했으므로, 그녀가 짊어지고 있던 재정적인 부담을 들어 주기로 결정했다. 1915년 그들은 그녀를 전국소매잡화협회(National Retail Dry Goods Association)의 교육 감독으로 임명했으며 그녀의 학교와 사이먼스대학과 합병하는 데 재정적인 후원을 해주었다. 2년 후 피츠버그 상인들은 지역 공립학교 체계와 카네기 테크놀로지 연구소를 통합하여 소매업 양성을 위한 연구조사국(Research Bureau)을 형성하게 되었다. 피츠버그의 7개 백화점 상인들——카우프만 백화점의 에드거 카우프만이 주도적인 역할을 했다——은 5년에 걸쳐 연간 3만 2천 달러를 기부하겠다고 연구조사국에 서명을 하게 되었다. 그들의 목표는 서비스 정신에 충실한 새로운 인원을 훈련하고 고용함으로써, 백화점 서비스를 향상시키는 것이었다.[10]

향상된 서비스는 또한 뉴욕대학교 소매학교가 천명한 목적이기도 했으며 뉴욕 시 교육위원회, 뉴욕대학교 상인들의 공동의 노력이자 목표이기도 했다. 이런 생각의 출처는 앤 모건으로부터 나왔다. 그녀는 줄담배를 피는 부유한 페미니스트였으며, 미국에서 가장 악명 높았던 투자은행가인 J. P. 모건의 딸이었다. 자기 아버지처럼 의지가 강했지만 자기 아버지의 부와 반유대주의를 경멸했던 앤 모건은 많은 사회적 대의명분의 옹호와 편안한 사치에 대한 사랑을 결합시켰다. 1912년 루키우스 부머를 설득하여 뉴욕의 맥알핀 호텔의 한 층 전체를 통째로 여성들이 경영하고 여성 전용 공간을

---

10) Carl Liebowitz, 〈An Historical Study of the School of Retailing, NYU, 1919-1963〉, Ph. D. diss.(School of Education, New York University, 1966), pp.12-29. 경영교육의 성장에 관해서는 Frank Presbrey, *The History and Development of Advertising*(New York, 1929)에서 특히 62장 참조; James A. Bowie, *Education for Business Management*(London, 1930), pp.98-99; Paul Nystrom, *Economics of Consumption*(New York, 1929), pp.21-50; Joseph Dorfman, *The Economic Mind in American Civilization*, vol. 3, 1865-1918(New York, 1949), pp.238-9.

만들도록 한 사람이 다름 아닌 앤 모건이었다.[11] 1915년 그녀는 개혁 성향이 강한 여성 단체인 백화점협회(The Department Store Association)를 공동으로 이끌었으며, 뉴욕대학의 총장이었던 엘머 브라운에게 강력히 권고하여 백화점에 젊은 여성들을 위한 소매 훈련 프로그램을 설립하도록 설득했다. "백화점협회는 백화점에서 여성들을 위한 연중 개발과 기술적인 교육을 증진시키도록 원한다. 이 나라를 통틀어 이것은 대단히 중요한 문제이며, 다른 많은 분야에서와 마찬가지로 이 분야에서 엄청난 과업은 필요한 훈련을 담당할 수 있는 선생들이라고 우리는 느끼는 바이다"[12]라고 그녀는 말했다.

모건의 요청에 따라서 브라운 총장은 뉴욕대학교 교육학과에 소매에 관한 강의를 개설했다. 그러자 메이시즈의 부사장인 퍼시 스트라우스가 개입하여 그 프로그램을 열심히 도약시키려고 했다. 스트라우스는 효율적인 위계질서를 갖춘 경영 기계를 구축하려고 하는 한편, 가족 경영의 방법을 유지하고자 했던 새로운 상인 세대에 속했다. 1912년 그와 2명의 동생인 제시와 허버트는 아버지 이지도르가 타이태닉호에서 참변을 당하고 난 뒤 메이시즈를 장악하게 되었다. 퍼시는 코안경을 걸친 학자 타입의 하버드 졸업생이었는데, 사업의 고삐를 완전히 장악하려고 마음먹었다. 그는 아버지의 동생인 삼촌 네이선과 사촌들과 적대 관계가 되었는데, 그들 역시 그만큼의 권리를 가지고 있었다. 영리한 일련의 수완을 통해, 그와 제시와 허버트는 네이선과 그의 아들들이 모든 것을 팔아치우도록 만들었다. 네이선은 거의 모든 것을 잃었으며(그는 여전히 에이브러햄 & 스트라우스 주식의 소유권을 유지하고 있었다), 결과적으로 그를 너무 소외시켰기 때문에 그는 퍼시를 결코 용서하지 않았다. "그의 아버지(나의 애석한 형, 이지도르)의 사망 이후부터, 나는 R. H. 메이시 주식회사에 머물지 못했습니다. 자기 형들과 함께 퍼시는 나와 내 아들들이 회사에 머물러 있지 못하도록 만들었지요. 나는 그를

11) 스트랜드 옥상 정원에 관해서는 〈Strand Roof Garden〉, *The Hotel Gazette* (October 16, 1915); 맥알핀 호텔에 관해서는 *NYT*(June 7, 1912), p.1 and *NYT* (December 30, 1912), p.18 참조. Jane S. Smith, *Elsie de Wolfe*(New York, 1982), pp.125–33; Ron Chernow, *The House of Morgan*(New York, 1990), pp.140–1; and Charles Schwartz, *Cole Porter, A Biography*(New York, 1979), p.42, 52.

12) Anne Morgan to Elmer Brown(December 15, 1915), Elmer Brown Papers, Box 21, Folder, 1, 〈Department Store Education Association, 1915–18〉, NYUA.

만나고 싶은 마음은 추호도 없습니다. 좀더 많은 정보를 드리자면, 그가 유대인이라는 사실에 힘입어서 자리를 장악하려고 한다거나 우리 유대인들의 대표가 된다면, 그는 그럴 자격이 전혀 없다는 것을 알려 드리고 싶군요"[13]라는 편지를 네이선은 뉴욕대학교의 브라운 총장에게 보냈다.

동생 스트라우스는 메이시즈에 '현대적인 시대'를 도입하고자 했으며, 값이 싸다고 알려진 것 외에는 유행에 뒤떨어지고 싸구려라는 오명에서부터 벗어나고자 했다. 그는 합리적인 머천다이징에 광분했으며, 분배 시스템과 마케팅은 제품과 돈의 안정적인 총매상을 확보하기 위해 철저한 조사가 요구된다고 믿었다. 메이시즈가 오랫동안 회계 능력이 없었다는 점을 우려했던 그는 테일러주의 시간 연구 분석뿐만 아니라 새로운 비용 회계 방법을 설치했으며 보다 체계적인 인사 정책을 도입했다. 그는 최초로 메이시즈에 회계 감사관을 고용했으며, 가게에 전기계산기, 상표명, 계산하는 타자기, 스탠실 기계, 봉투를 열고 붙이기 위한 전기 장치, 보다 나은 현금 출납기 등을 도입했다.[14]

스트라우스는 소매업을 향상시킬 수 있는 노력은 딴 곳에 있다는 것을 충분히 인식하고 있었다. 그래서 그는 영업 사원들을 훈련시킬 수 있는 자기만의 교육적인 영지를 갈망했다. 하지만 스스로 그런 영토를 조직하고 재정 지원을 하는 것이 불가능하다는 것을 알았기 때문에 그는 다른 상인들과 함께 뉴욕대학교를 압박하여 자신들의 소매 학교를 허락해 주도록 압력을 가했다. 개시를 위한 최초의 중역회의는 메이시즈의 스트라우스의 사적인 사무실과 37번지 5번 애비뉴에 있는 로드 & 테일러의 만다린 룸에서 열렸다. 뉴어크·맨해튼·브루클린에 가게를 소유한 20명 이상의 상인들이 이 회의에 참석했으며, 뉴욕 시 교육위원회와 뉴욕대학교의 인사들이 함께 참석했다. 그들은 구조와 경영을 조정했으며 권위의 순서를 분명히 하면서 대학에게 고용과 커리큘럼의 전체적인 통제권을 부여했다. 스트라우스는 집행위원회의 회장을 맡았으며, 로드 & 테일러의 우두머리이자 연합잡화점

13) Nathan Straus to Elmer Brown(May 26, 1924), Box 67, Folder 15, Brown Papers, NYUA; Margaret Case Harriman, *And the Price Is Right*(New York, 1958), pp.53-87.

14) Ralph Hower, *History of Macy's of New York, 1858-1919*(Cambridge, Mass., 1943, repr. 1967), pp.312-334, 366-372.

주식회사(Associated Dry Goods Corporation)의 우두머리기도 한 새뮤얼 레이번이 재정위원회를 맡았다.

1919년 5월 대학의 소매학교는 영업을 향상시켜서 '숙련된 노동'으로 전환시킬 전반적인 의도와 더불어 도시의 가게와 고등학교에서 소매업을 가르치는 전문직을 훈련하기 위해 문을 열었다. 이 학교의 커리큘럼은 분배 · 경영 · 직물 · 컬러와 디자인 · 가게 조직 · 경영 윤리 등을 포함했다. 학교 협의 사항에 관한 최초의 공식적인 철학적 설명은 서비스를 고도로 향상시키기 위한 훈련에 역점을 두었다. '비개인적인 권력의 원천의 시대, 그리고 인간 그 자체의 개인적인 인력 자원에 점점 더 의존하지 않을 수 없는 시대에' 우리는 "인간적인 손길을 판매 분야에 되돌려야 마땅하며⋯⋯ 근대 소매 영업이 실패한 이유 중 많은 부분은 인간적인 방정식이 모든 사태의 핵심이라는 기본적인 사실을 인식하지 못한 것에서 연유한다." 뉴욕대학교 소매학교는 "인간적인 요소들을 보다 고차적인 단계로 향상시킴으로써 소매 판매를 개선하려는 시도이며, 세계의 물품을 분배하는 과업이 이런 발전에 의존하고 있다는 사실을 분명히 함으로써 판매를 향상시키고자 한다."[15] 30 명의 학생들이 첫 학기에 받아들여졌다. 아주 소수이기는 했지만, 그래도 돌이켜보자면 대단히 장래성이 있었다. 그 다음 10년 동안에 걸쳐서 뉴욕대학교는 이 나라에서 으뜸가는 소매학교로 부상하게 되었다.[16]

다른 대학들도 대담하게 경영 교육의 경합장에 뛰어들었으며 스트라우스의 뉴욕대학교보다도 더욱 큰 영토를 장악하면서 보다 실질적인 영향력을 행사하게 되었다. 1895년과 1915년 사이에 휘턴 스쿨은 출발은 허약했지만 설립자인 산업주의자 조셉 휘턴의 집행에 의해서 자신의 임무를 충실히 수행하게 되었다. 소비자 지향적인 교장 사이먼 패턴의 지도 아래 이 학교는 국제적인 명성을 얻게 되었는데, 처음으로 이 학교는 4년제가 되었다. 등록 학생의 숫자는 1900년에 1백50명이었던 것이 1914년에는 9백50명으로 치솟았다. 커리큘럼은 마케팅, 재정, 주식회사 경영과 같은 새로운 분야로 연

---

15) ⟨Training School for Teachers of Retail Selling of NYU⟩(Febraury 18, 1919), Brown Papers, *NYUA*.

16) ⟨Commerce School and Retailing⟩, NYT(June 15, 1929), Box 18, Folder 6, Brown Papers, *NYUA*.

구 방향을 전환시켰다.[17] 선도적인 교수들 가운데 경제학 교수인 에드워드 S. 미드가 있었는데, 그는 인류학자인 마거릿 미드의 아버지이자 에밀리 포그 미드의 남편이기도 했다. 에밀리 포그 미드 그 자신 또한 경제학자였으며 광고가 전공이었다. 에드워드 미드는 훠턴(1904년)에 명성이 자자한 회계와 재정에 관한 야간학교를 세웠다. 그것은 영향력 있는 공개강좌학교(1914년)였다. 그는 자신이 선호하는 분야——주식회사 재정(투자뱅킹과 보험 마케팅을 통해 주식회사의 확장)——를 가르치고 있었다. 그는 큰 규모의 주식회사야말로 가장 효율적인 경제 단위이기 때문에 '중앙 집중화된' 주식회사 구조는 물품과 돈의 흐름을 조절할 수 있는 최선의 수단을 제공해 주리라고 믿었다. 강의실에서 자신의 주장을 설명하기 위해 그는 종종 대규모 백화점을 예로 들었으며 백화점들이 자기 조직을 조정하고 경영하기 위해 국제적인 회계 절차를 사용하는 방식을 상세하게 설명했다. 그의 저서인 《황금의 스토리》와 《투자의 썰물과 밀물》은 이 분야에서 선구적인 기여를 했다.[18]

그의 아내인 에밀리는 진보적인 페미니스트이자 세 아이의 어머니였다. 그녀 본인도 보다 상세하게 연구해 볼 만한 매력적인 인물이었다. 그녀는 훠턴 스쿨에서 사회학과 경제학을(틀림없이 패턴 아래서) 1899년과 1900년 사이에 공부했다. 나중에 그녀는 미국 농업의 '가능성' 분석을 출판했는데, 이 저서는 하트·샤프너·마르크스 상을 타게 되었다. 새롭게 재정되었던 이 상은 분배의 문제를 연구한 학자에게 시카고의 남성 의복 업계에서 수여하는 것이었다. 그녀는 광고에 관한 획기적인 논문——〈현대 사업에서 광고의 위치〉——을 썼다. 이 논문은 소비에 관한 패턴의 입장에 신세진 바가 컸는데, 나중에 토스타인 베블런의 《정치경제학 저널》에 실리게 되었다. 이 글은 나중에 베블런이 자기 저서 《기업 이론》에 인용했으며, 잠깐 나타났다가 사라지기는 했지만 그래도 아테머스 워드가 편집했던 영향력 있는 광고 잡지였던 《페임》을 비롯하여 다른 많은 잡지에 재수록되기도 했다. 이 글에서 포그 미드는 사업가들에게 가정을 뚫고 들어가도록 촉구했으며, 보

---

17) Sass, *The Pragmatic Imagination*, pp.131-158.

18) Sass, *The Pragmatic Imagination*, pp.140-151; and Margaret Mead, Blackberry Winter(New York, 1975), pp.33-35.

통의 가정주부들의 저항을 허물어야 한다고 말하면서 이윤을 추구하려면 '과거는 잊어버리라' 고 주장했다. "개인들에게 물건을 사용하도록 만들려면 새로운 자극을 공급할 필요가 있으며, 고정된 습관을 깨고 새로운 욕구를 개발하도록 하며, 그들의 욕구를 만족시킬 수 있는 무수한 가능성을 제공해야 한다"고 주장했다.[19]

훠턴 스쿨보다 심지어 좀더 개척자였던 학교가 하버드대학교였다. 1908년 하버드는 하버드 경영대학원을 설립했는데, 최초로 전임교수를 가진 독자적인 전문직 학교였으며 경영행정 석사학위를 수여하게 되었다(M.B.A's). "우리는 대학에서 무엇을 공부했던지 상관없이 학생을 받아들였다"라고 로렌스 로웰 학장은 말했다. "우리는 그들에게 경영을 가르친 것이지 정치경제학을 가르친 것은 아니었다."[20]

전문 과목으로 경영을 가르친다는 결정은 하버드 학생들이 무리지어 경영 분야에 나가게 될 것이라는 실용적인 통찰에 기반한 것이었다. 작년 6월 졸업한 상급반 학생들 중에서 "절반 이상이 사업계로 들어갔으며," 상당한 세월 동안 많은 비율의 졸업생들이 고위 직책을 획득했으며, 특히 주식회사와 이 나라의 재정 기관에서 그랬다고 1908년 회장인 찰스 엘리엇은 말했다. 엘리엇이 추정한 바대로 하버드 졸업생들이 업계로 들어가고 있었다면, 하버드 자체가 그들을 좀더 잘 각성시키고 가르치는 편이 나았을 것이었다. 또한 하버드는 새로운 '전문 기술' 이 당대의 새로운 주식회사를 경영하는 데 요구된다고 확신했다. 자본주의에서 "일인 소유 시대는 소멸되고 있다"고 한 경영대학원 교수진이 말했다. 이제 필요한 것은 '관리' '행정 조직' '대규모 투자뱅킹' '대규모 세일즈 조직' 등을 훈련시키는 것이었다. 간단히 말해 새로운 주식 산업 질서의 지반이 형성했던 그 모든 제도와 활동을 훈련시키는 것이 필요했다.[21]

하버드 경영대학원이 새로운 과목들을 가르치는 데 전념한 것은 **이성적**

---

19) Emily Fogg Mead, 〈The Place of Advertising in Modern Business〉, *Fame* 10 (April 1901): 160–65; Fogg Mead, obituary, *NYT*(February 23, 1950), p.27; and Mead, *Blackberry Winter*, pp.1–72.

20) Quoted in Copeland, *And Mark an Era*, p.7.

21) Copeland, *And Mark an Era*, pp.16–18.

인 **판단**이었다. 비록 첫 해에는 자금이 부족했지만 그런 연구를 하는 데 필요한 확고한 교육학적인 토대를 상당히 구축했다. 경영대학원의 초대 학장은 41세의 경제학자였던 에드윈 게이였다. 그는 분배와 소비의 패턴에 관해서 학문적으로 많이 알았지만 실무에 관해서는 아는 것이 거의 없었다. 하지만 그는 시대의 흐름을 분명하게 보았다. 1908년 학장으로 임명된 그는 생산에서부터 '경제의 조형적인 요소'라고 불렀던 방향으로 경제적인 사유를 채널화하는 데 많은 도움을 주었다. "생산이 조직되는 방식에 집중하기보다는 분배와 마켓 영역을 확장하는 분배의 방법에 집중하라."[22]

게이의 지도 아래 하버드 경영대학원 교과 과정은 새로운 과목을 제안했으며, 그 중에는 광고 · 투자재정 · 비용 회계 · 현대적인 뱅킹 · 머천다이징 · 소매 · 경제적인 가격 운동 등이 포함되어 있었다. 1914년 3개 중 하나는 필수 과목이 되었으며, '미국에서 경제적인 자원'은 '마케팅'이라는 과목으로 변경되었는데 주목할 만한 변화였다. 멜빈 코플런드는 처음으로 이 과목을 가르쳤으며 그 분야 최초로 대학 교재를 출판했다(하버드 교수인 폴 체링턴 역시 1914년 광고에 관한 최초의 교과서를 저술했다). 코플런드는 1914년 이전에도 상업학교에서는 마케팅이라는 용어가 흔히 사용되었지만 그 의미는 오직 '원자재 상품 거래' 연구였다고 주장했다. 얼마 지나지 않아서 하버드와 많은 다른 대학교와 전문대학에서 이 과목은 이런 정의를 훨씬 넘어서서 "물리적인 분배, 요구 활성화, 머천다이징, 가격 책정, 생산과 서비스의 교환에 연루된 다른 활동들의 전체 과정을 포괄하는 것으로 이해되었다."[23]

이런 변화보다 좀더 결정적인 것은 경영대학원의 일부로서 게이가 설립했던 하버드 사업 연구사무국(Harvard Bureau of Business Research)을 1911년에 오픈한 것이었다. 이것은 마케팅, 머천다이징──그리고 게이의 개인적인 전문 분야인──분배 문제를 연구하기 위한 최초의 제도였다. '분배의 마케팅 측면의 양적인 측정'이 핵심이라고 게이는 주장했다. 이 부분에서 그

---

22) Quoted in Herbert Heaton, *A Scholar in Action, Edwin P. Gay*(Cambridge, Mass., 1952), pp.18, 39-40, 62-70, 80, 98-99.

23) Copeland, *And Mark an Era*, pp.205, 431. 광고에 관한 체링턴의 책에 관해서는 Quentin J. Schultze, 〈An Honorable Place: The Quest for Professional Advertising Education, 1900-1907〉, *Business History Review* 56(Spring 1982): 27.

는 아키 쇼의 지도를 받았다. 아키 쇼는 사무실 장비를 공급하는 백만장자 제조업자였으며, 영향력 있는 2개의 경영 잡지——《시스템》《공장》의 편집 장이었으며, 〈시장 분배에 있어서의 문제점〉이라는 널리 알려진 논문의 저 자이기도 했다.[24] 그의 제안에 따라 게이는 사무국을 조직하기로 결심했다. 다른 사업가들 역시 막 생기기 시작한 학교에 관심을 표시했다. 비용 회계 방법에서의 불균형을 극복하기 위해 열심이었던 전국 신발 소매 상인들과 제조업자들 역시 관심이 많았다.

모든 에너지는 분배 문제를 파악하는 데 이용되어야 한다고 쇼는 믿었다. 그는 중간 브로커를 연구하도록 사무국을 설득했다. 그 중에서도 특히 사업 가들에게 돈을 공동 출자하는 새로운 은행가와 보험 회사들은 그들의 마케 팅 능력을 확장시킬 필요가 있었다. 마케팅은 멜빈 코플런드가 기술했던 것 처럼 넓은 의미에서 검토되어야 한다고 그는 주장했다. "분배 문제를 체계 적으로 연구하지 않았던 이유가 무엇인가"라는 점을 쇼는 질문했다. 산업은 오랜 세월 동안 생산의 문제에만 관심을 집중했다. '우리의 생산 능력'이 엄 청나고 '이용 가능한 시장을 훨씬 넘어서서' 비효율성과 지나치게 저렴한 가격(이윤이 너무 적은)으로 인해 미국은 과잉 생산으로 위협받을 정도가 될 때까지 오로지 생산에만 집중했다고 쇼는 주장했다. 공장은 사람들에게 '생 필품'을 공급하는 수준을 훨씬 상회했다. 이제 신선함, 사치, 모든 종류의 제품과 더불어 생필품은 '시장에서 범람하고' 있었다. 많은 사람들은 '심지 어 분명히 형성되지도 않은' 요구에 대처하려는 시도를 하고 있었다. 분배 는 '혼돈스러운 상태'에 빠져 있으며, 엄청난 사회적 '낭비의 원인이 되었 다.'[25] '우리의 생산 가능성이 충분히 활용된다면,' '분배의 문제'나 혹은 공장으로부터 이윤을 남기면서 소비자의 손에 물품이 신속하게 전달될 수 있는 문제가 해결되어야만 한다고 쇼는 주장했다. 이것은 기존의 시장을 좀 더 심도 높게 부양해야 한다는 의미였다. 개인들이 제대로 알고 있지 못하

24) Harvard Business School, 〈Object and History of the Bureau in Brief, with Some Preliminary Figures on the Retailing of Shoes〉, *Bulletin of the Bureau of Business Research*, Harvard University, 1(May 1913): 4.

25) Archie Shaw, 〈Some Problems in Market Distribution〉, *Quarterly Journal of Economics*(August 1912): 703-65.

는 욕구는 확신을 심어 주어야 하며, 그런 욕구를 만족시켜 주는 가능성에 주목해야 한다. '새로운 욕망'을 어떻게 식별하고 어떻게 만족시켜 줄 것인가 혹은 그것을 어떻게 억압해야 하는가라는 문제는 기업의 손에 달려 있었다. "점점 증가하는 복잡한 인간 욕망을 통탄해야 할 사람들이 분명히 있어야 한다. 하지만 그것은 철학자의 문제이지 사업가의 문제가 아니다"라고 쇼는 말했다. "사업가는 인간의 욕망을 찾아나서는 실제적인 과업을 추구하면서 만족시켜 줄 수 있는 수단을 제공해 주어야 한다."[26]

얼마 지나지 않아서 마케팅과 분배의 문제는 사무국에서 분석해야 할 가장 으뜸가는 주제로 부상하게 되었다. 이런 요청과 신발 소매업자들과 제조업자들의 도움으로 첫 해에 사무국은 최초로 회계의 표준적인 분류를 고안하게 되었다. 이것은 신발 사업에 새로운 통일성을 도입하도록 해주었다. 신발 제조업자들은 산업의 분배 방법을 연구해 달라고 주문했다. 특히 공장도 가격과 소매 가격의 격차에 관해 연구해 달라고 요구했다. 그 격차가 너무 커서 한 산업 대표자는 "제조된 제품이 팔리는 것이 아니라 분배가 팔린다"고 말할 지경이 되었다. 소비자가 물품을 손에 넣을 무렵이면 생산 그 자체와 그것이 감당하는 생산 비용은 취급 과정에 들어갔던 노동, 사고, 희생이라는 총량 중에서 극히 작은 퍼센티지를 차지했다.[27] 비록 신발끈 예산에 관한 분석이기는 했지만 그래도 신발 분배에 관한 사무국의 최초의 연구는 모범적인 사례가 되었다. 코플런드에 따르면 신발끈의 '퍼센티지 표'는 '하버드에서 출판되었던 가장 가치 있는 단일 연구 품목'이었다. 신발 업계 사람들은 그 도표를 칭찬했으며 무역 신문에 그 수치를 인쇄하여 실었고 다른 유사한 조사에도 칭찬을 보냈다.

좀더 많은 분배 연구가 뒤따르게 되었으며, 각각의 연구는 사무국과 상인들 사이의 협력에 의해 이루어졌다. 상인들은 연구를 위한 공동 자금을 조

---

26) Shaw, 〈Some Problems〉, 2.

27) Quoted in Heaton, *A Scholar in Action*, 55; Harvard Business School 〈Object and History of the Bureau〉, p.3; Copeland, *And Mark an Era*, p.209; and Shelby D. Hunt and Jerry Goolsby, 〈The Rise and Fall of the Functional Approach to marketing: A Paradigm Displacement Perspective〉, in *Historical Perspectives in Marketing, Essays in Honor of Stanley C. Hollander*, ed. Terrence Nevett and Ronald A. Fullerton(Tor-onto, 1988), pp.36-51.

달했으며 사무국이 원하는 것이면 무엇이든지간에 다각적인 조사 연구 통계를 기꺼이 도와 주었다. 사무국은 소매 식품 사업을 1914년에 조사했으며, 도매 신발 공장은 1915년, 도매 식품 사업은 1916년, 소매 일반 가게는 1917년, 소매 철물 거래는 1918년, 소매 보석은 1919년에 실시했다. 전국도매식품협회는 다른 협회들과 마찬가지로 결과물에 만족했다. "우리는 대학의 부서들에게 가능한 모든 격려를 아끼고 싶지 않았다"고 대변인은 말했다. "대학 연구소로부터 얻어낸 정보가 가치 있었기 때문만이 아니라 도매 식품 업계에서 회계 방법을 향상시키려는 경향이 있었기 때문이었다."[28]

1910년 후반 사무국은 더 이상 신발끈에 관한 다각도 연구를 하지 않았지만, 그것은 큰 사업이 되었다. 1920년 한 백화점 연구에서, 연간 분배 연구의 연속적인 연구에서 마지막 연구는 5백 개 이상의 백화점을 조사했는데, 이들의 총매상액은 80억 달러를 초과했다. 코플런드의 설명에 따르면 소매업과 도매 다각도 연구 비용에 관한 이와 같은 조사는 '이 분야에서는 세계 최초의 연구'였다.[29]

거대한 박물관과 새로운 큐레이터들

교육적인 제도들과 어깨를 나란히 하면서 거대한 도시 박물관들 또한 대량 시장 제조업자들과 소매업자들의 수중에서 그들의 전문성과 수집품들을 내놓도록 만들기 위해 행진하고 있는 중이었다. 오늘날 우리는 박물관과 기업의 결합을, 그리고 예술과 시장 세력들 사이의 밀접한 관계를 당연지사로 받아들이고 있다. 하지만 처음에 이 관계는 사실상 4개의 박물관——특히 미국 자연사 박물관, 브루클린 박물관, 뉴어크 박물관, 메트로폴리탄 미술관——과 더불어 시작되었다. 하나를 제외하고 이들 박물관은 사업가들로부터 엄청난 수집품을 선물로 제공받았다. 그 중에서도 가장 아낌없이 후원을 했던 사람은 투자은행가인 J. P. 모건, 백화점 상인인 조지 헌과 벤자민 올

---

28) Copeland, *And Mark an Era*, p.220.
29) Copeland, *And Mark an Era*, pp.214-16.

트먼이었는데, 이들은 메트로폴리탄 미술관에 수집품을 아낌없이 기증했다.

이 운동의 지도자는 모리스 드캠프 크로포드였는데, 그는 미국 자연사 박물관의 큐레이터이자 《여성복 데일리》란 저널의 편집장이었다. 그는 오랜 세월 산업 디자인을 향상시키는 데 이바지했다. 그는 존경받는 뉴욕의 법률가인 아버지, 또한 잘 알려진 감리교 목사였던 할아버지의 발자취를 뒤따르기를 거부했다. 그의 할아버지는 1857년 노예폐지론자로서 감리교 콘퍼런스에서 남부 노예 소유주들을 내쫓는 데 앞장섰던 북부 교회를 지도했던 것으로 세인의 주목을 끌었다. 젊은 크로포드는 삼촌인 핸포드의 족적을 따랐다. 그의 삼촌 핸포드는 '과도기' 상인 세대의 구성원이었는데, 그는 가족 소유의 소규모로 시작했던 미국 소매업을 대량 시장 제조 판매로 전환시키는 데 지도적인 역할을 했다. 1899년 핸포드 크로포드는 세인트루이스 소재 스크루그스, 밴더부트, 바니의 경영권을 양도받았다. 이 백화점의 마지막 생존자인 스크루그스 씨는 통제력을 발휘하기에는 너무 허약했다. 불철주야 일을 하면서 핸포드는 기존의 백화점을 성숙한 백화점으로 혁신했으며 노동인력에게 엄격한 훈육을 강제했다. 그는 파리와 뉴욕에 구매 사무실을 개설했다. 5년간 회장을 하면서 투자은행가들의 도움을 받아서 백화점을 재조직했고, 2개의 대규모 특성화된 소매 체인, 즉 하나는 카펫과 가구 분야였고 다른 하나는 하드웨어 소매 2개를 합병했다. 핸포드는 광적인 페이스로 인해 대가를 치렀다. 그는 거대한 백화점의 매니저로서 항상 '긴장과 걱정'을 느꼈다. 세계 그 자체, 훈육의 문제, 기계류, 그 관계들에 관한 근심과 걱정으로 자신의 건강을 해치게 되었다. 그는 신경쇠약에 걸렸으며 공적·사적인 분야에서 아무 일도 아닌 것에 눈물을 흘렸으며, 피아노를 전공할 때까지 치료되지 않았다(예방하려는 수단으로 그는 업무 여행을 하면서도 피아노를 가져갔다). 동시에 스크루그스, 밴더부트, 바니는 미시시피 서부의 당당한 사업체가 되었다. 1907년 아직까지 핸포드의 지휘 아래, 17층짜리 프랑스 르네상스 건물이 세워졌는데, 이 건물은 거대한 쇼윈도와 판유리 거울로 둘러싼 인테리어 원주들로 유명했다.[30]

모리스 드캠프 크로포드는 20대 초반에 삼촌 핸포드로부터 약간 구박을 받았지만 그럼에도 불구하고 삼촌이 성취하고 있던 것에 매료당했다. 젊은 시절, 그는 호레이스 B. 클래플린을 위해 일했다. 클래플린은 1913년 망했던 불운한 도매 회사였다. 그때부터 그는 소매업으로 눈을 돌렸으며 원숙했던 성년기의 거의 전 기간 동안 두 가지 지위를 가지고 있었다. 《여성복 데일리》의 연구 조사 편집장이자 뉴욕의 미국 자연사 박물관의 직물 분야 부연구원이라는 지위를 겸했다. 박물관 일자리는 박물관 회장인 헨리 페어필드 오스본에 의해서 1915년 '페루 직물을 가지고 한 크로포드의 작업을 인정하여' 그에게 특별히 마련해 준 것이었다.[31]

크로포드는 박물관에서 전문 디자이너들과 공장 매니저들에게 페루 직물에 관한 강연을 했다(그는 이 분야에서 전국적인 권위를 인정받았다). 직조법과 무명, 그리고 '원시적인 장식예술'을 어떻게 '기계 공정'으로 연결시킬 수 있는가에 관해서 강의를 했다.[32] 비록 박물관은 다년간에 걸쳐서 상업 디자인 원칙을 고수해 왔지만, 인류학 과장인 클라크 위슬러의 도움을 받은 크로포드는 규칙적으로 박물관의 컬렉션을 업계에 공개하는 데 활발히 앞장섰다. 그는 공공연하게 박물관의 경이로움을 산업자본가들에게 언급했다.[33] 1916년 뉴욕에서 거행되었던 전국 실크 제조업자 컨벤션에서 연설을 하면서 그는 청중들에게 마야 무덤, 래브라도 자작나무 껍질로 만든 요람, 페루의 오래된 탁월한 판초, 아프리카의 거친 라피아 야자 자수품을 직접 와서 보라고 촉구했다. 이 모든 공예품들이 언제나 얼마나 훌륭하고 발랄한 착상을 제공하는지 와서 보라고 강조했다.[34] 그는 이 모든 것을 종합하여 북미 인디언 홀에서 현대 복장 전시회를 했다. 모든 항목의 디자인은 박물관

30) Frank Crawford, *Morris D'Camp Crawford and His Wife, Charlotte Holmes Crawford: Their Lives, Ancestors, and Descendants*(privately printed by Frank Crawford, Ithaca, N.Y. 1939), pp.xi-xii, 52-83, 137-47; 1907년의 새로운 백화점에 관해서는 〈St. Louis' New Store〉, *DGE*(November 23, 1907), p.13; 핸포드의 성찰에 관해서는 Hanford Crawford, 〈Ethics of a Big Store〉, *The Independent*, August 12, 1909, p.359.

31) Henry Fairchild Osborn to Clark Wissler, October 21, 1915, Box 10, 1913-1916, Central Archives, AMNH; Morris D'Camp Crawford, *The Ways of Fashion* (New York, 1941), pp.269-74; 모리스 드캠프 크로포드 3세와의 전화 인터뷰(December 19, 1989).

32) Clark Wissler to Mr. Sherwood, April 15, 1916, Box 10, 1913-1916, Central Archives, AMNH; and 〈Exhibitions of Designs〉, December 1917, Box 130, Central Archives, AMNH.

33) Morris D'Camp Crawford, 〈Address delivered before the National Silk Manufacturers' Convention〉, November 23, 1916, p.8., Box 10, Central Archives, AMNH.

34) *Ibid.*, p.7.

컬렉션에서 '토착적인 주제로부터 이끌어 낸' 것이었다.[35] 오스본 회장은 대단히 만족했으며, 크로포드와 그의 동료들에게 '자신이 할 수 있는 모든 배려와 전권'을 부여해 주었다. 크로포드는 부자와 상류층 사람들에게만이 아니라, 모든 사람들에게 '예술과 미'를 소개했다(오스본이 관찰했다시피 "나의 모토는 언제나 우리가 수치를 무릅쓰고라도 목적을 달성해야 한다는 것이었다"). 이로 인한 탁월한 부수 효과로서, 이 나라에서 여성 의복의 발전이라는 새로운 국면이 나타나게 되었다. 마침내 오스본은 "우리나라 여성들은 이제 미국 디자인을 입게 될 것이며, 유럽 여러 나라에서 그처럼 널리 퍼진 퇴폐적인 의복으로 자신을 표현하지 않아도 될 것이다"[36]라고 적었다.

때때로 크로포드는 5번 애비뉴의 디스플레이 전략을 모방했기 때문에 오스본의 취향으로 볼 때에는 지나치게 아슬아슬하고 지나치게 유럽적이었다. 1919년 쇼에서 크로포드는 전시회장으로 들어오는 두번째 벽감에 실크 의상을 걸친 진짜 같은 '밀랍 모델'을 설치하고 '비단 베틀 전시회'에는 '진짜 모델'을 여러 명 배치했다. 오스본은 하얗게 질려서 감독인 프레더릭 A. 루카스를 통해서 크로포드에게 "이 전시는 미국적이라기보다는 파리식이다"[37]라고 불평했다. 그는 모델들을 치우라고 요구했고 그래서 모델들을 치웠다. 하지만 크로포드로부터 거센 항의를 받지 않았지만 어쨌거나 그는 자신의 디자인 동기를 보다 넓혀 확장하려는 목표를 성취했다. 《여성복 데일리》의 편집장으로서 그는 미국 자연사 박물관을 기회가 있을 때마다 칭찬했는데, '디자이너의 발전에 있어서 가장 진보적인 세력이며' '이 나라의 산업예술 운동을 돕고 있다'[38]는 이유에서였다. 그는 직물 디자인 경시대회를 설립하고 경영했으며, 1917년 처음으로 《여성복 데일리》로부터 후원을 받았다. 잡지 페이지를 통해 그는 전국적인 토대 위에서 디자인 활동을 전개

---

35) Henry Fairfield Osborn to Mrs. John F. Hylan, November 14, 1910, Box 130, Central Archives, AMNH.

36) Henry Fairfield Osborn, excerpt from letter, November 1919, Box 130, Central Archives, AMNH.

37) Directory Frederic A. Lucas to Herbert Spinden(and Morris D'Camp Crawford), November 13, 1919, Box 130, Central Archives, AMNH.

38) *Women's Wear Daily*, August 4, 1919, Folder A/8, textiles collection, SCP, Brooklyn Museum, Brooklyn, New York.

했으며, 도처에 있는 미술관 큐레이터들에게 박차를 가하고 그들에게 '미국에서의 디자인 캠페인'에 동참하라고 간청했다.[39]

큐레이터들 중에서 크로포드의 노선을 따랐던 사람들은 브루클린 박물관의 스튜어트 쿨린과 뉴어크 박물관의 존 코튼 다나였다. 두 사람 모두 크로포드보다 한 세대 이상 나이가 많았지만 동시에 대중적으로 두각을 드러냈으며 산업 디자인을 위한 직업적 생애를 형성해 나갔다. 쿨린——크로포드는 그의 '완전무결하고 영감을 주는 취향'을 대단히 흠모했다——은 1858년 필라델피아에서 독일계 루터파 부모 밑에서 태어났다. 그는 당대의 가장 탁월한 민속학자였으며 인류학자였다. 그는 세계를 여행하면서 원시 공예품들을 수집하고 원시인들과 함께 생활했다(어른과 아이들을 위한 원시인들의 게임에 대한 설명은 오늘날까지도 인기가 있는데, 그 중에는 1907년에 쓴 《북미 인디언의 게임》이라는 선구자적인 저술도 있다). 1900년대 초반 존 워너메이커의 후원 아래, 쿨린은 북미 인디언 문화를 연구하기 위해 세 번의 원정길에 올랐다. 그는 브루클린 박물관에서 인종지학적인 수집품을 위해 지명된 큐레이터였으며, 지칠 줄 모르는 수집을 통해 브루클린 박물관을 세계적인 시설로 만들어 놓았다.[40]

성장 과정에서 쿨린이나 크로포드보다 덜 규범적이었던 존 코튼 다나는 젊은 시절 자유로움을 추구했으며, 버몬트 주 우드스탁에서 보냈던 지나치게 종교적이고 죄의식에 사로잡힌 어린 시절로부터 벗어날 수 있는 직업과 생활을 추구했다. 종교의 시조를 찾아 거슬러 올라가다 보면 존 코튼에게까지 가서 닿는 엄격한 조합교회주의자로 1856년 태어난, "존은 경직된 윤리적 법칙의 지배와 오래된 뉴잉글랜드 안식일을 알았다"고 그의 전기작가는 말했다.[41] 1874년 대학을 졸업한 후 그는 콜로라도에서 토지측량기사로 일하다가 법률을 공부하기 위해 동부로 갔다. 만족하지 못한 그는 콜로라도

39) Morris D'Camp Crawford, 〈Address delivered before the National Silk Manu-facturers' Convention〉, p.10; and Crawford to Dr. Fred A. Luca, August 9, 1916, Box 10, Central Archives, AMNH.

40) William Leach, 〈Strategies of Display and the Production of Desire〉, in *Consuming Visions*, ed. Simon Bronner(New York, 1989); Ira Jackins, 〈Biographical Sketch of Stewart Culin〉, transcript, SCP, Brooklyn Museum; Crawford, *The Ways of Fashion*, p.272.

41) Frank Kingdon, *John Cotton Dana: A Life*(Newark, N. J., 1940), p.12.

로 되돌아와서 목장에서 살면서 가까운 콜로라도 친구의 누이동생과 결혼했다. 부모의 죽음과 더불어 결혼은(대단히 다른 방식이기는 했지만 이 두 가지 사건은 부모의 세계관에 의존하는 것에서부터 벗어날 수 있도록 해주었다) 고뇌에 찬 종교적인 위기로 빠져들게 만들었다. "죄는 고의적인 인간의 타락의 구체적인 표현이었다"라는 생각은 그에게 혐오감을 주었다. 그는 유니테리언교파를 택했지만, 스스로 밝히다시피 '유니테리어니즘과는 거리가 먼 방향에서 일하고 있었다.' 초조하고 정신이 혼란스러워진 그는 건설 공사, 저널리즘, 은행 건설 등과 같이 이 직업 저 직업을 전전했다. 1890년에 이르러 모든 기성 종교는 그에게 죽은 것이나 마찬가지가 되었다. 종교가 죽었다는 생각이 그에게 분노를 불러일으켰다. 홀거 캐힐은 뉴어크 박물관에서 다나와 함께 일했던 예술가였는데, 그는 다나를 '종교에 대해서 대단한 격렬하게 반대했다.' "그는 종교에 반대했다…… 정말로 격렬하게 반대했다"42)고 묘사했다.

다나는 '새사람'이 되었으며, 자신의 개인적인 선택의 자유를 구속하고 '새롭고' '현대적'인 사람이 되는 것을 방해하는 것이면 무엇이든지 거부했다. 캐힐이 말했다시피, 그는 진정한 '버몬트 주 사람'이 되었으며, "자신이 진정으로 믿는 것이면 하도록 내버려두는 자유론자"가 되었다. 1880년대 후반 그는 뉴저지 주 뉴어크에서 선구자적인 사서가 되었으며, 미국 도서관에 '개가식'을 도입하고 사업 자료를 위한 최초의 도서관을 창설했다. 1909년 그는 뉴어크 박물관을 설립했으며, 미술품을 전시하기 위한 공간일 뿐만 아니라 사업에 이바지할 수 있는 시설로 만들었다.43)

다나와 쿨린은 상업에 헌신한 점에서는 크로포드와 입장을 같이했다. 이들이 이처럼 상업에 헌신할 수 있었던 것은 부분적으로는 다른 강력한 반-종교적인 확신이나 윤리적 확신이 없었기 때문에 강화된 측면도 있었다. 많은 여행과 평생 동안 인종지학적인 성찰을 했던 쿨린은 "니즈니(Nijni)에서

---

42) Oral interview with Holger Cahill, 1966, Columbia Oral History Project, Butler Library, Columbia University, pp.159-60, 167, 175-76; and Kingdon, *John Cotton Dana*, p.38.

43) Kingdon, *John Cotton Dana*, pp.12-97; Charles Hadley, *John Cotton Dana: A Sketch*(Chicago, 1943), pp.9-63.

부카레스트(Burcharestr)에 이르기까지, 키릴 군도(Kirile Islands)에서부터 자호르(Jahore)에 이르기까지, 명목상의 핑계가 무엇이든지간에 상업은 인생의 핵심이다"라는 결론을 내렸다. 쿨린에게 백화점은 "미국의 사회적 · 상법적 생활을 요약하는 것이었다." 교회가 아니라 가게는 "오늘날 현존하는 문화와 취향에 가장 큰 영향을 미친다. 백화점은 우리 모두가 새로운 혁명적인 시대를 열어 나갈 창조적 사고에 참여하는 것이 가능하도록 해준다."[44]

쿨린과 다나, 두 사람 모두 전통적인 기존의 박물관을 싫어했다. 다나는 기존 박물관이야말로 일반인들이 접근 불가능하도록 만드는 우중충하고 위협적이며 '동떨어진 오지이자 사원'이며 오로지 고대의 예술품과 '미술품'만을 전시하는 데 몰두하는 곳으로 간주했다. 그는 모든 박물관이 만약에 백화점처럼 보인다면 훨씬 나아질 것으로 보았다. 백화점은 도시 생활의 '중심'이며 '사람들의 생활과 밀접하게 관련된 물건으로 가득 찬' '정직하고 …… 강철 같고 구체적인' 구조물이었다. 백화점은 '24시간 열어 놓고' '물건'을 유혹적으로 전시했다. 또한 '쉴 곳'을 제공함으로써 사람들이 쇼핑하면서 휴식을 취할 수 있었다. 백화점은 '물건'을 전면에 배치하여 강조하고 모든 사람들에게 팔려고 내놓음으로써 '생활의 열정을 증가시켰다.'[45] 다나에게 '새로운 모든 것'(따라서 '훌륭한' 모든 것)은 사업과 관련된 것이었다. "업계가 세계를 경영한다, 혹은 세계는 평범한 사업 원칙으로 사물을 경영하는 법을 빨리 배우면 배울수록 문명화된다. 공중시설은 사업가들에게 유용할 때 일에서도 최선이 된다." 월트 휘트먼과 유사했지만 휘트먼이 보여주었던 날카로운 비판은 없애 버린 다나는 도시 산업 생활을 찬양했다. 그는 습관적으로 뉴어크 거리를 거닐었으며, '철로와 운하 옆에 있는 공장과 임대 주택'들을 관찰했다. "거리는 남자, 여자, 어린아이들로 활기가 넘쳤다"라고 그는 뉴어크 무역위원회 회원들에게 말했다. "굴뚝 연기가 높은 굴뚝에서 솟아나왔으며, 굴뚝과 공장은 뿌옇게 보이면서 기괴하고 악당 같고 위엄 있는 모습이었다. 여기 산업 사회 미국이 있었다. 여기 기계 시대가 있

---

44) SC to Booth of A & S(January 27, 1928), SCP: TN(January 1927): 349.

45) John Cotton Dana, *The Gloom of the Museum*(Woodstock, Vt., 1917), pp.5-6, 14-23; Dana, 〈A Plan for New Museum, the Kind of Museum It Will Profit a City to Maintain〉(Woodstock, Vt., 1920), Rare Book Room, NYPL.

었다. 당신과 나와 같은 동료 시민들은 그런 산업 시대를 고대하면서 성장하고 있었다."[46] 이것은 물론 사업가 스스로에게 도움이 되었다. 그 중에서 무엇보다도 뱀버거 백화점의 루이스 뱀버거는 1920년대 뉴어크 박물관의 확장에 재정적인 후원을 했을 뿐만 아니라 다나의 실험적인 디자인 기획에 자유롭게 돈을 대어 주었다.

쿨린과 다나는 대량 생산 회사들의 이윤을 증가시키는 데 디자인이 발휘하는 전략적인 역할에 관해 조금의 의심이나 불안이라고는 없었다. 그들은 또한 기계로 만든 제품이 손으로 만든 제품보다 어떤 면에서든지 못하다고 전혀 생각하지 않았다. "당대의 수제품은 기계제 제품보다 취향의 관점에서 특출하게 뛰어난 것은 없다"고 쿨린은 모리스 드캠프 크로포드에게 적어 보냈다. 비록 기계제 제품이 패턴, 선, 모양, 컬러에 있어서 종종 허점을 보이기는 하지만 결코 필연적인 것은 아니었다. 다나도 이런 주장에 동의하면서 '수제품'의 제단을 경배하는 '속물'들을 공격적으로 비판했다. 베블런의 저서를 인용하면서 그는 "부자는 대체로 가난한 사람들이 접근하지 못하도록 할 이유가 있다면 무슨 수를 쓰더라도 오래된 예술 제품 생산 방식을 선호해 왔다"고 말했다. "오늘날 수제품에 대한 존경은 주로 소유자들에게 오래된 유한 계급의 배타성을 부여해 줄 수 있는, 고유한 종류인 것을 원하는 욕망에서 주로 탄생한다."[47]

워너메이커와 다른 상인들의 전형적인 특징이었던 소비자민중주의와 동일한 형태에 자극을 받은 다나와 쿨린은 박물관 편의 시설을 모든 사업 분야의 디자이너들에게 제공했다. 다나는 뉴어크에 디자인 공간을 조직했으며, 주로 산업적으로 만들어진 제품의 전시를 진행시켰다. 아마도 그런 전시회를 최초로 대담하게 시도했던 미국 박물관 감독이었던 그는 "박물관의 기능은 산업 사회와의 관계 속에서 예술의 의미를 보여주어야만 했다"고 믿었다. 1912년 그는 독일 산업 디자인 그룹이자 바우하우스의 선구자 그룹이었던 도이체스베르크번트(Deutcheswerkbund)의 작품을 전시했으며, 그 이후로 미국 회사로부터 '많은 산업예술 전시회'가 뒤따르게 되었다. 그는 "오래

---

46) Quoted in Hadley, *John Cotton Dana*, pp.56–57.
47) Dana, *The Gloom of the Museum*, pp.6–8.

된 장인들의 예술보다는 기계 시대에 무시되었던 예술을 더욱 자랑스러워했다."[48] 전통적인 미술관의 핵심적인 내용을 구성했던 유화를 그는 따분하게 생각했는데, 왜냐하면 그의 입장에서 유화와 같은 예술품은 '보통 사람들'의 생활이나 생각과는 거의 아무런 상관이 없었기 때문이었다. 이와는 달리 산업예술이나 기계예술은 '사람들이' 이해하는 예술이었다. 왜냐하면 보통 사람들 스스로 그것을 사서 집으로 가져가기 때문이었다. 사람들이 그런 물품을 인식하지 못하거나 혹은 만들지 않았다는 것은 전혀 문제가 되지 않았다. 대량 시장을 위한 기계제 제품은 대중적인 취향을 반영하지 않을 수 없으며, 반면 수제품은 사람들로부터——수제품이야말로 사람들이 손수 만들었던 **것이었는데**—— '동떨어진' 것이자 본질적으로 엘리트적이며, 사람들 편이라기보다 기업 편이라는 주장 하나만으로 그에게는 충분했다.

쿨린은 자기 나름대로 '예술 산업의 센터'인 브루클린 박물관을 만들었다. 그의 목적은 산업 디자이너들에게 농부와 원시 디자인과 컬러를 기계제 제품으로 통합시킬 수 있도록 영감을 주는 것이었다. 그는 전 산업 사회의 문화는 '관능적이고' '생명력' 부분에서 산업 문화보다 우월한 것으로 간주했다. 하지만 산업 문화는 원시적인 것을 종종 '허약하고' '여성적이며' '유치하고' '비합리적'이라고 종종 경멸했다는 것이다. 그는 북미 인디언들을 수없이 방문하면서 "나는 스스로 원기를 회복했으며, 보다 젊어지고 생명력을 느끼게 되었다. 나는 원시인들 가운데서 내 꿈을 실현했으며, 그들의 삶과 생각 속에서 세계의 새벽을 섬광처럼 감지했다"라고 말했다. 원시적인 것을 상품으로 만드는 것은 '생생한 요소'들과의 건강한 접촉을 회복시켜

---

48) Oral interview with Holger Cahill, pp.108, 166–68; oral interview with Doro-thy Canning Miller(Dana coworker)(June 24, 1957), p.595, CUOHP; *The American Magazine of Art* 9(March 1918): 202–3. 기계제 제품이 기술적으로 충분하다는 믿음으로 인해, 다나는 자신의 디스플레이를 통해 박물관 방문객들이 속아 넘어가도록 만들기도 했다. 아무에게도 말하지 않은 채, 그는 한번은 뱀버거 백화점에서 사온 싸구려 도자기를 비단 휘장으로 장식한 케이스에 넣어서 뉴어크에서 전시를 했다. 다나에 따르면, 모든 사람들은 그 도자기가 오래된 수제품이라고 생각했다. 다나에게 이 사건은 그만하면 충분한 증거가 되었다. 이 일화는 가능한 기계제 제품이라는 수단을 통해 '대중적인 취향'을 개선하는 것이 자신의 임무라는 신념을 그에게 강화시켜 주었다. Headley, *John Cotton Dana*, pp.66–68.

주도록 해줄 것이며, 다른 한편으로는 비교적 값싼 투자를 하고서도 확실한 이윤을 보장받을 수 있는 사업이라고 쿨린은 주장했다. 이 새로운 상업적인 장에 뛰어든 다른 많은 사람들과 마찬가지로, 그는 미국인들이 너무 오랫동안 '밝은' 색깔을 박탈당했으며, 밝은 색깔을 유치한 것이라고 잘못 생각했다고 믿었다. 이 외에도 '원시적인 것'과 마찬가지로 '유아 시절'로부터 많은 것을 배워야 한다는 것이었다. 왜냐하면 '내 스스로 어린아이들과 같은 열성과 색깔에 대한 욕망을 가졌기' 때문이라고 했다. "나는 아직도 어린 시절의 갈망에 공감하기 때문이다."[49]

1917년 쿨린은 브루클린 박물관에 디자인 스튜디오를 열었으며, 그곳을 아프리카 · 동유럽 · 인도 · 북아메리카 등지를 여행하면서 자신이 수집했던 수천 점의 원시적 공예품과 농부들의 수공예품으로 채웠다. 1년 후 모리스 크로포드가 《여성복》에 보고했던 바대로 '스튜디오'와 쿨린 모두 가장 성공적인 디자이너들에게 잘 알려지게 되었다. '취향의 실험실'을 대단히 흡족하게 여겼던 쿨린은 자연사 박물관에 있는 자기 친구인 인류학자 프란츠 보아스에게 대규모 전문적인 예술가와 박물관의 부서 사이에 성숙하게 되었던 '친밀한 관계'에 관해서 자랑을 했다.[50]

가구 디자이너와 포장지 · 빗 · 라벨 · 꾸러미 등의 디자이너들이 브루클린 박물관을 방문했다. 《여성복》에서 크로포드가 많은 장려를 한 결과 그곳에 모여든 사람들은 다름 아닌 제조업자들과 백화점의 '패션' 복 바이어들이었다. 패션 디자이너들은 농부들의 편물에서 아이디어를 구하고——원시적이고 이국적인 아이디어——그것을 미국식 패션으로 만들었다. 박물관 공간은 프리미엄이 붙었는데, 왜냐하면 수요가 너무 많았기 때문이었다. "나는 계단 위에 인도 재료들을 설치했다"고 그는 1919년 한 제조업자에게 말했다. "나는 인도에 있는 아마다바드에서 구입했던 목공품을 활용하

---

49) SC, *PT*, vol. 18(May 1920)(5), pp.105-6; SC, 〈The Magic of Color〉, *The Brooklyn Quarterly*(April 1925), SCP; Culin, 〈Precious Color〉, unpublished speech, SCP; SC, 〈The Magic of Color〉, *MRSW* 56(March 1925): 9.

50) Quoted in *The Brooklyn Citizen*(March 6, 1923), p.2; SC to Franz Boas(Junuary 28, 1919), SCP; *WWD*(January 3, 1919), Culin Scrapbook, texiles, SCP; WWD(Oc-tober 8, 1919); Culin Scrapbook; and Charles R. Richards, *Art in Industry*(New York, 1922), pp.5-45, 253-57.

여 그렇게 했다." 여성복 디자이너들은 이번 겨울 재료를 인도에 의존했으며 인도 섬유와 의상에 대한 요구가 많았다. 여성복 디자이너들은 인도 재료들을 잘 활용했다."[51] 당장 그리고 수요가 있는 즉시, 쿨린은 디스플레이에 필요하거나 현재의 패션 추세를 만족시키기 위해 디자인에 모델로 사용될 수 있는 민속 공예품을 사실상 전국의 어떤 곳이나 배달했다.

비록 뉴어크 박물관, 브루클린 박물관, 미국 자연사 박물관이 새로운 산업 디자인 운동에 막대한 공헌을 했지만, 맨해튼의 메트로폴리탄 미술관에 필적할 만한 영향력을 미친 박물관은 없었다. 아직 혼돈스러웠던 초기의 산업 디자인 운동 시절에는 상당히 신중했지만(비록 미술관의 헌장에는 미술관이 기능공과 예술적인 장인들을 훈련하는 데 무엇인가 도움을 주어야 한다고 명시되어 있기는 했지만), 1915년 무렵 메트로폴리탄 미술관은 새로운 변경 지대를 개척하는 데 열심이었다. 미술관 관리들은 최근에 성취한 것들에 대해 엄청 자랑스러워했다. 미술관 《회보》에 따르면, "디자이너들과 제조업자들의 수중에 **무한한 착상의 힘을 제공**해 주었다."[52] 1914년 새로운 지위가 그곳에 창조되었는데, 산업예술 분야의 준회원 제도가 그것이었다. 리처드 바흐가 그 일을 하도록 임명되었다. 바흐는 쿨린·다나·크로포드보다 훨씬 더 많은 자원을 부릴 수 있었다. 그는 박물관과 업계가 밀접하게 협동하도록 관리했으며, 기계와 산업 디자인에 관해서는 다른 사람들(쿨린·다나·크로포드)과 마찬가지로 분명한 사랑을 공유했다. "이런 말은 놀라운 주장일 수도 있지만 하여튼 기계는 의심할 나위없이 단일한 것으로서는 가장 큰 한 가지 장점이자 도움이기 때문에 산업예술에 관한 한…… 문명화하는 데 기여해 왔다. 공장제 기계 제조에 어떤 하자라도 있다면 그것은 기계의 잘못이 아니다. "전망은 놀라운 것이었다." 우리는 2만여 군데서 좋은 디자인을 전파할 수 있는 가능성을 보고 있다. 반면 순전히 수공업적인 보통의 조건 아래서라면 이런 종류의 의자는 기껏해야 12개 정도 이상을 넘지 못했을 것이다."[53]

---

51) SC to Mr Brown(March 19, 1919), Texile Collection, SCP; SC to Lockwood de Forest(January 12, 1922), pp.5-45, 253-57.

52) Unsigned, 〈Manufactures, Designers, and Museum〉, *Bulletin of the Metropoli-tan Museum of Art* 13(January 1918): 26.

바흐는 대량 생산이 성공을 거두려면 전략적인 '디자인'이 얼마나 중요한지를 다른 사람들보다 훨씬 더 잘 인식하고 있었다. 사업상의 이윤을 최대로 남길 수 있는 잠재력은 물건의 내면적인 구조나 기능이 아니라 다름아닌 겉모양과 형태라고 바흐는 이해했다. 사실상 '디자인 하나'만으로도 '전체 이윤'을 보장할 수 있다. "디자인은 하지 않고 오직 물건만을 사고파는 사람들은 산업적인 지각 변동이 두려워서 시간만 죽이고"[54] 있는 사람들이다. 바흐가 메트로폴리탄 미술관을 담당하고 있었을 동안, 미술관과 제조업과 디자이너들은 긴밀한 관계를 맺게 되었다. 미술관은 디자인 산업제품을 쇼윈도에 진열할 수 있는 특별 전시회 조직을 환영했다. 1915년 색깔의 법칙과 조화와 '실제적인 직물' 벽지와 나무 사이의 관계를 설명하고 전시하는 순회 박람회가 예술과 무역 클럽의 후원 아래 발표되었다. 이 클럽의 회원 중 1명이 윌리엄 슬론 코핀이었는데——그는 가구 제조업자였으며 장차 메트로폴리탄 미술관의 회장이 될 인물이었다——그가 이 전시회를 총지휘했다. 1년 뒤 메트로폴리탄 미술관은 《여성복 데일리》와 협동하여 이 잡지 최초의 직물 디자인 콘테스트를 개최했다. 31개의 주가 참가했을 뿐만 아니라 메트로폴리탄 미술관의 비서인 헨리 켄트가 심사위원 중 1명으로 참가했다.[55]

상인들과 상의를 거친 후 정규적인 강의와 세미나가 주선되어 미술관에 있는 방에서 열렸다. 1916년 디자인 '전문가'인 플로렌스 레비가 산업 대표단, 영업 사원, 백화점 바이어들을 위해 디자인에 관한 연속 강의를 열었다. 선, 부피, 조화, 색상을 다루는 이 강좌는 미술관에서는 표준화되었다. 1910

---

53) Richard Bach, ⟨Mobilizing the Art Industries⟩, *American Magazine of Art 9* (August 1918): 412-18; Jay Cantor, ⟨Art and Industry: Reflections on the Role of the American Museum in Encouraging Innovation in the Decorative Arts⟩, in *Techno-logical Innovation and the Decorative Arts*, ed. Ian M. G. Quinby and Polly Ann Earl, 1973 Winterthur Conference Report, pp.332-54; Neil Harris, ⟨Museums, Merchan-dising and Popular Taste: The Struggle For Influence⟩, in *Material Culture and the Study of American Life*, ed. Ian M. G. Quinby(New York, 1978), pp.140-74.

54) Richard Bach, ⟨Fifth Exhibition of Industrial Art⟩, *The Bulletin of the Metro-politan Museum of Art* 15(December 1920): 264.

55) Crawford, *The Ways of Fashion*, p.273; *DGE*(April 24, 1915), p.21.

년대 후반 메이시 백화점의 퍼시 스트라우스는 바흐를 초대하여 메이시즈의 영업 사원들과 실무 매니저들을 위한 색깔과 디자인 세미나를 만들었다. 콜롬비아 교육대학의 그레이스 코넬로부터 지도를 받았다. 올트먼의 디스플레이어인 허만 프랑켄탈은 '드레이핑 기술'에 관한 강좌를 가르쳤다. 루이스 와인버그는 '미술관의 독창성 연구'에 기초하여 색깔에 관한 강좌를 열었다(나중에 와인버그의 강의는 《일상 생활에서의 색상, 일반 학생, 기능공, 예술가들을 위한 지침서》라는 책 형태로 출판되었다).[56]

이 모든 활동들 가운데 미술관 디자인 전문가들은 새로운 상업미학을 호소하기 시작했다. 새로운 상업미학에서 색상은 소비 상품에 있어서 '좀더 신중하게 계획되어야 할 요소'로 이용되었다. 와인버그는 미국 사업가들 ——화려한 색상을 여성화된 것으로 여전히 간주하는 다른 일반 미국인들과는 달리——은 적어도 색상의 상업적 가치를 인정하기 시작했다고 믿었다. 사업 영역에서 오늘날 전문적으로 사고하는 사람들 사이에서 색상에 대한 지식이 본질적인 것이 아니라고 보는 사람은 거의 없다. 사업가들은 색상을 이용하고 있으며 색상의 사용에 비싼 가격을 지불하고 있다. "색상은 사업의 자산이다." 그러므로 사업에서 색상을 '과소평가해서는 안 된다.'[57]

메트로폴리탄 미술관에서 가장 인기 있는 산업 디자인 서비스는 미술관의 '연구실'과 '작업실'에서 찾아볼 수 있었다. 그곳에서 디자이너들은 아파트 조명 설치물, 값싼 보석, 비누 포장지, 치약통, 크레톤, 램프갓에 관한 것을 연구했다. 주로 디자이너의 작업실을 통해서 미술관은 대량 생산 제품과 접촉하게 되었다. 1909년 소규모로 출발했던 작업실은 신속한 신장세를 보여 가구·광고·보석·의류·포장 디자인, '그밖의 많은 장식예술' 분야의 전문 직원을 거느리게 되었으며, "연간 대중들은 이를 통해 1조 달러를

56) Louis Weinberg, *Color in Everyday Life: A Manual for Lay Students, Artisan, and Artist*(New York, 1918), pp.xi-xii; *Bulletin of the Metropolitan Museum of Art*(이제부터 *Bull.*) 11(May 1916): 111; *Bull.* 12(March 3, 1917): 72; *Bull.* 12(April 1917): 98; *Bull.* 12(October 1917): 87; *Bull.* 14(February 1919): 41; *DGE*(February 21, 920), pp.275-76; *MRSW* 41(May 1920): 42; interview with A. S. Donaldson, a Macy's executive and founder of Macy's ⟨Executive Training Course⟩, Harvrd interview (1934), Box 1, p.91, MA; and Cantor, ⟨Art and Industry⟩.

57) Weinberg, *Color in Everyday Life*, pp.16, 145-56.

소비하게 되었다." 전문가들은 찾아오는 제조업자와 디자이너들에게 조언을 해줌으로써 이 나라의 거대하고도 복잡한 판매 기구들의 '기만적인 요구'와 익숙해지게 되었다고 바흐는 보았다. 바흐 자신을 포함하여 지도적인 조합원들은 공장과 가게를 방문하여 '시장의 추세에 뒤처지지 않으려고' 노력했으며, '미술관 시설에서 무역의 가치를 가시화'함으로써 "제조업자들이 그들의 목표를 성취하는 데 도움을 주었다." 그는 학생들과 디자이너들에게 수천 장의 사진을 원가로 제공했다.[58]

1917년 바흐는 미술관 스튜디오에서 디자인된 제조 물품을 전시하기 위해 미술관에서 최초의 대규모 산업예술 전시회를 개최했다. 각각의 상품은 디자인된 공예품 옆에 전시되었다. 식민지 시대의 가구의 복제품은 18세기의 오리지널 가구 옆에 배치해 두었다. 적당한 가격의 보석은 '비잔틴 상아' 옆에 전시되었으며, '자수로 장식한 크레스트'는 미국의 '스포츠 셔츠' 옆에 진열되었다. 1919년 전시에 관해서 바흐는 미술관의 《회보》에 기사를 실었다. 방문객들은 '천상의 옷'과 같은 벽지나 '아테나의 꽃병'처럼 보이는 '상업용 그릇' 곁을 지나가면서 '감탄으로 벌어진 입을 다물지 못했다.' 그다음 해 전시에는 '1644-1662년으로 추정되는' 명나라 항아리 옆에 차밍 운모를 배치해 두었다. 루이 14세의 보석함 옆에 프랑스 장미 비누상자를 놓아두었으며, 콜게이트 치약통은 미술관의 다양한 '공예품' 옆에 배치해 두었다.[59]

바흐의 전시회는 미국 최고의 미술관이 부상하는 소비자본주의의 절대적 요청에 부합했던 것을 잘 표현해 주었다. 바흐·쿨린·다나·크로포드, 그리고 그밖의 다른 사람들 모두 과거의 아이디어와 이미지들은 다른 물품과 마찬가지로 시장성이 있는 상품으로 생각했으며, 그들 모두 '미'의 개념을

58) Richard Bach, 〈The Museum as a Laboratory〉, *Bull.* 14(January 1919): 2-3; 〈Fifth Exhibition of Industrial Art〉, Bull. 15(December 1920): 204; Bach, 〈Mobilizing the Art Industries〉, pp. 412-13; Bach, 〈Museums and Industrial Arts〉, *Industrial Arts Monographs*, nº. 1(Metropolitan Museum of Art, 1926), pp.1-8; and Bach, 〈Museum Service to the Art Industries〉, *Museum Work* 4(1921): 55.

59) *Perfumery Art: A Monthly Trade Paper Devoted to the Industries of Essential Oils, Perfumery, and Perfumed Toilet Articles* 3(August 1920): 10; and Bach, 〈The Museum as a Laboratory〉: 2-3.

일반 대중에게 전파하는 대의에 동참해야 한다고 굳게 믿었다. 그들은 사업과 협조함으로써 보다 나은 세상을 만들어 나갈 수 있을 것으로 상상했다. 하지만 그들은 사업가들에 대한 판단을 중지함으로써 기업의 요구에 비위를 맞추면서 시류에 편승했다는 점에서 기회주의자들이었다. 모든 사람들은 대규모 미술관들이 영향력, 위상, 후원을 원한다면 어쩔 수 없이 이런 길을 선택할 수밖에 없었다고 주장해 왔다. 왜냐하면 그들 모두가 믿었던 것처럼 생활의 중심을 차지했던 종교가 배경으로 물러나면서 이제 상업이 생활의 중심을 차지했기 때문이었다. 인간의 갈망과 꿈과 상상력, 이 모든 것은 이제 상업을 중심으로 회전했다. 그 시대의 무수한 사람들과 마찬가지로 프랭크 알바 파슨즈·조셉 어반·페이스 치퍼필드·낸시 매클렐런·맥스필드 패리시·프랭크 밤 등은 상업이 대세를 장악했으며, 그 사실을 깨닫지 못하는 제도나 개인들은 필히 쇠락할 수밖에 없다고 확신하고 있었다.

도시의 행렬과 시장들과의 야합

대상(大商)들은 시장과 정치가들과 친한 사이라는 것을 자랑삼았다. 존 워너메이커는 한 친구에게 뉴욕 시장이었던 하이런에 대해서 이렇게 말했다. "우리는 존 하이런 시장과 절친한 친구랍니다. 우리 상인들 중 어느 누구도 자신의 탁월한 명성에 누를 끼치지 않을 것을 잘 알고 있습니다." 마셜 필즈의 민주당원 이사였던 카터 해리슨은 "시장은 우리의 친구요"라고 데이비드 예이츠를 기억했다. 세기말 시카고 최초의 감독관이었던 악명 높고 교활한 시위원 존 코프린은 '베스 하우스'를 그렇게 기억했다. 나는 베스 하우스를 만나고는 했다. 그는 "내가 무슨 말을 하든지 개념치 말아요. 난 언제나 전적으로 당신 편이오. 당신이 무슨 짓을 하든지 말이오"라고 말했다. 베스 하우스는 백화점이 어떤 땅을 매입하는 데 필요한 모든 편의를 제공해 주었으며 스테이트 스트리트와 워싱턴이 하나로 합병하여 자리잡도록 해주었다.[60]

1905년 이후 많은 내부자 거래와 여러 가지 수단을 통해 상인들은 도시 공간의 모양과 형태에 기본적인 영향력을 행사하게 되었다. 그들은 부동산을 사들여 자기 소유지로 만듦으로써 낡은 건물을 허물어 낼 권리를 누리게 되었고 새 건물에 대한 접근성과 편의성을 고려하여 길을 내고 교통 조건을 마련하게 되었다. 거대 백화점과 호텔 등을 위해서 특별히 지하철역을 세웠다. 버스와 기차 노선이 만들어졌다. 기존의 길은 사업상의 요구를 만족시킬 수 있는 방식으로 변경되기까지 했다. 뉴욕에서 브루클린의 에이브러햄 앤드 스트라우스(1907년 자치구 교통위원회의 회장 자리에 취임했다) 백화점의 에이브러햄 에이브러햄과 같은 상인들은 엄청난 영향력을 휘둘러서 지하철 노선이 브루클린 다운타운으로 모여들도록 만들었다. 그곳에는 에이브러햄 자신의 백화점을 비롯한 주요한 백화점들이 밀집되어 있었다.[61]

때로 그들은 시 정부에게 허가나 청원하는 성가신 노력조차 하지 않았다. 그들의 조처와 행동이 공공의 이익을 위한 것이라는 넘치는 자신감 때문이었다. 1913년 토지측량위원회의 허락을 얻지도 않은 채 뉴욕 34번지에 위치한 김벨스는 엘리베이터로 이동하여 직접적으로 가게에 도착하도록 하기 위해 지붕을 덮은 육교를 건설했다. 시는 이에 항의했다. 그러자 이삭 김벨은 그 이유를 이렇게 설명하는 답신을 보냈다. 육교는 교통 혼잡을 피하게 해주고 "지하철역 주변에 있는 가로 세로로 펼쳐진 도로를 자유롭게 이동하면서 교통 흐름을 원활하게 순환시켜 준다"고 답변했다. 김벨은 육교로 인해 '도시의 사람들과 이동하는 대중들에게 혜택이 될' 것이라고 단언했다. 아무런 사과의 표명도 없었으며 잘못을 조금도 시인하지 않았다. '서비스'와 '교통 순환'을 참조함으로써 자신들이 의도했던 바대로 좋은 효과를

60) Oral interview with David Yates(1946), 〈Lloyd Lewis Interview〉, MFA; and JW to Mrs. Doty(November 21, 1921) in 〈November 10, 1916 to November 28, 1921〉, p.341 WA. On 〈Bath House〉, John Coughlin, see Carter H. Harrison, *Stormy Years: The Autobiography of Carter H. Harrison*(New York, 1935), pp.227-30; and Lloyd Wendt and Herman Kogan, *Bosses in Lusty Chicago: The Story of Bathhouse John and Hinky Dink*(Bloomington, Ind., 1967).

61) 〈The first century of Abraham & Straus, February 14, 1865 to February 14 1965〉, p.12, Abraham & Straus Collection, 〈The Centennial Celebration, 1865-1965〉, Records 1965, Brooklyn Historical Society, Brooklyn, N.Y.; on rerouting, see *Minutes of the Board of Estimate and Apportionment of the City of New York, Financial and Franchise Matters*(이후부터 *Minutes*)(January 1-February 29, 1910): 118-19; *Minutes*(January 12, 1906): 259; *Minutes* 124(June 22, 1911): 2656, 2670; *Minutes* 125(July 27, 1911): 2824; *Minutes* 149(January 1913): 385, 1049, 1347; *Minutes* 175(July 27, 1910): 4771; *Merchants' Association Review*(San Fran-cisco, April 1903): 27.

거뒀을 것이다. 또 다른 편지 교환과 '내화성' 구조물을 짓겠다는 김벨스의 약속으로 인해 백화점은 기존의 육교 시설을 마치 당연한 권리로 인정해 버렸다.[62]

시장들과 선출된 다른 관료들은 거대 백화점과 관련된 행사에 참석하는 것을 자신들의 주요한 임무처럼 생각했다. 종종 그들은 시 정부의 도움을 받아들이는 것을 여론이 오해할까 봐 두려워 상인들의 비위를 맞추기까지 했다. 1901년 봄 뉴욕 시 부시장은 메이시 백화점의 스트라우스 형제에게 편지를 보내어 "귀하의 백화점의 특정 구역으로부터 노점상을 금지하는 결의안과 관련하여 시의회에 대표단을 파견해 주면 좋겠다"는 조언을 했다. 부시장은 이런 결의안을 도입한 사람이 다름 아닌 자신이라는 사실을 밝히면서, 그러니 '그 결의안에 힘을 실어 달라'는 부탁을 하고 있었다. 하지만 스트라우스 형제는 참석을 거부했다. 왜냐하면 노점상을 철거하는 것이 인정 많은 사람들의 심기를 불편하게 만들 수도 있다는 이유에서였다. 출신 배경을 보자면 스트라우스 형제는 행상으로 일가를 이루지 않았던가? 하지만 이들 형제는 사적인 석상에서 시 관료들에게 '결의안을 지지한다'[63]고 말했다.

시 정부와 상인들이 협동하는 데 가장 중요한 도구는 상업조합이었다. 이들 조합은 도시를 자신들이 구상하는 이미지대로 만들어 나갔으며, 무책임한 사장들과 고분고분하지 않은 노동 계급의 미국인들로 파악된 그런 권력에게는 대항했다. 상인들이 주축이 되었던 뉴욕시 5번가 상업조합은 이 나라 전역을 통해서 이를 모방한 조합들이 우후죽순으로 생겨나게 만들었다. 이 조합은 전국의 어떤 조합보다도 5번 애비뉴 지역의 전체 발전에 도움을 주었다. 1913년과 1920년 사이에 도시는 조합의 요구를 받아들여 실시했다. 거리를 넓히고 나무를 심고 공적인 공간을 무료로 허용했다. 조합의 보고서가 기록하고 있다시피 심지어는 '가능하다면 도시의 최하층민에

---

62) *Minutes* 123(June 8, 1911): 2261-63; *Minutes* 124(June 22, 1911): 2656, 2670.

63) Herbert Parson to Macy's(June 4, 1901) and PS to Alderman Parsons(June 7, 1901), Record Group 10, Harvard History Project, pp.836-37, MA; *DGE*(October 12, 1918), p.4; *DGE*(December 11, 1909), p.13; *Nammson News*(June 1920), pp.4-6, store pa-per, Namm's Department Store, Brooklyn Historical Society Archives.

게'도 이런 혜택이 적용될 수 있도록 했다. 보행자들을 위한 '안전한 섬'이 도로에 설치되었다. 지나치게 야하고 화려한 광고 간판은 허물어 버렸다. 조합의 촉구에 따라서 시 정부는 새로운 지하철역을 선정하고 버스 노선을 수정하여 소매 상가에 대한 접근성을 높였다. 강력한 로비의 결과, '얼마 되지 않는 우리 집단'이 새로운 벨트를 형성하여 법을 지배하고 23번지 위 쪽에 있는 제조 업체를 이전시켰다. 그래서 대낮부터 거리를 빈둥거리며 돌 아다니는 피복 '노동자 무리로 인해 초래된 혼잡'을 방지할 수 있게 되었다 고 말했다. 이 법은 실시되어 1929년 무렵에 이르면 법적으로 '소매 상가 지대'는 전적으로 보호받는 구역이 되었으며 도시의 다른 구역과 모든 산 업 발달로 볼 때 보석처럼 돋보이는 벨트를 형성했다.[64]

시 정부와 시 상업조합 사이의 협력으로 인해 시민 문화에 새로운 소비 차원을 마련하게 되었다. 1912년 여름, 뉴욕 시에서 가장 두드러진 2개의 상업 집단이 아동을 위한 시의 야외 축제를 조직하는 데 경찰서와 공원과 합동으로 하게 되었다. '전 세계의 요정의 나라를 찾아서'라는 기획은 센트 럴 파크의 양떼 목장에서 거행되었으며 1912년 히포드롬 프로덕션은 동일 한 이름을 채택하게 되었다. 다섯 분야에 걸쳐 풍요로운 소비문화에 대한 알레고리로서 야외극이 디자인되었다. 시 정부에 따르면 좀더 '포괄'할 수 있도록 하고 '배타'적인 측면을 제거함으로써 '진정한 민주주의를 증진'시 켰다. 〈요정의 나라를 찾아서〉라는 야외극은 구세계의 낡은 복장을 한 어린 아이들은 '멋진 동화의 세계를 찾고, 또 찾았지만 찾을 수가 없었다'라는 말 을 서두로 시작되었다. 이 야외극은 춤과 다채로운 색상들, 전깃불, '과자, 소다수, 아이스크림, 그리고 사탕'의 향연으로 끝을 맺었다.[65]

많은 대상인들이 기부했던 한 떼의 자동차(김벨스, 메이시, 그린허트-시 겔-쿠퍼를 포함하여)가 뉴욕 시에 인접한 '인구 밀집 지역'의 가난한 어린 아이들 5천 명을 센트럴 파크로 실어날랐다. 에디슨 전기회사는 붉은색·

---

64) *Annual Report of the Fifth Avenue Association 1912-13*(New York, 1913), pp.5-8; *Annual Report for the Year 1914*(New York, 1915), pp.5-6, 17-18; *Annual Report*(1917), pp.14-15; *Minutes* 175(July 27, 1916): 4772.

65) *Annual Report of the Commissioner of Parks*(Borough of Manhattan, New York, 1912), pp.46-48. 이런 출전을 나에게 가르쳐 준 엘리자베스 블랙마에게 감사드리고 싶다.

푸른색·흰색 전구를 후원해 주었으며, '전구로 된 거대한 메이폴'을 세워 주었다. 메이폴은 '요정의 나라'라는 멋진 장관을 연출하도록 고안된 것이었다. 호텔과 뉴욕의 비즈니스맨 리그가 극적인 '축제'를 위해 음료수와 사탕 등을 후원해 주었다.[66]

시 정부와 상인들이 협력하여 만들어 낸 이와 유사한 대규모 야외 축제가 전국 곳곳에서 열리게 되었다. 1917년 세인트루이스 시 당국은 지역사업가들과 협력하여 '스펙터클'을 제공했으며, 도시의 포레스트 파크에서는 '가을 축제와 패션 야외 축제'를 제공했다. 광고 클럽과 세인트루이스 패션쇼(광고와 패션 사업 둘 모두 새로운 상업 집단이었다)로부터 공동 자금 출자를 받아 시 정부는 야외 축제 행사 기간에 맞춰 새로운 야외극장을 건설하는 데 전력 질주했다. 시 당국은 상인들과 제조업자들에게 입장료를 저렴하게 하고 수익금을 시설 유지 관리와 개선을 위해 기부하는 한, '입대료-무료'로 해주겠다고 약속했다. 시 전역에 걸쳐 노동자들과 그들의 가족을 야외극이 상연되는 극장으로 데려다 주었다.[67]

최초의 패션 야외 축제는 세인트루이스에서 있었던 어떤 행사와도 달랐다. 그것은 일종의 소비자 **안락함**(Gesamtkunstwerk)이었으며 혹은 '모든 예술'을 종합한 연극적인 스펙터클이었다. 극장, 시각 효과, 춤, 음악, 노래, 선전 등이 총체적으로 종합된 장관인 무대였다. 행렬의 제일 처음은 여성 고적대를 연출한 군사적인 앙상블이었으며, 2백 명이 넘는 여성 고적대원들로 구성되었다. 그들 모두 세인트루이스에서 가장 큰 백화점인 페이머스-바(Famous-Barr)의 직원들이었다. 수백 명의 '살아 있는 마네킹'들이 행진하고 워킹하면서 거대한 통로를 걸어나와 관중석까지 다가왔다. 그들은 '최신 패션'을 선보였으며, 신발류·코트·모자·이브닝 드레스 등을 전시했다. 도합 1백50여 종의 다른 의상을 선보였다. 이 과정에 '예술적인 **무대 장면과 발레**'가 서로 섞여들었다. '조각상의 춤'은 조각상들이 '마법처럼' 화려한 의상의 '이브닝 드레스'를 입은 살아 있는 마네킹으로 변신했다. '디

---

66) *Annual Report of the Commissioner of Parks*, pp.49-52.
67) Caroline Loughlin and Catherine Anderson, *Forest Park*(St. Louis, 1986), pp.116-19; *DGE*(June 16, 1917), p.69.

오니소스 주신제'를 완벽한 안무를 통해 보여줌으로써 야외극 축제는 마무리되었다.[68]

이 이벤트는 너무나 인기가 있어서 그 다음 10년 동안 계속해서 열리게 되었다. 이런 행사는 상업 문화를 '민주화하는 데' 기여하려는 시 당국의 번쩍거리는 싸구려 욕망을 상징한 것이었다. 그리고 이 행사는 소비자를 그처럼 공공연한 방식으로 끌어들여 여론에 영향력(문화적인 함양을 위한 것으로 호도하여)을 미치고 시 당국을 곤혹스럽게 만드는 갈등과 긴장을 다른 곳으로 돌리기 위해 사용된 최초의 시도였다. 이 야외 축제에 관해 기사를 실은 무역 잡지에 따르면 "시 당국이 도시의 여러 가지 병폐를 치유하는 만병통치약으로서 상업을 공식적으로 인정한 최초의 사례였다."[69]

확장되는 공적 조치의 영역

연방 차원에서의 정치적인 기구들은 새로운 소비 경제와 소비자 문화를 지원하기 위해 출현했다. 지방 자치 기관들, 미술관, 박물관, 상업예술학교, 대학교들이 서로 화답하게 되었다. 1890년 이후로 연방 정부의 행정 지부가 확대되었으며, 미국 역사에서 새로운 시대를 예견하게 되었다. 이 진보의 시기 동안 19세기가 보여주었던 반정부 감정은 약화되었다.[70] 예를 들어 1903년 상무성과 노동성이 새롭게 부설되었으며, 법인국의 분과에서부터 등대위원회, 통계청 등으로 확장되었다. 1913년 그다음 순서로 이런 부서들은 상무성과 새로운 기구들로 교체되었다. 그 중에는 국내외 상업국(Bureau of Foreign and Domestic Commerce), 그리고 아동국도 포함되어 있었다. 노동

---

68) *DGE*(August 25, 1917), p.77; *DGE*(March 3, 1917), p.15; *DGE*(January 13, 1917), p.81; *DGE*(January 26, 1918), p.60; *DGE*(August 25, 1917), p.95; *DGE*(July 20, 1918), p.31; *DGE*(August 16, 1919), p.31.

69) *DGE*(June 16, 1917), p.69.

70) Lloyd Short, *The Development of National Administrative Organization in the United States*(Baltimore 1923), p.26. "근본적인 변화가 초래되었다"고 쇼트는 기록했다. "헌법 수정 이래로 정부에 대한 미국인들의 태도가 바뀌었다. 최근들어 행정부가 대단히 증대되었다. 20세기 이전에는 정부의 행정 조직과 활동은 거의 거론된 적이 없었다."

성이 그 해 설립되었다. 미국 우편 서비스는 1912년 소포 우편으로 통합되었으며 방대한 RFD로 확대되었다. 의회는 또한 연방예비비위원회(Federal Reserve Board), 연방무역위원회(1914), 관세위원회(1916)를 창설했다.[71]

이런 정부 기관들의 확대는 법인자본주의의 부상에 직접적인 관련이 있었다. 그것은 무질서와 갈등뿐만 아니라 그로 인한 기회 또한 발생하게 되었다.[72] 하지만 이와 같은 정부 기관의 확대는 미국인들이 받아들이기에 쉬운 것은 아니었다(유럽에서도 이와 유사한 변화 과정이 있었지만 국가의 개입이 있어서 그나마 용이한 편이었다). 왜냐하면 전통적인 미국인들은 어떤 형태이든지간에 중앙 집권화되는 것을 두려워했기 때문이었다. 이런 확대 과정은 때로는 마찰과 갈등을 빚기도 했다.

한편 많은 진보주의자들은 연방 정부가 중재자로서 모든 사람들의 복지를 위해 철저한 매개자 노릇을 해야 한다고 주장했다. 역사가인 배리 서플과 메리 퍼너에 따르면, "공민을 위해야 한다는 목적이야말로 특정한 이해관계나 야심보다 더욱 중시되어야 했다."[73] 이런 공적인 목적을 추구하기 위해 새롭게 설립된 기관들은 공적인 감사에 착수했으며 한 집단이 다른 집단에게 입힌 불공정 행위에 대해 감시했다. 이러한 노력으로 인해 공익을 보호해야 한다는 새로운 법률이 제정되었다.[74] 1800년 향후 연방위원회와

---

71) Donald R. Whitnah, ⟨Department of Commerce⟩, in *Government Agencies: The Greenwood Encyclopedia of American Institutions*, ed. Donald R. Whitnah(Westport, Conn., 1983), pp.91-97; Henry Barrett Learned, *The President's Cabinet*(New York, 1912), pp.355-67; Short, *The Development of National Administrative Organization in the United States*, pp.397-407; and Robert Higgs, *Crisis and Leviathan: Critical Episodes in the Growth of American Government*(New York, 1987), pp.105-16.

72) 국가 정책에 대한 변동 사항에 관해서는, Louis Galambos and Joseph Pratt, *The Rise of the Corporate Commonwealth: U. S. Business Policy in the Twentieth Century* (New York, 1988), pp.39-40 참조; Stephen Skowronek, *Building a New American State: The Expansion of National Administrative Capacities, 1877-1920*(Cambridge, Eng., 1982), pp.1-30; and Mary O. Furner and Barry Supple, *The State and Economic Knowledge: The American and British Experiences*(Cambridge, Eng., 1990), pp.3-39. 역사적 변화에 있어서 국가에 관해 새롭게 싹튼 관심사에 관한 논의에 대해서는, Theda Skocpol, ⟨Bringing the State Back in: Strategies of Analysis in Current Re-search⟩, in *Bringing the State Back in*, ed Peter Evans et al.(Cambridge, Eng, 1985), pp.1-26.

73) Furner and Supple, *The State and Economic Knowledge*, p.10.

의회위원회들의 과제는 반(反)트러스트법을 제정하는 것이었는데 이런 법안은 노동보호 입법의 놀라운 유산들이었다.[75] 1912년 하원의원이었던 알시네 푸조는 은행 시스템을 감사하는 청문회를 개최했으며, "불과 몇 안 되는 뉴욕 은행가들의 손에서 돈과 크레디트를 장악할 수 있는 권리가 급속하게 집중되고 있다"는 사실을 찾아냈다. 그로 인해 연방예비비위원회를 창설하게 되었다. 이 위원회는 은행 업무에 규제를 도입함으로써 뉴욕 은행가들의 통제력을 제거하려고 시도했다.[76]

1890년 이후부터 분노한 시민들은 오염된 음식이 가져다준 위험으로부터 사람들을 보호해 달라고 미국 정부에게 요구했다. 산업 분야에서 주식회사들이 여성과 아동을 착취하는 것을 방지해 달라고도 요청했다. 이제 새롭게 만들어진 것에 대해서 과거의 소비자가 가졌던 통제력을, 어떻게 하든 어느 정도 확보할 수 있게 해달라는 것이었다. 소비 세계와 생산 세계의 양극화에 내재되어 있는 위험을 감지한 새 소비자 옹호 집단들——특히 플로렌스 켈리가 이끄는 전국소비자연합——은 탐욕스럽고 무책임한 사업가들로부터 소비자들을 보호해야 한다고 주장했다. 역사가인 데이비드 텔렌이 보여주었다시피, 이들 개혁론자들은 점차로 소비자들은 물품이 어떻게 만들어지는가에 대해 알지 못할 뿐만 아니라 인건비와 노동자들의 고통에 관해서 아무것도 모르게 된다는 사실에 심기가 불편해졌다. 이런 추세가 가속화되는 것을 막기 위해 켈리와 다른 개혁론자들은 정부를 방문했다. 그들은 위원회 앞에서 증언을 했으며 정부가 개입하여 감시해 줄 수 있는 새로운 법을 제정해야 한다고 요구했다. 그들은 보다 인간적인 토대에 기초하여 '소비와 생산을 재통합하기'를 희망했다. 이런 요구의 결과가 1906년에 제정

---

74) Mary Furner, 〈Knowing Capitalism: Public Investigation and the Labor Question in the Long Progressive Era〉, in Furner and Supple, *The State and Economic Know-ledge*, p.10.

75) Furner, 〈Knowing Capitalism〉, pp.274-282; and Graham Adams, *Age of Industrial Violence, 1910-1915. Activities and Findings of the United States Commi-ssion on Industrial Relation*(New York, 1966), pp.64-69, 168, 171.

76) Galambos and Pratt, *The Rise of the Corporate Commonwealth*, p.677에서 인용; and Vincent P. Carosso, *Investment Banking in America: A History*(Cambridge, Mass., 1970), pp.138-53.

되었던 깨끗한 음식과 약물법이었다.[77]

이와 동시에 연방 정부는 법인 기업체의 명분에 봉사하기 시작했다. 1920년대에 허버트 후버와 다른 사람들이 의도했던 재단을 설립했다. 물론 워싱턴은 기업을 도왔고 철도 회사들에게 토지보조금을 지급했으며, 많은 산업체들에게 관세보호를 해주었고 세계박람회를 위한 자금을 조달했다. 하지만 1895년 이후부터 비록 냉담하지는 않았다 하더라도 감사가 강화되고 확대되었다. 반트러스트법은 서류상으로는 엄격했지만 소수 독과점(몇 개의 회사가 시장을 독점하는 것)에 대한 감사를 강화한 적은 결코 없었다. 최근의 기업 역사가 보여주다시피, 정부와의 법적인 갈등이 결코 해소된 적이 없었으므로 연방법은 이런 회사들의 존재를 사실상 합법화한 셈이었다. 이와 동시에 미국인들에게는 뭔가 조치가 취해지고 있다는 인상을 심어 주었다. 이것은 그야말로 상징적인 의미였다. '법인자본주의라는 이 나라의 새로운 추세를 변경시키고'[78] 있다는 인상을 심어 주었을 뿐으로 실질적으로는 이런 추세에 아무런 제동도 걸지 못했다. 이보다 더욱 중요한 것은, 정부 권력이 없었더라면 법인체 자체는 그들이 의도했던 바대로의 경제력을 집중시키는 것이 전혀 불가능했을 것이라는 점이다. 사실상 정부야말로 법인체들에게 법적인 권리를 부여해 주었다. 저널리스트인 월터 리프만이 1937년에 기록해 놓았다시피, 근대 산업체에서 통제력 집중은 기술적인 변화에 의해서가 아니라 국가가 법제정을 통해 창출한 것이다."[79]

많은 부서와 기관들은 물품이 외국 시장으로 원활하게 이동할 수 있도록 도와주었다. 연방예비비 법안은 국내와 해외에서 자본의 안정적인 흐름을 편리하게 할 수 있도록 도와주었을 뿐만 아니라 미국회사들에게 외국에 자기 은행 지부를 설치하도록 권장하고 보장해 주었다. 관세위원회는 전 세계

77) David P. Thelen, 〈Patterns of Consumer Consciousness in the Progressive Movement: Robert M. LaFollette, the Antitrust Persuasion, and Labor Legislation〉, in *Quest for Social Justice*, ed. Ralph M. Aderman(Madison, Wis., 1983), pp.19-43.

78) Galambos and Pratt, *The Rise of the Corporate Commonwealth*, pp.60-65. 주식 업체들에 관한 규제 법안의 분명한 패턴을 발전시키지 못한 연방 정부의 실패에 관해서는, Naomi Lamoreaux, *The Great Merger Movement*(Cambridge, Eng., 1985), pp.159-186 참조.

79) Walter Lippmann, *The Good Society*(New York, 1937), p.14.

시장에 관한 데이터를 대통령에게 제공해 주었으며, 그로 인해 미국 대통령은 이런 시장을 기업들이 개척하는 데 최선의 도움이 무엇인지 결정할 수 있게 되었다. 국내와 상업국은 훈련된 출장 영업 상인들을 파견하여 해외 시장을 조사하도록 했다. 이런 기구들은 미국 상품의 해외 시장 판매를 촉진시킬 수 있는 산업 보호막을 형성하게 되었으며 《상업 보고서》(외국 무역 가능성에 관한 일간지)를 출판하게 되었다. 또한 이들은 외국 주재 공관에 상업 영사 사무실을 설치하여 미국 기업이 새로운 시장을 개척하는 데 도움을 줄 수 있는 무역 정보를 제공하도록 했다.[80]

연방무역위원회(FTC)는 '상업에 있어서 불공정한 경쟁' 방지를 위한 동의 안을 의회가 통과시킴으로써 힘을 얻게 되었는데, 이는 이 기간 동안 정부와 기업이 상호 협력한 대표적인 사례였다. 또한 이 시기 동안 기업에 우호적인 사람들은 광고 관행을 옹호하면서 회사들에게 '정확한 비용 회계 절차'를 뽑아내는 방법을 가르치고 무역과 관세에 관한 데이터를 수집하는 데 국내 수출업자들에게 도움을 주었다.[81] FRC(FTC의 전신이었던 법인국)는 경쟁하는 경제적인 업체 사이에서 분쟁을 해결할 수 있도록 해달라는 업체의 하소연을 들어주었다. 예를 들어 1911년과 1913년 사이 전국 제조업자들은 법인국과 FRC에게 대규모 소매 상인들과 제조업자들 중에서 상품의 재판매 가격을 통제할 수 있는 권한이 누구에게 있는가라는 문제를 해결해 달라고 요청했다. 대규모 소매 상인들은 마음대로 가격을 할인할 수 있는 자유를 갖고 싶어했다. 반면 제조업자들은 그들의 트레이드마크인 제품들의 가격(법인국이 대량 소매 상인들을 대신하여 준수했던)에 대한 통제권을 계속 유지하고자 했다.[82]

---

80) On the BFDC, Whitnah, 〈Department of Commerce〉, pp.90-97; on the BFDC, the Tariff Commission, and the Federal Reserve, see Emily Rosenberg, *Sprea-ding the American Dream: American Economic and Cultural Expansion, 1890-1945* (New York, 1982), pp.40-68, 140-45; and James Livingston, *Origins of the Federal Reserve System*(Ithaca, N.Y., 1986), pp.129-88.

81) FTC recommendations on cost accounting and market assistance, *PT* 17(January 1919): 211-12; and *PT* 13(December 1915): 67. On the FTC's overall positive app-roach to the advertising business, see Daniel Pope, *The Making of Modern Advertising* (New York, 1984), pp.207-8.

몇 년이 지나 FTC와 전국 제조업자들은 공동으로 (광고 산업은 '거짓말'과 '왜곡'하는 것이라는 공격을 받고 있는 중이었다) 광고에 있어서 '진실한' 단일 표준을 설정함으로써 '트레이트마크의 신성함을 침해하고 경쟁 상품을 모욕하는' 무모한 광고주로부터 자사의 제품을 보호하기로 했다. 여기에 덧붙여 전국 광고주들은 광고에 대한 비판적인 평가를 하려는 FTC의 의도를 성공적으로 좌절시켰다. FTC의 활동은 근본적으로 편견을 가진 활동이라는 이유를 내세웠다. 광고주들의 승리 결과는 오늘날까지도 영향을 미치고 있다. 1915년 위원회 앞에서 무역 대표단은 다음과 같이 선언했다. "모든 사람들은 자신이 진실하다고 믿는 제품에 관해 말할 수 있는 권리를 가져야 한다. 기술적인 사실에 대한 과학적인 진술보다도 독자가 더욱 정확하게 이해할 수 있도록 고취시키는 상황도 있다"[83]고 선언했다.

이런 협력 행위가 언제나 사업체에 유리한 방향으로 진행되었던 것만은 아니었다. 정부 내부에서도 소규모 사업가들에게 지속적인 지원을 해주면서 경제 집중에 대한 반감이 있었기 때문이었다. 그럼에도 불구하고 정부와 사업체 사이에 설립된 새로운 기구들과의 관계를 살펴본다면 정부는 중재자로서의 역할보다는 대규모 사업체와 법인 교역(corporate commerce)이 발전하는 데 훨씬 더 많은 도움을 주었으며 그들의 막강한 동맹군이 되었다.

보다 좋은 아이들과 보다 좋은 우편 배달

2개의 다른 정부 기구——미국 아동국과 거대하게 확장된 미국 우편 서비스——는 상업과의 관계에서 유사한 역할을 했다. 미국 아동국은 모든 기구들 중에서도 가장 건전하고 진보적인 기구였는데, 아동의 건강과 복지를 증진시키기 위해 투쟁했다. 하지만 이 기구는 의도적으로 그리고 무의도적으로 새로운 상품 윤리와 상품 문화를 전파하는 데 일조했다.

---

82) Pope, *The Making of Modern Advertising*, pp.94-110.

83) Richard Tedlow, 〈Competitior or Consumer〉, in *Managing Big Business*, ed. Richard Tellow(Cambridge, Mass., 1990) p.288에서 인용. 테드로우와 포프 두 사람 모두 이들 관계에 관한 훌륭한 논의를 제공하고 있다.

1912년 줄리아 러스럽이라는 능력 있는 여성 감독 아래 설립된 이 아동국은 아동의 노동에 강력히 반대하면서 미국의 영아 사망률을 낮추는 데 주력했다(미국은 서구 국가에서 가장 높은 사망률이었다). 그리고 영양의 수준을 높이는 데 주력했다(서구 국가에서 영양 상태가 최하위였다). 이 기구는 전국소비자연합과 밀접한 관계를 맺었다. 이 단체는 아동에 관한 의제를 마련함으로써 일찌감치 길을 닦고 있었다. 1890년 이후부터 전국소비자연합은 백화점, 직물과 의복 공장, 사탕과 유리 제조 공장 등에서 아동 착취를 적극적으로 찾아냈다. 이런 곳에서는 극단적인 저임금으로 아동들을 장시간 부려먹었다. 아이러니컬하게도 크리스마스 기간에는 이들 아동들의 장시간 노동은 극에 달했다. 이 기구의 목적은 다시 한번 생산과 소비의 역사적인 분리에 의해서 가격이 도대체 어떻게 산정되는가라는 점을 미국인들에게 환기시키고 정부로 하여금 그와 같은 아동들의 고통을 종식시킬 수 있는 대리인이 되어 주기를 원했다. 왜냐하면 착취당하는 아동의 노동은 눈에 잘 드러나지 않았기 때문이었다.

아동국은 이런 임무를 고양시키고 향상시켰다. 아동국은 소비자 연합과 협력하여 아동 착취를 방지할 수 있는 가장 좋은 방법으로서, 의무적으로 아동들을 학교에 출석시키는 법에 따르도록 촉구하고 연방아동노동법(미국 대법원에 의해서 두 번이나 위헌적인 것으로 선언되었던)을 지원했다. 연방아동노동법은 의회로 하여금 18세 이하의 미성년들에게 노동을 제한하고 규제하며 금지하도록 만들었다(이 법안은 1938년 마침내 공정 노동표준법의 일부로 통과되었다).[84] 아동국은 1915년 베이비 데이(Baby Day)를 제정했다. 1년 뒤에는 베이비 주간이 제정되었다. 그리고 1918년에는 어린이날이 제정되었다. 이 모든 것들은 아이들의 복지와 모성 보호의 필요성을 보급하기 위해 고안된 것이었다.[85]

아동국과 소비자연합의 업적은 부인할 수 없었다. 이 나라 어린이들의 몫을 향상시켰다는 점은 아무도 부정할 수 없을 것이다. 이런 과업들이 수행

---

84) National Consumer League, ⟨Fourth Annual Report, Year Ending March 4, 1903⟩; and ⟨Highlights in the History of National Consumers League, 1938⟩, film 113, Papers of the National Consumers League, LC.

될 수 있었던 것은 그 자체로서 훌륭한 일이었기 때문이었다. 하지만 이런 변화들은 줄리아 러스럽과 그녀의 직원들이 보다 새롭고 보다 나은 어린이 세계가 출현할 수 있도록 미국 상인들과 협력했기 때문이었다.

여기서 다시 한번 전국소비자연합은 아동국을 위한 길 닦기 작업을 미리 해두었다. 그들은 아동의 착취 노동을 폐지하기 위해 지칠 줄도 모르고 줄기차게 백화점과 싸웠다. 플로렌스 켈리가 나중에 표현했다시피, "우리는 휴가 시즌을 아이들을 위한 축제로 부활시키려고 노력했다." 1911년 무렵 소비자연합의 항의에 부응하여, 대도시의 거의 모든 대규모 가게들은 켈리가 '잔인한 휴일'이라고 부른 것을 종식시켰다. 잔인한 휴일은 크리스마스 휴가 시즌 동안 아이들을 늦은 밤까지 붙잡아두면서 일을 시킨 것을 의미했다. 이 과정에서 백화점과 전국소비자연합 모두 아동의 복지라는 공통된 목표에 완전한 의견 일치를 보게 되었다. 켈리는 이런 패턴에 주목하면서 1910년에 있었던 브로드웨이와 34번지에 위치한 뉴욕 백화점의 개점을 기념하기 위한 김벨스에서의 연설에서 "많은 센터에서 대규모 소매 상인들의 관심과 협력으로 인해 이 운동이 확장되었다"[86]고 칭찬했다.

미국 아동국 또한 백화점의 중요성을 인식하게 되었다. 백화점들은 착취자이기도 했지만 동시에 조력자이기도 했다. 이런 메시지를 전국적으로 전파하기 위해 아동국은 수백 개의 백화점들과 특수한 연계를 만들어 나갔다. 이제 백화점은 도시 중심가에 자리잡은 핵심적인 기구로 닻을 내리고 있었다.[87] 아동국이 주도하여 전개했던 유아의 날, 유아 주간, 어린이 해, 학교로 돌아가기 운동을 대중화하는데, 아동국은 백화점의 힘을 빌리게 되었다. 보

85) U.S. Department of Labor, Children's Bureau, *First Annual Report of the Chief of the Children's Bureau to the Secretary of Labour for the Fiscal Year Ending June 30, 1913*(Washington, D.C., 1913), pp.5-15; *Third Annual Report*(1915), pp.11-12; *Fifth Annual Report*(1917), pp.22-24; *Ninth Annual Report*(1921), pp.5-6; U. S. Department of Labor, 〈Fair Labor Standards for Children〉, Folder 6(1939), 6(1939), Papers of the National Consumers League, LC.

86) *DGE*(October 12, 1910), p.49.

87) U.S. Department of Labor, Children's Bureau, *First Annual Report*, pp.5-15; *Third Annual Report*, p.11-12; *Fifth Annual Report*, pp.22-24; *Ninth Annual Report*, pp.5-6; *Thirteenth Annual Report*(1925), pp.1-6; U.S. Department of Labor, 〈Fair Labor Standards for Children〉.

스턴에서 백화점은 '유아 복지 전시회와 대화'를 개최했다. 전국 방방곡곡의 소매상들은 '유아 배지'를 팔고 '유아복' 등을 전시했다. "출생시부터 그리고 그로부터 몇 년이 지나면 아이들은 자기 나름의 독자적 세계를 가져야만 한다"고 한 유아 캠페인 상인은 주장했다. "아이들은 나름의 특별한 옷과 특별한 음식, 특별한 가구, 특별한 목욕 용품, 특별한 종류의 물품들을 가져야 한다."[88] 미조리 주의 한 도시에서 대규모 잡화 업계는 '유아 주간 강연'을 위해 특별한 강당을 지었다. 아동국이 보고하다시피 다른 도시에서도 소매 상인들과 유아 주간 캠페인 운동가들은 대단히 밀접한 관계를 맺고 있어서 "캠페인이 마치 상업 광고로 오해받을 소지가 다분히 있었다."[89](도판 16 참조)

많은 상인들은 어린이 캠페인을 공무원들의 열정과 맞먹을 정도로 열심이 실행했다. "신문의 홍보면과 정부의 인가에 지원을 받아, 어린이 복지 캠페인은 많은 가게들에 의해서 열성적인 것이 되었다"고 한 소매상 대변인은 말했다. 심지어 '정부의 인가'가 그런 장려 운동의 물결을 합법화하기도 전에, 이미 일부 가게들은 '유아 주간'을 실시했으며, 유아 주간 주제를 중심으로 하는 유아문학과 전시 상품을 윈도에 진열하고 배열했다. 백화점은 영양과 다이어트에 관해 저렴한 강습을 개설했을 뿐만 아니라 유아 몸무게 콘테스트를 열기도 했다. 유아 몸무게 콘테스트는 대단히 중요한 공적인 서비스를 제공했다. 왜냐하면 아기의 몸무게는 유아의 영양 수준과 생존 능력을 나타내는 지표였기 때문이었다.[90]

아동국과 도시 상인들 사이의 협력은 두 가지 측면에서 반드시 양립할 수

88) *DGE*(June 14, 1919), p.167.

89) U.S. Department of Labor, Children's Bureau, *Baby Week Campaigns*, miscell-aneous series n°.5(Washington, D.C., 1917), pp.23, 63-64; 〈Pittsburgh Baby and Child Welfare〉, Record Group 102(1914-20), file 8-14-2-1, Papers of the Child-ren's Bureau, NA.

90) *DGE*(November 1, 1913), p.47; *DGE*(June 28, 1919), p.35; John Wanamaker and Co., 〈The Baby: His Care and Needs〉(Philadelphia, 1913), WA; Mary Rontahn, director of the Pittsburgh Baby and Welfare Week, to Anne Louise Strong of the Children's Bureau(June 7, 1915), file 8-1-4-2-1, 〈Exhibits〉, RG 102, Children's Bureau Records, NA; and 〈Child Welfare Exhibit Number〉, *The Dallas Survey: A Journal of Social Work* 2(May 1, 1918): 12, file 8-1-4-1, 〈Exhibits〉, Children's Bureau Papers, NA.

있는 것만은 아닌 결과를 초래했다. 첫째, 많은 여성들이 어린이를 보살피는 데 유용한 아이디어와 방법을 배우기는 했지만, 다른 곳에서라면 얻지 못할 수도 있었던 그런 서비스를 어머니들에게 제공했다. 둘째, 그런 지식과 아이디어들은 상인들의 이해 관계에 봉사했다. 실제로 1912년 아동국은 자신이 창안했던 날들, 즉 유아의 날, 어린이날과 같은 날들을 '관장할' 수 있었다. 하지만 몇 년 지나지 않아 이런 날들은 상인들이 완전히 장악하게 되었다. 그들은 철저하게 이런 날들을 이용했다.

비록 그 자체의 목적은 상품 판매와는 아무런 상관이 없었지만, 미국 아동국이 백화점과 연대하여 시도했던 노력들이 미친 전반적인 충격은 간접적으로 소비 경제의 확장에 기여했다. 백화점에 의존함으로써 사실상 아동국은 백화점을 '서비스'의 센터로 만들어 주었으며, 암묵적으로 점점 더 많은 아동용 제품의 세일과 소개를 정당화시켰고, 어린이 매장을 부설하고 오래된 부서는 확장하도록 만들었다.

다른 한편 개혁된 미국의 우편 서비스가 소비자 경제에 미친 충격은 직접적이고 즉각적이었으며 극도로 광범한 범위에 걸쳐 영향력을 미치게 되었다. 1900년대 이전 시골과 농장에서 생활했던 미국인들에게 집 앞까지 우편물을 배달하는 시스템은 없었다. 사람들은 우편물을 가지러 읍내까지 나가야만 했다. 이와 대조적으로 도시 거주자들은 1861년 이후부터 연방 정부에 의한 직접적인 배달 혜택을 누렸다. 이와 동시에 모든 사람들——도시 거주자든 농촌 거주자든지 간에——은 대단히 비싼 가격을 지불하면서 6개의 대규모 특급 배달회사에 의존해야만 했다. 배달 회사들이 이 나라 전역에 걸쳐서 제대로 배달할 수 있는 지역은 극히 한정되어 있었으며, 집 앞까지 배달은 불과 몇 개의 대도시 정도에 그쳤다. 1898년에서부터 1920년 사이 연방 정부는 소포 우편과 농촌 지역의 우편 배달을 인수했다.[91]

이런 개혁의 출발은 주로 존 워너메이커의 손에서 이루어졌다. 워너메이커에 관한 책을 썼던 작가들이 주목했다시피, 1889년에서부터 1893년까지 미국 체신국장으로서 그가 지녔던 꿈은 정부의 권력을 강화함으로써 모든

---

91) Gerald Cullinan, *The United States Postal Service*(New York, 1973), p.187; Wayne E. Fuller, *RFD: The Changing Face of Rural America*(Bloomington, Ind., 1964), p.203.

사람들이 현대 생활의 즐거움과 상품에 대한 접근성을 누리는 것이었다.[92] 1889년 워너메이커는 대륙간 특급 우편 열차 서비스를 도입했다. 그는 도시 거주자들을 위해서 우체통을 세웠으며 공짜로 도시 우편 배달 사무소를 4백1개에서 6백10개로 증축했다. 그는 농촌에도 공짜 우편 배달과 소포 배달을 위한 통로를 만들기 위해 열심히 노력했다. 1892년 어느 정도 승리를 거뒀다. 농촌 지역 공짜 배달 시스템을 실험해 보라고 몇 개의 읍에 자금이 주어졌기 때문이었다. 하지만 그의 성공은 제한적이었다. 농부들로부터 상당한 지원이 있었음에도 불구하고(특히 전국농업협동조합의 지원이 있었다), 워너메이커나 농협 어느 누구도 의회를 광범위하게 움직일 수 있는 영향력을 가지지 못했다. 그들 중 어느 누구도 격렬한 반발——소도시 상인들과 전국 특급 우편 회사——에 대응하여 강력한 공격 태세를 갖출 수가 없었다. 보다 큰 미국 우편 서비스가 그들을 몰락시킬지도 모른다는 두려움(어느 정도는 사실이기도 했다)으로 인해 이들 집단들은 새로운 개혁에 반대하는 전국적인 궐기 운동을 조직했다.[93] 중서부가 반대의 진원지였는데, 이들은 제출된 안건이 '위험한 계급 입법'으로의 변화라는 점에 초점을 맞췄다. 그런 입법안의 경향과 추세는 "사회주의로 나가는 것이며 정부가 사기업을 상대로 사업 경쟁 상대로 뛰어드는 것"[94]이라고 주장했다.

1890년대와 1900년대 초반을 통틀어 그 당시 조류는 이들 세력의 연합에 등을 돌리기 시작했다. 점차 대중들은 특급 회사의 엄청난 가격 폭리에 넌더리를 내기 시작했다. 새로운 정치적인 동맹이 형태를 갖추기 시작했다. 거대 우편 주문 회사——확장된 서비스의 가장 막강한 후원자——는 처음으로 공격적인 조치를 취하면서 소작농들과 도시 사람들을 규합하여 새로운 우편법의 통과를 촉구하기 시작했다. 1902년에 결성되었던 새로운 워싱턴 로비 그룹이었던 우편진보 연합 뒤에는 시어스·뢰벅·몽고메리 워드 백화점 등이 버티고 있었다. 여기에 더하여 중요한 우편 주문 부서를 가지고 있었던 모든 대도시 소매업자들——메이시즈·워너메이커스·올트먼·시

---

92) Herbert Adams Gibbons, *John Wanamaker*, vol. 1(New Yokr, 1926), pp.303-5; Cullinan, *The United States Postal Service*, p.108.

93) Cullinan, *The United States Postal Service*, pp.108-9; Fuller, *RFD*, p.24.

94) 〈Chicago Rejects Parcels Post〉, *MRSW* 22(January 1908): 29에서 인용.

겔-쿠퍼스, 그리고 우편 회사……──등이 이들을 후원했다. "우편진보연합은 몽고메리 워드, 전국 금전등록기 회사들의 지원을 받고 있었다. 소포 우편과 효율적인 농촌 배달 서비스가 모든 우편 주문 배달원들에게 혜택을 가져다줄 것임이 너무나 확실했다. 바로 그런 이유 때문에 우리는 우편진보연합에게 가능한 그 제도의 도입을 서둘러 달라고 간청했다"고 메이시즈의 제시 스트라우스의 전국 수입업자였던 한 사람이 말했다. 스트라우스는 이런 명분에 가세했다. "소포 우편 캠페인은 성공할 것임이 틀림없었다"[95]라고 그는 말했다.

의회에서도 옹호자가 급증했다. 특히 1890년대 미국 농촌을 휩쓸었던 경제적인 고통의 궤적을 따라 옹호 세력이 증폭되었다. 1892년 우편 서비스에 관한 하원위원회는 좀더 대규모 **RFD**는 "지금 많은 농촌 인구들 사이에 증대하고 있는 것처럼 보이는 불만을 멈추게 하는데 물질적으로 도움이 될 것이다"라고 주장했다. 우편진보연합 또한 이와 유사한 주장을 하면서 우편 개혁을 옹호했다. 소포 우편과 **RFD**가 국가를 구출할 것이라고 그들은 말했다. 나라를 통일시켜라. 갈등의 요소들을 전부 불러모아라. 무엇보다 전국을 통틀어 물류의 흐름을 자극하라. 전국은 하룻밤 사이 '운송 시스템'이 바뀌게 되었다. 사람들은 새롭고 혁명적인 시장 제품의 이동 방식의 가능성에 환호했다[96]고 우편 서비스에 관해서 한 역사가가 기록했다. 워너메이커는 1895년과 1912년 사이에 의회 앞에서 여러 번 증언을 했다. 그에 의하면 우편 개혁은 "우편 배달을 위한 길을 건설하지 않을 수 없도록 만들 것이며, 이로 인해 정착민은 정착 지역에서 드문드문 흩어져서 살 수 있도록 해줄 것이며 상품의 방대한 순환이 가속화될 것"이라고 말했다. 이로 인해 경기 침체와 공황을 제거하는 데 필요한 물품 순환이 원활하게 될 것이라고 워너메이커는 주장했다.[97]

---

95) Jesse Straus to Frederick Ingram(May 24, 1910); George Twitmayer to Straus (October 1, 1906), Harvard History Project, RG 10, pp.2618–19, 2635, MA. Boris Emmet and John E. Jeuck, *Catalogues and Counters: A History of Sears, Roebuck and Co.*(Chicago, 1950), p.22; and Fuller, *RFD*, pp.211–17 또한 참조.

96) Fuller, *RFD*, pp.219–22; Clyde Kelly, *United States Postal Policy*(New York, 1931), p.111.

이러한 로비의 결과로 연방 정부는 우편 서비스의 부담을 받아들이면서 농촌의 공짜 배달과 소포 우편 양자를 도입하게 되었다. 1897년에는 이 나라 전역에 걸쳐 고작 82개의 우편 루트가 있었지만 1905년에 이르면, 시민 단체가 의원들에게 자기 나름의 우편 루트를 요구함으로써 비교적 쉽게 우편 루트가 개설되도록 만들었다. 이렇게 하여 3만 2천 개 이상의 우편 루트가 생기게 되었다. 1912년 의회는 전국적인 우표 우편 시스템을 창설했으며, 그다음 해 정부 소유 자동차가 효율적이고도 저렴한 가격으로 소포를 배달하는 법안을 채택했다. 도시에서 부친 최초의 소포 우편 패키지 중에서 필라델피아에서는 워너메어커, 그리고 뉴욕에서는 그의 아들인 로드먼 두 사람이 동시에 1913년 1월 1일 손수 소포를 보냈다는 것은 정말 적절해 보였다.[98] 법령의 원안은 8개의 우편 지대에 관한 세밀한 지도를 작성했으며, 소포 1개당 무게는 11파운드로 제한했다. 얼마 지나지 않아 소포 1개당 무게는 50파운드로 늘어났으며 그다음에는 70파운드로 늘어났다.[99]

연방 정부에서 운영하는 소포 우편과 RFD는 속도와 효율성 면에서 경쟁 사회를 신속하게 앞지르기 시작했다. 수천 명의 노동자들이 정부의 직원 명단에 올라가게 되었으며 그때까지 사기업이 수행했던 많은 기능들을 정부가 통합해 들였다. 미국 소포 우편과 RFD는 도로 시스템을 확장했다. 도로를 정비한 뒤, 그다음 차례로 도로의 유지와 수리를 전적으로 정부가 맡아서 하도록 했다. 이렇게 하여 새로운 기업 소비 경제와 소비문화에 연료를 공급하고 닻을 내리는 제도적인 근간을 이루는 개혁이 시행되었다.

19세기 미국 우편 서비스의 목표는 보다 많은 사람들에게 '지식과 진리'가 가닿을 수 있도록 하는 것이었다. 제1차 세계대전이 끝날 무렵, 이 목표는 변경되었다. 이제 더 많은 우편 사용자는 개별 미국인들이 아니라 미국 사업체들이었다. 1920년 무렵 정부 우편노동자들은 연간 수백만 개의 소포 꾸러미를 미국인들의 현관 앞에 가져다 놓고 있었다. 뿐만 아니라 상당한 양의 상업용 광고와 서신들을 운반하고 있었다. 농촌 지역 상인들과 도매상

97) Gibbons, *John Wanamaker*, vol. 1, pp.282-83; Kelly, *United States Postal Policy*, p.111; Fuller, *RFD*, pp.219-20에서 인용.

98) 〈Wanamaker 'First'〉, p.16, WA.

99) Kelly, *United States Postal Policy*, pp.182-87; Fuller, *RFD*, p.230.

과 마찬가지로 특급 우편 회사들이 처음에는 힘들었다면, 우편 주문 하우스 ——일부 백화점의 우편 주문 부서와 더불어 시어스·뢰벅·몽고메리 워드 등——들은 배당금이 엄청나게 뛰어올랐다. 이런 성장에 걸림돌이었던 장애 요인들이 하룻밤 사이에 사실상 사라져 버린 셈이었다. 그들 회사의 이익은 1908년의 4천만 달러에서 1920년이 되면 2억 5천만 달러로 불어났다. 그다음 10년 동안 특히 뢰벅은 우편 주문 하우스로서 엄청난 이윤과 '황금시대'를 맞이한 것은 연방 정부 덕분이었다. 아니면 한 역사가가 말했다시피, '지상에서 가장 위대한 분배 시스템'[100] 덕분인지도 몰랐다.

패터슨 야외극

오래전에 역사가인 캐롤라인 웨어는 그녀의 저서 《그리니치 빌리지》에서 1915년을 전후하여 미국 문화가 심대한 변화를 경험했다고 주장했다. 워드의 주장에 따르면 19세기의 대부분 시기 동안 미국 문화는 '근본적으로 농업적·상업적·이동적·개인주의적이었으며 신교도 윤리 가치에 의해 지배받는 것'이었다. 세월이 흐르면서 그런 미국의 문화는 '희박해지기 시작했다.' 새로운 집단이 기존의 미국 문화에 도전했다. 그 집단들이 다름 아닌 사업가 집단, 이민과 종교 집단, 새로운 산업 집단이었다. 그때까지만 해도 문화는 '어떤 중요한 기구와도 동화되지 않았다.' 사건이 진행되면서 '산업화가 가속화되었고' 전통적인 미국 문화는 산산조각이 났다. 제1차 세계대전 무렵 전통적인 미국 문화는 사라진 것이 아니라 '분해되어' 새로운 제도에 적응하면서 '붕괴'되기 시작했다. 특히 대도시에서 생활하는 사람들은 이제 '갈등하는 문화 패턴의 파편들과 갈등하는 사회 조직 원리들과 대면하게 되었다.' 사람들은 '일관된 사회 전체 속의 일부로서가 아니라 고립된 한 개인'으로서 그런 상황에 적응하지 않을 수 없게 되었다. 그 결과 "사회적인 통제력의 약화와 결속된 공동체 개념이 완전히 부재하는 상태가 초래되었다."[101]

---

100) Fuller, *RFD*, pp.197-98; Emmet and Jeuck, *Catalogues and Counters*, pp.898-90.
101) Caroline F. Ware, *Greenwich Village, 1920-1930*(New York, 1977), pp.4-7.

웨어의 분석은 유럽과 미국 사회학자들에 의해서 광범위하게 주장되었던 구분에 의존하고 있었다. 그녀는 이런 구분을 그리니치 빌리지의 역사에 독창적이고도 세밀하게 적용했다. 하지만 그녀는 새로운 문화──대중 상업 문화──가 쇠퇴하고 있는 19세기 문화와 경쟁하면서 그것을 추월하기 시작했다는 점을 진지하게 생각하거나 주목하지 못했다. 웨어가 기술했던 모든 것들은 어느 정도 이미 일어나고 있었다. 구사회의 통제 수단들은 산업의 팽창으로 약화되었으며, 도시에서 공동체 결속은 붕괴되었다(웨어의 분석과는 대조적으로 전통 문화는 '완전히' 사라진 것은 전혀 아니었다). 이와 동시에 새로운 자본주의 문화──이전의 어떤 문화보다도 훨씬 더 동질적인──는 과거의 응집력이 사라진 뒤에 초래된 공백을 채우기 시작했다.

이 새로운 문화적 동질성의 힘을 측정하는 방식은, 앞에서 보았다시피, 미국의 주요한 제도들의 도움이 어느 정도인가에 따라 파악할 수 있었다. 도시의 박물관과 지방 정부와 연방 정부가 그랬던 것처럼 교육 제도가 이런 변화에 일부를 담당했다. 다른 제도들도 도움을 주었다. 노동 운동, 그 중에서도 가장 급진적인 노동 운동인 IWW(세계 산업노동자)마저도 이런 변화에 한몫했다. IWW는 자본주의 체제 전부가 모든 경제 체계 중에서 가장 철저하게 쥐어짜는 착취 제도라고 비난했다. 하지만 아이러니컬하게도 노조 지도자들은 노조가 싫어하고 공격했던 바로 그것을 제도적으로 강화해 줄 수도 있는 그런 이데올로기적인 의제들을 포용하고 전략적으로 추구했다.

1913년 6월 IWW는 새로 재건축한 매디슨 스퀘어 가든에서 새로운 상업 문화의 흔적을 잘 드러내는 야외극을 거행했다. 야외극은 뉴저지 주의 패터슨 비단 제조업자에 대항하여 장기화된 고통스러운 파업에서 승리하기 위한 전략의 하나가 되었다. 노조는 이미 어느 정도 목적을 달성한 파업의 끈을 최대한 이용하기로 했다. 1912년 초반 매사추세츠 주 로렌스에서 양모 제조업자들을 상대로 했던 파업에서 노조는 성공을 거뒀다. 몇 달 후 맨해튼에서 노조는 호텔 업종을 상대로 최초의 효과적인 총파업을 감행했다. 이 파업은 뉴욕에서는 전대미문의 사건이었다. 총파업으로 인해 위풍당당했던 발도르프 호텔, 벨몽트, 루키우스 부머의 새 브랜드인 뉴맥알핀 등에 일격을 가했다. 1만 8천 명의 노동자들이 파업에 참가했다. 그들은 모든 뉴욕 사람들이 보는 앞에서 자신들의 존재를 드러내면서 그들의 비참한 노동에 항의했다. 뉴욕 총파업의 핵심 조직가인 엘리자베스 걸리 플린이 기록했다시피, "피켓을 든 대규모 시위대가 모든 호텔과 호화로운 레스토랑을 완전히 둘러쌌다."[102] 파업은 대체로 패배로 끝났지만 그나마 약간의 소득은 있었다. 일부 호텔은 임금을 약간 올려주었다. 걸리 플린이 지적했다시피, '팁 체계의 빈곤'이 드러나게 됨으로써 이후의 조직에 기본적인 초석을 놓게 되었다. 파업은 실제적인 성과보다는 오히려 파업 그 자체가 많은 사람들에게는 흥분되는 이벤트였다.

1912년 겨울 IWW는 뉴저지 주의 패터슨으로 옮겨서 다양한 민족집단으로 구성되었던 미숙련 비단노동자들을 조직하여 보다 대담한 파업에 돌입했다. 위험 부담은 대단히 높았다. 그 무렵 임금은 삭감되었고 노동 시간은 점점 길어졌다. 많은 패터슨 비단 공장의 노동자들은 수입한 원사를 직조하고 염색하여 피륙으로 만들었다. 패터슨 비단 공장은 노동의 성격을 대단히 바꿔 놓았던 기술적인 혁신을 노동자들에게 강요했다. 1900년 이전에 숙련 직조공들과 염색 직공들은 자신의 일에 대한 통제력을 가질 수가 있었으며 한 번에 2대의 직기 이상을 가동하는 직공은 아무도 없었다. 하지만 이제 자동으로 가동하는 직기가 수입됨에 따라 1명의 직공이 4대의 직기를 가동하도록 강제했다. 숙련공들을 미숙련공으로 교체해 버림으로써 공장 소유자들은 가장 저렴한 노동력에 의존할 수가 있었다. 이민 여성들과 14세 이상의 아동들이 숙련공의 일을 대신하게 되었다. 1913년 무렵 비단시장은 황금알을 낳는 거위였다. 패터슨의 비단 업자들은 뉴욕 패션 산업으로부터 폭주하는 주문량에 맞추기 위해 씨름을 하고 있었다. 작업 속도는 높이라고 하면서도 저임금에 대해서 노동자들이 항의하면, 공장 소유자들은 공장 자체를 통째로 펜실베이니아로 옮기겠다고 협박했다. 펜실베이니아에다 그들은 이미 부속 건물들을 지어 놓았으며 새로운 자동 직기로 공장을 가동시키고 있었다. 그리고 펜실베이니아 지역 광부의 아내들은 가계 수입에 보탬이 되려고 열악한 임금에도 기꺼이 일을 하고 있었다.[103]

---

102) Elizabeth Gurley Flynn, *The Rebel Girl*(New York, 1955), pp.152-55; and Matthew Josephson, *The History of the Hotel and Restaurant Employees and Bartenders International Union, AFL-CIO*(New York, 1955), pp.94-97.

1913년 겨울 비단노동자들은 모든 공장이 가동을 중지할 때까지 파업에 동참했다. 전면에 나섰던 조직가는 IWW의 지도자였던 윌리엄 헤이우드와 걸리 플린이었다. 비단 공장 소유주들은 파업을 분쇄하기 위해 수단과 방법을 가리지 않았다. "시 전체 행정부와 뉴욕 시의 전체 법원이 IWW를 진압하기 위해 초과 근무도 불사했다"[104]고 IWW의 총실무위원회에 속했던 에발트 쾨트겐은 기록했다. 헤이우드는 사건이 긴박하게 전환되는 것을 보면서 분노했다. 뉴욕 신문기자들은 뉴욕 시에서 노동자 불만을 폭발시키지 않는 한 패터슨 공장에서의 파업을 보도하지 않겠다고 했다. 그러면서 뉴욕 신문기자들은 그리니치 빌리지에 사는 부유한 지식인들인 마벨 도지(그는 그리니지 빌리지에서 유명한 살롱의 지도자였는데 이곳에 간간이 머물렀다), 그리고 노조의 급진주의에 매료되었던 하버드 졸업생인 존 리드와 같은 지식인들에게 동참을 호소하라고 충고했다. 헤이우드의 아파트에서 만남이 주선되었을 때, 도지는 헤이우드에게 "파업을 뉴욕으로 끌고 가서 그곳 노동자들에게 **보여주자**"고 제안했다. "큰 강당을 빌려서 그곳에서 파업을 다시 한번 실행하면 어떠냐고 제안했다. 헤이우드는 도지의 아이디어에 깊은 인상을 받았지만 그것을 어떻게 실행할 것인가를 궁금해했다. 반면 그곳에 참석했던 리드는 자신이 그 일을 도맡아 추진하겠다고 자원했다. "파업 축제를 한바탕 연출해 봅시다. 전 세계 최초로 말입니다!"라고 말했다. 희망이 파업자들에게 힘을 북돋워 주었으며 뉴욕 노동자들의 관심을 끌게 되었다.

---

103) 파업에 이르게 되는 패터슨 비단 산업과 상황에 관해서는, Howard Levin, 〈The Paterson Silkworkers' Stike of 1913〉, *King's Crown Essays IX*(Winter 1961): 44-64; Melvyn Dubovsky, *We Shall Be All: A History of the Industrial Workers of the World*(Chicago, 1969), pp.264-90; Joyce L. Kornbluh, ed., with introduction, *Rebel Voices: An IWW Anthology*(Ann Arber, Mich., 1964), pp.196-201; James D. Osborne, 〈Paterson: Immigrant Strikers and the War of 1913〉, in Joseph R. Conlin, ed., *At the Point of Production: The Local History of the IWW*(Westport, Conn., 1981), pp.61-89; and Steve Golin, 〈The Unity and Strategy of the Paterson Silk Ma-nufacturers During the 1913 Strike〉, in Philip B. Scranton, ed., *Silk City: Studies on the Paterson Silk Industry, 1860-1940*(Newark, N. J., 1985), pp.73-97.

104) Ewald Koettgen, letter to fellow workers in Industrial Workers of the World, 〈Stenographic Report of the Eighth Annual Convention of the Industrial Workers of the World, Chicago, Illinois, 9/15-9/29/1913〉(Cleveland, 1913), pp.38-39, Tamiment Institute Library, New York University.

어디서 돈이 나오든지간에 모든 자금은 노조 파업 자금으로 들어갔다.[105]

뒤이은 야외극은 리드의 아이디어와 그의 하버드 동급생이었던 무대 디자이너인 로버트 에드먼드 존스에 의해서 꾸며지게 되었다. 패터슨 비단 공장에서 발생했던 파업 자체를 6개의 무대 장면으로 재현했다. 그는 나중에 연극 무대에서 광선과 색상의 솜씨 좋은 사용으로 유명해지게 되었던 바로 그 에드먼드 존스였다(극장에서 일하면서 "나는 사람들의 눈을 즐겁게 하기를 원했다"라고 그는 말했다). 그는 IWW의 색깔을 전부 붉은색으로 통일하여 쇼 전체를 붉은 색상으로 통합했다.[106] 패터슨에서는 공장 직공들이 붉은 카드와 붉은 스카프를 하는 것이 공장주들을 분노하게 만들었다. 공적인 회의에서 파업자들, 노조 간부들, 공장 소유주들이 공개적으로 만나서 파업에 관해 토론을 했다. 그 경우 붉은 옷을 입은 파업자들은 쫓겨나거나 종종 입장이 금지되었다.[107] 하지만 맨해튼에서 붉은색은 전혀 다른 역할을 하게 되었다. 존스는 프로그램을 파는 여성 판매원에게는 붉은 나비 모양의 핀을 머리에 꽂도록 했으며 남자 판매원에는 붉은 넥타이를 매게 했다. 그는 붉은 깃발을 극장에 매달아 놓았다. 공연하는 아동들에게는 붉은 의상을 입혔고 관중석에 있는 모든 사람들에게 붉은 카네이션을 나누어 주었다. 매디슨 스퀘어 가든 타워의 꼭대기에는 붉은 조명을 한 10피트 높이의 4개의 전광판에 IWW라는 글자를 만들어 비쳐 주었다. 이 글자는 몇 마일 떨어진 곳에서도 볼 수 있었다. 유명한 그리니치 빌리지 예술가였던 존 슬론이 무대 장면을 그렸다. 배경막에는 작은 직조 공장들이 늘어서 있는 곳에 우뚝 서 있는 거대한 비단 공장을 배경으로 그려넣었다.[108](도판 15 참조)

---

105) 여기에 이르기까지 만난 모임과 교환과 사건에 관한 설명은, Adams, *Age of Industrial Violence*, pp.77-100; Richard O'Connor and Dale L. Walker, *The Lost Revolutionary: A Biography of John Reed*(New York, 1967), pp.74-75; Dubovsky, *We Shall Be All*, pp.272-73; and Mabel Dodge Luhan, *Movers and Shakers*(Albuquerque, New Mexico, 1936, 1985), pp.186-89.

106) Robert Edmond Jones, *The Dramatic Imagination: Reflection and Speculations on the Art of the Theater*(New York, 1941), p.24.

107) Golin, 〈The Unity and Strategy of the Paterson Silk Manufacturers〉, pp.88-89.

108) Kornbluh, ed., *Rebel Voice*, p.201; Dodge Luhan, *Movers and Shaker*, p.203; 야외 축제에 관한 최근의 논의로는, *New York 1913: The Armory Show and the Paterson Strike Pageant*(New York, 1988), pp.98-202 참조.

야외극은 실제로 파업에 참가했던 수천 명의 노동자를 모집하여 주역으로 삼았다. 야외극의 상연 당일 많은 예행 연습을 한 뒤 노동자들은 크리스토퍼 거리에서부터 매디슨 스퀘어 가든으로 행진을 했다. 붉은 깃발을 들고 행진 악대가 그들을 뒤따랐다. 그들은 "무대 위에서 노동 계급과 자본주의 계급 사이에서 세계산업노동자가 지휘하는 전쟁을 수행했다"고 한 프로그래머는 말했다. 사용자가 고용했던 탐정에 의해 살해되었던 한 노동자의 생애가 마지막으로 무대를 장식하면서 실제로 그 노동자의 장례식에서 헤이우드와 걸리 플린이 행했던 연설이 흘러나왔다. 헤이우드와 플린 두 사람은 무대 위에서 몸소 그 연설을 다시 전달했다.(도판 14 참조)

리드에 따르면 이 야외극은 '리얼리즘 예술'의 승리였다. 이 연극은 그에게도 승리를 안겨다 주었다. 이 위대한 성공을 축하하기 위해 그는 호화 여객선을 타고 마벨 도지, 그의 아들, 아들의 유모, 그리고 로버트 에드먼드 존스와 더불어 이탈리아의 플로렌스의 태양을 즐기기 위한 휴가 여행을 떠났다.[109] 허친스 햅굿은 자유주의 작가이며 도지의 살롱에 자주 출입하는 인물이었다. 그는 이 야외극을 통해 "대중들 사이에서 산업과 예술 영역에서 자기 표현이 퍼져 나가…… 전체 인류 위에 불타올랐다"고 믿었다. 마벨 도지에 의하면 '가장 경쾌한 터치'는 제멋대로 부르는 〈하버드여 오래된 하버드여〉라는 노래를 노동자들에게 가르쳐 준 것이었다."[110] 파업 노동자들의 입장에서 본다면 모든 면에서 야외극은 철저한 패배를 의미했다.

걸리 플린은 이로 인해 분노했다. "돈 한 푼 없고 아무것도 얻어낸 것이 없었다." "이 야외극은 파업에 대한 하나의 구원처럼 다가왔지만 실제로 패터슨의 노동자들에게 들어온 것은 고작 1백50달러였다. 그리고 모든 것을 설명해야만 했다!"[111] 설상가상으로 야외극이 파업의 붕괴를 의미했을 뿐만 아니라 파업의 붕괴를 가속화시켰다는 점이었다. 연극 공연이 있고 난 뒤 며칠 동안 패터슨에 있는 공장들은 저마다 다양한 숙련 노동자 집단과 독자적

---

109) O' Connor and Walker, *The Lost Revolutionary*, p.84.

110) Mabel Dodge and Hutchins Hapgood, quoted in Kornbluh, ed., *Rebel Voices*, p.202.

111) Elizabeth Gurley Flynn, 〈The Truth About the Paterson Stike〉(January 31, 1914), republished in Kornbluh, *Rebel Voices*, p.221.

으로 문제를 풀어 나갔다. 숙련 노동자들의 대다수는 마지못해 파업에 동참했었다. 1,2주가 지나자 굶주림으로 인해 직기는 계속해서 돌아가게 되었고, 모든 노동자들은 아무런 문제도 해결되지 않았지만 일자리로 되돌아갔다.

걸리 플린은 파업 실패의 명백한 책임을 그녀 자신도 참여했던 야외극 탓으로 돌렸다. 패터슨에서 피켓을 들고 파업에 참가했었어야만 했을 노동자들은 뉴욕 시를 위한 예행연습에 참여했다고 그녀는 그때를 돌이켜보면서 후회했다. "처음으로 파업 불참자들이 패터슨 제조 공장으로 들어갔다. 그러는 동안에 파업 참여 노동자들은 야외극을 연습하고 있었다. 가장 정열적인 노동자들이자 최고의 노동자들은⋯⋯ 공장에서 파업 배반자를 감시하는 최고의 노조원들이었기 때문이었다."[112] 플린은 "퇴폐적인 인물들이(리드 · 도지 등) 이 사건 이면에 너무 두드러졌고 그로 인해 야외극은 지나친 '연극성'으로 인해 망했다고 통탄했다. 그로 인해 노동자들의 마음은 실제 현실 투쟁보다는 무대화된 투쟁에 마음을 빼앗겼다는 것이 치명적이었다"라고 말했다. "현실 노동으로부터 마음을 빼앗긴 것은 패터슨에서 일어난 최초의 위기였다. 우리는 얼마나 여러 번 그런 반격에 맞서야 했으며 그것과 맞서서 싸워야 했던가!"[113]

패터슨 야외극 이상으로 미국 생활의 중심에 새로운 상업 문화 이데올로기가 침투해 들어가기 시작한 모습을 더 잘 보여준 사건은 없었다. 그런 측면에서 상업 문화 이데올로기를 갈망했던 사람들과 그것과 대항하여 싸우려고 했던 사람들의 특징을 드러내 주었다. 심지어 급진적인 노동 운동의 핵심까지 파고들었다. 여기서 한 걸음 더 나아가 소비와 생산의 간극이 극단적으로 벌어짐으로써 가장 착취당하는 노동자들이 자기 자신의 비참한 조건에 무감각해지도록 만드는 지경에 이르렀다. 패터슨의 파업 노동자들은 매디슨 스퀘어 가든에서 극적으로 연출되었던 것처럼 눈을 즐겁게 만들기 위해 파업에 참여했을까? 상인들과 공장 소유자들은 상상력의 측면에서 성공했던가? 공장과 백화점의 매장에서 치렀던 구체적인 전쟁에서 성공했던 것과 마찬가지로 그들은 재현과 상상력의 측면에서도 승리했던가?

---

112) *Ibid*.

113) *Ibid*.; and quoted in Green, *New York 1913*, pp.201-12.

많은 IWW 지도자들과 마찬가지로 윌리엄 헤이우드는 노동자들이 무엇을 추구해야 하는가에 대한 비전을 가지고 있지 못했다. 그가 제시한 많은 꿈과 이상은 유토피아 사상가였던 에드워드 벨라미로부터 빌려온 것이었다. 에드워드 벨라미는 자신이 구상한 멋진 생활의 핵심에 소비와 백화점을 위치시켰던 인물이었다. 1913년 패터슨 노동자들 앞에서 행한 연설에서 헤이우드는 이상적인 사회를 이렇게 묘사했다.

이상적인 사회는 유토피아 사회가 될 것이다. 그곳에는 멋진 식당이 있어서 구입할 수 있는 최고의 음식을 즐기게 될 것이다. 소화를 돕기 위해 달콤한 음악이 연주될 것이다. 무엇과도 비교할 수 없는 오케스트라가 당신의 귓가에 달콤한 음악을 실어날라 줄 것이다. 제라늄 화분이 놓여 있고 수영장이 있으며 대리석 욕실이 딸린 집에서 살게 될 것이다. 한 층 전부를 예술의 걸작품으로 채울 것이다. 뉴욕에 있는 메트로폴리탄 미술관보다도 더욱 멋진 컬렉션을 가지게 될 것이다……. 당신이 일하는 의자는 모리스 의자여서 피곤할 때면 언제나 편안하게 휴식할 수 있을 것이다.[114]

걸리 플린 역시 에드워드 벨라미의 사상에 많은 영향을 받았다. 벨라미의 《뒤돌아보면서》는 "무수히 많은 사람들에게 엄청난 영향을 미쳤는데, 나도 그 중 한 사람에 속했다. 사회주의 사회 체계 아래서 미국이 얼마나 행복하고 번영하는 행복한 나라가 될 수 있는가에 대한 그의 설명은 그처럼 설득력이 있었다"[115]라고 그녀는 회상했다. 이와 동시에 1913년 그녀는 벨라미와 헤이우드가 묘사했던 안락한 삶 이외에도 싸워야 할 소중한 것이 있다고 주장했다. 그렇다고 플린이 벨라미와 헤이우드가 주장했던 것들을 결코 멸시했던 적은 없었다. "하루에 몇 푼을 더 얻으면서도 몇 분 덜 일하고, 구태의연한 심리 상태로 일하러 다니면서 사회에 대한 기존의 태도를 그대

---

114) William Haywood, quoted in Kornbluh, ed., p.197; IWW의 이데올로기적인 뿌리가 에드워드 벨라미에 근거하고 있다는 주장에 관해서는, Dubovsky, *We Shall Be All*, p.156 참조.

115) Elizabeth Gurley Flynn, *The Rebel Girl: An Autobiography, My First Life* (1906-1926)(New York, 1955), p.48.

로 지니고 있다면, 일시적으로는 무엇인가를 얻어내겠지만 지속적인 승리는 결코 얻을 수 없을 것이다"라고 그녀는 주장했다. "그러므로 노동의 승리는 두 가지 측면에서 달성되어야 한다. 하지만 오직 한 가지밖에 얻을 수 없다면, 경제적인 이득을 얻는 것보다는 그래도 정신적인 이득을 얻는 것이 나을 것이다."[116]

1915년 무렵 미국의 많은 부분은 기업 화폐 경제와 이윤 추구, 그리고 점점 더 이윤 창출자와 직공들 사이의 간극이 벌어짐으로써 형성된 욕망의 땅이 되어가고 있었다. 이 점을 요약적으로 보여준 것이 패터슨 야외극이었다.[117] 물질적으로 안락한 환경과 19세기를 거의 통틀어 대다수 사람들이 누릴 수 있을 것으로 보았던 번영은 이제 소유 개념으로 변질되었다. 목적의 실현보다는 욕망에 의해서, 현실과 대면하기보다는 야외극과 쇼를 통해, 소유를 통해 욕망의 땅에 도달할 것이라는 개념으로 변질되어 버렸다.

20세기 초반 새로운 경제 제도——백화점 · 국영 기업 · 호텔 · 극장 · 레스토랑 · 상업은행과 투자은행——들은 미국 문화를 새롭게 빚어내기 시작했다. 이런 제도와 문화와 더불어 브로커들이 있었다(L. 프랑크 밤 · 맥스필드 패리시 · 조셉 어반 · O. J 구드 등). 이들은 새로운 소비문화로 대중을 유인해 들였다. 이와 동시에 비경제적인 제도의 회로에는 또 다른 브로커들이 있었다. 미술관, 교육 제도, 정부 등과 같은 브로커들이 상업의 요구를 충족시키기 위해 발흥했다. 심지어 IWW의 지도자들마저 부르주아 전략에 매료되었으며 혼란을 초래하게 되었다. IWW는 자신들의 의도와는 달리 아이러니컬하게도 새로운 권력의 회로에 이바지하게 되었다.

---

116) Flynn, 〈The Truth About the Paterson Strike〉, pp.215-16.
117) Cochran, *Two Hundred Years of American Business*, p.63.

7

워너메이커의 소박한 생활과
기성 종교의 윤리적 실패

1901년 한 목사가 존 워너메이커에게 '근대 상업주의가 교회 생활에 부정적인 영향'을 미친다고 생각하는가라고 물어보았다. 그러자 워너메이커는 종교 생활에 "부정적인 일은 전혀 일어나지 않았다"[1]고 대답했다. 독실한 장로교인이었던 워너메이커가 자기 주변에서 일어나고 있는 문화의 성격을 보면서 어떻게 이런 주장을 할 수 있었을까? 어떤 형태의 종교적인 생활을 염두에 두었길래 이런 방식으로 생각할 수 있었을까? 미국에서 진행되고 있는 근본적인 변화를 종교인들은 어떻게 바라보았을까? 주식회사의 부상, 새로운 화폐 경제, 소비 욕망을 부추기는 문화의 확산 등과 같은 근본적인 변화를 목격하면서 이런 변화들이 영적인 생활에 어떤 충격을 미칠 것인지, 혹은 장차 종교적인 소명에 이런 변화가 어떤 영향을 미칠 것인지 어떻게 궁금해하지 않았을 수 있었을까?

백화점·정부·미술관·대학 이외의 다른 곳들도 이 새로운 문화를 대신하여 분주했는데, 그것이 바로 종교 분야였다. 여기서 의미하는 종교는 제도화된 종교만을 의미하는 것은 아니다. 여기서 의미하는 것은 '영적인 생활'을 뜻한다. 혹은 보다 넓은 의미로 말하자면 사람들이 그로 인해 옳고 그름을 판단하고 우선권과 가치를 부여하는 그런 원칙을 의미한다. 이 장과 다음 장에서는 종교적인 반응의 성격을 탐구하고자 한다. 종교 제도 그 자체라기보다는 오히려 미국의 새로운 상업 사회에 대한 윤리적 도전에 직면

---

1) JW to Rev. T. Harry Sprague(September 9, 1901), Wanamaker Lettebook, 〈August 20, 1901 to February 20, 1908〉, p.109, WA.

하면서 비교적 종교적인 사람들이 어떤 윤리적-정신적 결단을 내리는지에 관해 검토하고자 한다.

그의 입장에서 볼 때 워너메이커는 미국에서 종교와 상업 모두 건강한 상태라고 믿었으며 하나가 쇠퇴하는 반면 다른 하나가 부상하고 있다는 식으로 보지 않았다. 왜냐하면 그 자신은 이 두 가지 세계 모두에 생명을 불어넣으려고 열심히 노력했기 때문이었다. 이런 확신을 가지고 있었던 사람은 워너메이커 한 사람뿐이었던 것은 아니었다. 기성 종파에서 풍요를 누렸던 루터교도들과 자유주의적인 신교도들, 그리고 대다수 중산층 가톨릭 신교들과 유대인들 역시 공유했던 그런 확신이었다. 비록 워너메이커와 다른 사람들은 새로운 경제상황으로 인해 고통받는 사람들이 있다는 것을 알고 있었고 기독교인으로서 그런 문제에 대처하려고 노력은 했지만, 그들의 관점은 긍정적이었으며 새로운 경제 상황의 윤리적 올바름에 전혀 회의하거나 의심하지 않았다. 문화와 종교는 서로 사이가 틀어질 수 있다기보다는 일종의 미국식 천년 왕국을 향해 손에 손을 맞잡고 앞으로 나갈 수 있다는 입장을 수용했다. 기성 종교의 반응은 마침내 미국의 새로운 문화와 경제에 공감하는 방향으로 나가게 되었다. 기성 종교는 새로운 질서가 유지되고 의지할 수 있는 또 다른 대들보를 형성하는 데 도움을 주기로 했다.

모든 종교적 공동체의 지도자들은 무엇이 일어나고 있는지에 관해 이해하거나 저항했던 것은 사실이었다. 세기말 종교적인 문화는 아마도 우리 시대의 그것과는 달랐을 것이다. 그 시대 종교는 강력한 반대의 목소리를 낼 수 있을 정도로 활발했다. 그런 비판가들 중에 발터 라우셴부시가 있었다. 그는 독일 침례교 목사였으며 유명한 사회적 복음순회설교사였다. 그는 미국 프로테스탄티즘에 예언적인 경향을 부활시켜 종교와 문화를 밀접하게 결합시키려고 노력했다. 그러면서도 문화와 관련하여 종교를 비판적으로 보려고 했다. 1907년 가장 유명한 그의 저서인 《기독교와 사회 위기》에서 이렇게 말했다. "경쟁적인 상업은 우리 앞에 물건을 펼쳐 놓고 우리가 원하지도 않는 것을 사라고 설득한다. 사람들은 서서히 성장하는 윤리 교육으로 인한 자제력과 예지력을 파괴하려고 애쓰고 있다. 경쟁적인 상업은 우리로 하여금 오늘은 마음껏 먹고 내일은 굶는 야만인들의 윤리적 습관으로 유도한다." 경제적인 풍요는 현대의 남녀 모두에게 영적인 생활의 필요성과 씨름하도록 하는 것에 불과하다고 그는 주장했다. 심지어 전대미문의 안락함과 물질적 요구와 씨름하도록 만든다. 그들은 "자기 인생의 끔찍한 공허에 시달리면서 실존은 무의미한 수수께끼이자 망상이라는 느낌을 받게 될 것이다."[2]

가톨릭 신자들 또한 소비자본주의에 대해서 평생 동안 비판한 고위 성직자인 존 라이언이 있었다. 그는 워싱턴 D. C 소재 가톨릭대학교에서 사회윤리학을 가르쳤으며 제일 먼저 최저임금 합법화의 옹호자였다. 라이언은 두 가지 측면으로 소비자본주의를 비판했다. 한편으로 그는 많은 미국인들 ——1900년대 초반 8명 중 1명——은 가난에 시달렸으며 만족할 만한 수준의 건강과 품위와 안락함이 보장되어야 한다는 점을 분명히 알고 있었다. 라이언은 '의도치 않은 가난'을 선으로 옹호하는 것을 비난하면서 모든 '남아도는 부'는 가난한 사람들과 나누어야 한다고 주장했다. 다른 한편으로 그는 가톨릭과 비가톨릭이 힘을 합하여 '소비와 물질적인 획득'에 관한 영적인 위험에 대항해야 한다고 경고했다. 그가 주장한 기준은 '감각의 다각적인 만족'이 아니라 '검소한 안락함,' 일의 성취와 자선이었다. 감각의 만족은 "자기애와 이기심을 엄청나게 증대시키고 만들어 내며, 신에 대한 사랑과 효과적인 이웃 사랑을 심각하게 감소시킨다." 라이언의 주장에 따르면 "가톨릭과 자본주의적인 인생의 개념 사이에는 가로지를 수 없는 심연이 놓여 있다." 천주교는 개인의 '가치'를 존중한다면, 사업은 '돈 가치를 최고로 꼽는다.' 그리고 '그릇된 자유의 의미'[3]를 발전시키기 위해 '강력한 고성능' 판매에 의존한다. 자본주의는 노동을 견뎌내야 할 '악'으로 보는데, "결과적으로 이것은 소비와 쾌락으로 이끈다." 천주교는 노동을 인생의 본질로 이

2) Walter Rauschenbusch, *Christianity and the Social Cristis*(New York, 1964; orig. pub. 1907), p.338.

3) Quoted in Patrick W. Gearty, *The Economic Thought of Monsignor John M. Ryan*(Washington, D.C., 1953), pp.146-47, 166; and Ryan, 〈Ethics of Speculation〉, *The International Journal of Ethics* 12(April 1902); 346. 〈감각의 다각적인 만족〉에 관한 라이언의 공격에 관해서는, 〈Charity and Charities〉, *The Catholic Encyclopedia*, vol. 15(New York, 1912), p.603 참조. 신교도와 비교해 볼 때 가톨릭의 사회복음의 상대적인 허약성에 관해서는, Mel Piehl, *Breaking Bread: The Catholic Woker and the Origins of Catholic Radicalism in America*(Philadelpia, 1982), pp.38-39 참조. 라이언의 중요성에 관해서는, Piehl, pp.36-37참조; Gearty, p.39; and Francis L. Broderick, *Right Reverend New Dealer*(New York, 1963), pp.105-7.

해한다. 사람의 능력을 달성하는 수단이자 신의 목적에 부응하는 궁극적인 목적을 획득하는 방법으로 노동을 파악하기 때문이다. 1908년 특히 부유한 천주교 신도들을 비판하면서, "생활 수준은 사람들이 소유한 것으로 측정하는 것이 아니라 그들이 가지고자 원하고 욕망하는 것에 의해 평가되어야 한다"고 라이언은 적었다. "통탄할 정도로 천주교신도들은 가치 있는 인생은 물질적인 욕망을 끝없이 충족시키는 것에 있다는 망상에 사로잡혀 있다."[4]

라이언의 개념과 흡사한 '전 인격' 개념을 설파했던 윤리적인 문화의 해설자들과 감리교 목사, 유니테리언 목사들이 있었다. 1870년대 후반 윤리적인 문화의 설립자인 유대인 자유주의자 펠릭스 아들러와 같은 지도자들은 인간의 '인격'은 '자기 고립'과 '격리'에 의해서 위협받을 수 있다고 걱정했다. 아들러는 노동자들이 "기계의 탈인격화 효과로 인해 피해를 입고 있다"고 경고했다. "사치는 인격을 유지하는 것과는 너무나 거리가 멀어서 인격의 발달을 훼손하고 방해한다"[5]고 주장했다.

뉴욕 시에서 최근 동유럽으로부터 이민을 왔던 정통 유대교 랍비들은 근대적인 상품 세력이 가하는 충격을 철회하기 위해 투쟁했다. 이런 상품 세력들은 사람들의 종교 관행에 대한 랍비의 통제력을 전복시키는 위협 세력으로 간주되었다. 도살과 육고기의 **시장 거래**(Kashruth)를 규제하는 음식 금기 법칙에 대한 통제를 위협하는 것으로 간주했다. 카쉬루스에 대한 통제는 랍비의 권위에 대한 핵심적인 상징이며 인생 전반에 대한 상징이었다.[6] 유럽

4) John Ryan, 〈The Cost of Christian Living〉, *The Catholic World*(December 1908): 576–88, Broderick, *Right Reverend New Dealer*, p.55에서 인용; Ryan, 〈The Eco–nomic Philosophy of St. Thomas〉, in Robert E. Brenen, ed., *Essays in Thomism* (Freeport, N.Y., 1942, 1972), p.248. See also Ryan, 〈The Fallacy of Bettering One's Position〉, *The Catholic World*(November 1907): 145–56; and 〈False and True Wel–fare〉, in *The Church and Socialism, and Other Essays*(Washington, 1919), pp.197–202, 213–216.

5) Felix Adler, *The Ethical Philosophy of Life Presented in Its Main Outlines*(New York, 1918), pp.185, 192, 275. 유니테리어니즘에 관해서는, Daniel Howe, *The Unitarian Conscience*(Cambridge, Mass., 1970), pp.60–61; 영적 개념으로서의 〈인격〉에 관해서는 Casey Nelson Blake, *Beloved Community*(Chapel Hill, 1990), pp.6–7, 49–60 참조.

6) Arthur Goren, *New York Jews and the Quest for Community: The Kehillah Experiment, 1908–1922*(New York, 1970), pp.74–85; Mordecai Kaplan, *Judaism as a Civilization*(New York, 1934), pp.28–29. 고렌의 연구는 놀랄 만한 실험을 살펴 줄 수 있는 기회를 제공해 준다.

에서는 제의적인 도살자에서부터 소매 상인에 이르기까지 카쉬루스와 관련된 사람은 누구든지간에 정통 유대인이어야만 했다. 여기에 덧붙여 카쉬루스 산업은 사적인 이윤을 위한 것이 아니라 공익에 부합하는 것이어야 했다. 지역 공동체는 이 일에 종사하는 사람들을 고용했으며, 전체 공동체의 사회복지를 위해 고기에 정확한 세금을 붙여서 거둬들인 수입으로 지원받았다. 1912년 무렵 미국에서 사기·이기심·도둑질·신성모독 등이 여태까지 보호받았던 공동체의 영역으로 침투해 들어왔다. 상업적인 도살장이 이제 대다수 정통 직능인(Orthodox functionaries)(금지된 관행이었는데, 왜냐하면 이런 직능은 음식 금기를 강제하는 것과 타협해야 했기 때문이었다)을 고용했으며 개별 상인들(지역 공동체 출신이 아닌)이 "종교적인 가치로 인해 높은 가격이 책정되었으며 그로 인한 이윤을 챙겼다"[7]고 역사가인 아서 고렌은 적었다.

정통 랍비들은 반발하면서, 상업적인 위험을 두려워했던 다른 유대인들과 함께 단명한 실험으로 끝났던 케힐라 실험에 합류했다. 이 실험의 목표는 모든 뉴욕의 유대인들 사이에 일종의 새로운 단결을 창출하고 복합적인 맥락 속에서 비상한 노력을 하는 것이었다. 이 실험은 유다 마그네스라는 시온주의 개혁을 주창한 랍비가 이끈 운동이었다. 《뉴욕 글로브》를 출판했던 새뮤얼 스트라우스와 같은 세속적인 유대인 또한 케힐라에 합류했다. 이 실험을 중심으로 평신도 유대인들의 세를 규합하여 정통 유대교 센터를 창조하는 데 열심이었던 마그네스는 정통 유대교 랍비들이 카쉬루스를 완전히 통제할 수 있도록 했다. 그것은 새롭게 부활된 희망을 그들에게 양도하는 것이었다. 궁극적으로 이런 노력은 실패했지만 제1차 세계대전 이전의 짧은 기간 동안 이 실험은 세속적인 시장 세력의 침투를 방지했으며 오래된 안정된 공동체와 흡사한 것을 재건설했다.[8]

새로운 상업 추세에 대항하여 저항적이고 비판적인 목소리가 있었다. 아이오와 주 아마나의 종교적인 마을의 구성원에서부터 뉴욕 시에 있는 많은 신교도 복음주의자들에 이르기까지 이들은 자신들의 공동체 안에 영화가 들어오는 것을 거부했다. 그밖의 다른 곳에서도 '방자한 사치의 과시는 세

---

7) Goren, *New York Jews*, p.79.

기말의 표식'이라고 공격하면서 '좀더 많은 것을 움켜쥐려고 하는 것은 사회의 평화와 평안에 위협'[8]적인 것으로 간주했다. 영적인 긴장과 갈등과 대립이 존재했다. 이 점은 사실상 오늘날도 어느 정도 마찬가지이다. 이런 이견에도 불구하고 이런 움직임 중 일부는 대단히 예리한 것이었다. 미국 도시에서 운동은 새로운 종교적 수용을 향한 것이었다. 소비의 쾌락과 안락함과 '미국의 생활 수준'의 습득을 남아 있는 전통적인 기독교 세계관 속에 통합시키려는 새로운 윤리적 타협이었다.

자유주의 복음주의자, 제도의 건설자로서의 워너메이커

기성 종교의 발전 과정을 이해하려면 존 워너메이커와 더불어 시작하는 것도 그다지 나쁘지 않다. 워너메이커는 상업적인 팽창에 기여했던 것만큼이나 미국 종교 생활에 기여했다. 1850년 이후부터 워너메이커는 도시 미국 프로테스탄티즘의 발전에 대단히 적극적이었다. 그는 베다니 주일학교 (Bethany Sunday Schools)와 세계주일학교 운동과 같은 주요한 종교적인 제도들을 건설하는 데 도움을 주었다. 그는 또한 미국 도시 중산층의 문화-종교적인 사상을 형성하는 데 도움을 주었다. 종교적인 관점에서 새로운 상업질서에 어떻게 대처하는가를 보려면 대다수 다른 미국 중산층들이 오늘날

---

8) *Ibid.*, pp.76-85. 신교도 교회 연방위원회가 시도되었지만 성공하지 못했던 바로 그해 케힐라 실험이 시작되었다는 것은 흥미롭다. 말하자면 복음주의의 자유주의와 '잘 알려져 있다시피 사회적 행동주의'를 '견제하기 위한' 복음주의(혹은 프로테스탄티즘의 정통파)에 관한 위원회를 조직함으로써 좀더 거대한 프로테스탄트 통일체를 구성하려는 노력은 실패로 돌아갔다. George Marsden, *Fundamentalism and American Culture*(New York, 1980), p.91. 미국 시장 문화에 대해 매우 다른 입장을 전개한 유대인들의 반응 관해서는, Andrew Heinze, *Adapting to Abundance: Jewish Immigrants Mass Consumption, and the Search for American Identity*(New York, 1990) 참조. 하인즈는 오히려 유대인들이 그다지 갈등이나 긴장 없이 손쉽게 새로운 문화에 적응했다고 주장한다. 이 경험은 유대인들이 '미국화' 됨으로써, 또한 모든 유대인의 휴일이 소비와 '쇼핑'의 필요에 적합하게 재상품화됨으로써 긍정적이고 '해방적인' 것이었다고 하인즈는 말한다.

9) David Haldeman quoted in George Marsden, *Fundamentalism and American Culture*, p.84; on the Amana community, Herbert Wallace Schneider, *Religion in Twentieth-Century America*(Cambridge, Mass, 1967), p.4 참조.

까지도 그 새로운 질서에 대처하고 있는 방식을 살펴보는 것이 좋을 것이다. 워너메이커는 두 가지 제도를 창조했다. 하나는 종교적인 제도이고 다른 하나는 상업적인 제도였다. 그는 이 두 가지 제도가 상호 보완적이며 상호 관련되어 있지만 각각의 역할은 사회에서나 그의 인생에서 대단히 달랐다. 상업적인 제도들은 워너메이커에게 권력, 부, 복지의 필요성을 만족시켜 주었으며, 전통적인 종교적 관점을 전복하는 연극적이고 세속적인 문화를 산출하는 데 도움을 주었다. 종교적인 제도는 개인적인 구원에 대한 필요성을 충족시켜 주고 새로운 상업 질서의 가장 심오한 함축적 의미와 대면하는 데 있어서 그와 다른 사람들을 보호해 주었다. 그처럼 분열된 관점은 공적인 목표와 사적인 목표 사이에 분리로 반영되었으며 종교가 당대의 주요한 공적인 문제에 대처할 수 있는 능력을 침해했다.

워너메이커의 종교적인 개인사는 미국 프로테스탄티즘의 주요한 변화의 한 부분을 차지했다. 그의 종교적인 편력은 식민지 기간 동안의 엄격한 캘빈주의에서부터 비교적 비종파적인 1850년대의 복음주의로 발전해 나갔다. 캘빈주의는 사람들 속에 내재한 '악'에 관해 사색했으며, 신의 절대권 앞에서 한없이 무력한 인간들에 관해 깊이 사고했으며, 구원에 이르는 것이 얼마나 힘든지에 관해 고뇌했다. 캘빈주의는 기독교인의 생활을 지속적이고 고된 시련으로 보았으며 그런 시련에 개인의 성격의 모든 측면이 연관되어 있다고 보았다. 복음주의적인 프로테스탄티즘은 보다 낙관적이고 자유롭고 덜 교조적이었으며, 신성한 절대권에 관해 회의했으며, 모든 사람들은 그다지 엄청난 시련과 투쟁 없이도 손쉽게 구원받을 수 있다고 확신했다. 복음주의적인 프로테스탄티즘은 신과 죄에 관해 깊이 사색하는 종교라기보다는 오히려 사람들이 어떻게 행동하느냐에 좀더 관심을 가졌다. 궁극적으로 프로테스탄티즘은 캘빈주의보다 상업적인 경제와 훨씬 용이하게 양립될 수 있는 종교적인 체계였다. 반면 캘빈주의는 세속적인 문화의 유혹에 대비하여 자아를 단단히 무장하고 영적인 몰락과 영적인 약점의 위험을 경계했다.[10]

1850년대 이후부터 많은 주류 종교 집단——장로교·감리교·조합교

---

10) 캘빈주의의 세계관에 대한 논의에 관해서는, Annn Douglas, *The Feminization of American Culture*(New York, 1977).

회·감독교회 등——은 상호 종파적인 복음주의적인 제도를 건설하는 데 공동으로 연합했다. 특히 주일학교, YMCA, YWCA를 건설하는 데 공동 출자를 했다. 19세기 마지막에 이르러서는 구세군을 창설하여 미국인들이 도시 생활에 대처하고 도회의 요구에 따라 종교적인 경험을 적응시키는 데 도움을 주었다. 1912년 무렵 대단히 방대한 제도적인 종교적 회로가 전국 각처를 통틀어 많은 집단들을 공통된 문화적 전체로 묶어 주게 되었다. 그와 같은 유사종교적인 집단은 공립학교와 보통학교가 맡았던 일을 보충해 주었다. 많은 사람들은 공립학교와 보통학교들은 이미 아동들에게 종교적인 신앙을 더 이상 전달하지 않는다고 보았다. 이런 제도들은 상인과 전문적인 집단으로부터 모집한 평신도들로 직원을 채우고 감독을 했다. 이들 집단의 가장 큰 관심은 아동들과 청년들에게 적절한 가치를 심어 주는 것이었다. 그들은 부모들보다 훨씬 더 종교적인 권위를 지닌 자들로서 거의 목사만큼의 권위를 가지고 있는 새로운 평신도 '전문가' 계층으로 간주되었다.

주일학교와 교회 회보와 책에서 아동과 성인들은 근대적인 '기독교' 정신의 기본적인 요소들에 대한 가르침을 받았다. 즉 자제심, 절제, 안식일에 대한 존중, 소박한 성경의 가르침에 대한 헌신 등에 대한 가르침을 받았다.[11]

1858년 20세 때 워너메이커는 자신의 베다니 미션 주일학교를 필라델피아에서 열었다. 자신의 '다른' 직업인 잡화 사업에 뛰어들기 몇 해 전이었다. 같은 해 그는 최초로 유료 미국 YMCA의 비서로 임명되었다. 그는 무수한 기도회를 조직했다. 첫 해에 2천 명의 교우들이 등록을 했으며 조직은 전국적인 규모로 성장했다. "나는 샛길, 산울타리 가리지 않고 들어가서 사람들을 교회 안으로 들어오도록 만들었다"[12]라고 그는 자신의 YMCA에 관련된 일을 그렇게 표현했다. 베다니는 평생 동안 그의 최대 관심사로 남아 있었다. 베다니 주일학교는 처음에 50명의 아이들과 더불어 출발했다. 사우스 스트리트에 새로운 베다니 채플을 헌납할 때에는 2백75명의 아이들과 17명의 교사가 있었다.[13]

---

11) 이들 제도에 관한 훌륭한 최근의 역사에 관해서는 Ann M. Boylan, *Sunday School: Formation of an American Institution, 1790-1880*(New Haven, Conn, 1988) and Sydny E. Ahlstrom, *A Religious History of the American people*(New Haven, Conn 1972) 참조.

12) Quoted in Gibbon, *John Wanamaker*(New York, 1926), vol. 1, p.43.

워너메이커는 자신의 친구였던 드와이트 무디와 같은 위상의 신앙부흥목사가 충분히 되었을 수도 있었다. 드와이트 무디는 남북 전쟁 이후 시기에 가장 영향력을 미쳤던 복음주의 목사였다. 신체적인 조건은 그가 무디보다 훨씬 나았다. 무디는 키가 작고 중년에 접어들어 살이 쪘고, 잘생긴 것과는 거리가 멀었다. 40세였던 워너메이커는 1백80센테미터의 큰 키에 갈색 머리카락, 매부리코와 이마, 잿빛이 도는 푸른 눈동자, 깊고 공명하는 목소리, 싹싹한 태도를 지니고 있었다. 그의 전기작가에 의하면, "그는 함께 걸어가는 사람의 팔을 붙잡고 가는 습관이 있었다."[14] 하지만 종교적이고 사회적인 관점에서 볼 때, 그와 무디는 상당히 닮은 점이 많았다. 불과 1세 차이였던 두 사람 모두 벽돌공이었던 아버지와 할아버지를 두고 있었다. 두 사람 모두 다같이 복음주의적인 신앙을 가지고 있었으며 주일학교 운동과 YMCA를 통해 두각을 드러내게 되었다. 무디 역시 시카고 YMCA의 최초의 유급 비서 출신이었다.[15] 젊은 시절 두 사람 모두 소매 사업에 열광했다. 1857년 무디는 매사추세츠 주 노스필드에서 시카고로 이사를 했다. 시카고에서 그는 신발 영업 사원으로서 상당히 수지가 맞는 직업을 추구했다. 그역시 부동산 투기를 했으며 고리대를 받고 돈을 빌려 주었다. 다른 말로 표현하면 그는 고리대금업자였다. 그 당시 많은 다른 미국인들과 마찬가지로 그는 자신의 사업적인 행동과 종교 사이에서 아무런 갈등을 느끼지 않았다. 1858년 동생에게 쓴 편지에 따르면, 그는 자기 돈벌이를 자랑스러워하면서도 동시에 동생에게 '성경의 약속을 지켜야 한다'고 하면서 "신의 사랑이 주는 즐거움으로부터 멀어질 수 있는 것은 어떤 것도 허락되어서는 안 된다"[16]고 훈계했다.

하지만 근본적인 차이가 두 사람을 갈라 놓았다. 1860년 두 사람은 종교적인 위기를 경험했지만 그 결과는 판이했다. 점점 더 세속화되어 가면서 날마다 번창했던 무디는 자기 사업을 그만두고 목사가 되기로 결심했다. 그

---

13) Gibbon, *John Wanamaker*(New York, 1926), vol. 1, pp.54–56.

14) Ibid., p.245.

15) 무디에 관해서는, James F. Findlay, Jr., *Dwight L. Moody, American Evangelist, 1837–1899*(Chicago, 1965), pp.32–58 참조.

16) Quoted in Findlay, *Dwight L. Moody*, p.88.

의 전기작가에 따르면 그 선택은 완전히 모험적인 것만은 아니었다. 그로 인해 잠시 동안 가난을 경험했지만, 장차 시카고의 부자 상인인 존 파월에 계산을 치러 주도록 의지할 수도 있을 것이라는 점을 알고 있었다. 존 파월은 독실한 장로 교인이었다. 무디나 그 당시의 대다수 종교부흥론자들에게 종교와 사업은 서로 '긴밀하게 얽혀 있는 것'으로 보았기 때문에 상업적인 윤리를 비판한다는 것[17]은 힘든 일이었다. 이 점은 다른 복음주의자들도 마찬가지였다. 그 역시 복잡한 사상을 싫어했으며 지나치게 사색적으로 파고 드는 것을 좋아하지 않았으며 교리를 논쟁으로 치닫게 만드는 복잡한 논리를 싫어했다. 그의 메시지는 소박한 예수 사랑과 예수를 통한 개인적인 구원이었다. 그는 개인적인 죄, 특히 극장가는 것, 안식일을 위배하는 것, 술 취하는 것, 그리고 '세속적인 쾌락'[18] 등과 같은 개인적인 죄에 반대하는 설교가 주를 이뤘다. 하지만 이 모든 것에도 불구하고, 역사가인 제임스 파인들리가 보고하고 있다시피, 무디는 자신의 목사직과 신앙이 "종교적인 신앙의 요구에 철저하고도 완벽하게 헌신함으로써 자신이 행복을 찾을 수 있다"고 진정으로 그렇게 느꼈다. "나는 그런 신앙심에 완전히 빠져들었다"고 그는 나중에 기록했다.[19] 확실히 그의 결정은 사업에 대한 공공연한 비판으로 나가지는 않았지만 신에게 자신을 바치게 되었으며 '유행하는 기독교'를 비난하고, '영적인 것이 세속적인 생활을 삼키고 통제'[20]할 수 있도록 해주었다. 1871년 그는 뉴욕 시에서 두번째로 개종의 전기를 맞게 되었다. 그는 "그리스도를 설교하고 영혼에 관한 일을 제외한 모든 것에 흥미를 잃게 되었다"고 말하면서 울었다. 그는 새로운 신성 운동에 합류하게 되었으며, "힘든 기독교 예배에 헌신하며, 영적인 권능을 채우라"고 강조했다. 낙관적인 복음주의 주류에서 벗어난 당대의 염세적인 복음주의적 입장이었던 전(前)천년지복주의에 이끌리게 되면서, 그는 문명의 붕괴 조짐을 보았으며 모든

---

17) Findlay, *Dwight L. Moody*, p.86.

18) 무디의 입장에 대한 논의에 관해서는, George Marsden, *Fundamentalism and American Culture*, pp.32~39 참조.

19) Quoted in Findlay, *Dwight L. Moody*, p.91.

20) Findlay, *Dwight L. Moody*, pp.132~33, 225~26; Aaron Abell, *The Urban Impact on American Protestantism*(London, 1962), p.15.

것이 나아지는 것이 아니라 점점 더 나빠진다고 믿었다.[21] 아마도 다른 사람들(전(前)천년지복주의는 천년지복 이전에 그리스도가 재림한다는 주장인데, 이들은 자본주의적인 기업에는 거의 관심이 없었다)의 격려에 고무되었던 무디는 이전보다 미국인의 삶에 점점 더 비판적으로 되어갔는지도 몰랐다.[22]

1860년 존 워너메이커에게도 무디와 흡사한 길이 열렸다. 그해 워너메이커는 목사직에 입문하는 문제를 놓고 고민했지만 그의 꿈은 제2의 알렉산더 터니 스튜어트가 되는 것이었다. 알렉산더는 미국 최초의 위대한 상인왕이었다. 워너메이커의 마음속에는 이런 욕망이 강하게 자리잡고 있었다.[23] 하지만 1870년대 잠깐 동안 이런 갈등이 그의 마음속에 되살아났다. 그래서 그는 무디의 발자취를 좇아볼까라는 고민을 진지하게 했었다. 1875년 그는 무디를 초대하여 올드 필라델피아 기차 차고(train depot)에서 주요한 신앙부흥 집회를 가졌다. 그는 이 공간을 부흥회가 끝나면 그랜드 데포 잡화점으로 변경할 계획을 가지고 있었다. 부흥 집회는 그에게 전율을 느끼도록 했을 뿐만 아니라 날마다 무디를 만나는 계기가 되었다. 무디는 이제 완전히 '거룩한' 미션에 빠져 있었다. 부흥회가 끝난 몇 개월 뒤 무디는 시카고에서 워너메이커에게 편지를 보내면서 사업에서 손을 떼라고 촉구했다. "당신이 사업에서 벗어나도록 한번 더 노력해 보려고 이 편지를 쓰지 않을 수 없소. 가능하면 빨리 사업에서 벗어나시오. 악마가 당신에게 왕관으로 속이려는 것처럼 보였다오." "당신의 사업 확장은 잘못된 것이었다고 나는 생각하오. 그것은 당신의 손과 발을 묶어 두려는 악마의 계획이오. 당신에게 간곡하게 부탁하노니 당신 마음이 추수를 거둬들이지 못하도록 냉담하게 만들지 마시오."[24] 워너메이커는 이런 하소연에 심경 변화를 일으킬 수도 있

21) George Marsden, *Fundamentalism and American Culture*, pp.73-75, 92; Find-lay, *Dwight L. Moody*, p.132; 성스러운 운동에 관해서는 Ahlstrom, A *Religious History of the American People*, pp.816-23.

22) Findlay, *Dwight L. Moody*, pp.250-61. 무디에 관해 약간 다른 입장에 관해서는, William McLoughlin, *Revivals, Awakenings, and Reform*(Chicago Press, 1978), pp.141-45 참조. James Gilbert, *Perfect Utopias : Chicago's Utopias of 1893*(Chicago, 1991), pp.169-207.

23) 1860년대 워너메이커의 목사로서의 커리어에 관한 논의에 대해서는, Gibbon, *John Wanamaker*, vol. 1, pp.57-62.

었다. 1878년 무디와 친한 친구 몇 사람과 함께 뉴욕에 있는 전(前)천년지복주의 집회에 참석했다. 전(前)천년지복주의는 워너메이커의 인습적인 상인들의 낙관주의와는 거리가 먼 종교적인 입장이었을 뿐만 아니라 워너메이커 자신의 복음주의적인 자유주의 철학과도 거리가 멀었다.[25]

다시 한번 워너메이커는 그 길에서 물러났다. 왜냐하면 그는 자기 자신의 길을 개척하길 절실히 갈망했으므로 무디가 선택했던 것보다 훨씬 더 대담한 미션에 착수했다. 워너메이커는 자기 사업을 확장시켰는데, 그는 하나의 길을 위해(종교) 다른 하나(사업)를 반드시 포기해야 할 이유가 없다고 보았다. 세속적인 길을 거부하면서, 무디가 그랬던 것처럼 신성이 자신의 세속적인 관심사를 변경하도록 하기보다, 오히려 그는 두 길을 다 취하기로 했다. 그는 다른 복음주의 자유주의자들과 같은 욕망을 가지고 있었다. 즉 종교역사가였던 윌리엄 허친슨이 보여주었다시피, 그는 "신성한 것과 세속적인 것 사이의 오래된 갈등을 끊어 버리기로 했다."[26] 그는 왕국과 왕관 모두를 원했다. 그는 존재(영적인 은총을 입는 존재)와 소유(물질적인 것을 점점 더 많이 갖는 것. 상업적인 이윤, 편안함, 물질적인 진보, 권력을 갖는 것)를 전부 갖고자 했다. 따라서 종교의 장에서 그는 무디가 모든 선량한 기독교인이라면 마땅히 해야 할 것들이라고 주장한 것을 실천하기로 했다. 워너메이커는 성숙해 감에 따라 무디가 주장했던 것을 거대한 규모로 행했다. 워너메이커는 마음속에 문득 떠오르는 종교적인 생각, 경구들을 꾸준히 적어 놓았다. 이런 종교적 경구들은 '그가 예수 그리스도의 종교'라고 불렀던 '소박한' 신앙을 잘 반영한 것들이었다. 1871년 "예수는 결코 웃는 법이 없다"라고 적었다. "세속적인 선택은 대단히 위험하다. 우리는 신성한 어떤 것을 행해야 한다."[27] 1894년 유럽 여행중에 그는 "예수는 사방 어디에 자기 머리 하나 눕힐 곳이 없었다. 만약 그가 소유했더라면 자기 동료 인간들로부터 버림을 받았을 터였다. 반면 그는 모든 것을 나누었고 모든 것을 주었으며 자신을

---

24) Dwight Moody to JW(October 7, 1877 and November 5, 1877), WA.

25) Findlay, *Dwight L. Moody*, pp.251-53.

26) William R. Hutchinson, *The Modernist Impulse in American Protestantism* (Cambridge Mass., 1976), pp.8-11.

27) JW, address book, under 〈E〉 and 〈Q〉(1981), WA.

위해서는 아무것도 갖지 않았다.[28] "신은 크시고 충만하다. 신의 무한한 사랑은 아무리 과장해도 과장됨이 없도다"[29]라고 1901년에 적어 놓았다.

워너메이커는 1850년대 소규모로 시작했던 베다니 미션 주일학교를 또한 엄청나게 팽창시켰다. 1890년대 무렵 베다니 주일학교는 세계에서 가장 큰 주일학교가 되었다. 이 주일학교는 베다니 장로교와 자매결연을 맺었으며 2명의 목사, 다양한 부목사, 사업 지원 직원들, 많은 평신도 지도자들, 수천 명의 회중을 거느린 거대한 제도가 되었다. 베다니 장로교는 사실상 미국 제도적인 교회의 원조인 셈이었다. 이 새로운 형태의 교회는 사회적 · 문화적 요구를 만족시켜 주고 종교적인 목표에 봉사하는 많은 종파에서 찾아볼 수 있게 되었다. 이후의 백화점이 그랬다시피, 이런 교회들은 지역 공동체의 생활에 닻을 내렸다. 이들 교회는 대규모 예산, 찬송하고 먹고 만나는 편의 시설과 모든 종류의 활동이 가능한 시설을 갖추게 되었다. 대다수 교회들은 '그야말로 하루 종일 날마다 문을 열었다'라고 1891년 한 목사는 말했다. 그들은 도시의 가난과 갈등에 관심을 가졌다. 이들 교회들은 종교와 세속적인 생활을 어느 정도 연결시키려고 노력하면서 여가 활동과 영적인 안내에서부터 경제적이고 휴머니즘적인 도움에 이르는 '인간의 전체적인 삶'을 거론했다. 가장 사회적인 의식을 가지고 있었던 단체는 실제로 기독교 정착촌이었는데, 탁아소 · 직업소개소 · 급식 식당 · 구조대 등을 운영했다. 다른 단체는 사회적인 서비스와 여가 활동을 적당히 섞어서 하고 있었다. 예를 들어 오리아나 아트킨슨은 연극비평가인 브룩스 아트킨슨의 아내로, 뉴욕 시 그리니치 빌리지에서 성장했는데 그녀는 근처에 있는 감리교 제도교회에 종교적으로, 사회적으로 완전히 의존하고 있었다. 그 교회는 14번지 메트로폴리탄 템플이었다. 그곳에는 '주변 몇 블록이나 떨어진 곳에서도 사람들을 끌어들이는 자석'과 같은 기능을 했다. "밤과 낮을 가리지 않고 채플에서는 뭔가 행사가 있었다. 때로는 교회 자체에서도 뭔가가 진행되고 있었다"라고 그녀는 자신의 회고록에서 회상했다. 설교, 합창 연

---

28) JW, notebook dated 1894(May 13, 1894), p.19, WA.

29) JW to George Bailey(June 26, 1913), in Wanamaker Letterbook, 〈April 5, 1913 to October 25, 1913〉, p.413; JW journal(1901), black notebook, paper wrapper, dated 1901, WA.

습, 성경 수업, 전문적인 콘서트, 바느질 서클, 미션 미팅, 주일학교[30]의 행사가 포함되었다. 아트킨슨의 교회와 그밖의 다른 교회들은 교회의 예배를 때때로 '전문적인 공연'처럼 취급했다. 예배는 회중들의 참여보다는 오히려 목사의 힘을 보여주는 전시관처럼 보였다. 역사가인 허버트 슈나이더가 기록했다시피, '점차적으로' 그런 교회들은 종교적인 수동성을 권장하면서 "교회에 예배 보러 오는 것이 마치 콘서트나 극장에 참석하는 것과 흡사한 것처럼 만들어 버렸다."[31]

워너메이커의 베다니 감로교회는 최초의 제도교회 가운데 하나였을 뿐만 아니라 자신의 백화점처럼 다방면의 역할을 감당했다. 일찍이 1880년대 오케스트라가 예배 시간에 연주를 했고, 교회의 스테인드 글라스는 백화점의 스테인드 글라스를 반영했다. 교회에서 안내인들은 마치 워너메이커의 백화점에서 영업 사원들의 서비스 정신과 마찬가지였다(1906년 뉴욕에서 스테인드 글라스 창문은 9층의 레스토랑, 공개 위락실, 미술관을 망라했다).[32] 이와 동시에 베다니의 2명의 목사들인 아서 페어슨과 J. 윌버 채프먼은 무디의 신성 운동에 감명을 받았던 인물들로서 도시 빈민을 돕는 데 노력했다. 아동들을 위한 주일학교 수업에 덧붙여 베다니는 복음주의 집회, 구조 임무, 해변의 집, 일일 방학 성경학교, 주중의 야학, 탁아소, 국내와 해외에서의 선교 업무를 지원했다. 선생들은 바이블 유니언(Bible Union)을 운영했다. 장로교와 비장로교도들을 망라하여 일요일 오후에는 어른들을 위해, 그리고 일요일 오전에는 '오직 남성들만'의 형제애를 위한 바이블 유니언을 운영했다.[33]

워너메이커는 베다니에서 수십 년 동안 관리 감독을 했으며 그곳 주일학교에서 가르쳤다. "나는 주일학교를 빠진 적이 없었다. 몸이 아프거나 아

---

30) Oriana Atkinson, *Manhattan and Me*(New York, 1954), pp.63-65; Abell, *The Urban Impact on American Protestantism*, p.156. 제도교회 전반에 관해서는 Abell, pp.135-65 참조.

31) Schneider, *Religoin in Twentieth-Century America*, pp.10-11. 제도교회에 관해서는 Marsden, *Fundamentalism and American Culture*, pp.82-83.

32) 〈The New Wanamaker Store〉, *Architects' and Builders' Magazine* 38(June 1906): 365-72.

33) Gibbons, *John Wanamaker*, vol.1, pp.336-37; Marsden, *Fundamentalism and American Culture*, pp.83-85; and Abell, *The Urban Impact*, pp.155-56.

니면 해외에 나가 있을 때를 제외한다면 말이다. 왜냐하면 주일학교를 대신할 수 있는 것은 아무것도 없다는 사실을 몸소 경험으로 알았기 때문이다." 1898년 무렵 그는 주일 《성경》 클래스에서 거의 2천 명에 달하는 사람을 모아 놓고 강연을 했다.[34] 특히 그는 오전의 '형제애' 클래스를 지도하는 것을 가장 좋아했는데, 이 형제애 클래스는 워너메이커가 1890년대에 조직한 것으로 10년이 지난 뒤 그가 《신약》의 〈로마서〉를 설교하면서 '로마 군단'이라는 새이름을 갖게 되었다. 이 형제들 중 많은 사람들은 그의 직원들이었지만 필라델피아 전역과 인근 마을에서 모여든 사람들이었다. 1900년에 이르면 회원 수는 9백 명이 넘었다. 워너메이커는 이들을 모아 놓고 단순한 이야기들과 《성경》에 나오는 우화를 가르치는 것을 좋아했다. 1900년대 초반에 이르면 그는 자기가 좋아하는 성경 구절인 〈로마서〉 8장과 10장을 가르치는 데 많은 시간을 투자하면서 그 구절들을 암송하라고 요구했다. 그는 남편이 가족들 앞에서 이 구절들을 '암송'한 것에 대해서 칭찬하는 편지를 그 부인에게 보냈다. 〈로마서〉 8장의 핵심인 '육신을 좇는 사람들'은 이렇게 이야기하고 있다. "육신을 좇는 자는 육신의 일을, 영을 좇는 자는 영의 일을 생각하나니. 육신의 생각은 사망이요 영의 생각은 생명과 평안이니라. 육신의 생각은 하나님과 원수가 되나니."[35]

워너메이커의 자금은 1873년의 공황에 이은 경제적인 위기의 궤적을 따라 미국에서 마지막으로 가장 중요한 도시 종교 생활의 신앙부흥 운동에 기여했을 수도 있었다. 1876년에 있었던 무디의 방대한 신앙부흥은 그 어떤 것보다도 사업과 전문직에 종사하는 사람들이 자신들이 하고 있는 것에 대한 죄의식으로부터 벗어나기를 원하는 데 안성맞춤이었다. 이 운동은 수천 명의 사람들을 끌어들였는데, 그 중에서는 그랜트 대통령과 대법원 판사들도 속해 있었다. 이로부터 거의 40년이 지난 뒤, 워너메이커는 마찬가

---

34) JW to Harry T. Alumbaugh(June 21, 1913), in Wanamaker Letterbook, 〈April 5, 1913 to October 25, 1913〉, p.382, WA.

35) 〈로마서〉, 《성경》 개정된 스탠더드 판본(New York, 1952), p.147. 워너메이커가 '형제'들의 아내에게 보낸 편지 샘플에 관해서는 JW to Mrs. Reinert(September 24, 1904), August 25, 1904 to January 13, 1905〉, p.192; JW to Mrs. McCreery(September 23, 1904); and JW to Mrs. Allen(September 23, 1904), WA.

지 열의를 가지고 빌리 선데이 목사의 근본주의 신앙부흥 운동을 지원했다. 과거의 '영광'을 회복하고 싶어했지만 노력에도 불구하고 그런 시도는 실패했다. 그는 자신이 벌었던 돈과 예배의식과 자신이 만들었던 종교적인 기구들을 빌리 선데이의 발 아래 복종시켰다. 그는 빌리 목사의 아내에게 이렇게 말했다. "목사님이 우리에게 집을 비울 수 있는 시간을 주는 만큼 그보다 몇 배로 우리는 청중들을 변화시킬 것입니다." "나는 선데이 목사님이 2,3개월 동안 여기서 살면서 새로운 독립 선언을 하려는 저희를 도와주시기 바랍니다." 반면 다른 사람들——필라델피아의 자유주의 경제학자인 스콧 니어링과 같은 사람——은 선데이에게 설교 내용에 개혁적인 이슈를 포함시켜 달라고 간청했다. 워너메이커 자신의 교회 목사들도 사회적인 서비스를 강조했지만 그는 예수를 통해 소박한 구원의 메시지를 전파해 달라고 부탁했다.[36]

워너메이커는 장로교회의 원로 장로였다. 그는 필라델피아에 4개의 큰 교회를 세웠으며 1900년대 이후부터 이 도시로 유입해 들어오는 여러 인종과 민족 집단들을 위해 새로운 교회를 더 많이 짓겠다고 제안했다. 이 도시에서 오래된 북유럽 출신의 (백인) 인구들이 다른 곳으로 빠져나간(워너메이커는 그와 같은 인구 변화에 애통해하지 않는 사람들 중 하나였다) 공간을 새로 유입된 인구들이 채웠다. 1870년대 그는 《선데이 스쿨 타임스》를 소생시켰는데, 이 신문은 미국에서 중추적인 주일학교 신문이었지만 재정난으로 급속하게 몰락해 가고 있었다. 그는 이 신문을 사들여 자신의 인쇄기로 인쇄했다(상인이 그런 일을 한 것은 전대미문의 사건이었다). 구독률은 치솟아서 5만 부를 뛰어넘었다. 그는 40년 이상 필라델피아 안식일 연합회의 회장이었으며 구세군과 YMCA의 설립과 성장에 주도적인 역할을 해왔다. YMCA는 탁월한 도시적인 제도라고 워너메이커는 생각했다. YMCA가 없었더라면 젊은이들의 도덕적인 생활이 위험에 처하게 되리라고 보았다. 그는 베다니 주일학교를 위해 헌신한 것처럼 YMCA를 위해서 자기 생애의 많은 부

---

36) JW to Mrs William Sunday(September 6, 1913, and March 5, 1914), 〈From October 24, 1913 to May 28, 1914〉, WA; and Marsden, Marsden, *Fundamentalism and American Culture*, pp.96-97.

분을 바쳤다. '잘 조직된 YMCA는 도시의 복지 생활에 있어서 필수 불가결한 것'이라고 생각한다는 편지를 1886년 한 친구에게 보냈다. "YMCA에 엄청난 돈을 투자하는 것은 투자한 돈을 회수하는 데 이보다 더 나은 곳을 어디에서도 발견하지 못했기 때문이다. 나는 우리가 고용한 젊은이들에게 격려와 안전 장치를 제공하는 것에서 연합회의 유용성이 그 가치를 찾을 수 있다고 믿는다."[37]

1895년 이후 이 필라델피아 상인의 종교적인 과업은 범세계적인 차원으로 확장되었으며, 이런 종교 사업은 당대에 유행했던 복음주의적인 프로테스탄티즘의 추세를 반영한 것이었다. 그의 돈으로 마드라스(1895), 캘커타(1901), 서울(1901), 북경(1913)에 YMCA가 세워졌다. 그는 1900년 인도에 YMCA 본부를 세웠으며 인도의 알라하바드 기독교 여자대학을 위해 메리 워너메이커학교를 설립했다. 이 학교는 베다니 미션 주일학교와 결연 관계를 맺고 있었다. 그는 1919년 세계주일학교연합의 회장이 되었다.[38]

소박한 생활과 와그너 목사

놀랄지 모르겠지만 워너메이커는 미국에서 '소박한 생활' 운동의 설립자이기도 했다. 시어도어 루스벨트 이외에는 이 운동에 가장 분주했던 인물이었다. 1901년과 1904년 사이에 소박한 생활에 대한 관심은 미국의 도시 중산층에게 스며들었다. 역사가인 데이비드 시가 기록하다시피, 소박한 생활운동의 파급력은 대단했다. "이 운동은 종교적인 숭배의식임과 동시에 변덕스런 유행 같은 것이었다."[39] '미술과 공예' 운동에 종사하는 사람들은 소박성을 추구했으며 엘지 드 울프와 같은 새로운 유행의 실내장식가들 사이에서도 소박성 추구가 일종의 유행이 되었다. 한동안 이디스 휘턴은 처녀작이었던 1899년《하우스 장식》에서 소박성의 '미학'과 장식품으로 빼곡하

---

37) Gibbon, *John Wanamaker*, vol.1, pp.322, 330, 347; and JW to J. C. Ensign (September 24, 1886), Wanamaker Letterbook, 〈December 22, 1885 to December 2, 1886〉, WA.

38) Gibbon, *John Wanamaker*, vol. 2, pp.346, 354.

게 채우는 것을 거부해야 한다고 주장했다. 시골집과 농촌의 소박성이 유한
계급들의 인기 있는 추구 품목이 되었다. 황야 보존 운동의 옹호자들은 '땅
으로 귀환하기'와 땅의 보존 운동가들 역시 소박한 생활철학의 신봉자들이
었다. 1914년 시에라 클럽을 세웠던 위대한 자연주의자인 존 뮤어는 "소박
한 생활이야말로 최고이며 근대 자본주의의 꿀꿀거리는 탐욕스런 사조에 대
한 유일한 대안"이라고 주장했다. "우리의 문명 양식은 무수한 결핍을 만들
어 낸다. 하지만 자연의 순수한 휴식과 치유력에 관해 생각하는 사람은 거의
없다"[40]고 그는 말했다. 소박한 생활의 숭배의식은 미국 보이스카우트에 영
향을 주어서 1910년에 창설되도록 만들었으며 새로운 캠핑 그룹 또한 세워
졌다. 1890년대 후반에 전문직으로 발전되었던 인류학은 부분적으로는 소
박한 생활 이데올로기로부터 고무된 학문이었다. 인류학 서클에서 소박한
생활에 대한 관심은 '원시' 부족들에 대해 인류학자들이 낭만적인 해석——
다른 부족과 다른 곳에서 표현된 소박한 생활을 발견해 내려는 필요성——
을 하도록 만드는 데 영향을 미쳤다고들 했다. 따라서 민족학자인 월터 에드
먼드 로스가 기니아 인디언들에 관해서 말했다시피, "그들은 가장 완벽한
평등을 누리고 있다……. 소박한 수단에 만족하면서 그들은 식민주의적 점
령이나 식민주의적인 습관과 경쟁하려는 어떤 흔적도 가지고 있지 않다."[41]
　하지만 소박한 생활 이데올로기의 주된 청중은 자유주의 복음주의적인 배

---

39) David E., Shi, *The Simple Life, Plain Living, and High Thinking in American Culture*(New York, 1985), p.176. 이 책은 식민지 개척 시대부터 현재에 이르기까지 미국에서 소박한 생활이라는 아이디어가 미친 영향과 발전의 흔적을 추적한다. 훌륭하고 사려 깊은 책이다. 하지만 불행하게도 존 워너메이커를 거론하고 있지 않다. 하지만 이 운동의 건설에 미친 워너메이커의 역할은 핵심적이었다. 시의 논의——그 중에서도 특히 최고로 탁월한 장인 '진보적인 소박성'과 부분적으로 워너메이커를 다루지 못했기 때문에——는 이 '운동'이 어떻게 끝나게 되었는지 혹은 내재적으로 그 운동이 저항하고자 했던 것을 어떻게 하여 오히려 돕게 되었는지를 거의 설명해 주지 못했다.

40) John Muir, quoted in Shi, *The Simple Life*, p.197; chap.8, 〈Progressive Simplicity〉, pp.174-214.

41) Walter Edmond Roth, quoted in Michael Taussig, *Shamanism, Colonialism, and the Wild Man: A Study in Terror and Healing*(Chicago, 1987), p.57, and published as 〈An Introductory Study in the Arts, Crafts, and Customs of the Guinean Indian〉, in *The Thirty-eighth Annual Report of the Bureau of American Ethnology: 1916-1917*(Wishington, D. C., 1924), pp.725-45. Shi, The Simple Life, pp.208-14.

경을 가진 도시 중산층 미국인들이었다. 이들 중 대다수는 그들의 불어나는 부와 안락함에 도덕적으로 회의하거나 죄의식을 느끼고 있었으므로 소박한 생활철학의 호소력에 매료되었다. 다시 한번 워너메이커는 이 운동의 선두에 서게 되었으며 소박한 생활의 흥행주가 되었다.

이 운동으로 가장 잘 알려진 책은 프랑스 목사인 샤를 바그너가 쓴 《소박한 생활》이었다. 그는 중년에 접어든 루터교 목사였으며 워너메이커와 마찬가지로 어느 종파에도 속하지 않는 비종파적인 자유주의 경향을 가지고 있었다. 바그너는 프랑스 신교도 부르주아지들의 물질주의적인 행태들을 염려했다. 1901년에 출판되었던 그의 책은 얼마 지나지 않아 번역이 되었는데 부르주아 계급이 영적인 생활을 무시하면서 물질적인 것들에 열광한다는 것에 대해 부드럽게 꾸짖는 정도였다.

《소박한 생활》은 프랑스에서는 실패했지만 미국에서는 선풍적인 인기를 누리게 되었다. 이 책에서 바그너는 새로운 '복잡한 물질주의'에 대한 도덕적인 행동에 미치는 충격에 관해 논의했다. 좋은 집, 좋은 음식, 보다 좋은 가구, 높은 생활 수준을 유지하는 데 미치는 도덕적인 영향을 언급했다. 그는 물질적인 진보의 좋은 점과 위험한 점을 동시에 보았다. 왜냐하면 물질적인 진보는 안정된 윤리적 중심을 가지고 있지 못하기 때문이었다. 이미 잘 살고 있는 사람들은 점점 더 많은 것을 욕망하게 되며, "전반적으로 초조한 상태를 부추기게 된다……. 필요가 많아지면 많아질수록 가지고 싶은 욕망은 점점 더 커진다. 그럴수록 점점 더 걸핏하면 싸움질을 하게 된다." '패션'과 '사치'는 유럽인과 미국인들을 타락시키고 있었다. 사람들은 많이 가진 자를 모방하려는 욕망에 사로잡혀, 소박하면서도 진정하고 자기 희생적이며 특히 "자기 소멸적인 것이 어떤 것인지를 망각하게 되었다." 우리 시대의 주된 유치함은 광고를 사랑하는 것이다. 광고의 불투명성으로 인해,

대중의 눈에는 다른 사람들이 자신에 대해 언급하도록 만들고 싶어한다. 일부 사람들은 이런 욕망에 완전히 사로잡혀 있다. 그래서 눈곱만한 명성을 누리게 되는 것에 정당성을 부여해 주게 된다. 모든 것을 보여주려고 안달이다. 차라리 모든 것을 전시한다는 편이 나을 것이다. 감춰져 있는 것을 식별할 수 있는 능력이 점차 없어지고 있다……. 때로는 사회 자체가 거대한 시장으로

바뀌는 것으로 끝장나지 않을까라는 의구심이 든다. 각자 자신의 텐트 앞에서 요란하게 선전을 하면서 말이다.[42]

그런데 바그너가 이런 비판을 그(워너메이커)에게 적용했다는 증거는 어디에서도 찾아볼 수 없었다.

바그너가 가장 비난했던 것은 '새롭고' '현대적인' 것을 추구하기 위해 과거를 반대했던 '물질주의자'들에 관한 것이었다. 이제 어느 누구도 '가족 전통'과 '효도'와 신성한 믿음이나 오래된 장인 정신과 같은 것에 더 이상 신경 쓰지 않는다. "그 대신 자기 집안을 물건으로 가득 채우는 데만 정신을 쏟는다." 기억하라! 새로 결혼한('신혼') 커플은 아무런 의미도 없는 새로운 가구로 집안을 장식한다. 이런 가구들은 '편리하고 표피적인 실존을 상징하는 것이다.'[43]

이런 상황에 무슨 조처가 있어야 한다. 그런데 무슨 조치였을까? 바그너는 과거로 되돌아갈 수는 없다고 분명히 밝혔다. 그의 계획은 대부분의 '소박한 생활론자들'처럼 좋았던 '그 옛날'의 '소박한 생활'로 되돌아가려는 것이 아니었다. 혹은 전통적인 기독교적인 관점에서 '세속적인 모든 것을 체념'하는 그런 소박한 생활로 귀환하려고는 하지 않았다. "자신들이 조상들의 시대에 태어나지 않은 것을 한탄하는 그런 사람들과 나는 아무런 공통점이 없다"고 그는 단호하게 말했다. "나는 이 시대의 아들이다. 나는 이 시대가 날이면 날마다 더욱 매력적이라고 느끼는 사람이다."[44] 그가 제시한 해답은 사회주의적인 것은 전혀 아니었다. 방대한 사회 프로그램은 잘못된 것이다. 왜냐하면 그렇게 되면 부의 재분배를 끌어들이지 않을 수 없는데, 그것은 잘못된 방향이다. 민주주의와 평등 그 자체를 너머 끝 간 데까지 추구하다 보면 오도될 수밖에 없기 때문이다. 가난한 자와 부자, 노동자와 부르주아 모두 자신의 위치에서 충분히 만족했다.

---

42) Paster Wagner, *The Simple Life*(New York, 1903), pp.ix-x, 111-12. 이 책이 베스트셀러에 오른 것에 관해서는, Frank Luther Mott, *Golden Multitudes: The Story of Best Sellers in the United States*(New York, 1966), p.324.

43) Wagner, *The Simple Life*, p.134.

44) Quoted in Stickley, 〈M. Charles Wagner……〉, *The Craftsman*, vol. VII, p.131.

그가 제안했던 해결책은 개인적이고 개별적인 차원의 것이었다. 사람들은 '각자 자신의 처지에서' 소박한 생활을 공개적으로 선언해야 마땅하다. 모든 사람들은 자기 나름의 방식으로 '자기 마음속에서' 소박한 생활을 하면 되는 것이다. 내 책은 "마음이 소박하다면, 우리 주변의 환경과는 상관없이 소박하게 살 수 있다"[45]고 바그너는 나중에 설명했다. 그의 요점은 피상적이거나 세련되고 복잡한 것은 전부 피하는 것이었다. '돈'과 같이 '나쁜 것'은 생각하지 말아라라고 바그너는 제안했다. '염세주의'와 '자기 분석'을 피하라. '자신감'과 '희망'을 가져라. 다시 오래된 기술을 이어받고 오래된 가족 전통을 재제도화하라. '자기 자신이 되도록' 노력하라. "소박함은 마음 상태이다. 우리 생활의 의도 속에 깃들어 있는 것이 소박함이다. 자신의 존재와 당위, 즉 자연스럽고 정직한 인간에 부합하기를 원하는 것이 주된 관심사인 사람은 소박한 사람이다. 말하자면 정직하고 자연스런 인간이다. 꽃은 꽃으로 내버려두라. 제비는 제비가 되도록 내버려두라. 바위는 바위가, 인간은 인간으로 내버려두라. 그들이 여우, 토끼, 돼지, 혹은 짐승의 먹잇감이 되지 않도록 하라. 이것이 모든 문제의 총체이다."[46]

베다니에서 보낸 시절

《소박한 생활》은 뉴욕 시 한군데서만 수십만 부가 팔렸다.[47] 1904년에 이르면 바그너의 이름은 '가정 생활 단어'가 되었다. '미국 대중들에게 그의 얼굴은 너무나 친숙해서 사람들은 그를 즉시 알아보았다. 그의 사진은 미국 전역에서 찾아볼 수 있었다. 바그너의 숭배자 중 한 사람이었던 엘버트 허버드와 마찬가지로 익숙한 얼굴이 되었다.[48] 미국의 선도적인 여성 잡지였던 《레이디스 홈 저널》의 출판업자이자 필라델피아의 워너메이커의 이웃

---

45) Ibid, p.138.
46) Wagner, *The Simple Life*, p.17.
47) Editorial, *DGE*(December 3, 1904).
48) George Wharton James, 〈Two Days with M. Wager〉, *The Craftsman*, vol. VII, pp.184-85.

에 살았던 에드워드 복은 바그너의 사상을 수백만 미국인들에게 전파하는 데 자신의 잡지를 이용했다. 시어도어 루스벨트 대통령 또한 바그너의 책을 격찬했다. 워너메이커 자신도 그 책을 입수했을 터였다.[49] 이 책에 대한 요청은 대단히 광범위했는데, 심지어 현대적인 제품 판매를 충고하는 사업 거래의 보루였던 《잡화 이코노미스트》의 편집진마저 이 책을 선전하고 있음을 알게 되었다. 이 책의 인기는

　　미국의 대다수가 그렇게 살 수밖에 없었던 복잡하고 인위적인 삶에 반발하는 지표를 제공했다……. 과거에 대한 바그너 목사의 정직하고 솔직한 표현과 한결같고 직설적인 대안은 미국인들에게 일독을 권할만한 대단히 건전한 책이다.

이 책에 반발하는 반발이 나타나는 데는 불과 3개월밖에 걸리지 않았다. 1905년 3월 편집진들은 "사치는…… 상대적인 개념이다. 바그너와 그의 《소박한 생활》의 주장과는 반대로, 정도의 차이는 있지만 모든 미국인들이 추구하는 것이 바로 이것이다"[50]라고 주장하고 있었다.

워너메이커는 아직 그를 만난 적도 없었지만 이미 바그너의 열렬한 옹호자가 되었다. 워너메이커는 바그너의 소박한 생활이 전달하는 메시지야말로 그가 인식해 왔던 미국 생활에서 '종교의 쇠퇴'를 막는 해독제 역할을 할 수 있을 것으로 확신했다. 그는 이와 같은 종교의 쇠퇴를 '신앙에 관한 시답잖은 논쟁'과 '강도 높은 《성경》에 대한 비판'과 '부의 추구'[51] 탓으로 돌렸다. 워너메이커는 《소박한 생활》을 수천 권이나 사들여 직원들, 베다니 주일학교 사람들, 친구들에게 나누어 주었다.[52] 그는 펜실베이니아 주 린덴허스트에 있는 멋진 전원주택 옆에 소박한 '방갈로'를 지어 놓고서는, 그의

---

49) Gibbons, *John Wanamaker*, vol.2, p.149; and JW to Fred G. Finley(November 28, 1902), Wanamaker Letterbook, 〈November 22, 1902 to August 11, 1903〉, p.30, WA.

50) Editorial, *DGE*(December 3, 1904, and March 11, 1905).

51) JW, Wanamaker notebook(1900), unpaginated, WA.

52) JW to Charles Stock(January 16, 1903), Wanamaker Letterbook, 〈November 22, 1902 to August 11, 1903〉, pp.386-87, WA.

전기작가가 지적했다시피, 소박한 생활의 필요성을 느낄 때면 언제나 샤를 바그너식의 《소박한 생활》을 할 수 있었다.[53]

1903년 봄 파리에서 어느 날 아침 워너메이커는 바그너의 아파트를 방문하여 '종교 생활의 조건을 연구'하고 순회강연을 해달라고 하면서 미국으로 그를 초대했다.[54] 고국으로 돌아와서 다시 한번 워너메이커는 친구들에게 바그너가 '유쾌한 사람'이며 자신이 그와 가졌던 '즐거운 인터뷰'를 언급했다. 바그너는 '자기 사진을 나에게 보내 주기'까지 했다고 자랑했다.[55] 1904년 9월 바그너는 장도에 올랐다. "미국은 당신을 환영합니다!"라고 이 상인은 전보를 르아브르를 여행하는 중간에 보냈다.[56] 첫 2주 동안 바그너는 린덴허스트에 있는 워너메이커의 집에서 묵었다(소박한 방갈로가 아니라 시골 전원주택). 그는 이 나라의 '종교 생활'을 연구하는 데 필요한 준비를 할 수 있는 우호적인 분위기에 익숙해졌다.[57]

린덴허스트에 머물렀던 첫날 바그너는 워너메이커의 매일 행하는 일상적인 제의와 더불어 시작했다. '가족의 우두머리'가 《성경》을 읽고 주인과 하인들이 함께 모였다. 그 이후에 그들은 집안을 둘러보았는데, 크고 멋진 집이었지만 '호사스럽지 않은' 것에 바그너는 감명을 받았다. 물론 그 집 안에는 가장 값비싼 회화들이 소장되어 있었다(그 집 안의 소장품에는 게인즈버러·렘브란트·티치아노·터너·호가스·컨스터블·벨라스케스·루벤스·프란츠 할스·레이놀즈·코로·반 다이크의 그림이 포함되어 있었다). 꽃과 나무들, 중세 태피스트리, 조각상, 다른 예술 작품들이 곳곳에 있었다. 거대한 계단실에는 수백 개의 파이프를 가진 오르간이 놓여 있었다. 바그너는 온실과 정원에 있는 난초 수집품에 경탄했으며 시골길을 자전거로 하이킹했다. 하이킹으로 지친 몸을 이끌고 와서 '원형 천장'이 있는 곳으로 되돌아오자 그를 맞이한 것은 '자주색 포도와 가지가 휘어지도록 드리워져 있는 황금

---

53) Gibbons, *John Wanamaker*, vol. 2, p.143.

54) JW to Miss S. C. Glass, James C. Pond Lyceum Bureau(September 10, 1904), 〈August 25, 1904 to January 13, 1905〉, p.113, WA.

55) JW to Pastor Miller(July 6, 1903), 〈November 22, 1902, to August 11, 1903〉, p.804, WA.

56) Ibid., p.13.

57) Charles Wagner, *My Impressions of America*(New York, 1906), p.41.

색 배들이었다.' 그는 원형 천장 아래서 깜빡 낮잠에 빠졌다가 소녀들의 깔깔거리는 웃음소리에 잠에서 깨어났다. 그의 앞에는 산더미 같은 과일들이 놓여 있었다. "나는 달콤한 배와 백포도주 풍미가 나는 포도를 먹었다"[58]

워너메이커는 사업할 시간을 빼앗겼음에도 불구하고 바그너가 2주간 체류한 것에 너무 기뻐했다. 그와 바그너는 친구가 되었으며 두 사람 모두 서로의 소박한 생활에 깊은 감명을 받았다.[59] 워너메이커는 베다니에 있는 친구들에게 편지를 보냈다. "나는 당신이 지난 2주간 우리와 함께 머물 수 있었더라면 하고 바랐다.《소박한 생활》의 화신이 나와 이곳에 머물고 있었기 때문이었다. 바그너 목사는 고결한 영혼의 소유자이다"라고 또 다른 편지에서 감탄하고 있었다. "자네와 내가 그의 소박한 성격을 좀더 포착할 수 있기를 바랐다네. 그것은 그냥 소박한 정도가 아니라 강하고 건전한 것이라네."[60] "미국의 평신도들은 미국 교회의 소중한 자산이다"라고 바그너는 말했다. "예외적인 상황이 주는 무게에도 불구하고 완벽하게 소박한 생활을 할 수 있는 방법과 가슴을 가지고 있는 사람들이 그 중에서는 많았다. 존 워너메이커야말로 바로 그런 인물이었다. 다음 세대에도 그 사람과 같은 인물이 나오기를 축복한다."[61]

바그너는 동부 해안을 오르내리면서 소박한 생활에 관한 강연을 했다. 워너메이커는 많은 시간을 내어 이 강연 여행에 동행했다. 바그너는 많은 '제도화된 교회'들을 방문하면서 그 크기, 독서 서클, 바느질 서클, 그리고 다양한 오락거리에 압도당했다. "그런 방식을 통하여 회원들은 종교적인 모임이 아니더라도 다른 곳에서 함께 모이게 되면 교회는 고독한 사람들이 가족을 발견하고 젊은이들이 짝을 찾을 수 있는 센터가 된다."[62] 그 상인(워너

---

58) Ibid., pp.41-44, 51; 워너메이커 집에 걸려 있었던 그림 목록에 관해서는, 타이핑으로 기록된 다음을 참조. 〈Among the Works of Art in the 'Lindenhurst' Collection and at the Store〉, WA.

59) Wagner, *My Impressions of America*(New York, 1906), p.12.

60) JW to John Brisbane Walker(September 27, 1904), 〈August 25, 1904 to January 13, 1905〉, p.253; JW to Reverend John T. Beckley(October 4, 1904 p.351); and JW to Professor F. H. Green(October 4, 1904), p.345, WA.

61) Wagner, *My Impressions of America*(New York, 1906), p.84.

62) Wagner, *My Impressions of America*(New York, 1906), p.96.

메이커)은 바그너를 워싱턴에 있는 루스벨트 대통령과 만날 수 있도록 주선해 주었다. 워너메이커는 '바그너의 경비를 자기 호주머니를 털어서 감당했다'고 친구들에게 자랑했다. 그는 순회강연을 준비해 주고 신문과 잡지가 바그너의 글을 출판하고 《소박한 생활》에서 일부를 발췌해서 실을 수 있도록 마치 출판대행사처럼 행동했다.[63] 그는 바그너를 대신하여 부유한 동료들에게 돈을 거뒀다. "바그너는 자신의 소박한 생활 방식으로 인해 어떤 것도 요구하지 않았지만, 가난한 그가 미국과 친숙해지는 데 필요한 비용을 자비로 부담하는 것을 보면서, 우리는 적어도 그가 빚더미를 끌어안고 고국으로 되돌아가지 않도록 하고 싶었다."[64]

바그너는 워너메이커의 모든 종교적인 기구를 방문했다. YMCA, 다양한 이웃 '친구' 집단, 베다니 미션 주일학교 등이 여기에 포함되었다. 로마 여단을 위한 리셉션에서 그는 《소박한 생활》에 자필 서명을 해서 형제들에게 나누어 주었다.[65] 워네메이커와 함께 베다니로 가면서 바그너는 이 상인을 경외감에 사로잡혀 지켜보았다. 그는 차에 앉아서 그날 활용할 《성경》 구절들을 읽었으며, 도중에 잠깐씩 차를 멈추고 병자들에게 꽃을 나누어 주었다.

'필라델피아의 베다니 교회'를 본 바그너의 첫인상과 경험은 나중에 《미국의 인상》이라는 저서에 기록되었다. "베다니 교회는 나에게 내가 여태껏 만나 보지 못했던 형태의 종교적인 생활 표현을 소개해 주었다. 물론 나중에 미국은 나에게 엄청나게 많은 종교 생활 형태를 보여주었다." 그곳에서 지냈던 날들 중에서 결코 잊지 못할 하루가 있었다. 그날이 1904년 9월 25일이었다. 형제애는 그에게 '서로 격려하고 올바른 삶'을 권장한다는 점에서 '훌륭한' 인상을 심어 주었다. 그는 수천 명이 운집한 가운데 지하실 강

---

63) JW to Ralph H. Graves(*The New York Times*), September 30, 1904, ⟨August 25, 1904 to January 13, 1905⟩, p.271; and JW to F. W. Squire, editor(*Booklover's Magazine*), October 20, 1904, p.502. 워너메이커가 바그너 목사가 루스벨트 대통령을 뵙도록 한 관해서는, JW to Reverend Joshep Cochran, September 21, 1904, ⟨August 25, 1904 to January 13, 1905⟩, p.182, WA, ⟨다음 주 월요일 나는 바그너 목사님을 워싱턴에 계신 대통령을 뵙도록 모시고 갈 예정이다⟩ 참조.

64) JW to Mr. Griffiths, October 24, 1904, p.540, WA.

65) 허버트 아담스 기본스가 정리한 샤를 바그너에 관한 파일 카드는 October 1, 1904, Gibbons file cabinet, WA 참조.

도판 1. 1876년 워너메이커는 버려진 철도 차고를 '그랜드 데포'로 용도 전환했다. 아마도 이것이 미국 최초의 백화점이었을 것이다. 이 사진은 1902년에 찍은 것인데, 탑의 모양과 섬세한 줄세공 장식은 그 당시 상업 건축물에 영향을 미쳤던 오리엔탈리즘의 흔적을 보여주고 있다.(필라델피아, 존 워너메이커스의 전재 허가)

　도판 2. 1900년 이전에만 하더라도 상인들은 윈도에 한 가지 상품만을 강조하여 전시하지 않았다. 그들이 했던 방법은 1899년 뉴욕에서 있었던 린넨 제품 전시가 보여주다시피, 건축물 구조에 한 무더기씩 쌓아 놓는 것이었다.(잡화 이코노미스트, c. 1899)

도판 3. 1923년에 찍은 이 사진은 브로드웨이와 아스토 플레이스에 있는 워너메이커스의 북쪽 빌딩의 2층 절반을 건축하고 있는 모습을 보여주고 있다. 1층의 절반은 1906년에 문을 열었다. 보다 작은 5층짜리 A. T. 스튜어트 스토어는 1864년에 지었는데, 저 멀리 사진의 왼쪽 측면에 나타나 있다.(뉴욕 공립도서관 오스토, 레녹스 틸덴 재단의 일반 연구조사 분과의 전재 허락)

도판 4. 《우리 시대의 패션》이라는 고급스러운 패션 카탈로그를 위한 2개의 표지(이 페이지와 다음 페이지가 보여주는)는 교외 주택의 고객들을 겨냥하여 1912년에 출판되었다. 이 카탈로그는 일급 예술가들이 풍부한 색상을 사용하여 제작한 것이었다. 이런 식 카탈로그는 워너메이커스와 조던 마시뿐만 아니라 필즈 카탈로그의 전형이었다.

도판 5. 맥스필드 패리시는 이것을 마즈다 캘린더라고 불렀다. 이 캘린더는 1919년 에디슨 전기 회사의 '밤의 정령'을 위해 디자인된 것이었다. '마즈다'라는 단어는 페르시아어로 "빛의 신"이라는 뜻을 가지고 있었다. 이 단어는 고객들에게 신화적이고 주술적인 빛의 힘에 관한 강력한 인상을 심어 주려는 에디슨 전기 회사의 의도를 그대로 보여준다.(다트머스대학 도서관의 전재 허락)

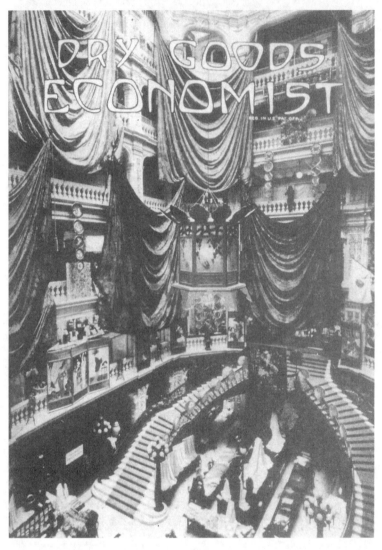

도판 6. 오래된 A. T. 스튜어트 스토어(1896년 이후로 존 워너메이커 소유)의 거대한 중앙계단과 중앙원형 천장은 일본식 영감을 받은 드레이프와 스크린으로 장식되었다.(잡화 이코노미스트, 1913)

도판 7. 뉴욕 로체스터에 있는 시블리·린드세이·커에 있었던 이 쇼윈도는 1912년 봄 메인 프런트에서 보여주었던 12개의 윈도 중 하나였다. 이것은 그 무렵 디스플레이의 수준이 어느 정도이며 얼마나 향상되었는지를 보여주는 지표이기도 하다. 기분 좋은 기하학적인 방식으로 분명하게 초점을 맞춘 상품은 차치하더라도, 윈도는 짙은 초록색 벨루어천을 배경으로 하고 윈도 상단은 7인치의 황금색 배내기를 테두리로 마무리되어 있었다.(잡화 이코노미스트, 1912년 3월 23일)

도판 8. 1915년 시카고 스테이트 스트리트의 마셜 필즈에 전시되었던 이 쇼윈도
의 거의 모든 것은 아서 프레이저에 의해서 디자인되었다. 프레이저는 일관성 있는
사치의 이미지를 창조하는 방향으로 디스플레이어들을 선도했다. 배경에 있는 아
름다운 태피스트리는 프레이저의 특징이었다.(마셜 필즈의 전재 허락)

도판 9. 1890년대 무렵의 혼잡하고 비교적 호소력이 없는 가게의 인테리어.(잡화 이코노미스트, c. 1899)

도판 10. 1914년 무렵 맨해튼 38번지와 5번 애비뉴에 있는 로드 앤드 테일러스와 같은 주요한 백화점의 인테리어.(잡화 이코노미스트, c. 1919)

도판 11. 대략 1927년 무렵, 시카고 마셜 필즈의 메인 갤러리 원형 천장은 인상적인 티퍼니 돔으로 장식되었다. 돔의 인테리어 컬러의 동심원은 짙은 마린 블루 색깔이었으며, 황금색·푸른색·초록색 무지갯빛의 유리로 원형 테두리를 하고 있었다.(마셜 필즈의 전재 허락)

도판 12. 1928년 크리스마스 때 워너메이커스의 그랜드 코트 모습. 상단 중심에는 거대한 장식품이 붉은색으로 밝게 빛난다. 1920년 후반 무렵 필라델피아의 워너메이커스의 장식 직원은 제대로 된 성당 분위기를 내기 위해 모든 장식품들을 전부 뜯어냈다.(펜실베이니아 역사 학회의 전재 허락)

도판 13. 1913년 워너메이커스의 알라의 정원 패션쇼는 이집트 홀에서 개최되었
다. 거대한 백화점 극장은 수년 동안 무료 콘서트와 고객들을 위한 엑스트래버갠자
를 열었다. 별들이 빛나는 배경은 브로드웨이 쇼 무대의 장식을 상기시킨다.(펜실
베이니아 역사학회의 전재 허락)

도판 14. 패터슨 파업 행렬의 한 장면. 공장의 피켓시위 장면은 새로 지어 진 맨해튼 26번지에 있는 매디슨 스퀘어 가든에서 무대에 올렸다.(뉴욕대학 교 태미먼트 도서관의 전재 허락)

도판 15. 패터슨 축제 포스터. 배경은 **IWW**를 상징하는 붉은색이었으며 애슈캔 예술가인 존 슬론이 디자인했다.(뉴욕대학교 태미먼트 도서관의 전재 허락)

도판 16. 대량 머천다이징에서 선도적인 교역 잡지인 《잡화 이코노미스트》는 1916년 3월호에서 27개 백화점의 정기 간행물로부터 발췌한 몽타주를 이용하여 전형적인 베이비 주간 광고로 발행했다.(뉴욕 공립도서관, 아스토·레녹스·틸덴 재단의 일반 연구조사 분과의 전재 허락)

도판 17. 존 워너메이커(상단 왼편), L. 프랭크 밤(상단 오른편), 사이먼 패턴(하단 왼쪽), 허버트 후버(하단 오른편).(존 워너메이커스, 필라델피아; 시러큐스대학 도서관; 펜실베이니아대학교 고문서보관소; 미국 상무성)

당에서 설교를 했다. 오후에는 《성경》 클래스에 참석했으며 워너메이커와 다른 사람들이 사도 바울이 말씀한 구절을 가져와서 해설하는 것을 들었다. 이 평신도들은 《성경》에 제대로 접근했다고 바그너는 감탄했다. 그들은 '교조적인 질문이나 과학적인 주해'에는 관심이 없었다. 오직 《성서》에 감춰진 영적인 보물을 생생하고도 개별적으로 전유하는 것'에만 관심이 있었다. 그는 이 점을 마음에 들어했다. '깊은 자기 분석'은 없었다. 그리고 확실히 '비인간적인 염세주의'도 없었다. 또 다른 강당에서 바그너는 '수천 명의 아동과 어른들이 대단히 아름다운 찬송가'를 부르는 것을 들었다. 그리고 "장엄한 콘트랄토의 목소리는 풍부하고 강렬한 종교적인 느낌이어서 가장 탁월한 예술도 감히 흉내내지 못할 정도였다." "주일학교의 전반적인 교육은 주변이 꽃으로 둘러싸인 분수처럼 흘러나왔으며 핵심을 이뤘다." "멋진 장소에서 복음주의적인 전통의 가르침을 받고 있는 어린 세대의 모습은 그야말로 매력적이었다."[66]

바그너에게 기억할 만한 가장 강한 인상을 남겨 준 것은 저녁 성찬식이었다. 베다니 교회로 회중들이 모여들었을 때, 그는 '대기중에 신에 대한 숭배의 숨결'을 느꼈다고 했다. "내 영혼은 피안의 세계에 대한 감각으로 가득 찼다." 워너메이커는 성찬식을 기념하기 위해 모인 사람들에게 한 말씀해 달라고 부탁했다. "오늘 저녁 목사님은 주의 성찬식에 초대된 손님입니다" 라고 바그너에게 속삭였다. '형제로서 한 말씀해 주셔야지요.' 나중에 생각하니 정확하게 뭐라고 말했는지는 기억나지 않았지만, 적어도 '영원의 감정 아래서 떨리고 있는 황금 코드'만은 기억할 수 있었다. "우리의 영혼은 진실로 하나가 되었다." 수석목사가 "이것이 내 몸이요…… 내 피니라"라고 선언하자, "고차원적인 삶의 은밀한 수원지가 열리면서 생명수가 영혼의 밭에 흘러넘치는 것"처럼 바그너는 느꼈다. 바로 그 순간 그 세기가 동결되었다. 베다니는 하느님의 동산으로 변형되었다. 이런 이유로 인해 바그너는 나중에 "그것이야말로 '하느님의 집'이자 '천국의 문'[67]과 다르지 않았다" 라고 말했다.

---

66) Wagner, *My Impressions of America*(New York, 1906), p.85.
67) Wagner, *My Impressions of America*(New York, 1906), pp.87–89.

이 모든 것으로 인해 워너메이커가 극도로 만족했을 것임에 틀림없었다. 11월 후반 그러니까 바그너가 파리로 떠나기 직전이었던 1904년 12월 2일 그는 맥클루어 출판사로 하여금 몇 달 이내로 《바그너 목사 연감》을 출판하도록 했다. 워너메이커는 바그너를 전송하기 위해 뉴욕으로 갔다. 1904년 12월 24일 워너메이커는 한 친구에게 편지를 보내면서 "우리는 백화점 역사상 가장 멋진 크리스마스 사업을 했었다네"라고 말했다. 섣달 그믐날 그는 바그너에게 편지를 보내서 린덴허스트에서 그와 보낸 때가 그립다고 했다. "당신이 그곳에 당연히 있어야 할 것 같았습니다. 당신이 없는 그곳은 전혀 다른 곳처럼 보였답니다"[68]라고 말했다.

동화 혹은 사적인 우화들

소박한 생활과 종교적인 제도의 네트워크를 위한 워너메이커의 작업은 놀라운 것이었다. 보다 아연하게 만든 것은 이와 동시에 그는 결정적으로 다른 가치를 전파하는 것처럼 보이는 다른 상업적인 기구들을 건설하고 있었다는 점이었다. 워너메이커는 소박함, 검소함, 전통적인 효 개념을 칭찬했었다. 그는 예수를 흠모했는데 왜냐하면 "예수는 모든 것을 나눴으며 모든 것을 나누어 주고 자신을 위해서는 어떤 것도 가지지 않았기 때문이었다." 그는 형제들에게 "육신의 생각은 사망이요"라는 《성경》 구절을 암송하라고 하기도 했다. 그럼에도 불구하고 그는 《성경》이 말하는 자질과 상징하는 것과는 모든 면에서 모순되는 상업적인 문화를 건설하고 있었다.

결국 그 시대의 어떤 상인보다도 더욱 프랑스 패션을 가지고 들어와서 미국에 판매한 상인이 다름 아닌 워너메이커였다. 비록 '새로운 것을 추종'하는 근대적인 추세를 통탄했던 바그너를 존경했던 것처럼 보이지만, 그 자신은 근대적 추세를 포용했다. 사람들은 워너메이커 자신의 광고가 주장했던

---

68) JW to Pastor Wagner, December 31, 1904, 〈August 25, 1904 to January 13, 1905〉, pp.911-12; JW to Harry Peak, c/o John Wanamaker's in Paris, December 24, 1904, p.885; JW to Robert McClure, November 26, 1904, 〈August 25, 1904 to January 13, 1905〉, p.703; and JW to Reverend Fordyce Argo, December 2, 1904, p.742, WA.

것처럼, '새로운 것에 대해 학습'하고 새로운 기계 제품이 어떤 것인지 알아보기 위해, 심지어는 '새로운 기계' 그 자체에 얼이 빠져 그의 백화점에서 물건을 샀다. 1880년 이후부터 사실상 워너메이커는 자기 백화점의 미로 같은 지하를 돌아보면서 자기 사업을 경영하는 '발전 기계'를 고객들이 관찰할 수 있도록 만든 장본인이었다. 그는 백화점에서 최초로 전구를 사용했으며, 최초로 자동차와 비행기를 판매했고, 최초로 마르코니의 무선전신기를 판매했다는 점에 자부심을 느꼈다.[69] 그는 이 나라에서 최대의 가구전시 매장을 갖고 있었다. 그러면서도 그는 "새로 결혼하는 커플이 가보로 물려받은 것을 버리는 것은 바보 같은 짓"이라는 바그너의 주장을 지지했다. 그의 가게는 안락함(Gemutlichkeit)으로, 패션쇼로 넘쳐났다. 특히 《알라의 정원》은 인구에 회자하는 곳이었다. 그는 '사치품을 필수품이나 상품으로' 바꿔 낸 것에 흡족해했다. 그의 표현대로라면 다른 어떤 소매 상인도 따라잡지 못할 정도로 신속하게 사치품을 필수품으로 만들어 냄으로써 그의 가게는 '필수품의 아름다운 들판'[70]이었다.

비록 워너메이커는 '비열한 연극적 연출'을 싫어했지만, 누군가가 그의 가게의 강당은 '연극적'이기 때문에 자격증을 필요로 한다는 말을 했을 때 움찔하면서 "우리는 연극적이지 않아요"라고 비위를 맞추는 소리를 했다. 그는 아들인 로드먼에게 그렇게 말했지만 로드먼이야말로 자기 세대 상인들 중에서 가장 인테리어를 스펙터클로 만든 대표 주자였다. 그는 '현대 제품 판매 분야에서의 키랄파이'로 불렸다. 또한 동시대 사람들은 그를 '바넘메스크(Barnumesque)'라고도 불렀다. "그 가게는 거대하고 장관인 쇼이다"[71]라고 말했다. 심지어 워너메이커 자신마저 자기 가게를 연극적인 어휘로 생각

---

69) 워너메이커 자신이 기술한 백화점 역사인 《워너메이커 백화점의 골든북》에 따르면, 1909년 11월, '비행하는 기계'를 판 최초의 가게(Philadelphia 1911), pp.67, 125. 자신의 '발전소'와 다른 편의 시설과 활동에 관해서는 *Golden Book*, p.281 참조.

70) Gibbons, *John Wanamaker*, vol. 2, p.369: "그만이 프랑스 분위기를 창조했다."

71) *DGE*(April 6, 1901). 연극적인 것을 싫어하는 워너메이커에 관해서는 JW to Walter Crowder(March 24, 1900), Wanamaker Letterbook, vol. 24, p.835 참조. 그는 또한 안식일인 일요일 시카고에서 콜롬비아 세계박람회를 여는 것에 반대했다. "일요일을 '레크리에이션과 쾌락'의 상징으로 만드는 것은 '수치'스러운 일이 될 것이다." JW to Fred Ingles (June 6, 1893), 〈May 17, 1893 to September 13, 1893〉, p.209, WA.

했다. 1900년대 초반 형제들과 함께 복음을 공부하고 있을 동안, 전통적인 기독교 신앙과는 어긋나지만 자신의 백화점과 소비 행위와는 대단히 조화를 이룰 수 있는 문헌들을 읽고 있었다. 다시 말해 그는 어린이용 이야기와 동화를 읽고 있었다.

1850년이나 되었음에도 미국 어린이들은 동화책을 읽는 것이 금지되어 있었다. 동화책은 반기독교적이며 반실용주의적이고 백일몽이나 노동윤리를 전복하는 것으로 간주되었다. 심지어 20세기에 들어와서도 일부 사람들은 동화가 윤리적으로 위험한 것은 아닌가라는 점을 가지고 논쟁을 벌였다.[72] 워너메이커는 반기독교적인 이야기들을 읽었을 뿐만 아니라 손자 손녀들을 위해서 동화를 직접 쓰기도 했다. 불행하게도 이런 동화는 남아 있는 것이 없다. 하지만 살아남은 것은 동화와 흡사한 워너메이커의 광고 사설들이었다.

72세에서부터 죽음을 맞이했던 1922년 84세에 이르기까지 워너메이커는 수백 편의 광고 사설을 썼는데, 이들은 동화의 자취를 보여주고 있다. 이런 글들에 의하면 워너메이커가 백화점을 다름 아닌 연극적인 어휘로 생각했음을 잘 알 수 있다. "필라델피아에는 상업적인 정원이 있었다"라고 그는 서두를 시작했다.

상업이라는 난초와 내한성 1년생 식물들이 서로서로 어깨를 나란히 하여 피었다. 이 정원은 모든 사람들을 위한 것이다…….

이 가게는 부활절 달걀이다.

우리 가게는 5마일의 황금 체인이다……. 사랑스러운 것들과 단풍으로 빽

---

72) Daniel T. Rodgers, *The Work Ethic in America, 1850-1920*(Chicago, 1978), pp. 125-52 and Brian Atterbury, *The Fantasy Tradition in American Literature: From Irving to Le Guin*(Bloomington, Ind., 1980), pp.64-72 참조. 빅토리아조의 동화의 탄생에 관해서는 Humphrey Carpenter, *Secret Gardens: The Golden Age of Children's Literature*(Boston, 1985); Jack Ziper, ed, with introduction, *Victorian Fairy Tales: The Revolt of the Fairies and Elves*(New York, 1987); and Michael Patrick Hearn, ed. with introduction, *The Victorian Fairy Tale*(New York, 1988) 참조.

빽한 나무숲이다. 보기에 아름답고 신나는 곳이다…….

백화점의 각 층은 계절의 사치로 무거워진 방대한 식탁이 있다…….

이것은 위시메이커의 타운인가요?라고 한 시골 사람이 정문을 들어서면서 물었다. "네, 그렇습니다. 혹자는 워너메이커의 타운이라고도 부른답니다."

우리는 워너메이커의 가게에서는 거대한 수확을 충분히 거둬들일 수 있다…….

이 거대한 빌딩은 환상이 아니다.
이 건물은 쉽게 찾을 수 있다
이것은 사람들이 원하는 길 위에 있다
이것은 매일의 충만함을 가지고 있다.
그 충만함은 신선함이다.

이 가게는 무지개이며 황금 주전자이다. 당신은 앨리스 벤 볼트를 기억할 것이다. 만약 기억하지 못한다면, 얼마나 여러 번 당신은 무지개 산의 양 발치에 있는 황금 주전자에 관한 이야기를 들었는가? 장관인 무지개가 마켓 스트리트의 모퉁이에 있다. 그곳에서 이 가게는 시작된다. 다른 발은 이 가게가 있는 13번지의 모퉁이에 위치한다. 오늘 그들의 발 밑에 거대한 황금 주전자가 있었다…….[73]

이런 광고 사설들은 자본주의의 미소 띤 얼굴로 인쇄되었다. 하지만 그 얼굴은 정직하고 성실한 얼굴이었을까? 무엇을 무대화한다는 것은 그 자체가 아니라 나쁜 것을 분장하는 것이다. 그런데 워너메이커가 싫어한다고

73) JW(August 1, 1917, April 14, 1917, December 9, 1916, March 21, 1915, November 2, 1915, September 24, 1914, August 18, 1914, October 10, 1913, October 2, 1913, March 10, 1912) in the 〈Editorials of John Wanamaker, Volume 1, October 1, 1912 to December 31, 1917〉, WA.

말했던 것처럼 당신이 '연극적인 것'을 싫어한다면 그의 말을 믿을 수 있겠는가? 워너메이커는 자기 가게의 인공품들을 꽃이나 채소로, 자기 가게를 농장으로 비교하기를 좋아했다. 하지만 그것은 위대한 흥행사의 또 다른 속임수는 아니었을까?

워너메이커는 우화의 언어에서부터 동화와 광고의 언어에 이르기까지 어떻게 그처럼 능수능란하게 구사할 수 있었는가? 그렇다면 그에게 종교가 하등 무슨 문제란 말인가? 이 질문에 대한 대답 중 하나는 워너메이커가 기독교적인 청지기 의식을 갖고 있었다는 점에서 찾을 수 있다. 부유하고 독실한 다른 기독교들인처럼 워너메이커는 자신의 행운을 기독교 제도에 헌신해야 한다는 윤리적인 의무감을 느꼈다. 그는 또한 기독교적인 이상과 가치를 믿었다. 또 다른 대답은——이것이 많은 부분 해당될 것으로 생각한다——워너메이커는 도덕적인 권위를 필요로 했다. 그는 종교적인 제도에 **개인적인** 투자를 했다. 그는 자신이 하고 있는 일에 대한 정당화를 필요로 했다. 자신이 백화점을 짓고 있는 것과 동일한 규모로 선하고 깨끗하다고 느끼기를 원했다.

워너메이커는 편협한 사람도 아니었고 그렇다고 엄격한 복음주의적인 신교도도 아니었다. 전기작가인 허버트 아담스 기본스에 의하면, 워너메이커의 특출한 측면은 인생에 대해 판단하지 않는 자유로운 태도였다. 워너메이커의 저술과 인생을 2년 동안 꼼꼼하게 연구한 결과 "그는 누구도 판단하는 자리에 앉아 있지 않았다라는 것이 그의 묘비명에 가장 합당한 것처럼 보였다"[74]고 허버트는 말했다. 그는 술을 결코 입에 대지 않는 사람이었으며 금주하는 친구들을 좋아했지만 분명한 테두리 내에서 술 마시는 직원을 채용하기도 하고 심지어 이해해 주기도 했다(예를 들어 그는 백화점 오르간 연주자 때문에 애를 먹었다. 브라운이라는 이름의 이 오르간 연주자는 종종 술에 취해서 너무나 희한하게 연주를 했기 때문에 고객들의 심기를 불편하게 만들었다. 워너메이커는 진저리가 났다. 저 친구 "**또 우울한가** 보지" 하고 아들인 로드먼에게 편지를 보냈다. "네가 없는 사이 여러 번 우울증이 도졌길래, 어느 모로 보나 우리는 더 이상 브라운을 고용할 수 있다고는 보지 않는다고 말했

---

74) Gibbons, *John Wanamaker*, vol. 2, p.317.

어. 그가 **술취하지 않았을 때** 음악이 아무리 좋고 훌륭하더라도 잦은 음주로 난
리법석을 피우는 것은 우리 백화점 전체의 망신이라고 생각한다"[75]). 워너메이
커는 종교적인 확신을 강요하지 않았으며 자신의 도덕적인 입장을 다른 사
람에게 강요한 적도 없었다. "모든 질문에는 두 가지 측면이 있다"고 그는
1886년 목사인 친구에게 인정했다. "나는 3명에서 4천 명의 직원을 고용하
고 있습니다. 일터 바깥에서 보내는 자기 나름의 자유 시간에 그들이 무엇
을 할 것인지를 강제하고 통제할 권리를 내가 가지고 있다고는 생각지 않
습니다. 그들 가운데는 유대인, 천주교인, 모든 종파에 열광하는 자들이 있
습니다. 그들은 자기 나름의 의견과 자신의 행동에 책임질 자격이 있습니
다."[76] "우리는 종교·국적·피부색이 고용 차별로 이어지거나 혹은 여성·
남성·아동 등 어느 누구도 고용 차별을 받지 않습니다"라고 그는 1898년
다른 고객에게 편지를 보냈다.[77]

하지만 자기 자신의 삶과 이 세계 내에서 자신의 위치에 관해 말할 것 같
으면——자신의 대중적인 이미지——워너메이커는 종교적인 활동으로부
터 자기 사업을 정당화하려는 듯했다. 그는 언제나 돈 문제를 염두에 두었
다. '풍요'의 개념은 그의 사적인 노트북에 끊임없이 등장하는 주제였다. 돈
은 신성함과 은총의 문제만큼이나 그를 사로잡고 있었다. **YMCA**를 확장하
기 위해 선교사들과 함께 1900년 인도에서 회의를 하고 있으면서도, 뉴욕
에 새로운 가게를 짓기 위한 부동산 문제가 그의 머릿속에서 떠나지 않았
다. 그는 갑자기 세계 일주 여행을 단축하고서는 '거래'를 매듭짓기 위해
고국을 되돌아갔다. 한동안 그 문제가 아닌 모든 것은 한옆으로 밀쳐 두었
다. 종교·교회·**YMCA** 등 어느 하나 할 것이 방치되었다. 그는 자신이 원

75) JW to RW(December 1, 1910), 〈1910, JW to RW〉, WA.

76) JW to H. Laggart(March 10, 1886), 〈December 22, 1885 to December 2, 1886〉,
p.185; and JW to Thomas Stevenson(October 14, 1886), p.544, WA.

77) JW to A. S. Nickerson(October 10, 1898), Wanamaker Letterbooks, p.23. 하지만 워
너메이커는 자신의 베다니 친구에게 이런 편지를 보냈다 〈헤브류인들이 세계의 모든 도
시에서 성장하고 있습니다. 뉴욕에만도 1백15만 명이 있다는 말을 듣습니다. 아마 필라델
피아 인구 전체와 맞먹는 숫자입니다. 헤브류인들이 성장하고 있는 시골의 발판을 이해한
다는 것은 대단히 중요합니다〉. JW to Thomas Marshall (November 16, 1907), 〈December
14, 1906 to February 16, 1908〉, pp.227-28, WA.

하는 것을 손에 넣었다. 오래된 스튜어트 자산을 개축하여 임대했을 뿐만 아니라 맨해튼 번화가에 있는 한 블록 전체를 새롭게 임대했다. 그 당시 그의 백화점은 세계 최대의 크기가 될 만한 공간이었다. "수정 장미가 흩어져 휩쓸려 나가는 것처럼 우리가 깨어날 때 우리의 꿈도 그렇게 된다"는 구절을 거래가 성사되고 난 뒤에 자신의 종교 노트에 적어두었다. "그처럼 우리의 나날도 흘러간다. 주님이시여, 우리의 부족한 점을 들어 우리를 치지 마옵소서. 우리를 악의 끈과 묶어 놓은 매듭을 자르게 해주옵시며 우리의 고백을 받아 주소서……. 무엇보다도 **풍요롭게** 베풀어 주소서……. **무엇보다도 풍요롭게 넘쳐나도록 해주옵소서.**"[78]

이것은 1876년 무디가 그랜드 데포에서 신앙부흥회를 한 이래로 워너메이커가 언제나 반복하는 패턴이었다. 이것은 마치 또 다른 장소에서 더 크게 짓기 위해 이곳에서 크게 짓는 것처럼 보였다. 바그너 목사가 베다니의 장점에 관해 열렬하게 기술하고 있는 바로 그때에도 워너메이커는 "2개의 큰 건물을 짓기 위해서 나는 돈을 전부 털었다. 건물을 짓는 비용이 수백만 달러가 될 것"[79]이라고 친구에게 편지를 보냈다.

1904년 11월 바그너가 마지막으로 한 달 꼬박 머물렀을 때, 워너메이커는 세인트루이스에서 열린 루이지애나 구매 박람회를 잠깐 동안 방문했다. 그곳에서 워너메이커는 현대 독일 가구 전체 컬렉션을 구입하는 데 수만 달러를 지불했다. 구매 품목 중에는 나중에 새로 문을 연 필라델피아 백화점의 원형 홀에 놓여지게 될 거대한 놋쇠 독수리의 아르누보(jugenstil) 조각상도 포함되어 있었다. 그는 세계에서 가장 큰 오르간을 박람회에서 구매했을 뿐만 아니라 그것을 백화점에 비치해 두었다. 오르간과 이 독수리는 필라델피아 백화점의 아이콘이 되었다.[80]

---

78) JW, 1901 journal, black notebook in paper wrapper dated 1901, WA; and Gibbons, *John Wanamaker*, vol. 2, pp.66–67, 101–5.

79) JW to John Oburn(September 12, 1904), 〈August 25, 1904 to January 13, 1905〉, p.126, WA.

80) JW to Ferdinand Widerholdt, Commercial Office of the Imperial German Commission Palace of Varied Industries Louisiana Purchase Exposition, St. Louis(November 18, 1904), p.627; JW to Anthony Comstock(November 12, 1904), p.579, WA; Gibbons, *John Wanamaker*, vol. 2, pp.82–3, 188.

이런 모순들이 초래된 이유는 무엇일까(만약 이것이 정말로 모순이라면)? 상업과 종교의 관계에 대해 어떻게 생각하는가라는 도전적인 질문을 받았을 때, 그는 과연 무슨 생각을 품고 있었을까? 1901년 한 목사가 그에게 '현대 상업주의가 교회 생활에 미치는 영향'에 관해 물었을 때, 워너메이커는 이렇게 대답했다. "그것이 밀주·술집·도박 소굴과 같은 사업이거나 혹은 이세 가지 사업과 유사한 것이 아니라면 어떤 사업도 적절치 못한 것은 없다고 생각한다고 대답했다. 이들 세 가지 사업은 기독교인의 전문 직업에 방해가 되(될 수도 있)었다. 내가 여태까지 관찰해 왔던 결과 제품 판매 사업이 지난 세기부터 시작되었던 이래로 종교 생활에 우호적인 고차원적 지평이 열렸다고 생각한다."[81] 산타클로스가 크리스마스에 예수의 자리를 위협했는가라고 또 다른 목사가 물었다. 아니다, 전혀 그렇지 않다라고 워너메이커는 대답했다. 모든 어린이들은 산타클로스가 신화라는 점을 알고 있다. 한 의사는 이렇게 물었다. 워너메이커의 백화점에 고용된 어린 남녀 직원들이 어린 나이부터 '조숙하게 무리짓는 것'이 잠재적으로 위험하지 않겠는가 하고 물었다. 워너메이커는 그런 일이 있다는 것은 전혀 알지도 못한다. 게다가 그것은 "자기 백화점이 최대의 이윤을 남기는 데 유해한 상황 아래서 직원들이 일했다고 가정한다는 점에서 중상모략이며 비방이다"[82]라고 대답했다.

그러므로 상업과 종교는 모순이 아니었다. '존재'와 '소유,' 은총과 습득, 신성한 것과 세속적인 것은 서로 반목하는 것이 아니었다. 상업과 종교가 **동일한 것**이라고 믿는 워너메이커의 관점에서는 더더욱 모순되는 것이 아니었다. 그는 이 점에서 옳았다. 비록 워너메이커나 혹은 자유주의적 복음주의 프로테스탄티즘의 체면을 구기는 방식이기는 했지만 말이다. 적어도 1850년대 이후부터 아마도 다수를 차지했던 많은 신교도 미국인들은 종교와 상업이 양립할 수 있다고 믿었다. 종교와 상업 모두 신속하게 진보적인 방향으로 발전하고 있었기 때문이었다.[83] 달리 표현하자면 자유주의 프로테스탄티즘은 강력한 도덕적인 판단을 하지 않음으로써 백화점에 여지를 남

---

81) JW to Rev. T. Harry Sprague(September 9, 1901), 〈August 20, 1901 to June 21, 1902〉, p.109, WA.

82) JW to J. B. Learned, M.D.(February 15, 1908), 〈December 14, 1906 to February 20, 1908〉, p.965, WA.

겨 주었으며, 워너메이커는 이런 태도를 폭넓게 수용한 사례였다.

확실히 그는 여러 번——적어도 그의 말에 따르면 여러 번——종교와 상업을 분리시키려고 노력했다. 예를 들어 그는 자기 가게에 예수의 형상을 그린 그림을 전시하지 않았다. "빌라도 앞에선 예수와 갈보리에서의 예수를 그린 문카치의 그림 2점을 소장하고 있었던 것은 사실이다"라고 그는 1898년 한 고객에게 편지를 보냈다. 헝가리 예술가인 미할리 폰 문카치가 그린 거대한 벽화를 1880년대 후반에 사들였다. "8할의 시간대 동안 이 벽화는 어둠 속에 싸여 있었다는 사실로 미뤄 짐작하건대 내 사업과 관련하여 예수의 걸작을 이용하고 싶은 마음은 없었다."[84] 하지만 워너메이커는 '시카고 박람회에서 사들였던 종교에 관계된 그림'은 자기 백화점에 전시했다. 나는 "주중 동안 내 백화점을 교회의 설교단으로 이용하고 싶었다. 베다니의 주일학교에 있는 연단과 마찬가지로 사람들을 좀더 잘 고양시킬 수 있도록 말이다."[85] 종교와 상업을 융합시키는 것이 그에게는 전혀 불경스럽게 보이지 않았다(오히려 요즘은 아이러니컬하게도 많은 사람들에게 종교는 워너메이커의 시대보다 훨씬 더 상업과 관련이 없는 것처럼 보인다).

워너메이커가 자신이 만들어 낸 것에 관해서 마음이 영 불편한지 아닌지는 하는 것은 정작 중요한 문제가 아니다. 그에게 종교는 도덕적 판단에 따르는 것이 아니라 극히 개인적이고 사적인 것이기 때문이었다. 기독교의 다정다감과 희생에 대한 간구와 예식은 워너메이커에게 선하고 덕스럽고 깨끗한 마음을 느끼기도록 해주었다. 그는 종교를 비판적인 사상으로서 이해한 것이 아니라 윤리적 고결과 영적인 통찰이라는 높은 기준에 의해 행동을 판단하는 예언적인 빛이었다. 물론 이렇게 주장했다고 해서 그가 종교의 사회적인 측면을 완전히 무시했다고 말하려는 것은 아니다. 그의 모든 종교적인 미션과 미션스쿨들은 도덕적인 중산층의 심성, 기독교적인 온정

83) Findlay, *Dwight L. Moody*, p.88; Hutchinson, *The Modernist Impulse in American Protestantism*, pp.8–11.

84) JW to Eugenia Bacon(November 23, 1898), 〈October 7, 1898 to March 18, 1899〉, p.296, WA.

85) JW to Rev. R. M. Luther(December 31, 1896), vol. 17, p.875; JW to Robert Ogden(April 4, 1897), vol. 18, p.68, WA.

주의, 질서 있고 점잖은 행동을 증진시킬 목적뿐만 아니라 가난한 사람들을 돕기 위한 목적으로 설립된 것이었다. 하지만 경건함, 개인주의는 그의 종교 생활에서 가장 핵심적인 특징으로 나타난다. 워너메이커 혹은 당대의 대다수 사람들에게 종교는 '하느님의 사랑'과 '하느님의 강한 손길'에 좀더 '가까이' 다가가는 것이었다.[86] 바그너가 워너메이커와 베다니 회중들에게 설파했던 것은——그의 설교는 교리나 《성경》에 대한 과학적인 주석이 아니라 복음으로부터 '보물'을 캐는 것이었다——제대로 들어맞았다.

워너메이커식으로 종교를 이용하는 것은 과거뿐만 아니라 현재에도 미국 주류 프로테스탄티즘의 추세이다. 말하자면 강력한 비판 정신과 지적인 전통을 유지하는 데 실패한 종교적인 전통인 셈이다. 워너메이커가 만든 종교적인 기구들은 중요했다. 그런 종교적인 기구들이 사회적인 정체성을 만들고 조직했으며 계급의 공통된 문화적 범주를 형성하는 데 기여했다. 또한 사람들에게 기독교적인 소명감을 부여했다. 하지만 그것은 종교적인 '사상'의 깊이는 거의 가지지 못했다. 이런 종교적 기구들은 수용주의적이었다. 말하자면 개인의 구원, 개인적인 복지, 조화를 향상시키려고 하지만 갈등·불화·수치·통찰 등은 무시했다. 미국에서 번성하게 되었던 베다니 미션 주일학교와 그밖에도 이와 유사한 종교적인 기구들은 워너메이커와 다른 사람들이 그처럼 조성하려고 했던 '다른' 세계를 비판적으로 성찰할 수 있는 능력이 거의 없었다.

죄, 합의, 그리고 제도 건물

극단적인 감정을 드러내거나 공공연하게 낭패감을 맛보는 것은 두려워하지만 소비는 무절제하게 할 수 있는 상류 계층이, 미국 도시 중산층과 이 세기의 10년 동안 교외 생활자들의 특징으로 출현하게 되었다. 일요일마다 교회에 나가고, 월요일마다 사무실에 출근하거나 아니면 쇼핑을 하는 것이 안정된 중산층의 제의적인 차원이 되었다. 그들은 전 범위에 걸친 부수적인

---

86) JW, 1901 journal, WA.

'도심' 활동들, 즉 화요일에는 '찻집'에서 만나고 수요일에는 '클럽'을 방문하는 행위로 한 주일을 마무리했다. 역사가인 허버트 슈나이더가 오래전에 지적했다시피 신제품을 소비할 수 있는 능력은 도덕적 실패의 징후라기보다는 축성의 신호로 점점 받아들여지게 되었다. 가난한 사람들이 종교적미션의 '대상'이 된 것은 그들의 불신앙 때문이 아니라(가난한 자들 대다수는 신심이 깊었다) 보다 풍요한 회중들보다 소비차원에서 경쟁할 수 있는 능력이 부족했기 때문이었다. 슈나이더의 기록에 의하면, 이보다 더 '침체된집단'은 '집안의 이교도'라고 명명되었다. 그들이 이교도들인 까닭은 신앙심의 부족과 관련된 것이라기보다는 오히려 특권의 부족과 관련된 것으로이해하는 편이 나을 것이다. 그들은 희망이 없는 것은 아니었다 하더라도종교적으로 소외된 '인구'였다.[87]

그런 문화적 패턴이 일종의 도덕적 분노나 열화를 자극하는 방향으로 어느 정도 나아감에 따라, 이와 같은 문화적 패턴은 천박한 유형이 되었다. 풍요한 사람들이 자신의 풍요한 삶에 대해 어떤 죄의식을 느끼든지간에 어쨌거나 다른 한편으로는 그런 죄와 죄의식의 출현을 지워 버리려고 했다. 1907년 사회학자인 에드워드 로스가 주목했다시피, 이런 추세는 '죄'가 아니라 '악덕'을 지칭하게 되었다. 로스에 의하면 이때 '악덕'은 개인적인 것으로서 술주정, 사창가 찾아가기, 욕설하기, 소매치기 혹은 소란 피우기와같은 행동을 포함했다. 악덕은 '개인적인' 것이었기 때문에 대체로 '무해한'것이었다. 반면 죄는 '사회적인' 것이었으므로 결과적으로 악덕보다 다른사람의 탓을 하면서 '훨씬 더 비난할 만한' 것이었다. 로스가 보기에 상업적인 활동과 관련된 현대적인 죄는 이 나라의 사회복지와 도덕적인 건전성에 가장 위험한 것으로 비쳤다.

새로운 죄의 출현은 비개인적인 상업 제도들이 새롭게 결합됨으로써 출현된 시스템이었다고 로스는 주장했다. 주식회사들, 대규모 백화점, 상업은행과 투자은행들, 신용회사들과 같은 시스템 안에서 범죄자들은 흉악한 범

---

87) Herbert Wallace Schneider, *Religion in Twentieth-Century America*, pp. 8-9. Schneider goes on, p.8: "이들 '침체된 집단'은 특히 도시와 농촌 생활에서 두드러졌다. 이와 마찬가지로 문명화된 이웃의 관점에서 볼 때 이런 문제는 그다지 중요하지 않았다. 다행하게도 이 세기 동안까지 그들은 비교적 '작은 집단'이었다."

죄를 저지르지만 표면적으로는 드러나지 않았다. 오늘날, 달리 표현하자면 정확히 80년에 그들이 했던 것과 똑같이 "가장 철저히 단속해야 하는 악당들은 존경받고 모범적이며 신뢰받는 인물들이다. 이런 악당은 전략적으로 신용 관계의 거미줄의 핵심에 위치하고 있음으로써 자기 의자에 앉아서 수천 명의 호주머니를 털고, 수천 명의 병자들을 독살하고, 수천 명의 사람들의 마음을 오염시키고, 수천 명의 생명을 위태롭게 할 수 있다. 이런 악당이야말로 족쇄가 필요한 엄청나고 극악한 죄인이다."[88] 혹은 이디스 휘턴의 소설에 나오는 한 등장 인물이 《이 나라의 관습》에서 1913년에 말했다시피, "미국에서 **진짜 범죄적인 인물**은 대도들이다."[89]

이와 같이 경제적으로 그리고 사회적으로 이런 형태의 죄많은 행동이야말로 자유주의적 복음주의 신교도들이 간과했거나 혹은 무시했던 것(심지어는 은밀하게 존중했던 것)이었다. 이런 흉악한 죄 대신에 자유주의적 복음주의는 로스가 육신의 '사소한 죄'라고 언급했던 하찮은 악덕을 목표로 삼았다. 사실 하찮은 이런 악덕은 경제적인 질서에는 아무런 위협이 되지 않았다. 자기 사업의 설립자이자 소유자로서 워너메이커가 언제나 제도적인 '죄'를 엄중하게 감시했다고 믿을 만한 이유가 있다. 이와 동시에 그는 자기가 창조했던 세계에서 사소한 결함을 찾아냄으로써 분명한 기득권을 누렸거나 혹은 자기가 만든 세계에 대한 도덕적인 판단을 중지함으로써 기득권을 누렸다고도 말할 수 있었다. 하지만 워너메이커는 신앙에 걸고 맹세했다. 그것이 가식은 아니었다. 수천 명의 미국 프로테스탄트들도 그와 마찬가지 확신을 맹세했다. 그들은 워너메이커의 조직에 합류했으며 그들이 함께 형성했던 이론적 근거의 정당화는 기꺼이 받아들였던 것 같았다.

이런 패턴——한편으로는 '내면적인' 프로테스탄티즘에 충실하고 다른 한편으로는 소비의 쾌락에 충실한——은 복음주의자이든 자유주의자이든 상관없이 새로운 경제와 문화를 대하는 미국 신교도들의 대체적인 특징이었다.[90] 이런 패턴은 여러 가지 종교적인 발전에 의해 산출된 것이었다. 이

---

88) Edward Ross, *Sin and Society: An Analysis of Latter-Day Iniquity*(New York, 1907), pp.29, 88-91.

89) Edith Wharton, *The Custom of the Country*(New York, 1913; reprint, 1981), p.134.

것은 분란을 일으키는 거부나 혹은 소심에서 비롯된 것이 전혀 아니었다. 1912년 로스는 이렇게 말했다. "교회는 우리 시대의 사업적인 감각을 감지하고 있다. 그래서 이윤 추구에 열광하는 사람들과 충돌할 수도 있는 입장을 꺼린다."[91] 교회와 국가 사이에서 분열된 전통적인 미국인들이 여기서 결정적인 역할을 하게 되었다. 다양한 종교 제도로 인해 어느 한 집단이 문화의 성격을 형성하고 신성모독의 한계가 무엇인지를 결정하거나 독점하기가 힘들어질 정도로 파편화되기 시작했다. 미국 대법원 판사였던 펠릭스 프랭크퍼터는 1952년 대법원 판결에서 이렇게 선고하지 않을 수 없었다. "미국에서는 신성함에 대한 다양한 생각이 존재한다. 여러 종교 집단에 의해서 신성함에 대한 생각은 서로 대등하지만 상호 모순적인 열광을 초래하고 있다. 그러므로 '신성모독'이라는 어휘는 이성과 공평성에 기초하고 있는 제도적인 (종교의) 요구를 만족시키기에는 너무 막연하다고 볼 수밖에 없다."[92]

제도화된 프로테스탄티즘이 보여주는 패턴의 핵심은 사회 비판이라는 강력한 전통이 쇠퇴했다는 점에 있다. 예언적인 특징, 종교적인 기준에 따라서 사회 현실을 판단하고 결정하는 능력이 실종되었다. 월터 라우셴부시가 주장했다시피, 미국 신교도들은 종교 문제에 있어서 '개인주의적이고' '사적'으로 되어 갔다. "반면 신앙심과 복음주의적인 열광은 강해지면서 [복음주의주의는] 예언적인 은혜는 특히 빈약해지게 되었다. 미국 신교는 세계에 대한 담대한 종교적인 개념과 통합되고 조화로운 개념을 창조할 수 있는 총체적인 인간 생활에 대한 생생한 관심사를 상실하게 된다."[93]

---

90) 자유주의 입장에 관한 최근의 논의와 자유주의가 새로운 문화로 수용되는 과정에 대해서는 Richard Fox, 〈The Discipline of Amusement〉, in Investing Times Square: Commerce and Culture at the Crossroads of the World(New York, 1991), p.66-82 참조. 이와 동일한 수용 과정에 관해서는 또한, William McLoughlin, The Meaning of Henry Ward Beecher: An Essay on the Shifting Values of Mid-Victorian America 1840-1870(New York, 1970); Douglas, The Feminization of American Culture; and Altina L. Waller, Reverend Beecher and Mrs, Tilton: Sex and Class in Victorian America(Amherst, Mass., 1982).

91) Edward Ross, Changing America: Studies in Contemporary Society(New York, 1912), p.103.

92) Quoted in John J. Costanis, 〈Law and Aesthetics: A Critique and a Reformulation of the Dilemmas〉, Michigan Law Review 80(January 1982)(1): 413.

주류 프로테스탄티즘에게 해당되는 사실은——본인에게는 그런 것처럼 보였다——흥미롭게도 다른 주류 종파들, 천주교, 유대교뿐만 아니라 심지어 강력한 비판적 목소리를 가졌던 집단에게도 해당되었다. 물론 이들 집단은——출발부터 본인이 관찰했던 것처럼——자기 존재의 기반에도 불구하고 이런 집단들과 결합하는 데는 좀더 시간이 더 걸렸다는 정도의 차이는 있었지만 결국 마찬가지였다. 천주교와 유대교는 동화되려고 노력하면서도 분열된 방식으로 살아가기 시작했다. 그들은 한편으로는 기존의 상업적인 사회에 헌신하면서도 다른 한편으로는 이 사회에 적응하기 위해 그들에게 강화시켰던 고립과 경건함이라는 내면적인 종교에 헌신하게 되었다. 이 과정에서 어떤 신앙의 형태든지간에 남아 있는 사회적인 복음의 잔재들, 말하자면 예언적인 전통이나 자선과 금욕에 대한 철학적인 전통은 많은 사람들로부터 점차 힘을 상실해 가는 것처럼 보였다.

1900년대 이전에 개량주의 유대인(Reform Jew)들은 이미 주류 프로테스탄트 **YMCA**를 모방하고 있었다. 그들은 전국적으로 도시에 청년과 청소년 헤브류연합을 설립함으로써 '복음주의적인 도덕성'을 반영했다(나중에 천주교도 마찬가지로 따라했다).[94] 1910년대 후반부터 그 이후로 중산층 유대인들은 엄청나게 많은 숫자가 뉴욕 교외로 이사를 하게 되었는데, 이들은 가장 중요한 종교적인 제도인 시나고그를 평안한 중산층의 신전으로 변형시켰다.

역사가인 데보라 대시 무어는 새로운 유대교 신전을 묘사했다. 그녀의 설명에 따르면 1910년 이전에 뉴욕에 정착했던 이민 1세대들은 이미 시나고그를 체브라(chevra) 혹은 '구세계의 이디시' 제도라는 새로운 형태로 만들고 있었다. 과거의 시나고그는 주로 '종교적인 목적으로 조직되었거나' 지역 사회의 사회적인 복지에 이바지하고 있었다. 반면 이민 2세대들인 중산

---

93) Walter Rauschenbusch, *Christianity and the Social Crisis*(New York, 1907, 1964), p.338. Sydney Ahlstrom, *Religious History of the American People*, p.847: "이와 같이 점점 더 동질적인 종교적 전통과 입장에서의 가르침과 메시지의 증대는 미국인들에게 듣고 싶은 말만을 들려주는 방향으로 수용되었으며 그것은 결국 독선과 생색으로 나가게 되었다. 예언적인 메시지는 상실되는 경향이 있었다. 보편적으로 비난받았던 죄는 장차 자수성가한 사람들에게 적용될 수 있는 중산층의 '하지마'들이었다."

94) Benjamin Rabinowis, *The Young Men's Hebrew Association*, 1854-1913(New York, 1948).

층 유대인들은 브루클린과 브롱크스 교외로 이주하면서 '유대인 지역 사회 센터'를 선호하여 이런 시나고그 '모델'을 거부했다. 이 새로운 센터는 그들 나름의 중산층 이미지를 따라서 만들어졌으며 신교도들의 제도화된 교회와 대단히 유사했다. 이런 센터들은 교육받은 유대인 시온주의자들에 의해 고무되었는데, 그들은 체브라의 구세계의 관행을 '미국 문화와 영어와 연계된 민족적 동일시의 세속적인 형태로' 교환해 버렸다. 우선 그들은 네 가지 활동을 통합했다. 종교적인 예배, 연구, 사회적인 서비스, 레크리에이션 이 네 가지를 하나로 통합했다. 하지만 시간이 흘러가면서 센터마다 사회적인 서비스 측면은 사라졌으며, 문화적인 활동, 사교 모임, 레크리에이션이 모든 활동을 떠맡게 되었다. 종교가 초점이기는 했지만 "각각의 시나고그 센터가 성장함에 따라 종교의 우선성은 퇴색했으며" "시나고그의 세속화가 진행되었다"는 것이 랍비이자 비평가인 이스라엘 골드스타인의 말이었다. 이런 구조물들은 수백만 달러의 비용이 든 복합적인 시나고그, 학교, 풀장, 체육관, 심지어 '유대교 율법에 따라 요리하는 레스토랑'(게다가 진정으로 유대적인 분위기까지 재현한)은 하나의 단지에 포함시켰다. 이런 구조물들은 일정한 정도까지 미국 다용도 구조물과 닮아 있었다(예를 들어 호텔이나 워너메이커 자신의 베다니 주일학교 등).[95]

제도적인 천주교 역시 이에 필적할 만한 적응을 했다. 천주교의 목표는 천주교도를 미국 문화에 통합시키기 위해 고안된 강력한 제도를 산출하는 것임과 동시에 그런 미국 문화에 저항할 수 있는 울타리를 세우는 것이었다. 1912년 무렵 확장되고 제도화된 미국 천주교회는 대규모 노동 계급 인구들뿐만 아니라 번영하고 있는 중산층에게 비위를 맞추고 있었다. 교구는 증폭되었다. 그래서 교구마다 주교, 신부, 수녀가 있게 되었다. 교세가 확장됨에 따라 신교도들과 유대교인들이 마주쳤던 동일한 문제들과 천주교 역시 부딪히게 되었다. 즉 대규모 회중의 요구를 충족시키면서도 여론에 영향을 미칠 수 있을 정도로 충분히 안정된 기초를 세울 필요가 있었다.

확실히 대다수 신교도들과는 다르고 많은 유대인들과는 비슷하게 천주교

---

95) Deborah Dash Moore, *At Home in America: Second Generation New York Jews*(New York, 1981), esp. chap. 5, 〈From Chevra to Center〉, pp.123-46.

는 다른 민족 집단 사이에 초래된 종교적인 분쟁을 해결하지 않을 수 없었으며, 종종 적대적인 신교도 문화에 스스로를 방어하지 않을 수 없었다.[96] 하지만 다른 종교들과 마찬가지로 주류 천주교는 심지어 제1차 세계대전 이전에 이미 미국 문화에 수용주의적인 접근 태도를 취하기 시작했다. 이 말은 천주교가 전통적인 자선과 금욕주의를 포기했다는 뜻이 아니다. 천주교가 전통적인 사상을 버렸던 것은 아니었다. 사실상 1900년대 초반 자선에 대한 천주교의 접근('가져가기' 혹은 '소유하기'가 아니라 오히려 자발적으로 주기)은 여전히 강한 전통으로 남아 있었다. 역사가인 아론 아벨에 따르면 "일부 천주교 신도들은 다른 사람을 돕는 일을 통해 어떻게 화폐 수입을 합법적으로 벌어들일 수 있다"는 것인지 의아해했으며 "전문 직업적인 사회사업가야말로 돈만을 목적으로 하는 냉혈한 용병"으로 간주했다.[97] 다양한 주교의 후원 아래 자선에 관한 천주교의 새로운 조직망이 출현하게 되었다. 게다가 제수이트파나 베네딕트파와 같은 승단의 구성원들은 청빈 서약을 하도록 요구되었다. 그래서 그들은 주요한 과업을 '도덕적으로 타락하지 않고서도' 수행할 수 있도록 했다.[98] 심지어 그 당시 교구의 신부와 수녀들은 고정된 행동 패턴, 통일된 윤리적 기율을 함께 나누었으며 다 같은 제복을 입고 전반적으로 소박한 생활을 고수했다.

동시에 교회는 세속적인 것을 자체 안에 받아들였다. 점차적으로 많은 도시 교구들은 남녀가 모여서 카드놀이나 빙고를 하며 바자·연극·공연하는 악극단·소풍 등을 함께하는 사회 생활의 센터가 되었다(비록 이런 변화는 1920년대의 특징이기는 했지만, 도시 교구의 '황금 시대'와 같은 변화의 조

---

96) Jay Dolan, *The American Catholic Experience: A History from Colonial Times to the Present*(New York, 1985), pp.197, 321-46.

97) Quoted in Aaron Abell, *American Catholicism and Social Action*(New York, 1963), p.183.

98) Carle Zimmerma, *Consumption and Standards of Living*(New York, 1936), p.304: 가톨릭 교회의 자선에 관해서는, Marguerite T. Boylan, *Social Welfare in the Catholic Church*(New York 1941), pp.21-62: and John O'Grady, *Catholic Charities in the United States*(New York, 1971) 참조. 이런 성찰은 또한 워싱턴 소재 가톨릭대학 교수인 폴 로비처드 교수와의 대화에 기초한 것이다(November 10, 1992). 이 시대의 종교적인 역사 중에서 많은 지역에서도, 이와 유사한 많은 연구가 행해지고 있다.

짐은 초기 단계에서도 이미 찾아볼 수 있었다).[99] 역사가인 제이 돌란과 다른 역사가들이 보여주었다시피, 좀더 초기의 철저한 미국 천주교 스타일은 점차 크고 좋은 교회에서 볼 수 있는 번지르르한 화려한 스타일로 변질되어 갔다. 미국 신교도 카운터파트와 유사하게 번영하는 천주교 교구 교회들은 값비싼 로마네스크 스타일이나 고딕 양식으로 디자인했으며 창문은 스테인드 글라스로 채웠고 조상들과 부속 예배당을 정교하게 공들여 만들었다. 많은 도시 추기경들은 '가톨릭 빅(Catholic Big)'(나중에는 '베비트 비잔틴')으로 불렸던 것을 채택했다. 미국 가톨릭 또한 '일류'가 될 수 있는 권리가 있다는 의미에서 그렇게 불렀다. 시카고에서 선구적인 독일계-미국인 추기경, 조지 먼델라인은 19세기에는 듣지도 보지도 못했을 법한 공적 영역에서의 제의적인 축제가 20세기 초반 열리는 것을 몹시 즐겼다. 그는 이런 전시를 새롭게 두각을 드러낸 가톨릭의 자부심을 표시하고 평신도들에게 교회에 대한 의심의 여지없는 신앙심과 교단의 권위에 존경심을 주입시키는 데 활용하고자 했다. 이런 제의적인 축제는 부분적으로는 종교적 퍼포먼스의 오래된 유럽 가톨릭 전통에서 차용한 것이기도 했다(특히 독일 가톨릭은 아일랜드 가톨릭보다 현란한 야외 축제에 훨씬 더 열광했다). 하지만 그것은 또한 쇼와 디스플레이——색깔·빛·스펙터클——에 매료된 미국적인 매력(아마 어느 정도 반영되어 있다)에 의해 강화된 것이기도 했다. 가톨릭 야외 축제와 소비자 스펙터클은 서로를 지원하면서 각자 후원자를 확보하는 수단으로서 웅대한 공간의 효율성을 깨달은 것이라고 주장할 수도 있었다.[100]

99) Dolan, *The American Catholic Experience*, pp.349-51; On Mundelein, Edward R. Kantowicz, *Corporation Sole: Cardinal Mundelein and Chicago Catholicism*(Notre Dame, Ind., 1983), pp.3, 47-48, 171. 이 시기에는 대단히 소수이기는 했지만, 그럼에도 불구하고 미국이 '금욕주의 신학'을 지지할 수 있었다는 사실을 입증해 주는 미국에 있는 명상적인 생활 종단에 관해서는 다음을 참조. John Tracy Ellis, *American Catholicism*(Chicago, 1969), pp.133-36.

100) Dolan, *The American Catholic Experience*, pp.349-51; On Mundelein, Edward R. Kantowicz, *Corporation Sole: Cardinal Mundelein and Chicago Catholicism*(Notre Dame, Ind., 1983), pp.3, 47-48, 171. 이 시기에는 대단히 소수이기는 했지만, 그럼에도 불구하고 미국이 '금욕주의 신학'을 지지할 수 있었다는 사실을 입증해 주는 미국에 있는 명상적인 생활을 위한 종단에 관해서는 다음을 참조. John Tracy Ellis, *American Catholicism*(Chicago, 1969), pp.133-36.

이 새로운 가톨릭은 새로운 제도의 구축과 더불어 출현된 사회적인 복음보다는 반지성적인 복음을 더욱 강조한다. 워싱턴 D. C.의 존 라이언 가톨릭대학교의 고위 성직자 몬시뇨르 존 라이언과 같은 사려 깊은 성직자의 사회적인 저술 활동에도 불구하고, 대체로 교회는 가톨릭 신도들에게 역사가 멜 피엘이 주장한 것처럼, '생각 없는 문화변용'을 주입시키려고 했다. "미국 교회는 유럽에서 그랬던 것과 같이 종교적 헌신에 대한 사회적 가르침이 강력한 결과를 초래하는 것을 대체로 삼갔다……. 의심의 여지없이 그것은 가톨릭이 미국 생활에서 점차적으로 수용되는 것을 용이하게 해주었다. 하지만 그 대가로 문화가 종교를 만들어 나가는 것이 아니라 종교가 종교를 형성해나가야 한다는 가톨릭의 근본적인 강령을 효과적으로 포기하게 되었다"[101]라고 피엘은 주장했다. 가톨릭대학교와 대학 생활에 관한 이런 접근의 결과는 무력화시키는 것임에 틀림없었다. 실제로 존 라이언의 비판적인 토마스 아퀴나스주의와는 대단히 다르게도 토마스의 유기체설의 완화된 형태에 관심이 증대되는 것처럼 나타나게 된다. 그것은 장차 다가올 텔레비전 시대의 복음주의자인 풀톤 신 주교의 '따스한' 접근과 더욱 흡사한 것이었다. 신은 '종교와 생활의 모호한 종합'을 주장하면서 모든 가톨릭 신자들의 영적인 '상호 의존' 감정을 강조했다. 그가 창조한 분위기는 철학적인 깊이를 강화하지도 못했고 일부 사람들에게는 희망마저 주지 못했다. "오늘날 우리 가르침의 심각한 문제는 우리가 어떤 것도 가르칠 것이 없다는 점이다……. 우리는 가르칠 지혜를 가지고 있지 못하다. 우리는 우리 아버지 세대가 그랬던 것처럼 생활에 대해 무슨 말을 해야 할지 알지 못한다"라고 1924년 의기소침해진 한 가톨릭 교육자는 좌절감을 토로했다.[102]

많은 가톨릭 성직자들은 영적인 성찰보다는 문화적 통일성을 증진시키기 위해 필요한 경건한 종교적 헌신을 포용했다. 그들은 신교도들 사이에 인기가 있는 것과 흡사한 단순한 '윤리의 복음주의적인 코드'를 전파하기 시작했다. 가톨릭 성직자들은 신교 이상으로 육신의 '사소한 죄악,' 특히 성

---

101) Mel Piehl, *Breaking Bread: The Catholic Worker and the Origins of Catholic Radicalism in America*(Philadelphia, 1982), pp.28-29, 53.

102) Philip Gleason, 〈In Search of Unity: American Catholic Thought, 1920-1960〉, *The Catholic Historical Review* 65(April 1979): 189-91, 194.

적인 죄에 초점을 맞추기로 작심한 것처럼 보였다. 사실상 가톨릭 교단은 오랜 세월 동안 '마음속에서' 저지른 성적 죄악은 행동으로 저지른 것만큼이나 잘못된 것이라는 점을 점점 더 강조해 왔다(이와 동시에 가톨릭은 신교보다 훨씬 더 쉽게 고백을 통해 죄의 부담을 제거하게 되었다).[103]

주류 신교 집단과 그리고 유대교 집단과 마찬가지로, 가톨릭 교단은 새로운 화폐 문화와 화폐 경제에 비판적으로 대면하기보다는 그로부터 대체로 고개를 돌려 버렸다. 문화적 통일성과 지역 사회가 최우선이었다. 날이면 날마다 새로운 상황이 자기 희생, '형제애,' 영적인 완전성, 세상적인 것의 체념과 같은 기독교 유산을 추월해 나가는 가운데서 가톨릭 성직자들은——강력한 저항의 전통에도 불구하고——다른 문제로 끌려들어가 버렸다. 현대 자본주의 문화가 제시하는 엄청난 지적, 윤리적 도전, 즉 이런 도전이 가톨릭 교부들의 전체 유산을 의문시하는 방식들은 대체로 외면되었다. 따라서 중대한 철학적 · 윤리적 문제들은 무엇이든 방치되었다. 주류 가톨릭 복음주의의 성격으로 볼 때, 대다수 추기경과 주교들의 강박은 오로지 자신들의 제도를 확장하고, 자기 종교의 성공을 위해 기업 경영 방식을 학습하고자 하는 관심사, 그리고 '일류' 가 되겠다는 열성뿐이었다.[104]

급격한 내리막길

대체로 주류 종교적 대응은 미국인들에게 새로운 소비자본주의 문화의 성격에 대한 통찰을 제공해 주지도 못했으며, 그런 문화가 제기하고 있는 도덕적 도전의 성격에 대한 깊은 통찰력을 제공해 주지도 못했다. 중산층 유대인들뿐만 아니라 가톨릭과 신교를 막론하고 많은 복음주의 집단은 내

---

103) Dolan, *The American Catholic Experience*, pp.206-15 231-33, 351. 돌란은 227 페이지에서 이렇게 지적한다. "가톨릭의 '두 가지 주요한 죄' 는 '술취하는 것' 과 '불결' 이다. 도시의 추기경들은 자기 나름의 신생 조직을 만들었는데 그 중에서 가장 유명한 것이 CYO이다 이것은 신교도의 YMCA를 모든 면에서 모방한 것이었다." Kantowicz, *Corporation Sole*, pp.173-75.

104) '일류 계급되기' 에 관해서는, Kantowicz, *Corporation Sole*, p.3.

면으로 향하게 되면서 만족스러운 비판적 관점을 발전시키지 못한 것처럼 보인다. 하지만 개인들이 보여준 이런 실패의 도덕적 결과는 워너메이커의 사례가 잘 보여주다시피, 종종 쇠퇴의 길로 나가는 내리막이었다. 워너메이커에게 종교는 자신의 사업 경영에 직접적인 영향을 미치지 않는 주로 개인적인 관심사였다. 그에게 종교는 자기 아이들을 키우는 방식에도 전혀 영향을 미치지 않았다. 그는 자신의 신앙심과 종교적인 감정을 가장 사랑하는 아들인 로드먼에게는 물려 줄 수 없었던 것 같았다. 로드먼은 그의 사업을 물려받기로 지정되어 있었다.

장남인 로드먼에 대한 워너메이커의 애착은 거의 원초적이었다. 아들에게 보낸 편지마다 그는 자신의 사랑을 그처럼 부드럽게 표현하면서 억제를 모를 정도였다. "애야 나는 오직 너를 위해서 이 모든 것을 쌓아올릴 수 있다"고 1903년의 한 편지에 그는 말하고 있다. "쌓아올린 탑은 로키 산맥과 히말라야 산맥보다 더 높다. 네가 그것을 더욱 높이 쌓으려무나……. 널 위해 린덴허스트에 덧붙여서 여름 방갈로를 짓도록 해주렴." 이 편지를 보낸지 며칠 뒤, "너의 밤인사 몇 마디가 나의 발렌타인이다. 거듭거듭 이것이야말로 온통 사랑이다." "아주 작은 사랑의 편지를 네게 보낸다. 나의 가장 사랑하는 아들아"라는 편지 말미에 스스로를 '조나단 러브맨'이라고 서명해서 보냈다. "오늘 하루만 해도 나는 소중하고 인내심 많은 너를 수천 번도 더 생각했다. 너를 집만큼 잔디만큼 사랑한단다." "어젯밤 너의 꿈을 꾼 사람은 다름 아닌 너의 아버지란다"라고 그는 1918년 플로리다를 여행하면서 장난스런 편지를 보냈다. "꿈에서 깨어나 침대 위에서 뒹굴면서 너를 위한 공간을 남겨둔다. 널 침대 안으로 끌어들이려고 실제로 팔을 뻗어 보았다. 나와 함께 이 침대에서 머물면서 8시에 아침식사를 함께할 수는 없을까?"[105]

종종 편지는 거의 시에 가까웠다. 워너메이커가 쓴 것을 그대로 옮겨 놓는다.

---

105) JW to RW(February 11, 1918); and, for 1903 citation, JW to RW(February 13 and 14, 1903), 〈Letter to Rodman〉, WA. For other citations, see May 30, 1913(telegram), August 8, 1913, March 5, 1917, and August 23, 1919, WA.

오전 7: 30
아침 식사 전
작은 도서관에서
혼자 앉아
1913년 6월 26일

나 너에게로 가노라
내 사랑하는 아들아
그 무엇보다 좋은 아침이구나
너의 볼 한 뺨에
키스를 하고 아침을 시작하련다

아버지[106]

아들에게 보낸 그 어떤 편지에서도 자신의 종교적 관점을 거론한 것은 없었다. **YMCA**에 관해서도, 베다니에 관해서도 아무런 언급이 없었다. 심지어는 지나가는 말로나마 형제애에 관해서도 한 마디 언급이 없었다.

그처럼 사랑하는 아들인 로드먼에게 워너메이커는 종교적인 확신에 관해서는 왜 그처럼 말을 아꼈던가? 이 점에 관해서는 여러 가지 이유가 있다고 나는 생각한다. 그리고 이 모든 이유들은 서로 관련이 있었다. 첫째, 아들에 대한 워너메이커의 사랑의 표현으로 볼 때, 그것은 그밖의 모든 굴레와 신의, 심지어는 종교마저 뛰어넘는 것이었다. "나는 내 목숨보다 너를 더욱 사랑하는 너의 아버지란다"라고 말할 정도이다.[107] 그 다음, 워너메이커는 로드먼에게 자신의 신교도적인 가치를 강요하기보다는 그를 통해 자신의 사업을 물려 주는 데 더욱 관심이 있었다. 윤리도덕적인 문제에서 타인을 판단하지 않는 워너메이커의 종교적 개인주의 또한 여기서 한몫을 했을 것이다. 자신이 만든 시설들이 그에게 상당한 만족을 주었던 것처럼 보였다. 그것은 **그의 소유**였으며, 그는 무디의 종교적 사명에 어느 정도 충실하

---

106) JW to RW(June 26, 1913), WA.
107) JW to RW(August 11, 1913), WA.

게 매달렸다고 볼 수 있었다. 시설을 세워서 그리스도의 소박한 말씀을 전파하고 자기 나라의 윤리적 성격을 형성해 나가도록 하라고 했던 무디의 포교를 말이다. 하지만 그는 자기의 제도들을 아들에게는 적용하지 않았다. 어쨌거나 로드먼은 보다 도회적이고, 세속적이며, 코스모폴리탄적이었던 것은 분명했던 것 같았다. 그의 청지기는 로드먼이었으며, 그의 종교적 신념은 자신의 사업이었다. 초기의 강렬했던 종교적 비전이라는 맥락에 비춰 볼 때, 사실상 워너메이커는 아무것도 전달해 줄 힘을 가지고 있지 못했다고 말할 수 있었다.

아들에게 이런 도덕적 결과는——자신의 이름을 딴 손자인 존 워너메이커 주니어에게——무시하지 못할 것이었다. 로드먼은 소박한 생활에는 전혀 관심이 없었다. 그에게는 주일학교도, 복음도, 기독교가 말하는 절제와 자제심도 관심 밖이었다. 만약 이런 요소들이 기독교인임을 의미하는 것이라면, 로드먼은 기독교인이 아니었다. 자기 아버지와 달리 그는 문카치의 십자가의 예수 그림을 워너메이커 백화점의 원형 홀에 전시하는 데 아무런 망설임도 없었다.(도판 18 참조) (존 워너메이커가 죽고 난 뒤에 전시한 것이 틀림없었다. 하지만 워너메이커의 생전에 그랬다고 한들 그가 정말로 그런 전시를 싫어했을까?) 로드먼은 그야말로 엄청난 사치의 세계에서 살았다. 그는 여러 채의 집을 가지고 있었다. 프랑스의 비아리츠에 거대한 빌라(Duchatel)도 포함되었는데, 이 빌라는 한때 영국의 에드워드 7세의 소유이기도 했다. 그곳에서 로드먼은 유럽의 최고 귀족들을 초청하면서 즐겼다.[108] 그가 파티의 성공을 재는 방식은 왕자나 공주 혹은 주지사가 최근에 자기 집에서 정찬을 함께했는지에 달려 있었다. 그는 파리와 뉴욕에서 아낌없이 낭비하는 파티를 열었다. 손님들에게 값비싼 와인을 대접하고 다이아몬드 선물을 전달했다. 그는 니르바나라는 이름의 요트를 소유하고 있었으며 무수히 많은 하인들을 거느렸다. 취미로 그는 프랑스 피아노 음악(자기 친구인 모하메트 왕자에게 헌정한 왈츠를 위한 피아노 음악을 포함하여)[109]을 작곡했다.

이와 동시에 로드먼은 충실하고 헌신적인 아들로 남아 있었다. 그는 자기

---

108) Gibbons, *John Wanamaker*, vol. 2, pp.69, 162-63.

109) RW, collection of sheet music by Rodman Wanamaker, WA.

아버지와 아버지 계급이 공유하고 있었던 윤리적 규범의 공적인 위반을 비난했다. 가족의 이름에 먹칠하는 것은 어떤 것도 허용하지 않았다(비록 1923년 그의 두번째 부인과의 이혼 사유가 처자의 유기라고 말해지고 있지만).[110] 무엇보다도 그는 '자기 사업의 창시자의 소망을 구축해 나가고자' 했다. 1924년 그는 여동생인 미니에게 편지를 보내면서 아버지에 관해 언급했다. "나는 위대한 영혼이 우리 곁에 있다는 것을 느낀다. 우리가 여기로 보내진 목적을 성취시키고 우리가 하도록 되어 있는 임무를 달성해야만 한다는 뜻이다. 우리의 모든 힘과 노력을 다하여 여태까지 아무도 달성하지 못했던 위대한 선구자적 노력을 통해 이 세계에 다른 성취의 모습을 보여주는 것이야말로 우리가 따라야 할 일이다."[111] 그는 자신의 사업을 위해 열심히 일했고 그의 휘하에서 백화점은 번창했다.

로드먼의 아들인 존 워너메이커 주니어에게는 그처럼 행운이 따르지 않았다. 그에게는 오로지 요트와 대저택만이 매력의 전부였다. 그의 주변 모든 곳에는 미녀들이 있었다. 그에게 교회와 주일학교만큼 끔찍한 곳도 없었다. 젊은 시절 그는 자기 아버지와 할아버지의 상업 문화라는 도덕적 미로에서 길을 잃어버렸다. 그는 술을 무지 마셨고 1920년대 무렵 이미 알코올 중독이 되었다. 그는 약물 또한 했다. '습관성 마약 분말 · 알약 · 합성 조제약 · 술' 등을 가리지 않고 했다.[112] 그의 아버지는 아들에게 진저리를 쳤으며 마침내 자기 아들, 아들의 아내, 아들의 자녀들 전부를 부인했다. 존 주니어

---

110) *Eve Journal*(March 9, 1928), 1, scrapbook, 〈In Memoriam, Rodman Wanamaker, 1863-1928〉, WA.

111) RW to Minnie Warburton(July 28, 1924), in tin box, estate of JW, miscellaneous papers, WA.

112) 존 워너메이커 주니어의 행동에 관한 사건들은 워너메이커 문서보관소에 봉인된 양철 상자에 보관되어 있었다. 나는 백화점의 입회하에 그것을 열어보았다. 이 특별한 인용은 존 워너메이커 주니어에 의해 1927년 12월 16일 사인된 공식적인 맹세로부터 나온 것이었다. 이 맹세에 따르면 존은 술을 비롯하여 그밖에도 중독을 유발하는 것에 빠져들지 않겠다고 맹세했다. '위에 선언한 대로 살겠다는 맹세에 따르지 않는 경우' 그는 다음과 같이 약속했다. "아버지의 동의 아래, 그리고 2명 이상의 명망 있는 의사의 동의 아래, 위에서 거명한 의사와 아버지가 선택한 병원에 1년 동안 수감하는 데 동의한다."(*Miscellaneous Correspondence, Capt. John Wanamaker, Jr.*") 존 워너메이커 주니어의 성격에 관한 자세한 논의는 필라델피아 백화점의 회장인 윌리엄 네빈(1928년 3월 24일자로 되어 있음)이 사적으로 말해 준 것에서도 나와 있다(이것 역시 봉인된 양철 상자에 보관되어 있다).

는 자신의 두 아이를 여러 번 포기했던 무책임한 아버지였으며, 여자 꽁무니나 따라다니는 호색한이었다(그의 할아버지가 이해할 만한 단어를 사용하자면). 자신의 쾌락 추구가 어느 누구의 행복보다 훨씬 더 중요했다. 20년대 중반 그는 자신의 쾌락을 위해 필라델피아 백화점에 젊은 여성들을 고용했다. 이 여성들은 금전상 도움을 받고 살아 주는 첩이었다.[113] 그는 자기 가족의 제도적인 권력을 이용하여 여성들을 착취함으로써 '악덕'의 수준을 넘어 '죄'의 단계로 나갔다. 존 주니어는 할아버지인 존이 맹세했던 그 모든 복음주의적인 미덕이라고는 찾아볼 수 없었다. 그의 전체 생활 태도는 할아버지의 종교적인 '성취'를 조롱하고 위선을 비웃은 것처럼 보였다. 할아버지가 세운 시설들이 그에게 어떻게 처신해야 할지에 관한 실마리를 제공해 준 것은 전혀 없는 듯 보였다. 그의 아버지대에서 약화된 것(말하자면 도덕적인 유산)이 그에게 이르면 완전히 해체되어 버린다.

도덕적으로 급속하게 몰락했다는 점에서 워너메이커 가문은 소수의 미국인들보다 훨씬 더 심하거나 가장 심한 경험을 한 전형적인 사례로 볼 수는 없다. 하지만 이런 추세는 덜 부유한 많은 미국인들의 생활에서 서서히 드러난 추세이기도 했다. 이런 현상은 복음주의 종교——일반적으로 이 시기의 최고 주류 기성 종교——의 부적절성을 보여주는 것이었다. 일반적인 종교적 기준이 윤리적 지침이 되기에는 턱없이 허약한 것이라면, 다른 지침들이 틀림없이 몰려들어가 그 자리를 대신하게 된다는 점을 보여준다.

다른 차원에서 보면 워너메이커 해법은 성공 스토리였다. 어쨌거나 그것은 많은 사람들에게 영적인 생활의 구조를 부여해 주었으며, 비록 제한적인 범위이기는 하지만, 기독교적인 생활의 내면을 인정하고 그것을 핵심으로 삼았다는 점에서 그랬다. 소박한 생활 운동을 후원하고, 제도를 설립함으로써 워너메이커는 미국에서 중대한 변화가 일어나고 있다는 것을 적어도 인정했으며 도덕적 도전을 수행했다는 점에서 워너메이커에 대해 우호적으로 말할 수도 있을 것이다. 그는 또한 어느 정도의 도덕적 합법성과 심

---

113) ⟨John Wanamaker, Jr., Correspondence Between Rodman Wanamaker, Mr Rebmann and Mr. Whitney, Years 1923-1928⟩. Mr. Rebmann to A. M. Peeples(December 16, 1927), WA를 특히 참조.

지어 어느 정도 신성한 요소가 지속적인 상업 발전을 정당화하고 형성하는데 필요하다는 것을 깨닫고 있었다.

하지만 워너메이커의 해법과 제도적인 종교적 대응은 미국의 새로운 문화에 대한 체계적인 철학적 혹은 윤리적 방식을 표명하지 못하거나 표명하기를 거부함으로써 많은 사람들에게 불만족을 안겨 주었다. 일군의 사람들——예를 들어 존 라이언과 월터 라우셴부시는 워너메이커식의 타협을 거부했다. 왜냐하면 그들에게 워너메이커는 적당히 타협하기에는 너무 멀리 나갔기 때문이었다. 다른 사람들은 새로운 사물의 질서를 받아들이고 개척하는 데 충분히 멀리 나가지 않았기 때문에 워너메이커의 타협과 경건함을 거부했다. 이들은 워너메이커가 보여주었던 자기 부인과 양가성을 전혀 보여주지 않았다. 그들은 이 새로운 문화를 있는 그대로 경축하면서 받아들였다. 그들의 종교적 전망은 심리 치료이자 긍정적인 사고였다.

8

심리 치유와 행복 기계

대부분의 사람들에게 워너메이커식의 종교적 패턴——한편으로는 소박한 신앙심과 제도화된 종교, 다른 한편으로는 수용주의적인 입장——은 아마도 편안함과 안정의 수단을 제공해 주는 기준이 되었다. 그의 종교적 패턴은 종교와 상업의 경계가 불분명한 것일 수도 있었다. 하지만 그렇다고 양자의 경계를 완전히 모호하게 흐려 놓은 것은 아니었다. 워너메이커의 접근보다는 훨씬 더 급진적인 또 다른 반응도 있었다. 이것이 심리 치유이자 미국에 깊숙이 뿌리내리고 있는 영적인 전망이며 많은 미국인들의 특징이라고 볼 수 있는 전반적인 철학적 편견이었다.

심리 치유는 새로운 종교적 사상과 집단——예를 들어 신사상·통일성·기독교과학·신지학——을 만들어 냈다. 전반적인 영적 심성으로서 심리 치유는 소망 지향적이고 낙관적이며 밝고 유쾌한 자신감을 대표하는 것으로써 비극적인 인생관과 닮은 점이라고는 없는 것이다. 심리 치유에 어두운 측면은 없다. 허먼 멜빌이나 내서니얼 호손의 어두운 면도 없으며, 어떤 비밀도 어떤 죄나 악도 없으며 암울하거나 무질서한 것은 없다. 한 심리치유사의 표현을 빌리자면 그것은 오로지 안전한 해안이며 '건강한 햇빛'이다.[1] 심리 치유는 문화의 많은 부분에 스며들었고 미국 자유주의 정치경제의 핵심을 파고들면서 사이먼 패턴과 같은 주요한 인물에게 영향을 미쳤다. 경제에 관한 사이먼의 사상은 미국 기업 사상과 정치 정책(토스타인 베블런과 같은 다른 경제학자들은 심리 치유를 매도했지만)에 생명력을 불어넣었다. 심리 치유는 《폴리야나》의 저자인 엘리너 포터의 저술과 여지껏 씩

---

1) Charles Brodie Patterson, *In the Sunlight of Health*(New York, 1913).

어졌던 심리 치유책 중에서 가장 잘 알려진 《오즈의 놀라운 마법사》의 저자이자 쇼윈도 선구적인 트리머인 L. 프랭크 밤에서 보다시피 자유주의 대중 문화 속에 잘 표현되었다.

'새로운 치료사들'

심리학자인 윌리엄 제임스는 처음으로 심리 치유 운동이라고 불리는 것에 관심을 가졌다. 특히 1902년에 발표된 그의 저서, 《종교적 경험의 다양성》에서 이 운동에 관심을 보였다. 심리 치유라는 용어는 그 이전에도 이미 인기가 있었다. 하지만 제임스는 역사상 이 분야에서 처음으로 확고한 자리를 차지하게 되었다. 심리 치유 집단은 단지 의지와 확신의 행위만으로도 자신의 질병을 치유하고 지상에서의 천국을 창조할 수 있다고 주장하는 여러 다양한 종파로 구성되어 있다고 제임스는 보았다. 심리치료사들은 '새로운 치료사들'이라고 불리다가 나중에는 긍정적인 사상가들로 기술되었다. 그들은 전통적인 종교보다는 미국에서 진행중이었던 신생 종교와 훨씬 더 접촉이 많았다. 그들은 새로운 영적인 기회를 이용하는 데 훨씬 더 창조적이었던 것으로 입증되었다. 심지어 워너메이커 또한 자신의 영적인 동반자였던 바그너 목사나 마찬가지로 자신을 심리치료사로 간주했을 수도 있었다. 두 사람 모두 '비인간적인 염세주의'를 거부했으며 언제나 자신만만하고 희망찬 전망을 가졌다. 하지만 이들은 기성 종교 안에 머물러 있었다.[2] 대체로 심리치료사는 새로운 종교를 과감히 창조하고 지배적인 사업 문화와 조율할 수 있는 새로운 전망을 만들어 냈다. 1915년 무렵 그들은 수천 명의 미국 남녀들의 충정을 사로잡는 경쟁 세력으로 등장했다.

심리 치유 집단은 1870년대와 1880년대의 종교적인 소용돌이로부터 성장하게 되었다. 이 시기는 미국 종교 역사의 전환기였는데, 많은 자생적인 종교적 분파(윤리적인 문화에서부터 여호와의 증인에 이르기까지)의 출현을 목격하게 된 시기였을 뿐만 아니라 프로테스탄티즘의 독주가 쇠퇴하는 시

---

2) Herbert Adams Gibbons, *John Wanamaker*(New York, 1926), vol. 2, p.462.

점으로 볼 수 있었다. 이 시기에 가장 먼저 근대주의자와 근본주의자 진영으로 분열되었으며, 다른 종교적 지역 사회와 사상의 발흥을 목격하게 되었다. 역사가들은 이 시기를 영적인 위기로 기술했다. 왜냐하면 이 시기에 대다수의 신교도, 천주교 신도, 유대인들이 내면화된 기성 종교 제도로 흡수되었기 때문이었다. 1915년 무렵 많은 신교도 복음주의자들은 근본주의자(이 용어는 이 시기에 관한 신조어였다)가 되거나 아니면 위험할 정도로 '근대적인' 것처럼 보이는 것으로 후퇴했다. 나머지 사람들에게 이 시기는 혼란과 회의와 심지어 절망의 시기였다.[3] 하지만 또 다른 일부 사람들——심리치료사들——은 새로운 확실성을 발견하고 올바른 시대에 올바른 해답을 찾아낸 것처럼 보였다. 때로는 서로 모순과 충돌을 일으키기도 했지만 종합해 보건대 이 시기는 윌리엄 제임스의 표현대로 미국 '생활에 대한 체계적인 철학에 독창인 기여를 했던 시기'로 볼 수 있었다. (19)세기말 무렵, 최근의 역사가들에 의하면 그들의 문헌은 '어지러울 정도로 증폭'[4]되었다.

이정표가 되었던 사건은 1893년 시카고의 콜럼버스 세계박람회에서 열렸

---

3) Arthur Meier Schlesinger, 〈The Critical Period in American Religon, 1875–1900〉, *Proceedings of the Massachusetts Historical Society 64*(1932–33): 523–47; Paul Carter, *The Spiritual Crisis of the Gilded Age*(Dekalb, Ⅲ., 1971); Sidney Ahlstrom, *A Religious History of the American People*(New Haven, Conn., 1972), pp.731–857; and George M. Marsden, *Fundamentalism and American Culture: The Shaping of Twentieth–Century Evangelicalism, 1870–1925*(New York, 1980), esp. chap.1. 〈Evangelical America at the Brink of Crisis〉, pp.11–39. 이런 종교적 '위기'로 발생된 좌절과 회의(그리고 '치유적인' 반응)에 관해서는 T. Jackson Lears, *No Place of Grace*(New York, 1981).

4) Stephen Gottschalk, *The Emergence of Christian Science in American Religious Life*(Berkeley, Calif., 1973), pp.112–13; William James, *The Varieties of Religious Experience*(New York, 1958), pp.137–39, 284. 미국에서 진행되었던 심리 치료의 간략한 역사에 대해서는 Johan Huizinga, *America*(New York, 1972; orig. pub. 1928), pp.187–203; Harold Faulkner, *The Quest for Social Justice, 1898–1914*(New York, 1931), pp.213–18; Ahlstrom, *A Religious History of the American People*, pp.1020–38; and Warren Susman, *Culture as History: The Transformation of American Society in the 20th Century*(New York, 1984), pp.270–85. 좀더 상세한 논의를 살펴보려면, Donald Meyer, *The Positive Thinkers: Popular Religious Psychology from Mary Baker Eddy to Norman Vincent Peale and Ronald Reagan*(Middletown, Conn., 1989) 전체적인 심리 치료 운동 내부에서 초래된 갈등에 관한 논의는 Gottschalk; Charles Braden, *Spirits in Rebellion: The Rise and Development of New Thought*(Dallas, 1963), pp.14–25 참조.

던 종교의회에서 비롯되었다. 지도적인 심리 '치료' 집단의 3명의 영적인 지도자들——2명은 여자이고 1명은 남자였다——이 대중의 시선을 사로잡았다. 시카고 출신인 젊은 루시 스프라그와 같은 시카고인(이후에 그녀는 영향력 있는 경제학자인 웨즐리 클레어 미첼의 아내가 되었다)도 이 모임을 '내 인생에서 가장 위대한 사건'[5]으로 간주했던 많은 사람들 중 하나였다. 잉글랜드 출신인 애니 베전트는 헬레나 블라바츠키(1875년에 뉴욕에서 이 학회를 설립했다)로부터 신지학회의 지도력을 물려받았다. 애니는 신지학에 관해 연설했다. 메리 베이커 에디는 기독교과학의 설립자였다. 그녀는 기독교과학에 관해 설명했으며 베전트의 좀더 '동양적'이고 '이교도'적인 사상과 자신의 기독교과학을 구분하기 위해 온갖 노력을 동원했다. 인도 출신이었던 스와미 비베케난다는 모여든 군중 앞에서 흰비단 터번을 두르고, 길고 부드러운 분홍색 옷에 진분홍 허리띠를 한 채 열변을 토했다. 그는 베단타에 관한 강연을 통해 청중들을 감전시켰다. 베단타는 기본적인 힌두교 철학인데 신사상과 신지학 모두에 강력한 영향력을 미쳤다. 종교의회 이후 그는 이 나라를 순회했으며 베단타와 전체 심리 치료 프로젝트에 관한 관심을 폭발적으로 고조시켰다.[6]

심리치료사는 종종 자유주의와 복음주의적인 프로테스탄티즘에 공통된 뿌리를 공유하고 있었으며 신앙의 측면에서 가장 자유주의적인 경향을 가진 극단으로 나갔다. 그들이 처한 입장——좀더 세속적인 변형태들인 신지학과 신사상이 특히 그러했다——은 실용적이었다. 자신의 총체적인 행복과 운명을 스스로 만들어 나갈 수 있다는 미국적인 확신에 이 입장이 가장 잘 반영되어 있었다. 이런 신앙은 종교를 근대적인 시대에 맞춰 운용되기를 원하는 것이었으며, 종교와 세속적이고 과학적인 영감과 통합시키고 계속 팽창하는 물질적인 욕망을 수용하고자 했다.[7] 워너메이커와 같은 프

---

5) Lucy Sprague Mitchell, *Two Lives: The Story of Wesley Clair Mitchell and Myself*(New York 1953), pp.70-71.

6) Horace W. Dresser, *A History of the New Thought Movement*(New York, 1919), pp.176-80; Wendell Thomas, *Hinduism Invades America*(New York, 1930), pp.73-77; Gottschalk, *The Emergence of Christian Science in American Religious Life*, pp.150-57; Carter, *The Spiritual Crisis of the Gilded Age*, pp.210-21.

로테스탄트들은 내면적인 생활에 충실했으며 상업과 종교를 구분하려고 노력을 유지했지만, 심리치료사들은 바깥을 쳐다보았으며 그들이 말하는 '우주의 충만한 풍요'라고 받아들였던 것에 완전히 '자아'를 열어 두었다.

대체로 도널드 메이어와 같은 역사가들이 심리 치료 역사에 관해서 지적했다시피, **긍정적인 사상가**들로서 심리치료사는 특별히 거론할 만한 정치적 성향을 가지고 있지 않았으며 사실상 그들은 무정치적이었다. 하지만 그들은 그들 나름의 고유한 신학적 태도, 나름의 심리학, 나름의 경제학을 가지고 있었다. 이런 입장들은 처음부터 19세기적인 입장으로부터 결별했으며 새로운 상업적 우선권과 일찍부터 조화를 이뤘다.

표면적으로 이런 종교적 분파들은 신학적으로 말하자면 적대적인 것처럼 보였다. 좀더 '전통적인' 기독교과학자들은 종종 《성서》를 계시와 영적인 통찰의 원초적인 출전으로 지적하고는 했다. 신지학자들과 신사상 유형은 **도처에서** 길잡이를 찾으면서도 희한하게도 《성서》에서는 길잡이를 거의 찾지 않았다. 신지학자들은 이런 측면에서 대단히 대담했는데(심지어 괴상하기도 했다), 그들은 사자의 '영혼'이 지상을 배회하고 있으므로 매개체를 통해 강신할 때 사자의 영혼과 쉽게 닿을 수 있다고 믿었다. 미국 신지학회의 설립자였던 헬레나 블라바츠키는 대단히 장관인 강신제를 주선했으며, 최면술에 걸려들 것 같은 푸른 눈동자(그리고 다른 장치들) 이외에 철면피한 속임수를 이용하는 것을 넘어서지 못했다. 많은 신지학자들은 또한 신비주의자들이었으며, 생명체는 결코 죽지 않으며 다만 새로운 실체로 변신한다고 확신했다. 예를 들어 동물·새, 그밖의 어떤 실체로든지 변신한다는 것이었다. 인연과 환생은 신지학의 기본적인 강령이었다.[8]

7) James, *The Varieties of Religious Experience*, pp.88-89. 심리 치료와 비견할 만한 것으로서 자유주의 프로테스탄티즘에서 보여주었던 추세에 관한 논의는, Richard Fox, 〈The Discipline of Amusement〉, in *Investing Times Square : Commerce and Culture at the Crossroads of the World*, ed. William R. Taylor(New York, 1991), pp.83-98.

8) Bruce Campbell, *Ancient Wisdom Revealed : A History of the Theosophical Society*(Berkeley, Calif., 1980), pp.23-29; Marion Meade, *Madame Blavatsky : The Woman Behind the Myth*(New York, 1980), pp.101-35, 160-75, 180, 224, 232; and Helene Blavatsky, *The Key to Theosophy*(Corina, Calif 1946; orig, pub. 1889), pp.27, 33, 61-65, 75.

이와 동시에 블라바츠키와 다른 신지학자들은 어떤 형태든지 개인적인 신성에 반대했으며 호전적으로 반기독교적이었다. 따라서 기독교과학자들에게는 금물인 존재들이었다(기독교과학자들은 그들 나름대로 《성서》 해석에 있어서 극단적인 파수꾼 노릇을 했다). 신지학과 신사상의 추종자들은 전통적인 내세 개념을 믿지 않았다. 그들에게는 영원히 '여기 이곳'만이 있을 뿐이었다. 신사상 심리치료사들과 신지학자들은 모든 종교 너머에 있는 '초영혼'을 추구하기 위해 불교와 힌두교와 같은 세계 종교와 이도교 신앙을 연구했다. 그래서 그들이 생각하기에 고대 세계의 이교도적인 신비가 은밀하게 최초로 표현된 그런 초영혼을 추구했다.

종교적인 차이에도 불구하고 모든 심리치료사들은 사후 세계에서가 아니라 시간 속에서 충만한 '**현세의** 구원'을 믿었다.[9] "살아라 그리고 살도록 하라"는 이 모든 분파들의 핵심 강령이었다. 그들은 악·죄의식·저주·타락과 같은 낡은 개념을 거부했다. 힌두교에 의존했던 신지학자들은 죄와 죄의식에 반대하는 점에서 가장 대담했다. 심판하는 하느님의 자리에 그들은 자비로운 존재——전혀 인간이 아닌 그런 존재——를 앉혔다. 블라바츠키에 의하면 인간은 전혀 아니지만 신도들의 안팎에 거주하면서 '신성'과 '치유와 원기를 북돋우는 힘'을 가진 존재였다. 하느님은 '완전한' 존재였으며 아버지/어머니가 행복하게 융합된 존재였으며, 모든 사람들에게 다가가는 풍요이며 언제나 모든 사람들을 통해 자비롭게 작동했다. "우주 그 자체는 자신의 본질을 스스로 전개한다"고 블라바츠키는 주장했다. 그러므로 우리 또한 '순수한 영혼'으로 '끊임없이 생성되는' 존재이다.[10] 하느님은 사실상 **어린아이의** 소망을 구현한 존재였다. 즉 어떤 순간에도[11] 사랑에 대한 소망, 보호, 생명 유지에 대한 소망의 구현체였다.

새로운 긍정적 심리학이 상승 곡선을 그리게 되면서 '심지어 실패자들 가

---

9) J. H. Leuba, 〈Psychotherapic Cults: Christian Science; Mind Cure; New Thought〉, *The Monist* 22(July 1912): 350–51.

10) Blavatsky, *The Key to Theosophy*, pp.27, 33, 61–65, 75; and Campbell, *Ancient Wisdom Revealed*, pp.3–9.

11) Meyer, *The Positive Thinkers*, pp.73–82; James, *The Varieties of Religious Experiecne*, p.96.

운데서도 성공을 긍정하며' 심리 치료 신학을 보강해 주었다.[12] 세기말이 바뀔 무렵 윌리엄 제임스가 최초로 관찰했다시피, 심리치료사들은 '건강한 마음'을 가진 자들이었다. 모든 개인들은 "건설적인 사유와 복종의 창조적인 힘을 통해 무한한 가능성을 가지고 있었다. 그것이 다름 아닌 영감·권능·건강·번영의 원천이다."[13] "우리 모두는 죄인이 아니라 정말로 신이다"라고 스와미 비베케난다는 추종자들에게 말했다. 우리는 구원을 구걸할 것이 아니라 우리의 영적인 생득권으로서 구원을 요구해야만 한다. 우리는 무엇을 하든지간에 그런 존재가 될 수 있다. 그러므로 우리가 죄인이라고 생각하게 되면 우리는 정말로 죄인이 될 것이다. 만약 우리가 신이라고 생각한다면 우리는 정말로 신이 될 것이다.[14] 심리치료사들은 부정적인 모든 사고를 거부했다. 특히 공포·걱정·불안과 같은 부정적인 감정을 버렸다. 두려움은 "스스로 부과하거나 스스로 허용한 열등감의 암시이다. 그러므로 두려움이야말로 가장 유해한 범주에 속하는 것이며 불필요한 것이다"라고 한 신도는 말했다. "두려움은 모든 사람을 병들게 하고 우주에서의 진정한 충만에 도달하는 것을 방해한다. '성공'을 생각하라, 그러면 당신은 '성공할 것이다.' 유일 '신'은 모든 개인의 마음에 내재되어 있다"[15]고 블라바츠키는 말했다. 이 운동의 대변인이었던 오리선 스윗 마든은 "내재적인 힘이 있다. 파괴할 수 없는 생의 힘, 건강이라는 불멸의 원칙이 모든 개인에게는 잠재되어 있다. 이런 원칙이 개발된다면 우리의 모든 상처를 치유할 수 있을 것이다"라고 말했다. "깨어나라 그리고 온몸을 쭉 뻗어라……. 돈이든지 공기든지 간에 우리가 맘껏 가지는 것을 방해하는 유일한 것이 두려움이다." "당신이 원하는 모든 것은 지금 당신의 것이다……. 당신은 지배하고 풍요롭기 위해 태어난다"고 또 다른 이 운동 지도자는 말했다.[16]

유진 델 마는 신사상의 인기 있는 주석자였는데, 〈예배의 즐거움〉에서 이렇게 말했다. 미국인들은 '의무감이나 자기 부정'을 영원히 추방해야만 한

---

12) Horace Dresser, *Handbook of the New Thought*(New York, 1917), p.iii.

13) Dresser, *A History of the New Thought Movement*, p.211.

14) For Vivekenanda citation, Wendell Thomas, *Hinduism Invades America*, pp.107-108.

15) Blavatsky, *The Key to Theosophy*, p.26.

다. "해방된 영혼에게 어떤 것도 평범하거나 불투명한 것은 없다. 행복을 지연시킬 필요는 없다."[17] "우리 모두는 그릇된 사고의 파괴적인 효과를 잘 알고 있다——걱정하지 말라"라고 마든은 적었다. "인생에서 모든 것을 얻어내고 싶다면 행복해지겠다고 그냥 결심하라. 그러면 당신은 행복 기계가 될 뿐만 아니라 일하는 기계가 될 것이다. 과거와 단절하라. 그리고 내일이 올 때까지 내일을 걱정하지 말라. 오로지 현재로부터 모든 가능성을 뽑아내라. 긍정적으로, 창조적으로 사고하라. 행복한 생각만 하라. 당신은 얼마든지 좋은 것을 추수할 수 있다."[18]

경제에 대한 긍정적인 접근은 풍부한 에너지의 심리학과 신학을 동반했다. 이런 접근은 공급과 번영에 좀더 호소하는 것을 선호하여 궁핍과 자기 부정을 강조했던 초기의 자유방임주의적인 개념과 결별했다. 심리치료사들에게 세계는 모든 면에서 멋진 곳이었다. 그들에게는 어떤 비참함도 실제로 존재하지 않았다. 가난, 불의, 모든 형태의 불평등은 마음속에 있을 따름이었다. 세상은 '모두에게 풍요로운 곳'[19]이었다.

이와 같은 심리 치료 이데올로기는 많은 도시 지역에서 찾아볼 수 있었다. 종종 '유쾌함,' '인생에 대해 걱정하지 말기' '십자군'이라고 일컬어졌던 이 추세는 심리 치료라는 생각을 받아들였던 전전(戰前)의 사업가들과 광고주들에 의해서 '진수' 되었다.[20] 《성공》과 같은 기업 정기간행물과 시겔-쿠퍼스의 직원들이 만드는 잡지인 《사유와 노동》은 심리 치료 지도자들의 가장 최신 이론을 수행한 것이었다. 1904년호 《사유와 노동》은 '당신의 행복을 지연시키지 마라'고 촉구했다. "인간은 행복과 만족을 추구하기로 되어 있

16) Elizabeth Townes, *Practical Methods for Self-Development*(1904), quoted in Meyer, *The Positive Thinkers*, p.199; Ralph Wal-do Trine, *What the World Is Seeking*(New York, 1896), pp.171-79. Other quoted material comes from James, *The Varieties of Religious Experience*, pp.90, 97; and Orison Swett Marden, *Peace, Power, and Plenty*(New York, 1909), p.12.

17) 〈The Joy of Service〉, *The American Cooperator*(June 6, 1903): 20.

18) *Success Magazine*(August 15, 1903, September 26, 1903).

19) Meyer, *The Positive Thinkers*, pp.198-99.

20) 〈A Monograph on Worry〉, *The Poster*(November 1912); articles in *The Department Store and Advertising World*.

다는 것은 의심의 여지가 없다."[21] 광고의 광신도인 엘버트 허버드는 신사상을 취미삼아 받아들여 온 나라를 통틀어 장황한 사업 '설교'를 했으며, 자기 독자들에게 "두려움은 훼방꾼이다. 두려움은 모든 육체적인 질병을 초래한다. 긍정적인 사고는 건강과 지혜에 본질적"[22]이라는 점을 상기시켰다. "내가 생각하기에 우리는 이제 미래만큼이나 지금 현재 영원을 살고 있다."[23]

심리 치료 아이콘들, 즉 미조리 주 캔자스시티 출신의 젊은 여성이 디자인했던 '걱정마' 빌리켄 인형 등을 상품으로 만들었다. 빌리켄 인형은 앉아서 미소짓고 있는 일종의 뚱뚱한 부처 형상의 인형이었다. 때로는 남자 형상의 인형일 때도 있었고 여자 형상의 것이기도 했는데, '반드시 이루어질 거야'를 표현한 복신(福神)상이었다. 한 업자에 의하면 빌리켄은 인형 시장에서 '전대미문의 히트' 상품이었다. 빌리켄은 미국 전역에 걸쳐 호텔·레스토랑·백화점·집 안에 전시되었다.[24] 이로 인해 1900년대 초반의 '인형 대유행'을 촉발시켰으며 미국 역사상 처음으로 미국인들은 장난감과 인형에 수백만 달러를 소비하게 되었다. 빌리켄 인형의 변종들인 '테디-빌리켄 인형'과 '빌리켄과 빌리켄트'와 같은 인형들(조커 한 쌍이라고 불리어졌는데, 왜냐하면 난관과 사소한 고민거리들 등을 몰아내려고 만들어졌기 때문이다)이 뉴욕에서부터 시애틀에 이르기까지 불티나게 팔렸다. 이 인형은 신(新)중산층들과 소비하는 대중들에게 완벽한 심리 치료의 상징이었다. "포식하여 만족한 분위기가 빌리켄에게 퍼져 있었다"고 그 당시의 한 사람이 말했다. "빌리켄을 보면서 어느 누구도 걱정하지 않았다."[25]

많은 미국인들은 '새로운 치료'를 진지하게 받아들였다. 일찌감치 1890년 스와미 비베케난다의 대중적인 성공의 궤적을 좇아서 스와미 숭배의식은 불만족한 사람들, 풍요한 여성들, 과로에 지친 사업가들을 매료시켰으

---

21) 〈Don't Postpone Your Happiness〉, *Thought and Work*(May 15, 1904).

22) Quoted in Freeman Champney, *Art and Glory: The Story of Elbert Hubbard*(New York, 1968), pp.39-40, 144-46.

23) 〈Elbert Hubbard's Creed〉, *The American Cooperator*(July 4, 1903): 24.

24) *The Dry Goods Reporter*(August 7, 1909): 18.

25) Quoted in *MRSW*(November 1908). For references to the Kansas City designer, *Business Women's Magazine*(December 1914); and for popularity of Billikens, *DGE* (February 27, 1909); *DGE*(May 29, 1909), p.132; and *DGE*(March 6, 1909), p.35.

며 1910년대 후반과 20년대 초반(그 이후에도 상당히 그랬지만)에 인도 도사인 크리슈나무르티의 인기에서 절정을 달했다. 사업가들은 명상과 요가 수업을 들었으며 긍정적인 사고의 힘을 발전시킬 수 있었다. 마벨 도지는 부유한 그리니치 빌리지의 여성후원자였으며 1913년 패터슨 야외 축제의 공동 제안자였다. 그녀는 많은 심리 치료로 치유를 했으며 그녀의 애인이었던 허친스 햅굿이 말했다시피 '무한과 강력하게 연결될 수 있는' 초자아(super-self)를 추구하고 있었다.[26] 토스타인 베블런의 첫번째 아내였던 엘렌과 소설가인 데오도르 드라이저와 같은 다양한 사람들이 신지학·기독교과학·신사상에 매료되었다. 드라이저가 보기에 이 새로운 '종교적인' 관점은 특히 돈·야망·탐욕·욕망의 세계와 너무나 잘 맞아떨어졌다.[27]

사이먼 패턴의 심리 치료 정치경제학

미국 경제 조사에서 심리 치료 전망은 지도적인 정치경제학자의 사고를 형성했다. 경제학 그 자체──각자 다른 학과가 되기까지 경제학은 사회학과 오랫동안 협동했다──는 비교적 미국에서 새로운 분야였다.[28] 1880년대 미국에서 경제학 분야의 창조성은 특히 강했다. 경제학은 최초의 협회가 출현하고 이론과 설에 관한 전쟁터가 되었던 것이 특징이었다. 1900년대 무렵 경제학은 "이 나라 지적 생활의 영구적인 속성으로 재빨리 성장하고 있었다." 대학생들은 경제학을 선택하고 무리지어 경제학 강의를 들

---

26) Mabel Dodge, quoted in Lois Palken Rudnick, *Mabel Dodge Luhan: New Women, New Worlds*(Albuquerque, 1984), pp.132-37. 새로운 사상의 수용에 관해서는, Nathan Hale, *Freud and the Americans: The Beginnings of Psychoanalysis in the United States, 1876-1917*(New York 1971), pp.245-49.

27) 엘렌 베블런에 관해서는, R. L. Duffus, *Innocents at Cedro*(New York, 1944), 결론장: On Dreiser, see Richard Lingeman, *Theodore Dreiser: An American Journey 1908-1941*(New York, 1990), p.48, 108-112, 123.

28) 1890년대에 이르기까지 사회과학의 통일성에 관해서는 Daniel Fox, *The Discovery of Abundance: Simon N. Patten and the Transformation of Social Theory*(Ithaca, N.Y., 1968), pp.156-58; 그들 사이의 갈등에 관해서는, Mary Furner, *Advocacy and Objectivity*(Louisville, 1975).

었다. 요셉 슘페터가 말했다시피 경제학은 "전문 직업으로서 무럭무럭 성장하고 있었다."[29] "경제적인 사고는 너무나 인기가 있어서 언제나 존재해 왔음이 틀림없었던 자연스러운 일상사처럼 보인다……. 오늘날 모든 사람들은 입만 열었다 하면 경제를 말할 정도로 도처에 존재한다"[30]고 사이먼 패턴은 1908년 말했다.

오랫동안 '음산한 학문'으로 불렸던 것에 대한 새로운 관심은 돈이라는 신세계, 종종 폭발적인 붐의 놀라운 주기적 순환, 주식회사와 투자은행, 새로운 소비자 사업을 포착하려는 노력을 의미했다. 일부 경제사상가들은 이런 변화의 보다 큰 '의미,' 즉 이런 변화가 사람들의 복지에 미치는 영향과 영적 · 문화적 · 경제적 약속에 미치는 영향을 밝혀 보려고 했다. 그밖에 다른 많은 경제학자들(지금보다 훨씬 적은 숫자이기는 했지만)이 그런 질문 방향으로 이끌고 나가려고 했지만 보다 폭넓은 범위의 문화 혹은 사회에 시장 활동이 미치는 효과에 관해 검토하려는 노력은 전혀 하지 않았다. 그들은 시장 활동을 정태적이고 시간 외적인 것으로 간주했다.[31] 많은 다른 경제학자들——사실상 1900년대 초반의 다수 경제학자들——은 존 스튜어트 밀 · 애덤 스미스 등이 주장한 초기의 정치경제학을 여전히 반영하고 있었다. 이들은 시장 문제를 정치와 문화의 맥락 속에서 다루었다.[32] 이런 경제학자들은 새로운 소비자 경제(비록 그들이 이런 경제를 '소비자' 경제라고 부르지는 않았지만) 전체 방향과 형태에 관심을 가졌던 '좀더 새로운' 사상가 집단을 포함했다. 그들 역시 경제학자들은 여러 형태의 제도들을 고려해야

29) Joseph Schumpeter, *Ten Great Economists from Marx to Keynes*(New York, 1951), p.241. 하나의 필드로서 경제학의 부상에 관해서는 William Barber, 〈Political Economy and the Academic Setting Before 1900: An Introduction〉, in Barber, ed., *Breaking the Academic Mould: Economists and American Higher Learning in the Nineteenth Century*(Middletown, Conn., 1988, pp.3-14); and Mary Furner 〈Knowing Capitalism: Public Investigation and the Labor Question in the Long Progressive Era〉, in *The State and Economic Knowledge*, ed Mary Furner and Barry Supple(Cambridge, Eng., 1990), pp.242-45.

30) Simon Patten, 〈The Conflict Theory of Distribution〉, in *Essays in Economic Theory*, ed. Rexford Tugwell(New York, 1924), p.240, repr. from *The Yale Review* 17(August 1908).

31) '추상적인 시장 세력'에 관해서만 오로지 초점을 맞추는 현대 경제학 분야에서의 지속적인 경향에 관해서는, Robert Heilbroner, 〈Reflections, Economic Prediction〉, *The New Yorker*(July 8, 1991), pp.70-77.

한다고 주장했다. 즉 경제적·정치적·문화적 제도들이 사회나 문명을 구성하는 방식을 고려해야 한다는 것이었다. 일부는 미국 기업에 비판적이었으며, 심리 치료 전망에 관해 반대했다. 하지만 패턴과 같은 경제학자는 이 양자를 모두 포용했다.[33]

경제학 분야에서 비판적인 목소리는 지배적이지 않았지만 그런 목소리를 고려해 볼 필요가 있다. 왜냐하면 이런 비판의 목소리는 그 무렵 진행되고 있었던 역사적인 변화의 중요성을 드러내 보여주기 때문이었다. 이들 중에서 으뜸가는 비판가는 토스타인 베블런이었다. 그는 미국의 가장 독창적인 경제학자였는데, 어느 누구보다도 심리치료 전망과는 거리가 멀었다(하지만 그의 첫번째 아내였던 엘렌은 신지학에 관심이 많았다). 그가 심리치료사들과 동의했던 점은 "고대 기독교 원칙들, 즉 겸손·체념·자제·비저항과 같은 것들이 도덕적인 풍경으로부터 사실상 사라졌다는 점이었다."[34] 하지만 그는 새로운 자본주의 세계가 모두에게 풍요를 보장해 줄 것이라는 심리치료사들의 주장에는 전혀 동의하지 않았다. 사실상 자본주의 세계는 우주의 가능성을 확장시키는 것이 아니라 위축시키고 있었다. 자본주의 사업

---

32) Mary Furner, 〈The Republican Tradition and the New Liberalism: Social Investigation State Building, and Social Learning in the Gilded Age〉, manuscript in possession of author. 1915년 이후 경제학의 보다 거시적인 관점과 역사로부터 짜낸 것들에 관해서는, Richard Swedberg, introduction to *Joseph A. Schumpeter: The Economics and Sociology of Capitalism*, ed. R. Swedberg(Princeton, N.J., 1991), pp.31-33.

33) '제도적인 경제학'이라고 알려졌고 현재도 그렇게 알려진 것에 관한 전반적인 관점은 경제학·사회학·역사학, 다른 학과들 사이의 학제간 영역인데, 이것은 경제학과 사회 변화의 성격에 관한 윤리적 판단을 하려고 고집하는 학문이다. 제도적인 경제학에 관해서는, David Sechler, *Thorstein Veblen and the Institutionalists*(Boul-der, Colo., 1975), pp.1-17; Edward Jandy, *Charles Horton Cooley: His Life and His Social Theory*(New York, 1968; orig. pub. 1942), pp.255-56; Allan Gruchey, *Contemporary Economic Thought: The Contribution of Neo-Institutional Economic*(Clifton, N. J., 1972), pp.17-67; Joseph Dorfman, *The Economic Mind in American Civilization*(New York, 1959), vol. 4, pp.352-97; Wesley Clair Mitchell, *Lecture Notes on Types of Economic Theory*(New York, 1949), vol. 2, pp.225-27; and Lev E. Dobriansky, *Veblenism: A New Critique*(Washington, D. C., 1957), pp.217-21, and chap.7, pp.289-343.

34) Thorstein Veblen, 〈Christian Morals and the Competitive System〉, repr. in *Essays on Our Changing Order*, ed. Leon Andzrooni(New York, 1964), orig. pub. in *The International Journal of Ethics 20*(January 1910): 216.

은 상품의 소비를 향한 욕망에 초점을 맞추면서 생산적인 노동과 땅의 소유권으로부터 멀어졌기 때문이었다.[35]

베블런은 새로운 상업 세계가 어떤 방식으로든 어린아이의 소망을 구현한 것이라는 생각에 코웃음쳤다. 자본주의적인 풍요는 모든 사람에게 모든 것을 약속함으로써 모든 어린이의 꿈에 부응하는 것처럼 보이는 것도 사실이다. 하지만 그것은 브로커에 의해서 형성되는 사회를 강화하고 있었다. 즉 투자은행가, 공인중개사, 고리대금업자, 허구적인 상품의 거래자, 광고주, 제품 판매업자들은 생산적인 노동을 전혀 하지 않으며 그저 '돈을 벌고' '아무것도 아닌 것으로 무엇인가를 얻고자' 하는 사람들의 소망을 판매하는 것이었다. 베블런은 브로커 계급을 경멸했다. 왜냐하면 경제의 방향을 유용한 물건을 만드는 데서부터 이윤을 남기고 돈을 벌기 위한 방향으로 바꿔 버렸기 때문이었다. 새로운 브로커 계급은 장인 정신(workmanship)에 관해서는 아무것도 모르지만 이윤과 총매상고, 소망의 불가사의한 작용에 관해서는 모든 것을 알고 있다고 베블런은 주장했다.[36]

베블런이 말했다시피 이 계급은 미국에 새로운 '판매 수완(salesmanship) 장치'를 부과했다. 물건을 파는 행위는 언제나 있었지만 판매 수완은 새로운 것이었으며, 물품 대량 생산의 기능이며, 신용에 바탕한 새로운 성과물이며, 총경비의 지원을 필요로 하는 것이며, 가격 체계가 안정되어야 하는 것이었다. "판매 수완은 가격을 위해 행해진 모든 사업을 활성화시키는 목적 그 자체이다"[37]라고 베블런은 주장했다. "판매 수완의 목적은 배타적인 시장 안에서 소비자를 희생한 대가로 아무것도 아닌 것으로부터 무엇인가를 얻으려는 것이다." "판매 수완은 사업 투기열과 같은 것이다."[38] 그는 새

35) Joseph Dorfman, *Thorstein Veblen and His America*(New York, 1934), p.327. 베블런의 지적인 측면에 초점을 맞춘 존 P.디긴스의 전기가 유용하기는 하지만, 어쨌거나 여태껏 출판된 책 중에서 가장 완성도가 높은 것이 도르만의 베블런 전기이다. John P. Diggins, *The Bard of Savagery: Thorsten Veblen and Modern Social Theory*(New York, 1978) 참조. 여러 면에서 베블런에 관한 가장 감동적이고 최고의 설명은, R. L. Duffus, *The Innocents at Cedro: A Memoir of Thorstein Veblen and Some Others*(New York, 1944).

36) Veblen, quoted in Dobriansky, *Veblenism: A New Critique*, pp.315–17; Dorfman, *Thorstein Veblen*, pp.205, 252; and Thorstein Veblen, *The Theory of Business Enterprise*(New York, 1904), pp.45–85.

로 설립된 대학교와 대학뿐만 아니라 상업학교를 경멸했다. 왜냐하면 '재정과 판매수완'을 가르치는 것은 그가 말한 '해치우는 기술'을 가르치는 것이기 때문이었다.[39] 1922년 그의 마지막이자 주요한 저서인 《부재 소유권》에서 그는 오래된 노동 문화를 '그럴듯하게 꾸미기' 문화로 변질시키기 위한 유혹 전략들을 묘사했다. 그에 따르면 상인들은 물품에 내재한 장점과는 아무런 상관 없이 시대의 추세를 추종하면서도 '개인적인 안녕'의 차원을 높이고 '개인적인 위신과 위상'을 약속한다고 그는 주장했다. 상인들은 '실체 없는' 현실과 '마술'의 영역에서 작업했다.[40]

베블런은 새로운 상업 문화에서 아무런 가치도 보지 못했다. "새로운 문화의 추진력은 장인 정신의 요청과 인간에 대한 서비스가 아니라 무한히 뻗어 나가는 탐욕이기 때문이었다.[41] 다시 말해 사업 투기열과 동의어인 판매수완의 만연은 화폐 문화가 장인 정신의 발전에 가장 심각한 장애 요인이될 것이다"라고 그는 1914년에 말했다. "판매 수완은 시작 동기였던 장인 정신을 오염시키고 효율적인 노동에 대한 경향과, 공동의 선이라는 상호 목

---

37) Thorstein Veblen, *Absentee Ownership and Business Enterprise in Recent Times: The Case of America*(New York, 1923), pp.97–98, 313. 베블런은 판매술을 2개의 범주로 구분했다. '신문 광고,' '옥외 광고'가 그것이었다. 전자는 우편과 신문과 잡지를 포함하는 광고였다. 후자는 포스터와 게시, 새로운 사인보드, '장관을 연출하는' 전기적인 디스플레이를 통한 광고까지 포함했다. 이 두 가지 광고 사이에 베블런이 '막강한 마이너장치'라고 묘사한 것들, 즉 쇼윈도, 옥외 디스플레이, 페키지와 라벨, 장식적인 인테리어, 트레이드마크, 장식적인 포장 용기들──이 존재한다. 크레디트, 가격 상승, 판매술 사이에 일어나는 관계에 대한 베블런의 관점의 타당성 논의는, Dobriansky, *Veblenism: A New Critique*, pp.305–9, 330; Charles Friday, 〈Veblen and the Future of American Capitalism〉 and Thomas Cochran, 〈Business in Veblen's America〉, in *Thorstein Veblen: The Carleton College Veblen Seminar Essays*(Minneapolis, 1968), pp.16–71; and Joel B. Dirlam, 〈The Place of Corporation Finance in *Veblen's Economics*〉, in *Thorstein Veblen: A Critical Reappraisal*, ed. Douglas F. Dowd(New York, 1958), pp.212–29.

38) *Absentee Ownership*(New York, 1923), quoted in Dorfman, *Thorstein Veblen*, p.98.

39) *The Higher Learning in America*(1911), quoted in Dorfman, *Thorstein Veblen*, p.407.

40) Veblen, *Absentee Ownership*, pp.309–11, 318–23.

41) Thorstein Veblen, *The Vested Interests and the Common Man*(New York, 1964; orig. pub 1919), pp.27–30, 71–76, 94–100; *Absentee Ownership*(New York, 1923), quoted in Dorfman, *Thorstein Veblen*, p.473; Veblen, *The Engineers and the Price System*(New York, 1921, 1965), pp.108–11.

적에 대한 봉사 정신에 대한 경향 모두를 후퇴시킨다."[42] 명백한 도덕적 근
거에서 볼 때 새로운 사업 문화는 '새롭고' '총매상고'를 추구한다는 점에
서 결핍이었다. 왜냐하면 '형제애' '부모와 같은 온정' '상호 서비스' '미래
세대와 공동선에 대한 갈망' 등과 같이 과거의 전통 중에서 남아 있는 것은
무엇이든지간에 그런 가치를 훼손시키는 것이기 때문이었다.[43]

사이먼 패턴에게 그런 불안감은 전혀 없었다. 그에게 모든 것은 심리 치
료였다. 그는 자본주의의 풍요와 소비에 관해 미국에서 가장 영향력 있는
경제학자였다. 그의 이론은 소망과 소비의 지속적으로 상승하는 수준과 소
비의 엔진을 가동시키는 사업 전략의 창출에 정당성을 부여했다. 하지만 사
생활의 면에서 그는 '이 지상에서 가장 고독한 영혼'이었다라고 1922년 렉
스포드 터그웰은 말했다. 렉스포드는 패턴에 관해 전기를 쓴 최초이자 가
장 예민한 작가였다. 패턴이 4세였을 때 어머니가 돌아가셨다. 그 이후로 지
속적으로 애정을 줄 수 있는 원천은 사라졌다. 성인이 되어서도 그에게는
친구가 없었으며 친척들 중에서도 지속적인 관계를 맺었던 사람은 없었다.
중년에 들어서 했던 한 번의 결혼은 비참하게 끝났다. 자식도 없었다. 아내
는 다른 남자를 사랑해서 그의 곁을 떠났다. 아이러니컬하게도 소비에 관한
그의 경제적인 관심과 그가 마지막 저서에서까지도 반복해서 '소망'이라
고 부른 것에 대한 관심과는 달리 그는 거의 '수도승처럼' 살았다고 터그웰
은 주장했다. 그는 '인생에서 아름다움을 감상하고 즐기면서 살지 못했다.'
그는 자신이 무엇을 입고 먹고 마시는지 전혀 몰랐다. 집·정원·책·옷·
그림에 관해서도 전혀 관심이 없었다. 그에게 어떤 물건, 생존 수단도 사실
아무런 관심이 없었다.[44] 이와 동시에 그는 다른 사람들에게는 지나치게 관
대했다. 개인적으로 돈에 관해서는 완전히 무관심했다. 말년에 이르러 안정
된 선생으로서 자리를 잡았을 때 그는 학생들에게 돈을 주었다. 학생이 돈
을 갚으려고 하면 그는 그것을 뿌리쳤다. "내 관심은 자네의 안녕이지 자네
의 수입은 아니라네"[45]라고 그는 말했다. 그는 자기 자신에게는 인생의 모

42) Veblen, *The Instinct of Workmanship*, quoted in Dorfman, *Thorstein Veblen*, pp.324-25.

43) Veblen, 〈Christian Morals and the Competitive System〉, p.216; and *The Instinct of Workmanship*, quoted in Dorfman, *Thorstein Veblen*, p.327.

든 즐거움을 부인해 왔던 것처럼 보였다. 그러면서도 그는 시장 그 자체에서 사회 정신을 찾아내고 대중들에게 행복과 쾌락을 문을 활짝 열어두는 풍조를 시장에서 발견해 냈다.

패턴은 1852년 뉴욕 주 코수미누나에서 뉴잉글랜드 이민으로 거슬러 올라가면 필그림 파더스(1620년 메이플라워호로 미국 플리머스에 정착하게 영국 청교도)의 후손으로 엄격한 청교도의 아들로 태어났다. 그의 가족은 일리노이 주 샌드위치로 이사를 했는데 그곳은 거의 사람이 살 수 없는 소택지 평원이었다. 패턴의 아버지 윌리엄은 거의 맨주먹으로 그 땅을 풍요로운 농장으로 일궈 냈다. 하지만 사이먼은 농사짓는 것에는 아무런 관심이 없었다. 24세의 나이에 그는 아버지의 도움으로 독일로 건너가서 경제학을 공부했다. 하지만 고국에 돌아와서 그는 직장을 구할 수가 없었다. 아버지의 고집으로 그는 법학을 전공하게 되면서 문자 그대로 눈이 멀게 되었다. 그것이 정서적 요인이었는지 아니면 물리적인 원인으로 그랬는지는 알 수 없지만 법 공부를 완전히 포기할 때까지 눈이 보이지 않았다. 그는 아버지의 농장에서 밭을 갈고 건초를 넣어 말리는 데서 안식을 취했다. 그러다가 아이오와에서 학교 교육감으로 일했다. 그러는 와중에도 그를 사로잡았던 것은 오로지 경제학에 관한 생각과 저술뿐이었다. 1886년 그는 최초의 책인 《정치경제학의 전제》를 출판했다. 이 저서로 인해 필라델피아 훠턴 스쿨 교수로 임명되었다. 그는 훠턴 스쿨을 세계적으로 유명하게 만들었다. 그는 워너메이커의 고향인 필라델피아를 포용했지만 자기 가족, 아버지의 농장, 시골 마을, 가족의 종교 그 모든 것을 버렸다. "다윈의 영국이 열대

---

44) Rexford Tugwell, 〈Notes on the Life and Work of Simon Nelson Patten〉, *The Journal of Political Economy* 31(April 1923); pp.182-83. 다른 언급이 없을 때는 이 장에서 논의되고 있는 패턴에 관한 전기적 자료들은 터그웰(패턴에 관한 논문 중 가장 잘 씌어진 것이다)의 논문이나 다니엘 폭스의 저서로부터 빌려온 것이다. Daniel Fox, *The Discovery of Abundance: Simon N. Patten and the Transformation of Social Theory*(Ithaca, N.Y., 1968) 참조. 내가 여기서 제시한 것과는 대단히 다르게 패턴과 베블런을 분석한 글에 관해서는, Daniel Horowitz, *The Morality of Spending, Attitudes Toward the Consumer Society in America, 1875-1940*(Baltimore and London, 1988), pp.30-41.

45) Simon Patten, quoted in oral interview of Dr. William H. Allen, director of the Bureau of Munincipal Research, and secretary, New York City Munincipal Civil Service Commission, by Owen Bompard(December 1948-January 2, 1950), pp.26-31, CUOHP.

지방과 다른 것처럼 세계는 내가 자라난 곳과는 달랐다."[46] 그러면서도 그는 자기 아버지의 경제적인 성공을 자랑스러워했다. 아버지의 생애는 장차 미국의 풍요에 대한 그의 신념에 불을 지폈다. 1886년과 1922년 사이에 그는 과거의 거부를 보다 나은 미래에 대한 꿈과 융합시키는 소비 이론을 발전시켰다.(도판 17 참조)

패턴의 정치경제학은 적어도 두 세대의 미국 경제학자들의 경제적 사고에 확고히 자리잡았다. 역사적으로 인류의 필연적인 부담이었던 빈곤으로부터 벗어날 수 있을 것이라고 이들 미국의 경제학자들은 철저히 믿었다.[47] 제레미 밴담과 그밖의 다른 경제학자들의 전통적인 경제적 쾌락주의 이론을 고수했음에도 불구하고 그는 고전적인 정치경제학의 낡고 경직된 법칙을 거부했다. 임금, 고정-임금-기금설(자본이 증가하든지 아니면 인구가 감소해야만 임금이 상승한다는 이론), 감소하는 수입(diminishing return)과 같은 철칙을 거부했다. 가난은 끝장낼 수 있다고 주장하면서 그는 새로운 사업 문명의 '올바름'을 정당화하고자 했다. 패턴의 저서 대부분은 경제학 주제를 다루고 있기는 하지만, 그는 사실상 종교, 문화, 서구 전체 역사 전 범위에 걸쳐서 언급했다. 그는 생의 마지막 해(1922년)에 형편없는 시를 썼으며 형편없는 소설인 《머드 홀로우》를 썼다. 이 소설은 한 젊은 청년이 완벽한 짝을 추구한다는 내용인데, 패턴 자신의 미래의 경제적인 사유에 대한 갈망을 결합시킨 것이었다. 그의 모든 저서로부터 우리가 얻어낼 수 있는 그림은 오리슨 스윗 마든의 '행복 기계' 혹은 프랭크 밤의 《오즈의 놀라운 마법사》에 대한 경제적인 해석이라고 볼 수 있다. 공장제 제품, 백화점, 새로운 주식 독점, 할부 구입, 니켈로디언(5센트짜리 영화), 놀이공원 이 모든 것들을, 패턴은 새롭게 창출된 사회적 잉여이자 새롭고 향상된 인류의 사례로 꼽았다.

새로운 가치 구조는 성장하는 사업 문명을 지원하는 데 필수적인 것이라

---

46) Patten, *Mud Hollow*(New York, 1922), p.229.

47) 초기의 미국적인의 전망에 관해서는, Paul K. Conkin, *Prophets of Prosperity: America's First Political Economists*(Bloomington, Ind., 1980); 초기 사상가들에게 진 패턴의 빚에 관해서는, David B. Schulter, 〈Economics and the Sociology of Consumption: Simon Patten and Early Academics in America, 1894-1904〉, *The Journal of the History of Sociology* 2(Fall-Winter 1979-80): 132-62.

고 주장했다. 그는 사회의 문화와 사회의 경제적 · 정치적 성격은 완벽하게 조화를 이루어야 한다고 믿었다. 경제가 급속하게 변화한다면 그에 맞춰 관련된 문화 역시 신속하게 바꿔야 한다는 것이었다. 새로운 물질적 조건에 합리적으로 '적합하지' 않은 낡은 문화들의 모든 흔적은 버려야만 했다. 이 지점에서 경제학자들이 큰 역할을 할 수 있었다고 패턴은 생각했다. 대체로 미국은 '사업 사회'였기 때문이었다. 경제학자들——사제나 목사가 아니라——이야말로 새로운 경제적 조건에 가장 적합한 가치가 무엇인지를 가장 잘 결정할 수 있었다. 사실상 경제학자들의 능력 안에서 '도덕적 기준의 기원이나 구속력'이나 혹은 '산업 사회의 도덕성'의 기준을 세워야 한다. 패턴은 자신과 같은 사람들이 전위에 서야 한다고 주장했다. 너무 오랜 세월 동안 윤리학은 '종교와 철학의 영역'이었다. 사업 지향적인 사람들이 이 영역을 이제 양도받아야 한다.[48]

패턴은 심리 치료 임무를 수행했다. 그는 '염세주의자, 비평가, 헨리 조지 · 헨리 데마레스트 로이드와 같은 유토피아 사상가들을 비판했는데, 이들 사상가들은 미국이 과거의 오래된 도덕적 확실성에서부터 후퇴함으로써 몰락하는 로마의 패턴을 따르고 있다고 주장했다.[49] 이와는 반대로 패턴은 비합리적인 몰락과 갈등이 아니라 합리적인 도덕적 진보는 미국 역사를 포함하여 모든 역사에 내재되어 있다고 믿었다. 미국이 곤란한 처지에 빠진 것은 과거와 단절했기 때문이 아니라 과거로부터 충분히 단절하지 못했기 때문이었다. 전통적인 기독교 도덕성의 지속적인 구속력은 진보에 걸림돌이었다. "우리가 조상들로부터 물려받은 습관, 본능, 감정들은 더 이상 우리가 추종해야 할 안전한 이정표가 아니다"라고 그는 1901년에 쓴 《부의 소비》에서 주장했다.[50] '견제 · 부정 · 부인' 등은 현재의 상황과는 관련이 없다. "희생의 원칙은 서서히 침몰하는 원시 세계의 사회 구조가 변화되어 가

---

48) Patten, 〈The Economic Cause of Social Progress〉(pub. 1912), repr. in Rexford Tugwell, ed., *Essays in Economic Theory*(New York, 1924), p.167.

49) 패턴의 매도로 인해 쇠퇴하게 되었던 주제에 관해서는 John L. Thomas, *Alternative America: Henry George, Edward Bellamy, Henry Demarest Lloyd, and the Adversary Tradition*(Cambridge, Mass., 1983a), pp.1-36.

50) Patten, *The Consumption of Wealth*(New York, 1901), p.vi.

고, 유동적인 부의 축적과 더불어 측량할 수 없는 자원의 땅이 태동하려던 바로 그 무렵에 장려되었다. '체념과 금욕주의 정신을 주입했던 오래된 가치 체계'와 소망의 억압을 강조했던 가치 체계는 원시 사회와는 대조적으로 제거되어야만 한다."[51]

'사치의 소비와 사치의 탐닉'이 '비도덕적이거나 죄짓는' 짓이라는 생각은 초기 단계에서는 절대적으로 타당했다. 왜냐하면 이것은 '사람들에게 자기 환경에 적응하도록 해주고 열악한 상황에 만족하도록 만들어 주는 필연적인 수단'이었기 때문이었다. 하지만 미국인들은 더 이상 원시 시대를 살고 있지 않다. 새로운 도덕성은 '충만한 즐거움을 견제하는 모든 것을' 제거하고 사람들에게 합리적인 선택을 할 수 있도록 해주어야만 한다.[52]

오래된 종교와 철학이 도덕성의 출처가 아니라면 어디서부터 그것을 찾아야 하는가? 대답은 간단했다. 사업, 상품, 근대적인 시장 그 자체로부터 도덕성의 근거를 발견해야 한다는 것이었다. 1902년 프라이부르크에서 연설하면서 독일의 위대한 사회학자인 막스 베버——점증하는 자본주의 지배와 오래된 신념 체계의 분명한 붕괴에 책임이 있는 결과에 대해 두려워했던——는 "정치경제학의 주제로부터 **독자적인** 이상을 추출한다는 것은 불가능하다"고 주장했다.[53] 하지만 패턴의 생각은 달랐다. 그가 막스 베버와 달리 생각한 이유는 부분적으로 그가 사회주의에 반대했으며 노동 분쟁을 혐오한 데서 찾을 수 있었다. 패턴에게 시장은 구원이었으며 시장이야말로 급진주의자들의 반격에 대한 그의 대답이었다.

동시대의 어떤 사회학자나 경제학자들보다도 패턴은 낡은 19세기적인 시장 개념——애덤 스미스가 주장한 개념과 마르크스와 베블런에 의해 공격

---

51) '주입되고……' '강조된……' 것에 관해서는 Patten, *The Theory of Prosperity*(New York, 1902), p.162 참조. '희생의 원칙에 관해서는' Patten, ⟨The Economic Cause of Social Progress⟩, in Tugwell, ed., *Essays in Economic Theory*, pp.21, 316 참조; '견제, 부정, 부인'에 관해서는, Patten, *The New Basis of Civilization*(New York, 1907), pp.50, 129. 패턴의 새로운 종교에 관해서는, Fox, *The Discovery of Abundance*, pp.72–73, 108–9.

52) '충분한 견제'와 '사람들을 조정시키는 것'에 관해서는, Patten, *The Theory of Prosperity*(New York, 1902), p.162.

53) Quoted in Marianne Weber, *Max Weber: A Biography*, trans. and ed. Harry Zohn(New York, 1975; orig. pub. 1920), p.307.

받는 개념——을 새로운 주식회사의 맥락 속에서 새롭게 갱신시킴으로써, 그는 사적인 부와 시장 관계의 확장을 통한 꾸준한 추구가 필연적으로 평화와 인류의 개선과 안정과 '점잖음'과 정중함으로 나갈 수 있을 것으로 보았다(모든 사람의 이해 관계 속에서 정직하고 의존적이며 친절하게 될 수 있다는 의미에서).[54] 패턴은 근대 자본주의가 도덕적이라는 결론을 내렸다. 근대자본주의는 "산업의 안정을 향상시키고, 기근으로 인한 고통을 경감시켜 주며, 고용 부족을 줄이기 때문이었다." 어떤 다른 경제적인 체계도 이것을 성취하지 못했다고 패턴은 주장했다. 주식기업은 도덕적이었다. 경쟁할 만한 가치가 있는 경제적인 패턴——협동적이고 집단 지향적인 이타적인 패턴——을 발전시켰기 때문이었다. 과거의 사업은 공동선에 관해서는 전혀 관심이 없었다. 과거 사업은 이기적인 야심에 지배받는 '고립된' 개인들이었다. 하지만 새로운 조건은 그들에게 자원을 공동 출자하고 '넓은 관점'을 갖도록 했다. "과거 60년 동안 개인은 실종되었다"고 패턴은 1912년에 설명했다. "이제 모든 것은 집단이다. 잘 다듬어진 산업 집단에 속하지 않은 어느 누구도 이제 성공할 수 없다. 대규모 자본주의의 성장은 반사회적인 자본가를 제거하고 사회화된 집단에 의해서 모든 산업이 점점 통제받는 결과를 초래했다."[55]

그는 자본주의 독점을 존중했다. 왜냐하면 '균형잡힌 예산'을 유지하는 '이윤 창출' 장치이기 때문이었다. 자본주의 거래 방식을 몰랐던 과거의 '원시적인 상인들'은 '비양심으로 악명이 높았다.' 그들은 서로를 잡아먹고 지역 사회를 먹이로 삼았다. 경쟁 이론은 서로의 목을 치는 방식이었다. 근대

---

54) 상업에 관한 18세기 초기의 입장에 관해서는, Albert O. Hirschman, *Rival Views of Market Society and Other Recent Essays*(New York, 1986), pp.41–43, 105–9. 허슈먼이 19세기와 20세기 초반 동안 미국 경제학자들 중에서 '신뢰, 우정, 사교성과 같은 사회적 유대를 연마했던 시장 사회'라는 초기 개념을 '활성화한' 사람은 아무도 없다고 주장함으로써, 그렇지 않았더라면 탁월할 수 있었던 자신의 글을 아쉽게 만들었다고 나는 잘못 생각했다(p.122). 패턴과 그의 동료들은 사회적 유대를 활성화한 것이 분명했으며, 따라서 비록 새로운 주식 시장 형태에서나마 사회를 전체적으로 연대하도록 만드는 데 도움을 주었다.

55) Patten, 〈Reconstruction of Economic Theory〉(pub. 1912), repr. in Tugwell, ed., *Essays in Economic Theory*, pp.310–12.

자본주의자들은 그런 방식을 사용하지 않는다. 그들은 다른 자본가들과 상호 긴밀하게 협동했으며 이윤과 가격을 구분하기 위해 회계를 했다. 모든 행동은 그것이 이윤 창출에 미칠 효과와 관련하여 평가되었다. 오늘날 사업가들은 오로지 사회와 경제의 전반적인 조건을 생각한다. "높은 사회적 도덕성과 높은 평균 이윤은 동일한 뿌리를 갖고 있다. 왜냐하면 이 양자는 예산 짜기의 사회적인 영향력의 결과이기 때문"이라고 패턴은 주장했다. 예산 짜기는 개인과 집단을 결합시키는 힘이며 작은 집단을 좀더 큰 집단과 융합하게 만드는 힘이다.[56)]

패턴은 예산 짜기의 도덕적 성과에 너무나 영향을 받은 나머지 국제은행을 근대적인 도덕성의 모델로 지목했다. 반면 베블런은 그것을 '아무것도 아닌 것으로부터 무엇인가를 얻어내는 것'이라고 신랄하게 비판했다. 은행가들은 "협동하면서 서로 경쟁을 피하고 공익에 봉사한다. 은행의 도덕성은 최고의 도덕성이다. 왜냐하면 국가, 지역, 강령 도덕이 가질 수밖에 없는 한계가 없기 때문이다." "장기적인 관점은 은행가의 관점이다."[57)] 하지만 주식자본주의의 윤리적인 잠재력에 관해 할 말이 많았다. 풍요와 다양성에 이바지하는 경제적인 '법칙'에 의해서 뿐만 아니라 사업에 의해 창출된 소비자 풍요는 도덕적이고도 합리적이라고 주장했다. 여기서 그의 전통적인 쾌락주의가 전면에 부상되었다. 스미스·벤담과 다른 고전적인 경제학자들과 마찬가지로 패턴은 사람들은 천성이 노동(고통)을 싫어하고 소비(쾌락)를 갈망한다고 믿었다. 하지만 그는 이런 개념을 수정했으며, 사치가 미치는 부정적인 효과에 관해 낡은 미국적 개념을 뒤집어 놓음으로써 새로운 윤리적 각도를 첨가했다. 쾌락과 소비는 좀더 비도덕성을 의미하는 것이 아니었다. 좀더 많은 쾌락과 소비는 좀더 도덕적이었다. 상품과 서비스를 많이 가지면 가질수록 더 많은 욕망과 소유를 허용하면 할수록 사람들은 좀덜 절실하고도 강박적으로 가지려고 하지 않을 것이다.

이것이 패턴이 말하는 열려라 참깨의 주문이었다. 사업이 풍요한 사회를 창출한다는 그의 개념의 이론적인 핵심은 낡은 '농경 사회의 빈곤' 보다 훨

---

56) *Ibid.*

57) Tugwell, ed., *Essays in Economic Theory*, p.22.

씬 더 윤리적이라는 점이었다. 좀더 높아진 생활 수준은 좀더 높은 욕망의 문지방을 의미했다. 강렬한 욕망이 적어지면 적어질수록 부패와 비도덕성이 줄어든다는 의미였다. 생활 수준이 낮았고 식탁 위에 오직 몇 개의 상품만을 소유했던 원시인들만이 진정으로 탐욕스런 감각주의자들이었다. 날마다 그들은 오로지 다음 끼니를 위해 싸우고 그것만을 생각하지 않을 수 없었다. "식량 공급이 불규칙인 곳에서 상상력은 가장 활발하게 작동하는 법이다"라고 패턴은 썼다. "……원시인들은 강력한 식욕을 가지고 있다. 그들은 절도 있게 이용하는 법을 전혀 모른다." 그들은 '대식가' 이다.[58]

패턴은 사람들의 예산에 새로운 물품을 지속적으로 첨가하는 방법을 보여주었다. '종교와 철학이 회피해 왔던' 소비의 법칙에 대해 조심스럽게 주목함으로써 진정한 윤리학의 기초를 쌓는 데 도움이 될 수 있을 것이다. 그는 기본적인 도덕률으로서 한계효용 법칙에 관해 심사숙고했다. 그는 한계효용 법칙을 '황금률' 이나 《성경》의 법칙' 보다 더욱 영속적인 것으로 간주했다.[59] 한계효용 법칙에 따르면 각각의 개인들이 점점 더 상품을 소비함으로써, 이런 소비로 인해 늘어나는 증가분은 점점 덜 욕망하는 것이 될 것이다. 여기에는 소비자가 좀더 즐거움을 주는 다른 상품을 구입했을 경우도 포함된다. 시간이 경과함에 따라 점점 더 많은 상품을 구입하게 될 터이고, 이런 반응은 반복해서 일어나게 될 것이며, 욕망의 지속 기간은 점점 더 짧아지게 될 것이다. 그 다음으로 손에 넣게 될 상품에 쉽게 질리게 됨으로써, 소비자는 다음, 그다음에 나타날 좋은 것을 추구하게 된다. 이 과정은 새로운 도덕적인 노선과 더불어 개인의 행동을 수정하게 된다. 욕망의 수준은 낮아지게 될 것이다. 왜냐하면 욕망이 쉽게 만족되기 때문이다. 소비자가 점점 더 많은 것을 갖게 되고, 점점 더 많이 소비하게 됨으로써 '동물' 과는 달리 소비자들은 점점 덜 원하게 될 것이며 점점 덜 '초과' 하게 될 것이다.[60]

---

58) Patten, *The Consumption of Wealth*, pp.10, 168-69.

59) 역사가 도로시 로스는 패턴이 한계효용에 그다지 관심이 많지 않았다고 주장한다. 그럼에도 불구하고 로스는 '사소한 분석적 테크닉 이상으로 간주하지 않았던 것은 아니다' 라고 주장한다. 로스는 이런 주장을 증명할 수 있을지 모른다. 하지만 패턴이 한계효용 이론에 중요성을 부여했다는 것은 분명하다. Dorothy Ross, *The Origin of American Social Science*(Cambridge, Eng., 1991), p.195-96.

높은 생활 수준의 유지는 강도 높게 즐기는 것을 의미하며 따라서 그런 쾌락에 쉽게 질리게 된다는 뜻이다. 어떤 쾌락이든지간에 새로운 것과 교체하기 위해 저버리지 않은 한 그것은 진부해지게 된다.[61]

여기서 중요한 것은 어떤 사람의 생활 수준에 맞게 지속적인 비율로 '새로운 어떤 것'이 유입되어야 한다는 점이다. 동시대의 어떤 경제학자들보다——사실상 미국에서 동시대의 그 어떤 경제학자도 그에게 필적할 수 있었던 사람은 아무도 없었다고 본인은 생각한다——패턴은 도덕적·지적인 지침으로서의 과거와 단호하게 작별했다. 패턴은 이미 분명해진 미국적인 추세(모든 새로운 것은 논쟁의 여지없이 좋은 것이며 모든 낡은 것은 참을 수 없는 것으로 보는 경향)를 이론적인 문명의 법으로 철저하게 해석해 냈다. 그는 결코 뒤돌아보지 않았다. 그는 1912년에 이렇게 기록했다.

우리는 문화를 문명의 궁극적인 산물로 간주하지 부분적인 요소라고 생각하지는 않는다. 하지만 사실을 눈여겨보면 문화는 오래된 전통과 의견이 아니라 행동의 지표라는 점을 알게 된다. 사회적인 전통은 어떤 분야보다도 문화의 장에서 훨씬 더 붕괴되었다. 문화는 더 이상 오래된 것이나 낯선 것을 존중하는 것이 아니라 전통적인 쾌락에 굴복함으로써 창출된 보다 강렬한 즐거움의 형태를'존중한다……. 문화는 보다 만족스러운 소비의 결합의 결과이다. 모든 새로운 산물은 문화가 택하는 방향을 수정한다.[62]

문화는 언제나 선을 위해 변경된다. 증가된 소비는 새로운 인간을 창조한다. 소비는 사람들에게 예산을 짜도록 강요함으로써 그들에게 "'국제적인 은행가'의 이타적인 덕목을 부여하게 된다. 소비자는 점점 더 많은 것을 가지게 됨으로써, 욕망의 수준을 평형 상태로 끌어올림으로써 그들은 '초과' 에너지를 다른 사람을 돕는 데 사용하게 되며 사적인 선보다 공공의 선을 창조하는 방향으로 나가게 된다. 즉 공립도서관, 좋은 도로, 콘서트 홀, 화

---

60) Patten, *The Consumption of Wealth*, pp.10-13; Patten, 〈The Scope of Political Economy〉, p.182, in Tugwell, ed., *Essays in Economic Theory*.

61) Patten, *The Consumption of Wealth*, p.51.

62) Patten, 〈Reconstruction of Economic Theory〉, p.337.

랑으로 남은 에너지를 돌리게 된다.[63] 저축가가 원시인의 무절제보다 좀더 고양된 유형의 사람이라면, 저축하지 않는 자는 저축가보다 한 단계 더 높은 유형의 사람이다."[64] '새로운' 상품의 꾸준한 구입은 사람들 사이의 차이를 없애 버림으로써 '보다 나은 인간'이 되도록 만든다. 그리하여 소비형 인간은 미국 사회에서 새로운 통일성과 조화를 위한 근거를 형성하게 된다.

만약 사회적 조화의 오래된 원천이 이민으로 인해 벗겨져 나가고 낡은 질서가 파편화되었다면, 새로운 질서와 조화가 미국 문화에서 새로운 '센터'가 되도록 길을 비켜야 한다고 패턴은 주장했다. 소비 패턴은 사람들을 표준화한다. 사람들로 하여금 같은 것을 욕망하도록 하기 때문이다. "표준화된 사람들이 성공한다면, 비표준화된 사람들은 번화가를 떠나거나 혹은 표시 없는 무덤으로 떨어지게 된다." 새로운 소비자는 세계를 전체적으로 보는 일반주의자이다. 반면 원시인들은 '그들을 지역적인 조건의 전횡으로부터 자유롭게 해줄 수 있는 일반화의 힘을 결여한' 사람들이다. "모든 사람들에게 공통된 좀더 새로운 충동과 이상만이 통일성의 기초로 이바지할 수 있다……. 욕망을 고립시키는 전제나 혹은 파당적인 지역적 전통 속에는 붕괴만이 있을 따름이다."[65]

패턴은 이 새로운 윤리적 구원의 힘을 너무나 확신했으므로, 그는 그것을 강화하는 모든 제도와 접촉해야 한다고 사람들에게 촉구했다. 사람들은 날마다 '욕망의 대상'과 '상품에 대한 욕망을 느낄 수 있는 조건'과 접촉해야만 한다. 소비에 관한 종래의 모든 구속과 사치에 대한 모든 금기는 제거되어야 한다고 그는 주장했다. "현재 상황은 불만족스럽다. 왜냐하면 우리는 낡은 것을 철저하게 배제하고 새로운 것에 확고하게 집착하는 대신 서로 모순되는 도덕성과 타협하기 때문이다."[66] 그의 목적은 심리 치료였다. "선과 악을 개별화하지 말아야 한다. 뉴먼의 천사(유명한 천주교 추기경)는 루터의 악과 함께 잘 지내야 한다. 참회의 행위는 없어야 한다. 용서는 자유이다."[67]

---

63) Patten, *The Theory of Prosperity*, p.168-69; Patten, *New Basis*, p.141.

64) Tugwell, ed., *Essays in Economic Theory*, p.22.

65) Patten, *The Theory of Prosperity*, pp.164-65, 208; Patten, *Mud Hollow*, pp.239-40.

66) Patten, *Product and Climax*(New York, 1909), p.62; Patten, *The Theory of Prosperity*, p.182.

학교와 국가는 이 새로운 사물의 질서를 창조하도록 협조해야 한다. "아이들에 대한 부모의 의무를 너무 강조함으로써 부모에게 부담을 준다. 우리는 가족 구성원들을 도야하는 가정의 힘을 과대평가한다. 그 결과 도시 생활에 유용한 제도들을 이용하는 데 등한시하게 만든다. 아이들의 오락을 생각하고 있어야 할 때에 우리는 아이들의 성격 형성에 구속을 가하고 있다"고 패턴은 주장했다. 교육자들은 한계효용의 (체감) 법칙에 따라서 아동들을 가르쳐야 한다. 왜냐하면 이 법칙은 모든 것 중에서 기본적인 도덕률이기 때문이었다. "도덕 교육은 경제적인 세계로부터 얻은 교훈과 더불어 시작해야 한다. 왜냐하면 도덕의 매커니즘은 생활 수준의 매커니즘과 동일하기 때문이다. 경제적인 활동은 시간이 흘러 나중에는 도덕이 되는 능력을 행사하는 것이다"[68]라고 그는 말했다. 국가는 '하층 계급'들에게도 모든 사람들과 마찬가지로 소비할 수 있는 똑같은 기회가 있다는 것을 확신시켜 줄 의무가 있다. "사회로부터 도움이 없다면, 오늘날의 하층계급은 궁지로 몰릴 수밖에 없기 때문이다." 국가는 하층 계급을 교육시켜야 한다. 국가는 사람들에게 평안을 누릴 권리, 안정을 누릴 권리, 두려움없이 살 권리를 포함하여 모든 '새로운' 권리를 제도화하고 보호해 주어야 한다. 패턴에게 국가가 반드시 독점을 분쇄하고 부를 재분배해야 한다는 믿음은 없었지만, 그리고 땅의 소유가 시민들의 독립과 부의 토대가 될 수 있다고 믿지 않았지만, 그는 자원의 현명한 할당에 관해서는 믿었다. "번영에 이르는 길은 계급 갈등을 통해서가 아니다. 소수가 갈취하지 못하도록 하는 데 있다. 그것은 사람들에게 생산의 한계 지점에서 벗어나서 보다 풍부한 자원과 접촉하도록 해주는 것이며 보다 우호적인 조건 속에 위치하도록 해주는 것이다." 마지막으로 국가는 모든 시민들이 상품과 오락을 정규적으로 누릴 수 있도록 그들에게 최저임금, '생활수입'을 제공해 줄 의무가 있다.[69]

해결책이 무엇이든지간에 수단은 동일했다. 사람들에게 상업 제도와 접촉할 수 있도록 해주라. 그다음 차례로 그들을 모두 표준적인 소비자로 전

---

67) Simon N. Patten, 〈Hymn Writing〉, *The Survey Magazine*(December 20, 1913): 403-4.
68) Tugwell, ed., *Essays in Economic Theory*, pp.175-77.
69) *Ibid.*, p.13.

환시키면 욕망의 강도가 낮아질 것이다. 사람들에게 '상업화된 거리'를 보여주라. 즉 "놀이공원과 함께 즐비하게 서 있는 극장, '코니 아일랜드' '백화점.' 왜냐하면 상업화된 거리는 클라이맥스의 원초적인 요소를 포함하고 있기 때문이다……. 새로운 것의 클라이맥스를." 특히 이민들은 과거의 제도들을 잊어버리고 근대적인 제도, 상업적인 제도를 선포해야 한다. 이 새로운 제도는 '인생 과정을 신나게 제시'하는 데 있어서 경이로운 것이기 때문이다. 낡은 관습을 유지했던 이민들에게 결과가 지속적인 몰락이었다면 그 몰락에 대해 스스로를 비난해야만 한다. 제한된 '원시적인' 식욕은 보다 크고 균형잡힌 식욕을 갖춘 사람에게 착취당하기 십상이라고 패턴은 주장했다. 사실 이들 이민은 강한 계급이 자신의 권력을 빼앗아 가도록 도와줌으로써 스스로를 비참하게 만들었다는 것이다. 원시적인 상태로 남아 있음으로써 '충만한 즐거움'을 누릴 수 있는 새로운 환경을 이용하지 못함으로써, 이민들은 지배 계급이 국가를 장악하여 여분의 생산품들을 소비하도록 만들었다. 착취의 진정한 원천은 정치적인 원인이나 경쟁 때문이 아니라 전통·관습·편견에서 기인한다.[70]

1909년에 나온 괴상한 소책자인 《생산품과 클라이맥스》에서 패턴은 두가지 제도를 비교했다. 하나는 전통적인 제도(교회·도서관·학교)이며, 다른 하나는 '새롭고' '도회적인' 것이다(소매 상점·극장·5센트짜리 극장·아이스크림 가게·페니 아케이드(1센트짜리 오락실이 즐비한 곳)). 그가 어느 편을 편들고 있는지는 불 보듯 뻔했다. 그는 '새로운 제도'들을 '올바른 편'에 놓고, 다른 제도들을 '반대편'에 재빨리 위치시켰다. 오래된 제도들은 문자 그대로 어둡고 자물쇠로 잠근 채 방치되어 있어서 '불모의 세계'인 '금지하는 도덕적 기관'이자, '무수한 금지를 가진 인위적인 도덕성'이라는 느낌을 주고 있다. 반면 상업적인 거리라는 새로운 제도는 '전등과 값싼 장식이 줄줄이 늘어서 있으며' "가게 문은 활짝 열려 있다."[71]

이런 비전에는 개인적인 측면이 분명히 있다. 이와 동시에 이런 비전은 다

---

70) Patten, *The Theory of Prosperity*, p.162; *Product and Climax*(New York, 1909), pp.18-22, 55.

71) Patten, *Product and Climax*, p.62.

른 미국인들과는 달리 패턴이 과거와 단절할 수 있도록 해주었다. 과거에 닻을 내리지 않고 새로운 집을 갈망할 수 있도록 해주었던 것이다. 패턴의 소책자인 《생산품과 클라이맥스》가 보여주다시피 욕망, 즉 성적 욕망 역시 이 비전에 포함되어 있다. 이 책에서 그는 성적 욕망을 보여주고 싶었던 모양이었다. 그는 프로이트의 성 이론을 희한하게 수용하고 해석했다.[72] 욕망으로 배불리고 그로 인해 증대된 혼란과 갈망이 이 비전 속에 있었다. 이 비전에서 핵심은 소망이었다. 그의 후기 저술, 그 중에서도 특히 《머드 홀로우》에서 그는 전체 진화 과정을 활성화시키는 '소망'의 힘을 주장했다. "소망의 맥박과 소망 구조는 유기체 진화의 신비를 여는 열쇠이다"[73]라고 보았다.

소망의 얼굴 뒤에 감춰져 있는 비합리적인 본능과 지칠 줄 모르는 집요한 충동을 보았던 프로이트와 달리, 패턴은 겉으로 드러낸 소망의 합리적인 특성이나 혹은 '진보의 길'을 향해 나가는 모든 것인 양 소망을 간주했다. 다른 사람들은 소망을 유치하고 어린애 같은 행동이거나 혹은 무능과 취약성의 징후로 간주했다면, 패턴은 그 반대의 입장을 취했다. 소망은 긍정적이며 심지어 생물학적인 것이었다. 소망으로 인해 행동하게 된다. 소망은 필수품(wants)을 창출하고 그런 욕망은 그다음 차례로 자동적으로 그것의 충족을 추구하게 되며, 좀더 많은 물품과 쾌락을 획득하도록 자극한다. 그로 인해 더 많은 소망이 생겨나게 된다. "소망은 충족을 위한 에너지를 지배하며 에너지가 목표를 향해 나가도록 만든다……. 필수품 소망은 충족을 강제한다." 패턴은 모든 사람들이 소망을 줄이는 것이 아니라 그것으로부터 자유로워지기를 원했다. 근 수백만의 사람들이 소망하기를 원했으며, 문화 전체가 '소비하고' '소망을 충족시키는' 길을 모색하는 방향으로 나가기 원했다. 개인들은 소유와 획득하기 위해 서로 모방하기를 갈구해야 한다. 소망, 소망 충족, 소망, 소망 충족, 소망, 소망 충족, 소망에 소망을 쌓아올리는 것의 행진, 이것이 패턴이 말하는 미국의 환상이었다.[74]

---

72) Fox, *The Discovery of Abundance*, pp.133-34.

73) Quoted in Rexford Tugwell, *To the Lesser Heights of Morningside: A Memoir*(Philadelphia, 1982), p.135. 패턴의 소망 이론에 관해서는, Fox, *The Discovery of Abundance*, pp.134-35.

74) Patten, *Mud Hollow*, pp.297, 325, 350-51.

패턴이 생각하기에 미국은 욕망의 땅(워너메이커가 그랬을 법한)이었을 뿐만 아니라 소망의 땅이기도 했다. 존 코튼 다나·스튜어트 쿨린·조셉 어반에서부터 맥스필드 패리시·오리슨 스윗 마든·프랭크 밤에 이르기까지 동시대의 많은 사람들과 마찬가지로, 패턴은 기회를 소중하게 포착하기를 원했다. 그를 괴롭히고 있는 내면적인 감정적 횡포가 무엇이든지간에 그로부터 벗어나기를 원했다. 자신이 두려워하는 것마저 열어 두기를 원했다. 심지어 새로운 개방은 새로운 봉쇄를 낳는다고까지 말했다. 동시에 그의 사상은 시대의 새로운 사업의 초안을 반영하고 있었으며 새로운 사업적 질서의 이데올로기적인 요구를 만족시켜 주는 것처럼 보였다.

패턴은 동시대의 지적·정치적 흐름에 결정적인 영향을 미쳤다. 예를 들어 그는 1900년대 이후 이 나라에서 일어난 사회사업 운동의 출현에 지적인 안내자 역할을 했다. 뉴욕 시의 사업사업가들과 다른 비판가들은 도시 레크리에이션에 대한 그의 아이디어를 받아들였으며, 이런 형태의 조직된 놀이는 아이들을 도시 생활 속에 안전하게 통합시키는 한 방식이라고 주장하게 되었다. 그는 휘턴 스쿨 경제학과를 통해 경제학자들 세대와, 1885년에 그가 설립을 도와주었던 미국경제학회에 영향을 미쳤다. 미국 경제는 '완전한 풍요'를 향해 나아가고 있다는 그의 견해는 1900년대 이후 자유주의 사상에 근간을 이루게 되었다. 시간이 경과됨에 따라 그의 사상은 이 분야를 휩쓸게 되었다.

렉스포드 터그웰은 휘턴 스쿨 시절 패턴의 제자였으며 나중에는 프랭클린 루스벨트 행정부의 중추적임 멤버가 되었는데, 그는 패턴의 열렬한 사도였다. 평생 동안 심지어 노년에 이르서까지도 터그웰은 패턴의 저서로 되돌아가고는 했다. "내가 생각하기에 패턴은 자기 세대 중에서 가장 심오한 사상가였다"라고 터그웰은 1982년에 회고했다. 그는 "어떤 선생들보다 가장 지대한 영향력을 발휘했다. 미국 아카데미 역사에서 존 듀이나 윌리엄 제임스라는 가능한 예외적인 존재를 제외한다면 패턴보다 더 큰 영향을 미친 스승은 없었다. 그때 이후로 그와 같은 영향력은 되풀이되지 않았다."[75]

콜럼비아대학의 사회학자인 프랭클린 기딩스, 진보 운동의 야심만만한 지적 대변인이었던 정치 저널리스트인 월터 웨일은 패턴의 사상에 분명한 영향을 받았다. 패턴의 견해와 일치하지 않는 점도 있었지만, 어쨌거나 기딩스는 패턴은 '내 사상을 형성하는 데 개인적으로 영향을 미쳤다'고 인정했다. 기딩스와 웨일 양인은 새로운 상업 세계의 도덕적인 올바름과 새롭게 형성된 복잡하고 파편화된 미국 사회는 지속적으로 확대되는 '생활의 표준화'를 통해 구조화될 수 있을 것으로 믿었다. 그의 저서에서 기딩스는 표준화야말로 미국의 다양한 인구들을 하나의 '전체'로 통합시키는 개념이라고 전파했다. 만약 미국인들이 동일한 물품을 욕망하고 동일한 꿈을 꾼다면, 우리는 무정부주의자들을 두려워할 이유가 없다. 근대 생활에서 "동화력 있는 힘들 가운데서 핵심은 표준화된 소비이다. 우리는 카펫·융단·벽지·식탁보·피아노·축음기·값비싼 옷감과 보석……을 감히 엄두도 낼 수 없을 것으로 여겨졌던 계급이 그런 물품을 보편적으로 사용하고 있다는 점을 염두에 두어야 한다. 이렇게 본다면 표준화의 영향이 얼마나 엄청나고 대단한 것인지 깨닫게 될 것이다……. 부의 소비자로서 우리는 정신적·도덕적 결속력을 과시하게 된다. 우리는 동일한 것을 원한다. 우리는 동일한 취향을 원한다. 우리 인생에서 적어도 이 부분에 관한 한 우리는 고도로 일반화된 종류의 의식을 토대로 하고 있다."[76]

휘턴 스쿨에서 패턴의 제자였던 웨일은 저널리스트인 월터 리프만에 의하면, 진보 세력들 중에서 가장 존경받고 지적인 사람이었다. 웨일은 1912년에 출판했던 그의 저서 《새로운 민주주의》에서 패턴의 '잉여' 경제라는 사상을 대중화시켰다. 이 책은 시어도어 루스벨트에게 가장 지대한 영향을 미쳤던 '대통령의 교재'였다.[77] 이 저서에서 웨일은 미국의 경제적인 약속에 관해 열변을 토했다. 과거의 빈곤이 초래했던 인간성은 확대되는 풍요로 인

---

75) Tugwell, *To the Lesser Heights of Morningside: A Memoir*(Philadelphia, 1982), pp.44, 154. 경제적인 전문 직업으로서 사회사업가에 관한 패턴의 영향에 관해서는 Joseph Dorfman, *The Economic Mind in American Civilization*(New York, 1959), vol. 3, pp.187-88, 209.

76) Franklin Giddings, *Studies in the Theory of Human Society*(New York, 1922), pp.61-63, orig. pub. as 〈Quality of Civilization〉; and Tugwell, 〈Notes on the Life and Work of Simon Nelson Patten〉, p.191. 사이먼 패턴의 전기인 《풍요의 발견》 161 페이지에서 다니엘 폭스는 기딩스와 패턴이 '양극단'이라고 주장한 바 있다. 하지만 이런 진술이 보여주다시피 두 사람은 문화와 경제 분야에서 수행된 표준화된 역할에 동의했다.

77) On Lippmann's views of Weyl, see Charles Forcey, introduction to Weyl, *New Democracy*(New York, 1965), p.xiv.

해 한 옆으로 물러나게 될 것이다. "사회의 잉여는 우리의 전통을 추월할 것이며 우리의 철학을 형성할 것이다"라고 주장했다. 사회의 잉여는 미국에서 모든 가난과 불의를 제거하는 잠재력을 가지고 있다. 새로운 상품 논의에서부터 국가가 '소비를 사회화'하는 데 개입해야 하며 진보적인 사회 운동을 보장해 주어야 한다는 확신에 이르기까지 웨일의 사상 전반에 패턴의 흔적이 드러나 있었다. 새롭고 보다 나은 도덕성, 쾌락의 '새로운 윤리,' 새로운 심리 치료는 정치적 민주주의와 병행하여 경제적인 질서로부터 이끌어 내야 한다고 웨일은 주장했다. "민주주의는 물질적인 물품(goods)과 도덕적인 선(goods)이 서로에 바탕하고 있다는 것을 뜻한다." 기딩스와 패턴과 마찬가지로 그는 사회적인 잉여를 누릴 수 있다는 공통된 의식과 그것에 대한 공통된 추구에 기초한 사회 안에서 출현하는 새로운 통일성의 유형을 보았다.[78]

패턴과 웨일 사이에는 분명한 차이가 있었다. 욕망의 새로운 성격을 이해하는 방식에서 이런 차이점은 가장 분명히 드러났다. 새로운 물품은 진짜 가난이 아니라 상상된 가난에 기초하여 새로운 욕망의 종류를 창출하고 있었다. 토스타인 베블런의 이론에 의존하여, "우리는 새로운 형태의 결핍을 개발시키고 있다. 자동차 없는 사람들, 요트 없는 사람들, 뉴포트에 별장이 없는 사람들 등과 같은 결핍과 빈곤을 만들어 낸다. 가장 민감한 사치가 필수품이 된다. 이런 사치품이 없으면 이제 쓰라린 원망과 결핍을 느끼게 된다. 오늘날의 불만족은 사회적으로 대단히 높은 수위를 차지하게 된다……. 새로운 욕망의 끝은 영혼의 성가심이다."[79]

이런 차이점을 무시한다면, 웨일과 기딩스는 패턴을 추종했던 다른 사상가들과 마찬가지로 패턴의 약점 또한 공유하고 있었다. 패턴과 마찬가지로 그들은 근대적인 경제 체계의 주요한 구성 원리에 어떤 비판도 제공하지 않았다. 그들은 근대적인 주식회사를 도덕적인 제도로 이해했다. 돈에 대해서 어떤 부정적인 측면(사실 부정적인 것이라고는 전혀 없었다)도 언급하지 않았다. 돈이 욕망의 성격을 형성하고 왜곡하는 역할에 대해서는 함구했다. 그

---

78) 웨일에 관한 리프만의 입장에 관해서는, Charles Forcey, introduction to Weyl, *New Democracy*(New York, 1965), pp.194, 251–52.

79) *Ibid.*, pp.246–47.

들에게 진정한 '행복' 은 화폐 수입과 소비를 통해 획득될 수 있는 것이었지 노동의 만족이나 지역 사회의 이해 관계로부터 얻어지는 것은 아니었다. 산업 혁명의 사회적인 결과를 두려워했던 많은 미국인들과 마찬가지로, 그들은 미국이 노동에 관해서는 잊어버리고, 그 대신 여가 · 오락 · 놀이 · 소비에 의존해야 한다고 보았다.

패턴은 소비자유주의 이데올로기의 근간을 제공해 주었다(혹은 진보적 자유주의. 내가 생각하기에 이 용어는 대체로 상호 교환 가능한 개념이다). 투자 은행, 쇼윈도, 전기, 박물관, 하버드 무역학과, 워너메이커의 신앙심, 종교적인 심리 치료 그 자체와 같은 자유주의가 출현하는 데 중대한 기여를 했다. 패턴(과 그의 제자들)은 신제품을 지속적으로 생산하는 데 대한 완벽한 윤리적 근거 혹은 이후에 '완전 성장 경제 체계' 라고 일컬어진 이론적 근거를 사업가들에게 제공해 주었다.

폴리야나와 심리 치료라는 대중문화

심리 치료는 대중문화, 즉 영화와 브로드웨이 뮤지컬, 아이들의 이야기와 동화 속에서도 발견되었다. 《폴리야나》의 작가인 엘리너 포터, 《오즈의 놀라운 마법사》의 프랭크 밤 등은 심리 치료의 관점에서 아이들을 위해 글을 쓴 가장 두드러진 작가들이었다.

1868년 뉴햄프셔에 있는 플리머스 식민지의 윌리엄 브래드포드의 후손으로 태어난 포터는 평생을 병약하게 보냈으면서도 건강과 행복에 관한 책을 썼다. 그녀의 어머니 역시 오랜 세월 동안 병약했으며 그녀 자신도 소녀 시절 자주 앓았다. 그녀는 아주 부유하고 성공한 사업가인 존 리먼 포터——전국 분리 기계 회사의 회장——와 결혼했다. 그의 어머니 역시 만성 질환을 앓았으며 지속적인 간호가 필요했다. 1890년대 후반 허약한 건강을 극복한 뒤 포터는 장래성이 없는 음악을 포기함과 동시에 심리 치료(아마도 신사상의 변종인 오리슨 스윗 마든과 랠프 트린의 사상에 심취)를 받아들이고 스토리 작가로서의 새로운 생애를 시작했다. 그녀의 책 중에 《오, 돈이여! 돈이여!》는 미지의 친척으로부터 전혀 예상치 않은 돈 10만 달러를 유산으로 상속받은 3명의 사촌들에 관한 이야기였다. 1950년대 인기 있는 텔레비전 시리즈였던 《백만장자》에 영감을 주었던 작품이었다. 여기서 도덕은 정말로 '미국적'이다. "문제는 돈이 아니라 돈 이면에 있는 인간이다"라는 것이 이 이야기의 도덕률이다(하지만 돈이 생긴다는 것은 정말 멋지지 않는가).[80]

1912년에 씌어진 《폴리야나》로 인한 포터의 승리는 그야말로 철저하게 심리 치료에 기초한 것이었다. 폴리야나 위티어는 최악의 가난과 대면하면서도 항상 미소를 잃지 않는 소녀였다. 인생에 대해 언제나 '감사하며' 모든 사람들에게 '다채로움과 빛과 건강'을 가져다주었다. "나는 그녀를 처방하고 싶다"라고 한 감동한 의사는 말했다. 폴리야나를 만나고 난 뒤, 노쇠한 노인들은 '잿빛이고 칙칙한' 것을 벗어던지고 '붉고 푸르고 노란색 옷'을 입었다. 저축한 돈을 감춰 두고 허리띠를 졸라매는 음울한 스크루지들은 '인생을 즐기는 법'을 배우게 되었다. "나는 아이스크림과 방마다 깔려 있는 카펫과 더불어 하늘의 무지개를 좋아한다"고 그녀는 말한다. 그녀는 악과 저주에 대한 설교로 완전히 지쳐 버린 진부한 목사에게 영감을 불어넣어 《신ㆍ구약성서》에 나오는 8백 가지 즐거운 에피소드를 위해 음울한 성서의 텍스트를 거부하도록 만들었다.[81] 그녀의 인생 신조는 '즐거운 게임'이거나 혹은 무슨 일이 있더라도 '즐거운 것을 그냥 찾아내기'이다. 그녀는 언제나 '즐겁고, 즐겁고, **즐거웠다.**'

《폴리야나》의 핵심에서 포터는 자기 여주인공의 운명과 책을 지배하고 있는 심리 치료 메시지를 제시한다.

　　남녀를 불문하고 사람들이 원하는 것은 격려이다. 그들의 자연스러운 저항의 힘은 약화되어야 할 것이 아니라 강화되어야 할 것이다. 사람들의 결함을 찾아내려고 하는 대신, 그 사람의 장점을 말해 주라. 판에 박힌 상투적인 습관에서부터 벗어나게 해주라. 그의 좋은 측면을 부각시켜 격려하라. 그 사

---

80) 《오, 돈이여! 돈이여!》에 관해서는 Grant M. Overton, *The Women Who Make Our Novels*(New York, 1922), pp.119-20; 포터에 관한 전기적인 자료에 관해서는, Overton, pp.108-18, and Stanley Kunitz and Howard Haycroft, ed., *Twentieth-Century Authors* (New York, 1942), pp.1116-17.

81) Eleanor H. Porter, *Pollyanna*(New York, 1912), pp.24, 149, 186, 223-25, 276.

람의 진정한 자아를 지지해 주라. 진정한 자아가 대담하게 일을 하고 승리하도록 하게 하라…! 아름답고 희망찬 성격은 전염성이 있어서 마을 전체를 변혁시킬 수 있다……. 사람들은 자기 마음과 가슴속에 있는 것을 환하게 밝히게 될 것이다. 어떤 사람이 친절함과 공손함을 느낀다면, 마을의 다른 사람들도 얼마 가지 않아 그와 마찬가지로 느낄 것이다. 하지만 만약 그 사람이 소리지르고 비판하고 으르렁거린다면 그의 이웃 역시 으르렁거림에는 으르렁거림으로 응수할 것이다. 여기에 이자까지 덧붙여 되돌려줄 것이다…! 나쁜 것을 추구하고 기대하면 그것을 얻게 될 것이다. 하지만 좋은 것을 원하면 그것 또한 얻게 될 것임을 당신은 잘 알고 있을 것이다.[82]

심지어 자동차 사고로 인해 다리가 마비되었을 때마저도 폴리야나는 여전히 '즐거웠다.' 사실상 그 이전보다 더욱 즐거웠다(물론 그녀는 마비에서 완전히 회복됨으로써 보상받았다). 이 책의 끝 부분에 이르면 "마을의 절반은 푸른 리본을 매거나 가족끼리의 싸움을 중지하게 되었으며, 이전에는 결코 하지 않았던 것들을 배우게 되었다. 이 모든 것이 폴리야나 덕분이었다." 노동으로 인해 사장을 미워하고 우울했던 공장노동자는 이제 '월요일마다 즐거웠다.'[83]

폴리야나는 포터를 세계적으로 유명하게 만들었다. 인기 있는 응접실 게임을 포함하여 상업적인 제품에 폴리야나라는 상표가 붙게 되었다. 이 책은 거의 8년 안에 8개 국어로 번역되었으며 브로드웨이 뮤지컬로 각색되고 2개의 성공적인 영화로 만들어졌다. 하나는 메리 픽퍼드가 1920년대에 만든 것이고, 다른 하나는 1960년대에 헤일리 밀스가 만든 것이었다. 이 책을 공장노동자들이 좋아했는지 싫어했는지(만약 그들이 이 책을 읽었다면)를 알아내기는 힘들었을 것이다. 하지만 워너메이커가 이 책을 얼마나 반겼을지는 물어볼 필요조차 없었다. 그는 이 책을 가족들, 친구들, 그리고 직원들에게 나누어 주었다. 《폴리야나》는 《소박한 생활》과 동일한 도덕적 처방전이었다. 너무 많이 생각하지 말고 인생을 즐겨라, 그리고 절제하고 선하게 행동하라.

82) *Ibid.*, pp. 226-27.
83) *Ibid.*, p. 287.

그리고 언제나 인생의 긍정적인 면만을 보도록 하라는 처방전 말이다.[84]

프랭크 밤과 신지학

프랭크 밤의 《오즈의 놀라운 마법사》는 인기 면에서 《폴리야나》를 능가했으며 또한 심리 치료의 흔적을 보여주었다. 밤은 사업가였을 뿐만 아니라 쇼윈도 트리머였으며 미국에서 가장 성공적인 동화작가였으며 신지학을 실천하기도 했다. 신지학 영역은 아마도 장모였던 마틸다 조슬린 게이지로부터 영향을 받았던 모양이었다. 게이지는 미국에서 여성 권리 운동의 지도자였으며 《여성 투표권의 역사》의 공저자였다. 그녀는 기성 종교를 싫어했는데, 부분적으로 기성 종교가 여성 해방을 반대했기 때문이기도 했다. 그녀는 신지학을 선호했는데, 기독교로부터 소외감을 느낀 다른 '진보'적인 인물들 역시 그랬다. 그들은 종교와 과학적인 지식을 융합하여 여성에게 대단히 우호적인 종교를 원했다. 게이지는 블라바츠키의 책, 《베일을 벗은 이시스》를 대단히 흠모했다. 이 책은 이집트의 여왕인 이시스에 대한 방대한 분량의 찬사에 바쳐졌다. 《여성 운동의 역사》에서 게이지는 "블라바츠키가 모든 생명체의 재생산을 위한 보석을 그녀 안에 품고 있었다"고 말했다.[85]

밤 역시 블라바츠키를 분명히 흠모했다. 그는 자기 집에서 강신회를 주관하고 신지학협회의 멤버가 되었다.[86] 신지학의 친과학적이며 반기독교적인 측면이 그에게 호소력을 지니게 되었다. "신앙의 시대는 서서히 과거로 침몰하고 있다"고 그는 1890년에 썼다. 신앙 대신 우리는 '새로운 불신앙'을

84) 소설의 수용에 관해서는 〈Eleanor Porter〉 in *Notable American Women*, ed. Edwar T. James(Cambridge, Mass., 1971), pp.85-86.

85) Matilda Joslyn Gage, *Woman, Church, and State*(included in the first volume of *The History of Woman Suffrage*(New York, 1893)), p.31; and Campbell, *Ancient Wisdom Revealed*, p.3.

86) John Algeo, 〈A Notable Theosophist: L. Frank Baum〉, in *The American Theosophist* 74(August-September 1986): 270-73; *The Aberdeen Saturday Pioneer*(a Baum-edited newspaper; 이하부터, *Pioneer*)(April 5, 1890); Matilda Joslyn Gage(grandniece of Mrs. Gage), 〈The Dakota Days of L. Frank Baum〉, Part III, *The Baum Bugle*(Christmas 1966).

믿으며 '자연의 신비를 꿰뚫고 싶은 간절한 갈망'을 가지고 있다. '여지까지 가르침이 금지되었던 지식에 대한 갈망'을 가지고 있다. "우리 나라가 진보함에 따라, 인구가 증가함에도 불구하고 교회에 가는 숫자는 점차 줄어들고 있다. 사람들은 과학 연구가 교회의 적이라고……생각하기 시작하고 있다. 우리는 과학이 진실이라는 것을 알고 있다."[87]

신지학은 관대한 심리 치료의 한 형태였다. 도덕적으로 재단하지 않으며 관용적이었다. 밤은 신지학에서 친화력을 느꼈다. 사람들은 죄인이 아니며 죄의식을 느낄 필요가 없다는 힌두교 신앙에 영향을 받았던 그는 1890년 《애버딘 새터데이 파이오니어》지에 실은 기사에서 이렇게 말했다. "인생에서 좋은 것은 사용되어지는 것이다. 그러므로 '궂은 날'을 위해 저축하라는 이론은 당신 자신의 평안을 부정하는 핑계로 이용되지 않는다면 그 자체로는 괜찮은 이론이다." 당신의 월급이 턱없이 부족하다 하더라도 '매일 아침 식탁에서 오렌지(그 당시로서는 값비싼 과일)를 먹는 것'에 죄의식을 느끼지 말라고 그는 주장했다. 때로 몇 푼을 빌리는 상황에 몰린들 어떤가. "죽음이 마지막 회계를 할 때 과연 누가 더 승리자가 될까? 삶을 살았습니다라고 말하는 자와 저축했습니다라고 말하는 자 중에서 누가 승자일까"라고 그는 물었다. 인생의 핵심에서 모든 것을 얻어내는 것은 지혜의 본질이다. 따라서 "먹고 마시고 즐거워하라. 내일이면 당신은 죽을 것이므로."[88]

밤은 피아노 위에 놓여 있는 '걱정마'라는 빌리켄스 인형을 포함하여 자기 집을 심리 치료의 상징으로 장식했다.[89] 그는 금지를 싫어했으며 일요일의 우울한 법칙을 싫어했다. 성공하고 난 뒤에 그는 자신의 본능적인 충고에 따라 흥청망청 쇼핑하고 최고의 호텔에 머물렀으며 길고 사치스러운 휴가를 보내고 빚더미에 올라앉았다.[90]

무엇보다도 밤은 어린아이들의 이야기를 썼다. 청소년기와 성인들을 위

---

87) *Pioneer*(January 25, 1890, and February 22, 1890).

88) *Pioneer*(May 10, 1890); and quoted in Matilda J. Gage, 〈The Dakota Days of L. Frank Baum〉, Part II, *The Baum Bugle*(Autumn 1966).

89) 〈L. Frank Baum and His New Plays〉, newspaper article, p.63, LFB Papers, Arendts Collection, Syracuse University.

90) *Pioneer*(November 8, 1890, February 22, 1890, March 1, 1890, March 15, 1890, March 22, 1890, May 3, 1890, and February 8, 1891).

한 것이기도 했다. 그의 동화는 친소비자 전망을 표현했다. 관대한 안락함 (gemütlich)이었으며 도덕적으로 재단하지 않는 심리 치료를 표현했다. 그의 책은 많은 부분 넘치는 상품과 기계적인 발명품, 인공적인 물건들, 다채로 운 식사와 연회 장면과 풍성하고 과일, 맛있는 케이크, 슈크림, 캐러멜, 팝 콘 스노우, 젤리빈 페블, 초콜릿으로 만든 사람, 설탕을 뿌린 빵, 생강빵, 건 포도 등 입맛을 돋구는 풍경을 연출했다. 이런 묘사는 부분적으로는 어린아 이들에게 이 세계는 완벽하게 좋고 친절한 곳이며 모든 사람들이 풍요를 즐 길 수 있는 곳이라는 인상을 심어 주기 위한 것이었다. 반면 전래 동화——— 예들 들어 〈헨젤과 그레텔〉———에서 아이들은 굶주림에 위협받고 금지된 음식을 먹고 욕망함으로써 죽음으로 위협받는 세상에 노출되었다. 밤의 번 영의 왕국에서 풍요는 영원한 것이며 굶주림은 상상조차 할 수 없었다.[91]

긍정적인 미국 동화

가장 잘 알려진 밤의 책, 《오즈의 놀라운 마법사》는 19세기 후반의 종교 적인 소용돌이와 경제적인 변화의 와중에 나온 중요한 문화적 자료 가운데 하나였다. 패턴의 정치경제학과 오리슨 스윗 마든의 행복 기계만큼이나 밤 의 이야기는 미국 자유주의자들의 풍경에 새겨지게 되었으며 그 당시 가장 폭넓게 읽혀진 책이었고 밤 생전에(그는 1919년에 죽었다) 이미 여러 개 국어 로 번역되었다. 1910년대 후반 활기찬 《오즈》 산업이 붐을 이루었으며 오 즈 장난감, 게임, 천연색 책, 인형, 포스터들이 제작되었다.[92] 《오즈의 놀라

---

91) For Baum's edible landscapes, see LFB, *The Emerald City of Oz*(Chicago, 1910), pp.181-82, 299; LFB, *The Purple Dragon and Other Fantasies*(Lakemount, Ga., 1976), ed. with foreword by David L. Greene, pp.18, 21; LFB, *Tot and Dot in Merryland*(Chicago, 1901), pp.103-5; and Frank Baum and Russell MacFall, *To Please a Child: A Biography of L. Frank Baum, Royal Historian of Oz*(Chicago, 1951), pp.21-32.

92) 오즈 산업과 머천다이징에 관해서는, Baum and MacFall, *To Please a Child*, pp. 251-56. The Baum Bugle(Christmas 1964); and *The Baum Bugle*(December 1962). 《오즈 의 놀라운 마법사》가 누린 인기에 관해서는, Frank Luther Mott, *Golden Multitudes: The Story of Best Sellers in the Unites States*(New York, 1966).

운 마법사》는 미국 광고 캠페인의 일부가 되었다. 예를 들어 1913년 뉴욕의 시겔-쿠퍼스가 뉴욕 전역에 걸쳐 같은 크기의 거대한 광고 간판을 세웠는데, 이 광고 간판은 광고주인 O. J. 구드가 만든 것으로 "모든 사람은 백화점으로 간다"라는 깃발 아래 시겔-쿠퍼스로 행진하는 유명한 형상을 묘사한 것이었다. 여기서 행진의 맨 마지막에는 《오즈의 놀라운 마법사》에 등장하는 허수아비가 있었다.[93]

20세기에 들어와서 동화책 이상으로 풍성한 결실의 원천으로 입증된 책은 없었다. 최근 들어 동화의 주제와 등장 인물은 쇼핑몰(매사추세츠 주 애틀버러의 '에머랄드 시디 쇼핑몰')에서부터 근대적인 안무(뉴요커인 폴 테일러가 각색한 '오즈' 발레)에 이르기까지 모든 것의 기초를 형성했다. 여러 번 거듭하여 이 동화는 다른 매체로 각색되었고 밤 자신이 1902년에 각색한 것보다 더욱 수지맞는 장사는 없었다. 그는 시카고 무대를 위한 뮤지컬 희가극을 만들었다. 이 희가극은 그때까지 미국 역사에서 가장 장기 공연한 뮤지컬이 되었다(1911년에 이르기까지 보스턴의 캐슬 스퀘어 극장에서 공연되었다). 빅터 허버트의 《장난감 왕국의 아이들》과 다른 뮤지컬 역시 《오즈의 놀라운 마법사》를 모방하여 만든 것이었다. 1910년 인터뷰에서 밤은 《오즈의 놀라운 마법사》에 관해서 "이것은 예외적인 일이었다. 8년 동안이나 희가극으로 살아남았다는 것은 극히 유례없는 일이다"라고 말했다.[94]

그렇다면 《오즈의 놀라운 마법사》가 미국에서 그처럼 인기가 있었던 이유는 무엇이었을까? 이 질문에 대한 대답은 밤의 동화 형식이 보여준 탁월함에서 그 부분적인 이유를 찾을 수 있다. 이 동화에는 왕자와 공주가 등장하지 않지만, 그럼에도 불구하고 고전적인 동화의 요소를 포함하고 있다. 여행 모티프, 선과 악의 대립, 고립된 영웅/여주인공이 낯선 땅에서 목표를 추구하는 것, 마법적인 조력자와 비인간적인 등장 인물, 마법에 빠진 숲, 주

---

93) ⟨Why 'Everybody's Going to the Big Store'⟩, *ST*(September 1, 1913).

94) Quoted I a Baum newspaper interview, ⟨L. Frank Baum and His New Plays⟩(1910), LFB Papers, Arendts Collection, Syracuse University Library. See also on the production, Baum and MacFall, *To Please a Child*, pp.5-15, and *The Baum Bugle*(Spring 1969). 최근의 개작으로는 Emeral City Mall, *NYT*, September 24, 1989, p.25 and on ⟨Oz⟩, *NYT*, October 29, 1992, p.c19.

인공/여주인공의 여정에 무수히 깔려 있는 장애물과 난관들이 바로 그런 요소들이었다. 《오즈의 놀라운 마법사》는 마법의 개입과 변형이 있으며 보석, 꽃, 먹기 좋은 것들의 묘사로 가득 차 있다. 이런 특징은 관객을 즐겁게 해주는 가치로 입증되었다. 어린아이들은 이런 것들을 동화에서 찾을 수 있을 것으로 기대했다. 밤은 세련되게 그런 기대를 만족시켜 주었다.[95]

하지만 《오즈의 놀라운 마법사》에서 동화에서 새로운 것을 보여주었다. 그는 동화를 미국화했다. 논쟁의 여지는 있지만, 하여튼 그는 미국적인 소재와 동화 형식을 효과적으로 결합한 최초의 미국 작가였다. 워싱턴 어빙에서부터 마크 트웨인에 이르는 다른 미국 작가들은 토착적인 요소를 어린아이들의 문학이라는 다른 장르에 도입하는 데 성공했다. 하지만 밤은 동화 속에서 미국적인 소재를 잘 융합시킨 최초의 작가였다. 바로 그 점이 다른 어떤점보다도 《오즈의 놀라운 마법사》의 영속적인 인기를 가장 잘 설명해 준다.[96]

밤이 동화를 '미국화했다'는 말은 그 자신이 잘 알고 있었던 문제와 장소에 관해, 그리고 당대의 대다수 미국인들이 관련이 있었고 깨닫고 있었던 것에 관해 썼다는 뜻이다. 즉 굴대 기름, 양철, 캔자스 평언과 농부들, 허수아비와 서커스 호객 행위하는 사람, 자기 고향에서 뿌리뽑힌 소박한 시골 소녀 등이 그런 요소에 속했다. 책에는 많은 농담이 실려 있다. 미국인들은 남녀노소할 것 없이 그런 농담을 틀림없이 즐겼다. 기계 테크놀로지에 관한 미국 특유의 강박이 여러 번 마법사의 행동과 마법사라는 사람 그 자체에 풍자적으로 드러났다. 밤의 책은 고전적인 동화에서의 여행 이외에도 다른 여행의 되울림 또한 있었다. 미국인들의 서부로 향한 여행, 시골에서 도시로의 여행, 그 시대의 고급 문학에 많이 묘사된 종교적인 여행들의 모티프 또한 반향하고 있었다.

---

95) 동화의 전통적인 요소에 관해서는 Brian Atterbery, *The Fantasy Tradition in American Literature: From Irving to LeGuin*(Bloomington, Ind., 1980), pp.91-92; Bruno Bettelheim, *The Use of Enchantment: The Meaning and Importance of Fairy Tales*(New York, 1977), pp.3-19; and Laura F. Kready, *A Study of Fairy Tales*(New York, 1961), pp.13-22.

96) 도처에서 찾아볼 수 있는 밤의 영향력에 관해서는, Atterbery, *The Fantasy Tradition in American Literature: From Irving to LeGuin*(Bloomington, Ind., 1980), pp.81-3; and Humphrey Carpenter, *Secret Gardens: The Golden Age of Children's Literature*(Boston 1985), pp.x, 16-17.

가벼운 방식으로 《오즈의 놀라운 마법사》는 존 버니언의 《천로역정》의 영향을 보여준다. 《천로역정》은 19세기 전반의 절반 동안 중산층 신교도 미국인들이 읽었던 책이었다. 버니언의 책은 아이들이 읽어야 하는 표준적인 독서물이었으므로 많은 어린이들은 그 책의 구절들을 암송할 정도였다. 밤 역시 경건한 기독교인이었던 어머니의 보호 아래 그 책을 읽고 암송했을 터였다. 이런 책들은 동일한 원형적인 여행 모티프와 동일한 상징을 공유하고 있었다. 은으로 만든 슬리퍼(1939년 영화에서는 루비 슬리퍼로 바뀌었다) 또한 그런 동일한 상징에 속한다. 《천로역정》에서 기독교인은 파괴의 도시로부터 달아나서 끔찍한 악몽과 유혹을 경험하다가 마침내 보석으로 가득 찬 천상의 도시에 도착한다. 천상 도시의 거리는 황금으로 포장되어 있었다. 잿빛이자 암울한 캔자스로부터 높이 치솟아 오른 도로시는 오즈의 세계에 떨어지게 되면서 많은 역경을 극복하고 마침내 보석으로 가득 찬 에메랄드 시티로 들어간다. 에메랄드 시티의 거리는 황금과 보석으로 덮여 있었다. 《천로역정》에서 여행에 올랐던 크리스천은 사심(私心)이란 인물을 도중에 만난다. 사심은 자신에게 부와 존경을 가져다주는 데 도움이 되지 않는 한 종교에 관심이 없다. "종교가 은으로 만든 슬리퍼에 잘 들어가는 한 우리는 언제나 가장 열광적인 신도지요"라고 사심은 크리스천에게 말한다. 그러자 기독교인이 응수한다. "당신은 종교가 은으로 만든 슬리퍼에 잘 들어갈 때뿐만 아니라 낡은 옷을 입고 걸치고 있어도 인정해야만 해요." 《오즈의 놀라운 마법사》에서 도로시의 구출과 구원은 '은으로 만든 슬리퍼'에만 잘 '들어간다.' [97]

하지만 《오즈의 놀라운 마법사》는 주요한 프로테스탄트 텍스트의 잔여분 이상을 포함하고 있거나 혹은 모든 미국 생활의 보다 일상적인 특징이 포함되어 있다. 밤은 이 나라의 상업 발전에 대단히 익숙한 심리 치료 비전을 동화에 도입했다. 그는 미국 사회를 비판할 수도 있었다. 그는 경제적인 고통

---

97) John Bunyan, *The Pilgrim's Progress: From This World to That Which Is to Come*, pt. I, ed. with introduction by James Thorpe(Boston, 1969), pp.147-82, 194, 199. 버니언의 책이 누린 인기에 관해서는, Daniel T. Rodgers, *The Work Ethic in America*, *1850-1920*, p.128; and Paul Fussell, *The Great War in Modern Memory*(New York, 1977), pp.137-44.

과 인종적 편견, 산업노동이라는 새로운 소외 형태, 많은 풍요한 미국인들의 지나친 탐욕과 사치, 미국 자본주의 사회의 뚜렷하고도 영속적인 특징이 되고 있는 부와 권력의 편중에 관심을 주목하도록 하는 수단으로 자신의 동화를 이용할 수도 있었다. 이러한 현상들은 그가 살고 있는 도시 주변에서 1890년대에 이미 일어나고 있었다. 사우스 다코타의 애버딘에서 농부들의 소요, 시카고에서의 노동 분쟁이 초래되었다. 다른 나라의 동화작가들은 미국과 마찬가지의 고통스런 상황이 발생하고 있을 때 그런 문제에 관해 글을 썼다. 케네스 그레이엄 · 찰스 킹즐리 · 조지 맥도널드 · 존 러스킨 등은 영국에서 진행된 새로운 산업 질서의 정체를 폭로하고 매도하기 위한 수단으로 동화에 의존했다. 많은 미국인들은 이런 동화를 읽었지만 밤은 그런 작가들의 선례를 따르지 않았다.[98]

많은 분석가들은 밤이 《오즈의 놀라운 마법사》에서 미국 산업 사회에 대해 은근히 비판했다고 주장해 왔다. 어떤 분석가는 이 책이 짓밟힌 농부들(오늘날까지도 대단히 설득력을 얻고 있는 해석이기는 하다)에 대한 깊은 동정심을 보여주는 인민주의적인 우화라고까지 평가해 왔다.[99] 하지만 그의 책 어디에서도 가난한 농부들이나 부당한 대우를 받는 미국인들에 대한 그의 관심이 표현된 곳은 없었다. 사회적 약자에 대한 관심은커녕 모든 정황으로 보건대 그와는 정반대였다. 그는 '최고의 사람들,' '미국 사회에서의 승자들'과 동일시하기를 좋아했으며, 패자들과 동일시하지 않았다. 심지어 그는 "미국 인디언들이 왜 전멸하지 않았을까? 그들의 영광은 사라졌다. 그들의 기백은 파괴되었다. 그들의 시대는 소멸되었다. 현재처럼 비참하게 사는 것보다는 오히려 죽는 것이 차라리 낫다. 정복의 법칙과 문명의 법칙에 따라서 백인들은 미대륙의 주인이다"[100]라고 썼다. 좀더 요점을 지적하자면, 《오

---

98) 동화에 관한 비판적인 전통은, Humphrey Carpenter, *Secret Gardens: The Golden Age of Children's Literature*(Boston 1985) 참조.

99) 이런 분석들 가운데서 가장 잘 알려져 있고 깜짝 놀랄 만한 사람이 헨리 리틀필드이다. 그의 《오즈의 마법사: 대중주의의 우화》(*American Quarterly*(Spring 1964): 47-58)는 아직까지도 널리 활용되고 있다. Fred Erisman 〈L. Frank Baum and the Progressive Dilemma〉, *American Quarterly*(Fall 1968): 616-23; and Brian Atter-bery, *The Fantasy Tradition in American Literature: From Irving to LeGuin*(Blooming-ton, Ind., 1980), pp.86-90.

즈의 놀라운 마법사》에서 자본주의에 대한 비판의 흔적은 어디에도 없다는 것이다. 이 책은 전적으로 낙관적인 미국 동화이며 새로운 산업 사회에 대한 도전과는 거리가 먼 것이며 산업 사회의 가치와 방향성을 비준해 주었다.

심리 치료는 《오즈의 놀라운 마법사》의 모든 곳에 퍼져 있다. 가장 문자적인 차원에서 심리 치료는 신지학의 강신술적인 요소처럼 보이기도 하고 때로는 풍자적인 형태로 나타나기도 한다. 예를 들어 오즈의 마법사에서 좋은 마녀는 블라바츠키가 연구하여 역전시켜 놓은 강력한 힘을 가진 어머니-여신과 흡사하다. 오즈의 마법사와 도로시와 그녀의 친구들 사이의 만남은 이상한 목소리와 괴이한 현상이 일어나는 강신술적인 강신제와 대단히 흡사하다. "당신은 어디에 있나요?"라고 도로시는 오즈와의 두번째 만남에서 그에게 다가가면서 물었다. 마치 그가 몸이 없는 존재처럼 어디에 있냐고 물었다. "나는 도처에 있다"고 목소리가 대답했다. "보통 사람의 눈에 나는 보이지 않는다. 나는 왕좌에 앉을 것이다. 그러면 넌 나와 대화할 수 있을 것이다"라고 말하는 과정에 '강신제'는 진행된다.(p.93)[101] 마법화가 다양한 모습으로 구현되는 것은 힌두교의 변신 개념을 반영하고 있다. 마법사는 자신의 몸을 주요한 매개 수단으로 하여 여러 가지 목소리와 여러 가지 모습을 취하게 된다. 오즈의 왕국은 신지학적인 '혹성'이나 헬레나 블라바츠키가 자신의 책에서 묘사했던 '지구'와 흡사하다. 이를 통해 모든 사람은 완전한 영적인 건강과 완전한 전체성으로 나가는 길을 통과해야 한다.[102]

좀더 폭넓은 이데올로기 차원에서 밤은 동화로부터 아픔과 두려움을 없애 버림으로써 심리 치료를 표현했다. 에메랄드 시티에서, 그리고 오즈의 땅

---

100) Pioneer(December 20, 1890). 밤은 그가 사우스 다코다 주, 애버딘에서 살았을 때, 이 신문의 편집장이었다. 그곳은 농민들의 소요와 민중주의 활동이 강력한 지역이었다. 하지만 그는 자신의 신문에서 농민들의 소요에 관해서는 거의 아무 것도 언급하지 않았다. 밤이 대중주의에 그처럼 많은 관심을 가졌다고 믿는 사람이 있다면, 이것은 대단히 경악스러운 일일 것이다. 하지만 밤은 '최고의 사람'들이 펼치는 의상 파티에 관한 기사에 더욱 관심이 있었으며, 애버딘의 극장과 음악활동, 그리고 윈도와 상품에 더 많은 관심을 가지고 있었다.

101) 이제부터 표기할 《오즈의 마법사》에 관한 참고는, *The Wonderful Wizard of Oz*, ed. William Leach(Belmont, Calif., 1991) 판본으로 한다.

102) On these kingdoms or ⟨globes⟩, see Bruce Campbell, *Ancient Wisdom Revealed*, pp.61-74.

에서 모든 것은 보살핌을 받는다. 진짜 근심·걱정거리는 거의 없다. 심각한 투쟁이나 갈등도 없다. 언급할 만한 일도 없다. 죄의식을 느낄 일도 없다. 무엇보다 두려울 것이라고는 전혀 없다(나중에 밝혀지다시피 사악한 마녀마저 두려워할 필요가 없다). 《오즈의 마법사》는 윌리엄 제임스였더라면 '걱정마'의 '구체적인 치료 방법'이라고 불렀음직한 것이다. 밤 자신도 초판 서문에 이 점을 분명히 말했다.

좀더 새롭고 '멋진 이야기' 시리즈를 위한 시대가 도래했다. 멋진 이야기의 세계에서는 상투적인 지니, 난쟁이와 요정은 제거된다. 또한 무시무시한 도덕을 지적하는 저자들에 의해 모든 이야기에 고안된 끔찍하고 등골이 오싹한 사건들 역시 없앴다……. 《오즈의 놀라운 마법사》는 오늘날의 어린이들을 즐겁게 하기 위해 씌어진 것이었다. 이 책은 근대화된 동화를 갈망한다. 근대화된 동화에서 경이와 즐거움은 보존되며, 악몽과 고통스런 비탄은 제거된다.[p.36]

새로운 소비자본주의적 미국적인 방식에서 밤은 경이와 고통스런 비탄의 끈을 단절시켜 버렸다. 이제 사람들은 역사상(인간답게) 그 어느 때에도 결코 가져 보지 못했던 것을 가질 수도 있게 되었다. 슬픔 없는 기쁨, 가난 없는 풍요, 고통 없는 행복을 맛보게 되었다. 다른 심리치료사들처럼 밤은 인생에서 고통의 측면과 성인들의 측면을 거부하고 긍정과 존경할 만한 가치가 있는 면만을 보았다.

그렇다고 이 책에서 두려워할 것이 전혀 없다거나 혹은 폭력이 전혀 없다는 말이 아니다. 12장에서 도로시의 친구들은 서부의 나쁜 마녀를 죽이려는 와중에 땅에 내동댕이쳐졌으며 찢겨졌다. 물론 마녀 그 자신이 극도로 두려운 존재였다. 다른 장에서 칼리다와 같은 괴물과 거대한 거미가 나타난다. 도로시의 포식자들은 처참하게 파괴되고 종종 목이 베이기도 했다. 이런 에피소드에도 불구하고 밤의 책은 근본적으로 그가 의도한 바대로 '고통스런 비탄과 악몽'의 이야기는 거의 없었다.

하지만 밤은 《오즈의 놀라운 마법사》에서 '진짜' 공포와 폭력을 어떻게 추방했는가? 첫째, 그는 동화 전체를 통해 오즈와 에메랄드 시티의 물질적·

자연적 풍요를 강조하기 위해 기분 좋은 색깔을 분배하고 배치했다. 사실상 이 책은 색채에 대한 송가일 뿐만 아니라 풍요에 대한 송가이다. (에메랄드 시티 그 자체가 상징하다시피) 밤은 상인으로서 색채를 세련되게 구사했다. 그의 신지학이 이 점을 권장했다.[103] 따라서 《오즈의 마법사》에서 회색은 힘든 노동, 빈곤, 가난, 죽음과 연결된 반면, 노란색·붉은색·푸른색은 상품으로 넘쳐나고 충분한 음식과 보석과 귀중한 금속이 가득한 세계로 연상된다. 이런 식으로 색깔을 연상하는 것은 역사적으로 흔한 일이다. 하지만 밤(그의 삽화가인 윌리엄 덴슬로우)은 어떤 미국 작가도 사용하지 않았던 방식으로 발전시켰다. 《오즈의 마법사》 초판에서 덴슬로우는 밤이 사람과 장소에 할당했던 다양한 색깔을 반영하여 거의 매 페이지마다 색깔을 솜씨 좋게 첨가했다. "덴슬로우가 이 책을 위해 아낌없이 삽화를 그렸다"라고 이 책이 나오기 직전이었던 1900년 4월 동생에게 보낸 편지에서 밤은 말했다. "이 책은 밝은 색깔로 빛난다." 캔자스라는 장소를 나타내는 페이지는 회색이었으며 만치킨(Munchkin) 나라를 위한 색깔은 푸른 바다색이었다. 양귀비꽃밭과 콰들링 나라는 녹슨 붉은색이었으며, 데인티 차이나 나라(이 나라에서 모든 '소인들'은 다채로운 도자기로 만들어진다. 유리와 도자기 세일즈맨으로 보냈던 시절에 대한 경의를 표시한 것이다)는 갈색이었으며, 마지막 페이지에서 도로시의 귀향은 붉은 장미색이었다. 각 페이지마다 덴슬로우는 섬세한 드로잉에 색칠을 했으며, 인쇄된 단어들 주변이나 그 아래에 삽화를 배치함으로써 책에서 그림의 농도를 증폭시켰다. 그는 컬러 금속 도판 삽입물을 만들었다. 이로 인해 스토리가 전개됨에 따라 점점 더 색채가 풍요해지게 되었다. 시각적으로 기분 좋게 만드는 방식으로 등장 인물이나 사건을 그렸다. 오늘날 이 초판을 본 사람이라면 누구든지 덴슬로우의 작업에 깊은 인

---

103) 접신학/영성주의/색깔의 관계는 다음의 책에 간략하고 설명되어 있다. Faber Birren, *Color and Human Response*(New York 1978). 밤보다 앞섰던 컬러리스트와 밤에게 미친 그들의 영향에 관해서는, Edwin Babbitt, *The Principles of Light and Color: The Classic Study of the Healing Power of Color*, ed. and annotated by Faber Birren(New York, 1967); orig. pub. in 1878). 존 워너메이커와 마찬가지로 장로교인인 베비트는 그의 나이 40세가 되던 1869년에 영성주의로 '개종'했다(p.vi.). 빛과 색깔의 치유적인 속성은 너무 부드럽고, 너무 잘 흡수된다. 그래서 그 효과는 지속적이며 탁월하다고 그는 p.93에 적어 놓고 있다.

상을 받을 것이다. 특히 에메랄드 시티를 다룬 장에서 그가 그린 드로잉을 보면 놀랄 것이다. 그곳의 페이지는 작은 에메랄드가 물방울처럼 떨어지면서 눈부시게 반짝거리고 있는 것처럼 보인다. 《오즈의 마법사》의 초판은 그 당시 출판되었던 것 중에서 가장 '다채로운' 어린이들의 책이었다. 그것은 서사와 예술을 가시화시킨 작업이었다.(도판 19 참조)[104]

밤은 주도적 등장 인물인 요술쟁이 마법사를 다루면서 오즈에서 공포와 비탄을 빼버렸다. "그것이 나의 요술 중 하나였다"라고 마법사는 말한다. "이리로 와, 그러면 너에게 그걸 알려 주마."(p.121) 마법사 자신에게서 밤은 요술쟁이 거래에 초점을 맞췄다. 광고·활동·판매·최면술·허구적인 상품의 거래 등과 같은 환상과 속임수를 통해 성공하는 점을 보여주었다. 역사적으로 많은 미국인들은 요술을 두려워하고 의심했으며 요술을 실행하는 자를 문화의 주변에 위치시켰다. 적어도 18세기에 이르기까지 원형적인 요술쟁이는 사탄이었다. 사탄은 여러 형태와 모습을 가진 존재이며 다형태적인 악마였다.[105] 그의 책과 신문에 쓴 기사가 보여주다시피 밤 자신이 이 전통을 어느 정도 반영하고 있다. 하지만 《오즈의 마법사》와 그밖의 많은 스토리에서 그는 요술쟁이, 매개자, 다른 사람의 꿈의 거래자를 인정하는 다른 노선을 추구했다.

마법사는 책의 중심 자체이자 이 나라의 중심에서 나타난다. 왜냐하면 그는 서사와 실존적인 의미에서 책의 중심이기 때문이다. 자신들의 소망을 인정받으려고 도로시와 그녀의 친구들은 마법사와 각기 단독으로 접견하게 된다. 마법사는 이들에게 각기 다른 모습으로 나타난다. 도로시 앞에는 '거대한 머리통'으로, 허수아비 앞에는 '다채롭게 펄럭이는 날개를 단 사랑스러운 숙녀'로, 사자 앞에는 '불덩어리'로, 양철 나무꾼에게는 5개의 눈과 공룡

---

104) 밤의 색깔 사용에 관해서는, Harry Neal Baum, 〈My Father Was the Wizard of Oz〉, manuscipt, LFB Papers, Arendts Collection, Syracuse University, pp.13-14, and Michael P. Hearn, introduction to *The Annotated Wizard of Oz*(New York, 1973), p.114.

105) 미국에서 요술의 역사적 중요성과 1870년대와 1880년대에 이르러서 점차적으로 순치되는 과정에 관해서는, Neil Harris, *Humbug: The Art of P. T. Banum*(Chicago, 1973), pp.72-79; Karen Halttunen, *Confidence Men and Painted Women*(New Haven, Conn., 1982); and Ann Fabian, *Card Sharps, Dream Books and Bucket Shops: Gambling in 19th Century America*(Ithaca, N.Y., 1990).

의 머리 같은 모습과 5개의 긴 팔과 5개의 가는 다리를 가진 '무시무시한 짐승'으로 나타난다. 마법사는 자신의 탄원자들에게 그들의 소망을 인정해 주는 대신 서부의 사악한 마녀를 죽이라고 요구했다. 사실상 그는 탄원자들과 거래를 한 셈이었다. 마녀를 죽여라, 그러면 너희들이 원하는 것을 내가 들어주마라는 거래를 말이다.

하지만 도로시가 그의 요구를 실행하고 난 뒤, 우리는 마법사가 거짓말쟁이 · 사기꾼 · '허풍쟁이'라는 사실을 알게 되었다. 스스로 자백했다시피 그는 도로시 일행의 소망을 들어줄 수 있는 '진정한' 힘을 전혀 갖지 못했다. 그는 사탄(여러 가지 역할과 모습을 취한 악마 그 자체)의 역할을 했던 '작고 늙은 남자'로 밝혀졌지만 그다지 해롭지 않은 인간이었다.(p.120) 그는 대담한 인간이며, 속임수와 현혹시키는 요가수행자이자, 환상을 보여주는 자이다. 그의 행동에 대한 다른 사람의 반응은 어떤가? 분노? 아니면 격분? 놀랍게도 어떤 사람도 그다지 신경 쓰지 않는다. 이것이야말로 밤이 분명히 의도했던 바였다. 밤 자신은 마법사에게 우호적이었다. 그는 마법사의 성격에 생동감과 밀도를 부여함으로써, '마법사로서는 대단히 엉터리였지만'(p.96) '사람으로서는 대단히 좋은 인간'으로 부를 만하도록 그의 모습을 일치시켰다. 이렇게 본다면 밤이 그를 얼마나 따스하게 묘사하고 있는지 알 수 있을 것이다. 사실상 오즈에서 모든 사람들은 그를 좋아하는 것 같았고 도로시는 그를 '용서한다.' 비록 그가 자신이 가진 '힘'을 속였기 때문에 비윤리적이라고 그를 비난할 만한 충분한 자격을 가지고 있음에도 순순히 그를 용서한다.

밤은 자신을 요술쟁이——상인 · 쇼맨 · 배우——와 동일시했다. "나의 아버지야말로 다름 아닌 오즈의 마법사였다"고 그의 아들인 해리 밤은 적고 있다.[106] 밤 본인이 '프로모터'였으며 새로운 '설계'를 시험해서 결과를 알아보고 신제품을 사용해 보는 데 관심이 많았다. 1904년 그는 《타이틀 트러스트》 혹은 《문어》라는 제목으로 기획된 뮤지컬 희가극 작품에 착수했다. 이 희가극에서 밤은 시카고 출신이었던 프랭크 노리스가 썼던 동명의 소설을 의도적으로 조롱했다. 노리스의 《문어》는 철도 산업에서 프로모터가 미

---

106) Harry Neal Baum, ⟨My Father Was the Wizard of Oz⟩.

치는 유해한 영향을 묘사한 것인데, 미국에서 출판된 소설 중에서 가장 암울한 '사실적' 소설이었다. 밤은 '오페라'의 2막에서 '발레와 더불어 장대한 야외 축제와 가장무도회'를 끼워넣었다. 그와 공동 작업했던 폴 티에첸스는 "내가 여태껏 마주쳤던 작품 중에서 가장 재미있는 것이다"라고 생각했다. 쇼를 위해 그가 썼던 이 모든 노래 중에서, 〈나는 프로모터〉라는 것을 가장 자랑스러워했으며 다른 사람들에게 '여러 번' 노래 불러 주기도 했다.[107]

마법사와 이야기 그 자체에서 밤이 묘사한 것은 사실상 신이나 악마만이 행할 수 있었던 마술, 환상, 극장을 창조하는 근대적인 능력에 대한 찬사라고 이해할 수 있다. 사람들의 의지와는 상관없이 믿도록 만드는 능력에 대한 찬사라고 볼 수 있다. 심지어 마법사가 사기꾼으로 드러나고 동화적인 의미에서의 진짜 마술적인 힘을 전혀 가지고 있지 못한 '보통 사람'이라는 점이 드러났음에도 그는 여전히 막강한 힘의 소유자이다. 그는 근대 미국 자본주의 방식으로 볼 때 막강한 인물이다. 그는 다른 사람을 조종하여 내기를 수행하도록 만들 수 있는 힘을 가졌다는 점에서, 믿을 수 없는 것을 믿게 만든다는 점에서, 하고 싶지 않은 것을 하도록 만든다는 점에서(혹은 사고 싶지 않은 것을 사도록 만든다는 점에서), 자신이 무슨 일을 하고 있는지도 모르면서 그 일을 하도록 만든다는 점에서 막강한 인물이다. 최고의 자신감을 가진 사람으로서 오즈의 사람들은 전혀 신뢰할 수 없는 사람을 신뢰했지만, 그곳 '사람들은' 그를 하여튼 존경한다. 그가 처음에 오즈에 왔을 때——그는 이 이야기를 도로시에게 들려주었다——그는 [좋은 사람들에게] 이 도시와 나의 궁궐을 짓도록 명령했다……(p.96) 하지만 풍선을 타고 오즈를 탈출하고 난 뒤에도 그곳 사람들은 대단한 애정을 갖고 그를 기억했다. 사람들은 그가 우리를 위해 이 아름다운 에메랄드 시티를 건설하도록 해주었다라고 회상했다.(p.104) 이 확신은 대규모 차원의 자기 기만이다. 그가 풍선을 타고 날아간 뒤 그 이후로 오랜 세월이 지나자 양철 나무꾼, 사자, 허수아비는 오즈를 어떻게 생각하는가? 이 무렵 그들의 자기 기만은 깊어져서 다름 아닌 **그가**(도로시도 아니고 그들 자신들이 아니라) 옥수수 밭에

---

107) Paul Tietjens, 〈Excerpts Pertaining to L. Frank Baum Taken from the Diary of Paul Tietjens, 1901 to 1904〉, LFB Papers, Syracuse University Library.

서, 고립된 숲 속에서 영원히 마비되어 '녹슬어' 갈 운명이었던 그들을 구해 주었다고 실제로 믿을 정도가 되었다.

밤은 사탄과 닮기는 했지만 음흉한 힘을 지니지 않은 온화한 요술쟁이를 창조했다. 그는 두려운 대상이 아니라 사랑받고 존경받는 인물이었다. 밤은 마법사를 통해 독자들에게 세상에 두려워할 것은 없다고 말해 주고 있다. 우주의 핵심에는 사기도 있고 농담도 있다. 하지만 '진짜' 악은 없다고 말해 준다.

밤은 오즈로부터 보다 심각한 방식으로 비탄과 공포를 몰아냈다. 그는 도로시의 여행을 즐거운 것으로 만들었으며, 그 어떤 여행이라도 줄 수 있었을 법한 불안과 고통이 없는 여행으로 만들었다. 밤의 오즈의 땅은 일반적인 동화에서 흔히 발견할 수 있는 엄격한 판단·억압·법·처벌 등이 거의 없다. 대부분의 경우 오즈는 마법사라는 남성의 형상 속에서, 그리고 남쪽 마녀와 북쪽 마녀라는 여성 형태 속에서 양육하는 부모와 같은 이미지의 결합에 의해 다스림을 받는 땅이다. 처음에 보았을 때 '위대하고 무서운' 마법사는 전형적인 가부장의 모습이었지만 나중에는 친절하고 엄격하지만 도덕적으로 재단하지 않는 인물로 드러난다. 그리고 착한 마녀들은 관대하고, 다정하고 용서를 잘 해주는 이미지이다. 이런 이미지는 아이의 소망이 실현된 것이다.

이와 같은 치유적인 맥락 속에서 도로시는 거의 절대적인 보호를 받게된다. 심리 치료 인성의 일종의 모델과 같은 인물인 도로시는 오랫동안 겁먹지 않았으며 지나치게 걱정하지도 않았다. 《이상한 나라의 앨리스》에서의 앨리스와는 달리, 도로시는 흔들리지 않는 확신으로 앞서 나아간다. 반면 앨리스는 자신이 어디로 가고 있는지 그녀가 누구인지에 관해 언제나 자신할 수가 없었다. 이와 달리 도로시는 결코 위협을 느끼지 않았다. 그 이유는 주로 좋은 마녀의 '마술'로 인해 전혀 해를 입지 않고 철저히 보호받았기 때문이었다. 게다가 그녀의 이마에 남겨둔 마녀의 키스 자국과 은으로 만든 슬리퍼와 헌신적인 친구들과 오즈의 친절한 분위기 등으로 인해 위협을 전혀 느끼지 않았기 때문이기도 했다. 물론 도로시는 자신이 어느 정도 보호받고 있는지에 관해서는 전혀 알지 못했지만 우리는 알고 있다. 그리고 아이들도 그 사실을 알고 있다. 바로 그 사실이 대단히 중요하다.

도로시 자신이 의도적으로 폭력을 행사한 적은 없었다. 그녀는 나쁜 마녀를 죽이지만 그녀의 폭력은 사건의 우연한 성격으로 인해 무화되어 버린다. 또한 '살인'을 웃기는 상황으로 만들어 버림으로써 폭력의 강도는 사라져 버린다. 나쁜 마녀는 도로시의 '예쁜 신발'을 빼앗는다. 그러자 도로시는 화가 나서 "내 신발 돌려줘요!"라고 소리치면서 마녀에게 물을 뿌린다. 물을 맞은 마녀는 녹아 버린다. 동쪽의 사악한 마녀의 죽음에 관해 마법사에게 말해 주면서 그녀는 "그냥 그렇게 되었어요……. 나로서도 어쩔 수 없었어요"(p.72)라고 말한다.

하지만 도로시는 또 다른 이유로 두려워하지 않는다. 그녀의 성격과 그녀의 여행은 가장 전통적인 동화의 고전적인 오이디푸스 패턴에 적합하지 않다. 《마법의 용도: 동화의 의미와 중요성》이라는 책에서 부르노 베텔하임은 가장 전통적인 이야기는 부모에 의해 버림받고 학대받다가 뒤이어 주인공/여주인공이 심각하게 고립되고 두렵고 무섭게 느끼는 여행에 오르게 된다고 주장했다. 주인공/여주인공들은 자신을 배신한 사람들을 종종 싫어한다. 그들은 예외적이고 야만적인 힘들과 대면하지 않을 수 없다. 여행을 하는 가운데 길을 따라가면서 그들은 자신과 세계에 대한 새로운 통찰을 경험하게 된다. 마침내 그들은 성공적으로 자신의 독자성을 획득하고 소망을 성취하게 된다. 대체로 결혼을 하거나 아니면 다른 사람들과의 관계를 깊이 깨닫게 됨으로써 그런 소망을 충족시키게 된다. 베텔하임은 한 걸음 더 나아간다. 이것이 그의 논의의 핵심이다. 즉 전통적인 오이디푸스 상황에서 동화는 아이들이 부모로부터 독립하려고 애써 노력할 때, 그들에게 자신들이 경험하는 진정한 자연과는 거리가 먼 안전한 곳을 묘사함으로써 아이들의 정서적 요구에 이바지한다. 베텔하임에게 동화와 이야기는 아이들이 자기 부모에게 느끼는 강렬한 감정(심지어 폭력)이 그 자체로서 나쁜 것이 아니라고 안심시켜 준다는 것이다. 요정의 나라에서 사는 공주와 왕자와 마찬가지로, 그들은 언제가 장애물을 무찌르고 자라서 마침내 집을 떠나 자율성을 성취한다.[108]

《오즈의 놀라운 마법사》에서 베텔하임식의 오이디푸스 상황은 존재하지

---

108) Bettelheim, *The Use of Enchantment*, pp.61-66, 78-83, 143-50.

않는다. 도로시의 투쟁과 여행 도중에 만나는 위험의 강도는 대단히 축소되어 있다. 도로시에게는 부모가 없다. 그녀의 친척인 아주머니와 아저씨는 강도와 깊이를 결여하고 있다. 그녀는 '영원히' 어린아이이며 성장의 부담으로부터 보호받는다. "대부분의 동화는 결혼으로 끝난다. 하지만 《오즈의 마법사》에서는 어느 누구도 짝을 짓지 않는다"[109]라고 비평가인 브라이언 애터베리는 주장한다. 이보다 더욱 중요한 것은 도로시가 전통적인 동화에서 등장 인물이 위협받거나 위험에 처하는 것과 같은 위협——베텔하임이 동화에서 주인공과 여주인공이 느껴야 하는 그런 심원한 위협——에 결코 처하는 적이 없다는 점이다. 다시 말해 '홀로 남겨지거나' 아니면 '버림받았'을 때 느끼는 그런 끔찍한 결과가 없다.[110] 밤은 도로시를 전통적인 가족 구조 속에 남겨 주지 않을 때 이미 자신이 하려는 것이 무엇인지 잘 알고 있었다. 그가 주장하다시피 그의 목적은 부정적이고 불안을 환기시키는 모든 것들을 동화에서 추방하는 것이었다. 그는 '사랑'과 결혼에 관심이 없었으며 아이들을 겁에 질리게 할 수 있는 끔찍한 것들에 전혀 관심이 없었다고 그의 질녀는 말했다.[111]

결과적으로 도로시는 성장하거나 변화를 경험하지 않는다. 그녀는 시작할 때나 끝날 때나 똑같은 인물(똑같은 목표를 지닌)로 머물러 있다. 그녀의 친척인 아주머니와 아저씨와의 관계는 모호하고 실체가 없는 상태로 남아 있다. 그녀 자체가 근본적으로 추상적이다. 그렇게 말하자면 그녀의 친구인 허수아비, 양철 나무꾼, 사자 역시 추상적이기는 마찬가지이다. 비록 그들이 자신들에게 결핍되어 있기 때문에 가지고 싶어했던 소망 —— 허수아비는 두뇌를, 사자는 용기를, 양철 나무꾼은 가슴을 —— 이 있었음에도 불구하고, 그들 역시 근본적으로 변화하지 않는다. 오즈로 여행하는 도중에 여러 번 보여주기 때문에, 독자들이라면 즉시 알 수 있다시피, 이들은 이미 그런 자질(두뇌·용기·가슴)을 갖고 있었다. 압력과 위기 아래서 허수아비는 자신이 얼마나 영리한지를 잘 보여주었다. 두 번이나 그는 재앙으로부터

109) Atterbery, *The Fantasy Tradition in American Literature*, p.93.
110) Bettelheim, *The Use of Enchantment*, pp.144-45.
111) Matilda Gage Baum, 〈Great Men and Women: L. Frank Baum〉, *The Baum Bulge*(Winter, 1980-81).

벗어날 수 있는 방법을 생각해 냄으로써 자기 친구들을 구해 낸다. 그들을 가로막고 있는 깊은 계곡과 마주치게 되었을 때 통나무를 가로질러 놓음으로써 '심연을 건너자'는 아이디어를 허수아비가 제안했을 때 사자는 '정말 최고의 생각'이라고 감탄했다.(p.53) 사자 역시 자기에게 결핍되어 있다고 생각한 것을 상당히 갖고 있었다. 사자는 무시무시한 괴물인 칼리다와 마주치게 되었을 때 도로시에게 '내 등 뒤에 숨어'라고 말한다. "내 목숨이 붙어 있는 한 나는 저들과 싸울테니까."(p.53) 자기는 따스한 가슴이 없다는 확신과는 달리 양철 나무꾼은 '가장 사소한 불행에도 섬세한 감정을 보여준다. 길 위에서 풍뎅이를 밟게 되자, 그는 '슬픔과 후회로 여러 방울의 눈물'을 떨군다.(p.49)

도로시의 친구들이 정말로 결여하고 있는 것은 자신에 대한 자신감이다. 그들이 갖고자 갈망하는 것을 이미 부여받았다는 믿음의 결핍이 문제였던 것이다. 그들은 심리치료사들이 말하는 '가난한 생각'으로 짓눌려 있다. 마법사의 역할은 자신감을 심어 주어서 '불행한 습관'을 극복하도록 만드는 것임을 물론이다. "내가 확신하건대 넌 엄청난 용기를 가지고 있어"라고 마법사는 사자에게 말해 준다. "너희들 모두에게 필요한 것은 자신에 대한 자신감이다."(p.97) 하지만 마법사가 실제로 도로시의 친구들에게 이런 것을 부여해 준 것은 아니다. 실제로 그가 행한 것은 그들 3명이 가지고 있는 '잠재력'을 현실적인 모습이 되도록 연결시켜 주는 것이다. 그 결과는 대단했다. 그들 모두 자신의 왕국에서 군림할 수 있게 된다. 사자는 숲의 군주가 되고, 허수아비는 에메랄드 시티의 군주가 되며, 양철 나무꾼은 윙키들의 땅의 군주가 된다.

여기서 메시지는 심리 치료이다. 진정으로 자신감을 갖고 이 세계가 신성한 에너지로 넘쳐나는 정말로 풍요한 곳이라는 점을 깨닫기만 한다면, 우리는 미래를 걱정할 필요가 없으며 어떤 결핍도 없다는 것이다. 우리는 성장이나 발전의 고뇌를 경험하거나 그로 인해 고통받을 필요가 없다. 정말로 우리에게 필요한 것은 긍정적으로 생각하는 것이다. 왕국을 물려받기 위해 우리는 자신의 '잠재력'이나 내재적인 '존엄'과 접촉하면서 공포와 걱정을 극복하는 것이 필요하다(심리 치료 책이 표현했다시피 《모든 사람은 군주》이다).

그러므로 오즈의 땅과 에메랄드 시티는 어린이들이 방문하기에 더없이 좋은 멋진 곳임이 분명하다. 하지만 도로시가 에메랄드 시티의 매력에 전혀 무감각해 보이는 점을 어떻게 이해해야 하는가? 여러 번 그녀는 오즈를 좋아하지 않는다고 분명히 밝혔으며 오로지 그녀의 목표는 캔자스로 되돌아가는 것이라고 말한다. "너무나 아름답지만 나는 당신 나라를 좋아하지 않아요"라고 도로시는 다소 단호하게 말한다.(p.72) "나는 여기서 살고 싶지 않아요. 캔자스로 돌아가고 싶어요. 돌아가서 엠 아주머니와 아저씨랑 함께 살고 싶어요."(p.105) 이 진술을 진지하게 받아들여야 할까? 밤이 암시하시다피 이것은 도로시가 다른 방향을 원한다는 신호인가? 전혀 그렇지 않다. 도로시가 떠나고 싶어한다는 것을 진지하게 믿는 사람은 오즈 땅에는 아무도 없다. 허수아비와 유쾌한 대화를 교환하면서 도로시는 "육신을 가진 사람들에게 집만 한 곳은 어디에도 없다"고 말하면서 '아무리 누추한 곳이라도' 그곳으로 돌아가기를 갈망한다.(p.39) 이 말을 듣고 허수아비는 당황하면서도 다시 한번 그는 자신에게 두뇌가 없다는 사실을 거의 반기며 즐거워할 지경이다. 정확하게 표현하자면 아마도 두뇌가 없다는 것을 즐거워한 사람은 다름 아닌 밤 자신일 것이다. 이것은 어른들만이 알아들을 수 있는 농담이다. "나처럼 너의 머리도 밀짚으로 가득 차 있다면 너도 아마 이 아름다운 곳에서 살고 싶었을 거야. 그랬더라면 캔자스에는 아무도 남아 있지 않을 거야. 네가 두뇌를 가지고 있단 게 캔자스로서는 행운인걸" 하고 허수아비는 말한다.(p.39)

밤과 도로시가 에메랄드 시티에 왜 그처럼 저항했는가에 대한 설명은 여러 가지가 있을 수 있다. 그 중 하나의 이유는 문학적이거나 예술적인 이유 때문일 수도 있었다. 캔자스에 초점을 맞춤으로써, 밤은 그렇지 않았더라면 성취할 수 없었을지도 모르는 서사의 긴장을 고양시키고 이야기의 집중도를 높일 수 있었다. 또 다른 설명으로는 밤이 에메랄드 시티에 매혹되는 것에 대한 독자 자신들의 불안과 죄의식을 반영했다고 볼 수 있다. 달리 표현하자면 도로시의 망설임은 독자의 그것을 반영한 것이며, 독자들은 도로시를 통해 오즈의 부를 대리 경험하고 대리 만족하면서 그녀와 동일시하도록 만들었다. 아마도 가장 그럴듯한 설명으로는 밤이 도로시를 창조한 까닭은 오즈 땅에 대한 매력을 증폭시키려는 그의 욕망에서 기인된 것이라고 보는 것이다(이 이유는 다른 이유들과 밀접한 관련이 있다). 심리치료의 힘을 통해 그는 독자들에게——그가 허수아비에게 던진 질문——가장 분명한 질문을 던지고 있다. 모든 것이 그처럼 음울하고 잿빛이라면 어느 누구인들 그런 고향에 돌아가고 싶어할까?라는 질문 말이다.

밤의 다른 오즈 책은 이 점을 분명히 해주고 있다. 《오즈의 에메랄드 시티》는 오즈 시리즈의 마지막인데, 여기서 도덕적인 분위기는 그야말로 관대함 자체이다. 밤의 시리즈 중에서도 이 책은 가장 소비지향적인 것이다. 이 책에서 도로시는 캔자스를 떠나는 것에 털끝만큼의 죄의식도 느끼지 않는다. 도로시는 캔자스의 우중충한 환경에서 아주머니와 아저씨를 건져낸 다음 결코 고향으로 되돌아가지 않기 때문이다. 오즈에서 헨리와 엠에게는 장려한 처소가 주어진다. 도로시는 자신이 원하는 것은 '무엇이든지 가지게 된다.' 궁전과 같은 4개의 방, '커다란 대리석 욕실' 그녀에게 맞게 재단된 옷으로 가득 찬 옷장 등. 여기서는 어린 소녀에게 "소중한 것은 무엇이든지 가질 수 있게 된다"고 밤은 쓴다. "미국의 가장 큰 백화점에서도 그처럼 아름답고 풍요로운 것은 없었을 것이다……. 물론 도로시는 이 모든 사치를 누렸다." 도로시는 "캔자스에서 가정주부로 살아가는 것보다는 오즈에서 공주로 사는 것이 낫다"고 말한다. 그녀는 '시골의 고독을 선호하여 도시 생활을 버리고 싶어했던 토끼' 친구를 떠올린다. "숲이 좋아서 도시를 떠나다니 넌 정말로 미쳤어. 도시에서 벗어나 살고 있는 토끼라면 누구라도 네 자리를 기꺼이 차지하고 싶어할 거야."[112]

밤의 심리 치료 이데올로기——색채, 요술, '걱정마' 치료법——는 《오즈의 마법사》에게 근대적인 성격을 부여해 주었다. 미국의 고유한 특성이자 미국 산업 발전 단계에서 새로운 이데올로기의 표시를 드러내면서 밤은 풍요는 도처에 있으며, 모든 사람——심지어 가장 괴상하게 생긴 피조물들에게도——은 그런 풍요에 다가갈 수 있다고 말하고 있다. 그런 메시지는 아웃사이더이거나 혹은 사회 부적응자라고 느꼈던 모든 아이들(어른들 역시)을 위로해 주고 안심시켜 주었을 것임이 분명했다. 오즈(아메리카)의 땅에서 아웃사이더는 인사이더가 될 것이라고 밤은 말했다. 모든 사람들은 인생에서 좋은 것들을 가지게 될 것이다. 우리가 해야 할 것이라고는 그 모든 것

---

112) **LFB**, *The Emerald City of Oz*(Chicago, 1910), p.31.

을 욕망하는 일이다.

《오즈의 마법사》는 새로운 소비 사회의 심리의 부상에 따른 산물이었다. 포터의 《폴리아나》와 패턴의 정치경제학과 더불어, 이 책은 전반적인 심리 치료의 전망을 표현한 것이었다. 그다음 차례로 철학은 심리 치료 종교 자체에 의해서 강화되고 종교는 기성 종교의 종파와 타협하고 영적인 양보를 하게 된다. 종합해 보건대 새로운 영적-윤리적 분위기가 성숙해 가고 있었으며 미국에서 새로운 제도적인 생활과 관련하여 작동하고 있었다. 정부·대학교·전문대학·박물관·예술학교 등은 미국의 새로운 문화 창조를 하는 데 있어서 사업과 협동하게 되었다. 이로 인해 새로운 신화와 꿈이 창조되었다. 이 모든 것들은 점증하는 풍요, 안락, 육체적인 쾌락을 약속해 주었다. 한 심리치료사의 표현을 빌리자면 '새로운 천국이자 새로운 땅'이었다.[113]

불안하게도 이 새로운 '영적' 전망은 소비와 생산의 영역을 완전히 분리시킴으로써 고통과 고난에 대한 무관심을 강화했다. 특히 심리 치료, 즉 기성품화된 소비 심리는 고통과 고난이 존재한다는 사실마저 부인했다.

이런 추세를 비판하는 강력한 여러 목소리가 출현했지만, 풍요에 대한 자본주의 이데올로기는 상업적인 도상학으로 채워진 새로운 문화 공간을 창조하는 데 도움을 주었다. 광고와 쇼윈도를 통한 상품과 소비 행위에 대한 비전으로, 패션쇼와 실내 장식으로, 도시의 거리에 높이 치솟아 있는 거대한 전기 광고 간판을 통해 새로운 소비문화 공간을 창조하고 있었다. 일찌감치 1902년 윌리엄 제임스는 《종교적 경험의 다양성》에서 이런 문화 공간의 출현에 주목했다. "고대인들의 가난의 이상화가 어떤 의미였는지를 상상할 수 있는 능력마저 우리는 상실했다. 물질적인 집착으로부터의 해방과 오염되지 않은 영혼이 어떤 것인지 우리는 상상조차 할 수 없다."[114]

---

113) Patterson, *In Sunlight and Health*, p.iii
114) James, *The Varieties of Religious Experience*(New York, 1958), pp.137-39, 284.

제III부

꿈의 문화 관리하기
1922-1932

9
'합병의 시대' : 상품, 돈, 합병 마니아

1922년 11월 중순 그때까지도 여전히 필라델피아의 백화점을 확실히 장악하고 있었던 84살의 존 워너메이커는 혹독한 날씨를 무릅쓰고 그곳으로 내려왔다. 12월 중순 무렵 많이 허약해졌지만 그래도 구세군 지도자인 에반 젤린 부스에게 메시지를 보낼 수 있었다. "상황이 세계와 사업 모두를 뒤엉 키게 만드는 것처럼 보이는군요. 그러나 신은 자기 백성을 사랑합니다. 좋은 날이 오고 있어요. 나는 구세군이…… 우리의 하늘을 뒤덮고 있는 험악한 날씨에 패하지 않을 것을 확신합니다……. 뉴욕으로 여행할 수 있는 첫날 나는 올겁니다."[1] 이 편지는 그가 썼던 마지막 편지였다. 그는 12월 12일에 죽었다. 이틀이 지날 때까지 그의 시신은 베다니 장로교 교회에 안치되어서 수천 명의 필라델피아인들이 그를 문상할 수 있도록 했다. 시의회는 장례식 날 업무를 보지 않았다. 공립학교와 필라델피아 주식 시장도 문을 닫았다. 세인트 제임스 더 레스 공동묘지에 안장함으로써 끝나게 되었던 이 예배의 사적인 부분은 빗속에서 육중하게 진행되었다. 토머스 에디슨과 윌리엄 하워드 태프트 대법원장이 참석했다. 스트라우스 가족도 참석했다(비록 새 세대의 지도자였던 퍼시와 제시는 참석하지 않았다. 하지만 이들과 적대 관계인 그들의 삼촌 네이선은 장례식에 참석했다). 마셜 필즈의 회장인 존 세드, 펜실베이니아와 뉴욕 출신의 미국 상원의원들과 주지사들, 백만장자 수프의 제왕이었던 하워드 하인즈, 윌리엄 제닝스 브라이언 등이 참석했다. 로드먼 역시 심한 감기로 장례식에 참석하지 못할 정도로 앓아누웠지만 그의 가족

---

1) Quoted in *NYT*(December 14, 1922), p.21; **On Wanamaker's death, see** *NYT*(December 13, 1922), p.1

――존 워너메이커 주니어는 아직 아버지와 의절하지 않은 상태여서――
모두 그곳에 참석했다.[2]

장례식이 거행된 지 얼마 지나지 않아, 방대한 자본이 요동하고 있었다. 자본가들은 백화점더러 합병이나 그와 유사한 형태의 협상에 돌입하는 새로운 경영을 하라고 서둘러 설득하기에 바빴다. 그다음 20년 동안 마셜 필즈 3세는 워너메이커스를 구입해 들이려고 했다. "우리는 합병의 시대를 살고 있다"고 한 은행가는 워너메이커스의 수석 이사였던 윌리엄 네빈에게 말했다.

귀사의 개인 소유주에게 혜택이 될 뿐만 아니라 귀사의 혜택을 위해 우리는 재정의 조건 제시를 하고 있는 것입니다.

우리는 뉴욕 은행가와 함께 일하고 있으며, 그와 같은 은행 교섭 덕분에 미국 전역에 걸쳐 지속적으로 유가 증권의 가치를 증가시키고 있는 그런 은행가들과 일하고 있습니다.

훌륭한 가게와 여러 도시에서 좋은 자리를 차지하고 있는 가게의 결합이야말로 이 시점에 원하는 것입니다. 우리 계산에 따르면 귀사를 마땅히 포함시켜야 한다는 것이었습니다.[3]

네빈은 이런 제안을 거절했다. 그는 변호사와 브로커들로부터 사업에 직접적으로 재정을 제공하겠다는 전화와 편지를 무수히 받았다. 당분간 워너메이커스는 사적인 소유이자 독립체로 남아 있었다.[4]

워너메이커는 많은 미국인들에게 미국이 새로운 국면의 생산과 합병에 돌입하는 것처럼 보이는 시대에 죽었다. 물론 제1차 세계대전이 이런 인상을 주는 데 많은 상관이 있었다. 왜냐하면 이 나라가 전대미문의 자원 집중과 자원 집결을 했기 때문이었다. 그로 인해 엄청난 경제적 생산력을 증진

---

2) *NYT*(December 15, 1922), p.19.

3) J. M. Giddings to William Nevin(August 2, 1918), folder 〈Correspondence Regarding Inquiries into Sale of Business〉, cabinet file JW, WA.

시키고 경제력 집중을 초래했다. 전쟁보다 더욱 중요한 것은 많은 집단들의 경향이었다. 문화적 · 경제적 · 정치적 · 종교적인 집단들은 좀더 많은 경제적 성장을 위해 열린 마음을 갖고 기업에게 보다 많은 자유를 주었으며 변화의 템포를 가속화시켰다.

전후 미국의 출발이 낙관적이었던 것은 분명히 아니었다. 1921년에는 과잉 생산과 재고품이 쌓임으로써 초래된 고통스러운 공황이 타격을 가했다. 가격은 폭락했으며 대량 실업이 발생했다. 경제는 올가미에 걸렸으며 연방 정부 관리들을 경악하게 만들었다. 그럼에도 불구하고 얼마가지 않아 이 나라는 '정상'으로 되돌아왔으며 그 어떤 때보다도 주식 경제에서의 엄청난 성장을 목격하게 되었다.

그런 성장은 급진적 노동 운동의 소멸과 독립적인 노조 활동에 적대적인 전반적 분위기로 인해 도움을 받았다. 전쟁 전에 노조는 많은 것을 얻어냈다. 성공적인 파업, 노동 시간 단축, 보다 나은 노동 조건, 높은 임금 등. 역사가인 데이비드 몽고메리가 보여주었다시피, 이런 노동 환경 변화에 뒤따라온 것은 재앙이었다. 사실상 노동은 '참수되었다'고 한 경제학자는 썼다.[5] 각각의 주(州)들은 급진적인 노동에 대항하는 전략을 세웠다. IWW는 타도되었으며 AFL과 같은 노조는 자체적으로 급진주의를 정화시켰다. 노조 회원 수는 1920년부터 1923년 사이에 격감했다. 섬유 노조는 75퍼센트로 떨어졌다. 기계 제작 노조는 70퍼센트로 떨어졌다.[6] 주식회사 경영진이 노조로부터 바통을 넘겨받거나 아니면 회사 노조를 설립했다. 그들은 기존 노조의 성격을 규정하거나 아니면 주요한 대량 생산 산업체들, 즉 전기 · 자동

4) For these proposals to Nevin and RW, see Louis Boissevain(February 2, 1925); phone memo from Mr. Mandel to William Nevin(December 11, 1925)(For Gimbel Bro-thers); Carl E. Whitney(of Wise, Whitney, and Parker) to William Nevin(September 12, 1928); Wilson Prichett(representative of Goldman, Sachs) to RW(December 12, 1924); M. L. Freeman(representative of banking group) to Nevin(April 26, 1927); Russell Thayer(representative of banking interests) to Nevin(February 3, 1927); and Daniel Cohn to Nevin(October 15, 1924), in folder ⟨Correspondence Regarding Inquiries⟩, WA.

5) Archie Shaw, quoted in Guy Alchon, *The Invisible Hand of Planning: Capitalism, Social Science, and the State*(Princeton, N. J., 1985), p.147.

6) David Montgomery, *The Fall of the House of Labor*(Cambridge, Eng, 1987), pp.406, 432.

차 · 트럭 · 화학 산업체로부터 노조 활동을 아예 금지시켰다. 노조는 수혜를 방어하지 않을 수 없었다. 노동자들——20년대를 통틀어 특히 만성적인 실업은 많은 회사들을 괴롭혔다——은 자기 직장을 잃지 않을까 걱정했다.[7] 게다가 많은 노동 운동은 소비자본주의에 관해서 분명하고 독자적인 입장을 발전시키지 못했다(IWW의 사례에서 보다시피)는 점은 사태를 악화시키기에 충분했다. 사태는 이보다 훨씬 더 악화되었다. 이제는 노동 전체가 침묵하는 것처럼 보였으며 경제와 문화가 점점 이들의 손을 떠나 주식회사와 그들의 제도적인 파트너의 손아귀에 들어가고 있는 것처럼 보였다.

이 장과 다음 장에서는 제도적인 생활 전반에 영향을 미친 모든 유혹의 전략을 갱신했던 새로운 경영 관리와 주식회사를 다루고자 한다(마지막 장에서 살펴보겠지만 연방 정부를 포함하여). 특히 이 장은 소비자 심성을 기술하고자 한다. 새뮤얼 스트라우스가 '소비주의'라고 비판한 것을 다루고자 한다. 소비주의는 불쾌하게 출현하게 되었다. 이것은 이전의 변화를 완결시키고 새로운 변화의 시작을 증언하게 되었다. 소비주의는 새로운 합병의 물결처럼 보였다. 전국적으로 체인스토어가 전파되고 투자은행가의 성격과 권력을 목격하게 되었다. 20년대 상품과 돈의 흐름은 예외적이었다. 하버드와 같은 대학기관, 주식 조직의 새로운 방법, 은행가들, 합병과 통합의 대가들에 의해 그 어느 때보다 많은 도움을 받았다. 심지어 중앙 집중화에 오랫동안 저항해 왔던 백화점마저 합병과 전국적인 백화점 조직을 향해 움직이기 시작했다. 20년대의 마지막 무렵에 이 나라는 백화점연합(Federated Department Stores)과 같은 조직의 건설을 거론하고 있었다. 이 백화점 체인이야말로 가장 악명 높았던 조직이었다. 미국 소비자 욕망의 도회적인 풍경은 충분히 작동되고 있었다.

'소비주의(consumptionism)'

"미국에 새로운 사회가 소생하고 있다"고 프랑스인 앙드레 지그프리드는

---

7) Ibid., 464.

1928년에 썼다. "미국 문명의 토대 그 자체는 더 이상 예전과 같지 않다." 지그프리드는 미국을 네 번 방문했다. 방문할 때마다 변화는 엄청났다. 1901년과 1904년에 방문했을 때 변화는 그다지 분명하지 않았다. 1914년에 방문했을 때 변화는 상당히 뚜렷했다. 1919년과 1925년 사이에 변화는 명백했다. 초기에 방문했을 때 그는 편안함을 느꼈다. 이 나라가 아직까지 유럽과 '서구'와 연결되어 있는 것처럼 보였다. 나중에는 이상하고 낯설게 느껴졌다. 이런 변화는 대량 생산과 대중문화의 부상과 미국이 '도덕적으로 가치 있는' 것으로 간주된 것들이 놀랄 정도로 변한 탓이라고 보았다. **"도덕적인 관점**에서 볼 때, 미국인들은 자신들의 생활 수준을 다소 신성한 성취로 본다는 점이 분명하다. 자기들이 성취한 생활 수준을 어떤 일이 있더라도 지키고자 한다. 이 말은 그런 생활 수준을 유지하기 위해 지적인 양보나 심지어 도덕적인 양보도 쉽게 할 수 있다는 뜻이다"[8]라고 그는 말했다.

많은 미국인들이 변화를 보았다. 혹자는 이런 변화를 목격하고서 심히 우려했다. 저널리스트이자 정치철학자였던 새뮤얼 스트라우스는 모든 것에서 자기가 말한 소비주의를 어느 정도 찾아내서 다룰 만큼 이 문제에 강박적이었다. 1924년 《애틀랜틱 먼스리》에서 그는 "우리의 선조들이 전혀 예견하지 못했던 새로운 어떤 것들이 미국 민주주의와 대결하게 되었다. 그런데 이 새로운 것들은 아마도 그들의 눈에는 비정상으로 비쳤을 것이다"라고 그는 주장했다. 이 새로운 어떤 것이 '소비주의'였다. 이것은 미국에서 '경이적이고' '경악할 만한' 변화를 도입하게 되었던 과정이자 철학이었다. 첫째, 미국인들은 '부자'들을 공격하지 않게 되었다. 불과 25년 전에만 해도 '지나친 부를 가진 자는 악인'으로 평가되었다. 둘째, 미국인들은 '사치와 안정과 안락함'이야말로 '훌륭한 생활'의 근본적인 요소로 간주하여 그것에 초점을 맞추게 되었다.[9]

스트라우스는 1870년 아이오와 주 디모인에서 독일계 유대인 이민자의 아들로 태어났다. 그의 아버지 모세 스트라우스는, 잡화 상인으로서 여성용 모자 사업(1873년에 설립하여 1920년대까지 여전히 존재하고 있었다)을 운영했는데, 디모인에서 가장 오래된 것이었을 뿐만 아니라 1900년 무렵에는 서

---

8) André Siegfried, 〈The Gulf Between〉, *The Atlantic Monthly*(March 1928): 289-96.

부에서 가장 큰 모자 사업으로 확장시켰다. 1872년 그는 디모인의 제일 전국은행의 회장이 되었다(나중에 재선되었다). 1907년에 그는 디모인의 마제스틱 극장을 공동 설립했는데, 이것은 '시카고 서부에서 가장 훌륭한 위락시설'[10]로 홍보되었다. 그의 아들은 신문을 위해 모자 사업을 박차고 나왔다. 그는 노트르담대학교를 졸업한 뒤 가족의 자본으로 일간지인 《디모인 리더》의 공동 소유주가 되었다. 이 일간지는 나중에 《디모인 레지스터》가 되었다. 1902년 그는 《뉴욕 글로브》 사장이 되어 뉴욕으로 갔다. 그는 《그로브》의 판매 부수를 1만 7천 부에서 17만 5천 부로 올려 놓았다.[11] 스트라우스는 인본주의 전통과 그가 '인생'의 가치라고 부른 것에 충실한 세속적인 유대인이었다. 1910년을 전후하여 그는 미국의 문화적 운명에 관해 걱정하게 되었다. 그는 유다 마그너스 랍비가 실험했지만 실패로 끝난 케힐라 운동에 참여했다. 이 실험은 뉴욕의 모든 유대인들을 공통된 인간의 가치를 중심으로 통합시킴으로써 유대인의 생활에 끼치는 상업주의의 충격을 방어하려고 고안된 것이었다.(7장 참조)[12] 1917년 그는 아내와 딸과 함께 맨해튼(과 《글로브》)을 떠나서 뉴욕 주 카토나로 옮아갔다. 카토나는 맨해튼에 이르는 철로를 따라 북쪽에 있는 교외 동네였다. 1925년에 이르기까지 그는 자신의 주간 정기 간행물인 《더 빌라저》를 발행했다. 《애틀랜틱 먼스리》는 이 주간지를 처음으로 발행한 지 10년이 지난 뒤 '신선한 발언으로 탁월한 측면을

---

9) Samuel Strauss, 〈Rich Men and Key Men〉, *The Atlantic Monthly*(December 1927): 721-29, and 〈Things Are in the Saddle〉, *The Atlantic Monthly*(November 1924): 577-88. 스트라우스가 나중에 자신의 비판을 포기한 것에 관해서는, *American Opportunity* (Boston, 1935) 참조. 사실상 그 책은 스트라우스의 초기 비판이 보여주었던 풍부한 문화적 사유를 많은 부분 결여하고 있으며, 분석에 있어서도 **주요한** 반전이 일어났다. 예를 들어 스트라우스는 **무비판적으로** "보통사람들은 언제나 좀더 많은 것, 좀더 좋은 것을 가지고 싶어한다"고 적고 있었다.(p.124)

10) 〈Moses Strauss〉, biographical sketch, *History of Des Moines and Polk County, Iowa*(Chicago 1911), pp.178-81; L. F. Andrews, 〈He Rounds Out a Half Century as a Businessman in Des Moines〉, *Des Moines Register and Leader*(December 1, 1907), p.30, courtesy of the State Historical Society of Iowa City, Ia.

11) 〈Moses Strauss〉, p.181.

12) 스타라우스가 케힐라의 회원이었던 것에 관해서는 Arthur Goren, *New York Jews and the Quest for Community: The Kehillah Experiement, 1908-1922*(New York, 1970), p.175.

보여주었던 개인적인 철학 저널'이라고 묘사했다.[13]

스트라우스는 《더 빌라저》를 명백한 문화적 반영 기관으로 창조했다. 그가 쓴 최초의 상당한 분량의 논설은 〈에피쿠로스와 아메리카〉였다. 이 논문에서 그는 심리 치료 운동과 미국 사회 전반을 공격했다. 미국 사회 전반은 에피쿠로스가 '고통·공포·분노·갈등, 무엇보다도 죽음'을 쓸어 없애 버린 것과 같은 내리막길을 내려가고 있다고 비판했다. '몸에서 고통의 제거'와 '영혼에서의 고뇌의 제거'는 쾌락주의의 과제였다고 스트라우스는 적었다. 이 쾌락주의야말로 '최근 아메리카'의 '두드러진' 특징이다. "지난 반세기는 여태껏 전혀 알려진 적이 없었던 그런 인간적 고통에 대항하는 전쟁을 치러 왔다. 그로 인해 혈청과 마취제, 병원과 약국 조제실, 감옥, 갱생원과 소년원, 사회적 정착, 도덕적 요강, 그밖에도 엄청나게 많은 박애주의적인 철학에서 나타난 결과는 가까운 우리 선조들의 시대와 비교해 본다 하더라도 놀라운 것이었다. 혹자는 우리 시대를 구급차의 시대라고 불렀다."[14]

1925년 《빌라저》가 문을 닫기 직전에 스트라우스는 '소비주의'라는 자기 논문을 통해 이미 자기 신문에서 많이 다루었던 주제를 좀더 밀고 나갔다. 소비주의는 사람들에게 점점 더 많은 물건을 가지도록 만드는 데 일조하는 생활철학이라고 주장했다. '올해는 작년보다 더 많이 가지고 내년에는 올해보다 더 많이 갖는 것.' 이것은 다른 어떤 가치보다도 '생활 수준'을 강조하는 철학이다. "연단에 선 어떤 목사도…… 이 나라의 '생활 수준'을 하락시키는 치료책을 내놓을 수 있는 사람은 없다." "자본가와 사회주의자들은 서로의 목을 겨냥하고 있지만 그것은 그들 사이의 문제이다. 말하자면 그것은 사람들에게 가장 많은 물건의 분배를 어떻게 확신시켜 줄 것인가의 문제로 요약된다."[15]

소비주의는 또 다른 양상을 포함한다. 원하지 않는 것을 사도록 만드는 강박증이 그것이다. 이런 강박증은 피할 수 없는 기업의 압력이며, 기업이 대중을 조종하는 방식이고, 시장 가치가 문화의 모든 측면에 침입한 징후이다.

---

13) 〈Contributors' Column〉, *The Atlantic Monthly 140*(December 1927): 858; obituary, *NYT*(April 3, 1953), p.27.

14) Strauss, 〈Epicurus and America〉, *The Villager* 1(May 19, 1917): 15-16.

15) Strauss, 〈Things Are in the Saddle〉: 577-88.

"다행하게도 이 과제는 사람들이 원하는 것을 공급하는 것이었다. 이 문명이 소멸하지 않으려면 이 체계가 만들어 내야 하는 것들은 사람들이 필요로 하는 새로운 필연성을 제공해야 한다……. 오늘날 우리 앞에 놓인 문제는 상품을 어떻게 생산하느냐가 아니라 고객을 어떻게 생산하느냐이다. 소비주의는 사람들에게 점점 더 많은 물건을 사용하도록 만드는 학문이다. 소비주의는 이 나라에서 미국 시민의 으뜸가는 중요성은 시민으로서가 아니라 소비자로서 살아가도록 만드는 것이다."[16] 보다 더 많은 물건을 만든다는 기치 아래 스트라우스는 소비주의가 모든 것에 우선한다는 전제에 따라 사회 전체가 재구성된다고 보았다. 1924년 《애틀랜틱 먼스리》 기사와 그와 유사한 글들에서 그는 소비주의가 미국인들에게 '지혜'와 '생활의 연속성'을 존중하기보다는 오히려 '새롭게 개선되고, 젊은 것'을 좋아하도록 권장하고 있다고 보았다. 새로운 시대의 가장 두드러진 '특징'은 "세계는 젊은이들을 위한 것이며 늙은이들은 의기양양한 진보의 수레바퀴에서 장애물에 불과하다"는 공통된 믿음이다.[17] 미국인들은 '사치와 안정'을 추구하면서 역사적으로 삶을 풍요롭게 해주었던 전통과 가치를 포기하고 상품을 소비하는 물건으로서의 개인이 되어 버렸다. 《빌라저》에 실은 〈물건의 손아귀에서 벗어나기〉라는 글에서 그는 이렇게 주장했다.

'정상적인 시대'에는 영적인 물품은 상인들이 만든 제품과 경쟁함으로써 자동적으로 지역 사회에 강요될 수 있는 물질적인 제품들의 숫자를 제한하게 되었다. 하지만 우리 시대는 비정상적인 시대가 되었다. 1백 년 이상 동안 물건들이 점점 더 존재의 흐름을 채워 나가고 있었다. 정상적으로는 측량 불가능한 것, 종교·예술과 문화가 자리잡았던 것이 점점 더 사라지고 있다. 이런 현상은 자본의 이윤 추구로 인한 탐욕으로 기인한 것이다. 자본의 탐욕은 만족을 모른다. 문자 그대로 자본의 이윤 추구는 올바른 삶을 잠식시키면서, 다른 어느것과도 비교가 되지 않을 정도로 심화되었다.[18]

---

16) *Ibid.*

17) 〈Progess〉, *The Villager*(April 9, 1921), review of J. B. Bury's *Progress: The Villager*, 〈Some Thoughts on the Time〉(December 4, 1920): 111.

18) 〈Out of the Grip of Things〉, *The Villager* 3(July 5, 1919): 47-48.

스트라우스는 "오늘날 젊은이들은 자신이 원하기만 한다면 부자가 될 수 있을 것으로 생각한다. 그것은 꿈이 아니다. 그것이야말로 프로그램된 것이다. 그것이 프로그램인 이유는 그것이 도달할 수 있는 것은 사치와 안정일 뿐 결코 존엄·위신·직위·권력과 같은 어떤 형태의 무형적인 것에 도달할 수 없기 때문이다."[19]

스트라우스는 모든 형태의 '특수주의(particularism)' 는 새로운 형태의 인간──혹은 1927년 스트라우스가 '열쇠 인간' 이라고 불렀던──의 요구 앞에 굴복한다고 믿었다. 기계적 제품의 형태로, 엔지니어의 장에서, 새로운 소매업 등에서 이들은 오로지 '표준화, 대량 생산, 대량 분배'에만 관심을 가질 뿐이었다. 그들은 사람을 사람으로 보는 것이 아니라 '대량 단위' 혹은 '대량 소비자' 로 간주할 따름이었다. "인류에게 이보다 더 저주스러운 철학은 없었다"라고 그는 주장했다.[20]

이런 과정은 보통 미국인들이 이 교환을 받아들일 만한 이유가 있는 한 결코 줄어들지 않을 것으로 그는 보았다. 즉 한편으로는 '사치와 안정,' 그리고 다른 한편으로는 미국 민주주의 문화의 쇠퇴, '정치적인 국가' 의 소멸, 관리 통제 시스템과의 교환 과정이 끝날 때까지 계속될 것으로 보았다. 그는 자본주의와 사회주의는 소유권에 대한 근본적인 차이에도 불구하고 동일한 방향으로 움직이고 있다고 확신했다. 그럼에도 불구하고 이 모든 점들을 고려해 본 결과 "산업주의가 훨씬 더 위험하다." "사회주의는 어느 정도 제도의 혁명을 요구할 것이다. 그것은 많은 자의식을 함축할 것이다. 우리는 사회주의 자체를 알아야만 하며 이름 그 자체가 되어야만 한다. 반면 산업주의는 우리가 지금 가고 있는 방향으로 점점 더 나아가는 것 이상이 되지 못하거나 지금 우리가 하고 있는 것을 가속화시킬 것이다."[21]

---

19) 〈Why Great Wealth Is No Longer Envied〉, *The Villager* 6(June 30, 1923): 299.
20) 〈Out of the Grip of Things〉: Rich Men and Key Men, pp.727–29.
21) 〈Buyers Instead of Citizens〉, *The Villager* 6(July 28, 1923): 170–71.

물건과 돈이 이 나라에 범람하다

미국에서는 새뮤얼 스트라우스가 프랑스에서는 앙드레 지그프리드가 거의 동시적으로 미국 자본주의 발달이 가져온 엄청난 물결에 대한 반발을 보여주었다. 자본주의 물결이 가져다준 표시가 물건의 흐름이었다. 레이몽 레비는 자서전에서 물건이 '온 나라에 흘러넘쳤다'고 말했다. 그는 1920년 대 미국으로 이민 온 프랑스인으로서, 1930년대를 이끌었던 선두적인 산업 디자이너로서 보낸 자기 경험을 그렇게 털어놓았다.[22] 예를 들어 제1차 세계 대전 이전부터 이미 거대한 산업이 되었던 향수와 화장품 시장은 이 나라에서 열번째로 큰 산업이 되었다. 이 분야 산업은 20년대 후반에 이르면 10억 달러 규모의 시장이 되었다. 인공 향료, 컬러와 더불어 엄청난 양의 값싼 향수와 얼굴 크림이 '미장원'과 새롭게 형성된 교외 주택가의 침실로 흘러들어가면서 판로를 개척했다. 1914년에서부터 1926년에 이르기까지 필렌즈에서 팔린 연간 세면용품의 판매고는 8만 4천 달러에서 55만 2천 달러로 치솟았다. 손목시계와 벽시계의 연간 산출량은 10년 사이에 3천4백만 개에서 8천2백만 개로 증가했으며, 선도적인 시간 지킴이 노릇을 했다. 가전 제품과 기계 제품——냉장고·진공청소기·토스터기·팬·스토브·식기세척기——은 10년 동안 황금을 캐는 상품이었다. 역사가들이 여러 번 언급했다시피 1930년대에 이르면 미국인 6명당 1명꼴로 자동차를 보유하게 되었다. 모든 업종에 종사하는 사람들이 축음기, 플레이어 피아노, 라디오를 구입하게 되었다. 보스턴의 프랜시스 스펠만(후일 '일류되기'에 헌신했던 미국의 지도자급 추기경 중의 한 사람이 되었다)이 1926년 미국의 대표적인 밀사로서 바티칸에 그 이름이 거론되었을 때, 그는 필렌즈가 최신 RCA 모델 라디오를 여러 명의 바티칸 고위 성직자들에게 보내게 함으로써 자신의 인기를 확실하게 해두었다.[23] 거대한 빌딩 건축붐이 새로운 '공간'을 공급해 주었다. 한 가족 주거지·학교·호텔·레스토랑·극장·고층 사무실 등이 그와 같은 새로운 공간에 해당했다. 새로운 공간에 따라서 새로운 제품들이

---

22) Raymond Loewy, *Never Leave Well Enough Alone*(New York, 1951), p.73.

이 공간을 채우지 않을 수 없었다.

상업적인 회로가 소멸될 수 있는 '살아 있는' 생명체뿐만 아니라 제조 물품 또한 운반해 주었다. 냉동 시설을 갖춘 증기선 운행 노선은 미국 해안에 진귀한 꽃들을 뿌려 놓았으며, 결과적으로 메트로폴리스 근처에 있는 보온된 온실에서 재배되는 국내산 꽃들의 증폭을 가져다주었다. 1910년대에는 애완용 사업이 번창하기 시작했다. 1920년대에 이르면 대규모 도매 회사들에 의해서 진귀한 물고기와 온갖 종류의 동물들이 수입되었다. 이제 이런 것들은 미국 가게 어디서나 흔히 볼 수 있을 정도로 진열되어 있었다. 애완동물 가게주인들은 '수백만 마리의 독일산 카나리아'와 '희귀한 새들'을 소장하고 있다는 것을 뽐내게 되었다. 히아신스 마코앵무 · 앵무핀치 · 블러드스테인드 코카투 · 그린셀 모란앵무 · 샴마 개똥지빠귀 등. '희귀' 종이라는 라벨이 과장인 측면도 있었지만, 그래도 통상적으로는 잘 볼 수 있는 독특한 품종인 경우가 많았다. 1927년 뉴욕의 워너메이커스는 한때는 소규모 애완동물과 새들을 거래했지만 이제는 이 나라 최대 애완동물 사업을 하게 되었으며 1주일이 멀다 하고 새로 수입된 애완동물을 광고했다. 예를 들자면 '바다 건너 아프리카 동부 해안의 세일셸 섬에서부터 건너온 네 마리의 진귀한 초록 앵무새'라는 식의 광고가 그것이었다. 시카고의 로스차일드에는 이 나라 최대의 물고기 수족관이 있었는데 '진귀한' 열대어종과 동양 물고기를 최대 규모로 소장하고 있었다. 이처럼 살아 있는 생명체를 거래하는 것이 낭비일 뿐만 아니라 무감각한 것이라고 추측할 수 있을 것이다.[24]

---

23) Monsignor Francis Spellman to LK(May 6, 1930), LKP, HBS; Frederick Lewis Allen, *Only Yesterday: An Informal History of the 1920s*(New York, 1964; orig. pub. 1931), pp.87-90; George Mowry, *The Urban Nation*(New York, 1964), pp.6-15; U. S. Department of Commerce, 〈International Trade in Clocks and Watches〉, Trade Informantion Bulletin no. 585(Washington, D. C., November 1928), p.1; sales chart for 〈Toilet Goods Department〉(1914-26), William Filene Department Store, Box 21, Elizabeth Arden File, LKP; *DC* 7(Februrary 20, 1931): 5; U. S. Department of Commerce, 〈World Trade in Toilet Preparations〉, Trade Information Bulletin no 344(Washington, D. C., May 1925).

이 시기 동안 물품 생산에 대한 당대 최고의 설명은 전국 경제조사연구국, 《미국에서 최근의 경제 변화》에서 찾아볼 수 있다(이후부터 REC로 약칭), 당대의 최신 경제 변화에 관한 후버위원회 보고서이자, 실업에 관한 대통령 콘퍼런스(New York, 1929), pp.ix-xxiii, 1-68이다.

증가된 생산량과 상품 판매와 더불어 보다 많은 돈이 소비자의 수중에 흘러들어가게 되었다. 10년대 중반 미국인들의 임금은 다른 어떤 나라의 임금보다 여러 산업 분야에서——수송·광업·자동차 산업——가장 높았다. 하지만 저울추는 산업마다 균등한 것이 아니었음이 분명했다. 특정한 산업 분야는 만성적인 실업이 지속되었으며, 임금 인상은 증가하는 생계비로 인해 소멸되어 버렸다. 부의 분배는 미국 역사상 그 어느 때보다 불평등하게 되었다. 전체 인구의 불과 2퍼센트가 60퍼센트 이상의 부를 소유했으며 바닥을 차지한 절반의 인구는 불과 5퍼센트의 부를 차지했다. 그럼에도 임금은 상승했는데, 부분적으로는 이전의 노동 투쟁 정신에 기인한 것이기도 했으며 일정 정도는 디트로이트에 있는 헨리 포드와 같은 산업자본가의 통찰에서 비롯된 것이기도 했다. 헨리 포드는 고임금, 고소비, 고도 생산이 상호 관련되어 있음을 간파했다. 포드는 자동차 노동자들이 고임금을 주지 않는 한, 자신의 자동차 왕국 안에서 몰아붙이는 대량 생산 체제 아래서 지속적으로 일을 하지 않으려 할 것임을 알아차렸다. 또한 포드의 목적은 노조 설립을 미연에 방지하려는 것이기도 했다. 게다가 고임금으로 북부를 유혹한 최초의 인물이었던 그는 남부 흑인들에게는 어떤 혜택도 주지 않았다. 건강 보험·노동수당 제도·연금 제도·주택 할부금 등 그 어떤 보호 장치도 거부했다(결과적으로 디트로이트는 얼마 가지 않아서 이 나라에서 최악의 게토가 되었다).[25]

비록 균질적인 것은 아니었지만, 하여튼 임금이 인상됨에 따라 주식회사와 은행의 수입은 훨씬 더 많이 증가하게 되었다. 전쟁이 끝난 뒤 미국은 '현금-부자'가 되었으며 엄청난 무역 흑자를 누리게 되었다. 투자은행가들은 신이 났으며 화폐 시장 국가에 대한 자신감도 엄청 증폭되었다. "이 나라는 이제 엄청난 황금을 수입하게 될 것이다"라고 1921년 한 투자은행가는

---

24) On Rothschild's see *PRL*(May 2, 1923), p.4; ⟨The Wanamaker Pet Shop⟩, *The Pet Shop*(이후부터, PS로 약칭)(July 1926); *PS*(September 1926); *PS*로(December 1926); *PS*(January 1927), PS(November 1928); and *PS*(April 1929).

25) Richard Fox, *Reinhold Niebuhr: A Biography*(New York, 1985), pp.90-96; Stephen Meyer III, *The Five Dollar Day: Labor Movement and Social Control in the Ford Motor Company, 1908-1921*(Albany, N. Y., 1982); Montgomery, *Fall of the House of Labor*, p.397.

자기 고객에게 말했다. "물품 제조로 인해 축적된 자본이 자유롭게 풀려나면서 전쟁의 결과로 발생했던 미국에서의 부의 증가는 지속적으로 스스로를 과시하게 될 것이다. 투자은행은 엄청난 탄력을 받게 될 것이다. 긴장 상태가 끝남에 따라 주식회사와 개인들은 사업에 요구되지 않는 남아도는 현금을 투자할 곳을 물색하게 될 것이다."[26]

물건과 돈의 양이 증대함에 따라 분배 수단도 증가하게 되었다. "분배의 변화는 너무 급속해서 당황스러울 지경이었다"고 1927년 미국 상공회의소(Chamber of Commerce)가 보고했다. "물건의 흐름이 소비자에게 지속적으로 증가하면서 흘러가고 있다. 그것은 폭넓게 소용돌이치는 고통스런 흐름이다."[27] 물건과 돈을 이동시키기 위한 하부 구조가 확장되었다. 물건을 운송하기 위한 트럭과 자동차가 증가되었다. 새로운 다리 · 터널 · 도로가 건설되고, 자동차와 트럭을 운반하기 위한 고속도로가 건설되었다. 미국의 소포 우편은 여태까지 서비스가 제공되지 않았던 시골 구석구석까지 3배로 확장됨으로써 경제적인 가치를 입증하게 되었다. 1927년 뉴욕 시에 있는 김벨스 고객들은 27개의 에스컬레이터를 탈 수 있었는데, 김벨스의 주장에 따르면 그 당시까지 소매 상점에 설치되었던 것 중에서 최대의 규모라는 것이었다. 한 관리자는 "1시간 안에 김벨스 에스컬레이터들은 도시를 운송할 수 있다"고 자랑했다. 1년 후, 뉴어크 소재 뱀버거 백화점은 지상 16층과 지하 4층을 통해 이동하는 34개의 에스컬레이터를 설치함으로써 김벨스를 앞지르게 되었다.[28]

은행은 화폐 공급을 원활히 대처하기 위해 이제 지점들을 짓고 있었다. 연방 준비 제도(Federal Reserve System)는 지정된 시간 안에 "돈을 필요로 하는 곳이면 어디든지간에 이용 가능한 크레디트를 운송할 수 있다"[29]고 자랑했다.

---

26) PM, ⟨Memorandum for Mr. Kirstein, No. 1, Change in the Financial Status of the United States⟩, May 12, 1921, Box 38, PM, LKP; Ron Chernow, *The House of Morgan*(New York, 1990), pp.205–6; Ramsay Muir, *America the Golden: An Englishman's Notes and Comparisons*(London, 1927), pp.65–87.

27) Quoted in *MRSW* 61(December 1927); 39; Harold Barger, *Distribution's Place in the American Economy Since 1869*(Princeton, N. J., 1955), pp.4–16.

28) On Gimbels' elevator, see WWD(November 12, 1927), p.7; on Bamberger's, see WWD(May 5, 1928), p.2.

영화와 라디오는 신상품들에 관한 정보를 신속하고도 광범위하게 전달했을 뿐만 아니라 즐겼다. 현대 서비스 경제는 좀더 분명히 구체화되었으며, 1929년에 이르면 호텔, 레스토랑, 소매 사업과 도매 사업 분야는 노동력의 거의 절반을 고용하게 되었다. 1928년 후버 대통령의 경제트렌드위원회(Committee on Economic Trends)는 이렇게 기록했다. '최초로' 우리는 "심각한 실업 문제로부터 우리나라를 구제해 왔던 '대량 서비스'를 하게 되었다."[30]

전국을 가로지르는 체인점들

쏟아지는 물건과 돈들은 미국의 새로운 '소비주의'가 등장하는 신호가 되었다. 하지만 이런 신호 뒤에는 '소비주의'를 부추기는 흥분과 변덕을 설명해야 하는 좀더 중대한 추세가 진행되고 있었다. 1921년의 심각한 경기 침체로부터 회복하고 난 뒤 상인들과 제조업자들은 대량 생산 노선과 대량 소비 노선에 따라서 경제를 조직하고 재정을 충당하기 위해 더더욱 바빠졌다. 그 중에서도 특히 대량 머천다이징의 합병, 즉 오늘날 우리가 '현대 소비자 사회'라고 부르는 사회가 출현하는 결정적인 징표가 드러났다.

이와 같은 경제적인 팽창에는 체인스토어 방식과 경쟁적인 합병뿐만 아니라 비경쟁적인 공장의 파급 요인이 필수적이었다. 체인스토어들이 식료품점·약국·고기·철물·잡화류 등의 분야에서 이 나라 전체에 스며들었다. 체인점은 진정으로 전국적인 시장을 형성하기 위해 1920년 이후로 그 어떤 제도들보다 더 많이 만들어졌다. 체인점은 중앙 집중적으로 관리되었으며, 공동으로 구매하고 표준화된 광고에 의존하게 되었다. 체인점으로 인해 좀더 방대한 스케일의 경제가 가능하게 되었다. 1920년대 이후로 체인점의 보급은 경제 전반에 걸쳐 하나의 추세가 되었으며, 점점 더 소수의 손에 경제력이 '엄청나게 집중'하도록(관찰자의 입장에서 표현하자면) 만들었다. 모든 면에서 소규모 독자적인 영세 소매 상인들은 거대한 회사와 경쟁하면

---

29) *REC*, p.xi.
30) *REC*, pp.xvi-xvii.

서 고전을 면치 못했다. 어떤 분야의 분배——예를 들어 남성복——는 체인점에 의해서 심각하게 위협받았다. 1886년만 해도 전 사업 분야에서 불과 2개의 체인점이 5개의 가게를 운영했다. 1912년에 이르면 총 1백77개의 회사가 2천2백35개의 체인점을 운영했다. 1929년에 이르면 거의 1천5백 개에 달하는 회사가 거의 7만 개 대리점에서 사업을 하고 있었다.[31]

체인점이라는 '아이디어'는 음식 사업에 우호적이었다. A & P 그리고 크로버와 같은 식료품 체인은 수만 개의 가게로 증폭되었다.[32] 혼 & 하다트, 슈라프츠, 사바린, 칠드런스를 포함한 레스토랑 체인은 확장되거나 동부 해안에서 서부 해안까지 구축되었다.[33] 1923년 패니 파머(요리책의 저자가 아니다)는 61개의 캔디 가게를 경영하고 있었다. 1927년 무렵 그녀는 1백 개 이상의 캔디 가게를 소유했으며 앞으로 더 많은 가게를 소유할 전망이었다. 그녀의 캔디는 '예술가'들이 스튜디오에서 만들어 낸다고 주장했음에도 사실상 1백25개 캔디 라인 모두 공장제품이었다. 그녀는 "정말로 일류 캔디의 생산은 상업화 과정을 통해서가 아니라 예술적인 제작 과정으로 만들어진다는 것을 강조하고 싶었다"고 말했다. 1927년 그녀는 로프츠, 메리 리 캔디 숍, 해피니스 캔디 스토어와 경쟁하게 되었다.[34]

1919년 엘스워스 스태틀러는 뉴욕에 베드룸이 2천3백 개에 달하는 펜실베이니아 호텔(나중에는 뉴욕 스태틀러 호텔)을 건설함으로써 호텔 체인의 성장 붐을 겨냥하게 되었다. 이 호텔은 1927년 시카고에 있는 스티븐스 호텔이 세워질 때까지 세계 최대 규모로 남아 있었다. 1927년 텍사스 주 웨이코에 있는 콘래드 힐튼 호텔이 오픈함으로써 네번째 힐튼 체인이 새로 텍사

31) John Allen Murphy, *Merchandising Through Mergers*(New York, 1930), p.15,; 체인 방법의 성격에 관해서는, Edith M. Stern, 〈Chain Department Stores〉, *American Mercury* 30(October 1933): 152-59; 1886년에서부터 1929년에 사이 체인스토어의 수자와 관련된 통계치에 관해서는 U. S. Federal Trade Commission, *Chain Store Investigation*(Washington D. C., 1935), pt. 4, 〈Growth and Development of Chain Stores〉, pp.6-7, and Muir, *America the Golden*, pp.78-79.

32) Murphy, *Merchandising Through Mergers*, pp.43-44.

33) On child's, see *The American Restaurant* 3(November 1920): 38; on Savarin's, see *The American Restaurant* 4(January 1921): 19-23.

34) *REC*, pp.365-67; on Fanny Farmer, see *PRL*(April 4, 1923): 4; for 1927, *REC*, p.363.

스에 세워지게 되었다. '최소 비용으로 최대 서비스'(힐튼은 그것을 미니맥스라고 불렀다)를 제공함으로써 스티븐스 호텔은 스태틀러 호텔을 뒤따랐다.[35] 1931년 무렵 그의 아들인 콘래드 힐튼 2세는 텍사스 · 뉴멕시코 · 앨라배마 주의 도시와 읍내에 19개의 호텔을 운영했다. 그는 자기 아버지가 전혀 손대지 않은 시장에 뛰어들었다.[36]

부동산 회사와 투기 건설업자들이 호텔 체인의 성장을 부채질했다. 1928년 스태틀러 자신이 불평했다시피 이들은 '거대한 낭비적인 과잉 생산'에 뛰어들었다. 1980년에 이르기까지 이 10년간은 호텔건설에 있어서 다른 시대의 추월을 불허했으며, 50만 개 이상의 베드룸을 짓게 되었다(1947년에서 1955년 사이에 8만 9천 개의 베드룸이 추가되었다는 사실과 이 점을 비교해 보라). 1927년과 1933년 사이에 뉴욕 시 한 군데에서만도 84개의 대규모 호텔이 들어섰다. 호텔 공간이 66퍼센트 증가함으로써 또 다른 20년 동안 뉴욕 시 손님을 수용할 수 있을 정도의 공간을 생산했다. "이 나라는 도시에 몇십 개의 호텔이 건설되는 것을 목격해 왔다. 하지만 새로운 호텔이 그 정도로 필요한지에 대한 실제적인 증거는 어디에도 없었다. 이들 호텔은 골칫거리였다"고 스태틀러는 말했다.[37] 호텔의 성장은 실수요를 훨씬 능가했으며, 가격 전쟁을 유발하게 되었다. 그로 인해 경제적인 재앙의 조건이 무르익게 되었다.[38] 공황이 닥쳐왔을 때, 호텔 산업은 황폐화되었다.

1920년대 무렵 8개의 거대한 영화 회사가 전국의 극장 체인의 필름 배급망을 통제했다. 각각의 영화사는 5백 개 내지 1천 개의 극장을 거느리게 되었다. 주요하면서도 값싸고 표준화된 소매 체인들은 대체로 그 성격상 과잉

---

35) Whitney Bolton, *The Silver Spade: The Conrad Hilton Story*(New York, 1954), 41–67; Rufus Jarman, *A Bed for the Night: The Story of the Wheeling Bellboy, E. N. Statler and His Remarkable Hotels*(New York, 1952), p.170; Murphy, *Merchandising Through Mergers*, p.92.

36) 〈Hiton Brothers Broaden Hotel Activities〉, *The American Greeter* 25(November 1932): 32.

37) Quoted in *NYT*(September 26, 1928), p.20.

38) 이런 수치와 이런 분석은 모리스 호로비츠의 다음 책에서 가져온 것이다. Morris A. Horowitz, *The New York Hotel Industry: A Labor Relations Study*(Cambridge, Mass., 1960), pp.3–8, 17–25.

공급이었으며 1923년과 1927년 사이에 크기가 2배로 증가되었다. W. T 그랜츠(Grant's)는 45개에서 1백9개로, 패니즈(Penney's)는 3백71개에서 1천 개로 크레스지스(Kresge's) 2백12개에서 4백35개 체인으로 확장되었다. 울워스는 1912년에는 6백 개 상표였던 것이 1927년에는 1천5백81개의 가게로 늘어남에 따라 이 모든 체인들 중에서 으뜸자리를 차지했다.[39] 여성 기성복과 같은 팬시 전문점, 즉 베델스 · 레인 브라이언트 · 펙 & 펙 등이 전국을 수놓게 되었다. 거대한 버틀러 가구점 체인 · 월든 서점 체인 · 월드 라디오 주식회사 체인 등이 있었다. 리게츠(Liggett's) · 렉살스(Rexall's) · 월그린스(Walgreen's)와 같은 '약방' 체인도 있었다(투자은행가들에 의해서 20년대 '재조직된' 것이었다). 약방 체인은 1927년 무렵에는 무려 3천 개에 달했다(1900년대 이런 체인점은 고작 25개에 불과했다). 이런 체인들은 유럽인들에게 강한 인상을 남길 수 있는 방식으로 전시되었다. 그들은 자기 나라에서처럼 약방하면 숨막히고 온갖 중독약으로 가득 차 있으며 속이 메슥거릴 정도의 악취와 유독한 화학 물질이 들어차 있는 곳으로 간주했다. "어둡고, 페놀과 노루발풀속의 악취가 진동하는 약제실 대신 여기는 아스피린에서부터 롤러 스케이트에 이르기까지 이 세상에 있는 모든 물건들이 천장까지 빼곡히 들어차 있는 눈부시고 현란한 가게였다. 번쩍거리는 축음기가 '다르다넬라'를 노래 부르고 신선한 커피향과 피나우드의 라일락이 요드와 치즈샌드위치를 압도하는 곳이었다"[40]라고 프랑스 이민인 레이몽 레비는 체인점들과 처음으로 마주쳤던 인상을 이렇게 적었다.

1929년 무렵 오하이오 주 메리언 센터, 즉 대통령인 워런 G. 하딩과 사회주의 지도자인 노먼 토머스가 성장했던 이곳의 모든 집들은 전부 앞뜰에 잔디밭을 가지고 있었다. 그곳에는 2개의 크레스지스, 크로버 식료품 가게, 3

---

39) *REC*, pp.365-67; on Penney's, see *MRSW* 63(October 1928): 54.

40) Loewy, *Never Leave Well Enough Alone*, p.73; on Walden's, see *MRSW* 66(March 1930): 26; on Bedell's, See *MRSW* 65(May 1929): 19; on Peck & Peck, see *MRSW* 61(December 1927): 51; on the World Radio Corporation chain, see Ernest Henderson, *The World of 〈Mr. Sheraton〉*(New York, 1960), pp.57-72; 1925년 약국의 숫자에 관해서는, Muir, *America the Golden*, p.79 참조; 제약 사업의 재조직화에 관해서는, Murphy, *Merchandising Through Merger*, pp.7, 114.

개의 체인 옷 가게, 2개의 체인 구두 가게, 하나의 울워스, 하나의 몽고메리 워드, 하나의 패니즈가 있었다. 이즈음 이 나라의 경제와 문화에는 체인 사업이 너무나 깊숙이 침투하게 됨으로써 1890년대 '소매 전쟁'과 더불어 본격적으로 시작되었던 머천다이징을 완전히 변화시켜 놓았다. 그러자 일부 사람들은 부재 매니저(체인 소유주)의 영향을 걱정하게 되었다. 부재 매니저들은 지역 사회에 관해서는 전혀 고려하지 않았으며 오로지 전국적인 '시스템'과 대규모 총매상고에만 지대한 관심을 보였다. 앨라배마 주의 상원위원인 휴고 블랙(후일 미국의 대법원 판사)이 1930년에 지적했다시피, "지역 사람들과 상인들은 사라지고, 지역 사회는 독자적인 사상가와 실무자로서 지역 문제에 헌신한 사람들을 잃어버리게 된다."[41]

많은 체인은 새로운 것이었다. 오래된 체인들은 지점을 개설하거나 혹은 다른 회사를 합병함으로써 성장하게 되었다. 사실상 이런 체인점들은 한 전문가가 말했다시피 틀림없이 머천다이징 분야에서 '합병 마니아'에 속했다. 중공업과 제조업에서 초기 합병이 뒤따랐다. 물론 한정된 범위이기는 하지만 머천다이징에서도 그랬다. 1920년대 후반 무렵 합병은 확장하기에 좋은 방법이었다. 거의 50퍼센트에 해당하는 체인점이 합병을 통해 경쟁을 지배하고 통제할 수 있게 되었다. "막대한 집중이 모든 사업 분야에서 일어나고 있다"라고 당대 분석가는 말했다. "이런 경향은 압도적으로 점점 소수의 점점 더 큰 회사를 향하고 있다." 이런 추세는 상당수 경제학자들을 경악하게 만들었다. 그 중에서도 특히 고전적인 훈련을 받고 대단히 존경받았던 존 베이츠 클라크와 같은 경제학자는 더욱 그랬다. 1900년 무렵 그는 미국인들(시장 세력뿐만 아니라)이 그처럼 만연된 기업 집중을 허용할 리가 없을 것이라고 믿었다.[42] "기계, 기계로 인한 양적 생산, 이 양자로 인해 거대한 자본 통합은 초기 경제학자들의 예측을 완전히 무화시키는 그런 변형 요소가

41) Quoted in Leon Harris, *Merchant Princes: An Intimate History of Jewish Families Who Built Great Department Stores*(New York, 1979), p.351. On Marion, Ohio, see Charles Wesley Wood, *The Passing of Normalcy*(New York, 1929), p.2; and W. A. Swanberg, *Norman Thomas: The Last Idealist*(New York, 1976), pp.1-11. 체인스토어에 관해서는 see Robert and Helen Lynd, *Middletown*(New York, 1929), pp.45-47.

42) Murphy, *Merchandising Through Mergers*, p.15.

되고 있다……. 오늘날 미국의 문제는, '거대 사업'에서 대부분의 자본을 가지고 있는 소유주를 완전히 경영으로부터 분리시키는 것은 말할 필요도 없을 뿐만 아니라, 어떤 사업 분야든지간에 합병 형태로부터 자유로울 수 있을 것인가라는 점처럼 보인다."[43]

투자은행가들과 합병 전문가들

이와 같은 합병 활동의 실권을 장악한 사람들이 다름 아닌 투자은행가들이었다. 이들은 어떤 사람들보다도 돈과 물품의 새로운 제조 회로를 어떻게 조직해야 하는지를 잘 알고 있었을 뿐만 아니라 그들 자신과 자신의 고객들에게 엄청난 이윤과 혜택을 가져다주는 법을 잘 알고 있었다. 엄청난 급료를 받는 대신 투자은행가들은 회사들에게 많은 서비스를 제공했다. 예를 들자면 주식 거래에서 회사 유가 증권을 사업체에 줌으로써 확장을 위한 자금에 손쉽게 다가갈 수 있도록 해주었다. 합병 활동을 촉진시키고 경쟁자들을 물리치고 매점할 수 있도록 사업체에게 자본을 제공해 주었다.[44] 1912년에 투자은행연합의 회원 수는 불과 2백77명(본사와 지사를 전부 포함하여)이었다. 하지만 1928년에 회원 수는 무려 1천72명으로 치솟았으며 1929년에는 1천 9백2명으로 늘어났다.[45]

투자은행과 대량 소비 산업의 증가는 상호 밀접한 관련이 있었다(그리고 지금 현재도 그렇다).[46] 자본 브로커들은 점점 더 큰 회사들이 성공할 수 있도록 길을 닦아 놓았다. "적절하게 재원이 조달된 거대 조직들은 작은 사업체들이 상상조차 할 수 없는 그런 특권을 누릴 수 있게 될 것"이라고 한 머천

---

43) Clark, quoted in Joseph Dorfam, *The Economic Mind in American Civilization*(New York, 1949), vol. 4(1918-33), pp.254-55.

44) Murphy, *Merchandising Through Mergers*, pp.68-69, 76-77.

45) 이런 회원에 관해서는, see George W. Edwards, *The Evolution of Finance Capitalism*(London, 1938), pp.228-29.

46) 미국 경제 생활을 모양짓는 데 금융업자들이 담당한 역할에 관한 논의에 관해서는, see Douglas Gomery, 〈Rethinking U. S. Film History: The Depression Decade and Monopoly Capital〉, *Film and History* 10(May 1980): 32-37.

다이징 전문가는 말했다.[47] 은행가들은 사업의 이해 관계를 집중과 손쉬운 경제적 해결책을 추구함으로써 경쟁적인 에토스를 침식하는 데 일조했다. 그들은 지역 독점이 거의 동시적으로 주요한 전국적 '플레이어'가 되도록 만들어 주었다. 은행가에게 자극받은 합병 전문가들은 '물건 만들기'에서 부터 '돈 만들기' 외에도 경제 분야에 있어서 이미 뚜렷한 패턴을 강화하게 되었다.

그 중에서 가장 으뜸가는 회사가 레만 브라더스와 골드만, 삭스였다. 이들 회사는 1930년대에 이르기까지 서로 밀접하게 공조했다. 두 회사는 19세기에 상품 중개 하우스로 출발했는데 세기말이 될 무렵 아메리카의 대량 소매 시장의 공적 재정 지원을 하는 전략적인 위치로 명성을 누리게 되었다. 제1차 세계대전으로 인해 오히려 이들 회사는 점점 더 사업을 확장 추진하게 되었다. 파트너 중 한 사람인 허버트 레만은 나중에 뉴욕의 민주당 주지사가 되었는데, 그는 '합병' 사업에 특히 더 관심을 가지고 있었다. 레만은 전쟁 기간 동안 대규모 공조 거래에 대한 식별력을 발전시켰으며, 전쟁 담당 부서(War Department Division)에서 군대 인원들에게 물자 공급 담당 역할을 관장했다. "나는 회사와 내가 이 벤처에서 우리 모두가 마음속으로 믿고 있는 그런 일에 적극적인 행동을 취할 수 있기를 바란다"고 1923년 장차 합병 거래를 할 상인에게 그렇게 말했다. "나는 그 계획을 그야말로 열광적으로 지원하고 있지만 세부적인 여러 가지 문제가 당신의 처분에 달려 있다는 것을 아셨으면 합니다……."[48]

워딜 캐칭스는 소비 분야 합병 전문가일 뿐만 아니라 골드만, 삭스 회사의 회장이기도 한데, 그는 돈에 관해 책을 쓴 최초의 미국 경제 사상가 중 한 사람이었다. 그의 저서 중에는 《화폐》와 《풍요에 이르는 길》이 있었다. 그는 또한 악명 높은 재정 기획을 날조했는데, 그 중에서도 가장 말도 안 되는

---

47) Murphy, *Merchandising Through Mergers*, p.56.

48) Herbert Lehman to LK(November 29, 1923), LKP; Allen Nevins, *Herbert H Lehman*(New York, 1962), pp.62-65. 보관된 자료가 없기 때문에 어떤 역사가도 레만의 초기 투자를 깊이 연구하기는 고사하고 전혀 연구할 수조차 없었다. 네빈은 이 부분에 관해서는 아무런 언급이 없다. 커스틴에게 이런 편지를 보낸 것도 그 때문이다. 왜냐하면 레만의 관심사와 관련의 범위가 어느 정도인지를 보여주는 문서는 거의 없는(하여튼 내가 알기로는), 그 희귀한 문서 중의 하나이기 때문이다.

엉터리 기획이 골드만, 삭스 무역 회사였다. 이 회사는 합병된 여러 개의 투자신탁을 비호하는 회사로서 속임을 당한 사람들이 회사의 자산 가치보다 훨씬 높은 시장 가격으로 보험을 구입하게 만들었다[49](이 회사는 1930년에 무너졌는데, 순진한 많은 사람들의 투자 금액을 휩쓸어 갔다). "사업의 주요 동기는 **이윤**이다"라는 주장을 캐칭스는 경제학자인 윌리엄 트루펀트 포스터와 공저했던 많은 책 중에서 그렇게 말했다. "이윤을 남길 수 있다는 희망이야말로 경제라는 몸의 구석구석까지 순환하는 피이다. 그 피가 다름 아닌 돈이다."[50]

캐칭스와 다른 은행가들은 폴 마저라는 은행가가 '욕망의 기계'라고 불렀던 것의 확장 속에서 지속적인 경제 성장과 이윤의 핵심을 간파하게 되었다. 브로커로서 그들은 다른 사람의 욕망을 심판하는 것은 사업이 할 일이 아니라고 생각했다. 사실은 그와 정반대였다. 사업이 욕망에 부응하고, 그것을 조종하며, 그것의 프런티어들을 확장할 때 비로소 성공했다(그리고 사람들이 직업을 얻었을 때). 캐칭스가 말했다시피, '소비자들의 주문에 부응하여' 공장들이 만들어 낸 '담배와 자동차' 부문에서 그 증거가 확실하게 입증되었다. 미국 경제는 돈과 물품이 시스템을 통과하여 지속적으로 흘러 다닐 수 있도록 '새로운 욕망과 개발되지 않은 욕망'을 자극시켜야 했다. "경제 조직의 기능은 사람들이 당위적으로 원해야 하는 것을 결정하는 것이 아니라 그들이 원하는 것 자체를 가능한 생산할 수 있는 기계로 만들어야 한다"[51]고 캐칭스는 설명했다.

물론 많은 사업가들에게 제품의 질과 장인 정신은 중요한 것으로 남아 있지만, 경제 전반이 점차 오직 자본주의적이 되었다. 토스타인 베블런이 기술했다시피, 투자은행가들은 제품에 대해서는 전혀 아는 것이 없거나 혹은

---

49) John Kenneth Galbraith, *The Great Crash of 1929*(Boston, 1961), pp.48-70. On Catchings, see Dorfman, *The Economic Mind in American Civilization*, vol. 4, pp.339-41; and *NYT*, obituary(January 1, 1968), p.15.

50) Waddill Catchings and William Trufant Foster, *Progress and Plenty: Two Minute Talks on the Economics of Prosperity*(New York, 1930), p.45. 이 책은 20년대 후반 캐칭스와 포스터가 썼던 논문의 대략적인 개요이다.

51) Waddill Catchings and William Trufant Foster, *The Road to Plenty*(New York, 1928), p.173, and *Progress and Plenty*, p.18.

거의 없으면서도 총매상고, 돈, 이윤에 대해서는 너무 잘 알고 있었다. 그들은 시장이나 화폐 가치가 미국 문화에서 가장 중요한 가치가 될 수 있도록 보장해 주었다.

음식 사업에서 투자은행가들은 합병을 통해 회사와 체인점이 성장할 수 있도록 통합했다. 수년 동안 음식 산업은 이 나라의 최대 산업이면서도 또한 가장 개별화된 산업이기도 했다. 음식 생산품은 여타 산업의 생산품과 비교해 볼 때 파는 곳은 많으면서도 팔리는 양은 좀더 적은 형태였다. 1920년대에 이르러 투자은행가들은 이런 패턴을 변화시키려 했다. 콜게이트-팔모라이브(Colgate-Palmolive)와 제너럴 밀즈(General Mills)가 만들어졌으며, 치즈와 아이스크림 분야에서 52개의 사업체를 사들였던 신선한 우유 회사인 보덴스(Borden's) 역시 만들어졌다. J. P. 모건이 조정하는 스탠더드 브랜즈 회사는 이 분야에서 가장 유력했던 4개의 회사를 통합했다. 즉 로열 베이킹 파우더, 체이스 앤드 샌본, E. W. 질레트, 플라이치먼스(Fleischman's)의 이스트 회사가 그것이었다. 여기에 플라이치먼스를 추가한 것은 정말 대단히 능숙한 작전이었는데, 왜냐하면 이 회사는 부패하기 쉬운 제품들을 위해 어떤 곳으로든 운송할 수 있는 최고의 분배 시스템을 갖추고 있었기 때문이었다. 이 회사는 자사 소유의 9백 개 분배 센터, 수천 대의 모터 트럭, 무수한 호텔, 제과점, 레스토랑, 소매 아웃렛 점포에 물품을 공급할 수 있는 1천7백 개의 운송 루트를 구비함으로써 전국을 총괄했다. 1929년에 나온 《비즈니스 주간 잡지》의 보고에 따르면 "분배의 혈관은 전국의 전략 요충지에 분포되어 있는 14개의 공장으로부터 특별 냉동된 특급 운송 편을 통해 신선한 제품을 지속적으로 채워넣는다"고 보도했다. 플라이치먼스 회사를 손에 넣음으로써 스탠더드 브랜즈는 다른 제품을 위해서도 보다 싼 가격으로 좀더 많은 이윤을 남길 수 있는 것으로 입증된 이 분배 시스템을 적용하게 되었다.[52]

1920년대에 발생했던 대다수 식품 회사의 합병은 거의 하룻밤새 이뤄졌지만 포스텀(Postum)의 변신은 4년이나 걸렸다. 1923년 포스텀은 5개 회사를 소유했다 하지만 1929년 무렵 제너럴 식품 회사(지금은 포스텀으로 불리

---

52) *Business Week*(September 14, 1929), p.29.

는 이 회사)는 14개의 회사를 운영했다. 그 중에는 브랜 플레이크, 젤로도 포함되어 있었다. 이런 통합은 월 스트리트 재정 담당관인 레만 브라더스의 에드워드 휴턴과 포스텀의 총매니저인 콜비 체스터의 합작품이었다. 두 사람은 음식 산업의 비효율성과 낭비의 문제를 연구했으며, 포스텀의 영업 사원들은 오직 한 가지 제품을 팔기 위해 길 위에서 자신들의 노동을 낭비하고 다닌다는 사실에 주목했다. '전체 라인을 가동하면 어떨까' 라고 체스터는 생각해 보았다. 그렇게 되면 "우리는 특허를 구입하거나 혹은 새로운 공장을 가동시키는 것이 아니라 그런 제품을 소유한 공장과 회사를 구입해들이면 다른 제품도 획득할 수 있게 될 것이다." 그것이야말로 '소비자들에 대한 봉사' 라고 그들은 우겼다. "소비자들을 위해 우리는 소매 상인들처럼 패키지를 구입하거나 혹은 중간 도매 상인들처럼 차떼기로 구입하지 않고 전체 사업체를 사들였다. 그 모든 사업체들은 우리가 손쉽게 팔아먹을 수 있는 대단히 잘 알려진 제품들이었다. 이제 우리는 우리 영업 사원들을 최대한으로 활용할 수 있게 될 것이다."[53]

20년대의 그 10년이 거의 막바지에 이르렀을 무렵, 레만 브라더스와 골드만, 삭스는 가격이 한정된 다양한 체인점(limited-price variety chains)에게 재정적인 지원을 했다. 즉 많은 식료품 체인점 · 스튜드베이커 · 피닉스 양말 메리야스 제품 · 제너럴 시거 · 웰치 포도 쥬스 등과 같은 다양한 회사들, 그리고 미국에서 창설된 최대의 '오락 기구' 인 RKO(라디오-빅터-케이스 오피엄(Orpheum))가 만들어졌다. RKO는 극장, 예매 조직을 합병했으며, RCA를 단일한 회사로 통합했다. 그로 인해 '오락 기구 노선에서 이용 가능한 거의 모든 것을 한 회사를 구심점으로 통제' 할 수 있게 되었다.[54]

캐칭스는 영화관 체인 사업에서 위대한 미래를 상상했으며, 실제로 그것

---

53) *Ibid.*

54) Murphy, *Merchandising Through Merger*, pp.19-20. 이런 회사들의 합병 사업에 관해서는, see Carroso, *Investment Banking in America*(Cambridge, Mass., 1970), pp.19-20, 82-85; Neal Gabler, *An Empire of Their Own: How the Jews invented Hollywood*(New York 1988), pp.123-28; Boris Emmet and John E. Jeuck, *Catalogues and Counters: A History of Sears, Roebuck and Company*(Chicago, 1950), pp.55-58; Anna Rochester, *Rulers in Ameirca: A Study in Finance Capital*(New York, 1936), pp.81-82, 186, 246; and *Lehman Brothers: A Centennial, 1850-1950*(New York, 1950), pp.31-46.

을 촉진시켰다. 그는 영화 산업에 종사하는 많은 사람들에 앞서서 '유성영화'의 가능성을 확신했다. 1925년 그는 만약 워너스 사가 그에게 사업이 성장할 때까지 재정 문제를 장기적으로 일임한다면 재정 지원을 하겠다는 데 동의했으며, 그들은 그렇게 하라고 허락했다. 6개 은행으로부터 자금을 끌어들인 캐칭스는 워너 브라더스에게 수백만 달러의 크레디트 라인을 제공해 주었다(정기적으로 지불이 가능한 한에 있어서 마음대로 끌어다 쓸 수 있는 장기 융자를 제공해 주었다). 이로 인해 워너 브라더스는 회사 지불 능력(Corporate solvency)을 갖게 되었으며 비타그래프의 모든 이권을 사들일 수 있게 됨으로써, 이 나라 영화사의 창시자가 되었다. 이처럼 모든 이권을 사들인 결과 이들 회사로서는 힘들이지 않고 수월하게 전국적인 분배 시스템 일체(tout de suite)를 확보하게 되었다. 캐칭스는 주요 마켓에서 타임스 스퀘어를 포함하여 새로운 극장 10개를 더 사들일 때까지 계속해서 그것을 확장해 나갔다. 1928년 그는 주요한 영화사인 펄스트 내셔널의 이권을 구입했다. 그는 워너 브라더스의 주식을 발행했으며 이로 인해 워너 브라더스와 그 자신은 순식간에 점점 더 부자가 되었다. 1925년에서부터 1930년 사이에 워너 브라더스의 자산 가치는 5백만 달러에서 2백30만 달러로 치솟았다.[55]

"권력은 사업의 모든 것이다": 백화점의 체인화

합병 마니아들은 도처에 있었기 때문에 재정역사가인 조지 에드워즈가 기록한 바에 따르면 이런 현상은 무수한 체인, 정기적인 실업, 낭비, 경제적 취약성, 과잉 경쟁, '무책임과 담보물 남발'[56] 등으로 인한 공급 과잉을 산출

---

55) J. Douglas Gomery, 〈Writing the History of the American Film Industry: Warner Bros and Sound〉, *Screen* 17(Spring 1976): 4053; Gomery, 〈The Coming of Sound: Technological Change in the American Film Industry〉, in Tino Balio, ed., *The American Film Industry*(Madison, Wis., 1985), p.248; Waddill Catchings: 25th Anniversary Report, Harvard Class of 1901, Harvard University Alumni Records, pp.124-26; Gabler, *An Empire of Their Own*, pp.132-31.

56) Edwards, *The Evolution of Financial Capitalism*, pp.229-31.

했다. 하지만 보다 거대한 기업과 기업으로 나가는 운동은 계속되었다. 비교적 이런 압력으로부터 자유로운 백화점마저 이런 움직임에 가세했다. 1890년대 이후로부터 작은 소매 가게들을 처음으로 몰아낸 뒤로 백화점들은 막강한 지역 기업들이 되었다. 1920년대에 이르러 체인점들로부터 촉발된 좀더 과감한 경쟁에 직면하면서 백화점 소유주들은 실질적인 공장(physical plant)을 크게 확장하고 새로운 회사 전략을 개발했으며 오래된 회사들을 확장하면서 그들 나름의 전국적인 연방 체계를 모색해 나갔다.

일반 대중과 관련해서 볼 때, 이런 변화를 가장 극명하게 보여준 것은 백화점 건물과 그것의 재건축이었다. 1920년대의 대규모 제품제조는 1896년에서부터 1912년에 이르는 기간 동안 발생했던 것과 그 광분의 정도에 있어서 버금가는 건축 '열기'를 경험했다. 1930년 무렵 마셜 필즈의 도매 부서는 시카고의 마천다이즈 마트를 점령했으며, 가게 물품의 전시와 구매를 위해 24층 높이의 실내 마켓을 구비했다. 1960년에 이르기까지 이 건물은 세계 최대 상업 구조물이라는 명성을 누렸다.[57] 많은 대규모 백화점 중에서도 필즈는 교외에 지점을 개발한 백화점이기도 했다. 필즈는 3개의 5층짜리 건물로 된 지점을 에번스턴 · 레이크 포레스트 · 오크 파크에 가지고 있었다. 뉴욕 시 6번 애비뉴에 있는 제임스 A. 헌 백화점은 코네티컷 주 스탐퍼드에 지점을 개점했다. 5번 애비뉴에 있는 올트먼 백화점은 뉴욕 주 화이트 플레인즈에 지점을 열었다. 5번 애비뉴의 삭스는 1930년에 시카고에 분점을 개점했다. 스트로브리지와 클로디어를 포함하여 필라델피아에서 가장 저명한 백화점 4곳 모두 1930년대에는 지점을 확장했다. 클리블랜드의 홀 브라더스는 붐을 타고 있었으며, 오하이오와 서부 펜실베이니아에 성공적인 5개의 지점을 차렸다.[58] 확장 압력에도 불구하고 대단히 조심스러웠던 뉴욕의 워너메이커스 또한 체인이라는 아이디어를 더 이상 외면할 수 없었다.

---

57) 이런 파트와 필즈와 팽창에 관해서는, see *The Shield*, employee magazine vol. 1(September 1931), pp.5-6, MFA; and 〈The Cathedral of All Stores〉, *Fortune Magazine*(1936), pp.78-87, 134-41, copy in MFA.

58) 지점의 확장에 관해서는, see *HBR* 6(October 1927): 81-89; 〈Department Store Branches in Suburbs Succeed, Multiply〉, *Business Week*(October 1, 1930), p.10; 시카고에 있는 삭스 지점에 관해서는, see *MRSW* 66(February 1930): 18.

"체인점의 급속한 신장과 성공은 내가 수년 전에 옹호했던 바로 그 계획을 뜻한다. 뉴욕의 여러 중점 지역에 워너메이커스의 신규 지점을 개점하는 것. 이것이야말로 소비자들이 우리 백화점으로 찾아오도록 만드는 대신 자기 집 근처에 있는 곳으로 많은 사람들이 몰려가도록 하는 것이다"[59]라고 1928년 로드먼의 사후 신임 회장이 되었던 조셉 아펠이 주장했다.

　백화점들은 이용 가능한 부동산을 장악하는 데 필요한 모든 수단을 강구함으로써 수직적인 팽창뿐만 아니라 수평적인 성장을 이뤘다. 뉴어크의 뱀버거스는 1922년 50개의 또 다른 매장을 첨가했다. 4년 후 김벨스는 필라델피아의 마켓 스트리트에 12층짜리 백화점을 오픈하면서, 2개의 지하층과 더불어 쇼윈도를 2배로 늘렸다. 1927년 J. L. 허드슨즈는 디트로이트에서 최대 규모였음에도 불구하고 좀더 큰 가게의 제막식을 했다. 이 백화점 건물은 이전 것과 비교해 볼 때 매장의 각 층의 공간을 2배로 넓힌 21층짜리 건물로 세계 최대 규모였다.[60] 1927년 오하이오 주 콜럼버스의 F. 라자러스와 R. 라자러스 매니지먼트사는 시내 중심가 정면에 있는 전체 블록의 부동산을 손안에 넣기 위해 밤낮으로 동분서주한 결과 그들은 창고 겸 관리를 위한 새 건물을 지을 수 있게 되었다. 그 땅의 소유권을 확보하기 위해 회장인 프레드 라자러스는 그곳에 자리잡고 있었던 거대한 사창가를 완전히 '사들였는데,' 그곳은 도시의 한복판에 마지막까지 남아 있었던 홍등가였다. 사창가의 소유주(후일 라자러스는 그녀를 '대단히 현명한 부인'이라고 불렀다)는 "아시다시피 이 땅은 대단히 귀중한 곳이랍니다. 왜냐하면 전체 건물이 나사(매음)로 연결하여 조립된 것이니까요"라는 농담을 했다. 라자러스는 구 건물과 신축 건물 사이를 연결해 주는 다리를 건설하기 위해 뉴욕 시로부터 허가를 얻어내기까지 좀더 힘는 싸움을 선개했다. "우린 시위원회를 위협했지요. 만약 위원회가 가게의 전면과 연결할 수 있도록 전체 블록으로 확장하는 공사를 허락해 주지 않는다면 우리는 콜럼버스에서가 아니라 다른 곳에

---

59) Joseph Appel, 〈Analysis of the Situation〉, internal memorandum 〈written······ in 1928, at the time of Rodman Wanamaker's death〉, p.8, WA.

60) 김벨스에 관해서는, see *MRSW* 59(December 1926): 22; 허드슨즈에 관해서는, see *PRL*(Second November Issue, 1927): 10; and on Bamberger's, see *DGE*(August 5, 1922), p.14; *DGE*(November 18, 1922), p.108.

서 확장하기 위한 노력을 쏟아 붓겠다고 했지요." 시위원회와 시장은 자신들의 주장을 '만장일치로' 철회했다. 그 성과물은 2개의 전체 블록을 가득 채운 백화점이었는데, 가장 최대 규모의 콜럼버스 백화점으로 가시화되었다.[61]

뉴욕 소재 메이시즈야말로 이 모든 변신 중에서도 최대의 변신을 감행했다. 전전(戰前)에는 워너메이커가 가장 눈에 띄는 모습이었다면, 전후에는 스트라우스가 가장 막강한 모습으로 부상했다. 메이시즈는 전쟁 이전에도 하찮은 경쟁 상대가 결코 아니었다. 이지도르 스트라우스는 백화점을 34번지로 옮겼다. 1920년대에 이르면 메이시즈는 원래 소유주였던 롤란드 메이시가 1880년 한 해에 올렸던 전체 매상을 하루만에 팔아치웠다. 1922년 팽창주의 열기에 사로잡힌 스트라우스 형제는 이 사업을 공적 담보물 시장(public security market)에 내놓고 좀더 많은 자본을 확보함으로써 더 큰 건물을 짓게 되었다. 그들은 기존 건물의 동편에 여러 층을 신축하여 덧붙임으로써 메이시즈 건물은 약 1백50만 평방피트로 기존의 2배가 되었다. 확장을 계속함으로써 그들은 새로운 공간을 창출했으며 1928년에는 16개의 에스컬레이터를 증축했다. 직원 수도 1만 2천5백 명으로 증가했다. 그다음 3년에 걸쳐 스트라우스 형제는 7번 애비뉴, 브로드웨이, 35번지와 35번지에 걸친 전체 블록을 장악하게 되었다. 소유주가 메이시즈에게 팔기를 완강히 거부한 한 줌의 부동산을 제외한다면 블록 전체가 메이시 수중에 넘어가게 되었다. 또 다른 수십 층짜리 건물이 1931년에 들어서게 됨으로써 오늘날 우리가 알고 있는 그 모습으로 완성되었다. 의문의 여지 없이 스트라우스 형제는 '세계 최대의 부피를 가진 세계 최대의 백화점'[62]을 경영하게 되었다.

---

61) Oral interview with Fred Lazarus, Jr., by Edward Edwin, CUOHP, Records of the Federated Department Store Company, pp.118, 122, 147-48.

62) 메이시즈에 관해서는, see *WWD*(January 4, 1928), p.8; *WWD*(April 18, 1928); Murphy, *Merchandising Through Mergers*, p.106; *DGE*(February 18, 1922), p.32. 20년대 초기에 이르러 다른 모든 것을 능가하는 판매량에 관해서는, see *Fortune Magazine*(October 1936) and *MRSW*(November 1936): 4. 메이시즈의 규모가 2배로 커진 것에 관해서는, see *MRSW*(March 1923): 20. 스트라우스가 백화점 크기를 2배로 확장하고 블록 전체를 손에 넣게 된 과정에 관해서는, see *NYT*(September 13, 1929), p.31, and *NYT*(September 28, 1930), p.16. 초기의 가게와 비교한 판매량에 관해서는, see Ralph Hower, *History of Macy's in New York, 1858-1919*(Cambridge, Mass., 1967; orig. pub. 1943), pp.398-400.

메이시즈는 너무 거대하고 성공적이어서 미국의 대량 생산에 관한 신화적인 상징으로 기능하기 시작했을 뿐만 아니라 미국 경제력의 축도가 되었다. 심지어 드와이트 맥도널드마저——그 당시 예일대학교를 막 졸업했으며 후일 미국 대중문화의 비평가가 됨——메이시즈의 '거대한 조직'의 힘에 압도당했다고 말했다. 젊은 청년으로서 그는 반유대주의 경향이 강했고 속물이 될 수도 있었지만, 하여튼 맥도널드는 스트라우스 형제와 그들의 사업에 관해서 말할 때면 모든 편견을 중지시킬 수 있었던 것처럼 보였다. 1928년 그는 메이시즈에서 일할 기회가 있었으며 그 일을 '두렵다기보다는 즐겁게 할 수 있을 것으로' 기대했다. "내가 말해 본 사람과의 접촉을 통해 사업 기계의 단면을 얼핏 보았을 때, 처음에는 두려웠고 우울하게 만들었지만 그럼에도 나를 매혹시켰다"라고 그는 한 친구에게 말했다. "이 사람들은 너무 냉정하고 너무 예리하며 자신에 대한 절대적인 자신감이 넘쳐났다. 사업으로 완전히 똘똘 뭉쳐 있어서 그들 앞에 서니까 내가 마치 어린아이처럼 보였다. 그들은 자신들의 가치를 너무 확신하고 있어서 심지어 내 가치가 의심스럽게 느껴졌다. 그러다가 용기를 되찾게 되면서 나는 그 사람들이 가지고 있는 그런 종류의 권력이 현대 미국 사회의 지배적인 권력이며 나 자신이 원하는 것 역시 바로 그런 권력임을 깨닫게 되었다." 대다수 지식인들과 마찬가지로(대다수 미국인들 역시 마찬가지지만), 맥도널드는 그들을 부러워했다. 오로지 '문필가'들만이 그만한 영향력을 미칠 수도 있었지만, 지금 "권력은 사업의 모든 것이다"고 그는 생각했다. "내가 만나 보았던 이 사람들은 모든 사람들 중에서도 가장 예리하고 효율적이며 내가 알고 있는 어떤 대학 교수들보다도 더 자신의 권력을 확신하고 있다"라고 그는 결론을 내렸다.[63]

백화점의 물리적인 성장은 대중의 눈을 사로잡았다. 하지만 백화점 가운데서는 다른 활동도 진행되고 있었다. 이런 활동은 눈에 잘 띄지는 않았지만 그럼에도 불구하고 결속과 팽창을 향한 움직임과 관련시켜 볼 때 훨씬

---

63) Dwight MacDonald to Dinsmore Wheeler(April 12, 1928), quoted in Robert Cummings, 〈The Education of Dwight MacDonald, 1906-1928: A Biographical Study〉, Ph. D. diss, Stanford University(1988), pp.238-39. 제도 권력에 관한 지식인의 부러움에 관해서는, see Christopher Lasch, *The New Radicalism in American[1889-63]: The Intellectual as Social Type*(New York, 1965).

더 중요한 것이었다. 예를 들어 1920년대 초반 무렵, 모든 거상들은 크리스마스 윈도의 덮개를 벗기고 이와 동시에 크리스마스 라이트를 켜는 것이 도시에서는 일상적인 일이 되었다. 필라델피아·클리블랜드·보스턴·뉴욕·시카고와 같은 곳의 백화점 조합은 지역 극장에서 거대한 협동 패션쇼를 개최였다. 그들은 공동의 배달 체계를 조직했다. 그들은 '협동 쇼핑 뉴스'를 발행했으며 그 지역 상공회의소, 무역 단체, 조직된 협동 광고, 광고 캠페인을 통해 1년 동안 필요한 공간의 적절한 할당을 각각의 백화점들이 사들였다.[64]

'중앙 집중화된 체인점 구입'에 맞서기 위해 백화점들은 '비경쟁적인' 단위들인 '콤바인' 체계로 돌입했다. 그로 인해 백화점들은 적극적인 세일즈 전략을 공유할 수 있게 되었다. 새로운 스타일과 새로운 판매 전술에 관한 정보를 교환했다. '집단 구매'를 실시하고, 머천다이징의 특징에 관한 통제를 유지하면서도 단일한 계약서에다 주문을 함께했다(중앙 집중화된 구입 결정은 전적으로 한 사람이 손에 달려 있었다). 그와 같은 최초의 협동 '콤비네이션'이 다름 아닌 소매 조사연구협회(Retail Research Association: RRA)였다. RRA는 필렌즈의 루이 커스틴의 머리에서 나온 발명품이었다. 이 협회는 10년 동안 소매 활동과 이후에는 연방 백화점 체인에서 힘을 행사하는 전략적인 형태였다. 커스틴은 페이스 치퍼필드·앤 에반스와 같은 패션 전문가들의 기업적인 열성을 이끌어 냈다. 이들은 1917년 RRA가 소생하는 데 도움을 주었다. 커스틴은 비경쟁적인 백화점(이들 백화점이 각기 다른 도시에서 운영되고 있다는 점에서 비경쟁적인)을 서로 결합시켰다. 말하자면 피츠버그의 조셉 혼과 필라델피아의 스트로브리지와 클로디어, 로체스터의 B. 포먼을 서로 연대하도록 만들었다. 1921년 미국 머천다이징 주식회사

---

64) 보스턴·클리블랜드·시카고·필라델피아에서의 공동 쇼핑 뉴스는, *WWD*(May 24, 1928), p.16; Alfred Lief, *Family Business: A Century in the Life and Times of Strawbridge and Clothier*(New York, 1968), p.178; *PRL*(September issue, 1927): I; and 〈How The *Chicago Shopping News* Was Started〉, 필즈 광고 매니저와의 인터뷰, G. R. Schaeffer, 〈Lloyd Lewis Interview〉, MFA. 협동 광고와 패션 활동에 관해서는 *MRSW* 55(November 1924): 36; '상호 보호 집단'에 관해서는, *PRL*(March 7, 1923: 7. 공동 배달에 관해서는 PRL(December, 1928): 8 and PRL(First October Issue, 1927)): I 동시적인 윈도 디스플레이에 관해서는 *MRSW* 61(September 1927): 24.

(American Merchandising Corporation: AMC)는 RRA를 추가시켰다. AMC는 로스앤젤레스의 불럭스에서부터 뉴어크의 뱀버거스(이것은 아직까지도 엄청난 영향력을 발휘하는 머천다이징 집단이다)에 이르기까지 전국적으로 가장 저명한 백화점 16개가 연대하도록 만들었다. 1926년 무렵 가장 열렬한 지지자였던 커스틴에 따르면, RRA와 AMC, 이 두 그룹은 '이런 유형의 것 중에서는 세계 최대 규모'로 발전했다. 그들은 회원들 사이에 '다양한 가격'을 보여주는 귀중한 세일즈 데이터를 교환하고 콤바인을 통해 '통계적인 표준화'를 강화하기 위해 회원들 서로간에 '매달 정규적인 접촉'을 했다. 이런 과정을 통해 제품과 돈이 보다 신속하고 효율적으로 순환하도록 만들었다. AMC는 베를린, 파리, 런던으로부터 여성복을 엄청나게 할인하여 구입해서는 '밤바라 리'라고 불리는 40달러 드레스 라인($40 dress line)에 고유한 거래명을 붙여 마케팅을 했다. 밤바라 리는 모든 가게에서 팔리게 되었다. 20년대 중반에 이르러 AMC는 중앙 집중화된 뉴욕 사무소를 설립했으며——창립자의 한 사람인 프레드 라자러스 주니어가 말했다시피——회원들에게 마켓 · 제품 자원 · 패션 추세에 관한 조언을 해주었다.[65]

많은 도시에서 이를 모방하는 자들이 생겼다. 시카고의 맨델스가 이끄는 콤바인, 1929년 메이시즈와 뱀버거스 사이에서 구매 협정을 한 협동 집단 구매, 뉴브런즈윅 소재 P. J. 영이 이끄는 동부 연안의 중간 크기 백화점의 구매 체인, 애즈베리파크 소재 스타인백이 이런 모방 그룹에 속했다. 커스틴은 AMC의 필요 불가피성을 맹세했다. "대규모 콤비네이션의 경쟁에 대처하는 '유일한 방법'은 그 누구보다도 더 큰 구매력을 개발하는 것이다. 가능한 모든 방법을 동원하여 그룹 구매를 발전시켜야 하는 이유가 바로 그 때문이다"[66]라고 그는 체인점에 관하여 그룹 회원들에게 말했다.

무엇보다도 투자은행가들의 도움으로 도처에서 합병을 수행하는 합병 전문가들이 있었다. 이들은 가족 단위의 자영업과 독자적인 소유권이라는 강력한 전통에 역행하는 것이었다(하지만 메이 백화점과 잡화협회와 같은 예외도 있었다. 이 두 체인은 1910년대부터 시작되었다). 은행가, 법률가, 소매 대

---

65) AMC와 PRA의 설립에 관해서는 Fred Lazarus, Jr., oral interview by Edwin Edwards, pp.110-12.

상인들은 1922년 워너메이커 사후에 워너메이커 경영진들에게 그것을 팔도록 설득하려고 노력했지만 실패했다. 그래서 워너메이커스는 독립적으로 남아 있게 되었다. 하지만 합병 열기는 모든 것을 강타했다. 일부 거상들은 ──필렌즈의 커스틴처럼 특히 공격적이고 의심이 많은 사람들── 자사 물품을 사들임으로써 그들을 파괴시키려고 혈안이 된 사람들이 도처에 잠복해 있다고 간주했다. 1921년 한 은행 친구에게 커스틴은 이렇게 물어보았다. "거대 주식회사들이 백화점 사업 독점을 형성해 온 것이 사실입니까? 그런 기업 독점을 전국적으로 시행할 작정이오, 아니면 특정 지역에서만 그렇게 할 작정입니까"[67]라고 물었다. 커스틴의 편집증적인 두려움은 어느 정도 사실이었다. 왜냐하면 합병 전문가들이나 단도직입적인 구매는 그 10년 동안 점차 공통적인 양상으로 드러났기 때문이었다.

1920년 무렵 메이시의 스트라우스 형제는 전국에 걸쳐 소규모와 중간 규모의 다른 백화점들을 수중에 넣었다. 그래서 오하이오 주(1923) 톨레도에서 가장 큰 백화점인 라살과 코흐 회사, 애틀랜타의 데이비슨-팩스턴, 조지아(1929) 백화점을 성공적으로 장악했다. 그 중에서도 가장 인상적인 합병은 1929년 뉴어크의 뱀버거스의 인수였다. 백화점 기록에 따르면 이들은 1921년 시카고의 스테이트 스트리트에 있는 로스차일즈뿐만 아니라(필즈가 로스차일즈를 1924년 인수했다) 메릴랜드와 펜실베이니아에 있는 백화점 역시 인수하려다 실패한 것으로 드러나 있다. 한 백화점, 연합 백화점, 내셔널 백화점과 같은 대규모 백화점 체인들이 1920년대에 출현했다. 김벨 브라더

66) Memorandum from LK to ⟨Merchandise Organization⟩(December 10, 1925), attached to letter from Paul Nystrom(director of the AMC) to LK(January 7, 1926), file Nystrom, Box 84, LKP. ON medium-size combines, see WWD(May 6, 1928), p.I; on Mandels' chain, see MRSW 64(March 1929): 47; on Macy's and Bamberger's, see Macy's, ⟨Executive Council Minutes⟩(October 2, 1929), MA; on history of PRA(and AMC), see Kenneth Dameron, ⟨Cooperative Retail Buying of Apparel Goods⟩, HBR 6(July 1928): 443-56; David R. Falk, ⟨Central Buying by Department Store Mergers⟩, HBR 7(January 1930): 265-71; and Paul Nystrom to LK(January 19, 1926), file Nystrom, Box 84 LKP, "우리는 집단 구매에 의해 체인스토어들의 구매력에 대처했다," A. Lincoln Filene said in 1928. "우리가 집단 구매를 창조한 것이 아니라 그것이 우리를 창조해 냈다." Quoted in WWD (February 26, 1928), p.5.

67) LK to PM(June 3, 1921), Box 28, file AMC-Federated, LKP.

스는 1929년에 이르러 6개 백화점 체인을 갖게 되었다. 4개의 김벨스와 뉴욕 시 5번가에 있는 삭스, 피츠버그에 있는 카우프만과 베어 백화점이 그 6개 체인이었다. 같은 해 망하기 직전의 마셜 필즈는 프레더릭과 넬슨을 사들였는데, 오리건 주 포틀랜드에서는 최대 백화점이었다. 필즈는 또한 워너메이커스를 여러 번 인수하려고 노력했다.[68]

그 10년 동안 최대 '합병' 사건은 1929년에 실행되었던 연합 백화점의 설립이었다. 연합 백화점은 미국 백화점 역사상 가장 중요한 체인이었다. 특히 2명의 거상이 투자은행가의 조언에 따라서 합병을 추진했다. 필렌즈의 루이스 커스틴과 오하이오 주 콜럼버스에 있는 F. 라자러스 주니어와 R. 라자러스가 그들이었다.

루이스 커스틴은 뉴욕 주 로체스터에서 1867년 부유한 유대인 부모 밑에서 태어났으며 16세 때 가출했다. 그는 마이너 리그에서 야구를 하고 야구단을 운영함으로써 한동안 돈을 벌었다. 세인트루이스에 있는 사창가의 관리인으로서 잠시 일했으며 그 지역 포주들과 친하게 되었다. 그는 미시시피 강물과 점토를 구성 성분으로 하는 특허약 행상을 했다. 이 일로 인해 한 친절한 포주가 벌금을 대신 물어 주지 않았더라면 감방행을 했을 것이다. 1900년대 초반 무렵 그는 보스턴에서 필렌 형제인 에드워드와 A. 링컨을 위해 일하고 있었다. 1911년 그는 연소한 나이임에도 그들과 파트너로 일하게 되었다. 그러다가 그다음에는 머천다이징 부서와 홍보팀의 팀장이 되었으며, 1920년 이르러서는 필렌즈에서 가장 막강한 인물이 되었다.[69]

---

68) On Field's, *see Toy World* 3(July 1929): 54; *PRL*(January 2, 1924): 4, and William Nevin to Thomas A. Hayes of Field's(October 29, 1925), folder on JW, WA. On Gimbels, see *DGE*(July 1, 1922); *PRL*(Second December Issue, 1925): 4, and *PRL*(First March Issue, 1926): 4, On the national chain, see Murphy, *Merchandising Through Mergers*, pp.40-41, and *PRL*(January 17, 1923): 12. On Macy's expansion, see 〈Correspondence, confidential reports, and other memoranda on expansion into Reading and Easton, Pennsylvania; Cumberland, Maryland; and other cities of similar size, 1921〉, RG 63, MA; D. F. Kelly(general manager of Mandel's; re Rothschild's) to Jesse I. Strauss(July 7 and October 18, 1921), 〈Store Expansion Correspondence〉, RG 63, MA; Margaret Case Harriman, *And the Price is Right*(New York, 1957), p.113; and on LaSalle and Kock, see *NYT*(January 1, 1924), p.8.

69) 이 사람들에 관한 전기 자료는 see Harris, *Merchant Princes*, pp.17-32, 338-39.

커스틴은 키가 컸으며 동료인 프레드 라자러스보다 어깨 하나는 더 있어서 내려다볼 정도였다. 프레드 라자러스는 콜럼버스 태생으로 연합 백화점(Federation Department Store: FDS)에서의 동업자이자 독일계 유대인 행상의 아들이었다. 라자러스는 스탠더드 오일 트러스트를 탄생시켰던 오하이오 주에서 성장했다. 라자러스는 그 사실을 잘 인식하고 있었으며 어른이 되면 스탠더드 오일 회사처럼 거대한 백화점 제국을 창조하고 싶다는 욕심 또한 분명히 인식하고 있었다.[70] 그는 흥행사였으며 자기 사업을 '거대한 서커스' 처럼 만들어 고객을 유치하고 싶어했다.[71] 라자러스와 커스틴 두 사람 모두 워너메이커와 마찬가지로 불가지론자였으며, 기질상 도덕적으로 재단하는 인물이 아니었다. 노인이 되었을 때 라자러스는 이렇게 설명했다. "종교적인 인물들처럼 감독 관리하는 어떤 것도 좋아하지 않는다. 내세가 이생에서의 삶보다 훨씬 낫다는 생각은 황당한 소리이며 이로 인해 이 세상에서 사는 것이 어떤 의미인지를 아마도 완전히 오해하게 될 것이다."[72] 양인 모두 경쟁자들을 흡수하는 데 몰두했다. "우리는 어린 시절 아버지의 모습을 본 적이 전혀 없었다"라고 커스틴의 세 자녀들은 아버지를 회상했다. 링컨 커스틴은 아버지에게 분노를 터뜨렸다. 라자러스가 커스틴에게 했던 말은 본인 스스로에게 한 말일 수도 있었다. 그는 지속적으로 확장을 원했다.[73] 1928년 이들 각자는 공공연하게 대규모 백화점들을 사들였으며 라자러스는 신시내티에 있는 실리토스를 인수했고 커스틴은 보스턴에 있는 R. H. 화이트스를 인수했다.[74]

커스틴은 라자러스보다 훨씬 더 광적이었다. 언제든지 어디서든지 할 수만 있다면 그는 다른 회사의 주식을 사들였다. 레인 브라이언트, 로체스터

---

70) *Ibid.*, p.338.

71) Robert Hendrickson, *The Grand Emporiums: The Illustrated History of America's Great Department Stores*(New York, 1979), p.75.

72) Fred Lazaru, Jr., quoted in oral interview by Edward Edwin(1965), CUOHP, pp.44-45.

73). Ibid., p.239.

74) For acqusitions of Shillito and R. H. White, see Lazarus oral interview, p.40; *MRSW* 63(December 1928): 68, and *PRL*(First December Issue 1928): 29. For Lincoln Kirstein on his father, see Harris, *Merchant Princes*, p.32.

의 맥커디 백화점, 브룩클린에 있는 대규모 수입 회사인 C. 쿠퍼 회사, 그리고 다른 회사들을 사들였다.[75] 그는 (링컨 필렌과 더불어) 소매업 리서치협회를 태동시켰으며 최초로 **FDS**를 창설하는 방향을 택하게 되었다. 1920년 혹은 1921년 일찌감치 커스틴은 자신이 생각하기에 경제를 부양할 수 있는 한 방식으로 거대한 체인을 조직하는 것이 바람직하다는 의견을 은행가 친구인 폴 마저에게 편지로 주장했다. 폴 마저는 얼마 지나지 않아 레만 브라더스의 파트너가 되었다. 마저는 커스틴에게 답장을 보냈다. "난 체인 프로젝트에 관해서 당신이 암시하는 방식을 받아들이기로 했소. 비록 그 점에 관해서 확신이 없음에도 말이오. 나는 이 체인화 문제에 관해 당신과 많은 이야기를 나누고 싶소."[76]

폴 마저와 하버드대학교의 도움의 손길

이민 온 독일계 유대인인 라자러스와 마찬가지로 폴 마저 역시 미국의 대중문화 섹터 형성에 지대한 역할을 했다. 그는 부유한 아버지의 후원 덕분에 22세의 나이로 1914년 하버드를 졸업하고 필렌즈에서 일했다. 그곳에서 그는 제2의 아버지와 같은 인물인 커스틴을 만나게 되었다. 마저는 1918년 입대했으며 다른 사업가들과 마찬가지로 전쟁을 수행하는 거대한 세력에 강한 인상을 받았다. 유럽에 몇 달 주둔하면서 그는 커스틴에게 편지를 보냈다. "미국은 미래의 나라라는 사실을 아셔야 합니다. 진보와 모범이라는 이유만으로 지도자가 될 수 있습니다. 그것이 우리의 유산입니다." 그는 후기에 이렇게 예측했다. "전쟁은 남성의 의복 산업에 두 가지 영향을 미칠 것입니다. 하나는 군복의 타이트한 선이며 다른 하나는 획일적인 겨울 군복색에 대한 반발로 인해 넥타이 색깔이 화려해질 것입니다. 젊은 군인들이 귀

---

75) On stock purchases, see LK to C. O. Cooper and Co.(Mach 4, 1921), file 〈C. O. Cooper Store〉, no. 75f. 6, LKP; J. J. Kaplan to E. J. Frost(May 25, 1920), LKP; and Ruth Alley(secretary to PM; re Lane Brayant) to LK(March 25, 1925), PM file, Box 38, LKP.

76) PM to LK(June 9, 1921), Box 38, LKP.

향하게 될 무렵이면, 밝은 색 넥타이에 대한 수요는 엄청날 것입니다."[77]

1920년 뉴욕 시에 있는 집으로 되돌아온 마저는 '거창한 일에 종사하기로' 마음먹었으며 그래서 오클라호마로 가서 석유 사업에 뛰어들어 '회사를 재조직하는 데 도움'을 주었다.[78] 아내인 아돌피나의 말을 빌리자면, 그의 직업적인 선호는 주식이나 채권을 사고파는 것이 아니었다. 그의 꿈은 시골에 큰 목양지를 소유하고 그 시절의 은행가들처럼 시골의 지주 향사 양반들처럼 살고 싶어했다. 따라서 마켓의 거칠고 경쟁적인 광분 속에서 날카롭게 거래하는 것과는 거리가 먼 삶을 살고 싶어했다. 하지만 자신의 개인적인 취향은 한 옆으로 밀쳐두고(그는 마침내 자기 농장을 가지게 되었다) 사업 세계로 뛰어들었다.

불과 몇 개월에 걸친 석유 사업과의 단명했던 불장난 후에 그는 여성들의 기성복을 취급하는 '벨몬트 스토어'라는 지역 체인스토어 시스템을 만들어 보려고 했지만 실패로 끝났다. 마저의 이런 모험은 잠시나마 커스틴을 당황스럽게 만들었다. 그는 마저가 자신과 경쟁하려는 것은 아닌가라는 생각을 했다. 벨몬트 스토어는 실패했지만 마저는 "미국 소매 사업은 연대의 시대를 향하고 있으며 조직화할 수 있는 멋진 기회가 왔다"는 확신을 갖고 있었다. 그의 보고서에 따르면, "이런 조직은 장점이 많은 기존의 잘 구축된 핵심 단위를 중심으로 건설해 나감으로써…… 미국에서 가장 탁월한 소매 시설이 될 수 있도록 전체 단위를 건설하는 것이다."[79] 마저는 레만 브라더스에서 진정한 적재적소를 발견했으며 대량 머천다이징 영역에서 합병 운동을 유도하기 위해 캐칭스와 골드만, 삭스와 함께 일했다.

그는 캐칭스가 골드만, 삭스에서 그랬던 것처럼 레만에서 핵심적인 합병 전문가가 되었다. 그리하여 "소비 상품의 분배에 관한 전문 지식으로 회사를 유명하게 만들었다."[80] 20년대의 그는 우량주인지 아닌지를 고객에게 단

---

77) PM to LK(October 14, 1918), LKP; LK to PM(November 5, 1918), LKP; author's interview with Mrs. Paul Mazur, New York City(June 5, 1988); Who's Who in America, vol. 29(1956-57), pp.1661-62.

78) PM to LK, undated(but probably 1920), letterhead 〈Oil Issues Company〉, LKP.

79) PM, 〈Report of the First Year's Operation of Belmont Stores Corporation〉(August 24, 1922), file 588, PM, Herbert Lehman Papers, Columbia University Library, pp.11-12.

순히 조언해 주거나 아니면 사적인 합병 협상을 하는 것 이상으로 많은 일을 했다. 워딜 캐칭스와 마찬가지로 그는 대량 중앙 집중화된 머천다이징을 공적으로 옹호했으며 다른 사람들이 자신의 주장에 귀를 기울일 것으로 확신했다. 그리고 그는 모교인 하버드에 빈번히 도움을 요청하면서 의지했다.

하버드, 보다 정확하게 말하자면 하버드 무역학과는 기꺼이 도움을 주었다. 20년대 중반에 이르러 폴 마저가 하버드에 눈을 돌리게 되었을 때, 하버드는 주식회사 사업(corporate business)을 심화시키고 있었는데, 부분적으로는 마저의 과거 상관이었던 루이스 커스틴의 노력 때문이기도 했다. 루이스 커스틴은 하버드 무역학과의 기금마련위원회 회장이었는데, 그는 "하버드대학원 무역학과보다 사업을 더 잘 도울 수 있는 가치 있는 전문 직업을 위한 에이전시는 어디에도 없다"[81]는 확신을 가지고 있었다.

물론 하버드만이 도움의 손길을 확장한 유일한 학교는 아니었다. 스탠퍼드대학교는 세계에서 가장 저명한 무역학 대학원이 될 학교를 1925년에 설립했다. 이 대학원의 설립 목적은 '경영의 본질'을 가르치고, 회계 · 마케팅 · 재정 · 운송에 관해 가르치는 것이었다.[82] 20년대 그 10년의 중반쯤에 이르러 노스웨스턴대학교는 미시간 · 위스콘신 · 캘리포니아 · 오리건대학교 등과 더불어 하버드의 '무역 연구 조사 담당국(Bureau of Business Research)'을 모델로 하여 그것과 유사한 '무역 조사 담당국'을 채택했다. UCLA는 1929년 광고 제품에 관한 뉴스쿨을 설립했다.[83]

1922년 미국호텔협회는 코넬대학교와 협상을 거쳐 대학에서 호텔 행정에 관한 것을 가르치기로 했으며 뉴욕대학교의 소매학교(School of Retailing)를 대학교 자체와 합병함으로써 영업 사원들을 교육하는 것에서부터 소매 경영진들을 가르치는 것으로 페다고지를 바꿨다. 코넬대학교의 호텔학교는 선각자적인 모험을 개별적으로 감행했는데, 이로 인해 이 학교는 호텔 산업에

---

80) Lehman Brothers, *A Centennial: Lehman Brothers, 1850-1950*(New York, 1950), p.46.

81) LK to Fred Lazarus(March 11, 1925), LKP; and, on his chairmanship, see LK to Robert Armory(Febrary 19, 1923), LKP.

82) James A. Bowie, *Education for Business Management*(Oxford, Eng, 1930), p.103.

83) *The Journal of Retailing*, New York University(October 1929): 27; Bowie, *Education for Business Management*, pp.107-11.

서 급속하게 증대되는 욕구를 충족시키기 위해 매너저들을 훈련시키는 데 총력을 기울였다. 이 학교는 양성 모두에게 개방되었으며, 1930년대 무렵에는 '상당히 자리를 잡았다'며 '부러워할 정도로 두각을 드러냈다.' 최초의 학장이었던 하워드 미크에 의하면, "우리 졸업생들 중에서는 실업을 경험할 겨를이 없었다"[84]고 했다. 남자뿐만 아니라 여자들에게도 개방되었는데, 소매를 전공하는 NYU의 학생회는 1920년에 30명이었던 것이 1928년에 이르면 7백50명으로 급증했다. 많은 학생들은 야간학과에서 수업을 들었는데, 스토어에서부터 쇼윈도 디스플레이, 영업 사원의 심리학, 체인스토어 광고 제품에 이르는 모든 것을 가르치게 되었다. 주간학과는 도시의 대규모 스토어에 인력을 공급할 '소매 실무자'들을 훈련하는 데 몰두했다. 즉 광고 제품 매니저, 바이어, 인사 감독 등과 같은 실무진을 훈련하는 데 집중했다.[85] 코넬과 NYU 모두 재정적으로는 거상들에게 의존했으며 소비 서비스 분야에서 개별적인 후원자들과 밀접하게 결속되어 있었다. 예를 들어 코넬대학교는 엘스워스 스테틀러의 후원을 받았는데, 1928년 심지어 그가 죽고 난 뒤에도 계속 지원을 했다. NYU는 퍼시 스트라우스가 후원했는데, 그는 학교가 마치 자신의 교육적인 봉건 영지라도 되는 것처럼 취급했다. 학교의 이사회(executive committee)는 20년대에도 계속해서 그의 백화점에서 모임을 가졌다. 그는 대학 이사위원회(board of trustees)의 회장을 역임했으며, 학교와 대학교에 많은 돈을 기부했고, 대학교의 이사자문회(executive council)에서 봉사했다. 1929년 스트라우스는 NYU에 개인으로서는 최대의 기금을 기부했는데, 1백만 달러라는 '아낌없는 선물'을 주었다.[86]

---

84) Transcript of interview with Howard B. Meet, Statler Hotel School, Cornell, by Sharon Carroll(September 1964), Cornell University Archives, pp.24, 45, 55; Morris Bishop, *A History of Cornell*(Ithaca, N.Y., 1962), pp.482−83.

85) On curriculum in day and night school, see *NYU School for Retailing Bulletin*(1923−24), pp.26−29; on enrollments, see *The School of Retailing Bulletin*(October 1928), pp.1−3; on creation of graduate school, see 〈Memorandum Re: School of Retailing〉(October 18, 1922) and 〈Minutes of Luncheon Meeting of the Executive Committee of the New York University School of Retailing in the Executive Offices of R. H. Macy and Co., Inc〉(January 18, 1922), p.2, NYUA; and on employment placement in city stores, see *The Journal of Retailing*(hereafter *JR*) 1(October 1925): 23. *JR* 2(October 1926); and *JR* 3(October 1927): 29.

그럼에도 불구하고 사업과 관련하여 하버드가 구축했던 유대 관계에 있어서 어떤 대학도 그 당시에도 그랬지만 장차 다가올 미래에도 하버드를 따라갈 수 없었다. 하버드 비즈니스 스쿨은 엄청난 도약을 보였으며, 이런 엄청난 약진은 부분적으로는 '자산의 관리와 자산의 보호'[87]를 가르치기 위한 '강력한 전문직'을 창출하는 대학의 평가위원회에 의해 위임된 1922년의 위임권 덕분이기도 했다. 1927년 무렵 하버드 비지니스 스쿨은 자체의 도서관, 행정 건물, 기숙사를 가지게 되었는데, 이들 비용은 뉴욕 시의 퍼스트 내셔널 뱅크의 회장이자 J. P. 모건의 '긴 구레나룻 친구'인 조지 F. 베이커가 낸 5백만 달러 지원금으로 지불하게 되었다.[88] 학교는 교수법을 혁신하여 사업계의 구체적인 욕구를 반영하게 되었다. 이런 교육의 사례 시스템은 회사와 주식회사들이 사실상 일상적인 운영에 있어서 마주치는 문제점으로 제기되었다. 이 시스템의 창안자가 주장했다시피, 이런 사례들은 "실제 비즈니스 실무진이 행정적인 결정을 내리면서 직면하게 되었던 그런 문제점들이었다." 4백 개의 사례들이 그 10년이 끝날 무렵 '수집되고 대조되었으며' 전국에 있는 수백 개의 대학교와 대학이 사용할 수 있도록 책 형태로 출판되었다.[89]

---

86) On this gift, see *NYT*(June 5, 1929), Folder 6, NYUA; on his chairmanship, see *JR* 2(April 1926): 2; and the meetings of the executive committee at Macy's see, 〈Minutes of Luncheon Meeting of the Executive Committee of the New York University School of Retailing in the Executive Offices of R. H. Macy and Co., Inc〉(November 29, 1921- October 14, 1932), NYUA.

87) 〈Extract from Report of the Visiting Committee, Harvard Business School (Draft)〉 (1922), Box 25, 〈Harvard Business School〉(1921-30), LKP. 이 보고서에 의하면, "이곳은 소위 말하는 자본주의 국가이며 사회주의 국가가 아니다. 만약 자산——말하자면 자본——이 보호되고 적절히 관리된다면, 우리는 소위 말하는 '노동문제'와 같은 다른 많은 문제들이 점차적으로 급격히 줄어들 것으로 예측하고 있다……. 현재 건설되고 있는 것과 같은 대기업은 시민권과 지도력의 발전을 위해 이 나라에서 가장 큰 요소 중 하나가 되고 있으며 위대한 미국화의 힘이 되고 있다. 그로부터 이 나라의 많은 미래의 지도자가 나타나게 될 것이다."

88) Samuel E. Morison, *Three Centuries of Harvard, 1636-1936*(Cambridge, Mass., 1936), pp.471-72; on Baker's relationship to Morgan, see Ron Chernow, The House of Morgan, p.143.

89) Melvin Copeland, *And Mark an Era*(Cambridge, Mass., 1958), p.255.

하버드는 분명하게 주식회사 마케팅과 경제 조직의 광고 제품 섹터에게 구애의 눈길을 보냈다. 이 분야의 발전은 미국의 새로운 대량 소비 경제의 발전과 더불어 1920년대에 서로 뒤얽히게 되었다. 하버드는 1922년 새로운 저널인 《하버드 비즈니스 리뷰》를 출판하기 시작했다. 얼마 지나지 않아 이 저널은 머천다이징과 마케팅에 관한 지도적인 학계의 목소리가 되었다.[90] 루이스 커스틴은 "무역학과에 의해서 소매 무역에 관한 많은 것들이 결정된다"라고 1925년 한 동료 상인에게 말했다.[91]

1921년 하버드의 무역 연구 조사 담당국의 국장인 멜빈 코플런드는 전국소매잡화협회(National Retail Dry Goods Association: NRDGA)의 경영 감독인 루 한에게 편지를 보냈다. 하버드는 비즈니스의 '경영 문제에 오로지 과학적인 관심을 갖고 있는 편견 없는 기관'[92]이라는 것이었다. 이 학교의 부학장(나중에는 학장이 된)인 도널드 K. 데이비드 또한 1921년 퍼시 스트라우스에게 보낸 편지에서 하버드가 NRDGA에 개입하는 것은 "소매 분야를 준비하는 데 있어 최고의 교과 과정을 개발하는 데 학교가 도움을 주고자 한다"[93]는 이유를 내세웠다. 이 모든 설명은 의심할 바 없는 진실이지만 그렇다고 해서 코플런드가 암시했다시피 하버드는 지적인 이유만으로 상인들에게 관심을 가졌다는 뜻은 아니다. 몇 년 동안 다른 많은 개별적인 상인들과 더불어 NRDGA는 수백만 달러 돈과 함께 하버드의 무역 연구 조사 담당국의 재정을 보증을 해주었다.[94] 필렌즈, 프록터 & 갬블, 조단 마시, 영화 산업 출신의 거상들과 매니저들은 하버드에서 강의를 했다. 아메리카 필름 부킹 오피스의 소유주이자 은행가인 조셉 P. 케네디는 1927년 영화 산업에 관한

---

90) 상업과 학교와의 관계를 보여준 것에 관해서는, see the changing curriculum in the Index to School Correspondence(1919–45), HBS.

91) LK to R. C. Hudson of O'Neill and Co., Baltimore(March 12, 1925), LKP.

92) Melvin Copeland to Lew Hahn(April 23, 1921), HBS.

93) Donald David to Percy Strauss(January 28, 1921), HBS.

94) Lew Hahn to PM(August 6, 1924): "수년 동안 우리 협회는 백화점에서의 운영 경비와는 별도로 독자적인 연구를 수행할 수 있도록 해마다 하버드대학교가 이용할 수 있는 자금을 공급했다."(Mazur file, LKP) And Donald David(assistant dean) to PS(December 13, 1920): "메이시 백화점이 부서 재정을 지원하겠다고 다른 백화점과 더불어 기꺼이 서명해 주시겠다니 정말로 감사를 드립니다."(HBS)

강의를 개설했다.[95] 상인들은 강의에 기부를 하고(자금 지원을 하고) 학교에 기부를 통해 엄청나고 관대한 선물을 했다. 하버드 교수진들과 상인들은 사교 활동을 통해서도 서로 어울리게 되었다(커스틴은 학장과 '골프' 치는 것을 좋아했다.)[96]

이 세계의 어떤 교육 기구도 하버드대학교만큼 회사들의 구체적인 요구에 봉사하고 새로운 대량 소비 경제를 건설하는 데 필요한 도움을 주었던 곳은 없었다. 어떤 대학교도 마케팅, 광고, 소매, 재정, 부동산, 경영, 이들이 서로 연관된 것으로서의 소비 심리를 연구하는 데 있어서 미국의 헌신을 이처럼 상징적으로 보여준 곳은 없었다. 사실상 오로지 미국만이 그와 같은 밀월 관계를 유지했다. 심지어 그 규모 면에서 미국의 최고 경쟁 상대가 될 만한 독일의 교육 시스템마저도 구체적이고 실용적인 사업의 요구에 주의를 기울이려고 하지 않았다. 그 대신 독일 교육은 리서치와 이론을 전문화했으며 이론적인 회계학 등의 전문 지식을 발전시켰지만, 광고와 마케팅은 무시했다. 독일인들은 사업은 대학교에서가 아니라 '사업하는 사람'[97]들이 훈련시켜야 한다고 생각했다. 독일·영국, 그밖의 여러 유럽 나라에서는 미국에서 그런 자격증을 취득하고 돌아온 예외적인 사람을 제외하고는, 1970년에 이르기까지 M.B.A라는 것이 없었다. 1930년 미국에서는 하버드 무역학과 M.B.A 후보자가 1천70명이 등록했는데, 이것은 1920년대의 수치에 비해 거의 3배로 증가한 것이었다.[98]

하버드는 폴 마저의 특별한 요구에 신속하게 반응했다. 1924년 《하버드 비즈니스 리뷰》는 마저의 논문인 〈소매 분야에서의 미래의 발전〉을 실었다. 이 글은 합병과 연대의 경쟁적인 장점을 논했다. 그에 따르면 합병은 집약

---

95) Joseph P. Kennedy, ed., *The Story of Film*(Chicago, 1927), p.xiii.

96) LK to Dean Walter Donham(July 9, 1924), LKP.

97) Robert R. Locke, 〈Business Education in Germany: Past Systems and Current Practice〉, *Business History Review* 59(Summer 1985): 232–53; Locke, *The End of Practical Man: The End of the Practical Man, Entrepreneurship and Higher Education in Germany, France, and Great Britain, 1880–1942*(London, 1984), pp.110–11.

98) Copeland, *And Mark an Era*, p.278; for recent MBA enrollment figure in Europe and the United States, see *NYT*(May 29, 1991), p.DI and *NYT*(June 30, 1991), p.F5. 영구 케임브리지대학교에서는 1991년 10월에 이르기까지 M.B.A라는 프로그램이 없었다.

적인 성격(intensive character)에 관한 이용 가능한 지속적인 마켓 지식을 만들어 냄으로써 성장하는 것이었다. "소매합병은 경영의 효율성, 총경비 절감, 많은 분량을 구입하는 데 경제적인 절약을 제공해 줄 수 있기 때문에 반드시 계속되어야 한다. 대규모 사업은 새로운 소매 단위들의 무제한적인 건설을 통해서가 아니라 기존 가게와 체인들의 통합을 통해 가장 효과적으로 운영될 수 있다." 그와 같은 통합은 패션과 스타일의 어쩔 수 없는 변동이 가져오게 될 불안정성에 대한 견고한 요새로 기능할 수 있었다.[99] 1925년 마저는 《하버드 비즈니스 리뷰》에 다시 글을 기고했다. 이번에는 소비 유혹 전략에 관한 것이었다. "소비자의 요구를 개발시켜 왔던 기구는 너무 잘 수용되었기 때문에 우리는 그런 기구에 대한 우리의 **의무**를 망각했다. 우리는 시스템의 혜택을 잊어버리고 외관상 드러난 부담으로 인해 결함을 찾아낸다. 그리고 산업적인 상부 구조의 안정성은 마케팅 초대의 힘에 달려 있다. 그것은 마치 산업 구조 없이는 그 토대가 어떤 가치도 가질 수 없는 것이나 다를 바 없다." 그는 이런 아이디어를 발전시키면서 몇 년이 지난 뒤 "소비자의 요구를 만족시키기 위해 비틀거리는 기계가 건설되어 왔다"고 주장했다. "기계는 여기 있다. 이제 그것은 포식시켜 주어야 할 자기 나름의 식욕을 가지고 있다."[100]

마저의 분석은 많은 주목을 끌게 되었으며 발췌되어 널리 읽히게 되었다. 전국잡화협회는 1924년 그의 글을 복사하여 《컨피던셜 불레틴》에 실었으며 전국적으로 소매 상인들 사이에 유포되었다.[101] 이 논문은 논쟁을 점화시켰으며 NRDGA 사이에서 1924년 레만 브러더스, 하버드 비즈니스 스쿨 사이에 주요한 공동 연구를 하도록 이끌었다. 그리하여 NRDGA는 레만(특히 마저)에게 머천다이징 분야에 관한 새로운 조직화 추세 연구를 하버드와 함께 진행하도록 위임했다. 이것이야말로 뱅킹 회사가 대량 머천다이징 연구에 가세하게 되었던 최초의 사건이었다.[102] 하버드 교수진은 참여를 열렬히

---

99) PM, 〈Future Development in Retailing〉, *HBR* 2(July 1924): 434-46.

100) PM, quoted in *PRL*(Second February Issue, 1927): I; 〈Is the Cost of Distribution Too High?〉, *HBR* 4(October 1925): 5-6.

101) Lew Hahn to PM(August 6, 1924), Mazur file, LKP. 이 글에 의해 야기된 논쟁에 관해서는, see *DGE*(July 12, 1924).

원했다. "저는 도울 수만 있다면 무슨 일이든지간에 대단히 기쁘겠다"고 도널드 데이비드 교수는 이 연구가 출범한 지 얼마 되지 않은 1925년 6월 NRDGA의 루 한에게 편지를 보냈다. "저는 진정으로 그런 연구 조사를 통해 얻을 것이 많다고 생각합니다. 그래서 자연스럽게 그 연구와 연계하는 데 가장 관심을 가질 것입니다."[103] 데이비드는 참여한 14개 스토어에서 현장 활동을 지휘했다. 그는 3명의 현장 활동가를 선택했으며, 자신의 세번째 선택을 몹시 자랑스럽게 여겼다. 그 사람이 1924년 하버드 졸업생인 마이런 실버트였다. 마저는 실버트를 대단히 좋아하게 되었다. "그는 유대인이다"라고 데이비드는 마저에게 편지를 보냈다. 그가 유대인이라는 사실은 "이번 여름 동안 그가 하고자 하는 그런 형태의 일에 실버트가 아마 방해가 되지 않을 것"이라고 말하면서 마저의 마음을 쑤셔 놓았을지도 모르는 그런 언어로 말했다.[104]

데이비드, 실버트, 마저 세 사람이 뭉쳐서 18개월간의 리서치가 끝난 뒤 그들은 고전적인 연구인 《현대 소매업에 적합한 조직 원리》라는 성과물을 내놓았다. 마저가 그것을 썼다. 이 책은 향후 50년 동안 이 분야의 정평 있는 연구 주제가 되었다. 이 책은 법인 사업(corporate business)에서의 시사적인 포커스를 다루고 있었다. 이 책이 엄밀하게 검토하고 있는 것은 대량 생산이라기보다 오히려 '전체 분배의 장'과 '머천다이징 방법'에 할애되었다. "모든 머천다이저들은 판매 가능성과 재고품 목록의 계획과 통제를 예측하는 것과 관련하여 진보적인 소매 상인들로부터 엄청나게 많은 것을 배울 수 있다"고 마저는 주장했다. 이 연구는 소매 분야에서 진행되고 있는 통합으로 초래된 변화에 관한 마저의 흥분을 보여주었다. "보기 드문 가능성으로 가득 찬 중대한 관심사가 외부적으로 발전하고 있었다. 지역 바이어들의 숫자와 중요성의 증대, 집중화된 광고 제품 에이전시, 중앙 집중적으로 운영되는 임대 백화점(lease department), 구매를 통합하여 활용하는 스토어협회, 재정적인 통합이 놀랄 만큼 성장하고 있었다."[105]

---

102) See newspaper clipping, *Fourth Estate*, a Wall Street paper, in PM to LK(October 26, 1926), LKP.

103) Donald David to Lew Hahn(June 9, 1925), Mazur file, LKP.

104) Donald David to PM(June 15, 1925), LKP.

마저는 소매 분야에서의 이런 개혁을 통해 자신이 생각하기에 최선의 위계적인 구조를 추출했으며 소유권보다 오히려 전문화된 기능과 경영을 선별했다. 이런 도표의 제일 위에는 총매니저가 있었으며 매니저 부서(board)에 뒤를 이어 4개의 주요한 스토어 구성이 뒤따랐다(컨트롤러 · 머천다이징 매니저 · 홍보 매니저 · 스토어 매니저 등). 이런 위계 질서를 통해 가장 아래쪽에는 물품 판매원과 영업 직원이 자리했다. 이런 도표는 통합 경향이 가장 선명하게 드러난 가장 '진보적인' 스토어를 특징짓는 구조였다. 마저는 소매업에서 대성공을 거두고자 하는 사업가들에게 이런 위계질서를 권장했다.[106]

소매업에 관한 연구를 출판했던 1927년 마저는 전국적으로 유명세를 탔다. 그는 새로운 제도의 회로의 중심에서 일하면서 자신의 사례를 보다 광범한 청중들에게 주장하는 위치에 서 있었다. 그다음 해 그의 저서인 《미국의 자산》이 출판되었으며, 이로 인해 잠시 동안 전국적인 명성을 얻게 되었다. 이 저서에서 그는 새로운 미국의 심성(mentality)을 기술하면서 '욕망의 만족'에 익숙해짐과 동시에 그런 욕망의 만족을 변화시키고자 했다. 그는 자신 있게 기술했다. 미국은 '필요(need)'의 문화에서 '욕망(desire)'의 문화로 옮아가야 한다는 것이었다. "이제 사람들은 '욕망의 변화'에 훈련되었다. 심지어 과거의 것을 완전히 소비하기도 전에 새로운 물건을 원하고 있다." "이제 인간의 욕망은 대단히 개발되어서 자신의 필요를 훌쩍 넘어서게 될 것이다." 마저는 그에 앞서 수년 전 경제학자였던 사이먼 패턴이 그랬던 것과 마찬가지로 이런 추세에서 잘못된 점을 전혀 발견하지 못했다(이 점에서는 마저의 동료인 캐칭스 역시 마찬가지였다). 마저는 회의적인 사업가들에게 이 점을 현실로 받아들이라고 촉구했다. "물론 소비가 한계점에 도달했을 때 이론상으로는 위험한 지점이 존재한다"는 점을 받아들이면서도 그는 다음과 같이 주장했다.

그와 같은 한계점은 아마도 존재하지 않을 것이다. 인간의 욕망은 한계를

---

105) PM, *Principles of Organization Applied to Modern Retailing*(New York, 1927), pp.2-3, 6-7, 31-33, 67.

106) Ibid., pp.8, 33.

모르는 것처럼 보인다. 음식 생산은 사람들의 식욕이 만족되거나 과잉 만족이 될 지점에 이를 수도 있다. 하지만 그런 날은 아직 요원하며 결코 도래하지 않을지도 모른다. 설혹 그런 날이 온다고 하더라도 그와 마찬가지로 절실한 다른 욕망과 소망이 나타날 것이다. 그것은 새로운 세일즈 기회를 여전히 제공하게 될 것이다. 세상 사람들과 그들의 아내에게 모든 필요, 욕망, 변덕을 충족시킬 수 있도록 자금을 주고 세상 사람들과 그들의 아내에게 욕망하는 법을 가르쳐라. 그러면 이 나라의 생산 역량은 실제로 엄청난 요구의 하중 아래서 신음하게 될 것이다. 특정한 제품의 소비에는 한계가 있을지 모른다. 하지만 전반적인 소비 가능성에 대한 이론적인 한계는 없다.[107]

이것이야말로 핵심적인 자본주의 이데올로기였다. 마저에게 현대 자본주의는 적극적으로 해방시키는 것이었다. 그 본성상 자본주의는 모든 전통을 거부하고 욕망을 포용한다. 자본주의 성공을 확신시키는 데 일을 할 필요가 있는 모든 사업가들은 이런 아이디어들을 사람들이 소망하도록 '교육시켜야 하며' 새로운 심성을 형성하고 강제하고 암시해야 한다.

이 새로운 권력의 입장에서 마저는 고객(대체로 대중 일반)에게 자신이 확신하고 있는 중앙 집중화의 이점을 계속적으로 조언했다. 그는 메이시 · 김벨스 · 앨리드 스토어 · 인터스테이트 · 메이 등에 재정적인 도움을 제공했다. 그가 실행한 가장 중요한 합병 거래는——연방 백화점(Federated Department Stores)——루이스 커스틴과 프레드 라자러스 주니어와 더불어 한 협상이었다. 1925년 무렵 커스틴과 라자러스가 그룹 구매와 핵심적인 스토어들 사이에서 기본적인 데이터 전송을 하기 위한 도구로서 기능하기 위해 세웠던 조직들——즉 소매업 리서치협회(Retail Research Association: RRA), 미국 제조 제품 주식회사(American Merchandise Corporation: AMC)가 이에 해당했다——이 새로운 점유 회사(holding company)를 위한 토대를 형성할 수 있었다는 사실이 확실해졌다. 그해 마저는 RRA의 '전략적인 회원' 중에서 적어도 한 회원인 A. 링컨 필렌이 합병이 발생하려면 RRA 자체 내부에서 그런

107) PM, *American Prosperity: Its Causes and Consequences*(New York, 1928), pp.24-25, 224-25.

계기가 나와야 하는 것이지 투자은행가가 그렇게 해서는 안 된다는 이유로 합병에 반대했음에도 불구하고, 합병을 옹호했다. 어쨌거나 마저는 그 일을 추진해 나갔으며 자신의 통합을 '편견 없는 대변인'의 입장으로 제시했다. "적당한 시기 안에 부분적인 통합의 발생 가능성이 있으며 그것이 많은 진보를 달성할 수 있다는 것이 나의 확신이다. RRA의 탁월한 인물이 대의명분을 수호하게 된다면 우리는 진보를 이루게 될 것으로 느낀다."[108] 이 합병은 1929년 중반이 이르기까지 4년이 걸렸다. 합병 추진을 어떤 방식으로 할 것인가라는 문제를 두고 무수한 긴장과 신랄한 독설이 오가게 되었다.

그해 여름 커스틴은 또 다른 합병 광기의 폭발의 소용돌이에 휩싸여 진땀을 흘리고 있었다. "나는 뉴욕에 2, 3일 머무르고 있었는데, 그곳에는 온갖 루머가 난무하고 있습니다. 모든 사람들이 다른 사람들의 것을 구입해들이고 있다는 루머말입니다"[109]라는 편지를 그는 1929년 필렌에게 보냈다. 모든 사람들은——메이 백화점, 한 체인, 메이시의 스트라우스 형제들——맨해튼의 E 49번지, 렉싱턴 애비뉴에 있는 블루밍데일스를 인수하고 싶어했다. 스트라우스 형제는 먹이를 찾아 배회하고 있었으며 대단히 이윤을 남기고 있던 뱀버거 백화점을 구입해들입으로써 모든 사람들을 놀라게 만들었다. 뱀버거 백화점의 소유주인 루이스 뱀버거는 이 사업을 그만두고 남은 여생 동안 그 돈을 기부하기로 마음먹었다(예를 들어 선구적인 연구를 할 수 있는 기구를 위해 프린스턴에 기부했다).

커스틴이 주목했다시피, 뱀버거는 미국 머천다이징 주식회사의 트러스트 맴버였는데, 그는 연방 백화점(Federated Department Store)의 설립에 자신의 주식을 헌납했었음이 분명했다. 그것이 자신의 최대 적인 메이시즈에게 인수되지는 말았어야 했다![110] 그는 노발대발했다. "내 생각에 그런 행동은 어떤 사람이 자신의 많은 동료들에게 저지를 수 있는 최악의 비열한 속임수이다……. 내 사업 경험에서 마주쳤던 그 어떤 것보다 가장 설명하기 힘든

---

108) PM, 〈Memorandum on Retail Research Consolidation〉(May 1, 1925), LKP; PM to A. Lincoln Filene(March 26, 1924, and December 23, 1924), LKP.

109) LK to A. Lincoln Filene(July 12, 1929), Box 65, 〈Correspondence with Lincoln Filene〉, LKP.

110) *Ibid*.

일이다. 내가 이렇게 처참하게 짓밟혔다고 느낀 적은 없다." 마저는 부지런하게 연방의 통합을 마무리하고 있었다(블루밍데일스를 꼬셔서 합병에 가세하도록 만들었다. 결국 두 달이 지나서 다른 사람들처럼 가세했다).

1929년 늦은 여름, 마저는 필렌·커스틴·라자러스와 더불어 에이브러햄 & 스트라우스의 회장인 월터 로스차일드 소유의 요트를 타고 카리브 해로 항해를 떠났다. 이 세상과 격리된 화려한 요트에 몸을 실은 채 그들은 연방 백화점의 창립에 마지막 손질을 가했다. 후일 마저는 "그 당시 나는 공통분모였다"[111]고 회상했다.

욕망이라는 도시의 풍경

미국에서 이 새로운 통합의 시대가 가져온 충격은 상당했다. 이런 추세는 새로운 도시 지형을 만들어 냈다. 아마도 뉴욕은 그런 충격을 가장 잘 드러냈다. 뉴욕은 다른 도시에서 또한 일어나고 있는 변화에 대한 공간적인 은유라고 미국인들이 생각할 정도로 경제적인 재구조화 측면뿐만 아니라 방대한 규모의 지역을 만들어 냈다. 뉴욕에서 상호 연결된 지역들은 상품 생산과 교환의 특수한 차원에 봉사했다. 1900년 이전 월 스트리트는 저지대 맨해튼에 위치한 풀턴 스트리트와 볼링 그린 사이에 위치한 0.5평방마일에 불과한 땅덩어리였다. 트리니티 교회는 그때까지 압도적인 건축물 구조였다. 하지만 1929년 이 지역은 은행 본사와 보험 회사, 브로커 사업체 등, 20 층짜리 고층 건물들이 즐비한 협곡을 이루고 있었다. 변화의 흔적은 '장외 중개인들'의 행태에서부터 나타났다. 다른 어떤 곳에서도 제공할 수 없는 좀더 새롭고 좀더 싼 값의 유가 증권을 팔기 위해 브로드 스트리트에서는 옥외에서(문자 그대로 거리의 연석에서) 유가 증권을 팔았다. 수 년 동안 옥외에서 사고 팔았지만 1921년부터 실내로 들어가게 되면서 86번 트리니티 플레이스에 있는 기념비적인 빌딩 속에 위치하게 되었다. 이것은 또한 공식

---

111) PM, oral interview by Edward Edwin(January 14, 1965), CUOHP, p.57; Kirstein to Filene(July 12, 1929), LKP.

으로 연석 거래소(Curb Exchange)라고 일컬어지다가 1953년 미국 증권거래소가 되었다. 월 스트리트는 이제 유가증권을 토해 놓고 거대한 규모의 합병이 거래되고 돌아가는 곳이 되었다. 모든 사업에서 그곳은 자본주의 이면의 자본과 동의어를 뜻하게 되었다.[112]

5번 애비뉴는 주로 주거 지역이었는데 심지어 1890년대에는 이곳마저 많은 부분 잠식해 들어왔다. 적어도 34번지에서부터 59번지 사이의 지역은 거의 잠식되었다. 이곳은 미국의 '소매와 쇼핑' 그 자체를 대표하는 곳이 되었으며, 1913년 향후 주요한 구역제 입법안 통과를 위한 성공적인 로비로 인해 소매 상인들 스스로 용이하게 그런 변화를 만들어 냈다. 1920년 무렵 이 구역은 뉴욕 주 항소 법원이 시 평가위원단(Board of Estimate)에 의해 방금 설립된 '새로운 소매 용도 구역'의 타당성을 확인해 줌으로써 정착되었다. 5번 애비뉴 동쪽에서 매디슨 애비뉴에 걸치는 한 블록, 200번지에서부터 650번지에 이르는 빌딩은 미국의 가장 강력한 광고주들의 홈이 되었는데, 이 말은 전국적인 광고 산업의 발흥에 대한 진정한 비유였다.[113]

부분적으로 또 다른 전문화된 구역이 형성되었는데, 이 또한 바로 그 동일한 구역제 입법안으로 인해 만들어졌다. 7번 애비뉴의 발전에 따른 앙상한 윤곽은 제1차 세계대전이 발발하기 직전에 겨우 형성되기 시작했다. 1916년에 발효된 구역 법안의 결과로 공장들은 계속 다운타운에 머물러 있게 됨으로써 5번 애비뉴에서는 공장노동자들의 물결이 점심 시간 동안 몰려나오지 않게 되었다. 하지만 이와 같은 "거대한 변화는 전후에 시작되었으며 이 환상적인 산업은 여타 다른 분야들과 마찬가지로 즉각적으로 절정에 달했다"[114]고 한 패션 사가는 말하고 있다. 소매 상인들, 제조업자들, 부동산 개

---

112) On the growth of Wall Street, see Alexander Dana Noyes, *The Market Place: Reminiscences of a Financial Editor*(Boston, 1938), pp.53-54; Matthew Josephson, *The Money Lords: The Great Finance Capitalists, 1925-1950*(New York, 1972), pp.1-2, 53; Harold G. Moulton, *Financial Organization and the Economic System*(New York, 1938), pp.212-14; and Robert Sobel, *The Great Bull Market: Wall Street in the 1920s*(New York, 1968), pp.30-35.

113) Martin Mayer, *Madison Avenue, U. S. A.*(New York, 1957), p.6; the Fifth Avenue Assoication, *Bulletin*(September 1930): I.

114) M. D. C. Crawford, *The Ways of Fashion*(New York, 1943), p.264.

발업자들 사이에 많은 협의를 거치고 난 뒤 여성 기성복 산업은 주로 맨해튼의 중심가에 집중시키는 것이 좋겠다는 데 동의하게 되었다. 14번지에서부터 30번지 아래 사이에 있는 7번 애비뉴가 그곳이었다. 1921년부터 1929년 사이 3개의 거대한 방화 건물이 웨스트 36번지와 웨스트 38번지 지역에 닻을 내렸다. 이 각각의 건물들은 무수히 많은 의류 공장(1921년 한 해에만 58개), 쇼룸, 패션 산업에 필요한 디자이너들을 위한 스튜디오, 협동 구매 에이전시(1928년 무렵에는 8백 개)를 포함하고 있었다. 이런 구조는 '복장 센터 자본'의 심장부가 되었다.[115]

오늘날에는 유일한 패션 디자이너와 쇼룸이 7번 애비뉴에 남아 있다(비록 여러 개의 공장들과 노동 착취 공장들이 되돌아오기는 했지만 이 지역보다 훨씬 아래쪽이었다). 하지만 1920년대가 끝나갈 무렵, 이 전체 지역은 '패션,' 보다 정확하게 말하자면 여성 기성복 산업의 구체적인 역사적 표현을 대변하게 되었다.[116] 이곳에는 거의 대다수가 이민 인구였던 남녀가 모여서 이 '환상적인 산업'의 요구를 충족시키기 위해 밤낮으로 노동했다. 7번 애비뉴는 뉴욕 시가 패션 세계의 장악을 뜻하는 상징이었다. 이곳은 이 나라 여성들의 의류 사업의 중심이자, 어떤 전문가가 표현했다시피 '지리학적인 지역이라기보다 오히려 산업'을 '정의하는' 기술적인 용어였다.[117]

그곳으로부터 몇 블록 떨어진 곳에 타임 스퀘어가 있었다. 1912년 이전에는 전혀 중요한 장소가 아니었지만 20년대 10년 동안 이곳은 대중오락, 밤의 유흥, 소비의 감흥을 자극하는 핵심 그 자체가 되었다.

---

115) On the buying agencies, see Kenneth Dameron, ⟨Cooperative Retail Buying of Apparel Goods⟩, *HBR* 6(July 1928): 444; on the number of factories in 1921, see ⟨New Garment Center Reflects Power of Cooperative Effort in Industry⟩, *DGE*(June 18, 1921), p.112. On the general economic purpose of the district, see Crawford, *The Ways of Fashion*; American Guide Series, *New York City Guide*(New York, 1970), pp.160-62; Florence S. Richard, *The Ready-to-Wear Industry, 1900-1950*(New York, 1951), pp.9, 22; New York University Graduate School of Public Administration, *The Garment Center: A Design Proposal*(New York, 1966), p.111; Jeannette A. Jamow and Beatrice Judelle, *Inside the Fashion Business*(New York, 1964); and Murray Sices, *Seventh Avenue*(New York, 1953).

116) Crawford, *The Ways of Fashion*(New York, 1943), pp.264-65.

117) *Ibid.*, p.165; *New York City Guide*, pp.160-61.

이 구역과 더불어 하버드 무역학과의 폴 마저 · 워딜 캐칭스 · 멜빈 코플런드 등이 유포시켰던 새로운 대중 소비 현상을 표현하는 어휘들이 출현하게 되었다. '소비자'라는 단어는 제1차 세계대전 이전에는 그다지 일상적으로 사용되는 용어가 아니었다. 하지만 이 시기에 들어와서 소비자는 '소비자' 연대에 의해 발전된 초기 소비자의 의미와 더불어 '시민' 혹은 '노동자'와 경쟁할 만큼 두드러진 어휘가 되었다. 소비자 연대는 새로운 어휘가 수동적인 것이 아니라 적극적인 활동을 의미하는 것이었다. 이와 관련된 어휘와 개념들이 유행하기 시작했다. 그런 용어들 가운데 '소비자의 욕망과 소망' '소비자 호소력' '소비자 주권' '상품 흐름' '만족의 흐름' '세일즈 저항' 등이 있었다. 이런 언어는 실제로 무슨 일이 일어났던가를 표현한 것임과 동시에 이데올로기적으로 그런 현상을 설명하면서도 그것에 신빙성을 부여하는 것이기도 했다. 이 10년 동안에 발생했던 경제적인 특징에 관한 가장 포괄적인 정부 연구인 《최근 경제 변화》지는 1928년 후버 자문위원회에서 출판했는데, 이에 따르면 이런 구절들이 넘쳐났으며 이런 현상의 전파에 중요한 매체가 되었다는 것이다.

동시에 '욕망' '사치' '필수품' '생필품'과 같은 오래되고 낡은 어휘들이 재정의되었다. 영국과 프랑스 계몽주의 시기였던 18세기로까지 거슬러 올라갈 수 있는 언어가 획기적으로 발전하게 되었는데, 이런 현상은 사이먼 패턴 등과 같은 학자들의 작업에 힘입어 1880년 이후부터 미국에서만 분명히 감지할 수 있게 되었다. 폴 마저 자신의 용법 쇼(usage show)에 따르면[118] 욕망은 순치되었으며 권능을 부여하는 힘을 부여받게 되었다. 욕망뿐만 아니라 사치의 개념 역시 마찬가지였다. 1860년대와 1870년대의 대다수 미국인들에게 사치는 윤리적으로 부패한 것으로 간주되었으며 남자와 여자를 '나약하고 허약하며 의존적인' 것으로 만든다고 보았다. 1910년에 이르기까지 사치와 필수품(비교적 윤리적인 위상)의 차이에 관한 혼동이 여전히 존재했으며, 그 당대의 많은 결혼 법정 채무 불이행 크레디트 지불 사건을 다

---

118) On the evolution of luxury in Western thought, see John Sekora, *Luxury: The Concept in Western Thought, Eden to Smollett*(Baltimore, 1977); and Carle C. Zimmerman, *Consumption and Standards of Living*(New York, 1936), pp.278-305.

루었다. 하지만 1920년에 이르면 많은 사람들에게서 사치가 지니고 있는 부정적인 의미가 잊혀지게 되었다. "윤리적인 함의와 관련시켜 볼 때, 사치에 관한 현대적 정의는 중립적인 것이다"라고 콜롬비아대학의 영향력 있는 경제학자였던 에드윈 R. 셀리그먼은 주장했다. "사전을 살펴본다면 오늘날 사치는 오감을 만족시켜 주는 어떤 것으로, 값이 비싸서 손에 넣기가 힘든 것으로 정의되어 있다."[119] 새뮤얼 스트라우스는 이제 미국인들이 사치를 건전하고 '권능을 부여하는' 행위로 받아들이고 있다고 주장한다. "수백만 명이 사치를 누리고 있는 마당에 사치에 관한 완전히 다른 재정의를 내리지 않을 수 없다. 오늘날 사치는 '힘의 원천'이자 '많은 사람'들에게 미국이 보증해 주는 자격으로 간주되었다."[120]

사치의 경제적인 의미 또한 변화되었다. 셀리그먼의 표현에 의하면 사치는 미국의 새로운 대중 시장 경제에서 '필수품'이 되었다. 패턴 교수는 이제는 상식이 되어 버린 것을 가장 일찌감치 공식화했는데, 말하자면 "사회진보의 제1법칙은 사회가 간단한 것의 소비에서부터…… 다양한 소비로 발전한다"는 법칙을 공식화했다고 셀리그먼은 기술했다. "진보는 잉여를 편리로 전환시키고 편리를 필수품으로 전환하는 데 있다. 소비의 다양화는 인류 발전의 근간이다."[121]

이와 상관적이고 주요한 개념인 생활 수준이란 개념 역시 20년대는 수정되었다. 생활 수준의 원래 개념이나 그와 유사한 어떤 개념은 다소 오래된 것이었는데, 유럽과 영국에서는 약 1800년경에 발명되었으나 미국에서는 세기말에 이르러서야 대중화되었다. 생활 수준은 거의 전적으로 경제적인 특징을 지닌 것이었으며, 물질적인 복지(비물질적인 것이 아니라)에 수입을 얼마나 소비하는가를 측정했으며 그래서 두 가지 점을 강조했다. 첫번째 의식주와 건강과 같은 가족 경비를 강조했는데, 연구조사자들에 의하면 가족

119) Edwin R. A. Seligman, *The Economics of Installment Selling*, vol. 1(New York, 1927), pp.218-20.

120) Samuel Strauss, *American Opportunity*(New York, 1935), pp.156-62. 사치에 관한 논쟁이 사라졌다는 말은 아니다. See, for competing position, 〈The Appraisal of Luxuries〉, in *American Standards and Planes of Living*, Thomas D. Eliot, ed.(New York, 1931), pp.427-68.

121) Seligman, *The Economics of Installment Selling*, p.221.

경비는 적당한 생존 수준과 '생활임금' 처럼 교환 불가능하고 비탄력적인 것이다.[122] 두번째는 비가족적이고 탄력적인 경비를 강조했다. 이것은 필수품이라기보다는 소비 물품, 가정 바깥에서의 교육, 상업적인 오락, 사치와 같은 것들이었다. 사이먼 패턴은 생활 수준의 두번째 측면에 관해 많은 생각을 하면서 미국 문화를 통합하는 제1의 통합 요소로 간주하고 잠재적으로는 이 부분이 무한히 팽창되어야 할 것으로 이해했다.[123]

1920년대 패턴이 주장한 오래된 등식이 전면에 부상하게 되었으며 이 개념은 점점 더 '욕망의 장'(어떤 작가가 그렇게 표현했다시피)은 '만족'의 영역으로 통합되어 나가는 방향으로 변했다. 모험, 스포츠, 여행, '섹스에 대한 갈망' '자기 주장'(이것은 가장 기본적이고 가장 강력한 요소라서 거의 모든 물품 노선에서 소비자 선택을 지배하게 되었다)뿐만 아니라 개인들에 대한 물리적 공간을 점점 더 지급하는 것으로 나갔다――1인당 개인적인 방 하나가 표준이 되었으며 혼자만의 욕실이 강조되었다.[124]

이와 같은 생활 향상의 이면에는 두 가지 가설에 입각한 '선진 경비(advancement expenditure)' 이론이 자리하고 있었다. 첫번째 가설은 생활 수준은 정태적인 것이 아니라 언제나 향상되며, 수입은 언제나 증가하는 것이므로 미국의 "아동들은 부모들이 남겨둔 그 자리에서 출발하는 것이 아니라면 적어도 자기 부모들보다는 훨씬 나아진 삶을 기대할 수 있을 것"이라는 가설이

---

122) See on the ⟨living wage⟩, John Ryan, *The Living Wage*(New York, 1906); on the interchangeability of these terms in early literature, see Zimmerman, *Consumption and Standards of Living*, pp.462-65.

123) On the history and character of the standard of living as concept, see Zimmerman, *Consumption and Standards of Living*, pp.278-478.

124) Chicago Standard Budget, Table XXXIX, ⟨Cost of Minimum Requirements for the Necessities of Life by Individual Members of Families⟩, quoted in Paul Nystrom, *Economic Principles of Consumption*(New York, 1929), p.208. 여기서 인용은 또한 Nystrom에서 나온 것이다, pp.54-56. See also Hazel Kyrk, *A Theory of Consumption* (New York, 1923); Thomas D. Eliot, ed., *Introduction to American Standards of Living and Planes of Living*(Boston, 1931); L. L. Bernard, ⟨Standards and Planes of Living⟩, *Social Forces*, vol. 7(1928): pp.190-202; Werner Sombart, *Why Is There No Socialism in the United States?*(New York, 1976; orig. pub. 1906), esp. pp.58-114; Robert and Helen Lynd, *Middletown*(New York, 1929); and Seligman, *The Economics of Installment Selling*, pp.214-20.

다.[125] 이와 관련된 또 다른 아이디어에 의하면 생활 수준은 욕망 지향적이며 사람들의 실생활을 반영하는 것이 아니라 그렇게 살고 싶다는 욕망과 소망을 반영한 것이기 때문에, '희망하는 것을 암시하는 것'이며 점점 더 나은 삶에 대한 자격과 기대에 관한 것이다.[126] 이런 입장은 '사업과 광고 제품에 있어서의 이윤 동기'에 의해 주로 규정되었다. 따라서 이런 입장은 사람들에게 책이나 아이를 포기하는 일은 있더라도 비단 속옷은 당연한 것으로 요구하도록 설득하면서 그런 삶에 익숙해지도록 광고를 하게 되었다. 이들 이론은 또한 "가족 외 생활이 가정 생활보다 낫다는 것을 대중들에게 설득했다. 그래서 개인주의의 경향이 점점 발달하고 이런 개인주의를 도덕으로 구축하게"[127] 되도록 만들었다.

개인적인 수입보다는 가족과 더불어 하는 비경제적인 노선을 따라서 생활 수준을 재정의해야 한다는 이론 역시 나오게 되었다. 하버드대학의 사회학자인 칼 짐머만은 개인주의 소비로 치닫는 '대단히 편향적인' 경향을 우려하면서 생활 수준이라는 개념에 그 이전에는 결코 강조된 적이 없었던 것을 삽입하자고 제안했다. 그것이 다름 아닌 절대적 가치(종교·가족·지역 공동체)를 강조하는 '비경제적 차원'이었다. 그는 생활 수준은 '분리된 일련의 기계적인 행동'이 아니라 '통합된 전체'로 파악할 것을 원했다. 그래서 이런 행위에 "소득─소비뿐만 아니라 돈벌이, 보상, 희생, 자극, 안정과 같은 단기적인 요소와 더불어 장기적인 요소를 포함시켜야 한다"[128]고 보았다. 짐머만은 기업들에 의해 강화되고 있는 미국 생활 수준의 개인주의적인 흐름이 보통의 지역 공동체를 침식하고 사람들 사이에 강력한 유대 관계를 유지하기 힘들도록 만들 것으로 보았다. 그는 '물품에 바탕한 욕망일 뿐만 아니라 강력한 사회 조직의 구성체로부터 출발하는 질서와 원칙에 바탕한 절

---

125) Thomas D. Eliot, ed., 〈American Standards and Planes of Living〉, in Introduction, p.11.

126) William Graham Summer and Albert Galloway Keller, *The Science of Society*(New Haven, 1927), vol. I, pp.71~79; and Edward Devine, *The Normal Life*(New York, 1917), pp.1~8, 193~94. 이런 출전은 엘리엇이 편저한 《미국 생활 수준 입문》에서도 인용되어 있는데, 이 책은 1930년대 생활 수준에 관한 논쟁을 잘 개관해 놓고 있다.

127) Zimmerman, *Consumption and Standards of Living*, pp.136, 285, 563~64; and Eliot, ed., 〈American Standards and Planes of Living〉, pp.13~14.

대적 가치에 의해 형성되는 욕망'[129]을 원했다. 패턴과 워너메이커의 이론을 거부하면서 그는 "모든 가치는 희생과 희소성을 암시한다"고 주장했다. 이와 동시에 그는 '사업하는 계층'이 욕망의 성격을 통제할 수 있도록 함께 노력하지 않는 한, 생활 수준이 절대적 가치의 노선에 따라서 변화될 수 있을 것이라는 점에 비관적이었다.[130]

합병의 시대는 또한 사회 구조를 좀더 변화시키는 방향으로 유도했다. 수정된 개념과 마찬가지로 새로운 어휘와 새로운 구역들이 출현하게 되었다. 미국에서 브로커의 숫자와 권력은 엄청나게 증대했으며 뉴욕과 시카고와 같은 도시를 중심으로 밀집되었다. 투자은행가들도 그들 가운데 속했다. 보험 딜러들도 마찬가지였다(전전에는 2백50명에 불과했지만 1929년에는 6천 5백 명, 그런데 1990년에는 25만 명이라는 어마어마한 숫자가 되었다).[131] 새로운 광고 에이전시(영 앤드 루비컴)나 오래된 광고 에이전시의 합병(배튼·바튼·듀스틴·오스본)으로 인해 새로운 광고 전문가들을 끌어들였다. 1917년에는 고작 17명이 전국크레디트협회(National Credit Men's Association)에 등록을 했다. 1923년에는 6백50명이 등록했다. 1928년이 되면 총 1만 8천 명이 등록하기에 이르렀다.[132] 금융 에이전시(finance agency) 또한 팽창되었다. 디스플레이, 영업 사원, 호텔 직원, 웨이터와 웨이트리스, 프로모터와 패션

---

128) Zimmerman, *Consumption and Standards of Living*, pp.477-78, 567. 짐머만은 이 책을 1936년에 썼지만, 그의 사상 중 많은 부분들은 《농촌-도시사회학 원리》(뉴욕, 1929)에서 이미 전개되고 있었다. 이 저서는 피터 소로킨과 공저였다. 짐머만에 관한 간단한 논의는 Christopher Lasch, *Haven in a Heartless World*(New York, 1977), pp.44-49. 여기서 라쉬는 짐머만을 사회학자인 윌라드 왈러와 비교하면서 그다지 우호적으로 기술하지는 않고 있다. '보수적인' 짐머만과는 달리 윌라드는 1936년의 저서에서 보여주다시피 '베블런과 최고의 민중주의를 상기시키는 좌파 입장'을 천명했다.

129) Zimmerman, *Consumption and Standards of Living*, pp.564, 580.

130) *Ibid.*, p.580.

131) On the increased number of securities dealers in the twenties, see Ronald Chernow, *The House of Morgan*, p.303; and for the 1990 figures on securities dealers and brokers, see Grace Toto, ed., *The Security Industry of the '80s*, SIA Fact Book(New York, 1990), p.6.

132) On numbers in credit agencies, see *PRL*(January 17, 1923): 12; and on the ad agencies, see William Leiss et al., *Social Communication in Advertising*(London, 1986), pp.82-84, 97-145.

전문가들의 숫자도 당연히 증가했다. 허버트 후버는 1928년 캠페인에서 이렇게 공언했다. "증가하는 효율성으로 인해 수만 명의 남녀가 공장에서 주유소, 차고, 호텔, 레스토랑으로 자리를 옮기게 되었다"[133]라고 알렸다. 제1차 세계대전 이전에는 거의 특정 분야가 되지 못했던 홍보 '예술'은 맨해튼에서 개업한 사람으로 넘쳤다. 상업예술가들은 전대미문의 이 새로운 세계에서 편안하고 돈벌이 좋은 자리를 차지하게 되었다.

이들 집단의 목표는 국내 시장을 위에서부터 아래까지 모든 각도에서 마지막 한 푼이라도 소비자의 호주머니에서 짜내려고 철저하고 면밀히 조사하는 것이었다. 어떤 경제적 위기와 당면하더라도 살아남기 위해 언제나 즐겁고 탄력적인 소비자 심리 상태를 만들어 내는 데 그 목적이 있었다. 1920년 이후 시장을 착취하기 위한 새로운 국면이 전개되었다. 신경영 기법이 출현했으며 얼마 가지 않아 미국 대량 머천다이징 영역에서 핵심적인 양상으로 자리잡게 되었다. 제1차 세계대전 이후 기간 동안 훈련된 전문가들과 기술자들은 패션모델의 조직화에서부터 상업적인 퍼레이드의 발표에 이르기까지 소비자를 유혹하기 위한 특징을 알아내는 데 주력했다. 이와 동시에 미국 정부는 소비 산업과 사업을 대신하여 좀더 개입하게 되었다. 대통령이자 상무장관이었던 허버트 후버의 지도력 아래 연방 정부는 욕망의 땅을 경영하는 데 도움을 줄 수 있는 다양한 국(bureau)들과 기관들을 창출했다.

---

133) Herbert Hoover, *The New Day: Campaign Speeches of Herbert Hoover, 1926*(Palo Alto, Calif., 1928), p.82; and ⟨Service Industries Creating Occupations for Men Replaced by Machinery⟩, *DC* 2(October 23, 1928): I: "1920년대 이후로 우리 공장은 90만 명 이상 종업원들을 줄였다. 동시에 '자동차, 라디오, 전화, 영화, 다른 편의 시설'의 생산으로 인해 새로운 노동자 집단이 출현하게 되었다." 1백28만 명 이상이 운전사나 트럭 기사로 …… 일하게 되었으며, 자동차 서비스맨과 '전기 냉장고, 기름 보일러, 이와 유사한 가전제품'을 수리하는 일을 담당하게 되었다.

"사람들에게 꿈을 팔아라"

"사람들에게 꿈을 팔아라"고 1923년 한 여성 라디오 아나운서가 디스플레이 대회에서 촉구했다. "사람들이 너무 갈망한 나머지 거의 결사적으로 가지고 싶도록 만들어라. 사람들에게 햇살을 주변에 뿌려 줌으로써 모자를 팔아라. 사람들에게 꿈을 팔아라. 가능성은 희박하지만 그래도 만에 하나라도 가질 수 있는 것들, 즉 컨트리 클럽, 무도회, 비전을 꿈꾸게 하라. 사람들은 어쨌거나 소유하기 위해 물건을 사지 않는다. 사람들은 그런 꿈을 위해 물건들을 산다. 그들은 희망을 사는 것이다. 물건들이 그들에게 베풀어 줄수 있는 희망을 구매하는 것이다. 사람들에게 희망을 팔아라. 그들에게 파는 물건에 관해 걱정할 필요는 없다."[1]

이런 메시지는 사업에서 새로운 것은 아니었다. 하지만 유사하다고는 하나, 전전(戰前)의 메지시와는 분명히 다른 확신과 세련됨이 표현되어 있었다. 이처럼 꿈을 파는 것 이면에는 이전까지는 그렇게 분명하게 드러나지 않았던 고객 유혹을 위한 새로운 경영 책략이 있었다. 이런 책략은 주식회사와 합병 전문가들보다 큰 자본투자자들이 요구한 것이었다. 대량 생산을 위한 대규모 투자는 대규모로 유혹하는 좀더 세련된 기술을 요구하면서 아마추어리즘과 운수대통에 점점 덜 의존하게 되었으며 점차 총매상을 위해 확실히 성공할 수 있는 전문적인 방법을 요구하게 되었다. 소비자 크레디트 영역에서 소매 상인들은 특히 20년대의 10년 동안 기회를 확대시켰다. 왜냐하면 화폐 수입만으로는 대다수 사람들이 경제적인 동인을 지속적으로 상승시키기 힘들다는 것이 분명해졌기 때문이었다(물론 그 결과는 팬시 합병으

---

1) Helen Landon Cass, *PRL*(June 6, 1923): 6.

로 인해 야기되었던 부채에 버금가는 소비자 부채의 수준의 증가였다). 상업적인 에어 컨디셔너, 상업적인 벽화, 색채의 조화 등은 소비자들을 분명히 매료시켰다. 노먼 벨 게디스 · 조지아 오키프와 같은 예술가들 심지어 보드만 로빈슨과 같은 사회주의 일러스트레이터까지 사업체의 돈을 벌어 주는 데 협조했다.

판매의 전체 영역에 걸쳐 경영을 강조하게 되었으며 새로운 형태의 전문가들이 최초의 모더니스트 쇼윈도, 최초의 패션모델 에이전시, 최초의 스타일 에이전시, 컨설턴트를 창조하기 위해 출현했다. 이들 집단은 과거 미국 사회에서는 거의 본 적이 없었던 그런 표준화된 메시지와 전략을 추진했다. 제1차 세계대전을 중심으로 전전과 전후 기계제 제품을 전시하기 위해 박물관에서 전시되었던 그런 장면을 연상시킬 만한 거대한 스타일 전람회가 조직되었다. 이제 백화점에서의 전시회는 점점 더 대담해지고 점점 더 화려하면서도 멋진 수완을 보여줌으로써 로드 & 테일러사의 솜씨 좋은 쇼 전문가들인 도로시 샤버 등에 의해 통합되었다. 이런 전시회는 존 코튼 다나와 리하르트 바흐(사실상 그는 조언을 해달라고 자주 백화점의 초청을 받았다)와 같은 큐레이터들의 부러움을 샀다. 모델 전시실은 미술관과 백화점의 전문 장식가의 손길로 마무리되었다. 미국 홍보 산업 분야의 귀재인 에드워드 L. 버네이스의 작업에 힘입어 판매 촉진은 경영 방향에 일대 발전을 가져다주었다. 버네이스는 1922년에서부터 1932년 동안 특별한 톤, 긴박감, 적극적인 판매 공세에 의미를 부여했던 일군의 사람들 중 하나였다.

소비자 크레디트 장치

소비자들은 1922년 이후부터 할부 구매, 외상 거래 계좌, 모두 합치면 수십억 달러 사업에 해당하는 소액 대부 등으로 인해 이지 크레디트(easy credit)의 바다에 익사하고 있었다.[2] 가장 자유로운 크레디트 정책은 비교적 불균등한 수입을 보충해 주는 것을 '규칙으로 삼는 경향이 있었다.' 왜냐하면 상

---

2) Evans Clark, *Financing the Consumer*(New York, 1930), pp.27-30.

인들은 '탐나는 고객들에게 현금 지불을 하라고 압력을 가하게 되면 보다 관대한 경쟁자들에게 고객을 빼앗길지도 모른다는 두려움'을 갖고 있었기 때문이었다.[3] 크레디트를 자유롭게 풀어주라는 압력은 주로 주식회사들로부터 나왔는데, 이들은 독립적인 많은 백화점 소매업을 구매해들이면서 체인을 구축했다. 개인적인 파이낸스 회사들은 할부 크레디트의 성장이 용이하도록 많은 자본을 공급해 주었고, 그로 인해 가게들이 점점 더 많은 외상 고객을 확보할 수 있도록 해주었다.[4]

20년대가 끝나갈 무렵, 마셜 필즈의 외상 사업은 18만 계좌로 치솟았다. 이 수치는 1920년 수치의 거의 2배였다.[5] 로드 & 테일러, 에이브러햄 & 스트라우스, 아놀드 컨스터블과 같은 뉴욕의 스토어들에서 외상 매매는 전체 사업의 45퍼센트에서 70퍼센트대로 상승했다.[6] 뉴욕 시중 은행에서 개인적인 소비자 대부 부서가 처음으로 개점했으며, 1913년에서부터 1929년 사이 정규적인 소규모 대부 사무실의 숫자는 6백 개에서 3천5백 개로 증가했으며, 한편으로는 이윤의 재투자와 다른 한편으로는 가가호호 보험 판매에 의해서 대부 차액(balance)은 6배로 치솟았다. 1928년 하우스홀드 파이낸스 주식회사(Household Finance Corporation)는 대규모 체인인데, 투자은행가들의 도움으로 월 스트리트에서 우선주를 유통시켰다. 한 분석가가 말했다시피, "그 이후로 투자 시장은 소규모 대부 회사 보험에 문을 열었고 크레디트는 보다 자유로운 조건으로 이용 가능하게 되었다."[7]

확대된 크레디트는 '계급에 바탕한' 것에서부터 '대중에 바탕'하는 것으로 변하게 되었다. 1915년 무렵만 해도 대다수 중산층들은 할부로 구입하는

---

3) Rolf Nugent, *Consumer Credit and Economic Stability*(New York, 1939), p.101.

4) Ibid.

5) 〈A Big Store's Advertising〉, *MRSW* 47(November 1920): 5, 48; *MRSW* 79 (November 1936): 3.

6) 1934년 NRA 청문회에서 베스트 앤 컴퍼니의 회장인 알프레드 W. 밀즈에 의해서 이런 퍼센티지가 보고되었다. see 〈Proceeding——Hearing in the Matter of a Complaint Filed with the Retail Code Authority——City of New York by Best and Co., Inc., against R. H. Macy and Co., Inc.〉(April 2, 1934), NRA Transcript of Hearing, Box 7289, Record Group 69, NA.

7) Nugent, Consumer Credit and Economic Stability, p.100.

것을 경멸했다. 하지만 1925년에 이르면 중산층의 심리적 거부감이 급격하게 줄어들었다. 그러자 모든 계층의 소비자들은 '제때' 자동차를 샀다. 일단 거부감이 사라지자 세탁기·냉장고·식기세척기 등을 제때에 사들였다.[8] 1920년 이후 소비자를 위한 새로운 은행 시스템은 생산 세계에서의 기능의 하나와 유사하게, 소비자 크레디트의 성장을 후원해 주었다. "크레디트와 그것의 활용이 전국의 전체 **생산적인** 기계 아래 유지되는 것과 마찬가지로, 크레디트는 전체 분배 시스템을 유지시켜 주는 것으로 이제 인정되고 있다"고 대중을 위한 새로운 은행 구조의 한 관찰자는 말했다.[9]

하지만 이 은행 제도와 유사 은행 제도의 이면에는 위험이 도사리고 있었다. 과거에는 이지 크레디트를 원했던 소비자들은 고리대금업자와 전당포업자에게 의존하지 않을 수 없었다. 이들은 고객들을 자주 갈취했지만 얼굴과 얼굴을 마주 대하면서 흥정을 했다. 이제 이런 현금의 출처는 어느 정도 비개인적인 파이낸스 회사와 은행으로 대체되었다. 이들 회사와 은행들은 소비자의 행태를 감시 감독하면서 훈육을 시켜 내는 크레디트협회와 백화점 사립탐정과 결탁하게 되었다. 소비자들은 크레디트 에이전시와 상인들을 두려워했다. 다른 한편으로 이들은 소비자들에게 충동구매를 권장하면서 크레디트에 주로 의존하도록 만들었다. 심지어 수입 불균형의 편차가 점점 커지는 것을 보면서도 돈을 억지로 받아내고 담보를 강요하며 늑장을 부리는 사람들을 고소했다.

이와 동시에 사업체들도 소비자들을 상당히 두려워하게 되었다. 크레디트 정책이 자유화되면서, 고객의 체불 제품 반환 비율이 증가했다. 고객들은 물품을 산더미로 반환하면서도 상인들에게 화를 내고 때로는 분노를 터뜨렸다. 소비자들은 물품을 그처럼 경멸하면서 상인들과 맺은 계약에 대한 의무를 등한시했다. 보스턴·시카고·뉴욕에서 전체 판매량의 15퍼센트가 반환되었으며 돈으로 따지자면 몇 억 달러에 달했다.[10] 대부분의 고객들은

---

8) *Ibid.*, p.96.

9) Clark, *Financing the Consumer*, pp.212–13.

10) Daniel Bloomfield, manager of the Boston Retail Board of Trade, 〈Customer Returns of Merchandise Great Economic Waste〉, address before the NRDGA, New York City (February 6, 1929), Records of the BFDC, RG 151, file 751, 〈Conventions–NRDGA〉, NA.

제품을 반환하는 데 하루에서 1주일이 걸렸다. 보스턴 소재 9개의 백화점을 연구한 결과가 보여주다시피, 고객들은 사치스러운 코트를 산 다음 거의 한 달 뒤에 반환했다. 심지어 몇 주일 동안 입었던 잠옷을 반환하기도 했다. 값비싼 식기류에 안목을 가진 한 여성은 왕창 구입한 디너 세트를 하나씩 하나씩 반환하면서 식기 세트의 무늬가 하나같이 잘못되었다고 트집을 잡았다.[11] 비즈니스 스쿨은 '반환된 제품 해악(returned-goods evil)'에 대한 근원적인 원인을 연구하는 데 착수했다. 도시 거래 집단들 역시 이와 유사한 연구를 조직했다. 심지어 연방 정부는 '반환된 제품의 해악 원인'을 알아내려고 도시 전체에 걸쳐 정밀 조사를 실시했다.[12]

이런 연구 결과로 엄청난 양의 기성복과 가구 등을 반환했던 크레디트 고객들은 대체로 제품이 잘 맞지 않는다거나 혹은 '결함이 있다' 혹은 '색깔이 잘못됐다' 아니면 '가족들이 반대'한다는 이유를 내세웠다. 많은 상인들은 반환될 수 있었던 물품 목록을 좁혀 나갔다. 일부 상인들은 고객들이 부도덕하고 '비합리적'이라는 이유로 그들을 매도했지만 문제는 이런 반환의 물결을 어떻게 저지하느냐였다. 1929년 전국소매잡화협회(NRDGA) 앞에서 한 매니저가 말했다시피, "이것은 심각한 걱정거리였는데, 왜냐하면 구매 대중의 편에서 보이는 완전한 무관심은 자신들이 구입한 물건에 대해 공정하게 판단할 책임을 무시하는 것이기 때문이다. 반환 행위는 그런 불공정함의 결과로 인해 경솔함을 드러낸 것이다."[13] 이에 대한 가장 맹렬한 공격은 가장 그럴 법하지 않은 곳으로부터 나왔다. 존 워너메이커의 경영단으로부터 신랄한 공격이 터져 나왔는데, 이 백화점이야말로 처음으로 반환 제도를 도입했던 곳이었다. 1931년 그로버 화일런은 뉴욕 백화점의 총 매니저였는데 NRDGA의 감사대표단 대회(Controller Congress)에서 '반환 제도는 악성 관행'이라고 비판했다. "반환은 만성적이고 점차적으로 증가하여 마침내 심각한 경제적 낭비와 성가신 비용의 결탁으로 발전하게 된다. 고객의 심리

11) Retail Trade Board, Boston Chamber of Commerce, 〈Report on Returned Merchandise〉, BFDC, RG 151, General Records, 402.300, 〈Domestic Commerce——Retail——Returned Merchandise〉, NA.

12) *DC*(Department of Commerce publication)(July 29, 1929), p.45.

13) Bloomfield, 〈Customer Returns of Merchandise〉.

를 고려해 볼 때, 제품의 반환은 부정적인 거래이다. 그런 관대함을 이용함으로써 구매자는 백화점에게 불리한 부담이 되고 있다."[14]

상당수 사람들은 은행과 상인들을 노골적으로 비판했다. "반환된 양은 관대한 판매 계획에 뒤따른 결과이다. 비록 외상 판매가 전체 판매의 절반을 거의 넘지 않지만 외상 반환의 전체 반환 가치의 5분의 4에 해당했다"[15]고 1928년 오하이오 주 백화점을 상대로 연구한 오하이오대학교 비즈니스 조사연구국(Bureau of Business Research of Ohio)은 말했다. 또 다른 학계 전문가는 '반환 제품에 관한 전국 회의 개최에 관한 가능성'을 타진하는 미국 상무성의 물음에 단호하게 회의적인 반응을 보였다. "반환 제품에 관한 전국적인 회의는 쓸모없는 것처럼 보인다. 아시다시피 반환 혜택의 남용은 직접적으로 상인들의 문전까지 그 흔적을 찾을 수 있기 때문이다. 반환 특혜는 상인들 스스로 권장한 것이었다. 이제 그것이 통제의 수준을 벗어났을 따름이다"[16]라고 말했다.

두 집단——상인과 고객——모두 대량 생산된 소비 상품으로 넘치는 새로운 세계의 희생자(대량 소비 시장과 관련된 새로운 윤리의)였다. 한편으로 상인들은 지속적인 총매출을 강화시켰으며 점점 더 욕망을 자극하고 보통 사람들이 전혀 혹은 거의 소망하지 않았던 그런 제품들을 구입하도록 부추겼다(그러므로 그런 의무에 성실해야 할 이유가 전혀 없었다). 많은 고객들은 자신들이 상인들에게 빚졌다는 상인들의 공격에 영향을 받지 않고 물품을 반환하는 식으로 반응했다. 오래된 기업 경제, 즉 계약 의무와 공통의 도덕적 전제라는 공유된 기업 경제는 수세에 처했다. 공세를 취하는 편에서는 욕망이라는 생생한 경제에 가담했으며, 과거의 성실한 태도와는 아무런 상관이 없는 새로운 제의들의 지원을 받고 있었다.

---

14) Grover Whalen, *Report of the Proceedings of the 12th Annual Controllers' Congress of the NRDGA*, Washington, D.C., May 25-28, 1931(New York, 1931), pp.265-66.

15) 〈Analysis and Control of Return〉, *DC*(April 29, 1929), p.7.

16) William Wales, assistant professor of merchandising, New York University School of Retailing, to Gordon James, Domestic Commerce Division(May 9, 1919), file 402.403, 〈Domestic Commerce——Retail——Returned Merchandise, 1925-27〉, Box 1956, RG 151, NA.

냉난방 장치가 된 벽화와 '흰 모피'

소비자를 유혹하기 위해 새롭게 관리되는 세계는 백화점 · 레스토랑 · 호텔 극장의 활동과 배치에 일대 혁신을 가져다주었다. 엘스워스 스태틀러는 호텔 볼룸에 재즈 오케스트라를 도입했으며 20년대 중반 쯤에는 각 방마다 라디오 리시버를 구비해 두었으며 '매일 오전 10시부터 밤 12시까지' 2개의 라디오 주파수 중에서 '최고의 프로그램'을 송신했다.[17] 1927년 파라마운트 극장이 브로드웨이에서 문을 열었다. 객석이 4천 석이었으며 유아실과 방송실, 장난감으로 가득 찬 놀이동산, 티룸, 휴식실, 개별 엘리베이터로 서비스하는 예약석, 극장 인테리어의 윗부분을 둘러싸고 프롬나드 등을 구비하고 있었다.[18]

환경을 가장 쾌적하게 해주는 최신 설비가 냉난방이었다. 중앙 난방과 유사한 여름 냉방 시설은 호텔 로비에서부터 혼탁한 공기를 통풍시키는 데 도움을 주었으며 서늘한 가운데서 편안한 쇼핑이 가능하도록 해주었다. 냉방 시설은 처음에는 상업 지구에서 유행하게 되었으며 주거 지역보다는 몇 년 앞서부터 인기가 있었다. 1937년이라는 늦은 시기까지도 '냉방 시장'은 여전히 '상업 지구에서는 큰 차액금'을 남겼다.[19] 영화관은 1925년에 이르면 더운 여름날에는 냉방을 하게 되었으며, 극장에 뒤이어 레스토랑에도 냉방 시설을 하게 되었다. "여름이 다가오면서 실내 기후의 중요성은 결코 사소한 것이 아니었다"고 한 소매 잡지는 말했다.[20] 1929년 메이시는 어떤 백화점보다도 가장 큰 공기 냉각 시스템을 설치했다. 1층과 지하층을 시원하게 만들었으며 여름철도 쇼핑 시즌으로 확장하려는 상인들의 꿈을 충족시키는 데 성공했다. 30년대 초반 전국의 가게들——신시내티의 실리토에서부터

---

17) *NYT*(March 20, 1927), pt. II., p.4; *NYT*(January 30, 1928), p.25.

18) Adolph Zukor, 〈Influence of the Motion Picture〉, in *Broadway: The Grand Canyon of American Business*(New York, 1926), pp.109-14.

19) 〈Market for Air Conditioning〉, *DC*(December 10, 1937), p.311.

20) B. Franlkin Miller, 〈Creating Indoor Weather〉, *The Journal of Retailing*, New York University 5(April 1929): 21.

도판 18. 1920년 중반쯤에 로드먼 워너메이커는 자기 아버지의 소망을 무시하고 문카치의 벽화인 "갈보리의 예수"를 부활절 기간에 필라델피아 백화점의 원형 천장에 전시하도록 허용했다. 그와 같은 분위기 속에서 사람들은 아무런 죄의식 없이 쇼핑을 할 수 있었다. 이 사진은 1930년대 후반에 찍은 것이었다.(펜실베이니아 역사학회의 전제 허락)

도판 19. 해마 콧수염을 한 씩씩한 만화가인 윌리엄 덴슬로우는 L. 프랭크 밤의 《오즈의 놀라운 마법사》를 장식했던 이미지를 디자인했다. 삽화는 반짝거리는 에메랄드를 포함하여 초록색으로 되어 있었다.(콜롬비아대학교의 버틀러 도서관 희귀 도서와 원고의 전재 허락)

도판 20. 아서 프레이저는 1922년 장난감 윈도를 이렇게 디자인했다. 이런 식의
디자인은 거대 백화점에서는 그다지 특별한 것이 아니었으며, 그 시대 장난감 매장
의 거대함을 나타내는 표시였다.(마셜 필즈의 전재 허락)

　도판 21. 위에서 보여준 이미지는 이제 없어져 버린 뉴욕 54번지 6번 애비뉴 소재의 지그펠트 극장에 있었던 거대한 벽화를(오른편에서) 클로즈업한 것이다. 이 벽화는 조셉 어반이 디자인했다. "데코레이션 도식은 극장의 전체 청중석을 망라한 하나의 단일한 벽화로 구성된 것이다. 카펫과 좌석은 황금색조로써, 벽화 장식의 밑 부분을 형성하기 위해 벽면까지 그 색깔이 이어졌다. 이 벽화에서 오래된 로망스의 주인공들은 여기저기 흩어져 있는 황금색과 더불어 꽃무늬 색깔로 세밀하게 묘사되었다"고 어반은 말했다.(콜롬비아대학교 버틀러 도서관 희귀 도서와 원고의 전재 허락)

도판 22A. 이 벽화는 보드먼 로빈슨이 피츠버그의 카우프만 백화점을 위해 그렸던 10개의 벽화 중 하나였다. 이 벽화들 중 7개는 서구 문명사에서 각기 다른 시기에 이루어졌던 상업을 묘사했다. 이 벽화는 "기독교 시대의 여명기"에 지중해 연안의 카르타고 사람들을 묘사한 것이다.(넬슨 아트킨스 박물관의 전재 허락)

도판 22B. 보드먼 로빈슨의 또 다른 벽화는 영국인들이 중국에서 영국령 인도 회사를 창설하는 모습을 보여주고 있다. 오리지널 카탈로그가 표현했다시피 "미래의 무역 지배를 위한 확고한 기초를 마련하고" 있었다.(넬슨 아트킨스 박물관의 전재 허락)

도판 23A-B. 아서 프레이저의 회화적인 스타일이 최고조에 달했을 때, 그가 만든 윈도.(마셜 필즈의 전재 허락)

도판 24. 무지개 집. 1930년대 찍은 이 사진은 스튜어트 쿨린이 자신의 인종지학적인 공간을 얼마나 세밀하게 조명했던지를 잘 보여준다. 그는 또한 백화점에 설치된 라인을 따라서 편안하고 안락한 관람을 강화하기 위해 디스플레이 케이스를 분리시켰다. 여기서 우리가 볼 수 없는 것은 전시의 두드러진 특징이었던 색깔이다.(브룩클린 미술관 전재 허락)

도판 25. 1928년 추수감사절 퍼레이드에 메이시즈가 최초로 보여주었던 헬륨으로 부풀린 풍선들.(뉴욕 공립도서관, 아스토 · 레녹스 · 틸덴 재단의 일반 연구조사국의 전재 허락)

도판 26. 1924년 클릭쿼트 진저에일. O. J. 구드가 제작한 사인보드의 하나이기도 한 이 광고는 타임스 스퀘어에 나타났던 광고들 중에서도 가장 유명한 것이었다. 영화관에 에어컨이 설치되어 있다는 광고를 공지하고 있다.(뉴욕 역사학회의 전재 허락)

도판 27. 1932년 개관한 뒤의 미국 상무성 건물.(미국 상무성의 전재 허락)

리치먼드의 밀러와 로즈(Rhoads)까지──은 이와 같은 돈벌이 아이디어를 채택하게 되었다.[21]

인테리어와 쇼윈도라는 새로운 예술에 냉난방이라는 기술이 수반되었다. 그래서 많은 예술가들이 20년에는 사업을 위해 일했다. 그래서 그 당시 상무장관이었던 허버트 후버는 1925년 "미국의 어떤 예술가도 다락방에서 살거나 아니면 후원자의 현관 침실에서 잘 필요가 없다"고 주장할 수 있게 되었다. "광고라는 황금 손의 마이더스는 예술가들에게 자유와 독립을 가져다 주었다."[22] 셔우드 앤더슨은 시카고 광고 에이전시인 롱-크리치필즈를 위한 광고 카피를 썼으며, 존 P. 마퀀드는 이와 유사하게 뉴욕의 J. 월터 톰프슨을 위한 광고 카피를 썼다. F. 스콧 피츠제럴드는 "우리는 뉴욕에 있는 배런 콜리어 에이전시를 위해 무스카틴에서는 깔끔하게 유지합니다"[23]라는 광고 카피를 생각했다. 찰스 셸러는 《보그》에 패션 사진을 실었으며, 조지아 오키프는 상업예술가로서 작은 행운을 누렸다. 예를 들어 그녀는 1927년 체니 비단 회사를 위해 그림 5점을 그렸는데, 각기 다른 색채의 이 그림은 그 시즌 체니에 의해 흥행이 되었다.[24] 그녀의 그림은 올트스와 필즈의 윈도에 전시되었으며 이것은 '전국에 걸쳐 백화점의 기본 방침이 되었다.'[25]

예술가는 이 시기 동안 전국적으로 무수히 많은 상업용 벽화를 그렸다. 앤드루 와이어스의 아버지였던 뉴웰 콘버스 와이어스는 이미 상공회의소에 널리 알려진 인물이었다. 그의 전기작가에 따르면 그는 1924년 맨해튼의 루스벨트 호텔에 '위대한 벽화'를 그렸으며 〈반달〉이라 불렸던 네덜란드 배를 3개의 패널화에 그렸다. 반달이라 불렸던 이 배는 위풍당당한 팔리세이드 절벽을 배경으로 하여 1609년 허드슨 강으로 항해하는 모습을 담았다. 1년 후 그는 42번지에 있는 프랭클린 저축은행의 동쪽 벽에다 '프랭클린을 신격

21) 〈Cool Shopping in Summer Is Macy Leaf from Movies〉, *NYT*(March 31, 1929), pt. II, p.16; 다른 백화점에 관해서는 see *MRSW*(August 1934): 26 and *MRSW*(October 1934): 15.

22) Herbert Hoover, 〈Adertising Is a Vital Force in Our National Life〉 repr. in *Advertising World* 30(August 1925): 1-2; *PRL*(Second May Issue, 1925): 7.

23) Daniel Pope, *The Making of Modern Advertising*(New York, 1983), pp.180-81.

24) Constance Rourke, *Charles Scheeler*(New York, 1938), p.117.

25) Edward Bernays, *Biography of an Idea: Memoirs of Public Relations Counsel Edward L. Bernays*(New York, 1962), pp.306-7.

화' 하는 그림을 그렸다.[26]

이미 유명했던 조셉 어반은 너무나 주문이 쇄도해서 그의 이름은 사치와 동의어가 되었다. 1932년에 그는 죽었다.[27] 20년대 중반 그는 브로드웨이 무대에 '물거품 속에서 탄생하는 비너스'를 띠웠으며 게다가 '푸른 빛 속에서 목욕하는 언어들'을 무대화했다. 그러자 부유한 주택 소유자, 호텔·레스토랑·극장들이 따라하기 시작했다.[28] 그의 작업 중에서 벽화는 핵심이었다. 이 예술 형식은 전쟁 전부터 그가 실험해 왔던 것이었다. 어반은 벽화를 중심으로 방 전체를 디자인했으며 가능한 유쾌하고 환상적인 공간으로 만들어 냈다.[29] 1926년 그는 맨해튼의 45번지 6번 애비뉴에 있는 지그펠드 극장을 위해 꽃무늬 패턴과 할리퀸, 카니발 파노라마로 가득 찬 거대한 유화를 잉태시켰다. 그것은 관습적인 건축의 테두리를 벗어난 것이었다. 공연장의 내부 벽을 넘어 천장까지 걸친 것이었다. 어반은 그것을 '인생의 기쁨'이라고 불렀다. 그림은 말할 필요가 없다고 그는 주장했다. "그림의 토대로서 지속적인 행동을 취할 필요도 없다. 꽃과 꽃잎의 지붕 아래서 성과 가옥들, 음악들, 노래, 키스와 사랑, 즉 미치도록 즐거운 인간들이면 그만이다. 어떤 깊은 의미, 진지한 생각이나 느낌은 필요 없다. 오직 기쁨·행복, 그리고 다양한 색채의 황홀만 있으면 그만이다."[30](도표 21 참조)

---

26) Douglas Allan and Douglas Allan, Sr., with foreword by Paul Horgan and introduction by Richard Layton, *N. C. Wyeth: The Collected Paintings, Illustrations, and Murals*(New York, 1972), pp.161, 171. 웨이스는 최초의 상업적인 벽화를 우티카 호텔 주식회사를 위해 그렸다. 연중 제각기 다른 계절 동안 미국 인디언들을 그린 4개의 거대한 판넬화였다. 우티카 호텔의 그릴룸을 위해 인디언 어부·인디언 전사 등등을 그렸다. p.157.

27) Ring Lardner used 〈Urbanesque〉 as a word to signify luxury; see 〈The Love Nest〉, in *The Best Short Stories of Ring Lardner*(New York, 1957), p 168.

28) Howard Mandelbaum and Eric Myers, *Screen Deco*(New York, 1985), pp.139-40.

29) Otto Teegan, 〈Joseph Urban's Philosophy of Color〉, Deems Tayolr, 〈The Scenic Art of Jesoph Urban〉, and Teegan, 〈Joseph Urban〉, *Architecture* 69(May 1934): 258, 272, 256. See also Otto Teegan, lead typescript in collection catalog, Urban Papers, Butler Library, Columbia University.

30) Joseph Urban and Thomas Lamb, 〈The Ziegfeld Theater, New York〉, *Good Furniture* 46(May 1927): 415-19; *Arts and Decoration* 21(January 1927): 43, clipping in scrapbook, Urban portfolio no 37, pt. 2, Urban Papers; and Ely J. Kahn, 〈The Ziegfeld Theatre〉, The *Architectural Record* 61(May 1927): 385-93.

어반의 영향은 다른 예술가들이 상업용 벽화를 그리는 데 많은 영감을 주었다. 아마 그중에서도 그의 영향을 가장 많이 받은 그림은 피츠버그에 있는 카우프만 백화점을 위해 보드먼 로빈슨이 그린 벽화일 것이다. 1929년 마샤 그레이엄의 친구이자 모더니즘 예술의 옹호자인 에드거 카우프만은 로빈슨에게 그림을 그려 달라고 위탁했다. 그것은 정말 뜻밖의 선택이었다. 로빈슨은 오랜 세월 사회주의자였으며 전쟁 전에는 존 리드의 추종자였으며 《대중》《해방자》라는 급진적인 신문에 삽화를 그려 왔기 때문이었다. 리드가 죽어서 모스크바에 묻혔을 때, 로빈슨은 《해방자》에 그에게 바치는 헌사를 기고했다. 카우프만은 로빈슨의 재능을 흠모했음에 틀림없지만 왜 로빈슨이 그의 제안을 수락했는지는 미스터리에 속했다. 아마도 돈이 필요했거나 아니면 카우프만을 존경했을 것이다. 그도 아니면 정치적 신념을 상실했는지도 모른다. 어쨌거나 로빈슨은 자신의 주제를 연구하기 위해 브루클린 박물관에서 몇 개월을 보냈다. 그의 주제는 그 모든 것 중에서도 자본주의의 발전이었다. 그의 예술적인 목표는 과거의 '이상화'와 '단지 장식적인' 벽화를 그리는 것에서 탈피하여, 그저 단순히 '상상적인' 주제로부터 벗어나, '실제' 세계와 대면하는 것이었다. 10개의 패널화의 파노라마에서 그는 자본주의의 역사를 추적했다. 기독교 이전 시기 페르시아와 아라비아인들의 원시적인 물물 교환에서부터 '현재의 구조적 · 산업적 · 상업적인 행위에 이르는'[31] 진화 과정을 그렸다. 그의 전기작가가 말했다시피 벽화는 '미국에서 출현한 최초의 의미 있는 작업'이었다. 어떤 비평가에 따르면, 이 벽화의 "리얼리즘은 자본주의 발전의 궤적을 따라서 출현했던 고통을 포착하지 못했다."[32](도표 22A–B 참조)

다른 예술가들은 새로운 형태의 모더니즘 쇼윈도를 창조했으며 엄청난 양의 유리를 활용하는 법을 탐구했다. 1925년 무렵 표면을 연마한 판유리의

---

31) Thomas Hibben, ed., 〈An Exhibition of the Mural Paintings of Boardman Robinson〉 (New York: The Gallery of the Art Students' League, New York City, 1929), Publicity Department, Kaufmann's Department Store, Pittsburgh, Pa.

32) Lloyd Goodrich, 〈Mural Paintings of Boardman Robinson〉, *The Arts* 16(February 1930): 390–93, 498; Albert Christ–Janer, *Boardman Robinson*(Chicago: University of Chicago Press, 1946), pp.15–31, 52.

소비는 매년 거의 1억 2천만 평방피트에 해당했으며, 10년 전 유리 소비량의 거의 2배가 되었다. 그때에도 이미 미국인들은 세계 유리 공급량의 거의 절반을 소비하고 있었다. 외부 사람들이 보기에 미국은 문자 그대로 유리를 먹어치우는 것처럼 보였을 터였다. 20년대 초반 유리 제조업자들은 유리 공장을 판유리의 불연속적인 생산에서부터 연속적인 생산 체제로 전환함으로써 산출량(평가절하된 기술 노동)을 증가시키게 되었다. 이것은 필요한 수요 이상으로 산출량을 증대함으로써 기술적인 위업을 달성했다.[33] 유리에 대한 욕심은 고객들에게 낡은 스타일을 신속하게 새로운 스타일로 대체하도록 자극하는 효과적이고 밀도 높은 가시적 환경의 추구를 반영한 것이었다. 한 소매 상인은 '가방 들고 학교로 되돌아가기'를 언급하면서, 백화점의 수천 개 쇼윈도의 누적된 가치는 트렁크와 짐꾸러미가 '학교로 돌아가기'라는 주제임을 보여줌으로써 이전에는 전혀 알려지지 않았던 새롭고 현대화된 머천다이징으로 낡은 트렁크와 짐꾸러미를 교체하는 것이 필요하다는 메시지를 가장 논리적인 방법으로 전달한 것이었다.[34]

새로운 쇼윈도 형태는 또한 요구 사항이 많았다. 보석과 모자를 위해서는 작은 아일랜드 윈도가, 가구에는 깊은 윈도가, 란제리를 위해서는 얕고 구부러진 베스터블형이 필요했다. '통행인들에게 흡입 효과'를 발휘하도록 고안된 '지그재그식 입구'를 위한 다양한 형태가 필요했다.[35] 윈도가 다양해짐에 따라 이런 윈도 뒤에 있는 마네킹의 모양 역시 다양해졌다. 용해되지 않는 혼응지(papier-mache)와 금속 마네킹, 다양한 크기와 형태의 괴상하고 환상적인 모더니즘적인 마네킹, 머리·팔·다리에 조명을 한 마네킹 등 온갖 형태가 출현했다.[36] 가게의 전면은 '원주 꼭대기'에 스포트라이트를 설치했으며, 어떤 곳은 자동 제광 장치가 작동했다. 블루밍데일스의 전면은

33) Bureau of Labor Statistics, U. S. Department of Labor, 〈Productivity of Labor in the Glass Industry〉(Washington, D.C., 1927), p.170; Warren C. Scoville, *Revolution in Glassmaking*(Cambridge, Mass., 1948), p.259.

34) 〈National Back to School Week〉, *MRSW* 69(July 1931): 31.

35) Frederick Kiesler, *Contemporary Art Applied to the Store and Its Display*(New York, 1930), pp.80, 82; 〈Productivity of Labor in the Glass Industry〉, p.15.

36) 〈Mannikins Featured at Macy's〉, *MRSW* 61(October 1927): 76; *MRSW* 61(November 1927): 66; *WWD*(December 24, 1927), p.17.

1925년에 재건축되었으며, 1927년 미시간 주 그랜드 래피즈에 있는 허폴샤이머(Herpolsheimer) 백화점의 전면 또한 재건축되었다. 20년대 후반 상인들은 윈도에 후광 효과를 창출하기 위해 광원을 완전히 감췄다. 오스트리아 이민 디자이너이자 건축가인 프레더릭 키슬러는 이것을 '후광 프레임(aura-frame)'이라고 불렀다. 후광 프레임은 '건물 전체의 전면과 더불어 매혹적인 빛의 리듬'을 제공할 수 있었다.[37]

새로운 디스플레이어들은 이제 상품에 대한 보다 큰 단순성과 보다 예리한 목적을 지향하는 윈도 디스플레이 '예술'로 이동하고 있었다. 모든 디스플레이어들이 이런 추세를 따른 것은 아니었다. 예를 들어 필즈의 아서 프레저의 윈도는 '회화적'인 것으로 남아 있었다. 프레저는 1920년대 전문직에서 여전히 선두를 차지하고 있었다. 하지만 더 이상 평면적인 무대 배경에 의존하지 않으면서 이제 '슈퍼 윈도'를 지향하고 있었다. 슈퍼 윈도는 복합적인 회화적 이미지로서 3차원적인 배경과 상품의 위시 윈도(wish window)였다. 한 비평가가 말했다시피 "이것은 아무리 보아도 결코 싫증나지 않는 멋진 효과를 만들 수 있는 통합적인 컬러 그림"을 형성했다.[38] 프레이저의 숭배자인 시실리 스테이플스는 후일 그의 접근법을 이렇게 평가했다. "[프레이저와 같은] 디스플레이 매니저들은 불가능이란 없다는 것을 깨달았다. 사람들이 원하는 것은 자신의 경험, 백일몽, 어린 시절의 환상이 어느 정도 반영되었으면 하는 기대였다."[39](도표 23A-B 참조)

프레이저 스타일은 디스플레이 분야에 지속적인 영향력을 미쳤지만(지금까지 영향을 미치고 있다), 그것에 대한 날카로운 반발도 있었다. 20년대 마지막 무렵, 새로운 모더니즘적인 디스플레이 미학이 급부상하고 있었으며, 이런 추세는 프레이저의 '윈도 회화주의'에 반대하면서 예술적인 인상보다는 상품 그 자체를 강조하는 방향을 지향했다. 모더니즘은 유럽과 미국 양

37) 〈Notes from New York〉, *MRSW* 61(July 1927): 30; Kiesler, *Contemporary Arts*, p.103.

38) *DW* 3(October 1923): 49. See also on Fraser, author interview with Dana O'Clare, displayman at Lord & Taylor in the 1930s(June 11, 1985); Arthur Fraser, 〈Lloyd Lewis Interviews〉, MFA; *MRSW* 79(November 1936): 3.

39) Cecily Staples, *DW* 49(August 1946): 90.

대륙 모두에서 출현했으며, 예술가들에게 재료를 단순화하고 메지시를 없애고 파손되기 쉬운 장식물들을 줄이도록 권장했다. 모더니즘 예술가들은 프랑스 이민자들과 레이몽 레비의 미국식 약국의 추종자들도 포함되어 있었다. 미국에서 레이몽의 최초의 작업은 메이시즈에서 디스플레이 감독으로 일하는 것이었다. 1919년 스트라우스는 메이시즈의 디스플레이 수준을 높이기 위해 그를 고용했다. 하지만 그의 처녀 작품은 그들을 설득하지 못했다. 그것은 검은 이브닝 가운에다 모피를 걸친 마네킹 하나였으며, 그의 말대로 마룻바닥에 몇 점의 액세서리를 '흩어 놓은' 것이 고작이었다. "나는 윈도를 거의 어둡게 해놓았다. 유일한 조명은 형체 위로 강렬하게 쏟아져 내린 스포트라이트가 전부였다. 결과는 격렬한 그림자의 대비였다. 그것은 극적이고 단순하고 강렬했다. 그것은 노래였다." 하지만 스트라우스 형제를 설득하기는커녕 그들의 비위를 거슬렸다. 그들은 '나를 오해했지요' 라고 레비는 회상했다. "해고당하기 전에 내가 먼저 그만뒀지요."[40]

시간이 지남에 따라 모더니즘이 점화되었으며 모더니즘 예술가들은 20년대 후반에 많은 성공을 거두었다.[41] 5번 애비뉴의 삭스에 고용되었던 프레더릭 키슬러는 단순화된 '스포트라이트' 윈도로 잘 알려진 인물이었다. 하나의 의자에 악센트를 주라고 그는 촉구했다. '하나의 흰 모피'에만 집중하라. "사람들은 오직 하나의 의자를 본다"고 하면서 그는 삭스 윈도를 언급했다. "그 의자 위에 코트를 걸쳐 놓고 한 쌍의 장갑을 던져 두고 이것을 넓은 공간을 배경으로 하여 디스플레이를 하라. 배경은 중성적이고 통일된 회색 톤으로 하고, 코트는 흰색 모피 목도리를 한 검은색 벨벳이다. 장갑 역시 흰색이다. 쿠션 의자는 붉은색이며 의자의 나무는 회색이다."[42] 20년대 선두적인 무대 디자이너이자 백화점의 컨설턴트였던 리 시몬슨은 메이시즈가 모더니즘적인 디스플레이 방식을 취하도록 전환시켰다. 만약 "엄청나게 쌓인 물건들을 통제해야 한다면, 우리는 시야를 산만하게 흩어 놓는 대신

---

40) Quoted in Leonard Marcus, *The American Store Window*(Chicago, 1979), pp.20-21.

41) 1920년대부터 '모더니즘 시장'의 확산에 관해서는, see James Sloan Allen, *The Romance of Commerce and Culture: Capitalism, Modernism, and the Chicago-Aspen Crusade for Cultural Reform*(Chicago, 1983), pp.1-76.

42) Kiesler, *Contemporary Art*, pp.24-25.

그것에 집중하도록 모든 구성적인 수단을 활용해야 하며 물건들을 고립시켜 원경과 분리해야 한다."[43]

노먼 벨 게디스는 아마도 가장 야심만만한 신세대 디스플레이어였으며 단지 쇼윈도만이 아니라 미국에서의 모든 주요한 상업적인 비주얼 행위의 새 국면을 개척했다. 벨 게디스는 프레이저 스타일을 싫어했는데, 왜냐하면 물품에 시선이 곧장 가닿지 않도록 만들기 때문이라는 이유에서였다.

벨 게디스는 미시간 주 아드리언에서 가난하게 성장했다. 성공한 농부이자 말사육가였던 아버지가 죽고 난 뒤 어린 시절을 힘들게 보냈다. 어린 시절 그는 싸구려 소설이나 그가 좋아했던 동화인 《오즈의 놀라운 마법사》를 읽고 또 읽으면서 환상 속으로 도피했다. 9학년이 되었을 때 그는 각양각색의 분필을 발견하고서는 놀라워했다. 그는 그 분필을 이용하여 칠판에다 교장선생님의 캐리커처를 그린 대가로 학교에서 쫓겨났다.[44] 시카고 시체 공시소를 정기적으로 방문한 결과, 그는 인간의 형태를 스케치하는 법을 배웠다. 1910년대 그는 시카고 예술 학교에 다녔으며, 그러다가 패션 잡지와 페인트 포스터에 삽화를 그려 주기 시작했으며, 《아라비안 나이트》라는 연극을 쓰기도 했다. 그는 한동안 극장의 무대 디자이너로 일하기도 했다. 조명이 그의 전문이었다. 1914년 벨 게디스(본인의 말에 따르자면)는 강당 발코니에 부착한 램프로부터 직접적인 조명을 함으로써 '무대에 새로운 빛'을 도입하는 법을 고안했다. 2년 후 그와 건축가인 프랭크 로이드 라이트는 순식간에 무대 조명의 전형이 된 조명법을 고안했다. 그것은 제광 메커니즘을 이용하여 조종하는 조명의 정도에 따라서 어떤 색깔이라도 표현하고 무대의 어떤 위치에서도 집중 조명할 수 있는 고강도 조명 시스템이었다.[45]

1926년과 1927년 사이 혹은 그를 가장 유명하게 만들어 주었던 활동(산업 디자인)에 정착하기 바로 직전에 벨 게디스는 5번 애비뉴에 있는 프랭클린 사이먼 백화점의 디스플레이 매니저가 되기 위해 무대를 떠났다. 사이먼은 "우리가 이전에는 전혀 알려지지 않았던 윈도 영역을 탐구하고 있다"[46]는

---

43) Lee Simonson, *Journal of The American Institute of Architects* 15(July 1927): 231.

44) Kenneth Reid, *Masters of Design*(New York, 1937), pp.3–6; Norman Bel Geddes, *Miracle in the Evening: An Autobiography*(New York, 1960) pp.10–92.

45) Bel Geddes, *Miracle*, pp.160–63.

사실을 알고 있었다고 벨 게디스는 말했다. 벨 게디스 스스로 가게 윈도에서 상품을 제시하는 데 방해가 되는 것은 무엇이든지 없애 버렸다. 프랭클린 사이먼 백화점에서 1928년 그가 보여준 윈도 중 하나는 오직 세 가지 아이템만을 전시했다. 알루미늄 상반신 흉상에 스카프 하나, 두번째는 주홍색과 연초록색 스카프, 그리고 나머지는 흉상을 받쳐 주고 있는 원통 유리 플랫폼 위에 어울리는 색깔의 핸드백을 배치해 두었다. 커다란 '삼각형 형태'가 희미한 조명을 배경으로 만들어짐으로써 모든 시선은 상품 그 자체로 쏠렸다. 감춰진 스포트라이트가 배경에 그림자를 드리우게 되었다. "그것은 단순하면서도 예상치 못한 것이었다"고 벨 게디스는 자신의 수공품이 미친 충격을 그렇게 묘사했다. "쇼핑객들은 발걸음을 멈추고 쳐다보았다. 거리 맞은편에서 옵저버들이 건너왔지만 사람들이 몰려든 중심에 있는 것이라고는 거의 텅 빈 윈도라는 것을 겨우 보았을 따름이었다."[47)

극장은 벨 게디스의 모델이었다. "백화점 윈도는 무대에서 배우들이 재현되는 것과 마찬가지로 물품이 재현되는 무대이다."[48) 그는 그림은 받아들였지만 '설익은 예술가'들의 '유리 진열장'과 같은 윈도를 대단히 싫어했다. 그는 프랭클린 사이먼 백화점 윈도에서 정태적인 것은 전부 제거했다. 정태적인 배경, 정태적인 조명, 시선을 어지럽히는 그 모든 것들을 없앴다. 그에게 키워드는 **유연성**이었다. 유리·나무·금속·직물 등등 무엇이든지간에 어떤 방향으로든지 움직일 수 있고 교환 가능한 것을 선호했다. 온갖 색깔(그는 37가지 색채 배합과 농도를 이용했다)은 '전략적으로' 시선을 물품에 고정되도록 만들었다. '시선을 한 곳으로 쏠리게 만드는 스포트라이트'를 활용했다. 그는 '보는 사람들에게 정서적으로 감흥을 불러일으키고자' 했다. 아마도 프랭크 밤이었더라면 '물품을 소유하고 싶은 욕심과 갈망'[49)을

---

46) Norman Bel Geddes, *Horizon*(New York, 1932, 1977), p.6.

47) Norman Bel Geddes, 〈The Store Window a Stage; Merchandise the Actors,〉 *WWD*(November 19, 1927), p.1. 이 글은 벨 게디스의 보다 확장한 논의의 기초가 되었다. *Horizon*, pp.259-71.

48) Bel Geddes, *Horizrons*, p.261.

49) *WWD*(Novembre 19, 1927), pp.1-2, 18; *MRSW* 61(July 1927): 33; *MRSW* 61(October 1927): 30-31; *MRSW* 63(July 1928): 44; Bel Geddes, *Miracle*, pp.160, 259-67, 278-93, and *Horizons*, pp.259-71.

자극시키는 것이라고 말했을지도 모른다.

20년대 미국을 방문했던 유럽 상인들은 그처럼 단도직입적인 판매전략에 강한 인상을 받았다. 그들은 프레이저의 '환상'적인 디스플레이 또한 좋아했지만 벨 게디스와 그의 모방자들이야말로 '가장 고유한 미국적인' 것으로 보았다. 5번 애비뉴에 있는 백화점을 방문했던 한 독일 디스플레이어는 이렇게 말했다. "미국인들은 물건을 장미로 변형시키는 법을 알고 있었다. 미국인들은 상상력을 부추기고 만족을 모르는 욕망을 자극하는 법을 알고 있었다." 그는 독일에서의 '판매 윈도'를 대단히 낮게 평가했다. 다른 관찰자의 기록에 따르면 독일과 프랑스의 소매 상인들은 그때까지도 물건을 바리케이드처럼 쌓아 놓고 있었다고 한다. 반면 그는 미국인들에 관해서는 칭찬을 아끼지 않았다. "예술적인 선택, 배치, 장식의 효과가 전체 미국 백화점 시스템에 스며들어 있다." "미국 쇼윈도 드레서의 모토는 그게 마음에 든다면 난 그걸 아름답게 만들거야라는 것이 되고 있다."[50]

1926년 미국의 여러 도시를 여행했던 네덜란드 역사가인 요한 호이징가는 전혀 다른 방식으로 미국의 쇼윈도를 이해했다. 모더니즘적인 디스플레이이든 혹은 비모더니즘적인 디스플레이이든 그것이 문제가 아니었다. 호이징가에게 미국의 광고 판매 방식은 '지나친 낭비'를 특징으로 하는 것처럼 보였다. "늦은 밤 시간 조명으로 불이 밝혀져 있는 백화점 윈도를 따라서 5번 애비뉴를 걸어가는 데 익숙한 사람들은 어느 누구에게도 기쁨을 선사하지도 않으면서 빛나고 있는 그 모든 불빛을 바라보면서 비애를 느끼게 될 것이다. 읽히지 않은 모든 어구들, 신어 본 적이 없는 그 모든 구두들, 어깨에 걸친 적이 결코 없었던 비단들, 쇼윈도 뒤에서 시들고 있는 그 모든 꽃들을 쳐다보면서 어떻게 슬픔을 느끼지 않을 수 있겠는가."[51]

---

50) *WWD*(November 26, 1927), p.1; *MRSW* 55(August 1925): 12.

51) Johan Huizinga, *America*, trans. with introduction and notes by Herbert Rowen(New York, 1972; orig. pub. 1927), pp.232-33.

아름다움을 파는 브로커들

패션과 스타일 매니저들 또한 머천다이징 분야에서 인기를 누리기 시작했다. "패션에서 벗어날 수 있는 상품은 오늘날 어디에도 없다. 가구·자동차·세탁기·타이어 등등 모든 상품에는 패션이 있다"고 한 패션 광고판매자는 말했다. "패션은 물건을 생기넘치게 만들고 사람들에게 그것을 사도록 만든다!" 값비싼 보석·모자·드레스·값싼 도자기·유리 제품을 만드는 데 영향을 미치는 디자인이나 스타일과 같은 요소들은 다른 기계 제품들 또한 변형시키고 있었다. 색깔·선·모양(넓게 말하자면 물품의 겉모습) 등은 제품의 제조에 있어서 핵심으로 부상하게 되었다.[52]

'패션 자원'과 '자문'을 상인들에게 공급하고 쇼케이스 아이디어들을 제공하기 위한 브로커 에이전시와 컨설팅 회사들이 우후죽순으로 생겼다. 존 파워스는 1923년 처음으로 분명히 성공한 모델 에이전시를 맨해튼의 52번지 7번 애비뉴에 설립했다. 그는 배우가 되기를 원했으며 몇 년 동안 셰익스피어 극단과 함께 순회공연을 하기도 했다. 그러던 어느 날 그는 모델을 위한 상업사진작가들이 찍은 신문 광고에 시선이 멈췄다. "에이전시를 세우는 것은 어떨까?"라고 파워스는 아내에게 말했다. "모델을 구하는 많은 상업 사진작가들이 있기 마련이다." 그는 이 사업이 정말 전도가 촉망되는 분야라고 생각했다. 왜냐하면 모델에 대한 요구가 치솟고 있을 뿐만 아니라 패션 사진이 많이 개선될 것으로 보았기 때문이었다. "내가 처음으로 모델 에이전시를 시작했을 때, 카메라가 겨우 광고에 사용되기 시작했다. 문자로 씌어진 단어보다 판매하는 데 매혹적인 사진이 좀더 효과적이라는 것을 확신했으므로 나는 이 아이디어에 몰두하기로 했다."[53]

---

52) 스타일 변화에 관해서는, see *PRL*(First May Issue, 1928); Estelle Hamburger, *It's a Woman's Business*(New York, 1939), pp.240-56 광고와 산업에서 스타일의 중요성에 관해서는, see Roland Marchand, *Advertising the American Dream: Making Way for Modernity, 1920-1940*(Berkeley, Calif, 1985), pp.122-49; and Jeffrey Meikle, *Twentieth Century Limited: Industrial Design in American, 1925-1939*(Philadelphia, 1983).

53) John Robert Powers, *The Power Girls: The Story of Models and Modeling*(New York, 1941), pp.19-21, 23.

심지어 1900년대 초반부터 상인들은 극장, 서커스, 공장이나 자기 공장 직공들 중에서 패션모델을 채용할 수 있었다. 1912년 워너메이커의 알라의 정원 쇼에서 모델은 백화점의 직원들로부터 차출하거나 혹은 극장 거래 신문에서의 광고를 통해 구할 수 있었다. 이제 파워스는 모델을 전문 직업으로 전환시켰으며 대단히 수익성 있는 직업으로 만들었다. 1923년 평균적인 모델의 주당 수입은 35달러였다. 1930년 무렵 파워스의 모델들은 주당 1백 달러를 받았다. 잘나가는 모델들은 한 번의 쇼나 사진 세션 동안 이보다 더 많은 금액을 요구했다.[54] 파워스는 모델들을 '특정한 요구를 충족시켜 주는 상품'으로 취급했다. 그는 자신을 '아름다움을 파는 브로커'라고 불렀으며, 거대 소매 상인들 도매 쇼룸, 상업사진작가들에게 '실제적으로 모든 것을 파는' 여성들을 정규적으로 공급했다. 그는 멈추지 않고 패션 '퍼레이드'와 패션쇼를 하는 것처럼 보였다. 그의 모델들——1930년 무렵 그는 대단히 수요가 많은 4백 명의 활동하는 모델들을 보유하고 있다고 자랑했다——은 욕망을 자극하는 데 정통했다. 예를 들어 베티 마의 기술은 뉴욕의 모피 상인들의 이윤을 상승시켰다. 한 전문 직업사진작가의 말에 따르면 그녀는 눈꺼풀을 어떻게 내려깔아야 하는지를 알고 있었으며 자신이 입고 있는 모피 코트 위에서 손을 어떻게 놀려야 하는지 알고 있었다. 그녀는 "지켜보고 있는 사람들에게 그것이 얼마나 귀중한 것인지를 말해 주었으며, 모피로 화려하게 감싼 코트 위에 엄지손가락을 적절한 자리에 올려 놓음으로써 손가락이 모피 코트와 결코 헤어질 수 없다"는 것을 보여주었다.[55]

패션 사진이라는 새로운 영역의 도움으로 파워스는 지나치게 과장되었던 것처럼 보이는 여성의 아름다움에 대한 표준적인 개념을 창조하게 되었다. 그런 아름다움은 여성들 위에 군림하는 심리적 횡포이자 과장되고 1차원적인 19세기의 표준화된 드로잉에서 기인한 탓이었다. 그는 또한 모델이란 직업과 연상되는 느슨하고 천박한 연극적인 삶으로부터 이 직업을 자유스럽게 만들었다(혹은 그렇게 하려고 노력했다). 브로커들의 방식은 너무 경박했

---

54) 1923년 수치에 관해서는, see 〈An Almost Perfect Thirty-Four〉, *Saturday Evening Post*, November 10, 1923: 22; 1930년대의 수치에 관해서는, John B. Kennedy, 〈Model Maids〉, *Collier's*, February 8, 1930: 61.

55) Quoted in Kennedy, 〈Model Maids〉: 61.

는데, 그런 방식과 달리 파워스는 여성들이 모델이라는 직업을 받아들일 수 있도록 '자연스러움'이나 '완전히 미국적인 방식'을 주장했다. '우리 아가씨들은' 최고의 가문에서 최고의 교육을 받은 여성들이다. 보통의 배우모델들의 '내숭떨면서 가식적인 태도로' 워킹하는 사람은 아무도 없었다. '지나친 화장'을 한 사람은 아무도 없었다. 그의 "아가씨들은 전형적인 미국 아가씨들이며 예쁘고 건강하고 생동감 넘치고 자신감에 차 있는 여성들이다."[56]

다른 패션 에이전시들과 컨설팅 사업체는 신속한 매상과 고수익을 올리기 위해 전국적으로 상인들에는 '필수 불가결한' 서비스를 제공했다. 또 다른 그룹인 뉴욕의 스탠더드 주식회사는 상인들에게 스타일 추세를 발표하고 잠재적인 시장의 우승자를 추천했으며, 1924년에는 패션 잡지인 《모드와 매너》에 자금을 조달했다. 이 저널은 8개의 주요 백화점, 즉 톨레도·신시내티·보스턴·세인트루이스·피츠버그·샌프란시스코·필라델피아·로스앤젤레스 등이 뭉쳐서 자금 지원을 했다. 광고는 백화점마다 다양했다. 이들의 주요한 라이벌(마셜 필즈의 《시대의 패션》과 뱀버거의 《매력》은 각각 1914년과 1924년에 출판되었는데, 《집과 정원》과 마찬가지로 독자적이었다)들과 마찬가지로, 산뜻하고 미려한 고급 잡지인 《모드와 매너》는 교외의 고급 시장에 봉사했으며 주로 패션을 취급했다. 말하자면 패션은 이제 의복만이 아니라 가구, 스포츠, 집 안의 구비 품목에까지 이르렀다.[57] 많은 사진과 드로잉들은――경쟁사의 사진과 드로잉과 마찬가지로――대리 만족을 주는 백일몽, 상품의 획득을 통해 도피와 소원 성취의 환상을 강화시키는 것을 목적으로 삼았다. 페미니즘과 사치를 뒤섞고(다시 한번 《매력》과 《시대의 패션》이 보여주었던 태도와 마찬가지로), 성공한 여성들과 정치가 여성들에 관한 기사를 실었다. 이와 동시에 이 잡지는 만약 욕실에 적절한 액세서리를 구입하기만 한다면 혹은 최신 주방용 자기를 구입하기만 한다면,

56) Powers, *The Power Girls*, pp.21, 23-24, 45; Clyde M. Dessner, *So You Want to Be a Model*(Chicago, 1943), pp.29, 80.

57) ⟨*Modes and Manners—a New Magazine*⟩, J. Walter Thompson, News Letter 1(January 17, 1924):1-2, J. Walter Thomson Archives; *Business Week*(May 20, 1931), p.13. 뱀버거의 《매력》이라는 잡지에 관해서는, see John O'Connor and Charles F. Cummings, ⟨Bamberger's Department Store, *Charm* Magazine, and the Culture of Con-sumption in New Jersey, 1924-1932⟩, *New Jersey History* 101(Fall/Winter 1984): 1-33.

그들 또한 '눈부신 세계'를 손에 넣을 수 있으며, 도로시 파커(부유하지는 않았지만 똑똑한)나 콘수엘로 밴더빌트와 같은 사회적 '위상'을 획득할 수 있을 것같은 믿음을 독자들에게 심어 주려고 했다. 이 저널에는 이들의 삶과 '매너'를 너무나 멋있는 것으로 묘사한 기사가 실렸다.

《모드와 매너》의 편집장인 마거릿 메이시는 이 저널이야말로 '인생의 필요한 사치를 반영한 거울이며, 새롭고 가장 바람직한 모드를 진정으로 반영한 것일 뿐만 아니라 이 가게에서 당신이 상상하는 모든 것을 손에 넣을 수 있는 기회가 있음을 확신시켜 주는 것이었다'고 주장했다. '귀족적인' 잡지는 '당신을 평범한 가정주부가 아니라 여주인'으로 만들어 줄 것이다. 이것은 '당신 마음의 마술 담요'이기 때문에 오로지 기쁨을 가져다줄 것이다. "심지어 회벽에 매달아 놓은 조각된 상자나 혹은 가지 달린 철제 촛대에도 마술은 있다. 이 마술담요는 주니어 리그(여자청년연맹: 미국 상류 사회 여성들의 사회 복지 활동 단체)의 활동을 마음속에 떠올릴 수 있도록 해준다 하지만 마술 담요는 언제나 당신에게로 되돌아온다. **당신의 옷, 당신의 환경, 당신의 기쁨으로.**"[58]

20년대 영향을 미쳤던 다른 컨설팅 회사들에는 아모스 패리시 주식회사, 토브 콜리어 데이비스의 '패션 자문 서비스'가 있었다. 패리시는 패션 디자이너인 엘리자베스 호스가 말했다시피 '20년대 거대 프로모션가들 중 한 사람이었는데,' 그는 상품 시장의 요구에 걸맞는 판매 기계를 구축하는 데 도움을 주었다고 생각했다. 그는 인기 있는 저널인 《아모스 패리시 매거진》을 출판했으며 소매 상인들을 위한 《애비뉴의 숨결》이라는 잡지는 '과학적인 구매'에 관한 가장 '선진적인' 교육을 제시했다. 그는 가게 소유주, 머천다이징 매니저, 광고 매니저, 디스플레이 매니저, 그리고 바이어들에게 '아모스 패리시 패션 클리닉'에 귀 기울이도록 만들었다. 간단히 말해 판매 촉진의 왕도였다. 이 클리닉은 1년에 두 번 개최되었는데, "패션은 이제 모든 사람의 화제이며…… 모든 가정에서, 모든 사람들이 원하거나 가지고 싶어하는 모든 것에 패션이 등장하기" 때문이었다.[59] 수업료를 내고 '수강생'들은 그의 조언(혹은 그의 대리자)에 귀 기울였다. 그는 '패션을 통해 어떻게 모든

---

58) *Modes and Manners*(February 1925): 5; *Modes and Manners*(June 1924): 11-17.

것을 새롭게 만들 수 있는지'에 관해 강의했다. '새로움'이 없으며 매상도 없다. "어떤 것도 패션을 멈추게 할 수는 없다. 패션은 물건을 구식으로 만든다. 산업은 좀더 큰 사업체를 건설하고 더 많은 물건을 만들기 위해 기존의 물건을 낡은 것으로 만들거나 더 많은 배당금을 받고 싶어한다. 물건은 나이가 든다. 물건이 나이 들게 만드는 유일한 것이 패션이다. 패션이 없다면 그렇게 할 수 없다. 오로지 패션만이 그렇게 할 수 있다." 전국적으로 1백여 개가 넘는 스토어들로부터 모여든 수백 명의 대표들이 정규적으로 뉴욕 시의 어퍼 이스트 사이드에 있는 패리시의 봄과 가을 강좌에 참석했다. [60)]

토브 콜리어 데이비스는 20년대 후반 패션 자문 서비스를 개설했으며, 1931년 패션 그룹은 록펠러 센터에 본부를 두었다. 이 그룹은 패션 광고 판매 분야에서 가장 재능 있고 성공적인 여성들을 불러모았다(첫 해에는 75명의 여성들이 속해 있었지만 1972년에는 5천 명이 속해 있었다). 이들은 패션 추세에 관한 내부 자료를 공유하고 서로 제휴하기 위해 설립된 것이었다. [61)] 데이비스의 이면에는 많은 여성들이 경영자 위치에 있었다. 머천다이징 매니저, 레스토랑과 지점 매니저, 인사 감독관, 광고 매니저, 가게 주인이 있었다. [62)] 엘리스 김벨이 말했다시피 "1926년 김벨 조직에서, 여성은 남성과 동등한 권리를 가지고 있을 뿐만 아니라 동일한 임금을 받는다. 그들 중 일부는 국회의원이나 판사에 버금가는 급료를 받는다" [63)]라는 진술이 지도자급 상인들의 입에서 나온 것은 그다지 놀랄 만한 일이 아니었다.

최초의 여성 디스플레이 감독은 20년대 후반과 30년대 초반에 윈도와 인테리어를 하고 있었는데 그 중에서 특히 뉴욕 김벨스의 로즈 반 샌트, 5번 애비뉴의 일류 보석 회사였던 블랙, 스타, 프로스트-고햄의 폴리 페티트가

---

59) *Amos Parrish Magazine*(이후부터 *APM*으로 약칭)(June 1928): 11; *APM*(April 1925): 1; *APM*(January 1926): 13; *APM*(June 1928): 6; *WWD*(February 8, 1928); Elizabeth Hawes, *Fashion Is Spinach*(New York, 1938), p.113; *MRSW* 69(Decemb er 1931): 37.

60) *APM*(February 1929): p.11; *APM*(August 28, 1928), pp.8-9.

61) Elaine Jabenis, *The Fashion Director: What She Does and How to Be One*(New York 1972), p.371.

62) *WWD*(February 3, 1928): 1-2; *HBR* 1(October 1927): 93.

63) *PRL*(First December Issue, 1926): 9; Frances Fisher Dubuc, 〈Women Wanted by Department Store〉, *The Saturday Evening Post*, no 200(June 23, 1928): 130, 132, 134.

유명했다(그녀는 또한 뉴욕의 메트로폴리탄 남성 클럽에서 1929년 이사 자리를 차지했던 최초의 여성이었다).[64] 1924년 무렵 미국의 전체 1만 7천4백93명의 바이어들 중에서 41퍼센트가 여성이었으며, 1910년 이후로 이 수치는 10퍼센트 이상 증가했다. 뉴욕 시에서 여성 바이어들은 '특수 신분층'을 형성했으며, '기성복 세계의 브라만 신분'이 되었다. 열심히 일하고 엄청난 고소득을 올리면서 자립적으로 생활하는 이들 여성은 유럽과 동아시아 등지로 함께 모여서 구매 여행을 하는 것이 어느 정도 가능했다. 여성들에게 그런 독립성과 권력을 인정하는 데 익숙하지 않았던 당대의 남녀 모두로부터 그들은 끊임없는 조롱의 대상이 되었다. "그녀는 너무 많이 웃는다"라고 한 비평가는 어떤 '향수 풍기는 무비 퀸 바이어(perfumend movie queen buyer)'에 대해 비판했다. "그녀는 너무 논쟁적이다. 자기 마음대로 하는 방식에 너무 익숙해져 있다. 그녀는 성공 자체이다. 만약 크리스마스 즈음하여 최고급 호텔에서 또 다른 동료 바이어 여성과 더불어 값비싼 크리스마스 디너를 함께 한다고 상상해 본다면 그녀는 약간 고독하지 않을까?"[65]

토브 콜리어 데이비스 역시 무엇보다 이런 편견을 알고 있었겠지만 무시해 버렸음에 틀림없었다. 부동산 중개업자였던 남편 허버트 데이비스와 딸에게 진취성을 가르친 소매 상인이었던 아버지의 후원에 힘입어, 그녀는 비교적 무시되었던 직업 분야(남성 지배적이었던 은행업과 산업 생산 분야와 비교해 볼 때)를 여성들에게 고수익을 올릴 수 있는 분야로 전환시켰다. 뉴욕 시에서 그녀의 자문 서비스는 패션 추세에 관한 일간지를 배포했으며, 그런 추세를 이용하여 어떻게 수익을 올릴 것인지를 강의했다. 이 직업은 이 분야에서 가장 추구해 볼 만한 서비스 직종이 되었다. "연합의 사장뿐만 아니라 메이시즈와 김벨스의 사장 모두 그녀의 조언에 의존했으며 사업 노하우에 의지했다……. 그녀는 자신이 많은 돈을 벌었을 뿐만 아니라 자신의 고객들에게도 많은 수익을 올릴 수 있도록 해주었다"고 줄리아 코번은 회상했다. 그녀는 1938년 데이비스가 토브-코번 패션 스쿨을 설립하는 데 도움

---

64) On Rose Van Sant, see *MRSW* 66(January 1930): 43 and *Retailing*(July 31, 1933): 5; on Polly Pettit, see *MRSW* 64(February 1929): 58 and *MRSW* 78(April 1936): 32.

65) Frances Anne Allen, 〈Lady Buyers〉, *The American Mercury* 8(February 1928): 138-44.

을 주었다. 이 패션 스쿨은 아직도 존재하고 있다.[66]

1927년 데이비스는 소위 말해 최초의 전문적인 '패션 스타일리스트'가 되었으며 기계 제품의 표면·형태·선·디자인에 초점을 맞췄다. 그 중에서 무엇보다 색깔에 집중했다.[67] 상인과 제조업자들은 상품의 가시적인 호소력을 향상시키기 위해 상품의 스타일과 디자인에 무척 의존하게 되었다. 은행가인 폴 마저는 데이비스가 스타일리스트가 되었던 그해 이렇게 말했다. "10년 전만 하더라도 스타일이라는 딱지는 여성의 의복에나 해당하는 것이었다. 하지만 오늘날에는 자동차에서부터 세탁기에 이르기까지 모든 것은 스타일의 변덕에 의존하고 있다."[68]

색깔 분야 역시 전문가가 있었다. 이들 중에는 마거릿 헤이든 로크가 있었는데 그녀는 전쟁 전 여성 참정권론자였으며, 1918-1919년 사이 그녀는 미국의 섬유색깔카드협회의 최초의 관리 감독이 되었다. 이 단체는 프랑스 색깔 기준으로부터 독립을 선언했다. 시간이 흘러 수백 명의 섬유 제조업자들과 소매 상인들이 이 협회에 가입했으며, '대중들에게 색깔 센스를 교육시키고,' 미국과 유럽에서 색깔의 명칭을 표준화하며 봄가을 시즌에 '예상되는 유행'을 알렸다. 이 조직은 모든 사람들이 동일한 색깔의 세계에서 작업해야 한다는 사실을 확신시켰다. "나는 여러분들에게 미술가로서 연설합니다"라고 박물관 큐레이터인 스튜어트 쿨린은 1925년 이 협회에서 강연을 하면서 말했다. "여러분은 미국인들의 색깔 의식을 교육하고 담당해야 합니다. 여러분이 의도했든 하지 않았든 간에, 이미 여러분은 막중한 책임감을 인정해야 합니다. 심각한 책임을 맡고 있는 자리에 있으며 한때는 황실(Imperial Court)에서 고위직 관리 부처가 채웠던 그 자리에 서 있는 것입니다." "여러분의 의무와 책임은 인간의 행복에 결정적인 영향을 미치는 것입니다. 그리고 사람

---

66) Julia Coburn, oral interview conducted by Mid Semple(April 30, 1984), p.11, transcript in possession of author; Jabenis, *The Fashion Director*, p.33. See also Estelle Hamburger, *It's Woman's Business*(New York, 1939), p.211; *WWD*(December 6, 1927): 1; *MRSW* 75(February 1935): 30; and *Sheldon's Retail Trade in the United States*(New York, 1924), pp.1-9.

67) Quoted in *MRSW* 69(August 1931): 40.

68) Quoted in *PRL*(Second February Issue, 1927): 1.

들이 귀중하게 생각하는 물질적인 것의 가치를 결정하는 것입니다."[69]

도로시 샤버의 스타일

마거릿 로크와 다른 색깔 전문가들은 스타일리스트와 어깨를 나란히 하면서 일했다. 그들의 직업은 물품의 외양을 변화시킴으로써 사람들에게 그것을 사도록 만드는 것이었다. 이들은 함께 1920년대 스타일 전시회에 참여했다. 스타일 전시회는 미술관에서가 아니라 백화점에서 열렸다. 이제 백화점은 새로운 스타일에 관한 아이디어를 전파하는 데 주요한 도구가 되었다. 1922년 필즈에서 시작되었고 20년대의 끝 무렵 메이시즈에서의 쇼로 절정에 달했던 이 스타일 전시회는 쇼핑 대중들에게 일상 생활에서 사용하는 기계제 제품들의 색깔·선·디자인을 변형시킴으로써 다양성을 소개하게 되었다.[70] 최초의 메이시즈의 스타일 전시회는 1927년 5월 1주 동안 열렸는데, 특히 모더니즘의 충격이 미국 디자인 제품인 전등, 융단, 도자기, 가구에 미친 영향을 선보였다. 이 전시회는 메이시즈의 자원과 메트로폴리탄 미술관의 공동 작업이었다.[71] 메트로폴리탄의 산업예술 준회원이었던 리하르트 바흐가 지속적으로 자문을 해주었다. 그래서 《뉴욕커》는 "바흐 씨는 자신의 영혼을 메이시즈에 뿌려 놓았다"라는 농담을 했다. 메이시즈와 메트로폴리탄 미술관의 협동 작업은 대단히 인상적이었다. "로렌조 드 메디치

---

69) SC, 〈The Magic of Color〉, a paper given before the Annual Meeting of the Textile Color Card Association of the United States(February 18, 1925), repr. in *The Brooklyn Museum Quarterly*(April 1925), SC; the Textile Color Card Association to Stewart Culin(April 20, 1928), SCP. See also 〈Color Standardization〉, *DGE*(April 13, 1918): 33; 〈Color Cards Help Sell Through Correct Matching〉, *DGE*(March 11, 1922): 24; 〈1933 Spring Hosiery Colors〉, *MRSW* 72(January 1933): 17; 〈World Color Chart Urged as Trade Aid〉, *WWD*(July 20, 1928): 6; and *WWD*(February 25, 1926): 1.

70) 마셜 필즈 쇼에 관해서는 see 〈1922 Arts and Industries Exhibit——Retail〉, the Field's scrapbook, Publicity XB-1, MFA.

71) William H. Baldwin, 〈Modern Art and the Machine Age〉, *The Independent*(July 9, 1927): 39; and 〈Art in Trade Glorified by Macy's〉, *The Bulletin*(May 1927), exposition publicity, MA.

가문과 같은 태도가 제조업자들과 소매 상인들에 의해서 상업적인 장점으로 채택되고 있음을 보여주고 있다. 이런 태도는 더 이상 한 개인의 특권적인 기능이 아니다"[72]라고 한 관찰자는 말했다.

유럽의 외교관, 국제적인 예술가, 미국 정부 관리, 미술관 관계자들이 1928년 전시회의 오프닝에 참석했다. 전시회는 16개의 쇼윈도, 18개의 모더니즘적인 쇼케이스, 15개의 전시실을 가지고 있었다. 3백 개의 전시가 발표되었고 메이시즈에 따르면 거의 25만 명의 방문객들이 2주간의 전시 기간 동안 들렀다.[73] 무수히 많은 모더니스트 오브제들이 전시되었는데, 오스트리아의 요제프 호프만, 독일의 브루노 파울, 로스앤젤레스 출신의 켐 웨버와 같은 쟁쟁한 기성 작가들이 디자인한 것들이었다.[74]

1928년 쇼는 보스턴의 조단 마시에서부터 로스앤젤레스의 불록에 이르기까지 모방자들에게 전국적인 반향을 불러일으켰다. 물론 뉴욕의 유명 백화점들은 말할 필요조차 없었다.[75] 거대한 도시 미술관 역시 행동에 나섰다. 리하르트 바흐는 1920년대 후반 전국을 순회하면서 대도시 소매 상인들과 제조 회사들에게 스타일과 디자인에 관한 컨설팅을 했다. 1927년 메트로폴리탄 미술관의 비서관에게 보낸 보고서에서 그는 "우리의 영향력을 확산시키는 것이 나의 욕망이었다"[76]라고 적었다. 바흐는 미술관 그 자체에서 스타일화된 물품을 위한 전시 공간을 대단히 확장했다. 1929년 무렵 1백60개 회사 모두 미술관의 산업예술 쇼에 전시하고 있었는데(1917년에는 26개

---

72) Repard Leirum, *The New Yorker*(May 14, 1927), Macy's scrapbook, MA.

73) Macy's advertisement, *The New York Times*(May 28, 1928), Macy's scrapbook, MA.

74) *The New York Times*(May 13, 1928), Macy's scrapbook, MA.

75) 이 모든 가게에 대해서는, see *WWD*(March 3, 1928): 1-2; *MRSW* 63(November 1928): 7 and 63(March 1928): 119; and N. C. Sanford, ⟨An International Exhibit of Modern Art⟩, *Good Furniture Magazine*(July 1928), Macy's scrapbook, MA.

76) Richard Bach to Henry Kent(August 16, 1927), reported on the ⟨season's work⟩, ⟨Bach, Richard F.⟩, Correspondence, etc., relating to the Industrial Arts, Archives of the Metropolitan Museum of Art, New York City(이후부터 MMAA로 약칭); Mayor W. Freeland Kendrick to Henry Kent(June 27, 1927), ⟨Bach, Richard F.⟩ Ellis Gimbel to Henry Kent(June 23, 1927), ⟨Bach, Richard F.⟩ 1920년대 대중의 취향에 가장 많은 영향력을 발휘했던 제도들이었던 미술관, 박람회, 백화점들 사이의 경쟁에 관해서는 see Neil Harris, ⟨Museums, Merchandising, and Popular Taste: The Struggle for Influence⟩, in *Material Culture and the Study of American Life*, ed. Ian G. Quimby(New York, 1978), pp.140-74.

회사가 참여했다), 전시 대상은 1천6백 점이었다(1917년에는 73점에 불과했다). 대중의 관심 역시 폭발적으로 증가했다. 1920년대 전체 7천9백43명이 미술관 쇼를 방문했다면, 1929년에는 18만 5천 명 이상이 다녀갔다. "제조업자, 상인, 미술관이 함께 산업을 위한 새로운 매직 서클을 형성한 것처럼 보였다. 예술을 집 안의 구비 물품, 의복, 그밖의 다른 일상 생활 요소들에 지속적이고도 확실하게 도입하는 수단이 되었다"라고 바흐는 자랑스러워했다.[77]

그런 쇼의 제작 발표로 인해 다른 많은 분야에서도 평판이 자자하게 되었다. 그 가운데서 가장 지속적으로 인기가 있었던 쇼가 도로시 샤버의 쇼였다. 그녀는 오로지 재능 하나만으로 주요 백화점(로드 & 테일러)의 수석에 임명되었던 최초의 여성이었다. 도시 머천다이징 분야에 미친 그녀의 영향력은 최근 그녀를 존경하고 있던 한 동시대인의 말에 따르자면 "그야말로 어마어마한 것이었다."[78]

1897년에 태어난 샤버는 아칸소의 대규모 플랜테이션 농장에서 유복하게 자랐다. 그녀의 아버지는 판사였으며 그녀의 양쪽 조부모 모두 그 지역의 '전설적인 인물'들이었다. 한 할아버지는 전(前)-남부동맹군 장군이었다. 다른 쪽 조부는 아칸소에서 법적으로 결투를 했던 마지막 인물로 추정되었다. 1920년대 초반 샤버는 시카고대학에서 공부를 하기 위해 시카고로 갔으며 그곳에서 여동생인 엘지와 함께 살았다. 엘지는 인형 제작자이자 예술가였는데 크고 검고 슬픈 눈을 가진 아이들을 그리는 것이 그녀의 주특기였다. 1923년 자매는 뉴욕으로 이사를 했으며, 뉴욕 맨해튼 웨스트 47번지

---

77) Metropolitan Museum of Art, attendance figures(1917-1929), file, ⟨Exhibitions——Manufacturers and Designers⟩, MMAA' for list of participants, catalog, ⟨Sixth Exhibition of American Industrial Art⟩(January 15-February 26, 1922), MMAA; and Richard Bach, ⟨Manufacturers, Merchants, and the Museum of Art⟩, copy of article written for Marshall Field's *Fashions of the Hour*, in ⟨Bach, Richard F.⟩, MMAA. See also on Bach, Jay Cantor, ⟨Art and Industry: Reflections on the Role of the American Museum in Encouraging Innovation in the Decorative Arts⟩, ed Ian Quimby and Polly Ann Earl in *Technological Innovation in the Decorative Arts*(Winterthur, Del., 1973): 332-54.

78) Author interview with Marjorie Pleshette, buyer at Macy's and Bonwit Teller's in the 1930s(May 6, 1985).

에 작은 가게를 냈다. 로드 & 테일러 경영진은 도로시 샤버가 작업하는 것을 본 이후로 이 가게를 후원했다. 그녀에게 행운이 찾아들었다. 아칸소 동향 출신이자 연합잡화(Associated Dry Goods: 소유주는 로드 & 테일러사)의 회장이었던 새뮤얼 레이번은 머천다이징 분야에서 남성들이 하는 것은 무엇이든지간에 여성——독신, 기혼, 아이가 있는 여성을 막론하고——또한 할 수 있다고 믿었던 사람이었다. 어머니가 일을 하게 되면 "어린아이들이 적절한 관심을 받지 못하게 될 것"이라는 강력한 반대에 부딪히자 그는 1924년 일하는 어머니들에게 보낸 편지에서 이렇게 대답했다. "잘 조직된 사업 마인드가 있는 어머니는 어린아이들에게 좀더 나은 관심을 보여줄 것"이라고 주장했다.[79]

일을 시작하고 1년이 지났을 때 샤버는 인테리어 데코레이팅 서비스를 설립했으며, 그것이 로드 & 테일러 패션 & 데코레이션 부서였다. 그후 얼마 지나지 않아 그녀는 연합잡화 주식회사의 감독 부서의 일원이 되었다. 1931년 광고와 프로모션 부서의 부회장이 되었다. 1946년 그녀는 로드 & 테일러의 회장에 임명되었으며 1962년 그녀가 죽을 때까지 그 자리에 머물러 있었다.[80] "당신은 우리를 위해 길을 개척했다"고 본위트 텔러(Bonwit Teller's)사의 후기 회장이었던 밀드레드 커스틴은 1958년 샤버에게 보낸 편지에서 그렇게 말했다. 샤버는 머천다이징 분야에서 여성들은 자신이 원하는 만큼 성장할 수 있다고 확신했다. "백화점 분야에서 여성들이 두각을 드러내는 것에 방해가 되는 것은 오직 하나이다. 그 장애물은 바로 여성 그 자신이다"라고 1931년에 있었던 한 인터뷰에서 그녀는 말했다. "기회는 얼마든지 있다……. 조직과 통제 영역에서 여성들이 주요한 역할을 담당하지 못할 이유는 아무것도 없다."[81]

1920년대를 통틀어 샤버는 새로운 추세에 섬세하게 적응하면서 '그것을

---

79) Samuel Reyburn, quoted in *The Independent*(a contemporary feminist magazine for businesswomen)(December 1924), p.1; and for the best published sketch of Shaver's life, see Allene Talmey, 〈Dorothy Shaver of Lord & Taylor, Unorthodox Store Strategist〉, *Vogue*(February 1, 1946), Dorothy Shaver Papers, Costume Division, National Museum of American History, Washigton, D.C.

80) Talmey, 〈Dorothy Shaver〉.

성취할' 방법을 추구하는 일군의 사람들에 속해 있었다. 패션 & 데코레이션 부서를 통해 그녀는 1925년 로드 & 테일러사에서 처음으로 '최초의 모더니즘 스타일의 방'을 실시했으며 뉴욕 생활의 자극과 매력을 의상에 도입하려고 애썼다. '색깔은 스타일만큼이나 미국적인 장면'이라고 그녀는 주장했다. 1928년 파리를 방문하고 난 뒤 그녀는 로드 & 테일러에 프랑스 모더니즘 장식예술 쇼를 개최했다. 이것은 미국 최초의 모더니즘 쇼 기획이었다. 이것은 단지 물품을 파는 것만이 아니라 그녀가 표현했다시피 "일반 소비를 위해 아름다운 물품을 생산하는 데 예술가와 제조업자가 긴밀히 제휴하는 것이기도 했다. 그녀는 이 쇼를 마치 새로운 연극이나 영화를 상연하는 것처럼 조직했다. 물건에 대한 조명——보이지 않는 광원으로부터 나오는 빛이나 불투명 유리의 플랫 슬리브(flat slab)를 통해 나오는 조명——은 특히 방문객들의 눈길을 사로잡았다." "놀라운 전시였다"고 예일대학의 연극부 조명 담당 부교수였던 스탠리 맥캔들리스에게 보낸 편지에서 감탄했다. "나는 특히 큰 방의 조명이 인상 깊었습니다. 중요한 것은 빛의 분배였지 빛의 고정이 아니었거든요."[82] 이 전시회로 인해 샤버는 엄청난 대중적 성공을 거뒀다. 경외감에 사로잡힌 한 비평가가 말했다시피, "이 쇼는——피카소 · 브라크 · 위트릴로의 작품으로 가득 찬——연극 공연의 초연처럼 장식하여 발표했었다. 사이드워크에는 붉은 카펫이 깔렸고 빛의 홍수 속에서 샤버는 흰 이브닝 드레스를 입고 공중으로 떠올랐다. 그것은 일대 센세이션이었다."[83]

샤버는 이미지, 인상 표면을 팔았다. 그녀는 현재 미국 대중문화를 지배하고 있는 사이비 세련의 언어를 파는 데 통달한 인물이었다. 1930년대 초반 샤버는 그녀 자신이 '미국적인 시선'이라고 불렀던 것으로 전향했다. 그녀는 과거에 대한 진지한 존경이나 혹은 전통에 충실한 것을 어떻게 '패션 추세'로 변형시켜 전달할 것인지에 관해 잘 알고 있었다. 1937년 그녀 자

81) Quoted in *The Christian Science Monitor*(July 28, 1931) and in Retailing(February 14, 1931), newspaper clippings, Shaver Papers; and Mildred Custin to Dorothy Shaver(April 23, 1958), Shaver Papers.

82) Stanley McCandless to Dorothy Shaver(March 10, 1928), Shaver Papers; Helen Appleton Read, 〈An Exposition of Modern French Decorative Art〉, vol. 6, scrapbook, Shaver Papers.

신이 라디오 광고를 통해 최신 스타일을 밀어붙였다.

지난 봄 우리는 격식을 차리지 않았다. 근심 걱정하고 초조하고 불행했다. 우리의 복장은 정확하게 우리의 심리 상태를 반영했다. 올봄 우리는 자연스럽고 보다 침착하고 보다 정확하고 보다 평온하고 행복하다. 우리는 소박하고 진정한 인생의 것들에 좀더 정취를 부여한다. 우리는 인간 관계에 좀더 낭만적이며 가족 생활에 좀더 관심을 갖게 된다. 이런 것들을 충분히 인식하지 못한다면 우리는 보다 형식적이고 정중한 전전 시기의 매너로 되돌아가게 될 것이다.

샤버의 입장은 프랑스 작가인 알베르트 카뮈의 《반항적 인간》에 묘사되었던 것과 유사한 입장이었다. 이 작품에서는 "어떤 것도 더 이상 좋거나 나쁜 것은 없다. 다만 시대에 앞섰거나 아니면 뒤떨어진 것이 있을 뿐이었다."[84]
샤버에게 백화점은 그저 백화점이 아니었으며, 옷은 그냥 옷이 아니었고 테이블은 그냥 테이블이 아니었다. "사람들에게 꿈을 팔아라"는 것은 샤버의 모토가 될 수도 있었다. 로드 & 테일러 프랑스 장식 예술 쇼가 오픈하고 난 직후, "정말로 넌 경이로운 존재야"라고 그녀의 한 친구가 1928년 편지를 보냈다. "버넘 씨가 상당히 오래전에 죽었다는 게 다행이야. 네 앞에서 그의 홍보 능력은 너무나 빛이 바랠 수 있었을 테니까. 정말 진심이야. 분명

83) Jeanne Perkins, 〈No. 1 Career Woman〉, *Life*(May 12, 1947), transcript in Shaver Papers, vol. 6; Edward L. Bernays, *Biography of an Idea: Memoirs of Public Relations Counsel Edward L. Bernays*(New York, 1962), p.225; Shaver, quoted by Florence Yoder Wilson, 〈That Elusive Thing Called 'In Style'〉(1931), p.16, in Shaver Papers; and Shaver, transcript talk given in the mid-1930s, vol. 3, Shaver Papers. On 〈closer alignment〉, see *WWD*(March 3, 1928): 1. And on the 1925 modernistic room, see Dorothy Shaver, 〈Principles and Practices in the Decorating Service of a Retailer〉, *House and Garden*(February 1928): 7, scrapbook on the Exposition of Modern French Decorative Art, Shaver Papers On the showing of the 〈first ensembles〉, see Read, 〈An Exposition〉, scrapbook, Shaver Papers.

84) Albert Camus, quoted in R. Jeffrey Lustig, *Corporate Liberalism: The Origins of Modern American Political Theory, 1890-1920*(Berkeley, Calif., 1982), p.46; and Dorothy Shaver, 〈Excerpts from Miss Dorothy Shaver's Broadcast over the Radio on······ 'Clothes are Really Different This Spring?'〉(1937), transcript, Shaver Papers.

한 개성과 머천다이징 분야에서의 능력, 탁월한 취향 아래 너의 극적인 본능이 있어. 보다 문화적인 영역에서 너의 재능을 표현했기 때문에 너와 버넘 씨가 그다지 구별되지 않은 거야……. 하지만 과거와 달리, 나는 네가 이 '소매 드라마' 사업에 종사하는 모든 사람들을 교육시킬 정도가 되었기 때문에 그들은 처음 몇 개월 동안은 사소한 돈을 세지 않을 거야. 이것이야말로 네가 그처럼 탁월한 홍보 전문가가 되었기 때문이지. 너의 작업은 조직의 내부뿐만 아니라 외부에도 작동하고 있어. 너에게 존경을 보낸다."[85]

거대한 규모의 액세서리

대중의 관심을 붙잡는 또 다른 회화적 혹은 시각적 방법의 제품 제조와 상품의 '회화화(making picture)'라는 앙상블이었다. 일찌감치 주목받았다시피 앙상블은 1920년 이전부터 이미 머천다이징 분야의 일부였지만 다시 한 번 이 10년 동안 새로운 경영 형식으로 취급되었다. 백화점, 호텔에 '색깔 코디네이션'이 있었으며 상인들은 직원들에게 물품을 색깔-코디하는 법을 가르쳤다. 헤즐 아들러와 같은 전문가는 전국의 백화점을 순례하면서 여성들에게 '색깔 표현이 얼마나 중요한지'를 가르쳤다. 몇 년 전만 해도 여성들은 색깔에만 국한되었다면 이제 여성들은 약간의 조언 덕분에 머리, 얼굴색, 의상을 하나의 앙상블로 매치시킬 수 있었다. 보스턴의 필렌즈 영업사원은 문셀의 색깔 도표로부터 발전된 '컬러스코프'를 이용하여 고객들에게 세일즈를 할 때 '색깔 독법'을 제공함으로써 여성들은 자신들의 얼굴색과 의상을 매치시킬 수 있게 되었다. 소매 상인들에게 서비스를 하기 위해 NRDGA는 전문 색깔-코디네이션위원회를 1930년대 창설했다.[86]

상품의 액세서리화는 거의 모든 백화점과 그와 유사한 제도에서 표준화된 관행이 되었다. "우리의 후원자들에게 보다 나은 봉사를 하기 위해, 우

85) Priscilla Whiley to Dorothy Shaver(March 2, 1928), Shaver Papers.

86) For Adler quote, see *PRL*(July 16, 1924): 5; and also, on Adler, see 〈Growth of Color Interest〉, *Color News* 2(June 1925): 5. On the NRDGA committee, see DC(August 10, 1930): 45; and on the Filene colorscope, see 〈Color Notes〉, *Color News* 1(1924): 20.

리는 체계적으로 유사한 머천다이징을 하나의 그룹으로 정렬하여 편리하고 만족스런 쇼핑이 이용 가능하도록 하고 있다"고 워싱턴의 우드워드와 러스럽은 1921년 전면 광고를 통해 알렸다. "액세서리로서 세트 포메이션(unit formation)과 관련된 라인들의 이용은 머천다이징 관행의 하나로 자리를 잡게 되었다"고 한 소매 상인은 몇 년이 지난 뒤 말했다.[87] "나는 연관된 물품들을 한 단위로 묶을 아이디어를 가지고 있었다"라고 마셜 필즈의 클라라 윌슨은 자신의 20년대 후반 작업을 자랑했다. 그녀가 색깔 매치하는 법을 도입함으로써 고객들은 색깔의 앙상블을 갖출 수 있게 되었다. 필즈의 오만한 아서 프레이저의 소망과는 달리 그녀는 필즈 패션 부서를 중심으로 가장 스포트라이트를 받는 마네킹을 배치했다. 그녀가 주장했다시피, 스포트라이트 기법은 정말로 '드라마틱한' 앙상블 상품을 창조해 주었다.[88]

디스플레이어들과 스타일리스트들은 옷뿐만 아니라 거의 모든 것을 '세트 포메이션'으로 변형시켜 액세서리로 만들었다. 이런 단위 포메이션의 핵심에는 가장 강조해야 할 1차 상품을 중심으로 2차 물품이나 관련된 물품이 동반되었다. "넥타이와 상의를 어떤 신발과 매치시켜야 하는지 보라"고 맨해튼의 김벨스의 한 바이어는 제시했다. "그렇다면 구색을 맞춘 핸드백이 수중에 있는데, 모든 이브닝 드레스에 싸구려 이브닝 핸드백 하나만을 지니고 다녀야 할 이유가 없지 않은가. 김벨스는 '그 시간대의 백'이라고 불러줌으로써 거의 며칠마다 다른 백을 강조했다." 여기서 요점은 충동적인 앙상블 구매를 촉진시키는 것이었다. 1923년 한 소매 상인이 표현했다시피, "입고 사용할 것을 전제로 한 의상에 맞춘 액세서리가 함께 전시될 때, 그것은 고객들에게 완전히 다른 의미를 제시하게 된다. 그것이 호소력이다."[89]

상인들은 상품뿐만 아니라 백화점 전체를 통틀어 관련된 제품들을 '집요하게 한 단위'로 묶어서 부속품처럼 만들었다. 따라서 어린아이들은 부모와 함께 장난감 매장에서 쇼핑을 하고서는 곧장 옆에 붙어 있는 아동용 신

---

87) *MRSW* 56(January 1925): 1. The quote belongs to Charles Morton, displayman for Weinstock, Lubin(Sacramento, Calif). For the Woodward and Lothrop ad. see *The Washington Evening Star*(December 12, 1921): 15.

88) Clare Wilson, ⟨Lloyd Lewis Interviews⟩(1946), MA.

89) *DW* 3(August 23, 1913): 7; *PRL* 28(April 1933): 10.

발 매장으로 이동하게 된다. 여성들은 핸드백 매장과 모자 매장을 들르고 그 옆에 있는 여성용 신발 섹션으로 이동하게 됨으로써 "이런 항목들을 신발 구입과 매치시킴으로써 편리함과 동시에 소비 유혹을 느끼도록 만들었다."[90] 이제 모델룸——액세서리화가 가장 잘 된 것으로 뽐내는 공간—— 은 거의 모든 주요 백화점에서 찾아볼 수 있게 되었다. 이 패턴은 1924년 메트로폴리탄 미술관의 미국관의 오프닝에서부터 비롯되어 반영된 것이었다. 미국관은 진정한 식민지 세팅 속에서 미국의 고풍스런 물품들을 전시하기 위해 16개의 시기별로 구분되었다. 이런 모델 전시실들은 상업적인 원형에 의해 영감을 받았고, 그다음 차례로 상인들은 이 모델룸을 모방하게 되었다.[91] '새로운 디스플레이 정책'의 일환으로써 메이시의 이사협의회는 적절하게 구비된 가정에서 사용되어야만 할 것 같은 분위기 속에 가구와 가정 구비 물품을 전시하기로 결정했다. 그리고 뱀버거스는 실제로 두 채의 독립된 홈을 지었다. 하나는 '노팅엄 하우스'였고 다른 하나는 '이상적인 홈'이었다. 이 두 채의 집은 지하실에서부터 침실·욕실·거실 등 일습을 갖춰서 언제라도 '손님 접대'가 준비된 완벽한 스위트였다. 그들은 뉴저지 주변에서부터 수천 명의 방문객들을 끌어들였다.[92]

최초의 모더니즘적인 모델룸은 20년대에 대부분의 주요 백화점에서부터 구경거리로 출현했다. 미국인들은 모델룸에서 크롬 도금한 주방, 내려앉은

---

90) 〈Wanamaker Rearranges Old Stewart Store to Facilitate Buying and Selling〉, *DGE*(October 15, 1921): 47. "이 글은 뉴욕의 워너메이커스에 관해 이렇게 말한다. 그동안 일어났던 변화는 주로 분명한 목적을 달성하기 위해 백화점의 재배치 분야에서 주로 발생했다. 보다 손쉽게 사고 팔 수 있는 방식으로 백화점을 통합하고 상호 관련성을 높이는 데 있다."

91) 박물관은 상인들과 바이어들에게 특별한 아침 관광을 인정함으로써 '식민지풍 미국'에 대한 새로운 패션을 강화했다. 1925년 어느 겨울날 아침, 일군의 메이시 바이어들은 '전문가의 가이드 아래 새로운 부속 건물 속으로 무리지어 나갔다.' See *Sparks*(the Macy's employee magazine), vol. 7(February 1925), p.7; on the American Wing, see Marshall B. Davidson and Elizabeth Stillinger, *The American Wing at the Metropolitan Museum of Art*(New York, 1985).

92) 〈L. Bamberger and Co. Build Ideal Home〉, *Decorative Furnisher* 44(April 1923): 91; 〈Nottingham House, Demonstration House Furnished by Bamverger's Newark〉, *Good Furniture Magazine* 29(August 1927): 54. On Macy's executive council decision, see 〈Minutes of the Executive Council〉(February 20, 1924), MA.

유리로 도배한 거실, 카펫을 깐 밀실과 오락실을 보게 되었다. 이중에서도 가장 매혹적인 것은 침실과 거울로 장식한 여성의 내실이었다. 1928년 메이시의 스타일 전시는 미국 디자이너인 켐 웨버가 꾸민 2개의 방이 큰 성공을 거뒀다. 특히 짙은 청옥색 욕조가 딸린 욕실과 벽에 유리문을 단 샤워실, 유리 선반을 옆구리에 단 드레싱 테이블이 인기가 있었다. 같은 전시회에서 오스트리아인 요제프 호프만의 '현대 여성을 위해 전부 유리로 된 내실'은 너무나 주목을 끌어서 그야말로 인기 폭발이었다. 이 방은 마루·벽·천장까지 전부 유리로 덮여 있어서 방문객들은 어디에 위치하든지간에 10개의 각기 분리된 자신의 이미지를 볼 수 있었다. 유일한 액세서리는 방에 설치된 감춰진 조명을 반사하는 테이블과 철제 의자뿐이었다. "어제 오후 이 방에서 군중들은 넋이 나갔다"고 《뉴욕 타임스》 기자는 보도했다.[93]

상인들은 제품의 단일 메시지를 전달하기 위한 판촉 장려 타이업(tie-up), '알라의 정원' 시절에는 보다 비공식적으로 달성했던 그런 타이업을 충족시킬 수 있는 전문가 목록을 만들었다. 1924년 처음으로 인테리어 데코레이션 직원을 모집한 이후, 메이시즈는 1927년에는 '인테리어 디스플레이 매니저'를 고용하여 '백화점 윈도와 백화점 광고와 함께 백화점의 인테리어 디스플레이를 코디하고 백화점의 스타일과 판매 촉진을 하도록 했다. 이들 직원의 고용 목적은 백화점의 많은 요소들을 한꺼번에 가능한 한 '공적인 구조'로 활성화하는 것이었다. 백화점 외부에서 온 전문가들은 서로 전략을 강화하여 확실하게 해둘 필요가 있을 때 초청되었다. "《모드와 매너》의 발행과 일치하여 광고, 윈도 드레싱, 각 매장의 전시가 서로 밀접한 관련을 맺게 될 것"이라고 스탠더드 주식회사의 매니저이자 이 잡지의 소유주는 말했다.[94]

---

93) 〈All Glass Room〉, *NYT*(May 8, 1928), in Macy's album, 〈International Exposition of Art in Industry〉, MA. On Weber's rooms, see photograph no. 11 in Macy's album, and 〈Art in Industry Exposition at R. H. Macy and Co.〉, *House Furnishing Review*(June, 1928), Macy's scrapbook, MA.

94) Quoted in J. Walter Thompson and Co., *News Letter* 1(February 6, 1924): 1-2; *MRSW*(1924); And 〈The Minutes of the Executive Council〉(December 22, 1927), MA. 로드 & 테일러에서 '인테리어 디스플레이 매니저' 임명에 관한 내용은, see *DW* 5(November 1924): 41.

에드워드 L. 버네이스의 연출된 이벤트

하지만 모든 머천다이징 촉진책 중에서도 가장 인상적이었던 일이 여러 제도들 사이에 발생했다. 말하자면 백화점·극장·호텔, 다른 소비 제도들이 하나의 공동 앙상블로 결합하는 사건이 일어났다. 여기서 다시 상인들은 매니저의 도움을 요청했다. 이 분야에서 가장 탁월한 기술을 가진 사람이 에드워드 L. 버네이스였는데, 그는 1920년대에 가장 중요한 홍보(PR) 전문가였다. 자기 방식에서 선견지명을 가졌던 그는 마치 오즈의 마법사처럼 자기 인생을 무대 뒤에서 보내면서 다른 사람들을 조종하기 위해 도르래와 지렛대를 열심히 작동시켰다. 버네이스(1992년에도 여전히 생존했는데, 그때 그의 나이가 102세였다)는 영리한 프로모터여서 세속적인 것을 신성한 것으로 변형시킬 수 있는 방법을 잘 알고 있었다. 그는 자신이 '진리'라고 불렀던 새로운 의미를 제품과 회사에 부여했다.

버네이스는 비엔나 출신의 유대인 이민자의 아들이었는데 지크문트 프로이트의 조카이기도 했다. 그의 생애는 극장에서 시작되었다. 1913년 23세 때 그는 클로 앤드 에를랑거(Klaw and Erlanger)의 출판 에이전트로 고용되었다. 클로 앤드 에를랑거는 브로드웨이에 있는 극장 신디케이트였는데, 부킹을 독점하고 있었으며 버네이스가 말했다시피 오로지 성공이 보장되는 것만을 제작하도록 했다. 그는 이 직업을 새로운 방식으로 재디자인했으며 신문에 그냥 '공간을 차지'하는 정도가 아니라 관심을 불러일으킬 만한 '공적인 이벤트'를 만들어 내는 방향으로 변화시켰다. "내 역할은 신문에 자투리 공간을 차지하는 것이 아니라 다른 뉴스들과 경쟁할 만한 것으로, 그래서 내 연극이나 배우들을 신문의 칼럼이 다룰 정도로 뉴스거리가 되도록 만드는 것이었다"고 1962년의 자서전에서 그는 회고했다.[95]

콜로 앤드 에를랑거에서 그는 고작 1년 일했지만 '짧은 기간과는 전혀 어울리지 않게' 버네이스에게 미친 영향은 지대했다. 그는 브로드웨이를 사랑했다. "나는 호텔이나 백화점의 차양에 걸려서 빛을 발하고 있는 배우, 여

---

95) Bernays, *Biography of an Idea*, p.77.

배우들과 친교하는 것을 즐겼다"라고 그는 후일 고백했다. "나는 마음이 내키면 무대 뒤편으로 갔다. 연기를 보기 위해 대부분의 연극을 공짜로 볼 수 있었다……. 인생은 그야말로 스릴의 연속이었다."[96] 나중에 그는 여행하는 예술가와 쇼를 위한 홍보 인사가 되었으며 이 나라에서 클래식 음악과 오페라 공연을 위한 여러 계층의 청중을 끌어들이는 데 거의 모든 관심을 ――그의 말을 그대로 빌리자면――기울였다.[97]

일찌감치 1917년 무렵부터 버네이스는 상상력을 발휘하여 여러 가지 일들을 서로 어떻게 결합시켜 낼 것인지를 배우게 되었다. 그는 제1차 세계대전 기간 동안 조지 크릴 아래서 미국 공립정보위원회(Committee on Public Information)에서 일했다. 이때를 회고하면서 그는 "이 위원회가 공동 전략을 개발하는 데 탁월했으며, 지적인 소수가 인생의 전 분야에 걸쳐 대중의 마음을 통제하는 것이 가능하다는 점에 눈을 뜨게 되었다"고 말했다. 전시 기간이었기 때문에 취향을 형성하고 선택을 결정하는 '연상 과정의 가치'가 버네이스의 머릿속에 떠올랐다.[98]

전쟁이 끝나고 난 뒤 후일 그렇게 표현했다시피 '우주의 중심'이었던 19번 이스트 48번지에 있는 타임스 스퀘어의 심장부 근처에서 버네이스는 직업적 발판을 확고하게 굳히게 되었다. 플로렌스 켈리와 같은 전전의 개혁가들처럼, 버네이스는 소비자와 생산자 사이에 열린 새로운 진공 상태를 파악했다. 켈리와 다른 점이 있다면, 그는 이 진공 상태를 후회와 교정해야 할 어떤 것으로 이해한 것이 아니라 머천다이징을 위한 기회로 간주했다는 점이었다. 그는 왜 새로운 제품을 사야만 하는가를 소비자들에게 설명해야 할 어떤 것으로 보았다. 그 자신처럼 훈련된 '중개자'가 대중들에게 현실을 이해하도록 개입해야 한다고 생각했다. '진실한' 정보를 제공하고 다양한 '대중들'을 다시 한번 '일관된' 전체로 연결시켜야 했다. 버네이스에 이르면 엘버트 허버드의 머천다이징 열기는 치밀하게 고안된 조종 체계로 흘러들어갔다.[99]

---

96) Ibid., pp.75, 87.

97) Ibid., pp.3~155.

98) Edward L. Bernays, *Propaganda*(New York, 1928), pp.27, 58; and Bernays, *Biography of an Idea*, pp.155~72.

버네이스는 정신분석학과 유사하게 대중 홍보 활동을 도덕적으로 재단하지 않는 테크닉으로 생각했으며, 공공의 장에서 재충전할 이미지(자아)가 필요한 것이라면 제도, 사람, 상품에 구애받지 않고 적용 가능한 것으로 보았다. 그는 마치 정신분석가처럼 의뢰인들을 연구함으로써 출발했다. 물론 그는 정신분석가들처럼 자기 의뢰인들을 병리적이고 '반사회적인' 집단이나 사람들로 '다루는' 것에 반대했다. 그다음으로 버네이스는 자기 의뢰인들이 목표로 삼고 있는 대중들의 '심리 상태'를 관찰하면서 '타진하거나' 이용할 수 있는 '상투적 이미지'를 찾아내고자 했다. 그런 다음 그는 의뢰인의 제품을 해석하고, 작품과 아이디어 사이를 연결시키는 '연상'들을 고안하고, 이 상투적 이미지에 대한 자신의 지식에 의존했다. 마침내 그는 주로 시각적인 매체를 코디하여 작동함으로써 대중들로부터 이런 연상을 '결정체'로 만들어 냈다.[100]

1924년 봄 버네이스는 '3백50만 여성과 모든 잠재적인 소비자들이 소비하고픈 감정을 자극하기 위해' '투명한 벨벳'을 '집중 공격하는 캠페인'에 착수했다. 상품은 충분히 유혹적이었다. 하지만 버네이스는 제조업자인 시드니 블루멘탈이 충분한 확신을 가지고 추진하지 않는다고 생각했다. 그래서 버네이스는 블루멘탈을 설득하여 '대중에 접근하는 그의 방식'을 변화시키도록 했다. 시장을 연구 조사한 다음 그는 많은 여성들이 머릿속에 '스타일과 미'에 대한 '상투적 이미지'를 담고 있음을 발견했다. 그래서 그는 상투적 이미지와 작품 사이에 연결고리를 만드는 데 착수했다. 그는 벨벳을 '섹스와 신비스러운 매혹'과 '연결시키고' 뉴욕과 파리의 '세련미'를 떠올리도록 만들었다. 그는 여러 매체를 동원하여 한 무리의 연상된 이미지를 포장해 냈다. 그는 극장 에이전트들과 영화 제작자에게 편지를 보내 스타급 여배우들에게 투명한 벨벳 드레스를 선물했다. 버네이스의 초대에 응한 여배우들이 그 옷을 입었다. 그들은 대중들 앞에 나설 때 혹은 무대 위에서, 은막 위에서 그것을 입었다. 이와 동시에 그는 패션 잡지에 실릴 벨벳 가운

99) Edwar L. Bernays, *Crystallizing Public Opinion*(New York, 1925), pp.14, 34, 125-26, 173; Bernays, *Biography of an Idea*, pp.287-300; and interview with author(June 21, 1988), Cambridge, Mass.

100) Bernays, *Crystallizing Public Opinion*, pp.61-63, 95, 162.

의 사진과 신문의 로토그라비어 코너에 보낼 사진을 찍어서 배포했다. 버네이스와 블루멘탈은 영화비에 포함된 맛보기로서 '타블로이드 뮤지컬 코미디'를 발표하는 '24개의 중점 도시'의 여러 개 극장 체인과 '거래를 성사시켰다.' 이 짧은 광고 쇼트에서 모든 여성 연기자들은 물론 투명한 벨벳 의상을 걸쳤다.[101]

버네이스는 단순성을 추구했으며 '대중 홍보'를 '하이라이트를 통해 지속적으로 해석하고 극화' 하는 것으로 바꿔 놓았다. 하이라이트라는 용어는 브로드웨이 무대에서 가져온 것이었다. "지속적인 해석으로 인해 대중들이 종종 의식하지도 못하는 사이에 바람직한 인상으로 수용하게 되는 그런 방식으로 대중들에게 모든 점에서 다가갈 수 있도록 조절할 수 있다"고 그는 설명했다. 반면 하이라이트는 대중의 관심을 확실하게 붙잡는 것이며 전체 기획에서 전형적인 측면이나 세부적인 것을 강조하는 방식이었다. 그는 다니엘 부어스틴이 '연출된 이벤트'라고 불렀던 것의 제일가는 건축가였다. 진실의 변통가로서 버네이스는 즉각적인 대중 소비를 조장하기 위해 포장된 정보의 해프닝을 무대에 올렸다. 이런 이벤트들은 백화점에서부터 극장·영화관에 이르기까지 다른 많은 형태의 제도와 매체들을 배치하고 통제하는 효과에 의존했다. 그렇게 하여 그 시대에 발생했던 좀더 중대하고 진정한 '실제' 사건들을 가리는 효과를 거뒀다. 그의 사업은 미국의 새로운 소비 회사가 번창하도록 돕는 여러 의제들을 뒷받침하는 무대 뒤에서 꿈을 팔고 작업하는 제도——전문적인 컨설팅 회사와 에이전시들——와 집단에 속하는 새로운 형태의 것이었다.[102]

101) Bernays, *Biography of an Idea*, pp.316-18.

102) *Ibid.*, p.240; Daniel Boorstin, *The Image: A Guide to History of Pseudo-Events* (New York, 1964).

11

스펙터클

1924년에 씌어진 단편 소설인 《사면식》에서 F. 스콧 피츠제럴드는 고독한 11살짜리 소년인 루돌프 밀러와 고통받고 반쯤 미치광이가 된 가톨릭 사제 아돌퍼스 슈왈츠 신부의 만남을 묘사했다. 단편 소설의 무대는 무덥고 건조한 여름날 다코타에 있는 한 소읍이었다. 루돌프는 여러 가지 죄를 지었다. 대부분은 사소한 것에 불과했지만 아버지에게 단호하게 반항한 것은 큰 죄에 속했다. 죄사함을 받으려고 그는 자기 죄를 슈왈츠 신부에게 세 번에 걸쳐 고백했다. 마지막 만남에서 신부는 이상하다 못해 거의 미친 사람처럼 행동했다. 사실상 그는 오래전부터 신앙심을 상실했으며 새로운 생활을 갈망했다. 루돌프의 죄에 대해서는 아무런 관심도 없었던 신부는 엉겁결에 "많은 사람들이 화려한 물건들이 빛을 발하는 멋진 곳에 함께 모여들 때"라고 말한다. 소년은 혼란스러웠지만 신부는 자기 할 말만 반복했다. "내 말의 요지는 그런 일이 일어나는 곳인, 세계의 중심에는 많은 사람들이 있고, 물건들은 빛을 발한다. 그러니까 사람들은 이제 별처럼 큰 전구를 가지고 있다. 그 사실을 넌 알고 있느냐? 파리나 그와 유사한 도시에서는 별처럼 큰 전구가 있다고 들었다. 많은 사람들이 가지고 있다더구나. 유쾌한 많은 사람들이 말이다. 사람들은 네가 꿈조차 꿀 수 없었던 많은 것들을 가지고 있단다." 루돌프는 신부의 행동에 겁이 났다. 비록 그의 행동이 이 도시와 이 종교 너머에 있는 무엇에 대한 간절한 갈망을 불러일으키면서 계시하는 바가 있었음에도 말이다. 루돌프는 "반쯤 겁에 질려 그곳에 앉아 있었다. 아름다운 눈을 휘둥그렇게 뜨고서는 슈왈츠 신부를 응시했다. 하지만 공포 이면에 그는 자신의 내적인 확신이 인정받았다는 기분이 들었다. 신과는 전혀 관련이 없는 어떤 곳에서는 말로 표현할 수조차 없는 멋진 것들이 있었다."[1]

20년대에는 많은 것들이 명멸했다. 패션 스펙터클은 필라델피아와 시카고와 같은 대도시에서 빛을 발했다. 색깔과 조명의 장관도 있었다. 어린아이들과 어른들을 위한 대규모 장관인 퍼레이드가 있었다. 그런 퍼레이드중에는 포괄적인 크리스마스 직전 퍼레이드도 있었다. 미국의 색깔과 조명의 메카였던 타임스 스퀘어는 이 나라에서 가장 눈부신 광휘로 부상되었다. 이런 스펙터클 이면에는 오늘날의 머천다이징 전략과 같이 합리적으로 관리되는 것이 있었다. 피츠제럴드가 《위대한 개츠비》에서 묘사했다시피 아름다운 데이지 뷰캐넌의 목소리에는 들리는 것이 있었다. 그녀의 목소리는 돈으로 가득 찼다."[2]

무지개 집과 패션의 궁전

1925년 큐레이터인 스튜어트 쿨린은 자본주의의 꿈같은 생활을 브루클린 미술관에 실현하려는 유별난 조처를 취했다. 그는 '무지개 집'이라는 새로운 갤러리를 창조했는데 그것은 미술관의 신축한 익면의 한가운데 있었다. 무지개 집은 L. 프랑크 밤의 동화 세계를 연상시켰다. 쿨린 그 자신도 프랭크 밤과 닮은 점이 많았다. 무지개 집은 원시적인 물건과 복장을 위한 전시 공간을 할당했으며 주니 창조 신화(쿨린이 좋아했던 신화인데, 서부 뉴멕시코에 있는 푸에블로 인디언의 주거지에서 그는 주니 인디언들과 1900년대 초반에 함께 살았다)의 쿨린판 해석과 흡사했다. 그곳은 모든 좋은 일만 일어나고 여름만이 '영원히 지속되는' '시간을 초월한 공간'으로 해석되었다. 노란색 세팅 속에서 주니 인디언들은 쿨린 갤러리의 한가운데 서 있었다. 쿨린은 이 갤러리를 다채로운 색깔로 칠한 섹션으로 분할하여(밤이라도 그렇게 했을 법한), 각 섹션별로 오래된 과거의 공예품과 복장을 보여주는 사람들을 배치해 놓았다. 미국 섹션은 부드러운 초록색이었으며 인디언 섹션

---

1) F. Scott Fitzgerald, 〈Absolution〉, in *Babylon Revisited and Other Stories*(New York, 1960), pp.136-51.

2) F. Scott Fitzgerald, *The Great Gatsby*(New York, 1925), p.120.

은 핑크색, 사우스 시 아일랜드는 짙은 붉은색으로 의미화했다.[3]

쿨린은 대상에 생명을 불어넣고자 했다. "한때는 활력과 생명력이 없었던 이런 물건들이 인접한 주변 환경이 주는 눈부신 색깔 아래서 이제 되살아나 꽃피우게 된다. 이들에게 생명을 불어넣고 살아 있는 물건들과 조화를 이루는 것이야말로 언제나 나의 목표였다. 하지만 과거에는 그런 목표를 달성한 적이 전혀 없었다."《뉴욕 타임스》기자의 보도에 따르면 그의 갤러리는 "민속학적인 수집품의 전시와 같은 방식과는 철저히 결별한 것이 특징이었다⋯⋯. 무지개 집은 부활절 달걀처럼 밝고 눈부시게 장식되어 있다."[4](도표 24 참조)

1925년 '무지개 집'에서 작업하면서 쿨린은 또한 필라델피아에서 전시했던 '패션의 궁전'에 대한 예술 컨설턴트로 활약했다. 이 전시회는 미국 독립 1백50주년을 기념하기 위해 코앞에 닥친 1백50주년 전시회의 일부이기도 했다. 이 나라에서 실시되었던 최초의 전시회는 주로 기업체들이 자금 조달을 담당했으며, 엘리너 포터의 폴리야나를 기념하기 위해 '글래드웨이'라는 이름을 붙였다. 그것은 2백 피트 높이의 '조명 타워'였으며 타지마할의 일부를 모방한 것이었다.[5] '패션의 궁전'은 다른 건물보다 높은 8각형 구조물로 잘 알려졌으며, 상인들과 제조업자들이 기부한 직물과 의복을 전시했다. 무역학과 교육자들과 극장 관계자들에서부터 정부 관리, 민속학자들에 이르는 많은 집단들이 무리를 지어 대규모 경기장을 함께 구성하고 디자인했다.

미국의 머천다이징 활동이 예측하다시피 동양적인 주제는 패션 궁전과 전시회 그 자체에서 눈에 띄었다. 건축 스타일은 '아시리아와 바빌로니아' 스타일이 있었으며, 모든 층은 색깔로 장식되었다. 한 프로모터는 거품을 물고 말했다.

---

3) SC, address on the Rainbow House(December 8, 1926), typescript, SCP, Brooklyn Museum, Brooklyn, N.Y.; SC, *Art News*(December 19, 1925), Folder 6, 〈Extra-Museum Activities〉, and SC to Edward Lyman(February 16, 1926), SCP.

4) SC to Edward Lyman(February 16, 1926), SCP; SC, *Men's Wear*(June 9, 1925), copy, SCP, and *NYT*(August 7, 1927), p.23.

5) John Wanamaker and Co., 〈The Sesquicentennial International Exposition〉 (Philadelphia, 1926), pp.3-33, WA.

눈이 빛을 발하는 곳이면 어디든지간에, 매혹된 방문객이 들어서는 순간 으리으리한 현관은 색깔을 발했다. 그곳에는 빛이 있고 생명이 있다. 지배적 인 음조는 색깔이었다. 조화롭게 혼합하고 서로 뒤섞어서 그 모든 눈부신 색 조와 무지개 빛깔을 배합해 냈다.[6]

판유리가 궁전의 전면 전체를 뒤덮었다. 내부는 1만 명을 수용할 수 있는 원형 극장이었을 뿐만 아니라 무대 또한 일상적인 패션쇼를 하도록 배려한 원형 무대였다. 이 궁전에서 쿨린이 담당한 역할은 '미국의 기성복 산업을 찬양하는 것'[7]이었다. 20년대 중반 그는 '미국 패션 업계의 궁극적인 독재 자이자, 패션 디자이너 분양의 황제'[8]가 되었다. 《여성복 데일리》지가 주장 했다시피, 그의 영향력은 절정에 달했다. 그는 우연한 기회에 공진회에서 일 하는 것으로 도약했다. 왜냐하면 "이번 전시는 산업 자체가 책임을 지고 주 관했으며 그 성과물 역시 그들 수중에 있었기 때문이었다"[9]라고 그는 한 친 구에게 편지를 보냈다. 전시회는 대단한 호소력 또한 보여주었다. 왜냐하면 프로모터들은 박람회의 주요 주제를 '색깔'로 꼽았기 때문이었다. 그는 점 점 더 색깔을 강조하게 되었으며, 심지어 '패션의 궁전'이라는 이름마저 '무 지개 집'으로 변경할 것은 제안했다. '패션의 궁전'은 '너무 죽어 있고 예 측 가능'하다. 하지만 '무지개의 집'은 '살아 있고' '요약적'이며 '눈부신 깃털로 가득한' 느낌을 준다고 그는 주장했다.

그가 보기에 사실상 브루클린의 무지개 집과 패션 궁전의 몰개성적인 세 계 사이에 아무런 차이도 없는 것처럼 보였지만, 어쨌거나 쿨린의 충고는

---

6) F. Christopher Meyer, 〈Wherein Will Be Glorified the Things of Dress〉, *The Sesquicentennial Newsogram* 1(December 1925): 12–13, SCP; on the architectural style, see *Sesquicentennial News Bulletin* 3(June 1, 1926–December 1, 1926): 1, SCP.

7) *Sesquicentennial News Bulletin* 1(June 1–December 1, 1926), SCP; Ben Howe, director of the Fashion Exposition, to SC(February 18, 1926), memorandum on the expostion, in 〈Extra–Museum Activities〉, Folder 6(1925-26), SCP; *The Philadelphia Inquirer*(November 24, 1925), scrapbook, textiles, SCP.

8) *WWD*(December 7, 1925), scrapbook, textiles, SCP.

9) SC to Ben Howe(October 21, 1925), Folder 6(1925), 〈Extra–Museum Activities〉, Philadelphia Exposition, SCP.

무시되었다.[10] 이 2가지 전시회 모두 공간을 장식하고 쿨린이 좋아한 주제를 철저하게 활용했다. 말하자면 미국인들에게 원시인들의 활력과 '어린아이같이 순수한 점'을 보여주려는 그의 욕망을 연출함으로써 자본주의 이전 사회의 꿈과 환상 속에서 '철저하게 마멸되어 가는' 삶으로부터 피난처를 발견했기 때문이었다. 두 공간 모두 상업 세계의 문화적 힘을 잘 드러내 보여주었다. 무지개 집에서 상업적인 방식은 원시인들을 전시하면서 협력하는 것이었다면, 패션의 궁전에서 원시적인 것들은 상업적인 것의 호소력을 고양시키는 것으로 전시되었다.

상업적인 퍼레이드

무지개의 집과 패션의 궁전은 전국으로 전파되고 확산되었던 스펙터클 활동의 새로운 패턴에 속했다. 사업가들은 색깔과 조명이라는 스펙터클을 다양한 도시에서 조직했으며 소매 쇼핑 구역에는 가로등 보급을 대중화했다. 여기서 보다 중요한 점은 낮 시간뿐만 아니라 밤 시간에도 쇼핑을 할 수 있도록 하겠다는 것이었다. 그와 같은 행사들은 시 공무원들과 경찰들의 협력하에 일군의 상인들이 주관했다. 시카고 스테이트 스트리트에서 1926년 10월에 개최되었던 라이트 페스티벌은 에디슨 회사, 연방 에디슨 회사, 시카고 특급 운송 노선 회사, 오피움 서킷(극장 예매 에이전시) 등을 포함한 많은 회사들, 그리고 이 지역 극장과 호텔, 월그린스 · 베넬 · 크레스지스와 같은 체인스토어, 슐츠 광학 회사, 그리고 무엇보다도 근처에 있는 많은 백화점들이 스테이트 스트리트에 있는 제너럴 일렉트릭의 전봇대를 축하하기 위해 결합했다.[11]

상인들로부터 자금을 조달받아서 키 큰 전봇대가 이 세계의 다른 어떤 가로등보다도 적어도 2.5배 이상으로 밝은 라이트를 설치할 수 있게 되었다.

---

10) SC, *Art News*(December 19, 1925), 〈Extra-Museum Activities〉, Folder 6, SCP.

11) For Contributors, see Roy Schaeffer, Advertising manager, 〈list of those participating in State Street Celebration〉, Marshall Field, MFA.

이 전체 사업을 이끌었던 주요 프로모터였던 필즈의 공격적인 광고 매니저였던 로이 새퍼의 말에 따르면 그랬다. 새퍼에 의하면 라이트는 눈을 멀게 할 정도로 밝거나 현란한 빛이 아니라 부드럽게 발산되었으며 '가능한 이 인공적인 빛이 대낮의 태양빛과 가깝도록 흡족하게 만들고자' 했다. 스테이트 스트리트는 이 축제의 사흘 밤을 위해 교통이 통제되었다. 시카고에서 있었던 최대의 대량 머천다이징 행사였다고 새퍼는 주장했다. 상인들은 거리와 건물을 컬러 서치라이트로 환히 밝혔다. 그들은 '수정 보석'처럼 반짝이는 아치와 타워를 세웠다. 재즈 밴드를 고용하고, 야하고 번쩍거리는 옷차림을 한 여자들이 인공조명의 역사를 기술하는 한밤의 퍼레이드에 참가했다. 퍼레이드는 워싱턴 D. C.에서 캘빈 쿨리지 대통령이 전등을 점화하는 바로 그 순간 시작되었다. 첫날 밤 몰려나온 인파로 인해 경찰들은 퍼레이드를 중단시켜야만 했으며, 쇼윈도가 파손되는 것을 방지해야만 했다.[12]

이런 규모의 상업적인 퍼레이드는 심지어 20년대에도 그렇게 흔한 것은 결코 아니었다. 사실상 그런 장관은 미국 퍼레이드 역사상 새로운 장을 형성하게 되었다. 20년대 이 10년 동안에 스펙터클한 퍼레이드가 시작되었다. 유럽에서 '귀향하는 군대'를 환영하는 것에서부터 이 시기는 상업적, 소비자 중심 프로모션이 가장 특징이었던 시대였다. 1919년 5월 뉴욕 시에서 최대의 귀향 환영 퍼레이드는 '환영 위원회'의 공식 의장이었던 2개의 백화점 상인들이 조직했다. 그 두 사람이 로드먼 워너메이커와 그로버 왈런이었는데, 전자는 뉴욕 워너메이커스의 회장이었으며 후자는 곧 이 백화점의 총매니저로 임명되었다. 왈런은 1920년대 중반에서부터 1960년대에 이르기까지 최초의 '공식 환영 인사'로 봉사했는데, 그는 뉴욕을 소비자의 꿈의 도시로 변형시키는 데 필수 불가결한 역할을 했다. 비록 워너메이커의 매니저로서 그는 소비자들이 물품을 반환하는 것을 신랄하게 비난했지만 그 자신은 '지독한 소비광'이었다. 뉴욕의 정치가인 조지 맥어너리는 "정말 그 사람 돈을 물 쓰듯이 썼어요!"라고 회상했다.[13] 무모한 왈런과 워너메이커

---

12) *Chicago Tribune*(October 15, 1926), *Chicago American*(October 8, 1926), *Chicago Herald Examiner*(October 15, 1926), and *Chicago Post*(October 15, 16, 1926)——all clippings in scrapbook, MFA.

는 군부대원에게 연극, 스포츠 이벤트, 영화, 지하철 무료 이용권을 주었으며, 뿐만 아니라 호텔 숙박과 레스토랑과 나이트클럽에서 먹고 마시는 것을 전부 공짜로 해주었다. 5번 애비뉴에 그들은 인공 보석을 박고 색깔의 홍수로 만든 2개의 승리의 아치와 더불어 양 옆구리에 호박색 조명을 한 거대한 특별관람석을 지었다. 이 아치 아래로 군대가 행진을 했다. "거대한 도시 어디에서도 그처럼 어마어마한 장관을 본 적이 없었다"라고 F. 스콧 피츠제럴드는 1919년 단편 소설인 《메이데이》에서 이 소설 같은 귀향 축하 페스티벌을 감탄스럽게 묘사했다. 도시는 "감미롭고 떠들썩한 잔치로 변질되었고 오락은 사라졌다. 눈앞에 있는 평화와 번영은 그처럼 유쾌하고 소란스러웠다……. 여러 지방으로부터 흥분의 술잔치를 맛보기 위해 점점 더 많은 사치객들이 몰려들었다."[14]

20년대 후반 뉴욕에 온 손님을 환영하는 위원회의 영구 회장으로서 왈런은 장관인 다른 퍼레이드를 조직했다. 뉴욕에서 색종이 테이프를 날리는 것을 처음 소개한 사람이 그였다고 한다. 그는 자신의 사치스런 취향을 반영하는 방식으로 퍼레이드를 조직했다. 퍼레이드는 미국 체육의 용맹, 기술적인 진보, 애국심, 유럽 왕족의 방문들을 자랑하는 진열장이었다. 그중에서도 가장 인상적인 것은 찰스 린드버그를 위한 1927년 퍼레이드였다. "군중은 엄청났다"고 한 경찰 간부는 회상했다. "자동차 행렬이 브로드웨이를 향해 나갈 때, 내 평생 그렇게 엄청난 환영 인파가 몰려든 것을 본 적이 없었다! 공중에는 형형색색의 색종이 테이프가 날아다녔으며 모든 종류의 종이들이 공중을 날고 있었다."[15]

---

13) Oral interview with George McAnery by Allen Nevins and Dean Albertson(1949), CUOHP, p.94.

14) F. Scott Fitzgerald, 〈May Day〉, in *Babylon Revisited and Other Stories*, p.25; and 〈May Day〉, Mayor's Papers, John Hylan(1918-22), Box 22, p.332, department letters received, Municipal Archives, Manhattan; Grover Whalen to Reisenweber's Restaurant(April 2, 1919), Mayor's Papers, Hylan, Box 42, p.32, file 〈Mayor's Committee on Welcome of Homecoming Troops〉, Municipal Archives; and Grover Whalen, *Mr. New York: The Autobiography of Grover Whalen*(New York, 1955), p.82. See also Frederick Lewis Allen, *Only Yesterday*(New York, 1930), for the first description of New York's Welcome Home Celebration.

장난감, 스펙터클, 어린이 전문가

이 모든 퍼레이드 중에서 어린이들을 위한 휴일의 스펙터클보다 도시 생활에서 더 많은 흔적을 남긴 것은 없었다. 제1차 세계대전 이전에 특별한 욕구를 가진 특별한 집단으로서의 어린이들에게 주목하는 것이 이미 하나의 뚜렷한 추세가 되었다. 20년대에는 스튜어트 쿨린과 같은 어린이 옹호자에 서부터 모든 형태의 사회 개혁가들에 이르기까지 어린이들을 대변하는 전문가들이 많아졌다. 쿨린은 모든 사람들이 어린이 같은 순수한 활동을 통해 치유적인 즐거움을 추구해야 한다고 생각했다(쿨린은 또한 어린이들의 게임을 수집했으며 인형극 전문가이기도 했다). 그는 어린이들의 건강과 행복의 증진을 후원하는 합창단을 만들었다. "아이들은 근육 발달을 위해 장난감을 가지고 운동하는 것이 필요한가?" 이런 질문은 어린아이들의 복지 문헌에 나타나는 전형적인 것들이었다. "혹은 아이가 지나치게 활동적이라면 어린이의 신경을 좀 진정시키기 위해 차분해지는 게임을 할 필요가 있는가?" "아이가 특히 관심을 갖는 특정한 장난감이 있어서 그것을 갈망하는가?" 엠마 키드 헐버트는 자신의 글, 〈모든 아이들은 오락실을 필요로 한다〉에서 이렇게 말했다. "어린이들이 자신의 보물들을 간직할 장소가 없다는 것은 비극이다. 자신만의 공간이 있다면 자유롭게 그림 그리고, 망치질도 톱질도 할 수 있으며, 사적인 연극 공연을 할 수도 있다. 인형의 옷을 세탁하거나 혹은 아이들의 활발한 상상력을 나타낼 수 있는 다른 즐거운 활동을 할 수도 있는 그런 공간이 없다니 말이다."[16]

사업가들은 확대되는 기회의 소용돌이 속으로 뛰어들었다. 사실상 20년대 중반 무렵 어린이와 관련이 있는 실제적인 거의 모든 대상들이 제조되었다. 유럽에서는 대부분의 옷감과 장난감이 집에서 만들어졌다면, 미국에서

---

15) Oral interview with Arthur Wallender by Owen Bompard(January 1950), CUOHP, p.14.

16) Emma Kidd Hulburt, 〈Every Child Needs a Playroom〉, *Children: The Magazine for Parents* 3(November 1928): 45; Persis Leger, 〈Christmas Toys〉, *Child Welfare* 23 (December 1928): 184.

는 이런 것들은 구입되었다. 1926년 무렵 미국은 세계에서 최대 장난감 생산국이 되었다. "뒤뜰에서 가지고 노는 장난감, 해변에서 가지고 노는 장난감, 캠핑할 때 필요한 장난감, '사적인 공간'에서 가지고 놀 장난감 등과 같이 모든 아이들은 자신의 개별성을 충족시키는 데 절대적으로 필요한 이런 장난감이 필요하다." "놀이는 어린이들의 일이다. 장난감은 어린이가 작업할 수 있는 재료이다."[17] 아이들에게 제시한 상인들의 전주곡은 이제 많은 가게의 판촉에 핵심으로 자리잡게 되었다. "대체로 구매를 결정하는 것은 부모들이지만 미국에서는 어린이들의 영향이 점차 커지는 것에 주목하게 되었다"고 1924년 연방 정부의 한 보고서는 말하고 있다. 이것은 아이들을 통해서 직접적인 구매력을 향상시키려는 시도에 호소하는 방향으로 나가게 되었다.[18](도표 20 참조)

1928년 메이시즈의 제시 스트라우스와 퍼시 스트라우스는 이런 추세에 민감하게 반응하면서 집중적인 '장난감 전시'를 조직하여 수천 점의 다른 장난감을 진열하고 어린아이들에게 좀더 많은 놀이시간을 주는 것이 이롭다는 점을 부모들에게 보여주었다. 이 장난감 전시는 그 자체만으로도 하나의 장관이었다. 장난감의 교육적인 가치를 설명하기 위해 스트라우스 형제는 어린이 전문가를 초대했는데, 그중 일부는 '왜 어린이에게는 장난감이 필요한가'에 관한 전시회에서 강연을 함으로써 대중들에게 대단히 잘 알려지고 유명해졌다. 이런 전문가들은 메이시즈(와 또한 다른 백화점을 위해)를 위해 봉사했다. 그중에서 사회사업가, 어린이 복지 옹호자들, 대중 소비 제도들의 협력으로 요약할 수 있었다. 이들은 전전(戰前)부터 만들어지기 시작했으며, 이들 단체들이 미친 전반적인 효과는 '중산층 부모와 그 아이들에게 소비의 가치와 소비 관점을 교육'하는 데 있었다.[19]

1928년 메이시즈에서 행했던 연사들 가운데 조셉 자스트로우가 있었다,

17) 〈Keynote for 1929〉, *Toy World* 25(December 1928): 18; U. S. Department of Commerce, 〈International Trade in Toys〉, Trade Information Bulletin no. 449 (Washington, D. C., December 1926). 유럽과의 비교에 관해서는, see Carle Zimmerman, *Consumption and Standards of Living*(New York, 1936), p.11.

18) Laurence Hansen, 〈Measuring a Retail Market〉, Trade Information Bulletin no 272(Washington, D. C., October 13, 1924), p.4.

19) *TN* 52(June 1928): 64; *TN* 52(August 1928): 82; *TN* 53(January 1929): 330.

그는 뉴욕의 사회 리서치를 위한 뉴스쿨에서 심리학을 강의했던 저명한 교수였다. 또한 시도니 그루엔버그는 아동연구협회의 회장이었다. 자스트로우는 1915년 《성격과 기질》이라는 책을 썼다. 진보적인 심리학에 바탕한 이 책은 그의 명성을 확고하게 만들어 주었다. 1920년대 그는 심리학적인 개념들을 대중화하는 데 눈길을 돌렸으며 '일상의 심리학'이라는 최초로 대량으로 팔린 책을 썼다. 《조화로운 마음 유지하기》는 메이시즈의 전시회가 있던 그해에 출판되었다. 이 책은 '행복을 유지하는 법'에 관한 심리 치유 충고로 시작하여 '아름다움의 숭배'와 '일상적인 스포츠심리학'에 관한 장으로 마무리한다. 제2장은 어린이를 다루고 있으며 어린이 양육에 관한 낙관적이고 합리적으로 균형잡힌 그리고 일반적으로 관대한 경향을 제시하고 있다. 자스트로우는 이 장을 메이시즈에서 연설할 때 차용했다. 그는 '단계별 장난감' 시스템을 만들어 낸 스트라우스 형제를 칭찬했다. 어린이에게 "실패의 경험은 가장 심각한 주의산만을 초래한다"고 그는 주장했다. "따라서 단계별로 장난감을 차등화하는 것은 탁월한 시스템이다. 두발자전거를 주기 전에 세발자전거를 아이들에게 주어야 한다는 식으로 말이다." 자스트로우는 또한 "놀이와 장난감이 제공하는 놀이의 수호하인은 어린이에게 상상력을 공급해 주며 따라서 어린이의 발달에 '핵심적'인 기여를 하게 된다"고 주장했다.[20]

메이시즈의 목표와 관련하여 시도니 그루엔버그는 자스트로우보다 좀더 이상적인 인물이었다. 그녀는 유연하고 관대한 자녀 양육에 관한 권위자로 오랫동안 인정받았다. 그녀의 날인은 자스트로우의 그것보다 무게가 있었다. 오스트리아 출신의 유대인 이민이었던 그녀의 심리학은 유명한 교육자들이었던 G. 스탠리 홀·에드워드 손다이크·존 듀이·지크문트 프로이트와 같은 사람들의 아이디어를 버무려 놓은 것이었다. 시도니 그루엔버그는 1904년 아동본성연구회의 회장으로 임명되었는데, 그녀의 지도력 아래서 이 조직은 미국 아동연구협회로 이름을 바꿨으며 록펠러 재단으로부터 재정 지원을 받았다. 자스트로우와 마찬가지로, 그녀는 대중화에 능했다. 하지만

---

20) *TN* 53(January 1929): 329; Joseph Jastrow, *Keeping Fit Mentally*(New York, 1928); Jastrow, *Character and Temperament*(New York, 1915).

그와 다른 점이 있었다면 대규모 청중을 염두에 두고서 저술 작업을 했다는 점이었다.[21]

이런 형태의 책으로서는 1912년 처음으로 씌어졌던 《당신 자녀의 현재와 미래》라는 책에서——그루엔버그 본인의 말에 따르자면——그녀는 대중 소비를 목표로 삼았으며 부상하는 소비자본주의를 지지한다는 점에서 서로 경쟁 상대였던 다른 심리학자들이 널리 주장했던 아이디어들을 설파했다. 이런 사상들은 메이시즈에서의 그녀의 존재를 분명히 설명해 주었다. 그루엔버그는 어린이 세계를 분리할 것을 담론화했다. 성인과 달리 어린이들은 '도덕적 중요성'과는 아무런 관련이 없다고 그녀는 자신의 책과 메이시즈 강연에서 주장했다. 어린이들은 선한 존재도 악한 존재도 아니다. 다만 그들은 합리화되고 소통되어야 하는 본능에 의해 지배되는 존재이다. 그러므로 어린이들은 상상력을 자극하는 놀이와 '개별적인 표현'을 할 특별한 권리를 가지고 있다고 주장하면서 그루엔버그는 "아이들이 임의적인 청도교주의, 다시 말해 모든 욕망과 충동을 악마적인 것으로 간주하는 청교도주의가 강요하는 억압적인 처벌"로 인해 고통받지 말아야 한다고 역설했다. 게다가 어린이들은 '용돈'이라는 형식으로 돈에 규칙적으로 접근할 수 있어야 한다. 돈을 소비함으로써 돈을 보다 잘 이해할 수 있을 것이기 때문이었다.[22]

사회개혁주의자들과의 협력 이외에도 스트라우스 형제와 같은 상인들은 어린이들을 위한 잡지를 출판하고 라디오 쇼를 방영하고 백화점에서는 정성들인 쇼를 공연했다. 20년대를 통틀어 태평양에서 대서양에 이르기까지 스토어들은 장난감 매장의 간이 무대나 백화점 강당에서 아이들을 위한 동화 단막극을 상연했다. 그 중에서 가장 인기가 많았던 쇼는 백화점판 밤의 《오즈의 놀라운 마법사》였다. 아이들은 이 단막극에서 저항할 수 없는 매력을 느꼈다. 하지만 약간의 버넘식 속임수가 도움을 주었다. 여자청년연맹이 밤의 이야기를 아마도 최초로 필즈에서 무대에 올렸을 때, 아이들은 공연을

---

21) For biographical material on Gruenberg, see Sidonie Gruenberg, unpublished autobiography(c. 1962), pp.16-17, 44, 93, Box 64, Sidonie Gruenberg Papers, LC.

22) Sidonie Gruenberg, *Your Child Today and Tomorrow*(New York, 1910), pp.32, 43-46; *Sons and Daughters*(New York, 1916), pp.145, 235, 312; and unpublished autobiography, pp.121-23.

보기 위해 초록색 색안경을 꼈다. 필즈 자체가 에메랄드 시티였다.[23] 20년
대 중반 무렵 한 보고서에 따르면 크리스마스 시즌이 되면 미국에 있는 거
의 모든 도시들은 자체 백화점에서 '라디오 산타클로스'를 가지고 있었다.
일찍이 1925년 11월 뉴욕의 김벨스는 1주일마다 거의 수천 통에 달하는 편
지를 아이들로부터 받았다. 기록에 따르면 이 모든 편지는 '산타'라는 사인
을 하는 직원이 일일이 답장을 해주었다. 산타라는 사인은 장차 이용할 수
있는 이름을 지칭했다. 워너메이커스 · 블루밍데일스, 그밖의 다른 백화점
들은 휴가 활동을 위한 값비싼 영화를 제작했으며 시내 극장에서 광고 영
화로 상영되고 있었다.[24]

라가머핀 퍼레이드와 메이시즈의 추수감사절 퍼레이드

1년 중 어린이들을 위한 판매 촉진 분야에서 가장 예측할 만한 이벤트는
크리스마스 전 퍼레이드였다. 사업가들은 20년 가까이 작은 규모로 축제일
퍼레이드를 계속해 왔지만 전쟁이 끝난 뒤 퍼레이드는 빈곤과 가난과 연결
된 추수감사절 퍼레이드라는 오래된 형태를 대체할 지경에 이르렀다. 종종
'누더기 퍼레이드'라고 불렸던, 아마도 유럽 카니발 전통에서부터 유래했
던 라가머핀 퍼레이드들은 적어도 19세기 중반까지 특히 뉴욕 시에서는 인
기가 있었다. 뉴욕에서는 부모와 자녀들, 어른 아이들 할 것 없이 모두 집에
서 만든 다채로운 복장을 하고 나팔을 불면서 종과 깃발을 가지고 거리로
쏟아져 나왔다. 1907년 뉴욕 전통에 관해 소설가인 윌리엄 딘 하우얼스가
말했다시피 "가난한 사람들은 추수감사절을 일종의 축제로 여겼다. 그들은
이스턴 애비뉴에서 가장무도회를 열었으며 그 지역을 가득 채운 여러 외국

---

23) On the performance of Baum's fairy tale, see *PRL* 21(January 1923): 118.

24) On the Wanamaker's and Bloomingdale's shorts, see *WWD*(May 28, 1928), p.7. On
Gimbels and other store policies, see *PRL*(December 1924 Issue): 87; *PRL*(December Issue,
1925): 9; and *PRL*(First November Issue, 1925): 1. On 〈Radio Santas〉, see NRDGA, *Radio
Broadcasting Manual: The Radio as Publicity Medium in America*(New York, 1935), p.43;
and *Toy World* 2(December 1928): 35.

인종의 아이들이 잘사는 거리로 몰려나와서 나팔을 불면서 행인들에게 구걸을 했다." "기괴한 복장을 하고 추수감사절에 애비뉴를 말을 타고 돌아다니던 일군의 사람들이 기억 속에서 떠오른다"고 1947년 독일계 뉴요커는 회상했다. "아이들이 떼 지어 다니면서⋯⋯ 동냥을 했는데, 이것은 카니발의 서투른 모방처럼 보였다."[25]

라가머핀 퍼레이드는 때때로 복잡한 지역 공동체 형태로 발전했다. 1920년대 아일랜드계 가톨릭 주지사였던 알 스미스는 맨해튼의 저지대 이스트 사이드에서 성장했던 어린 시절 이 카니발 행위에 참여했었다. "저지대 이스트 사이드에서 추수감사절은 아직도 라가머핀 퍼레이드라고 불리는 그런 퍼레이드로 인해 많은 사람들에게 즐거움을 제공해 주었다"고 1929년의 자서전에서 회고했다. 그의 기억에 따르면 그 시절

아이들은 옷을 차려입고 어른들은 레인저라는 이름 아래 퍼레이드를 했다. 우리는 제임스 슬립 레인저들이었다. 통상적으로 우리는 제임스 슬립 지역에서 퍼레이드의 라인을 형성했다. 럭거스 레인저들은 매디슨 스트리트에 본부가 있었다. 허드슨 레인저들은 웨스트 사이드에 있는 허드슨 거리에서부터 왔다. 이들은 온갖 종류의 울긋불긋한 복장으로 차려입고는 했다. 어떤 남자는 샘 아저씨 복장을 했다. 왕자의 복장을 한 사람도 있었다. 말하자면 이 퍼레이드에서는 가장무도회에서나 기대할 법한 온갖 종류의 차림새들을 볼 수 있었다.

또 다른 설명에 따르면, 추수감사절 퍼레이드 활동에는 가장무도회를 하는 어린아이들과 마찬가지로 여성들도 동등하게 참여했던 것으로 기록되어 있다. 아이들은 동냥을 하기 위해 혹은 그들이 얻어내고 싶은 것을 얻어내기 위해 아침 '일찍 일어났다.' 1890년대로 접어들면서 축제의 "분위기는 최고조에 달하고 온갖 희한한 색깔과 가장 뚜렷하게는 맨해튼의 이스트 사이드와 웨스트 사이드에서 고가 열차(elevated train) 아래서 진행되었다."[26]

---

25) William Dean Howells, *Through the Eye of the Needle*(New York, 1907), p.308; and Frank Weitenkampf, *Manhattan Kaleidoscope*(New York, 1947), p.11.

1920년대 중반에 이르면 라가머핀 퍼레이드는 맨해튼에서 거의 사라지게 되었다. 물론 브롱크스에 있는 지하철 노선 종점이나 브룩클린의 그린 포인트 섹션 혹은 플랫부시 지역에서는 여전히 과거의 흔적을 발견할 수는 있었지만 말이다. 《뉴욕 타임스》와의 인터뷰에서 한 고참 경찰 간부는 이렇게 회고했다. "오래된 라가머핀 퍼레이드 전통은 이미 죽은 행사지요." 그 자리에 새롭고 보다 전문적인 '행사'가 마련되었다. 말하자면 공중에 떠 있는 플로트들, 광대들, 행진하는 악대들, 순록, 산타클로스를 대동한 백화점의 크리스마스 전 서커스 퍼레이드로 대체되었다. 이런 퍼레이드의 최고 본보기는 메이시즈였으며 브로드웨이를 따라 145번지에서부터 웨스트 34번지까지 이어졌다. 메이시즈의 스트라우스 형제가 추수감사절 퍼레이드의 장관을 시작했던 기원은 아니었다. 필라델피아의 김벨스는 수년 동안 이 방향으로 나가고 있었으며 캐나다 최대 백화점인 토론토 소재 이턴 백화점 역시 이 방향으로 이동하고 있었다. 또한 스트라우스 형제는 순식간에 이 퍼레이드의 클라이맥스가 되었던 그로테스크하면서도 규격화된 카니발을 발명한 것도 아니었다. 적어도 세기말부터 미국의 제조업자들과 쇼맨들은 주요한 도시 축제일 겸 장날과 머천다이징에 사용하기 위해 거의 일관 작업대를 토대로 하여 이런 인물들을 만들어 내고 있었다. 이 중에서 가장 특이한 사람이 프레드릭 톰슨이었는데, 그는 거대한 90피트 높이의 장난감―― '이 세상에서 최대의 참정권 확장론자'를 포함하여――을 디자인했다. 그는 1915년 샌프란시스코에서 개최되었던 파나마-퍼시픽 인터내셔널 전시회에서 '토이랜드 어른들'이라고 불렀던 전회시를 위해 이것을 고안해 냈다.[27]

설혹 스트라우스 형제가 장관인 퍼레이드 전통의 선구자가 아니었다고 하더라도 하여튼 그들은 20년대 중반 무렵 그것을 가장 잘 이용했던 인물임은 틀림없었다. 1924년 그해 이들 형제가 주최한 최초의 퍼레이드에서, 그

---

26) 〈Parading Thanksgiving Ragamuffins Except Out Where City Subway Lines End〉, *NYT*(November 28, 1930), p.4; Al Smith, *Up to Now: An Autobiography*(New York, 1929), p.30.

27) On Thompson, see 〈Monster Militant at Panama Fair〉, *PT* 7(June 1914): 72; 〈Toyland at the Panama Fair〉, *PT* 7(July 1914): 76; and for the police interview, see *NYT*(November 22, 1930): 4.

들은 대규모 재건축을 마무리했으며, 가게의 크기를 2배로 만들었다. 그들은 톨레도 최대 백화점이었던 라살과 코흐(Lasalle and Koch)를 구입해들였으며, 다른 습득물도 열심히 찾고 있었다. 1928년 아동 복지 개혁가들의 협력이 시사하다시피, 그들은 탐욕스런 장난감 상인들이었다. 아마도 메이시즈는 세계 최대의 장난감 가게였다. 사실상 "장난감 매장이야말로 메이시즈를 만들었다"고 1930년 메이시즈의 한 바이어는 주장했다.[28]

1920년에 메이시즈는 드와이트 맥도날드가 명명했던 것처럼 사업 이윤과 총매상고에 혈안이 된 사람들이 경영하는 '어마어마한 조직'이었다. 스트라우스 형제의 경영 아래──제시 스트라우스는 회장이었고 퍼시 스트라우스는 부회장이었다──메이시즈는 성숙한 주식회사가 되었으며 위로부터 체계적이고 조직적인 통제권을 휘두르는 곳이었으며, 가장 '선진적'인 회계 원칙이 가동되었으며 과학적인 경영과 무노조를 원칙으로 했다.[29] "높은 자리는 전부 남자들이었으며 그들은 당신을 최대한 이용했다"고 메이시즈에서 이제는 은퇴한 바이어, 마조리 플레세트는 그렇게 회고했다.[30] 목표는 '훈련'이었다. 경영을 위한 훈련, '전문화된 판매'를 위한 훈련이 이런 목표에 속했다.[31] '최고'를 목표로 삼았기 때문에 스트라우스 형제는 내부의 고용인들을 무시했으며, 전국적으로 대표단을 보내서 최고의 대학과 대학교로부터 앞으로 잠재적인 경영진을 모집하러 다녔다. "메이시즈에는 진정으로 최고들만 모였다"라고 은퇴한 또 다른 바이어이자 스미스대학원 졸업생인 도라 샌더스는 기억했다.[32]

1925년 메이시즈는 고용인들에게 지능 검사를 실시했던 전국 최초의 가게였다. 2년 후 메이시즈는 상근 정신과 의사와 심리 검사를 실시할 사회사업가를 고용했으며, 백화점 내부 정신과 클리닉에 직원을 두었다. 도라 샌

---

28) Interview with 〈Miss Clark〉, grocery buyer, by Ralph Hower(1930), RG 10, Harvard History Project, Box 4 of 4, p.73, MA.

29) Ralph Hower, *History of Macy's of New York, 1858-1919*(Cambridge, Mass., 1943, repr. 1967), pp.336-69.

30) Author's interview(May 6, 1985).

31) Lecture by PS(January-April 1929), 〈History of the Training Department〉, RG 10, Harvard History Project(1934), MA.

32) Author's interview(May 17, 1985).

더스는 1930년대 초반 잠시 이런 검사들을 관리했으며 '멋지고도 동시에 서글픈' ─경기 침체가 깊어 감에 따라─ 그 모든 경험을 하게 되었다. 젊은이들은 심리 검사나 지능 검사에 익숙했고 점수도 좋았지만 나이든 지원자들은 ─일터에서 쫓겨난 법률가, 기술자들─ 시험에서 '떨어졌다.' "그래도 우리는 이들을 종종 고용했답니다. 그들이 겪고 있는 곤란한 처지를 알고 있었기 때문이지요"라고 그녀는 회상했다. 30년대 중반에 이르러 검사를 실시할 자금이 동이 났을 무렵 이런 테스트는 심지어 중역들을 포함한 전 직원들에게 실시되었다. 따라서 '조직과 조화를 이룰 수' 없는 사람은 고용되거나 승진될 수 없었다. 심지어 정서적인 장애가 있거나 조직을 원활하게 경영하는 데 장애가 되는 '개성'을 가진 사람은 고용될 수 없었다. 사회사업가들이 각 층을 돌면서 노동자와 매니저들을 감시했다. 1927년 가을, 고용 매니저인 V. V. 앤더슨 박사의 주장에 따르면 "사회사업가들의 일은 작업 실패, 원칙적인 결함, 일시 해고, 사퇴와 같은 문제점들의 최대 원인은 개별 노동자 자신의 정신적인 태도에 달려 있다"는 점을 보여주는 데 있었다. 우선적으로 1930년에 실시된 앤더슨의 보고에 따르면, "승진을 목전에 두고 있는 중역들은 그런 감시 체제에 상당한 거부 반응과 두려움을 보여주었지만 이제 모든 지적인 중역들은 오히려 그것을 원하게 되었다"[33]고 한다.

1924년 스트라우스 형제의 자기 사업에 대한 투자는 ─전쟁 전에는 주춤했지만 전후에는 급속해진─ 회사의 판매 장비를 확장하려는 방향으로 결정을 내리게 되었다. '외곽 지역에서도 고객들이 볼 수 있는' 새로운 전광판이 뉴욕에서 가장 큰 글씨로 세워지게 되었다.[34] 메이시즈는 '쇼핑 시간'을 연장했으며 '쇼핑 편의'에 모든 것을 집중했다. 냉난방 설비를 갖춘다음 1930년대 무렵에는 모든 뉴욕의 가게들이 목요일 밤과 토요일 밤에

---

33) Interview with Dr. V. V. Anderson, employment manager, by Ralph Hower (1930), RG 10, Harvard History Project(1934), pp.107-8, MA; G. Cowles, 〈How We Check Our Employment Tests〉, *System Magazine* 47(May 1925): 131-33; 〈Psychiatrist Ministers to Macy Workers' Mental Health〉, *WWD*(October 19, 1927), p.4; and Macy's buyer Dora Sanders, author interview(April 10, 1986), Manhattan. 샌더스는 1930년대 초기 이 검사를 관리했다. 이 검사에 관해서는 또한 see *WWD* (November 1, 1927): 4.

34) 〈Minutes of the Council〉(July 26, 1923), MA; the *PRL*(November 7, 1923): 3.

는 9시까지 문을 여는 방향으로 나가게 되었다. 이런 개혁은 1960년대까지 개정되지 않았으며 교외 쇼핑이 부상함에 따라 시카고에서도 이런 현상은 동시에 일어났다.[35] 백화점에서의 산업예술 전시회처럼 새로운 추수감사절 퍼레이드는 새로운 정책의 일부가 되었다. 이것은 메이시즈가 '제도적 공공성(institutional publicity)'이라고 불렸던 것에 헌신하는 것일 뿐만 아니라 디스플레이와 극장의 스펙터클에 대한 열정을 입증하는 것이었다. 뉴욕 지역 사회 생활에서 상상력의 중심을 차지한 것 중에서 이 퍼레이드 이상은 없었기 때문이었다.[36]

1924년 제시 스트라우스와 퍼시 스트라우스는 어린이 광고 판매와 크리스마스 퍼레이드를 완전히 변경시켰다. 그들은 오래된 라가머핀 퍼레이드의 카니발 전통은 유지하면서도 어디서 누가 행진을 할 것인지를 완벽하게 통제하고 관리했다. 따라서 퍼레이드가 자발적이거나 민주적으로 행해지는 것을 막았다. 이번 퍼레이드는 저널리스트인 새뮤얼 스트라우스가 1924년 '소비주의'라고 명명한 것을 상징했다. 이것은 가난과 민족적인 유산을 환기시키는 전통으로서의 퍼레이드가 아니었다. 백화점에서 일하는 이민 온 고용인들이 퍼레이드에 참여했던 것은 분명했다. 그래서 첫 해에는 많은 사람들이 라가머핀 퍼레이드에서나 볼 수 있었을 법한 다채로운 의상을 하고 나타났다. 하지만 오늘날 메이시즈 경영진들이 주장하는 것처럼 퍼레이드를 하자는 아이디어는 고용인들로부터 나온 것이 아니라 백화점 경영진으로부터 나온 것이었으며, 1924년 경영진 위원회 미팅에서 '세세한 것'을 지정한 데서부터 비롯되었다는 것이 분명해졌다.

그해 6월 백화점의 비서는 공공연하게 '크리스마스 퍼레이드에 관한 일

---

35) *Business Week*(January 28, 1931), p.11; *Business Week*(November 10, 1934), p.14.

36) 제도적인 서비스에 기여한 스트라우스 형제에 관해서는, see 〈Institutional Ad Series Relates 'Human Interests' Facts of Macy Store and Goods〉, *WWD*(October 22, 1927): 14; and Kenneth Collins(executive vice president of Macy's), 〈Institutionalizing Macy's〉, *Executive Training Course*, Series I, Lecture 3(January–April 1929), p.1 Record Group 22, Corporate Documentation, Management, Personnel Training Material(1929–49), MA. 이런 입장을 요약하면서 콜린스는 이렇게 말했다. "메이시즈는 지역 사회에서 하나의 제도로 알려지려고 조바심했다. 백화점은 고유하고, 절대적이며, 눈에 띄는 서비스를 부여하는 데 성공할 때 제도가 된다."

정을 기록해 두었다.' 2개월이 지난 뒤 백화점은 토론토의 이턴 백화점과 상의하면서 '크리스마스 퍼레이드를 연출할 방법'을 고려했고, 이턴이 '적합한 플로트들을 준비하는 데 협력할 수 있을 것'으로 기대했다. 9월 이턴과 협력한다는 계획은 틀어졌지만, 스트라우스는 집요했다. 9월 25일과 11월 16일 사이 경영진은 퍼레이드 시간을 결정했으며(아침 9시 30분에서부터 정오까지), 행진 도로를 확정하고 '크리스마스 퍼레이드가 열병 단상 · 수필 시상식 등과 같은 특별한 행사 없이 진행될' 것임을 결정했다. 메이시즈는 추수감사절에 퍼레이드를 실시해도 좋다는 '시당국으로부터의 특별 허락'을 얻어냈으며 당일 시경찰이 경찰력을 배치해 주도록 허가를 얻어냈다.[37]

퍼레이드의 성공을 보장하기 위해 스트라우스 형제는 호텔 바 혹은 나이트클럽에 다채로운 벽화를 디자인한 디자이너 토니 사그를 고용했다. 그리고 무엇보다도 그는 유명한 꼭두각시 부리는 사람이자, 꼭두각시 극장의 제안자였다. 독일 태생으로 그곳에서 교육받은 사그는 축소형——장난감, 작은 인형, 많은 배들——대상에 관한 열정을 가지고 성장했다.[38] 극장에서 커리어를 추구하기 위해 그는 영국으로 이민을 갔다가 그다음으로 1915년에는[39] 미국으로 이민을 왔다. 스트라우스 형제는 1924년 여름 퍼레이드를 위해 '제안된 플로트들을 스케치'하는 작업을 그에게 시켰다. 그는 방대한 34번지 윈도를 일련의 복잡하고 기계적인 예술적 배치 속에서 동화를 그리

37) 이런 허락에 관해서는, see ⟨The Marvels of Macyland⟩, *PT*(December 1924): 246. 진행중인 퍼레이드를 향한 매달의 진행 상황에 관해서는, see ⟨Minutes of the Executive Council⟩(June 12, 1924), p.66;(August 7, 1924), pp.78, 84; (September 4, 1924), p.87;(September 25, 1924), p.91; (October 9, 1924), p 101; (November 6, 1924), p.110; and ⟨Macy's Christmas Parade⟩, ⟨Advertising——Special Events⟩, p.173, MA.

38) Sarg, quoted in Fred J. McIsaac, ⟨Tony Sarg⟩, *The Drama*(December 1921): 83, in ⟨Clippings⟩, Tony Sarg, Robinson Locke Collection, scrapbook, Sal-Swin, Lincoln Center Theatre Collection New York City. See also on Sarg, Jon Monk Saunders, ⟨Tony Sarg Has Never Done a Stroke of Work in His Life⟩, *The American Magazine* 1(May 1926): 26-28, 100, 103-4, 106, 108.

39) Jameson Sewell, ⟨The Marionette: The Movie of the Past⟩, *Shadowland* (September 1919), pp.15-18; obituary, *New York Herald Tribune*(March 17 and 21, 1942); *New York Herald*(Sunday, March 15, 1931); *The Villager*(March 12, 1942); *New York Sun*(February 28 1942); Anne Stoddard, ⟨The Renaissance of the Puppet Play⟩, *Century Magazine*(June 1918), pp.173-86, Sarg ⟨Clippings⟩.

는 '꼭두각시 스펙터클'로 채우는 과외의 일도 맡았다. 이 윈도 그림이 성공함에 따라 그는 새로운 퍼레이드를 위한 플로트들을 디자인하고 건설하는 일을 넘겨받으면서 비주얼 광고를 준비했는데, 그 중에서도 특히 거대한 다채색 포스터 광고 제작을 준비했으며 이런 포스터들을 퍼레이드가 시작되기 오래전부터 지하철과 교외 통근열차가 있는 도시 전체에 설치했다. 1926년 사그는 무대 디자이너인 노먼 벨 게디스로 교체되었다. 하지만 1926년 그 한 해 동안만 교체되었는데, 그는 카니발 주제에서부터 의상에 이르기까지 모든 것을 창조했다.[40]

이런 결정은 고용인 전원에게 상의하여 내린 것이 결코 아니었다. 경영 실무위원회 미팅에서 내린 세부 사항에 대해서는 고용인들에게 아무런 언질도 주지 않았다. 바로 첫 해부터 메이시즈는 실제로 행진을 한 노동자들에게 일당을 지불했으며 이로 인해 자발적인 참여의 토대를 상당 부분 깎아버렸다. "하루 여분의 일당을 받고자 하는 고용인들과 재미를 보려는 사람들이 퍼레이드에 참여하려고 하는 즉시 통솔 반장을 만나야 했다"고 1928년 백화점 직원 잡지인 《스파크》는 공지했다.[41]

수천 명의 인파가 메이시즈 퍼레이드를 지켜보았다. 퍼레이드는 '경찰 라인을 손에서 손으로 유지하고 있는 엄청난 경찰력의 인도 아래' 145번지와 웨스트 34번지 아래쪽 컨벤트 애비뉴와 브로드웨이로 이동했다. 어떤 이야기에 따르면 퍼레이드는 '매혹과 웅장함에 있어서 과거의 친숙한 서커스 퍼레이드를 능가했다'고 보고했다.[42] 5개의 악대가 전체 길을 메운 채 행진을 했다. 75종의 군악대 파이프와 드럼 군단, 메이시즈의 흑인 고용인들이 연주하는 재즈 밴드, 메이시즈의 직원들로 구성된 광대 밴드가 길을 가득 메웠다. 다른 노동자들은 회교도 족장 차림, 곡예사, 스틸트 위에 올라선 사

---

40) 벨 게디스에 관해서는 see *MRSW* 59(December 1926): 22, and *Sparks*(the Macy's employee magazine)(December 1926): 15. 사그의 관리 선택에서부터 풍선을 디자인하기까지 과정은, see 〈Minutes of the Executive Council〉(September 25, 1924), p.91; 사그의 포스터 광고에 관해서는, see *PRL*(November 2, 1925).

41) *Sparks*(November 1928): 4.

42) 〈Macy's Toy Circus Outshines the Glory of Last Year〉, *PRL*(December 1, 1924): 10; 대규모 경찰력에 관해서는, see *NYT*(November 28, 1924), p.15.

람들, '붉은 별'(메이시즈의 라벨) 왕자와 공주들 차림새로 행진했다. 수백 명의 직원들의 자녀들이 머저리 단짝인 머트와 제프 차림새를 하고서는 행렬 사이를 자유롭게 뛰어다녔다. 안장 없는 말을 탄 사람들과 광대들과 더불어 전문적인 엔터테이너들이 서로 어울려 있었다. 우리 속에는 야생 동물들도 있었다. 사자·코끼리·곰 등. 친숙한 동화의 장면을 묘사한 5개의 사그가 만든 플로트들이 공중에 떠 있었다. 하지만 퍼레이드에서 가장 '인상적인' 풍경은 산타클로스 그 자신이었다. 그는 거대한 '얼음 덩어리' 위에 앉아서 메이시즈 방향으로 '사슴'을 몰기 위해 채찍질을 했다. 퍼레이드가 목적지인 웨스트 34번지와 브로드웨이에 도착하면 약 2만 명의 어른과 아이들이 산타클로스가 백화점 건물 입구의 차양으로 올라가는 모습을 지켜보았다. 토니 사그의 기계적인 동화 이야기 윈도 장면은 수백 명의 꼭두각시들로 구성되었는데, 이들은 무대 위에서 끊임없이 움직였다.[43] 1926년 11월과 12월에는 하루 평균 5천 명의 어린이들이 퍼레이드와 또 다른 크리스마스 판촉 행사의 명성에 힘입어 모여들었으며, 메이시즈의 크리스마스 동굴을 찾았다. 군중들 때문에 산타클로스는 4층에 있는 장난감 매장에서부터 '보다 안전한' 다른 층으로 옮겼다.[44]

첫번째 퍼레이드에서 최초의 (그리고 그다음) 반응은 극도로 우호적이었다. 그랬던 만큼 스트라우스 형제는 '휴가 활동'을 영속적인 특별 행사로 만들려고 작정했다.[45] 하지만 상당수 애국적인 집단으로부터 항의를 받기도 했다. 메이시즈의 직원 말에 따르면 이들 집단은 추수감사절 아침에 퍼레이드를 거행한다는 것은 '국가적이고 근본적으로 종교적인 휴일에 역행하는 짓'이라고 보았다. 스트라우스 형제는 윌리엄 H. 볼드윈을 PR 직원으로 고용하여 이런 반대를 교묘하게 무마시키고 볼드윈 스스로 말했다시피 '퍼레이드를 뉴욕 전통'과 연결시킬 방법을 찾아냈다. 볼드윈은 퍼레이드 시간

---

43) 〈The Marvels of Macyland〉: 10; *PT*(December 1924): 246; *MRSW* 55(De-cember 1924): 24. *MRSW*는 퍼레이드가 대단히 독창적이었다고 보고했다. 신문에 의하면 "메이시즈는 고지대 뉴욕에서부터 백화점까지 행진함으로써 우리가 회상해 볼 만한 유일한 백화점이었다"; see *MRSW* 56(January 1925): 1.

44) 〈Santa Claus Exhibits〉, *NYT*(December 19, 1926), pt. II: 19.

45) *PRL*(Second December Issue, 1924): 1.

대를 오후로 변경시켰다. 그 시간대는 '축구 게임과 경쟁' 해야 하는 시간이었지만 적어도 '예배' 시간대는 피할 수 있었다. 퍼시 스트라우스는 이로 인해 실망했지만 볼드윈은 스트라우스의 친구였던 경찰국장에게 하소연했다. 그는 홍보 전문가들과 협조했다. 볼드윈의 기억에 따르면, "나는 공식적으로 '제시' 회장에게 보고를 했으며 그는 동의했다. 시간 변경을 공식적으로 알렸으며 퍼레이드는 더 이상의 항의없이 거행되었다."[46]

1927년 11월 퍼레이드는 어느 정도 구체화되었으며, 오늘날 우리가 메이시즈 퍼레이드를 생각할 때면 떠오르는 것과 같은 현재의 모습을 지니게 되었다. 사그의 거대하고 그로테스크한 '동물과 인간' 들이 1927년 처음으로 등장하게 되었다. 비록 이런 모습들은 아직 헬륨으로 부풀린 것이 아니어서 퍼레이드 라인 위로 마음대로 떠다니지는 못했다. 메이시즈의 4명에 달하는 직원들이 길을 이끌었으며 각자는 사그가 디자인한 '정도 이상으로 큰 가면' 을 썼다. 그들 뒤로는 '선사 시대의 동굴에서 사는 원시인' 들을 뒤이어서 6피트 크기의 '연기를 내뿜는 공룡이 뒤따랐다. 25피트의 닥스훈트 사냥개가 지나갔으며, 로빈슨 크루소의 무인도를 재연한 거대한 플로트들이 지나갔다. 이들 앞에는 '걸어다니는 나무의 숲' 이 지나갔다. '유쾌한 얼굴의 여단' 을 이끄는 선두는 21피트 높이의 '거대한 인간' 이었다. 높이 치솟은 호랑이·사자·원숭이·기린의 퍼레이드가 이어졌다. 다른 행렬의 짐승들과 마찬가지로 혼응지로 만들어진 이들 짐승은 수백 명의 동화 속 인물과 더불어 함께 행진했다. 악단들의 소형 선대, 많은 전문적인 광대들이 뒤따랐다. 퍼레이드의 마지막에는 비행기의 조종석에 앉은 산타클로스가 뒤따라왔다. 이렇게 지나간 행렬들이 '도시 제례의식' 이 되었으며, 산타는 붉은 카펫이 깔린 계단을 올라 백화점의 입구 차양으로 가서 왕관을 쓰면 그것이 곧 사그의 파노라마식 꼭두각시 스펙터클 윈도의[47] 베일을 벗기는 신호가 되었다.

1920년 후반 산타클로스 숭배는 거의 전국으로 지나칠 정도로 퍼져 나갔다. 전국에 걸쳐 퍼레이드가 넘쳐났다. 맨해튼에서 메스모어와 다몬(Mess-

---

46) William H. Baldwin, 〈Like Topsy, We 'just Growed,' The Case History of a Public Relations Counselor〉, *Public Relations Journal* 14(September 1958): 9–10, 12.

47) *WWD*(November 23, 1927): 2; *WWD*(November 26, 1927): 17; *PRL*(First December Issue, 1927): 11; *MRSW* 56(December 1927): 18.

more and Damon)과 같은 배달 업체는 백화점에다 꾸준하게 거대하고 규격화된 카니발 형상들을 공급해 왔는데, 이 모든 형상들은 동화와 만화 캐릭터에 기초해 있었다. 이 모든 형상과 캐릭터들은 그것을 빌릴 수 있을 만한 자본을 가진 부유한 대규모 시장 상인들만이 이용 가능했다. 그래서 많은 백화점들은 산타클로스들이 자체 라디오 쇼를 하게 되자 일부 상인들은 '산타 방송 때문에 손님을 몽땅 빼앗아가 버릴까 봐' 걱정하게 되었다. 걱정에 사로잡힌 어른들은 모든 가게마다 그리고 거리 구석구석마다 세워져 있는 산타의 이미지와 산타클로스의 '지나친 상업화'에 반대하기 시작했다. 텍사스 출신의 개혁 지향적인 한 여성은 미국 아동국에 편지를 보냈다. "백화점과 골목골목마다 산타클로스를 광고 매체로 널리 사용하는 것에 대해 무슨 조처를 할 수 있는가"라고 물었다. 휴스턴에 있는 한 여성 단체는 이런 관행이 정보를 얻기 위해 나에게로 오는 것이며, 그다음 차례로 내가 당신에게 정보를 얻기 위해 다가가는 것으로 해석하기도 했다. "산타클로스의 상업화를 제거하려는 어떤 그룹도 사실상 아무런 대안을 제시하지 못한 것으로 알고 있다"는 것이 그녀가 미국 아동국장으로부터 얻어낸 답변이었다.[48]

산타클로스 숭배제의를 실시하는 모든 사업체들에게는 이런 형태의 비판은 쇠귀에 경 읽기였던 것처럼 보였다. 1929년 로스앤젤레스에서 상인들과 재산 소유자들은 다운타운 로스앤젤레스는 '1929년 과거와 현재에 다가올 유쾌하고 눈부신 크리스마스의 경이로운 크리스마스'를 무대에 올릴 것을 맹세했다. 그들은 '방대한 규모'의 '일련의 극적인 이벤트'를 조합하여 '크리스마스 정신을 부활시키고' '어린아이들을 위한 지역 축제'를 규격화했다. 10월에 그들은 4가지 색상으로 그린 '산타클로스 선언문'을 나누어 주었다. 11월 2일에 상인들은 할리우드 스튜디오로부터 수백 명의 '난쟁이'들을 빌려왔으며 모든 크리스마스 백화점들이 동시에 문을 열도록 다운타운으로 파송했다. 그로부터 5일 뒤에는 도시의 모든 쇼윈도가 동시에 베일로 가려졌고, 가로등 꼭대기에 '눈으로 만든 성'으로 보조를 맞춘 모습이 뒤따

---

48) Frances E. Fox, director of Drama Division of the Department of Recreation, Houston, to the Children's Bureau(October 9, 1930), Children's Bureau Papers, Folder 5-8-1, 〈Holiday Celebrations〉, RG 101, NA.

랐으며, 크리스마스 트리가 화려하게 치장되었고, 백화점으로 가는 가로에
는 조명등으로 된 아치들이 세워졌다. 11월 28일에는 퍼레이드가 시작되었
다. 거대한 동화 속의 '그로테스크'들에 뒤이은 밴드와 '눈부신' 산타클로
스와 순록이 뒤따랐다.[49]

이에 결코 뒤지지 않는 필라델피아의 워너메이커스는 마술에 걸린 숲 전
체를 유원지로 만들어 1927년 장난감 매장에 설치했다. 이것은 몇 년 동안
사람의 시선을 끄는 곳으로 남아 있었다. 워너메이커스 역시 1929년 싸구려
눈속임과 더불어 마감했다. 뉴욕 백화점에서, '거대한 이글루' 안 왕좌에 앉
은 산타클로스는 아이들이 '욕망하는 것을 정확하게' 알고 있음으로써 그를
찾아온 모든 아이들이 경탄하도록 만들었다. 산타는 '조력자'의 도움을 받
아서 아이들에 대한 데이터를 갖고 있었다. 조력자는 아이들이 산타에게로
다가가면 아이의 소원을 적은 데이터를 찾아내서 보이지 않은 구술 녹음기
를 통해 산타클로스에게 알려 주었다.[50]

1928년 메이시즈에서 일하면서 시도니 그루엔버그가 장난감을 옹호했던
그해, 사그는 헬륨을 넣어 부풀린 최초의 풍선과 더불어 퍼레이드를 함으
로써 센세이션을 불러일으켰다.(도표 25 참조) 그로부터 2년 후 경기 침체가
심화되었음에도 불구하고 메이시즈는 사상 최고의 총매상고를 올렸으며,
메이시즈의 퍼레이드는 전국적인 각광을 받게 되었다. 1930년 10개의 악대
가 행진을 했는데, 차가운 겨울날이었으며 심한 눈보라가 심각하게 몰아쳤
다. 산타클로스는 기구 비행선으로 이동하면서 요정 복장을 한 사람들에 의
해서 지상에 착륙했다. 카첸제머 키드(Katzenjammer Kid)를 포함하여 15개
의 거대한 풍선이 공중에 떠 있었다. 그날 카첸제머 키드는 기이한 운명을
맞이했다. 퍼레이드가 34번지에서 끝나고 이 모든 형상들을 공중으로 날려
보내면서 이 모든 풍선들을 수거해 오는 자들에게는 25달러의 보상금을 주
겠다는 약속이 있었다. 산타클로스가 백화점에 도착하여 기구 비행기에 올

---

49) *Toy World* 3(November 1929): 88-89.

50) *MRSW*(January 9, 1929): 36-37; 〈The Great Toystore Tableaux〉, Howard Kratz,
Wanamaker's Philadelphia display manager, photo album(1927-31), WA; John Wanamaker
and Co., 〈The Enchanted Forest〉(Philadelphia, 1927), WA; *TN*(January 1930): 197; *TN*(No-
vember 1930): 88-89; *PRL*(September 1933): 17.

라타고 백화점 입구 차양으로 들어갔을 때, 수천 개의 좀더 작은 풍선들이 백화점 위로 날려보내지게 되었다. 2만 5천 명 이상의 인파들이 사그가 만들어 놓은 백화점 윈도 앞에 줄지어 서 있었으며, 10명의 기마경찰이 경호를 하고 50명의 경찰과 2대의 모터사이클을 탄 경관이 서 있었다. 제의를 알리는 트럼펫이 울려 퍼지자 거대한 퍼레이드 형상들이 대기중으로 띄워 올려졌다. 그 중 하나의 형상이 군중의 눈길을 사로잡았다 카첸제머 키드는 곧장 대기 중으로 떠오르지 않았지만, 《뉴욕 타임스》 기자의 보도에 따르면, 어쨌거나 대기 중으로 떠올라 "곧장 엠파이어 스테이트 빌딩 쪽으로 날아가서 17층쯤에서 후진하는 것처럼 보였다. 그런 다음 키드는 "군중을 내려다 보면서 기대고 있었다……. 그러다가 코너를 돌아서 서서히 주변을 돌아보는 것처럼 날았다. 강한 바람이 불어왔을 때, 이스트 리버 위로 춤추듯이 선회하면서 가물가물한 눈보라 속으로 사라졌다."[51]

라이트와 색깔의 메카, 타임스 스퀘어

타임스 스퀘어는 일시적인 장관이 아니었다. 확실히 메이시즈의 추수감사절 퍼레이드, 쿨린의 무지개 집, 필라델피아의 패션의 궁전이나 시카고의 색깔과 라이트 쇼는 아니었다. 타임스 스퀘어는 이 모든 것들이 혼합된 곳이었다. 그곳은 영구적인 스펙터클 사이트였으며 정지된 곳이지만 영속적으로 움직이는 곳이었다. 이곳은 이 나라에서 가장 상업미학이 장대하게 표현된 곳이며, 거대한 이미지와 상품, 돈과 사람들을 대규모로 움직이도록 디자인된 간판들로 가득 찬 시각적인 환경을 이루고 있는 곳이었다. 에드워드 버네이스가 표현했다시피 라이트와 색깔로 모든 사람들을 매혹시키고 끌어들이는 상업적인 '우주'의 중력의 중심이 되었다.

전쟁 전 타임스 스퀘어는 경제적인 측면에서 두각을 드러내기 시작한 지역이기는 했지만 그럼에도 대중의 상상력 속에서 확고한 자리를 차지하기에는 좀 거리가 있었다. 부동산 투자가들은 이 지역에 투자를 하는 것이 얼

---

51) *NYT*(November 28, 1930), p.4.

마나 이윤을 남길지 여전히 확신이 없었다.[52] 1918년 이후 유흥 산업의 센터로서 이 지역이 급속히 부상하면서 점점 더 많은 사람들이 이곳으로 흘러들어오기 시작했다. 20년대 초반 "수만 명의 사람들이 뉴욕의 타임스 스퀘어를 중심으로 '눈부신 하얀 빛'과 관련된 지역으로 연상하기 시작하고 있다"고 한 가이드북 작가는 관찰했다. 그들에게 이곳은 뉴욕의 영혼이었다. 20년대의 마지막 무렵, 경찰 보고서에 따르면 거의 5만 명이 밤중에 이곳을 드나들면서 '이 세계에서 어디로든 움직이는 최대의 밤거리 인파'를 만들고 있었다. 교통 체증으로 인해 신호등과 일방통행 도로가 1929년 마침내 마무리될 때까지 이 지역은 꼼짝달싹하기 힘든 곳으로 만들었다.[53]

그렇다면 왜 이런 변화가 초래되었는가? 왜 그처럼 많은 사람들이 타임스 스퀘어를 찾았는가? 사람들이 그곳에 몰린 이유는 새로운 교통수단으로 인해 그곳에 가기가 쉬워졌기 때문이었으며 지하와 지상을 통해 군중들이 손쉽고 효율적으로 위아래로 오르내릴 수 있게 되었기 때문이었다. 이 지역이 매혹적인 이유는 많은 영화관들, 극장, 레스토랑, 호텔, 소매 가게들이 몰려 있었기 때문이었다. 전국적인 주식회사, 은행가, 부동산 개발업자들의 자본투자가들은 이제 이 광장을 매혹적이면서도 자극적인 곳으로 바꿔 놓은 '미드타운 섹션의 부동산 가치'를 충분히 확신하게 되었다. 돈이 흘러다니는 이 공간에서는 모든 것이 가능했으며 사고 팔 수 있는 것에 한계가 없는 곳이었다.[54] 1925년 무렵 돈은 타임스 스퀘어를 둘러싸고 보이지 않는 벽을 세웠다. 돈은 그곳을 '도덕적인 십자군'으로부터 보호했으며 전국적인 소비자 마켓 궤도에서 바람직한 공간으로서 지속하도록 만들었다.

돈이 주는 자극의 핵심에 거대한 전광판과 조명 장식을 한 사인보드들이 있었다. 1916년 도시 구역법이 통과됨으로써 실물 크기의 거대한 빌보드가 들어서는 것이 용이해졌다. 1920년 이후부터 광고 사인보드들은 미국 전역에서 번창했는데 이는 주로 자동차의 출현에 기인한 것이었다. 자동차는 광

52) See Betsy Blackmar, 〈Uptown Real Estate and the Creation of Times Square〉, in *Investing Times Square*, ed. William R. Taylor(New York, 1991), pp.51-66.

53) 〈Grover Whalen Has New Plans to Speed Traffic〉, *NYT*(May 19, 1929), pt X: 10; F. George Fredericks, *Adventuring in New York*(New York, 1923), p.38; *ST*(March 1927): 60.

54) David Schulte, real estate developer, quoted in *NYT*(April 30, 1925), p.1.

고주들에게 심지어 모든 차고에까지 광고지 부착을 권장했다. 새로 생긴 모든 도로와 고속도로와 가능한 모든 인터섹션에 광고 간판이 서게 되었다. 20년대 중반 로스앤젤레스에 있는 불록스(Bullock's)는 도시의 전략 지점에 악명 높은 일련의 광고 간판을 세웠다. 각각의 사인보드들은 거대한 글씨로 '행복' '상상력' '환대'가 씌어진 아래쪽에 예쁜 그림이 그려져 있었는데, 이것은 불록스에서 구입할 수 있는 것을 상징했다. 1920년대와 1930년대 사이 옥외 광고를 하는 데 지출된 돈은 2천5백만 달러에서 8천5백만 달러로 가파르게 상승했다.[55]

이 돈 중 상당 부분은 타임스 스퀘어에 사인보드를 세우는 데 투자됨으로써 이 지역이 카니발 지역으로 동일시되었다. 옥외 광고는 1922년에 붐을 이뤘다. 그것에 투자된 비용은 3년 전에 비해 6배나 증가했다.[56] 그해 2월 중 어느 날 낮이나 밤 시간대일지라도 그곳을 지나가는 통행인들은 《매몰된 보물》에 나오는 여배우 마리온 데이비스, 메이시 백화점, 피스크 타이어 회사, 파라마운트사, 찰머스 내복, 혹은 아이보리 비누를 광고하는 전기 사인보드를 볼 수 있었다. 특히 전국적인 주식회사들——무엇보다도 자동차 회사, 영화관 체인, 가솔린 회사, 담배와 음료수 업체——의 광고가 그 지역에 범람했으며, 너무 많은 광고 임차권 경쟁 때문에 작은 업체들은 경쟁할 엄두를 내지 못했다. 옥외 광고 회사——그들이 봉사하고 있는 업체의 주식 합병을 반영하듯이 이제 스스로 독점회사가 된——들은 터무니없는 가격으로 인해 군소 딜러들을 배제하는 데 한몫을 했다. 타임스 스퀘어는 이 세계에서 가장 고밀도인 데다 가장 값비싼 광고 지역이었다.[57] 그와 같은 상

55) 비용 증가에 관해서는 see Clyde Thompson of J. Walter Thompson, 〈The Trend in Outdoor Advertising〉, *The Advertising World* 35(August 1930): 71-77; on Bullock's, see *The Advertising World* 31(November 1926): 22-23.

56) Thorstein Veblen, *Absentee Ownership and Business Enterprise in Recent Times: The Case of America*(New York, 1923), p.315. 구역법에 관해서는 see Jerome Charyn, *Metropolis: New York as Myth, Marketplace, and Magical Land*(New York, 1985), pp.43-44.

57) 1922년 이 지역에서의 보통 광고에 관해서는, see *ST*(February 1922): 11; and for 1924, see *ST*(February 1924): 35. *ST*에 따르면 자동차 광고는 1924에 이르러 지배적인 지역 광고가 되었다(see 〈Automobile Advertising Leads Survey of Electric Signs Being Used〉, *ST*[February 1924]: 35). See also *The WPA Guide to New York City*, with introduction by William H. Whyte(New York, 1982; orig. pub. 1939), p.170.

업적 전투 지대에서 가장 낙관적이고 가장 파렴치한 곳에서는 은행이 가장 잘 재정 보조해 주는 곳만이 살아남았다. "광고는 전략적인 지역을 위한 바이킹들처럼 막대한 전투를 치렀다"고 한 논평가가 1923년에 말했다. "때로는 어떤 지역에 돈을 지불하고서도 전혀 이용하지 않았다. 그곳에 다른 광고가 들어서는 것을 막기 위해 사들였을 뿐이었다."[58]

타임스 스퀘어 사인보드의 두 가지 중요한 특징은 '스펙터클한 특징'(스펙터클하다는 표현은 산업적인 용어이다)과 천연색 라이트에 점차 의존하게 되었다는 점이었다. 사인보드들은 점프를 하고 물결처럼 요동치고, 번쩍거리면서 마치 건물 자체를 흔들어 놓거나 혹은 건물들 위에 있는 대기를 뒤흔드는 것처럼 보였다. 20년대의 중반 무렵, 고객들은 '영화관에 가서' 기대할 법한 전체 경험의 한 부분처럼 센세이션한 사인보드들을 고대하게 되었다. 1925년 2월 브로드웨이와 44번지에 있는 크리테리온 극장은 세실 B. 데밀의 〈10계명〉을 40피트 높이로 디스플레이를 했는데 건물 전면을 완전히 뒤덮었다. 이 사인보드는 '관객을 향해 미친 듯이' 검은 말들이 뛰어드는 것처럼 보이는 '격동적인 장면'으로 파라오가 이끄는 6백 대의 전차를 묘사했다. 신의 10계명판을 쥐고 서 있는 거대한 모세가 부산한 거리를 험악한 시선으로 내려다보고 있었다. 몇 분 간격으로 10만 볼트 에너지가 하늘을 가로지르면서 마치 '한 줄기 번개'처럼 푸른 불꽃을 번쩍거렸다. 한 관찰자의 보고에 따르면 '한 줄기' 빛이 10계명판에 날카로운 일격을 가했다. 밤이면 광고는 다채로운 색깔의 홍수로 넘쳐났다.[59]

위글리 스피어민트 껌 사인보드는 1917년에 세워진 후 거의 7년 동안 존속되었는데, 세계에서 최대 규모의 이 전기 사인보드 비용을 지불했다. 높이 80피트, 길이 2백 피트, 1만 7천5백 개의 전구로 만들어진 이 사인보드는 광장의 핵심 공간에 자리하면서 매달 임대 비용으로 9천 달러를 지불했다. 움직이는 요정의 무리가 화살로 밤을 찌르면서 빛의 번쩍임 속에서 꺼졌다 켜졌다 하면서 '위글리 스피어민트 껌'이라는 단어를 가리켰다. 1923년 O. J. 구드 회사는 54번지 8번 애비뉴에 광장의 외곽 자락에 푸롤과 틸

58) Fredericks, *Adventuring in New York*, p.38.
59) *ST*(February 1925): 48.

렌(Purol and Tilene)사의 가스와 석유를 광고하기 위한 번쩍이는 사인보드를 세웠다. 빛의 플래시가 들어오면 한 줄기 번개가 황소의 눈을 꿰뚫고 '파워의 쌍둥이'라는 제목이 번쩍이며 그 뒤를 이어 '푸롤' '가솔린,' 그다음에 '순수한 오일 회사'가 연속적으로 뒤따랐다. 이 순서가 계속 반복되었다.[60] 1924년 여름에는 세 가지 이야기를 담은 클릭쿼트 진저 에일(Clicquot Ginger Ale) 병이 광장 위로 치솟아 있었다. 이 병은 흰 모피를 입고 미소짓는 에스키모 소년이 몰고 있는 거대한 썰매 안에 놓여 있었다. 플래시가 들어오면 소년은 6피트짜리 채찍을 내려치면서 3명의 다른 에스키모 소년들에게 썰매를 끌어당기도록 자극한다. 그러면 다른 채찍이 하늘에서 내리치는 번개불처럼 '클릭쿼트'라는 이름을 때린다. 그런 다음 소년들이 '용감하게 밤의 어둠을 뚫고 이 귀중한 진저 에일 병을 안고 캠프로 달려가면' '진저 에일'이란 단어가 번쩍인다.(도판 26 참조) 그다음 해 봄 5천 개의 전구가 1백 피트 높이 제너럴 모터스 광고 간판이 57번지에 있는 82피트 높이 제너럴 모터스 빌딩 위로 치솟아서 타임스 스퀘어와 마주보면서 광채를 발했다. 제너럴 모터스사와 그 회사의 모토인 '모든 사람의 지갑과 목적에 합당한 차'라는 광고가 밤새 불을 밝혔다. 플래시가 꺼졌다 켜졌다 하면서 교대로 GM 제품——시보레 · 올즈모빌 · 뷰익 · 캐딜락 · 오클랜드 · GM 트럭——을 비쳐 주면서 각각의 차들은 임자에 알맞게 피셔 스타일로 차체를 올린다는 식으로 위안을 주었다.[61]

"글을 읽지 못하는 사람에게…… 이 얼마나 장엄한 장관인가"라고 영국 비평가인 G. K. 체스터턴은 처음으로 브로드웨이에 설치된 사인보드를 보면서 감탄했다.[62]

해를 거듭할수록 사인보드는 점점 더 많은 공간을 잠식했다. 1928년 자동차 제조업자인 다지 브라더스는 48번지 스트랜드 극장 꼭대기 위로 '브로드웨이의 구조적 차원에서 최대의 전기 사인보드'를 게양했다고 다지 자동차 회사의 홍보 담당이었던 에드워드 버네이스는 묘사했다. 사인보드의

---

60) *ST*(January 1923): 45; *ST*(September 1920): 1.

61) *ST*(April 1925): 48; *ST*(August 1924): 27.

62) Quoted in Joseph Urban, 〈Wedding Theatre Beauty to Ballyhoo〉, *NYT*(August 19, 1928), pt. IV; 10.

상단에는 다지 형제의 이름이 적혀 있었고, 하단에는 움직이는 사인이나 전기 리본 모토그래프가 '버라이어티 식스와 다른 다지의 차들'에 관해 알려주고 있었다. 이 "움직이는 사인보드는 그 길이가 도시 블록을 절반을 차지했다"고 버네이스는 말했다. 그는 48번 스트리트, 19번 이스트의 꼭대기 층에 있는 자기 사무실 창으로 이 사인보드를 모니터할 수 있었다고 한다. "이 사인보드는 타임스 스퀘어를 지나다니는, 하루에도 1백만 명이나 되는 통행인들이 볼 수 있었다."[63] 1년 후 이제는 골드만, 삭스 투자 회사로부터 막대한 재정 지원을 받게 된 워너 브라더스는 '이 세계에서 최대인 사인보드'를 브로드웨이와 52번지에 세웠다. 그것은 타임스 스퀘어의 바로 북쪽이었으며 높이 80피트 무게 1백15톤 규모였다.[64]

색깔은 요란스럽고 과장된 광고를 강화하게 되었다. 20년대 초반의 대다수 사인보드는 흰색 조명이었다. 비록 상당수 광고는 군중의 시선을 사로잡기 위해 앞서 언급한 〈10계명〉에서처럼 천연색 투광기를 사용하거나 혹은 색깔을 입힌 백열광을 사용하기는 했지만 대체로 믿을 만한 것이 아니었다. 프랑스 사람인 조르주 클로드가 약 1915년 무렵 발명한 네온 조명은 이 모든 것을 바꿔 놓았다. 그다음 10년, 즉 20년대가 끝나갈 무렵 《뉴욕 타임스》는 '노래와 전설에서 칭송받았던 백색 조명은 이제 붉은색·초록색·오렌지-노란색 등에 의해 거의 잊혀져 버렸다(《타임스》는 푸른색 또한 마땅히 포함시켜야만 했는데)고 보도했다. 이로 인해 빛을 발하는 가스 설비가 가능해졌다.[65] 네온 조명은 에디슨의 백열 필라멘트 발명 이후로 광고 분야에서 가장 위대한 발전이었다고 그 당시 관찰자들은 말했다. 값싸고 차가운 빛인 네온은 에너지를 거의 낭비하지 않았으며 최소의 전류를 요구했다. 하지만 네온은 강력한 빛이었으며 광선의 특이한 성격으로 인해 태양빛에 흡수될 수 없었다. 먼 거리에서 보면 더욱 빛을 발하는 것처럼 보였다. 네온빛은 밤이든 낮이든, 안개 속에서든 비속에서든지 보일 수 있었다는 점이 가

63) Edward L. Bernays to SC(January 26, 1928), SCP: *Bernays, Biography of an Idea*(New York, 1962), pp.403-18; *NYT*(February 2, 1928): 5.

64) *NYT*(November 11, 1929): 55.

65) 〈Broadway's Colors〉, *NYT*(June 23, 1929), pt.V: 21; on Georges Claude, see ST(March 1927): 60.

장 두드러진 점이었다. 이로 인해 '어느 시간이든 상관없이 빛 속에서'[66] 물건을 파는 것이 가능하게 되었다.

광채를 발하는 사인보드는 이제 네온 이외에도 많은 가스 형태로 출현하게 되었으며, 20년대 중반에는 타임스 스퀘어를 불밝혔다. 부동산 개발업자와 타임스 스퀘어에 물품을 조달하는 도시 도매업자들의 자금 조달로 인해, 생긴지 얼마 되지 않아 사인보드 제작 공장은 암스테르담 애비뉴와 웨스트 132번지에 세워지게 되었다. 채 몇 년이 지나지 않아서 《타임스》지는 광채를 발하는 색깔은 광장의 어느 방위에서든지 보였다라고 보도했다. 《타임스》는 '동쪽 방향을 바라보면서' 이렇게 말했다.

짙은 붉은색은 쉽게 선호하는 색이다. 북쪽 끝에는 게이 화이트 웨이에 가장 눈에 두드러지는 광고 지점이 있다. 그곳에만도 브로드웨이의 옥외 장식가들이 혼합해 놓은 색깔들이 빛의 아우성을 지르고 있다. 바로 그 꼭대기에는 진노랑색으로 커피 브랜드를 광고하는 전기 사인보드가 있다. 그 아래쪽에는 푸른색 배경에 노란색 조명으로 자동차 브랜드에 주목을 요하는 점점이 수놓인 백색 사인보드가 있다. 좀더 아래쪽으로 내려오면 치약을 광고하는 거대한 광장 사인보드에 우리의 눈이 시달린다. 이 치약 광고는 처음에 오렌지-노란색 플래시로 메시지를 전달하고, 그다음에는 붉은색으로, 마지막에는 초록색으로 이어진다. 그 아래쪽에는 붉은색 배경을 큰 바탕으로 흰색 글씨로 선전하고 있는 담배 광고가 있다.[67]

1920년대가 끝나갈 무렵 그처럼 많은 상업용 색깔과 조명이 한 군데 집중된 것은 세계 어디에서도 찾아볼 수가 없었다.

파리와 베를린 또한 그 당시와 그보다 이른 시기부터 '빛의 도시'로 알려져 있었음은 분명하다. 멀리 17세기로 거슬러 올라가 보면 루이 14세는 파리의 거리 곳곳에 짐승 기름으로 적셔서 불을 밝힌 간데라를 설치했다. 세

---

66) 하루 종일 네온 광고하는 것에 관해서는, see *ST*(March 1927): 60; and 〈Luminous Tube Signs Rapidly Developing in Populairity〉 *ST*(May 1926): 52.

67) 〈Broadway's Colors〉: 21.

기가 바뀔 무렵 샹젤리제와 그 주변 대로들은 이 세계에서 가장 완벽하게 조명이 된 곳이었으며 수천 개의 가스와 전깃불이 가로의 측면에서 밤낮으로 비추고 있었다. 1912년 프랑스 사람들은 공공 건물과 기념비들을 투광조명하기 시작했다. 이로 인해 소설가인 이디스 휘턴은 파리가 이제 최악의 미국식 상업적인 남용을 모방하고 있다고 비판했다. 1920년대 중반 무렵 거의 6천 개의 광고용 네온사인이 파리의 밤의 지평선 위를 가득 채웠다. 이처럼 "어둠 속에서 수천 개의 촛불에 의해 씌어진 유혹적인 광고는 드높이 치솟아 하늘을 저편으로 물러나게 만들었다"고 1929년 미국을 방문한 한 독일인은 탄식했다. "크고 푸른 방울이 거대한 샴페인잔에 흘러내렸다. 거대한 유리 튜브가 붉은 불길로 불타오르거나 농축된 햇살처럼 빛을 발했다." 베를린에서도 상업 네온조명이 나타났다. 크리스토퍼 이셔우드가 20년대 중반에 도착했을 때, "내가 그곳에서 맨 처음 보았던 것은 2개의 거대한 카메라였다. 네온조명을 한 우파 팔라스트와 글로리아 팔라스트였다." 베를린에서 "광고의 반짝이는 반영은 거리에 친밀감을 부여했다."[68]

하지만 독일 정부와 프랑스 정부 모두 그와 같이 '스펙터클한' 광고의 확산을 규제했다. 파리의 법은 특히 엄격했다. 1929년 6월 센 지역의 검사는 "점포에서 실제로 팔지 않는 물건들을 광고하지 않는 그 모든 전기 사인보드를 철거"하라는 명령을 내렸다. 달리 말하자면 전국적인 업체의 광고는 금지되었다. 이 법은 대서양을 건너 미국의 담배 회사와 자동차 회사에게 충격을 주었다. 이 법이 비록 프랑스 시민들에게는 기쁨을 주었을지 모르지만 말이다. 한 파리 시민은 "파리가 빛의 도시로 알려진 것은 자랑스럽다. 하지만 그녀는 파리가 전기 간판 같은 것보다는 지적인 것으로 알려지기 원한다"고 했다.[69]

뉴욕에서도 전기 광고를 통제하려는 약간의 시도가 있었다. 사실상 그것

---

68) Christopher Isherwood, quoted in Alex de Jonge, *The Weimar Chronicle: Prelude to Hitler*(New York, 1972), p.125; Friedrich Sieburg, quoted in *The Paris We Remember*, ed. and trans. Elisabeth Finley Thomas, with introduction by Elliot Paul(New York, 1942), pp.117-18; Henry Haynie, *Paris Past and Present*(New York, 1902), vol. 1, pp.339-41. 파리에 있는 6천 개의 네온에 관해서는 see *ST*(March 1927): 60; and Edith Wharton, *A Backward Glance*(New York, 1934), p.320.

은 상업미학 전체에 대한 통제나 다름없었다. 하지만 프랑스처럼 전면적인 통제 방식은 아니었다. 미국인들은 그런 활동을 제한된 공간에 한정시키면서도 동시에 그런 통제를 해방시켰다. 이 10년 동안 라이벌인 무역협회는 규제를 사이에 두고 싸움을 했다. 브로드웨이협회는 어디에 설치되어 있든지 간에 사인보드에 대해 어떤 통제도 원하지 않았다면, 이에 반해 5번 애비뉴협회는 '모든 투광 사인보드와 사인 조명'은 8번지에 있는 워싱턴 스퀘어로부터 100번지까지에 걸쳐 있는 5번 애비뉴에서 금지해야 한다고 고집했다. 1922년 5번 애비뉴 그룹은 시의 올더맨 부서(Board of Aldermen)를 설득하여 34번지뿐만 아니라 매디슨 애비뉴 지역을 포함하여 금지를 합법화하고 그것을 확장하는 법령을 통과시키도록 만들었다. 브로드웨이와 42번지협회는 총반격을 가했지만 실제로는 그들은 두려워할 것이 전혀 없었다. 왜냐하면 50번 애비뉴협회는 타임스 스퀘어에서 사인보드 금지를 옹호할 만한 아무런 구체적 계획도 없었기 때문이었다. 가장 두각을 드러냈던 사인 광고 업체였던 O. J. 구드 회사는——메이시즈와 김벨스는 말할 필요조차 없이 타임스 스퀘어에 광고를 하고 있었다——사실상 이 협회의 회원이었다. 5번지 상인들은 타임스 스퀘어의 조명으로 인해 뉴욕으로 관광객들이 모여들기를 원했기 때문에 수백 개의 윈도가 시사하다시피 상업용 조명과 색깔 그 자체에 시비를 할 이유가 없었다. 그들이 원하지 않았던 것은 거리에 '원치 않은 유형의 사람들'을 불러들일 수도 있는 '카니발 스펙터클'이었다. 카니발 스펙터클은 부동산 가격을 위협하고 상인들이 통제력을 상실할 뿐만 아니라 재산을 보호하는 데 위협이 된다고 보았기 때문이었다.[70]

　법령은 발효되었고 사업체들은 엄청난 보상을 얻게 되었다. 사인보드들은 5번 애비뉴와 매디슨 애비뉴, 34번지에서는 금지되었을지 모르지만, 카니발 문제는 타임스 스퀘어에서 해결되었다. 이 법령은 사실상 보다 집중

---

69) *NYT*(June 18, 1928), editorial, p.18. "워커 시장이 이곳을 산책해야 한다면 이 보다 더 대경실색으로 맞아 줄 것이 있을까…? 담배와 자동차 광고는 텍스 리카드의 전기 포인터와 더불어 호소하고 있었다"고 《뉴욕 타임스》는 말했다.

70) 5번 애비뉴와 브로드웨이협회 사이의 전쟁에 관해서는, see *ST*(April 1922): 54; *ST* (June 1922): 38; *ST*(July 1922): 48; and *NYT*(February 12, 1928), pt. II: 5. 구드 회사의 5번 애비뉴협회 회원에 관해서는, see *The Annual Report of the Fifth Avenue Association* (New York, 1919): 33.

된 공간에서 번창을 부추기게 되었으며 그곳에서 사업가들은 대체로 그들 마음대로 할 수 있었다.

"모든 무지개 색깔은 빌지 씨에게 속한다"

전반적인 시각적 성과물은 도발적이고 놀랍고 눈부시고 때로는 색깔과 유리와 조명의 숨막히는 혼합이었지만 결코 섬세하지 않았으며 언제나 흥청거리는 분위기였다. 최대의 매상고를 올리기 위해 돈과 상품을 순환시킬 목적으로 정해진 색깔을 이용했다. 많은 사람들은 뉴욕의 밤하늘에서 미래의 약속을, 즉 '새로운 예술' 과 모든 사람들에게 새로운 풍요를 약속하는 것을 보았다. 뉴욕을 방문했을 당시 에즈라 파운드는 "이것이 세계에서 가장 아름다운 뉴욕의 모습이 아닐까? 가장 아름다운 모습과 그다지 멀리 떨어져 있지 않다……. 전기는 시각을 불필요한 여분으로 만들어 버린다……. 불빛으로 현란한 광장에 또 다른 광장이 서로를 침범한다. 바로 여기 우리의 시가 있다. 왜냐하면 우리는 하늘의 별을 인간의 의지대로 따왔기 때문이다." 스튜어트 쿨린은 타임스 스퀘어의 스카이 사인을 '예술적 표현을 위한 가장 놀랍고 가장 최신의 매체를 성취한 것' 으로 간주했다. 1928년 공공 캠페인의 일환으로 에드워드 버네이스의 초대에 응한 쿨린은 다지 브라더스의 48번지에 있는 사인보드야말로 "예언적이며 하루 종일 아무런 방해받지 않고 밤을 지나면서도 활동할 수 있을 뿐만 아니라, 옛날 같으면 색소로 그렸을 것을 이제 화가들이 빛이라는 물감으로 창조하게 될 새로운 장인의 시대가 열릴 것"이라고 예언했다.[71]

다른 미국인들은 그처럼 확신에 차 있지도 그처럼 흥분하지도 않았다. 1920년대 뉴욕에서 살았던 토스타인 베블런은 이런 스펙터클에 거부감을 느꼈다. 1923년에 쓴 저서, 《부재 소유권》에서 그는 미국의 '세일즈 홍보' 를 비판했다. 왜냐하면 상품의 마케팅을 대신하여 종교가 사용했던 모든 전

---

71) SC to Edward Bernays(January 26, 1928), SCP; Ezra Pound, *Patria Mia*(Chi-cago, 1950; written c. 1913), pp.32-33.

략과 장치──즉 오래된 가톨릭의 '신앙의 선전'을 위한 전략과 장치들──를 이용하기 때문이었다. 여기서 그의 관심사는 종교와는 무관했지만 다만 그는 고전적인 기독교 전략의 신성모독을 경멸했다. '천국'의 약속은 배달될 수 없었다. "스펙터클한 디스플레이는 '희미한 종교적 불빛 속에서' 미국인들에게 기만적인 사기 약속을 만들어 내고 있다. 기호와 상징, 색깔과 조명과 '제스처'와 더불어 사인 광고주들은 자신들의 상품에다 궁극적으로는 그것과는 아무런 상관도 없고 목적지도 없는 '신성한' 의미를 투자하고 있었다"고 그는 비판했다. "몸부림치는 듯한 모습으로 선봉에 선 난쟁이 인간들이 타임스 스퀘어의 창공의 밤하늘을 찌르고 있다"고 베블런은 위글리 스피어민트 껌 사인보드를 보면서 신랄하게 비꼬았다. "이 광고는 솔직하고 웅변적일지 모르지만 교리에 선언된 그런 물품은 아니다." 그들은 츄잉껌을 전달하지 않는다. 진실한 전달은…… 지옥불과 천국을 요청하는 설명서인 만큼…… 전혀 다른 모습을 한 구체적인 연출이 되어야 했다.[72]

독일 영화감독인 프리츠 랑은 1923년 처음으로 타임스 스퀘어를 보고 난 뒤에 느낀 '센세이션'을 '영화로 만들' 영감을 얻었다. 타임스 스퀘어라는 장소는 "네온 불빛으로 대낮처럼 밝았으며 하늘 위로 지나친 크기의 광채를 발하는 광고가 우뚝 솟아 움직이고, 돌면서 플래시를 켰다 껐다 했다……. 유럽인들에게 그 광경은 너무나 새롭고 거의 동화의 세계 같은 기분을 주었다……. 검은 하늘로부터 사치스러운 천이 매달려서 현혹시키고 혼을 빼놓고 최면에 걸리도록 만든다." 랑이 만든 영화는 '메트로폴리스'라는 형태가 되었다. '메트로폴리스'는 현대 산업 도시에 대한 면죄부 없는 어두운 비전이었다.[73]

루이스 멈퍼드는 1923년의 분석에서 보다 양가적인 태도를 보여주고 있다. 그는 이 지역이 산업 착취에 의해 억압받는 미국인들에게 필수 불가결한 곳이 되었으며 그런 억압에 '출구'를 추구하는 것이라고 적었다. "브로드웨이는…… 미국인들에게 대단한 보상 장치이다"라고 멈퍼드는 주장했

72) Veblen, *Absentee Ownership and Business Enterprise in Recent Times*(New York, 1923), pp.321-32.

73) Lang, quoted in Mandelbaum and Myers, *Screen Deco*, p.166.

다. "현란한 백색 라이트들, 전기 사인보드의 색깔들, 활동 사진 궁전의 석고 건축물, 쇼윈도의 미학적인 호소력, 이런 것들은 미국 산업 도시들의 칙칙한 전망에서 빠져나올 수 있는 요소를 상징한다. 자기 시간을 어떻게 소비해야 하는지 알지 못하는 사람들이 얻어낼 수 있는 만족이라고는 돈을 소비하는 것에서이다." 이와 동시에 멈퍼드는 타임스 스퀘어와 브로드웨이를 '영적인 실패'의 징후로 간주했다. "미국 도시에서 가장 주요한 제도는 주변 환경으로부터 우리의 시선을 빼앗는 그저 단순한 오락거리들이다. 이런 오락거리들은 주변 환경을 빚어내고 인간의 희망과 욕망으로 조금 더 다가가도록 하는 대신 그로부터 멀어지도록 만든다⋯⋯."[74]

영국 작가인 G. K. 체스터턴은 1922년, 그러니까 베블런·멈퍼드·랑과 거의 동시대에 타임스 스퀘어와 브로드웨이를 방문했다. 1년 뒤에 체스터턴은 〈브로드웨이에 관한 명상〉이라는 글을 《내가 미국에서 본 것들》이라는 저서에 실었다. 동시대 어느 누구보다도 타임스 스퀘어 대한 예리한 통찰과 복합한 평가를 내리고 있는 글이다. 체스터턴은 독실한 로마 정교 개종자였으며 단호한 민주주의자였다. 그는 종교적인 전통과 색깔, 유리, 빛이 서구 역사에서 미쳤던 역할에 대한 인식과 관련하여 분석했다. 타임스 스퀘어는 예술적인 근거에서 그를 기쁘게 해주었다. "나는 마천루와 스카이사인들과 더불어 있는 현대 도시를 미학적으로 비난하는 것에 동의하지 않는다"고 그는 말했다.

내 말은 미의 상실과 실용성에 미를 희생시킨다는 통탄을 의미하는 것이다. 사실은 그와는 정반대인 것처럼 보인다. 예술을 위한 예술의 입장에서 볼 때 이런 것들은 오히려 예술적인 것처럼 보인다. 어린아이들이 만약 이처럼 다채로운 빛을 보았더라면 그 아이는 어떤 장난감을 보고 기뻐하는 것과 마찬가지로 기뻐서 춤을 췄을 것이다. 어린아이의 존경할 만한 모방 속에서 춤추는 것이야말로 모든 시인과 비평가들의 임무이다. 나는 이 판토마임 도시의 동화 같은 밤에 무척이나 동감을 느낀다. 나는 이런 감정을 소멸하게 만

---

74) Lewis Mumford, 〈The City〉, *in Civilization in the United States*, ed. Harold Stearns(New York, 1923), pp.8-9.

든 균형 감각과 사회적인 이성의 회복이 오히려 원망스러울 정도이다.

 게다가 교육받은 사람들치고──옥스포드대학교 교수이든지 아니면 문자를 해독하는 농부든지 간에──광고로 인해 사회적인 영향력을 받는 사람은 없다고 체스터턴은 주장했다. 독립적이고 분별력있고 사려 깊은 사람들은 '파라다이스 치약이나 제7의 천국 시가'와 같은 사인보드 효과로 인한 판매에 '좌우되지 않는다'는 것이다. "거의 어떤 나이대의 어떤 사람도 그것을 농담으로 여길 것이다." "오직 최면술에 의해 정신이 심약한 사람들을 제외한다면 속이 훤히 들여다보이는 그런 광고의 트릭이 겨냥하고 있는 것에 넘어갈 사람은 없었을 터였다."75)
 체스터턴은 광장에 있는 '색깔과 빛'에 대해 과학적이고 사회적인 근거에 기반하여 반대했다. 왜냐하면 이런 것들은 그가 나중에 '상징의 속류화'라고 개념화한 것을 재현하고 있기 때문이었다. 과거에는 색깔과 빛이 민족주의와 밀접하게 연결되었을 뿐만 아니라 '신성한 것'과 민중적인 저항 운동과도 밀접하게 연결되어 있었다(체스터턴은 가이 포크스 데이의 횃불을 예로 지목했다). 이제 이런 것들은 "우리 시대의 상업적인 연상에 의해 진부해졌다……." 한때는 강력한 의미가 그것에 부착되어 있었지만 지금은 "그런 색깔과 그런 빛의 의미와 중요성이 전적으로 죽어 버렸다." 게다가 "새로운 조명으로 인해 끊임없이 사소한 것들을 위대한 것으로 선언하는 데 이용함으로써 사람들은 위대한 것들을 선언하는 것에도 싫증을 느끼게 되었다."76)
 타임스 스퀘어의 색깔과 조명은 종교의 상실과 영웅적인 헌신보다 오히려 무엇인가 다른 의미를 지녔다. 체스터턴이 생각하기에 이런 것들은 반민주주의적인 기업 주식회사의 부상을 의미했다. 체스터턴은 평등과 시민권의 측면에서 미국을 엄청나게 존경한 인물이었다. 미국은 민주주의로 인

---

75) G. K. Chesterton, ⟨A Meditation in Broadway⟩, in *What I Saw in America, in The Collected Works of G. K. Chesterton,* ed. Robert Royal, vol. 21(San Francisco, 1990), pp.66-72.
 76) Chesterton, ⟨A Meditation in Broadway⟩, p.68; ⟨The Rituals of Christmas⟩, *Illustrated London News*(December 24, 1927), in *The Collected Works of G. K. Chesterton,* ed. Lawrence J. Clipper, pp.26, 438-39.

해 세계에서 가장 고유한 나라였다. "시민권은 여전히 미국에서는 이상이
다. 평등은 절대적인 윤리이며, 그로 인해 모든 사람들은 불변하고 파괴할
수 없는 가치를 가지며 죽음과도 같이 감지할 수 없는 품위를 지닌다"라고
그는 주장했다.[77] "하지만 산업자본주의는 이러한 이상을 위협하고 있다고
그는 비판한다. 하지만 아마도 오로지 미국에서만 이들 가치가 갈등을 일
으키고 있다. 아마도 오직 미국에서만 민주주의가 그처럼 발전했다. 아마
도 오직 미국에서만 산업 진보가…… 그처럼 반민주주의적으로 발전했다."
"현대 자본주의의 현실은 테러와 더불어 민주주의적인 이상에 위협적이며
동요하기 쉽고 민감한 현대 정신을 비틀거리게 만들었던 광휘에도 위협적
인 것이다. 이런 투쟁의 문제는 이 위대한 문명이 지속할 것인가 아니면 아
예 그것이 지속하든 말든 아무런 관심이 없는가라는 질문에 달려 있다."[78]

체스터턴에게 맨해튼의 밤하늘에서 본 색깔, 유리, 빛은 자본주의의 힘
을 가시적으로 보여주었다. 이들 요소는 자본주의의 미학을 형성했으며 그
아래서 새로운 불평등이 출현하고 있었다. 이들은 다른 모든 경합하는 미학
을 물리치면서 상승하고 있었다. 종교적인 관점에서 색깔과 빛을 생각하는
데 익숙해져 있는 문자를 터득한 농부들이 처음으로 타임 스퀘어를 본 순
간 그들은 "모든 무지개 색깔이 이제 빌지 씨에게 속한다"고 생각할 것이다.
"이것은 그런 예술과 건축물에 의해서 상징되는 현대 도시에 반대하는 진
정한 사유이다. 이것은 이들 미학이 조잡하기 때문이 아니라 민중적이지
않기 때문이다." 영국 공화주의자가 로마 '교황'에 대항하여 싸우는 것처
럼, 브로드웨이에서 색깔과 빛에 대항하여 싸우는 사람은 아무도 없었을 것
이다라고 체스터턴은 비판한다. 상업적인 색깔과 빛 속에서 신의 영광을 보
는 사람은 아무도 없었다. 누구도 그것을 위해 투표를 하지 않았다. "이런
현대적이고 중상주의적인 전설이 소수 독점 상인들에 의해서 강요되고 있
는데도 불구하고 우리는 그저 속수무책으로 그런 제안에 수동적으로 반응
하고 있다. 자금을 조달하는 최면술사거나 혹은 거대 기업은 다섯 손가락으

---

77) *The Collected Works*, ed. Robert Royal, Chesterton, 〈What is America?〉 vol. 21,
pp. 47-48.

78) *Ibid.*, p. 48.

로 하늘에다 자신들의 계명을 그냥 쓰고 있다. 우리는 그의 불꽃 같은 폭력의 희생자에 불과하다. 다름 아닌 상인이야말로 우리의 눈을 갈기고 있다."[79]

---

79) Chesterton, 〈A Meditation in Broadway〉, p.70.

12

허버트 후버의 에메랄드 시티와 관리 정부

워싱턴 D. C. 상공에서 내려다 보면 그 건물은 마치 붉은 타일로 된 지붕
이 햇살을 받아 더욱 붉은색으로 빛나는 지중해 연안의 거대한 흰 농장처럼
보였다. 이 건물은 도시의 세 블록 정도를 충분히 차지할 정도였으며 워싱
턴 기념관의 그늘 아래 워싱턴 몰에서부터 펜실베이니아 애비뉴의 14번지
까지 뻗어 있었다. 하지만 그 건물은 결코 지중해의 흰 농장이 아니었다. 그
것은 새로 지은 상무성 빌딩이었으며 여태껏 그와 같은 건물이 이 나라의
수도에 출현한 적은 어디에도 없었다. "그것은 크기만으로도 숨이 멎을 정
도였다"고 저널리스트인 R. L. 듀퍼스가 1932년에 말했다. 1932년에 문을
연 이 건물은 '위엄 있는 역사적 건축물로서 미국 경제 발전의 이정표'였다.
허버트 후버 대통령은 1929년 봄 이 건물의 초석을 놓았으며 조지 워싱턴
이 1793년 국회의사당 빌딩을 지을 때 사용했던 바로 그 삽과 망치를 사용
했다. 이 건물을 응시하면서 "해밀턴은 자신의 정부 이론이 승리했다는 사
실을 깨달았을 것이다"라고 듀퍼스는 적었다. "중앙 정부가 허약해지거나
비효과적인 그런 국가나 혹은 반쪽 국가에서 이와 같은 획기적 사건이 일어
난 곳은 없었을 터였다."[1](도표 27 참조)

예전과 동일한 방식으로 이 국가에 여전히 봉사하고 있는 이 건물은 마름
모꼴로 된 단일 건물이었다. 이 빌딩은 초기 거주자들이 회피했던 늪지대에
서 있었다. 왜냐하면 늪지대라서 모기가 많고 늑대가 잠복해 있었기 때문이
었다. "늑대가 사살되자 여우들이 늘어났다"라고 멜빌은 《신용 사기꾼》에서

---

1) R. L. Duffus, 〈A New National Symbol in Stone〉, *NYT*(May 15, 1932), sec. 5,
magazine; *NYT*(June 4, 1929): 28.

말했다. 1932년에 대다수 워싱턴 사람들은 공황이라는 가장 깊은 수렁 속에 빠져 허우적거리면서 이 빌딩의 역사를 알았든 몰랐든 상관없이 멜빌과 동일한 심정을 느꼈을지도 모른다.[2] 이 건물은 제국주의적이고 신고전주의적인 스타일인데, 이것은 이 세계라는 무대에서 새로운 위상을 차지하려는 나라에 적합한 모델을 찾아낸 새로운 정부 구조물의 집합체에 속했다. "건물 안으로 들어가서 웅장한 복도의 끝에 서보라. 그러면 맞은편 끝에 있는 인간의 형상이 마치 인형처럼 작아 보일 것이다"라고 듀퍼스는 말했다. 이 빌딩은 3개의 독자적인 마름모꼴 유니트였는데 건물을 안전하게 만들려고 (이 건물 자체가 결국은 늪지대 위에 서 있는 것이므로) 아코디언 형태로 팽창 조인트를 마련하여 서로 연결시켜 놓았다. 여름에는 건물이 3인치나 팽창하였으며 겨울에는 수축했기 때문에 구조적인 훼손을 방지하기 위해서 조인트를 마련해 두어야 했다. 넓은 뒤뜰은 건물 유니트와 분리되어 있었다. 유리로 만든 파티션이 사무실을 분할하면서도 동시에 의사소통과 접촉을 권했다.[3] 오랫동안 도시 주변에 분산되어 있던 미국 상무성의 모든 구성 요소들이 이제 이 빌딩 안으로 모여들였다. 즉 국내외 상무국 · 특허 사무실 · 인구 조사국 · 등대 · 광산 · 어업 · 해안 측지 조사 · 증기선 시찰 · 항공학 · 등등이 전부 모여들게 되었다. 오직 도량형 표준국만이 다른 지역에 남아 있었는데 그곳에서 수행해야 할 섬세한 과학적 작업과 파열의 잠재력이 있었기 때문이었다.[4]

상무성 빌딩은 이 세계에서 최대 규모의 사무실이었다. 심지어 시카고에 있는 머천다이즈 마트와 뉴욕에 있는 엠파이어 스테이트 빌딩보다도 컸다. 울워스 빌딩 · 이키터블 빌딩(Equitable Building) · 매디슨 스퀘어 가든 등은 상무성 빌딩 지하에 전부 편안하게 다시 모아 놓을 수도 있었다고 듀퍼스는 자기 글에서 지적했다. "첫인상은 엄청난 광대함, 견고함, 지구라도 움직일 수 없는 것 같은 부동성이었다. 어떤 바람도, 어떤 자연의 힘도 그 건물을 흔들어 놓거나 평온을 깨뜨리지 못할 것 같은 느낌을 주었다"고 그는 말했

---

2) Herman Melville, *The Confidence Man*(New York, 1955), p.12.
3) *NYT*(December 26, 1931): 14.
4) *NYT*(June 9, 1929), pt. III: 4.

다. 10년 뒤에 펜타곤 건물이 출현할 때까지 이 건물의 크기를 능가하는 것이 없었다.[5]

듀퍼스──제1차 세계대전 이전에 스탠퍼드대학교에서 토스타인 베블런의 학생이었다. 나중에 그는 다른 학생들과 더불어 팔로 알토 바로 외곽에 있는 케드로의 오막살이에서 베블런과 한동안 같이 생활하기도 했다──는 여지껏 출판되었던 베블런에 관한 책 중에서 가장 감동적인 회고문을 썼었다. 상무성 빌딩을 하나의 상징으로 보았다는 점에서 듀퍼스는 옳았다. 그것은 정부의 새로운 세력을 상징할 뿐만 아니라 전쟁 전부터 '거대 사업체'의 이해 관계에 봉사하기 위해 형성되었던 새로운 제도들의 순환 회로이기도 했다. 도시의 미술관과 대학은 이 회로에 속했다. 하지만 20년대 정부는 이 회로의 중심에서 작동했으며, 미국 상무성과 허버트 후버는 그 왕홀이었다.

미국의 보통 사람들의 생활에 연방 정부의 존재는 이미 1895년에서부터 1920년 사이에 모습을 드러냈다. 1920년 이후부터 연방 정부는 점점 더 강한 인상을 주기 시작했다. 연방 정부는 대규모 재정적인 상호 개입과 합병과 더불어 새로운 미국 대량 소비 경제와 문화를 만들어 나가는 데 있어 결정적인 에이전트 역할을 하고 있었다. 변화에 반발하기도 했지만(학교와 미술관의 경우에서처럼), 연방 정부는 경제적인 촉매 역할을 하기도 했다. 정부는 안내하면서 동시에 개입했다.

연방 정부가 성장했던 것은 군대의 요구나 혹은 빈자들, 병자들, 노인들, 실업자들의 요구에 부응하기 위해서였다는 것은 오늘날 널리 알려진 사실이다. 하지만 이것은 진실의 한 단면일 뿐이다. 1920년 이후 그리고 그보다 훨씬 오래전부터 자격증 프로그램(entitlement program)이 실제로 있었다. 법 강제 집행 에이전시──FBI, 마약 분과(Narcotics Division), 주류 양조 판매 금지국(Bureau of Prohibition)──를 포함하여 연방관료주의의 모든 영역이 점차 강력해지게 되었다. 하지만 "이런 변화로 인해 초래된 가장 분명한 의미는 상업과 산업과 바다와 육지에서의 운송을 통제하거나 촉진시키기 위해 고안된 엄청나게 팽창된 활동이었다"고 제1차 세계대전 이후에서부터 1934년의 기간 동안 나온 대단히 높이 평가되는 보고서는 말했다. 바꾸어 말하자

---

5) Duffus, 〈A New National Symbol in Stone〉,: II.

면 정부는 업체의 요구에 부응하여 성장했다. 정부는 미국 우편 서비스를 통해 해상 운송과 항공 운송의 장려금을 증액했다. 물품 이동을 위한 증기선을 돕기 위해 최초의 연방 고속도로 설비에 비용을 지불했다. 시장 서비스를 제공하기 위해 전문화된 특별국과 에이전시를 신설했다. "이 분야에서의 괄목할 만한 발전은 국내외 상무국이 실시했던 상업 서비스, 농경 경제국에 실시했던 농업 서비스, 해운위원회(Shipping Board)를 통한 선적 서비스에 대한 전대미문의 폭발적인 팽창도 포함되어 있었다"고 1934년의 보고서는 계속했다. '사업에 대한 그런 보조'(다른 보조도 있었다)는 "이 시기의 가장 중요한 추세로 충분히 간주할 만한 것이었다. 즉 **통제에서 서비스로 변경**, 이 시기 동안 팽배했던 정부철학의 모범적인 사례로 간주될 수 있었다."[6]

허버트 후버의 지식 추구

업체에 대한 정부 '서비스'가 그처럼 확실하게 증가한 이유는 무엇인가? 허버트 후버는 이런 변화를 주도한 주요한 기획자였다. 후버는 1921년부터 1928년까지 상무장관으로 재직했으며 1929년부터 1933년 동안 단임 대통령을 지냈다. 1932년 선거에서 프랭클린 루스벨트에게 패배함으로써 그의 재선은 무산되었다.[7] 후버는 1874년 아이오와 주, 웨스트 브랜치에서 태어났다. 웨스트 브랜치는 중서부에 있는 농촌 소읍이었지만(인구 약 7백 명이었던), 개척자적인 농부들과 철도로 인해 번창하고 있었다. 철도가 이곳에 들어온 것은 1870년대 후반이었다. 후버는 그 지방 정치가이자 자기 소유의 대장간을 가지고 물건을 수선해 주었던 발명가의 셋째아들이었다. 독실한

---

6) Carroll H. Wooddy, *The Growth of the Federal Government, 1915-1932*(New York, 1934), pp.549-54. 이 연구는 실제로 허버트 후버 대통령의 사회 추세에 관한 조사연구위원회의 지시 아래 준비되었다.

7) 다음의 전기적 스케치는 데이비드 버너의 후버 대통령에 관한 전기인 《허버트 후버: 공적 생애》(New York, 1979)와 후버의 젊은 시절에 관한 방대한 2권의 전기인 《허버트 후버의 생애: 엔지니어로서의 1874-1914년》《허버트 후버의 생애: 인도주의자로서의 1914-1917년》(New York, 1983, 1988)을 출전으로 삼았다.

퀘이커교도였으며 소박과 절제 원칙을 고수했던 어머니의 신조는 그에게 평생 동안 영향을 미쳤다. 사실상 일생 동안 새로운 소비자 세계를 도입하려고 노력하는 중에도 후버는 바그너 목사와 존 워너메이커가 설파했던 '소박한 생활' 이라는 철학을 준수했다. 어느 정도 바그너와 존 워너메이커와 비슷하게 그는 소박한 진실을 구하기 위해 규칙적으로 성경에 의지했다. 그는 성경을 '책 중의 책' 이며 '인간 경험을 쌓아 놓은 가장 풍부한 도서관에서 대학원 졸업 이후 코스' 라고 말했다.[8]

10세 때 고아가 된 후버는 자신의 개인주의에 자부심을 가질 정도로 대단히 독립적인 청년이었다. 1891년 그는 스탠퍼드대학교의 대학생으로서 등록했으며, 지리학과 광업을 전공했다. 그로부터 20년간에 걸쳐 그는 광산 엔지니어이자 사업가로서 커리어를 시작했으며 그로 인해 멜버른에서 페트로그라드, 그리고 요하네스버그에 이르는 전 세계를 다니면서 일하게 되었다. 그는 거대 자본주의를 향한 최초의 대약진에 참여했다. 이 영역에서의 개척자로서 그는 새로운 산업과 시장(1900년대에는 고작 두 나라──러시아와 터키──가 여권을 요구했다)에서 마주치는 모든 경계선과 제약을 허물어 내고 문호를 개방했다. 1890년대 후반 그는 오스트레일리아의 여러 개 황금 광산의 핵심 작업 기사가 되었으며, 광부, 광석, 돈을 효율적으로 경영하는 매니저로서 명성을 떨쳤다. 중국에서 그는 석탄 광업 회사의 감독으로 지내다가 오스트레일리아로 되돌아와서 아연 주식회사를 설립했다. 이 회사는 전 세계적으로 주도적인 다국적 광석 회사 중 하나가 될 운명이었다. 1908년 그는 광산 '금융가' 가 되기 위해 엔지니어 직업을 그만두고 광산에 관해 자신이 축적한 방대한 지식을 활용하여 사업가들을 가르치려고 했다. 그 무렵 광산을 사고 팔거나 혹은 기업이 모험이나 개발 자본을 요구하던 시절이었기 때문이었다. 환금할 때 그는 자유주(free stock)를 받거나 아니면 이윤의 일부를 받았다. 후버는 자신을 '전문적인 투기꾼' 으로 불렀다. 금융 자본의 중심지였던 런던에서 16년 동안 생활하면서 때로는 많은 주식

---

8) Herbert Hoover, 〈Message to the National Federation of Men's Bible Classes〉(May 5, 1929), in *Herbert Hoover: Public Papers of the Presidents of the United States*(Washington, D. C., 1974), p.136.

부양을 위한 인수업자로 활동하면서 '거대 주식회사'를 조직하고 재조직하는 데 도움을 주었다. 이런 행위는 1929년으로 예정되었던 그 자신과 미국의 앞날에 엄청난 아이러니로 작용했다. 1912년 무렵 그는 수백만장자가되었으며 "40세가 되었을 때 백만장자가 되지 못하는 사람은 그다지 가치가 없다"[9]고 자기 친구에게 말할 수 있을 정도가 되었다.

1913년 '돈버는 일'에 싫증이 난 후버는 보다 공적 서비스를 하기 위해 광산 분야에서 완전히 손을 떼게 되었다. 1915년 그는 샌프란시스코에 있는 파나마-퍼시픽 인터내셔널 익스포지션에서 런던 주재 미국 프로모터로 잠시 일했다(영국의 조지 5세가 이곳을 방문하도록 노력함으로써 그는 대중을 놀라게 만들었다).[10] 전쟁이 악화되자 그는 벨기에 구호물자 관리 담당 책임자가 되었다. 이 일은 마치 손에 낀 장갑처럼 그에게 알맞은 직업이었다. 왜냐하면 많은 상품의 이동과 분배를 지휘했던 그의 매니저로서의 경험 때문이었다. 이와 같은 서비스에 기초하여 1917년 우드로 윌슨 대통령은 그를 식량 관리 감독(Director of Food Administration)에 임명했으며 고국과 해외에서 식량 분배를 감독하게 되었다. 전쟁이 끝난 뒤 그는 미국 구호 행정부(American Relief Administration)의 총감독이 되었다. 이 두 가지 일은 대중적인 그의 이미지를 빛나게 해주었으며, 대통령이 되기 이전의 후버에 관한 인상은 많은 미국인들에게 이것이 전부였다. 이 일로 인해 그는 충분한 재량권만 준다면 어떤 것이든지 조직하고 관리할 수 있는 능력을 가진 사람이라는 대중적인 명성을 확고하게 다졌다.

1920년과 1921년 사이 워런 G. 하딩 대통령이 그를 상무장관으로 임명했던 그해 후버는 자신의 경영 기술을 시험하는 엄청난 도전에 직면했다.(도표 17 참조) 경제는 전쟁 후 급격히 추락했다. 1921년과 1922년 사이 미국은 30년 만에 최악의 경기 침체를 경험했다. 물건 가격은 미국 역사상 최단

---

9) Quoted in Burner, *Herbert Hoover*, p.54. 후버의 《회고록》에 나타난 터키와 러시아에 대한 여권 정책에 관한 참고 문헌은 버너의 저서에서, 13페이지에서 인용되어 있었다. 그리고 나쉬의 《허버트 후버의 생애: 엔지니어로서의 1874-1914년》과 《허버트 후버의 생애: 인도주의자로서의 1914-1917년》, 245-83, 348-78, 384-475페이지 참조.
10) Craig Lloyd, *Aggressive Introvert: A Study of Herbert Hoover and Public Relations Management, 1912-32*(Columbus, O., 1972), pp.21-28.

기간에 최저 가격까지 떨어졌다. 업계는 전쟁 기간 동안 비축해 두었던 엄청난 재고를 처리할 수 없게 되었다. 실업 비율은 전체 노동력의 12퍼센트에 육박했다. 4년 동안 맹렬하게 속도를 올렸던 생산 장치들은 가동을 중단할 지경에 이르렀으며 온 나라가 재앙의 위협에 시달리고 있었다. 볼셰비키 노선을 따라 혁명이 거론되고 있었다.[11]

상황이 심각해지자 후버와 그의 자문관들은 그들이 생각하기에 경악할 만한 생산과 소비 사이의 간극을 보게 되었다. 후버는 마케팅과 분배 시스템에 특히 무엇인가가 잘못되었다고 판단했다. 그는 줄리우스 클라인의 입장에 동의했다. 클라인은 상무성에서 핵심적인 역할을 했던 소장이었다. 전쟁 기간 동안의 수요에 의해 과잉 생산된 대량 생산 방식은 '산업 능력을 끔찍하게 팽창시켰으며' 소비자의 손에 닿지도 못하는 물품의 과잉 공급을 초래했다. 가격이 너무 높게 책정되었거나 아니면 수입이 너무 낮았거나 시장이 과포화 상태였기 때문이었다. 물품의 '흐름'을 신속히 하려는 의도는 오히려 복잡한 수송 체계를 만들게 되었고 물류의 흐름을 방해했다. 도심지에서 교외의 센터로 인구가 급격하게 이동함으로써 벌써부터 불명확한 시장의 그림이 더더욱 모호해졌다. 그런 데다가 이런 변화들은 너무 갑작스럽게 일어났기 때문에 사업가들은 '앞을 내다보지 못하는 시장'에서 영업을 하고 있거나 아니면 미래를 계획하는 데 애를 먹고 있다고 후버는 생각했다. 시장은 어디에 있었는가? 후버는 자문했다. 어떻게 물품은 한 곳에서 다른 한 곳으로 옮아가는가. 놀랍게도 이런 질문에 정확한 대답을 알고 있는 사람은 아무도 없었다. 단 하나의 물품이라도 제조업자에서부터 소비자에게 이르기까지의 이동 경로를 정확하게 추적하려는 사람은 없었다. "우리는 분배의 기본적인 데이터를 완전히 놓치고 있다"고 후버는 후일 클라인에게 털어놓았다.[12]

---

11) Robert Sobel, *The Great Bull Market: Wall Street in the 1920s*(New York 1968), pp.24-26.

12) HH to JK(May 23, 1925), BFDC, Record Group 151 402.1. General Files, NA, Washington, D. C. 20년대를 통틀어 상업에 초점을 맞춘 문제점의 선명한 요약에 관해서는 Frank Surface, assistant director of Domestic Commerce *DC* 2(February 3, 1928): 4; and 〈Report on the Census of Distribution〉, BFDC, 151, 024, General Files(1933-34), NA.

다름 아닌 이와 같은 '위기' 속에서 후버는 업계를 보조하기 위한 정부의 권력과 전문성을 활용할 수 있는 새로운 방법을 모색하기 시작했다. 확실히 그는 이 방향으로 이미 생각하고 있었다. 전쟁 기간 동안 정부 권력의 방대한 운용은 식량 행정관으로서 그가 수행했던 역할과 더불어 무엇이 가능한가에 대한 안목을 제공해 주었다. 그는 정부가 개별적인 기업에 습관적인 위협을 가하는 존재가 아니라 긍정적인 관점에서 정부를 보려는 경향이 이미 있었다.

후버는 역사가들에 의해서 '기업자유주의자(corporate liberal)'라고 묘사되어 왔다. 기업자유주의자는 그가 거대 기업들의 존재를 일상 생활의 영구적인 사실로 받아들인다는 의미였다. 그는 19세기적인 자유방임주의 경쟁 세계는 죽었다고 믿었다. 그래서 그는 경제적 · 사회적 구조화는 사적인 영역(달리 표현하자면 정부나 혹은 국가가 그 바깥으로 물러나 있어야 하는 영역)에서 사업가들 사이에서 서로 협력하여 배치할 수 있도록 남겨두어야 한다고 주장했다. 이와 동시에 그는 경영국가주의의 '부드러운' 입장을 포용하면서 이런 입장과 결별했다. 다시 말해 자본주의가 올바른 궤도를 유지하기 위해서 정부가 할 수 있는 일이라면——개별 업체에 직접적인 규제와 단기적인 강제도 마다하지 않는 것——무엇이든지간에 마땅히 해야 한다는 입장을 고수했다.[13]

효과적으로 일하기 위해 시장의 힘은 규제받고 감독할 필요가 있다고 보는 경영국가주의자로 후버를 간주하지만 그의 동시대 사람들은 그를 그렇게 보지 않았다. 오히려 많은 역사가들은 후버를 국가가 경제에 개입하는 것을 극히 삼가야 한다고 보았으며 대체로 자유방임주의적인 맥락에서 기업의 자율에 맡겨 두는 것을 허용하려는 경향이 있었다는 점에서 반국가주의자로 간주했다. 하지만 이런 개념은 잘못 이해한 것이며 후버가 상무장관으로서 그리고 대통령으로서 얼마나 혁신적이었던가를 파악하는 데 전혀 도움이 되지 않는다.

많은 이론들이 후버의 입장을 형성하는 데 흘러들었다. 주식자본주의가 인간의 복지와 진보에 필수 불가결한 것이기 때문에 기업의 손에만 맡겨둘 수 없다는 그의 신념은 말할 것도 없었다. 1920년에 쓴 글에서 후버는 자본주의는 '다른 사람을 이용'하거나 혹은 '이기적으로 낚아채 가는' 시스템이

아니라 '생산의 총체적 다양성과 그것을 소비로 확실하게 확산시키는 것'
이라고 주장했다. 사이먼 패턴의 입장에 동의하면서 그는 자본주의가 잠재
적으로는 세계에서 가장 윤리적인 시스템이며 국제적인 자본가―언제나
다른 사람들과 '협동'하며 '사회적 조화'를 염두에 두고 모든 것을 가장
폭넓게 파악하는 사람―는 모든 개인들 중에서 가장 윤리적인 개인이라
고 생각했다.[14] 기업의 노력에 도움을 제공하는 것에 정부가 관심을 가져야
하는 이유는 보다 나은 인류의 창조로 이끌어 줄 것이기 때문이다.

후버의 경영 정부 접근 방식에 대한 또 다른 원천은 업계 사이클의 변동
이 기술적인 수단을 통해 교정되고 통제될 수 있으며, 경제적인 비참을 종
식시킬 수 있다는 확신에서 비롯된 것이다. 이런 확신을 그는 '신경제학'
으로부터 구했다.[15] 후버는 신경제학의 또 다른 원칙에 의해 설득되었다.
즉 미국인들은 후일 '성숙한 경제'(더 이상의 가난과 더 이상의 궁핍은 없다)
라고 부르게 될 운명으로 나가게 될 것이므로 정부는 '영구적인 번영'을 구

---

13) 이런 타협에 관해서는 see Ellis Hawley, 〈Herbert Hoover and Economic Stabilization,
1921-22〉, in *Herbert Hoover as Secretary of Commerce*, ed. Ellis Hawley(Iowa City, Ia.,
1981), pp.43-80; Hawley, essay in *Herbert Hoover and the Crisis of American
Capitalism*, ed. Joseph Huthmacher and Warren Susman(Cambridge, Eng., 1970), pp.3-33;
David Burner, *Herbert Hoover*, pp.158-89; Joseph Brandes, *Herbert Hoover and
Economic Diplomacy*(Pittsburgh, Pa., 1962); Daniel Fox, *The Discovery of Abundance:
Simon Patten and the Transformation of Social Theory*(Ithaca, N.Y., 1967), p.164; Carolyn
Grin, 〈The Unemployment Conference of 1921: An Experiment in National Cooperative
Planning〉, *Mid-America* 55(April 1973): 83-107; Guy Alchon, *The Invisible Hand of
Planning: Capitalism, Social Science, and the State in the 1920s*(Princeton, N. J., 1985),
pp.3-15; and R. Jeffrey Lustig, Corporate Liberalism: The Origins of Modern Political
Theory, 1890-1920(Berkeley, Calif, 1986). 이 모든 역사가들이 후버가 전개시켰던 타협
의 정확한 성격에 관해 동의하는 것만은 아니다. 대부분의 역사가들은 후버가 원칙적으
로 주식 자유주의자라는 점에서는 동의한다. 이데올로기로서의 주식자유주의와 통계주
의에 관한 탁월한 최근 논문에 관해서는, see Mary O. Furner, 〈Knowing Capitalism:
Public Investigation and the Labor Question in the Long Progressive Era〉, in *The State and
Economic Knowledge: The American and British Experiences*, ed. Mary O. Furner and
Barry Supple(Cambridge, Eng., 1990), pp.241-86.

14) HH, *American Individualism*(New York 1922), pp.1-33.

15) 새로운 경제학이 후버에게 미친 영향에 관해서는, see esp. William J. Barber,
From New Era to New Deal(Cambridge, Eng., 1985), pp.7-77; and Alcon, *The Invisible
Hand of Planning*.

가할 수 있는 역할을 해야만 한다는 확신이 그것이었다. 이런 추론의 결과 그는 경제가 지속적으로 성장하는 것과 마찬가지로 인간의 욕망 역시 지속적으로 증가한다고 믿었다. 사실상 전자는 후자를 자극하고 요구한다. 학계의 경제학자가 쓴 《최근 경제 변화》에 실린 가장 유명한 그의 보고서는 미국 경제가 "이론상으로는 오랜 세월 진실이었던 것, 즉 결핍은 결코 만족을 모른다. 충족된 결핍은 또 다른 결핍을 요구한다는 이론이 결정적으로 사실임을 입증하게 되었다고 훗날 말하고 있다. 경제적으로 우리는 무한대의 장을 펼치고 있으며 결핍은 충족되는 즉시 즉각적으로 새로운 결핍으로, 또 다른 결핍으로 끝없이 이어지게 될 것이라는 것이 결론이었다." 무한대로 이어져 나가는 결핍을 고정시킬 수 있는 유일한 방법은 욕망과 생산의 균형을 어떻게 취하는가에 달려 있다고 후버와 경제학자들은 주장했다. 위에서 언급한 보고서에 따르면 "소비, 즉 결핍의 충족이 잠자고 있는 수요에 효과적으로 대처하기 위한 경제적인 과정에 **그처럼 잘 적응**할 수 있다고 한다면 만족의 증거를 거의 찾을 수 없을 것이라고 경제학자들은 오랫동안 선언해 왔다." 이와 같은 적응의 특징을 확립하는 것이야말로 부분적으로는 정부의 기능이자 목적이라고 후버는 주장했다.

이 무렵 후버는 과거에 암묵적으로 가졌던 관점보다 좀더 '현대적'인 경제적 관점을 주장하게 되었다. 그는 생산자 중심적이었던 것만큼이나 소비자 중심 방향으로 나가고 있었다. 일부 역사가들은 후버가 대체로 생산에 관심을 가졌으며 백화점의 매상고보다는 공장의 생산고에 더 많은 관심을 가졌다고 주장해 오기는 했지만 말이다. 오래된 개인주의 전통을 환기시켰던 것에서와 마찬가지로, 광업 커리어와 그 자신의 진술에서 그는 이런 노선을 추구했다. 그는 그때까지 미국 정부에서는 가장 높은 자리까지 올라간 가장 소비 지향적인 인물이었다. 우선 그는 전통적인 경제학자들처럼 소비를 당연한 것으로 간주하지 않았다. 생산과 마찬가지로 소비 역시 새로운 주식경제에서는 관리되고 창출되어야 할 것으로 보았다. 그는 상무성에서 커리어를 시작하면서 보여주었던 동일한 기조를 대통령직 수행시에도 유지하면서 '사치'를 '평범한 것'으로 전환시키는 국가의 능력을 자랑스러워했다.[16] 미국의 높은 생활 수준은 '문명'에 기여하는 국가의 가장 귀중한 선물이었다. "우리의 선조들은 이 땅의 해변에 당도했을 때 몇 가지 도구밖에 없었으며 생계를 위해 자연과 싸울 수 있는 조직도 거의 없었다. 하지만 그들의 후손은 새롭고 특이한 미국적인 문명을 발전시켰다"고 후일의 많은 보고서에서 말하고는 했다. 즉 대량 서비스와 대량 생산은 '주요한 경제적 요소'로서 생산의 다른 형태와 동격인 문명을 만들어 냈다.[17] "상품과 사람들 사이에 가로놓인 장애물을 제거하는 데 온갖 노력을 다 기울어야 한다"[18]고 그는 말했다.

1921-22년의 '위기'로 인해 후버는 이런 생각을 더욱 강화시켰다. 내가 언급했다시피 이 위기는 자신의 선택을 성찰하도록 유도했다.[19] 기업자유주의자로서 그는 정부의 자산 소유를 반대했으며 정부의 직접적인 개입 역시 반대했다. 자본 축적(이윤 추구) 과정에 대한 공공연한 통제를 하려는 시도나 혹은 개인적인 주도권이나 자유에 유해할 수도 있는 정책을 채택하도록 업체에게 강요하는 것에 반대했다. 하지만 시장 세력들, 전체 업계 사이클은 관리가 필요하다고 보았다. 말하자면 사회가 공포와 혼란 속으로 빠져들지 않도록 마치 베일 뒤에서처럼 반복적으로 개입할 필요가 있다는 것이었다. 경제 시스템은 너무나 상호 의존적이기 때문에 시장 세력의 역할에 모든 것을 맡겨 둘 수 없다는 것이 후버의 생각이었다. 마침내 후버는 자신의 서로 상충하는 입장——기업자유주의자로서의 입장과 경영국가주의라는 입장——을 혼합하여 해소할 방법을 찾았다. 즉 업계와 정부 사이에 비강압적인 협조와 더불어 정부의 통제와 관리를 강조함으로써 이 양자를 결합시켰다. 그의 해결책은 아동 건강 복지의 영역과 시설에서 어느 정도 규제를 수반하게 되었다. 그는 또한 어떤 산업 분야는 보호 관세를 후원하기도 했다. 이민은 국가가 제한함으로써 미국 땅에서 태어난 미국인들의 임금이 점점 더 하락하는 것을 방지하고자 했다. 이보다 훨씬 핵심적인 해결책은 이중적인 포커스 작업이었다. 정부와 업계 사이에 밀접한 연대를 확립하고 동시에 방대한 양의 '객관적인 지식'을 정부가 업계에 전달하는 것이었다.

---

16) *HH, American Individualism*, p.33.

17) *Recent Economic Changes*, p.xviii.

18) *DC*(May 13, 1929), p.6.

19) HH, *The Memoirs of Herbert Hoover: The Cabinet and the Presidency, 1920-1933*, vol. 2(New York, 1952), p.167.

후버의 아이디어는 정부와 기업 엘리트들이 정기적으로 접촉을 하는 시스템을 창출하도록 만들었다. 학계 엘리트들과 더불어 이 재단은 경제적인 경영을 향상시키는 기반이 되었다. 이런 시스템의 목적은 업계가 좀더 합리적이고 좀 덜 소비적인 것으로 만드는 것이었다. 그는 이런 접촉으로 인해 업계가 자발적으로 '자체의 남용을 치유하도록' 권장하고 기업 지도자들을 자발적으로 협조하는 공무원으로 전환시킬 수 있기를 희망했다.[20] 그는 무역협회——조직화된 기업과 전문직 엘리트들——를 이 새로운 협동적 모험에서 주요한 조력자로 선택했다. 그는 중소기업을 존중했지만 이들의 힘이 약하다는 사실을 알고 있었으므로 중소업계와 직접적으로 관계하기보다는 오히려 '주어진 산업의 매니저들을 대표하는 협회'에 집중하기로 했다. 그렇게 되면 미국 주식회사 매니저들 중에서도 노른자위들과 접촉할 수 있을 것으로 그는 희망했다.[21]

많은 사업가들은 이런 정책에 환호하면서 좀더 많은 이윤과 제도적인 합법성을 얻어낼 수 있는 기회로 간주했다. 후버가 1921년 아틀랜틱 시티의 상공회의소에서 연설을 했을 때, 링컨 필렌은 고향에 있는 필렌즈의 루이 커스틴에게 편지를 보냈다. "후버는 이 조직을 대표하는 대표자로서 기업가들에게 진정한 도움을 구하는 방향을 추구하고 있는 것처럼 보입니다……. 후버의 부서를 통해 정부와 결속하는 것이 사업가들에게는 좋은 방향으로 발전할 수 있을 것처럼 보이는군요."[22]

하지만 일부는 반대했다. 이유인즉 무역 집단이 '공익'과 관련하여 행동할 때 신뢰를 얻을 수 없을 것인데, 왜냐하면 공모하는 방식으로 데이터를 공유하면서 경제력의 보다 더 큰 집중에 기여할 것이기 때문이었다. 미법무성과 연방무역위원회 모두 사실상 이런 효과에 제제를 가했지만 후버는——비록 오만하고 단호한 이런 반대에 충격을 받았지만——타협을 거부했다. 1925년 보수적인 미대법원이 그의 편을 들어줌으로써 자기 입장을 확고하

20) *Ibid*.

21) HH, *The New Day: Campaign Speeches of Herbert Hoover*(Palo Alto, Calif., 1928), pp.77-78; and HH, *Memoirs*, pp.169-70.

22) A. Lincoln Filene to LK(April 23, 1921), Box 65, 〈Filene, A. Lincoln〉, LKP, Baker Library, Harvard Business School.

게 만들었다. 대법원은 산업간 무역 집단들이 상호 데이터를 교환하도록 허용함으로써 법무성 방침을 기각시켰다. 이로 인해 "공익의 문제에서 합리적으로 협동할 수 있는 문호가 열리게 되었다"고 후버는 회고했다. "우리는 이 무역 집단을 효과적으로 우리 프로그램에 끌어들일 수 있게 되었다"고 후버는 자랑했다. "우리는 공공 단체 앞에서 그들의 대표권을 옹호했다."[23]

이런 협력 플랜의 모양새를 갖추면서 후버는 여러 가지 경향을 구체화하고 미국 정부에 지속적으로 헌신할 수 있도록 결정했다. 무엇보다 우선적으로 그는 미국의 새로운 매니저들과 밀접하게 상의하는 최초의 주요한 미국 지도자였다. 왜냐하면 그는 단순히 자기 공장이나 사업을 설립하거나 소유한 사람들이 아니라 그들의 매니저들과 상의하면서 그들을 정부와 흥정하거나 협상하는 파트너 집단으로 삼았던 인물이었기 때문이었다. "큰 관심사를 가진 감독과 매니저들은 진정한 약속을 제공하는 자들이며, 오로지 부를 추구하는 데에만 혈안이 되어 있는 악덕 자본가와는 달리 이들은 사회 전체를 위해서 최선의 것만을 추구하는 이타주의자들"이라고 그는 믿었다. 이 점을 그는 《미국의 개인주의》에서 주장했다.[24]

후버는 또한 비공식적인 제도적 회로——전쟁 전에는 사업가, 대학, 정부가 서로 느슨하게 작동하고 있었다——를 전환시켜 영구적이고 안정된 네트워크로 만들었다. 그렇게 함으로써 그는 미국인의 경제적·정치적 생활에서 반민주주의적인 추세를 강화시켰다. 사이먼 패턴·왈터 웨일, 그리고 그보다 앞선 다른 경제학자들과 유사하게 후버는 임금과 봉급을 올려 줌으로써 소비를 민주화하려는 업계의 관심사를 지지했다. 왜냐하면 임금을 상승시킴으로써 생산과 이윤의 수준이 보다 높아질 것으로 보았기 때문이었다. 하지만 이런 목표에 도달하기 위해 그가 선택했던 방법은 반민주주의적이었다. 무엇보다 경영 엘리트들과 긴밀하게 접촉하면서 이 문제에 대한 모든 '해결책'은 정치적인 것이라기보다 행정적이고 테크니컬한 것으로 주장하면서 전문가들이 진정한 권력을 행사해야 한다고 보았기 때문이었다. 혹은 전문가만이 경제가 '실제로' 어떻게 작동하며 그런 측면에서 무엇을

---

23) HH, *Memoirs*, pp.168-173; and Burner, *Herbert Hoover*, pp.172-73.

24) HH, *American Individualism*, p.40.

해야 하는지를 제대로 알고 있다고 보았다.

후버의 타협은 이보다 훨씬 더 나간 것이었다. 업계에 정부가 주요한 서비스를 해준다는 것까지 포함되어 있었다. 모든 종류의 기술적인 데이터 제공과 업계에 전대미문의 분량의 데이터를 제공하는 것까지 포함시켰다. 일부 역사가들이 주장하다시피 현대 국가의 성장은 사적인 관심에 객관적인 지식을 공급해 줄 수 있는 국가의 역량으로부터 기인된 성과물로 발생한다면, 허버트 후버는 20세기의 가장 성공적인 국가 건설자였다. 왜냐하면 그의 목적은 업계와 협조하는 것뿐만이 아니라 경제 발전을 위해 권능을 부여하는 환경을 창출하고 경제 전반에 걸쳐 '신뢰할 만한' 정보를 업계에 제공하는 것이었다. 지식——오로지 사실, 사실, 사실이라고 후버의 한 보좌관이 표현했다시피——이 모든 것의 열쇠였다. 후버에 따르면 사실에의 접근은 합리적 변화로 나가도록 해주고 사업가들에게 자신의 공장과 가게를 단지 이윤 추구의 관심사가 아니라 '전체 시스템'의 관심사 속에서 경영하도록 설득하게 될 것이었다.[25]

데이터 베이스로서의 상업과
장인 브로커인 줄리우스 클라인

후버는 20년대 정규적으로, 심지어 매일을 기준으로 업계에 봉사하기 위해 상무성을 재조직했다. 주로 하버드 무역학과 초대 학장인 에드윈 게이와 콜롬비아대학교 사회 연구소의 뉴스쿨에서 가르쳤을 뿐만 아니라 비즈니스 사이클에 관한 미국 최고의 권위자였던 웨즐리 클레어 미첼의 조언에 힘입

---

25) HH, *The New Day*, pp.10-23. 지식 생산과 정부 권력과의 관계에 관해서는, see Mary O. Furner and Barry Supple, 〈Ideas, Institutions, and State in the United States and Britain: An Introduction〉, in *The State and Economic Knowledge*, pp.3-39; and Michael Lacy and Mary O. Furner, 〈Social Investigation and Public Discourse〉, in *State and Social Investigation in Britain and U. S.*, ed. Lacy and Furner(Cambridge, Eng., forthcoming). 제1차 세계대전 동안 워싱턴에 중앙 집중화된 통계 에이전시의 출현에 관해서는, 로버트 커프의 〈Creating Control Systems: Edwin F. Gay and the Central Bureau of Planning and Statistics, 1917-1919〉, *Business History Review* 63(Autumn 1989): 588-613 참조.

어, 후버는 상무성을 브로커 에이전시로 변화시켰다. 그렇게 하여 미국 업계에 지속적으로 데이터가 흘러가도록 해줌으로써 업계가 '경제적인 힘을 보다 잘 조절하고' 소비와 생산을 '합리화하고' '균형을 잡도록' 해주고자 했다.[26] 미첼과 게이 두 사람 모두 정부에 속한 기존의 통계 에이전시가 서로 조화를 이룰 수 있도록 중앙 집중화된 장치를 창출하고 정부가 '객관적'[27] 지식의 이상적인 원천으로 확립되기를 갈망했다. 후버는 이 의제를 채택했다. 상무장관으로서 임기 첫 해였던 1921-22년 사이, 그는 다른 부서에 수년 동안 흩어져 있던 무수히 많은 에이전시들을 상무성에 흡수해 들였다. 그는 새로운 분과를 개설했다. 그 중 하나인 단순화된 관행 분과(Division of Simplified Practice)도 포함되었는데, 생산의 표준화를 통해 낭비를 없애는 방법을 업계에 가르치고자 하는 이 분과의 지시는 생산 라인의 동질성을 증진시키는 제도적인 속물 기업가 근성으로 20년대 10년 동안 내내 조롱거리가 되었다. 하지만 엔지니어로서 후버는 이 일을 대단히 칭송했다.

후버는 상무성의 구조적인 핵심 과업을 수행하기 위해 표준국·인구조사국·국내외 상업국과 같은 3개의 국(bureau)을 강조했다. 후버의 재임 기간 동안, 원래 정부가 사용할 재료들을 시험하기 위한 표준국은 가장 힘들고 과학적인 문제를 업계가 해결하는 데 도움을 주는 역할이 배당되었다. 20년대 마지막 무렵 표준국은 세계 최대의 연구조사 실험실을 갖추게 되었다. 또한 후버의 통치 아래 인구조사국은 《현 업계 조사》를 출판하기 위해 1921년에 설립되었다. 이 책은 생산과 재고의 현재 수준을 열거하고 목록화했다. 인구조사국은 오늘날까지도 업계와 확고한 동맹 관계를 맺고 있다.[28]

상무성의 세 가지 구조적인 주축 중에서도 가장 중요한 것은 국내외 상업국(Bureau of Foreign and Domestic Commerce: BFDC)이었다. BFDC는 연방정부의 부서들을 가장 포괄적으로 개혁했다. 1921년과 1930년 사이 BFDC에 대한 의회의 국고 지출 금액은 10만 달러에서 8백만 달러로 상승했으며 거의 8천 퍼센트의 증가였다. 반면 직원 규모는 1백 명에서 2천5백 명으로

---

26) Wesley Clair Mitchell, 〈Economic Resources and Their Employment〉, in *Studies in Economic and Industrial Relations*(Philadelphia, 1941), p.2.

27) Cuff, 〈Creating Control Systems〉, pp.609-13.

28) Burner, *Herbert Hoover*, pp.161-62.

가파르게 증가했다. 어떤 정부 기관도 그처럼 관대한 대우를 누리지 못했다. 전체 노동성은 약간의 수입이 있었다. 아동국·노동통계국·여성국과 같은 분과는 소액 예산으로 힙겹게 버티고 있었다. 하지만 BFDC만은 달랐다. BFDC의 팽창은 후버의 주장이 얼마나 그릇된 것인지를 잘 보여주었다. 즉 후버는 어떤 형태의 정부관료주의도 반대할 뿐만 아니라 중앙 집중화된 통제의 어떤 위협도 없을 것이라고 주장해 왔기 때문이었다. 여기서 관료주의는 논쟁의 여지없는 권력과 범위를 가지고 있었다. 다른 그 무엇보다도 연방 정부의 성장을 훨씬 더 많이 불러왔다.

BFDC는 1921년에서부터 1928년에 이르기까지, 즉 후버가 대통령 출마를 위해 사퇴하기까지 7년에 걸쳐 구조 조정이 되었다. 우선 1921년에서부터 1922년 사이 상무국의 국외 방면은 업계가 외국 시장에 자리잡고 이용하는 데 도움을 주기 위해 엄청나게 확장되었다. 17개의 새로운 상품 부서가 신설되었으며 각각의 부서는 자동차 산업, 철강, 전기 장비, 연료, 신발, 가죽, 섬유 분야를 대표하는 업계 매니저들의 경험에 의해 추진되었다. 대통령에 출마하면서 후버는 전국 순회 연설에서 "우리는 이 세상 어떤 곳이나 어떤 정부에 의해서도 시도되거나 달성된 적이 없었던 엄청난 규모로 미국의 해외 무역 시장을 증진시킨 것이 상무성의 재조직에서 비롯된" 것임을 끊임없이 자랑했다.[29] 그다음 국면은 1923년에 시작되었는데, 후버는 상무국의 국내 측면에 초점을 맞춰 공격적으로 확장했으며 미국에서 목표를 설정하고 시장을 심화시켰다. 그는 직원을 고용하여 마케팅을 특히 강조하면서 '국내 상업·산업을 연구조사' 하도록 시켰다. 그는 '소비자 소망과 욕망' 을 취급하면서 '소비자가 정말로 원하는 것을 알아내라고'[30] 지시했다. 그는 제품 제조 연구 분과, 국내 지역 분과, 마케팅 서비스 분과를 창설하여, "사업가들에게 체인스토어 운동, 대규모 합병 숫자, 새로운 아웃렛을 위한

---

29) HH, *New Day*, p.74(speech at Newark), p.120(speech at Boston), and p.187(Speech at St. Louis). 후버가 자신의 상품 부서의 수장으로 임명한 사업가의 목록에 관해서는, see Will Kennedy, 〈Business Experts Make Sacrifices to Help Put the Hoover Plan Across〉, *The Washington Evening Star*(December 25, 1921), Editorial Sec.: 1. 또한 이런 상품 부서에 관해서는, Hawley, 〈Herbert Hoover and Economic Stabilization〉, pp.52–53 참조.

30) Dr. Frank Surface, assistant director of BFDC, quoted in *DC*(January 30, 1931), 27; JK, *Frontiers of Trade*(New York, 1929), pp.120, 141.

대량 생산의 압력, 할부판매 추세에 의해 초래되었던 그런 문제에 대처할 수 있는 전문적인 지침을 주도록 했다." 그는 주간지인 《국내 상업》을 출판했는데. 이 주간지의 목적은——국내 상업국의 감독이 호기심 많은 에드워드 버네이스에게 말해 준 바에 따르면——오로지 독자들에게 분배 영역의 증대 발전에 관한 정보를 제공하기 위한 것이었다.[31] 10년이 끝날 무렵, 새로운 상무성 '섹션'은 '소비자 행태와 모든 상품 형태에 관한 선호도를 연구하는 것'을 전적으로 위임받게 되었다.[32]

후버는 BFDC의 사령탑에 하버드에서 훈련받은 경제학자이자 역사학자인 줄리우스 클라인을 임명했다. 클라인은 후버가 자신의 프로그램을 관리하고 개발하기 위해 도움을 청했던 많은 학계 권위자들 중 하나였다. 그가 의지했던 다른 학계 인물들은 경제학자인 웨즐리 클레어 미첼이 포함되어 있었는데, 그는 1921년 전국경제연구국(National Bureau of Economic Research)을 설립하는 데 도움을 주었다. 20세기 초반 경제학 분야에서 떠오르는 중요한 인물이었던 미첼은 미국 경제 생활을 비판하면서 사업적인 기준, 즉 화폐 가치가 그 모든 가치 기준을 압도하기 시작할까 봐 우려했다. 오르락내리락하는 업계 사이클과 그로 인해 초래된 비참은 고전 경제학자들이 주장했을지도 모르는 바, 정상적인 사건이 아니라 자본주의 아래서 조직된 경제 활동의 결과였다. 그러므로 사업계는 경제에 타격을 입히는 어떤 형태의 곤경이든지간에 책임이 있다——마땅히 그런 곤궁에 대해 설명해야 한다——는 사실을 그는 알고 있었다. 1913년 그의 이정표가 되었던 《비즈니스 사이클》에서 미첼은 "돈이 인간의 욕구를 표준화시키며 선에 대한 인간의 비전에 깊은 영향을 드리우게 된다……. 인간의 행위와 인간의 이상에 그 나름의 패턴과 자취를 남기게 된다"고 주장했다. 그로부터 조금 지나 가격 경제에 관한 논문에서 그는 "돈에 대한 기술적인 절박성으로 인해 끔찍한 경

---

31) JK to Bernays(December 9, 1929), General Files, 4021, General(1927-49), BFDC, NA.

32) 이 새로운 섹션에 관해서는, see S. L. Kedsierski, Costs and Operation Analysis, Merchandising Research Division, to Max Kelley(November 28, 1930), RG 151, BFDC, entry 1 NE-27, General Records, 402.301, DC, Retail, Consumers, NA. 전반적인 구조에 관해서는, see Hancock Adams, 〈Our New Commerce Building〉, *National Republic* 19(November 11, 1931): 5-6.

기 침체가 반복적으로 초래된다. 성공에 대한 표준화는 우리 시대의 낭비와 많은 관련이 있다."[33]

1927년 무렵 미첼이 《비즈니스 사이클》의 최신 개정판을 쓰게 되었을 때, 초기에 보여주었던 유보적인 태도와 우려가 많은 부분 사라졌다. 사실상 미첼은 보다 중요한 의제를 심사숙고하고 있었다. 자신의 전문직인 경제학을 위한 새로운 적법성을 획득하고 자신의 특정한 전공인 통계학을 위한 합법성을 획득하는 것을 염두에 두고 있었다. 이런 목적을 달성하기 위한 하나의 방법은 후버를 위해 자신의 전문 기술을 활용하는 것이었다. 후버는 미첼을 대단히 존경했으며 지속적으로 그에게 자문을 구했고 조사위원회의 수장으로 임명했었다. 하지만 미첼의 방향 전환은 그 자신에게 개인적으로 뿐만 아니라 전문적으로 그리고 문화적으로 상당한 대가를 치렀음에 틀림없었다. 점점 더 기술적인 측면에 개입함으로써 미첼은 예전과 같이 개방적이고 비판적인 깊이를 가지고 문화와 경제를 보지 못하게 되었는데, 때마침 화폐 가치의 확산에 따라 초기에 그가 품고 있었던 두려움이 현실화되는 상황에서 이런 일이 발생했다. 이런 '타협'(역사가인 가이 앨천이 그렇게 보았다시피)으로 인해 존경과 권력을 추구했던 다른 '전문가'들에게 영향을 미쳤던 비판적 통찰과 진보적 입장이 침묵하게 되었다.

줄리우스 클라인은 후버에게 봉사하면서 자신의 일에 관해 거의 갈등을 느끼지 않는 것처럼 보인다. 미첼보다 훨씬 보수적이고 친사업가적이었던 그는 좀더 브로커의 성격이 강했으며, 훨씬 더 비윤리적인 관료주의적 기능주의자였다. 비유적으로 말하자면 그는 정부를 광고하는 사람이자, 정부의 윈도 디스플레이 매니저이며, 정부의 새로운 홍보 전문가이며, 보험 판매원이자, 투자은행가였다. 이런 모든 기능과 그는 자신을 동일시했다. 그는 협력하는 그룹들 사이에 연결망을 형성해 주었다. 또한 소비자와 소비에 관한 지속적인 관심을 갖고 있었으며, 따라서 그는 이런 주제에 관한 후버의 관심사를 확실하게 뒷받침해 주었다.

---

33) Quoted in Joseph Dorfman, *The Economic Mind in American Civilization*, vol. 4(New York, 1959), p.367; Wesley Clair Mitchell, *Business Cycles*(Berkeley, Calif., 1913), p.599; and Alchon, *The Invisible Hand of Planning*, p.19.

1886년 캘리포니아 주, 새너제이에서 태어난 클라인은 샌프란시스코 항만 근방에서 성장했으며 항구에서 화물을 싣고 부리는 부산한 그곳 풍경과 생활을 결코 잊지 않았다. 1915년 그는 아내와 함께 자동차로 보스턴에서 버클리까지 횡단 여행을 했다. "이 여행은 기억할 만큼 즐거웠다"고 그는 회상했다. 모든 운송 수단들——철도, 파나마 운하, 팬 아메리칸 하이웨이——은 그의 상상력을 사로잡았다. 그는 자신의 전문 직업적인 생애의 많은 부분을 상품의 순환과 이동의 문제를 원활하게 풀거나 풀려고 노력했다. 그를 고용했던 후버처럼 그는 변경이나 한계나 갈등이 없는 매끈한 경제 시스템을 창조하기를 꿈꿨다. 말하자면 '아이디어, 자본, 상품이 효율적으로 이동'할 수 있도록 해주는 완벽한 흐름 체계를 만들어 내려고 했다.[34]

클라인은 젊은 시절 예술가가 되려고 했지만 대학 시절 교수가 예술 대신 경제사를 공부하라고 설득했다. 1910년대 중반 하버드에서 그는 에드워드 게이와 더불어 공부했다. 에드워드 게이는 무역학과 학장이었으며 경제 연구를 생산 분야에서부터 분배와 소비 영역으로 전환시키는 데 주도적인 역할을 했다.[35] 클라인은 게이의 수업에서 조교를 했으며 '분배 과정'에 관해 전망에서 스승에 필적하려고 했다. 게이는 생산보다는 분배 과정을 역설했던 학자였다. 1915년 그는 다음 해 가르치기로 예정되었던 수업을 준비하기 위해, 클라인은 게이의 소개장으로 무장한 채 하버드에서 연구비를 지원받아 라틴 아메리카로 여행했다. 산을 넘고 강을 위아래로 건너면서 이 용감한 여행자는 우선 코스타리카의 바나나 대농장, 하바나에서의 설탕 공정, 칠레에서의 부두 노역, 브라질의 커피 농장을 보았다. "나는 경제적인 과정을 무수히 많이 볼 수 있는 정말 적절한 기회에 도착했던 것 같다"[36]라고 그

---

34) Quoted in Robert Seidel, 〈Progressive Pan Americanism: Development and United States Policy Toward South America, 1906-1931〉, Ph. D. diss., Cornell University (1973), p.185; see also Seidel, pp.169, 278; and JK to Edwin Gay(June 24, 1915), Edwin Gay Papers, Manuscripts and Archives, Baker Library, HBS.

35) Melvin Copeland, *And Mark the Era: The Story of the Harvard Business School* (Boston, 1958), pp.16-25, 214-16, 431; Edwin Gay, quoted in Herbert Heaton, *A Scholar in Action: Edwin F. Gay*(Cambridge, Mass., 1952), pp.18, 38-49, 62-70, 80, 98-99.

36) JK to Edwin Gay(September 27, 1915, October 3, 1915, and September 27, 1915); and Edwin Gay to A. Lawrence Lowell(February 15, 1912, and April 6, 1912), Gay Papers.

는 기록했다.

클라인은 게이의 지도 아래 메스타(Mesta)에 관한 박사 논문을 완성했다. 메스타는 막강한 스페인 양떼 목초지이자 중세 후반에 이르러 스페인의 경제적·정치적 통일에 기여했던 마케팅 조직이었다. 이 연구에서 스페인 고문서보관소를 뒤진 조사연구의 결실은 후일 하버드대학 출판부에서 《메스타》라는 책으로 출판되었다. 그는 이 15세기의 경제 조직이 스페인 전역에 걸쳐 물품의 이동과 분배에 주요한 회로가 되었으며 스페인의 전국적인 시장의 신속한 출현에 길 닦기 작업을 했는지 보여주었다. 이 책은 게이의 사상으로부터 받은 영향력을 선명하게 드러내고 있었다.[37]

학자와 교수로의 탄탄대로가 그의 앞에 기다리고 있었지만 그 길을 선택하는 대신 클라인은 실생활에서의 메스타인 상무성으로 들어갔다. 상무성에서 승진은 빨랐고 만족스러웠다. 그는 야심만만했으며 대단히 열심히 일했다. "개인적으로 당신이 하는 엄청난 일의 분량에 나는 정말로 놀랐다"[38]라고 한 숭배자는 감탄했다. '새로운 지식이 경쟁하는 데 전략적으로 중요한 요소라는 점'을 인식한 클라인은 국내외 상무국을 사업가들을 위한 엄청난 데이터 베이스로 전환시켰다. '정확한 통계 자료와 경제적 데이터'에 접근하려면 '생산과 소비의 균형을 맞추고 경제적인 사이클을 통제하는 것이 급선무'라고 후버는 믿었다.[39] 클라인 스스로 주장했다시피 "상업적인 조직체에 대단히 민감했던 그 시절, 서로 밀접한 관련과 거의 마술적인 커뮤니케이션 시스템과 전 세계적으로 즉각적인 경제적인 반향과 정확한 정보는 모든 상인과 제조업자와 은행가·선주들에게 엄청나게 중요한 것들이었다."[40]

---

37) JK, *The Mesta: A Study in Spanish Economic History, 1273-1836*(Cambridge, Mass., 1920), pp.vii-xi, 9-22, 28-42, 52; JK to Edwin Gay(September 7, 1917), Gay Papers.

38) Franklin Johnstone to JK(August 8, 1928), RG 151, BFDC, Criticism, NA; Julius Klein, biographical sketch in *Who's Who in Government*(New York, 1930), vol. 1, p.312.

39) Wesley Clair Mitchell, 〈Economic Resources and Their Employment〉, in *Studies in Economic and Industrial Relations*(Philadelphia, 1941), p.2; Willford I. King, 〈Trade Cycles and Factory Production〉, and Francis Walker, 〈New Data Needed for Forecasting〉, in *The Problems of Business Forecasting*, ed. Warren Persons et al. (Boston, 1924), pp.13-16, 27, 35, 85-91.

40) JK, *Frontier of Trade*, pp.187-88.

BFDC의 소장으로서 클라인이 위임받은 으뜸가는 임무는 외국 무역을 증진시키는 것이었다. 그가 담당한 국(bureau)은 산업 영화를 제작했다. '시계 이야기'와 '자동차 스토리'와 같은 산업 영화는 미국 제품이 해외에서 엄청난 이목을 집중하도록 만들었다.[41] 그는 상품 분과로부터는 그곳에 속한 '전문가'에게 의존했으며 사업가들에게 투자 기회를 찾아내 주는 것은 상무국의 여타 다른 지역 분과(라틴 아메리카 · 유럽 · 극동 등)의 상업적인 에이전트들에게 의존했다. 각각의 분과는 무역 정보 정기 보고서와 같이 '신뢰할 만한 회람'이나 혹은 전국적으로 회사들에게 배포하는 주간지인 《상업 보고서》 등에 결과물을 출판했다. 에이전트들은 전국적인 무역협회와 지속적인 접촉을 하면서 세계 시장과 관련하여 문의를 해오는 업체들의 수천 가지 질문에 충실하게 응답했다. 그들은 선적, 평균 가격, 딜러와 수입자들의 명단, 회사 등급, 전체적인 사업 조건에 관한 질적 · 양적인 측면에 관해 데이터를 전달해 주었다. 상무국의 국외 작업의 초기 단계에서 보여준 많은 구체적 결과물은 아르헨티나의 석유 매장량의 발견이었으며, 이로 인해 이 분야에 미국 회사가 들어갈 수 있도록 해주었다. 아르헨티나로부터 미국으로 최초로 과일들을 성공적으로 선적한 것도 이런 구체적 사례에 해당했다. 페루 상품에 관한 수입 관세를 줄여 주는 법안의 통과도 있었다.[42]

이 10년이 끝날 무렵 국내의 일선에서 BFDC가 보여준 작업은 분량에 있어서 외국 분과의 성과물을 능가했다. 국내 분과에 상호 자금을 조달하라는 클라인의 지시와 무역 집단의 요구에 최초로 도시 전체에 걸친 시장 조사가 실시되었다. 얼마 지나지 않아 상무국의 영향력이 미치는 범위는 '분배 시설과 방법 인구와 구매력, 무수히 많은 미국 주요 분배 지역의 경제적 배경'을 감당하는 방향으로 이동하게 되었다. "소비자 요구를 통계학적으로 측정하는 설비를 그처럼 잘 갖춘 적은 이전에는 결코 없었다"고 클라인은 자랑했다.[43] 20년대 후반, 상무국은 제품 반환 '악습'과 '배달 문제'를 조사했다. 전국소매 상인 크레디트협회(National Retail Credit Men's Association)의

---

41) U. S. Department of Commerce, *Tenth Annual Report of the Secretary of Commerce*(Washington, D. C., 1922), p.135.

42) Ibid, pp.96-98, 107-10.

요청에 의해서 그리고 크레디트에 지나치게 의존함으로 해서 초래된 불안 심리를 반영하여, 상무국은 할부 판매, 북 크레디트(book credit), 현금으로 팔린 상품을 감당할 수 있는 소매 크레디트 조건에 관한 방대한 연구를 실시했다.[44]

캔디에서부터 장난감에 이르기까지 많은 미국 업계들은 분배와 마케팅에 관한 상무국의 작업을 환영했다. "이것은 여기서 대성공을 거뒀다"고 빅터 커터는 클라인에게 편지를 보냈다. 빅터 커터는 통합과일 회사의 회장이자 주요한 소매 무역 그룹인 뉴잉글랜드위원회의 회원이며 뉴잉글랜드 국내 시장 조사 회원이기도 했다. 그는 "이제 뉴잉글랜드의 외국 무역 조사의 문제는 당신의 개인적인 관심사가 되기를 정말로 희망한다"[45]고 말했다. 1927년 전국광고주협회는 전국대회를 치르면서 상무국의 작업에 대해 '확장을 권하는' 시간을 따로 냈으며 '필연적인 무역 범위에 관한 기본 정보를 미국 업계에 공급해 주기를'[46] 촉구했다. J. L. 허드슨은 21층짜리 빌딩인 디트로이트 백화점의 중역이었는데 그는 상무부의 국내 분과장에게 다음과 같은 편지를 보냈다. "당신 사무실의 설립은 신뢰할 만하고 책임 있는 채널을 통해 미국 사람들에게 국내 상업에 참여할 수 있는 엄청난 기회를 분명히 제공하고 있다"[47]고 전했다.

클라인이 국내 정책을 전개시켜 나가는 모든 단계마다, 후버는 상무국이

43) JK to Congresswoman Edith Rogers(October 16, 1928), BFDC, RG 151, 402.10, New England General, NA; A. Health Onthank to the Chamber of Commerce, Cleveland, Ohio(May 6, 1925), 402.1, General Files, BFDC, NA; 〈The Retailer and the Consumer in New England〉, *Trade Information Bulletin* no. 575(Washington, D. C., October 1925), pp.1-3; and Irving Paull to John C. Rink, N. W. Ayer and Sons(August 22, 1923), RG 151, 402.4.7, BFDC, NA.

44) 소매 크레디트 조사에 관해서는, see *DC*(May 24, 1928); 2, and *DC*(July 9, 1928): 2. 소매 분배 조사에 관해서는, see John C. Rink of N. W. Ayer and Sons to I. S. Paull(August 21, 1923), BFDC, RG 151, 402.4, Conferences on Retail Distribution, NA; and H. C. Dunn, chief of DC Division to J. W. Roedel(October 9, 1929), 402.4, Returned Goods, RG 151, BFDC, NA.

45) Victor Cutter to JK(July 30, 1929), RG 151, 〈Domestic Commerce——Distribution——Surveys——New England〉, BFDC, NA.

46) 〈Resolution of the Association of National Advertisers〉, in convention at Detroit (May 11, 1927), RG 151, 402.1, General, 1927-29, General Files, BFDC, NA.

오로지 업계의 건의에 반응을 보여줄 것이며 상무국이 스스로 나서서 어떤 것을 주도하지 말라고 신신당부했다. 후버가 생각하기에 핵심적인 문제에 관해 사업가들이 스스로 알아서 먼저 요구하지 않는다면, 후버는 그들이 그렇게 해야만 한다는 인상을 주기 위해 옆구리 찌르는 방식에 의존했다. 달리 표현하자면 그는 상무국이 적극적으로 활동하는 것이 아니라 오직 '반응을 보여주는 것' 처럼 보이기 위해 할 수 있는 모든 것을 다했다. 심지어 그것이 후버 자신이 먼저 주도한 것이 분명한 때마저도 그랬다.

예를 들어 1924년 후버와 그의 스태프들은 전국 인구 센서스와 더불어 대규모 분배 센서스를 하는 것이 미국 업계들에게 필수적이라는 결정에 도달했다. 하지만 어떤 무역 집단도 먼저 나서서 센서스를 해달라고 요청하지 않았다. 그러자 그해 늦은 봄 후버는 자기 사무실로 '몇 사람'을 초대하여——그 중에는 링컨 필렌도 포함되어 있었다——센서스 문제를 논의하고 업계가 주도하면 전폭 지지하겠다고 말했다. 그런데도 여전히 아무런 결과도 없었다. 1년 뒤 에드워드 게이와 프레더릭 페이커의 조언에 따라 그는 미국 상공회의소가 조직한 분배에 관한 워싱턴 콘퍼런스(Washington Conference on Distribution)에서 이 문제를 다시 거론했다. 이 계획의 입안은 오래전부터 이런 센서스의 필요성을 강조해 왔던 게이, 엔지니어이자 핵심 자문가였던 페이커가 했으며, 후버는 이 콘퍼런스의 개회사에서 회기 동안 상공회의소를 대표할 수 있는 사업가들의 '위원회'를 만들도록 했으며, 그로 인해 센서스를 요청할 수 있는 권한을 그들에게 부여했다. 페이커는 후버에게 다음과 같이 설명했다. "게이와 나는 당신의 소망을 잘 의식하고 있었습니다. 말하자면 백화점들에게 상무성의 선전 프로그램을 실시하려는 위원회를 설치하려는 것이 아니라는 사실을 말입니다. 그래서 게이와 나는 당신의 소망과 일치할 수 있도록 이 운동이 업계 편에서 자발적으로 요구한 소망이 되어야 한다고 느꼈습니다." "후버가 분배에 관해 상공회의소 총회에서 연설을 한다면, 이에 앞서 이미 제안되었던 그런 질의들을 광범한 사실로 제시할 수

47) C. B. Clark, J. L. Hudson and Co., to Irving S. Paull, chief of Domestic Commerce Division(June 1, 1923), RG 151, 402.4 General, 〈Domestic Conferences——Conferences——General——1923-29〉, BFDC, NA.

있으며 결과적으로 당신이 임명한 위원회에 소속된 광범한 업계 대표들이 모여 구성된 분배에 관한 콘퍼런스로부터 그런 요청이 나올 것으로"[48] 게이와 페이커는 결정했다. 시간이 다가오자 후버는 위원회를 선발했다. 에드워드 필렌, 회원들 가운데서 스트로버리지 & 클로디어의 허버트 틸리가 선택되었다. 그들은 분배에 관한 센서스를 요구하는 상공회의소의 문제를 해결하기 위한 권한을 부여받았다.

BFDC와 센서스국에서 감독하는 이런 센서스는 역사적인 가치를 지닌 것으로 입증되었다. 1926년과 1928년에 클라인의 스태프들은 미국 상공회의소로부터 공동 자금을 조달받아 11개 도시에서 표본 센서스를 실시했다. 1929년 의회는 매 10년 단위로 규칙적인 분배 센서스를 실시하도록 승인했다. 종종 '소비 센서스'라고도 불렸던 이 센서스는 업계와 정부의 협동이라는 점에서 괄목할 만한 조처라고 유럽에서 환호했다. 영국은 1950년에 이르기까지 그런 센서스를 하지 않았다. 유럽의 여러 나라들은 그 이후에야 센서스를 실시했다. 이 소비 센서스야말로 정부가 업계에 제안했던 그 어떤 것보다도 가장 혜택을 받은 것이었다. 영업부 직원들과 홍보부 직원들은 그것을 대단히 소중하게 여겼다. 왜냐하면 프로모터들이 설명했다시피, 분배 센서스는 "어떤 종류의 상품이 영업 촉진에 가장 저항이 적은가"를 보여주는 지표이기 때문이었다. 그것은 분배의 매 단계와 마케팅을 통해 상품의 지역적인 통로를 포착할 수 있고, 상품이 어디서 '과잉 발전' 되었는지를 일목요연하게 보여주며, 어떤 상품 종류가 다른 형태의 가게에서 취급해야 하는지를 잘 보여주기 때문이었다. 상무국의 요약 설명에 따르면 분배 센서스는 "소비자들이 어디에 있으며 얼마만큼의 상품의 양을 소비하는가"를 보여주었다. 후버 재임시 상무성의 신임 장관이었던 로버트 P. 라몬트는 1929년 이렇게 말했다. "우리의 분배 시스템에 대한 궁극적인 분석은 이 나라에 의해서 혹은 어떤 제도에 의해서 실시되었진 어떤 시장조사보다 가장 권위적이며 최대한의 것이었다."[49]

클라인의 지휘 아래 BFDC는 유용한 통계학적 데이터의 방대한 분량을 사

---

48) Frederick M. Feiker to HH(January 7, 1925), RG 151, General Files, 4021, General, 1925, BFDC, NA.

업가들에게 토해 냈다. 반복하여 '소비자와 상품 사이에 모든 장벽'을 허물어 내는 방식을 고안해 냈다.[50] BFDC 연구는 사람들이 무엇을 하고 어떤 구매 습관이 있는지에 관해 도덕적인 판단을 하지 않고 전국적인 소매 광고, 협동 광고, 서비스 장치, 패션, 스타일, 모든 형태의 디스플레이 방법을 인정하고 선전해 주었다. 어떻게 하면 물품을 가장 잘 배달할 수 있을 것인지에 관해 정부가 상무국으로부터 흘러나왔다. 거리를 넓히고, 주차장을 건설하며, 지하 운송수단에 관한 정보를 배포하고, 유색광을 어떻게 활용할 것이며 가게의 유통을 강화하고 '유혹적인 방식'으로 물품을 제시하는 것을 알려 주었다.[51]

상무국의 국장으로서 그리고 나중에 1927년과 1932년 사이에는 상무성 차관으로서 근무하면서 클라인은 의회 앞에서 그리고 미국 국민들 앞에서 주식회사의 명분을 칭찬하고 변론하는 데 활용 가능한 모든 매체를 탐구했다. 그는 할리우드 영화사들에게 미국의 명품에 열광할 수 있도록── '기적적인 꿈과 그림자의 땅' ──정기적으로 불을 지피라고 권장했다.[52] 그는 '미국의 번영'에 대한 이유를 설명하는 기사를 출판했다. 그는 1929년 《뉴욕 타임스 매거진》에서 미국이 '번영하는' 이유는 '미국이 욕망의 실현을 지향하기 때문'이라고 말했다. '거대 주식회사,' 노동 산출량, 노동 분쟁의 부재, '어마어마한 소비 능력을 갖춘' 거대한 국내 시장, '정부와 업계' 사이의 협

49) Robert P. Lamont, secretary of commerce, radio address(December 1, 1929), General Files, 0024, 1930, Census; ⟨Philadelphia and the Census of Distribution⟩(May 3, 1930), 024, General(1930), Census, pp.1-4; and ⟨What the Census of Distribution Is⟩, General, 024(1933-34), Census, pp.1-2, BFDG, NA. 최초의 영국 센서스에 관해서는, see Margaret Hall, John Knapp, and Christopher Winston, *Distribution in Great Britain and North America*(London, 1961), pp.1-5.

50) *DC*(May 13, 1929): 6.

51) For a sample of BFDC publications see ⟨Retail Store Planning⟩, *Trade Information Bulletin* 291(Washington, D. C., 1924), pp.2-3; ⟨Cooperative Retail Advertising⟩, *Trade Information Bulletin* 302(Washington, D. C., January 1925); ⟨Measuring a Retail Market⟩, *Trade Information Bulletin* 272(Washington, D. C., October 13, 1924); ⟨Planning Salesman's Territories⟩, *Trade Information Bulletin* 214(Washington, D. C., 1924); and Domestic Commerce Series, ⟨Retail Store Problems⟩(Washington D. C., 1926).

52) JK, *Frontiers of Trade*, pp.90-91, 201; and C. J. North to Chester Jones, Paris, commercial attaché(February 5, 1927), 400.2, France, RG 151, Trade Promotion, BFDC, NA.

동 정신, 이 모든 것들이 번영을 촉진시킨 이유라고 말했다. 사람들은 '내일이 오늘보다 나아질 것' 이라는 사실을 알고 있다. 단순히 물질적으로 향상된다는 의미가 아니라 문화적으로 향상될 것임을, 심지어 정신적으로도 향상될 것임을 알고 있다.[53]

클라인은 지식을 주식회사와 매개했지만 단순히 매개하는 정도를 넘어서이런 주식회사들의 강력한 후원자가 되었다. 그는 후버가 그에게 위임했던것들을 그냥 충족시키는 정도가 아니라 국가와 업계 사이에 가장 밀접한'유대' 를 강화했다. 클라인은 한 라디오 대담에서 이렇게 말했다. "협력은우리의 업계를 보호하는 요새를 세우는 것이다. 그것은 강력한 의지의 벽을창조한다." 상당수 전직 상무성 관리들은 클라인의 스타일을 싫어했다. "그는 나를 약오르게 만들었다. 그는 전혀 굽힘 없이 확장해 나갔다……. 대단히 영리했지만 십자군 전사처럼 개혁하려고 했다. 그 점이 나는 혐오스러웠다"고 한 전직 관리는 말했다. 후버 스스로는 클라인이야말로 '완벽한 공무원'[54]이라고 생각했다.

백악관에 전화를 개설하고 미국인들에게 라디오를 통해 담화를 했던 최초의 대통령인 후버와 유사하게, 클라인은 커뮤니케이션을 즐기는 인물이었으며 워싱턴 관리 중에서는 아마도 최초로 정기적으로 라디오 쇼에 모습을나타난 사람이었다. 1928년부터 30년대 초반에 이르기까지 그는 전국적인주간 방송에 나와 자금을 조달하기 위해 미국 업계와 업계의 방법들을 떠들썩하게 과장 광고했던 인물이었다. 자금의 출처가 공적인지 사적인 것인지는 불명확했다. 한 라디오 쇼에서 그는 '독립적인 상인' 들을 칭찬하면서도동시에 미국의 새로운 경제 기반이 될 '대규모이자 재정적으로 막강한 주식회사' 를 건설하도록 부추겼다. 후일 그가 말했다시피 주식회사들은 '오락과 기분 전환과 영적인 풍요의 차원을 엄청나게 상승시켰다.'[55]

후버를 대변하는 인물로서 라디오 쇼마다 출연했던, 클라인은 미국의 광

---

53) JK, 〈Fundamental Basis of Our Prosperity〉, *NYT*(December 15, 1929), sec. XI: 3, 20.

54) HH, *Memoirs*, vol 2, p.79; Donald Breed to O. P. Hopkins(April 25, 1932), RG 151, 101.1, Criticism, BFDC, NA; JK, radio address, *NYT*(November 25, 1929), p.4.

55) JK, report on CBS radio show, *NYT*(January 20, 1930), p.9.

고, 머천다이징, 산업 디자인, 소비자 욕망을 계산하여 유혹하는 그 모든 전략들을 칭송하는 데 열을 올렸다. "광고는 세계 번영의 열쇠이다"라고 그는 1929년 10월 한 공중파 방송에서 선전했다. 그때가 바로 베를린에서 귀국한 뒤였으며 광고 대회에 의해 자극받았던 시기였다. 1930년 3월 맨해튼의 5번 애비뉴의 쇼윈도에 관한 언급에서 그는 "근본적으로 기계화된 문명임에도 불구하고 장엄하고 생생하며 만족스럽고, 밝고 유쾌하다는 것을 미국 업계들이 증명해 보이고 있다"고 주장했다. 1년 뒤 그는 대량 생산 방식에 스며든 산업 디자인과 스타일상의 '진보'에 관해 열변을 토했다. "사업으로서의 예술은 7백 퍼센트의 이윤을 올리고 있다." 사업은(이 모든 말은 그 자신의 표현이다) 미국인들을 '실용주의적'이고 '청교도적인' 과거로부터 자유롭게 만들어 준다. 사업으로 인해 미국인들은 '날마다 미의 세계에서 살아간다.' 미국인들은 '욕실에서 심포니'를, '크롬 도금한 상하수도관들' '색깔 조화를 이룬' 신발, 깜찍한 개수통, 셀프 서비스 회전식 문을 즐기게 되었다. "과연 우리들 중 어느 누가 감히 이 모든 새로운 페르시아식 사치의 효과가 즐겁지 않다고 말할 수 있겠는가"라고 반문했다.[56]

또 다른 방송에서 클라인은 이렇게 주장했다. "각자 기업들이 눈에 두드러진 질과 제품의 장점에 대한 가장 **생생한 개념**을 장차 미래의 후원자들에게 전달하는 것은 절대적 요청이다." "시선을 유혹하라"고 그는 주장하는 전파를 내보냈다. "눈부신 원색을 수단으로 하여 상상력에 불을 지펴라. 특이한 구성과 완벽한 선을 통해서 말이다."[57]

국내외에서 기업에 대한 충실한 정부의 복음 전도사로서 클라인은 예견할 수 있었다시피, 1929년 10월 21일 타임스 스퀘어에서 전구의 발명가를 축하하기 위한 전국적인 기념식의 한 부분으로써 토마스 엘바 에디슨에게 경의를 표하는 데 나타났다. 이보다 더욱 칭송을 표하는 기념식이 미시간주 디어본에서 동시에 거행되었다. 디어본에서는 후버와 헨리 포드(에드워

---

56) 산업 디자인에 관한 클라인의 라디오 쇼에 관해서는, see, 〈Beauty as a Business Builder〉, *MRSW* 66(June 1930): 7-9; 쇼윈도에 관해서는, 〈Art in Industry Pays Dividends〉, *MRSW* 61(March 1930): 4, 13-17, and DC(March 1930): 98; 광고에 관해서는, *NYT*(October 14, 1929): 41.

57) *NYT*(October 14, 1929): 41.

드 버네이스가 홍보를 담당했다)가 노년의 에디슨에게 엄청난 찬사를 보냈다. 클라인은 효과적인 상업용 빛의 중요성을 설명하기 위해 브로드웨이협회에서 연설을 했다. "빛은 실내외의 광고 효과를 증진시킨다"고 이미 심경 변화를 일으킨 사람들에게 설명했다. 물론 그 지역은 이미 빛을 탁월하게 이용하는 곳이었다. '무한히 복잡하고 현란하게 회전하고 있는' 그곳의 전기 사인보드들은 진정으로 보기에 '장엄했으며,' 로마 시대에서 시작되었던 광고로부터 얼마나 멀리까지 발전할 수 있는지를 보여주었다. 클라인은 거의 경건한 어투로 '수 마일까지 뻗어 나가는 브로드웨이의 라이트와 타임스 스퀘어에서의 불타는 센터'를 칭송했다.[58]

빛은 20년대 무렵의 많은 미국인들을 부자로 만들었다. 빛은 상업미학의 신이었다. 소비 혁명의 눈부신 핵심이었다. 윈도의 스포트라이트 없이 어떻게 업계가 존재할 수 있었겠는가. 파사드의 투광 조명, 실내에서의 확산된 빛과 벽감 속에 설치한 빛, 젖빛 유리로 감춰 놓은 빛, 소매 통로에 설치해 둔 조명이 없다면, 미국 가정과 휴일에 빛이 없다는 것을 어떻게 상상할 수 있겠는가. 빛은 새뮤얼 인슐과 같이 수십억 달러 공익 설비 산업을 창조했다. 새뮤얼 인슐은 1900년대 초반 시카고에서 값싼 전깃불을 최초로 생산했으며 그로 인해 광범하게 퍼져 있던 주장, 즉 전깃불이 사치일 것이라는 주장을 일축하게 되었다. 그는 1930년대 초반에 이르면 대중의 신뢰를 위반함으로써 모멸받고 파괴될 것이었다. 빛에는 돈이 있었다.[59]

홈, 스위트 홈

클라인보다는 덜 노골적인 사업 부양자로서 후버는 같은 메시지를 전달하면서도 자기 나름의 고유한 방법을 가지고 있었다. 그는 업계, 전문직, 정부

58) *NYT*(October 22, 1929), editorial: 28; Bernays, *The Biography of an Idea*(New York, 1962), pp.445-59.

59) 인슐에 관해서는, see Forrest MacDonald, *Insull*(Chicago, 1962); 에디슨을 기념하기 위한 축제에 대한 최고의 설명에 관해서는, see Matthew Josephson, *Edison* (New York, 1959), pp.432-56.

등의 지도자들이 함께 모여서 공적인 콘퍼런스를 하는 조직된 시스템을 통해 이런 메시지들을 여과시켰다. 상무성 장관으로서 그리고 대통령으로서 후버는 1921년에서부터 1932년 사이에 그와 같은 콘퍼런스를 수백 회 소집했으며, 이 나라의 끝에서 끝까지 그야말로 전국을 효과적인 경제적 기계로 다시 만들어 내고자 했다. 모든 콘퍼런스는 특별한 이슈와 일반적인 표준과 가이드라인에 관한 데이터를 수집했다. 전략적 · 이데올로기적 측면 모두에서 중요한 몇 가지는 부각되었다.

그 중에서 가장 흥미있는 콘퍼런스는 1921-22에 열렸던 제1회 실업 콘퍼런스였다. 공황과 같은 위기 상황 속에서 이 콘퍼런스는 상무성 장관이었던 후버와 더불어 카네기 재단이 자금을 조달했던 제너럴 일렉트릭 컴퍼니의 오웬 영이 의장을 맡았으며 상무성과 전국경제연구조사국이 공동으로 실시했다. 이 콘퍼런스의 목표는 가난과 실업을 끝장낼 전략을 찾아내고 업계 사이클의 동요로 인해 초래되는 고통을 없애는 것이었다. 1921년의 경기 침체가 감퇴하자, 이 콘퍼런스는 자신들이 추구하는 주제를 좀더 정밀하게 탐사해 나갔으며 경제 변화의 상승과 하락을 조절할 수 있는 방법을 찾고자 했다. 이들의 보고서는 '업계가 자발적으로 경기 조정의 측도'를 강구하라고 조언했다. 보고서의 조언에 따르면 재고를 줄이고 임금을 올리고 노동자들을 위한 실험보험과 같은 것을 제도화하라고 했다. 보고서는 연방 정부 또한 계절적으로 조절되는 산업에서 일시 해고된 노동자들을 위한 공공 노동 프로그램을 위한 자금 조달을 함으로써 경기 조정을 할 수도 있을 것이라고 제안했다.[60]

1925년의 거리와 고속도로 안정에 관한 콘퍼런스는 도시와 업계들에게 미국 도시와 교외에서 상품과 사람들의 이동을 자유롭고 원활하게 하기 위해 '모델 시의회 교통 명령'을 채택하라고 촉구했다. 다른 콘퍼런스는 교외에 집을 소유하는 것의 장점을 나열했다. 모든 미국인들이 조용하고 안정된 지역 사회에서 자신의 집을 소유하는 것이야말로 후버의 소중한 꿈이었다. 후버는 도시를 싫어했으며 다세대 주택(예를 들어 아파트 거주지)을 '비정상적'인 것으로 간주했으며 어른들에게는 치명적이고 아이들에게는 더더

---

60) See Grin, 〈The Unemployment Conference of 1921〉, pp.83-107.

욱 치명적인 것으로 간주했다. 하지만 그는 '새로운 것'에 이끌렸으며 혹은 새로운 것이 사람들에게 미치는 지배력을 이해한다고 생각했다. 결국 그는 1928년 선거에서 '새로운 시대' '새로운 나날들'이라는 기치 아래 선거 캠페인을 하지 않았던가. 사이먼 패턴과 마찬가지로, 그는 사람들이 '새로운' 모든 물품을 소비하고 그러므로 끝없이 상승하는 소비 곡선을 원하기 바랐다. 그는 미국인들이 안정과 불안정을 동시에 소망하기를 바랐으며 한 곳에 머물러 있으면서도 동시에 언제나 이동하면서 '행복 기계'가 되기를 원했다. 가족들에게 쇼핑 센터 근처에 '전통적인' 환경을 마련해 주어라. 그곳에서 사람들이 '전기 제품, 라디오, 뒤뜰에서 탈 그네, 카펫, 책과 책꽂이 등등'을 살 수 있도록. 후버는 회고록에서 나중에 이렇게 말했다. "모든 미국 가족의 으뜸가는 권리는 적어도 한 번 정도는 마음속에서 우러나는 그런 새 집을 지을 수 있는 권리이다. 게다가 자기 소유의 집에 간단한 연장, 방, 주변 환경에 대한 본능이 있다"[61]고 주장했다.

1922년 상무성 장관으로서 후버는 건축가들, 부동산 개발업자들, 사회사업가, 주부들을 연결하여 빌딩과 하우징 분과를 상무성 안에 설치했다. 이 분과는 경제적인 연구조사를 수행하면서 구역법에 관한 자료들을 출판했으며 집 구매와 자금 조달에 관한 방법을 알려 주었다. 이런 노력으로 빌딩 거래는 성수기를 확대하게 되었으며 '집을 위한 적절한 크레디트'를 추천하고 주택 소유를 증진하는 데 도움이 되었다. 사적인 수단을 통해 공적인 정책을 성사시키는 데 달인인 후버는 열성적으로 사적인 그룹과 협상함으로써 그 분과를 공적인 것으로 만들어 보다 나은 집 운동(the Better Homes Movement)을 전개했다. 1923년 그는 협회를 재조직하여 자기 스스로 회장직에 취임했다. 그의 표현을 빌리자면 보다 나은 집 운동을 '상무성의 주택 분과와 병행하는 일종의 지부'로 만들기 위해 노력했다.[62] 1925-26년 사이 로라 스펠만 재단(Laura Spelman Foundation)으로부터 25만 달러의 기부금을 보조받아서 그는 1천8백 개 이상의 보다 나은 집 지역위원회를 통해 전달된 '집 사

---

61) HH, *Memoirs*, vol. 2, p.7.
62) 후버의 빌딩과 주거 부서에 관한 것과 보다 나은 집 운동에 관해서는, see HH, *Memoirs*, vol. 2, pp.92-94.

기 아이디어'를 전국적으로 포괄하는 홍보 드라이브를 조정했다. 위원회는 포스터 · 강의 · 플라이어 · 팸플릿 등을 배포했다. 그 중에는 상무성에서 배포한 '자기 집 갖기'도 있었다. 그들은 일반에 배포하기 위해 전국적인 사무실(national office)에서 〈홈, 스위트 홈〉이라는 영상물을 제작했다. 그들은 도시마다 '시범 모델 홈'을 세웠다.[63] 이 '집들'은 도시의 백화점과 미술관에서 이미 전시되었던 (바로크 · 로코코 시대와 같은) '시대의 방,' 모델 룸, 모델 홈에 대한 유혹이라는 또 다른 층위를 덧붙였다.

1931년 최종 보고서에 따르면 내 집 건축과 내 집 소유권에 관한 콘퍼런스에서 대통령은 "전체 주택 문제는 대체로 두드러진 콘퍼런스였으며, 그것의 의제는 대체로 계속 심화되어 온 공황으로 인한 절대적 요청을 반영하는 방향으로 수정되었다"고 연설했다. 건축 산업, 건축가, 기사, 도시 계획 입안자들의 자문과 더불어 많은 위원회들은 '슬럼과 탈도시 중심화'와 '니그로 주택 문제'에서부터 '홈 재원 확보와 세금'에 이르는 모든 것을 평가했다. 하지만 콘퍼런스에서 제안되었던 많은 가이드라인들은 《주택의 객관적 목표와 프로그램》으로 발표되었으며 앞선 10년에 제기되었던 아이디어들과 표준을 그냥 재탕한 것에 불과했다. 이런 아이디어들 가운데 핵심적인 것은 다세대 거주보다 1세대 가족의 '개인적인 주택'을 옹호했다는 점이었다. 도시 거주보다는 교외 주택을 선호했으며 각각의 주택에 방이 여럿인 것을 옹호했다. 각각의 방은 온갖 전기 제품으로 채운 주방을 포함하여 제각기 독립된 기능을 가질 것이며, 가족 구성원 각자에게 침실을 배치하도록 했다. 보고서에 따르면 "나이에 상관없이 두 아이가 한 침대를 사용하는 것은 바람직하지 않다"고 했다. 또한 보고서에 의하면 "쇼핑 센터는 반지름 반마일 안쪽으로 거주지와 근접해야 하며, 주거 지역의 경계에 있는 대로에 밀집되어 있어야 한다"[64]고 보았다.

---

63) Lloyd, *Aggressive Intorvert*, pp.122-33. 로이드는 후버의 공적 역할에 관한 훌륭한 논의를 제공한다. pp.20-33, 45-55, 131-43, 152-63. See also Gwendolyn Wright, *Buliding the Dream: A Social History of Housing in America*(New York 1981), pp.195-98.

64) John Gries and James Ford, ed., *Housing Objectives and Programs*, vol. 11 of *The President's Conference on Home Building and Home Ownership*(Washington, D. C., 1932), pp.150-201.

후버에게 개인적으로 중요한 의미를 지닌 또 다른 콘퍼런스는 일찍이 1929년에 개최되었던 아동 건강 보호 콘퍼런스였다. 이 콘퍼런스는 내 집 짓기와 내 집 갖기 그리고 오랫동안 그가 어린이 건강에 대해 보여주었던 관심사와 상무장관으로 일할 때의 과제를 거의 그대로 반영하고 있었다. 1920년대 초반 그는 미국아동건강협회의 회장으로 선출되었으며 20년대 중반에는 메이데이를 '아동 건강 보건의 날'로 재명명하려는 대중 운동을 위한 개인적인 협회를 이끌었다. 그는 후일 이렇게 말했다. "공산주의자들은 메이데이라는 오래된 축제를 자신들의 시위를 위해 먼저 전유해 버렸다. 나는 그들과 경쟁하는 데서 특히 만족을 느꼈다." 나중에 그는 의회에서 메이데이를 특별한 전국적인 기념일로 제정하도록 만들었다. 그 날을 위해 널리 유포되고 있었던 '아동의 권리 장전'을 썼다. 1924년 메이시 백화점이 최초의 추수감사절 퍼레이드를 출범시켰던 바로 그 해, 그는 아이들을 위한 자기 나름의 메이데이 퍼레이드에 착수했다. "아이들은 자신들의 건강을 보호해 달라고 요구하는 깃발을 휘날리며 행진했다."[65] 1929년 행정부에 들어간 지 몇 개월이 지난 후 후버는 아동 건강 보건과 보호 콘퍼런스를 백악관에서 개최했다. 이 콘퍼런스는 아동 복지 운동에 관한 개혁주의자들의 아이디어들을 많이 반복했다. 즉 어린이 노동 금지, 보다 많은 아동들의 학교 등록, 비교적 높은 유아 사망률의 감소를 목표로 했다. 콘퍼런스에서 발의된 이 가이드라인과 기준은 후일 주택 콘퍼런스의 윤곽을 미리 예견한 것이었다. 아이들은 '주로 주택가 이웃'에서 살아야 하며 "집은 산업 지구 안에 위치해서는 안 된다." "주택지로 적합한 곳은 도시 계획이 잘 된 작은 거리에 있어서 교통이 번잡하지 않은 곳이어야 한다. 그러면서도 교회, 학교, 시민적·문화적인 건물, 쇼핑 센터와 비교적 접근이 용이한 곳에 위치해야 한다. 이웃은 가능한 한 매력과 특징이 있어야 하며, 가정을 우울하게 만들거나 모멸감이 들게 만드는 상황이나 지저분하고 단조로운 것과는 거리가 멀어야 한다." "이웃은 무질서한 주택, 알코올 거래가 많은 주류 센터, 도박장과 같은 '도덕적 말썽'이 있는 곳과는 거리가 멀어야 한다."[66]

《가정과 아동》이라는 콘퍼런스 보고서는 거의 30년 동안 미국에서 진행

---

65) HH, *Memoirs*, vol. 2, pp. 97, 99.

되었던 '어린이들 세계'에 대한 재개념화에 기여했다. 어린이들은 독립적인 '개인'이고 어른들과 똑같은 욕망을 가진 인격체이며 자기 나름의 상품과 자기 나름의 공간을 가져야 한다. '사랑받는 존재로서 아이는' 그들 나름의 '가구와 시설'을 갖추도록 해야 한다고 보고서의 한 장은 시작하고 있다.

집 안에서 아이의 특수한 요구를 배려한 가구와 설비에 관한 문제로 말할 것 같으면 어린이들은 자기 집에서 종종 소외된다. 어린이들은 어디에도 속할 곳이 없다. 어린이들은 어른의 환경 속에 자신을 적응시켜야 한다. 어린이들에게 의자와 식탁은 너무 크고 너무 높다. 어린이들의 책과 장난감을 놓아둘 장소는 어디에도 없다. 어린이들은 자신의 욕구에 적합한 것이 전혀 없는 그런 부적절한 세계에서 움직인다. 이로 인해 어린이들의 신체적·정신적·사회적 발달이 지연되는 결과가 종종 초래된다.

이 보고서는 여러 가지 만병통치약을 제안한다. 어린들에게 자기 나이와 크기에 알맞은 '가구와 식사 시설'을 마련해 주어라. 집 안에 놀이방을 제공해 주어라. 뒷마당에는 "장난감, 어린이용 삼륜차, 톱질 모탕, 수레, 외바퀴 손수레, 슬라이드, 애완용 동물을 키울 수 있는 공간을 준비해 주어라." "일반적으로 각 개인당 침실을 마련해 주는 것이 바람직하다." 어린이들이 자라면서 보다 사회화되면 친구와 함께 나눌 수 있는 장난감과 게임을 원하게 된다. 가족이 공동의 관심사에 따라서 가구나 악기의 구입을 결정할 때, 어린이들에게 반드시 의견을 물어보아라. 어린이들에게 필요한 물건을 쇼핑할 때에는 직접 데리고 가서 어린이들 스스로 선택하도록 내버려 두어라. "그런 경험을 통해 개성이 발달한다." "그런 경험은 어린이에게서 소유하는 것에서부터 가족과 자신에 대한 자부심을 창출하는 데 도움이 될 것이며 궁극적으로는 어린이의 개성이 물건을 통해 표현될 수 있다는 것을 가르쳐 주게 될 것이다."[67]

---

66) White House Conference on Child Health and Protection, *The Home and the Child: Housing, Furnishing, Management, Income, and Clothing*(New York, 1931), pp.13-17.

67) Ibid., pp.39-55.

이 두 가지 입장──즉 개혁주의적 입장과 상업적 혹은 소비주의적 입장
──은 후버 안에서 갈등을 초래했던 것처럼 보였다. 후버뿐만 아니라 줄리
아 러스럽과 플로렌스 켈리와 같은 아동의 복지에 관한 개혁주의자와 진보
주의자들에게서도 그런 갈등이 있었던 것처럼 보였다. 내가 '것처럼 보였다'
라고 표현한 이유는 이런 입장이 상호 분리가 힘들 정도로 뒤섞여 있기 때
문이었다. 후버는 의심할 나위 없이 아동 복지에 관한 진지한 옹호자였으며
아동 복지에 관한 미국아동국의 과업을 존중했다. 아동국은 1920년대 재정
이 빈약한 에이전시이기는 했지만 그래도 여전히 바쁜 곳이었으며 보다 나
은 주택, 양육, 메디컬 케어 프로그램을 지원하고 있었다. 개혁주의자들과
마찬가지로 후버는 자신의 비전──생활 수준에 관한 그의 전체적인 개념
에서처럼──을, 상품 소비를 강조하고 그런 소비 과정에서 아동이 차지하
는 특별한 역할을 강조하는 것으로 통합시켰다. 결국에 이르러서는 상업적
인 측면이 그의 비전에서 압도적인 비중을 차지하게 되었다. 다른 모든 콘퍼
런스에서와 마찬가지로 백악관 콘퍼런스에서 그는 상무성 장관으로서 그리
고 대통령으로서 중재했다. 그의 의도는 생활 수준을 '향상' 시키는 것이며
생산과 소비의 수준을 증진시키면서도 '균등화' 하는 것이었다. 그가 무엇을
추진했던지간에──대부분의 정부가 무엇을 했던지간에──그것은 대량
소비자 질서의 목표와 '새로운 시대' 의 목표와 양립할 수 있는 것이었다.

이견과 '욕망의 고통'

후버는 소비에 관한 제도적이고 관료주의적인 새로운 언어를 창조하는 데
도움을 주었다. 대통령으로서 그는 이런 언어를 합법화시켰다. '대량 휴가'
'대량 소비' '대량 서비스' 와 같은 용어들이 사회학자와 경제학자들에 의해
서 대학과 대학교에서 발명되었으며, 미국 사회를 이해하는 방식으로 인기
있는 언어이자 동시에 이론적인 토론의 장이 되었다. 타임스 스퀘어의 색깔
들이 미국인들의 소비에 관한 사고를 가시화한 것과 마찬가지로, 이런 용어
들은 미국인들의 소비에 관한 생각을 모양짓게 되었다. 후버의 재임 동안 정
부는 새로운 부담을 지게 되었다. 정부는 개인의 이해 관계와 정치적인 권

리뿐만 아니라 미국인들의 '욕구'와 '욕망' 또한 점점 더 많이 충족시켜 주어야 했다. 후버의 심중에, 그리고 점점 더 많은 미국인들의 마음속에서 권리, 욕망, 요구는 동일한 것으로 등치되었다.

후버의 제도적인 구조는 다른 유럽 나라들에게는 부러움의 대상이 되었다. "최근 10년 동안 미국의 상무성은 주로 후버 대통령의 영감 아래서 사업가와 사업 조직이 세계의 그 어떤 정부가 성취했던 것보다 전대미문의 협동 작전을 펼쳤다. 상무성 관리 역시 동일한 입장을 표명했다." "국내외 상업국은 정부의 어떤 국(局)들이 성취할 수 있는 것보다 탁월한 정부의 부서로서 모든 형태의 사업가들에 의해 인정받아야 한다"고 상무국 안에 있는 자기 친구에게 보고했다.[68]

많은 사업가들이 자신들을 위해 연방 정부로부터 주는 도움을 환영했으며, 다른 사업가들은 소비자 물품에 대해 편견처럼 보이는 것에 반대했다. 1928년 상무국에 대한 기계 도구 산업의 대변인은 "당신은 소비자 상품이나 소비자 욕망에 지나치게 관심을 집중하고 있다는 것이 놀랍습니다. 전체 총량에서 생산자 상품과 소비자 상품의 상대적인 중요성에 관해 진정으로 알고 있는 사람이 과연 있을까요?"[69] 다른 비판가들은 상무성의 관료주의적인 자만을 비판했다. 거의 설립에서부터 상무성의 분과와 하위 분과들(특히 BFDC)은 '비판의 집중 포화를 받았다.' 한 정치가는 BFDC를 공격하면서 '우리의 범위가 미치는 한도 내에서의 가장 정형적인 부권주의의 사례'로 간주했다. 소수 상인들과 제조업자들은 '개인적인 주도권에 장애가 될 뿐만 아니라' 개인의 주도권을 '약화시키기 위해 계산된' 엄청난 비용을 낭비하는 것으로 BFDC를 공격했다. 이런 공격에 찔끔한 클라인은 직원들에게 비평가들에게는 이렇게 대답하라고 교육을 시켰다. 즉 "사업가들이 개인적으로 혹은 그들의 조직을 통해 스스로 할 수 있는 일을 정부가 개입하지 않

68) Prentiss Terry, district manager, Louisville, Ky., to R. J. Croghan, Division of Current Information(April 21, 1932), 101.1. Criticism, RG 151, BFDC, NA; and ed., *Bulletin of the International Management Institute*[Geneva, Switz.] 7(March 1933): 46.

69) Ernest DuBrul, general manager of National Machine Tool Builders' Association, to W. H. Rastall, chief of Industrial Machinery Division(January 30, 1928), RG 151, 402-10, Domestic Commerce——Conferences——General——1923——29〉, BFDC, NA.

으려는 진지한 노력을 해오고 있다." 그리고 "어떤 사적인 기관도 정부가 할 수 있는 동일한 방식으로 사업 정보를 확보할 수는 없다"[70]고 대답하라는 지시를 내렸다.

상당수 전직 상무성 관리들은 정부 직업을 떠나면서 적대감과 신랄한 감정을 느끼게 되었으며, 그로 인해 철도 · 백화점 · 주식회사 등에 관한 초기의 민중주의자들이 주장했던 것과 유사한 느낌을 표현했다. 중서부 출신으로서 전직 상무국 관리였다가 후일 기자가 되었던 도널드 브리드는 이렇게 표현했다. "나는 상품 분과의 성장과 지역 분과의 성장이 언제나 유해하다고 생각했다." 그의 말에 따르면 후버는 '방대한 하위 분과의 결집을 통해 문어와 같은 팔' 을 뻗쳤다.[71]

다른 명령들 사이의 갈등이 정부 자체를 통해 스며 나왔다. 연방 정부와 기업 관계의 특징과 한계로 인해 수년 동안 이런 갈등이 축적되었다. 아동국의 많은 진보적인 개혁주의자들과 클라인과 같은 개인들 사이에는 아동의 이슈를 형성하는 데 상품과 관련된 주제가 얼마만큼 허용되어야 하는지에 관해 이견이 발생했다. 일부 개혁가들은 그야말로 헛되이 '상업적인' 주제를 경시하려고 노력했다. 클라인의 입장에서는 상품화 주제에서 아무런 문제점도 발견할 수가 없었다. 갈등은 연방무역위원회(FTC: Federal Trade Commission)와 법무성 사이에서 터져 나왔다. 한편으로는 상무성과 다른 한편으로는 업계의 이해 관계에 대한 봉사 대 규제 사이에서 갈등이 불거져 나왔다. 연방무역위원회와 법무성의 많은 사람들은 어느 정도의 규제를 주장하면서 기업 권력과 철두철미한 무역협회, 경쟁자들에 대한 그들의 위협에 우려를 표명했다. 하지만 상무성은 존재하는 위험이 무엇이든지간에(후버에 의하면 그런

---

70) JK, memorandum to Frank Surface(August 13, 1928); H. B. Dorsey, secretary of the Texas Grain Dealers' Association, to B. S. Culler, chief of the BFDC(May 20, 1919); Franklin Johnston, editor of *The American Economist*, to JK(August 8, 1928); R. J. Groghan to Prentiss Terry(April 21, 1932); M. J. Hart, congressman from Michigan, to E. Kent Hubbard, Connecticut Manufacturers' Association(June 10, 1932), 101.0, Criticism, RG 151, BFDC, NA.

71) Donald Breed, *The Freeport Journal Standard*, Freeport III.(April 2, 1931), editorial: 8; Breed to O. P. Hopkins, assistant director of the BFDC(April 25, 1932), 101.0, Criticism, BFDC, NA.

위험은 거의 없었다), 정부와 업계의 협동으로 인한 경제적 혜택에 비하며 무시할 수 있는 것으로 간주되었다.

다른 문제점들에 관한 혼란들 역시 연방법 강화 에이전시와 상무성 사이에 존재했다. 1920년대 주류판매금지국은 비대하고 거만한 에이전시가 되어가고 있었다. 주류판매금지국은 열성적이고 자기 중심적인 관료주의자들에 의해 유지되었으며, 엄청난 규모의 경찰력에 의해 지원받고 있었다. 주류판매금지국은 그야말로 불철주야로 알코올 소비를 통제하려고 했다. 그 나름의 열성 당원으로 구성된 상무성은 사람들에게 새로운 상품을 소비하고 그런 상품 소비를 필수품으로 만드는 교외로 이사가도록 촉구했다. 한편으로는 규율과 통제와 억압을, 다른 한편으로는 욕망과 탐닉을 권장하게 되었다.

1920년대 후반 친스타일과 친상업적인 색깔을 대표하는 상무성과 반스타일과 반색깔과 반소비 집단을 옹호하는 간소화 관행 분과 사이에 불화가 초래되었다. 아마도 베블런의 영향을 받아서 '사용을 위한 생산' 을 지지하는 개혁주의자들, 소박한 생활을 실천하는 사람들은 '과잉 다양화' 를 제거하기를 원했다. 만약 간소화 관행이 어떤 의미를 지니려면, '크기, 차원, **비물질적인** 차이의 영역에서 다양성을 축소하는 것을 의미한다' 고 한 간소화 관행 엔지니어는 주장했다. 다시 말해 그것은 낭비를 제거하는 수단이며, 비용을 절감하며, 생산과 분배와 소비에서 이윤과 가치를 증대시키는 것을 뜻한다. "간소화는 모든 것에 색깔을 적용하려는 경향을 감소하거나 혹은 고삐를 죄려는 것이라고 할 수는 없겠는가?"라고 그 엔지니어는 반문했다. "색깔의 범위를 간소화함으로써 공리주의적인 것은…… 그들에게 예정된 기능 또한 수행한다." 클라인은 그런 입장을 구제 불가능할 정도로 자신의 입장을 곡해한 것으로 간주했다. 그 역시 어떤 의미에서는 특정한 합리성의 형식——계획된 위축——에 지배받았으며 비합리적인 욕망은 '합리적인' 시장에 봉사해야 한다고 보았다. 엔지니어가 아니라 경제학자로서 그는 색깔을 환영했으며, 특히 신속한 상품의 총매상고를 가속화시킬수만 있다면 그런 색깔을 대환영했다.[72]

엔지니어이자 퀘이커교도였던 허버트 후버 대통령 내부에서도 갈등은 있

---

72) *DC*(September 3, 1928): 1.

었다. 1925년 여름 텍사스 주 휴스턴에서 "광고는 우리나라의 생활에 생생한 힘이다"라는 연설을 세계의 광고 클럽 앞에서 행하면서, 그는 '욕망'이라는 주제로 끊임없이 되돌아갔다. 욕망과 광고의 관계, 경제 이론에서의 욕망의 역할, 문화에서 욕망의 위치 등. 그는 광고주들이 '우리 나라의 생활 수준'을 향상시키고 '욕망의 상위 수준을 확장시키는 데' 기여한 바가 크다는 점을 높이 평가했다. 광고는 다른 사람들에게 '점점 더 빨리 더 멀리 분발하도록 만들면서 불면의 밤을 보내도록 만든다는 점에서 경쟁 과정의 연료가 된다.' "여러분은 광고의 형식과 매체에 있어서 기교적인 발명의 재능을 고안해야 한다. 과거에는 소망·갈망·욕망 등이 경제적인 과정에서의 원동력이 되었다. 이제 여러분은 그런 욕망을 창출하는 일을 인계받아야 한다. 그 대신 경제학에서 욕망의 고통은 요구를 창출하고, 요구로부터 우리는 생산을 창조한다. 따라서 이 서클을 중심으로 우리는 향상된 생활 수준을 획득하게 된다."[73] 이런 비전은 사이먼 패턴의 붓으로 그린 햇살 가득한 그림이었다.

하지만 그의 표현에서도 대부분 신고전주의 경제학 교과서에 나오는 표현들, 즉 '초조한 불면의 밤' '광고의 마이더스' '두려운 발명의 재주' '욕망의 고통'과 같은 표현이 나타나는데, 이런 것들은 광고주에 대한 반쯤 감춰진 불안을 드러내는 것이었다. 게다가 휴스턴 연설에서, 그는 인간 욕망과 더불어 희롱하는 위험에 관해 청중들에게 강의했다. 광고주들은 '욕망을 풀어놓아서'는 안 된다고 말하면서도 그는 광고주들은 "자신들이 창조한 욕망이 그들이 제시한 물품에 의해 만족되어야 한다"고 주장한다. 그러므로 광고는 합리적이고 효과적으로 상품을 제시함으로써 상품의 의미를 왜곡하지 않고 상품이 해줄 수 있는 것에 대한 그릇된 희망을 부추기지 않도록 해야 한다고 주장한다. 욕망을 자극시키기만 하고 충족시켜 주지 못한다면 낭비적이고 비윤리적이라고 후버는 말하고 싶었는지도 모른다.

이런 불편한 감정은 1928년 대통령 선거 유세 동안에도 거듭 반복해서 나타나게 된다. 이 기간 동안 후버는 아이오와 주 웨스트 브랜치의 고향을 다

---

73) HH, 〈Advertising Is a Vital Force in Our National Life〉, repr. in *Advertising World* 30(August 1925): 1-2. See also *PRL*(Second May Issue, 1925): 7.

시 방문했다. 고향 방문 연설에서 그는 자신의 어린 시절 이후로 웨스트 브랜치가 얼마나 많이 변했는지를 묘사했다. 그 옛날의 퀘이커 교회당은 이제 영화관이 되었다. 그는 독실한 신자였던 한나 아주머니가 '현대적인 생활 방식의 부상'을 비난했던 것을 회상했다. 아주머니는 교회와 공회당이 어느 날인가 '혐오스러운 장소로 변할 것'이라고 예측했다는 것이다. 1880년대 모든 사람들은 예배의 즐거움을 함께 나눴으며, 읍내는 독립적이고 자족적이었다. "우리는 밀과 옥수수를 정미소에서 빻고 갈았다"고 그는 회고했다.

우리는 고기를 위해 식용 수퇘지를 잡았다. 우리는 적어도 우리 자신의 의복을 손수 짰다. 우리는 우리 기계를 손수 수리했다. 우리는 숲에서 연료를 직접 마련했다. 우리는 우리 건물을 직접 세웠다. 우리는 손수 비누를 만들었다. 우리는 과일을 손수 보관했으며 야채를 재배했다. 가정 생활의 극히 일부분만을 우리는 외부로부터 구입했다. 생산품 중의 아마도 20퍼센트는 시장에 내다팔고 그 돈으로 우리가 직접 생산할 수 없었던 생필품을 구입했으며 담보물의 이자를 지불했다.

그의 어린 시절에 웨스트 브랜치에는 가난이 없었다. 시카고 시장에서의 경기 침체로 인해 고통받는 적은 없었다. 1928년인 지금 시장은 읍내 전체 경제에 영향을 미칠 수 있었으며 "가족의 순수입의 25퍼센트에서부터 50퍼센트까지 휩쓸어 갔으며, 편안과 불안으로부터 연유된 자유 사이에 차이가 만들어졌다. 다른 한편으로는 부채와 낙담을 가져다주었다."[74]

하지만 후버는 청중들에게 미국의 진보와 경제적 변화가 가져다준 많은 '혜택'을 재빨리 회상시켜 주었다. "나는 과거 농경이 가져다주었던 안정된 생활로 되돌아가자고 제시하는 것은 아니다. 왜냐하면 농경시대의 안정은 낮은 생활 수준, 엄청난 고생, 여가와 레크리에이션의 적은 기회, 집 안에서의 안락함은 적고 생활의 즐거움 또한 적은 데에 비롯된 것이기 때문"이라고 그는 항변했다. 하지만 그는 이 신랄한 주제로 거듭 되돌아와서 사라져

74) HH, 〈Addresses During the Campaign〉(August 21, 1928), in *Public Papers of the Presidents*(Washington, 1958), pp.521-24.

버린 것들에 대한 '감상적인 회한'을 강조했다. 그는 우리가 더 이상 그 시절의 가정으로 되돌아갈 수 없으며 그런 변화는 '필연적'이라는 점을 인정했다. "친절한 사람들과 내가 더불어 살았던 시절을 회상하면서 40년 전의 자족적인 농촌 생활에 종종 향수를 나는 느껴 왔다. 그런 상황으로 되돌아간다는 것은 공동묘지 너머에 있는 친구들을 소환하는 것이나 마찬가지로 불가능하다……. 우리는 불가피하게 초래된 변화에 대해서는 받아들여야만 한다. 우리의 정부가 설립해 왔던 원칙들이 이런 변화에 더 이상 변경을 요구하지 않는다는 것이야말로 진정으로 다행이다."[75]

후버의 정치적 세계에서 그 모든 긴장과 갈등과 양가성이 상징하는 것은 ——나에게는 그렇게 보였다——제도적인 합의의 정도였다. 후버의 웨스트 브랜치 연설은 그 나름의 통렬한 측면도 있었지만, 동시에 노스탤지어였으며 이기적인 낙관주의이기도 했다. 그 연설의 핵심에는 '진보'에 대한 열렬한 믿음이 있었으며, 미국 발전의 올바름(냉혹한 올바름)에 대한 철저한 신뢰가 자리잡고 있었다. 후버는 20년대의 작가들과는 아무런 공감대를 갖지 못한 것처럼 보였다. 그 시대의 작가들 또한 미국의 문화 생활은 미국의 웨스트 브랜치에서 구체화되었던 것으로 믿었던 사람들이었다. 다시 말해 소읍, 얼굴과 얼굴을 마주하는 친밀성, 공유된 성실, 운명에 대한 상식이야말로 미국의 문화라고 보았지만 그들은 진보의 속도와 성격을 두려워했다. 조셉 우드 크루치·해럴드 스턴·스튜어트 체이스와 같은 북부 작가들, 존 크로우 랜섬, 젊은 로버트 펜 워런과 같은 작가들은 그들이 숭배하는 미국은 이제 파멸로 치닫고 있으며, '문명'에 의해서, "산업 성장에 의해서, 만병에 대한 치료책으로서 과학 기술에 대한 지나친 맹신에 의해서, 끝없이 새로운 것을 추구하는 것에 의해서, 상품과 돈의 양만을 계산하는 '진보'에 의해서 붕괴되고 있다고 확신했다."[76]

하지만 후버에게 선택은 분명했다. 문화보다는 문명을, 지역적이고 지방 분권적인 것보다는 국제적이고 국가적인 시장을, 비교적 변화가 없지만 자

---

75) *Ibid.*, p.524.

76) 이들 작가에 관해서는, see Richard H. Pells, *Radical Visions and American Dreams: Culture and Social Thought in the Depression Years*(Middletown, Conn., 1984), pp.96–105.

족적이고 소박한 생활보다는 끊임없이 확장되는 생활 수준을, 웨스트 브랜치의 생활 방식보다는 대량 생산과 대량 소비를 선택했다. 오호 통재라, 잃어버린 것은 잃어버린 것이다(What is lost, alas, is lost).

이 10년 동안 연방 정부는 욕망의 땅 배후에 있는 제도적인 제휴를 강조했다. 명문대학교들은 새로운 경제와 새로운 문화와 더더욱 강하게 연대하게 되었다. 예술학교에서부터 투자은행 집단에 이르기까지 여타의 제도적 앙상블과 더불어 미술관·박물관 역시 새로운 경제와 새로운 문화와 강력하게 연대하기는 마찬가지였다. 통틀어 이들은 체인스토어·백화점·호텔·레스토랑·영화관·홍보 회사·모델 에이전시·패션 집단·광고 사업과 같은 경제적인 회로에 전류를 흘려보냈다. 이 모든 것을 뒷받침해 주고 있는 거대한 산업체 하부 구조는 말할 것도 없었다.

이 시대는 무지개 집의 시대였으며, 브루클린 미술관의 스튜어트 쿨린에서부터 교외의 스위트 홈을 꿈꾸었던 후버에 이르기까지 무지갯빛 시대였다. 이 공손한 문화적 분위기는 초기에는 존 워너메이커의 종교적인 타협에 의해 형성되었다. 그리고 습득과 소비하는 데서 편안함을 느끼는 심리 치료 심성의 출현에 의해 형성되었으며 외관상 그 시대를 지배하게 되었다. 비록 일군의 사람들이 그런 문화로부터 빠져나와 저항했지만, 이 새로운 미국 문화는 그밖의 사람들에게는 L. 프랭크 밤과 더불어 새로운 사회의 비전이었으며, 그런 경이 가운데서 어떤 상심도 있을 수 없었고, 모든 아이들과 어른들은 에메랄드 시티로 가는 길을 발견할 수 있을 것으로 믿었다.

새로운 상업주의 미학이 활짝 꽃피게 되었고, 문화적·경제적으로 막강한 중재자 그룹이 출현했으며, 정교한 제도적 회로가 발달되었다. 종합해 보건대 자본주의 체계의 목적에 전적으로 부응하는 형태의 최초의 문화가 창조되었으며, 이로 인해 합법적으로 업계가 지배하는 문화를 세우게 된 것처럼 보였다. 이제 기업은 미국의 신화를 편성했다. 업계를 통해 연방 정부와 많은 에이전시의 방식에서 축복을 보았으며 미국의 꿈은 가장 의지할 만한 동맹군을 발견하게 되었다. "모든 사람에게 한 세계가 열린다. 모든 사람들에게 가능성은 존재한다"고 1892년 광고주인 아테머스 워드는 말했다. 1929년 무렵, 거의 50년에 걸친 성장과 투쟁 이후 현대 미국 자본주의 소비 문화는 마침내 뿌리를 내리게 되었다.

결 론
─────
유 산

1929년 엄청난 대폭락이 발생했을 때, 작가인 에드먼드 윌슨은 안도의 한숨을 내쉬면서 그런 상황을 거의 환영하는 분위기였다. 이런 상황은 경제와 문화 위에 군림했던 기업자본주의의 장악력이 붕괴되는 것처럼 보였다. "나는 거대 기업이 군림하는 시대에 성장기를 보냈다. 원하는 것이면 무엇이든지 얻어내고야 마는 기업들의 야만주의에 언제나 분개했던 우리 세대의 작가와 예술가들에게, 그 시절은 경기 침체로 인해 우울했던 것이 아니라 오히려 고무적이었다. 그 멍청하고 거대한 사기극이 예기치 않게 갑자기 붕괴하는 것을 보면서 어떻게 신나지 않았겠는가?"[1]라고 그는 기술했다.

윌슨은 멀리 거슬러 올라서 일찌감치 공화국 초기부터 '사기'의 기원이 자리잡고 있었다고 생각했다. 개인적 자유의 옹호자인 토머스 제퍼슨이 '중앙 집중화'의 옹호자인 알렉산더 해밀턴과 손잡고 '유산 계급을 보호'하려고 한 것부터 사기였다는 것이었다.[2] 1800년대를 통틀어 이와 같은 타협의 문화적 암시가 자신의 정체를 잘 드러내지 않았다고 윌슨은 주장했다. "이 나라는 북미 대륙의 황야와 크기가 주는 '흥분'에 탐닉하게 되었다──철도를 부설하여 대륙을 침입하게 되면서 갑작스러운 부를 주체하지 못하게 되었다." 하지만 '이 마지막 몇 년 동안'(혹은 제1차 세계대전 이후부터), "우

---

1) Edmund Wilson, ⟨The Literary Consequences of the Crash⟩(March 23, 1932), repub. in *The Shores of Light: A Literary Chronicle of the Twenties and Thirties*, ed. Edmund Wilson(Boston, 1985; orig. pub. 1952), p.498.

2) Edmund Wilson, ⟨An Appeal to Progressives⟩, orig. pub. 1930 and repub. in Edmund Wilson, ed., *The Shores of Light*(New York, 1961), pp.518-27. 여기서 사용된 모든 이 인용문은 이 텍스트를 출전으로 한다.

리의 희망과 믿음은 대량 생산의 이면으로, 거대한 광고 캠페인 이면으로, 영업 수완의 회오리바람 이면으로 밀려나게 되었다." "돈벌이와 돈벌이 사회가 제공하는 그런 형태의 이점은 단순히 인류에게 만족을 주는 정도 이상이다"라고 윌슨은 주장했다. "안정과 양식을 소생시킬 수 있는 공통의 문화가 거의 없으며, 모든 사람들이 남보다 앞서려고 기를 쓰면서 뒤처진 사람들은 탈락시켜 버리는 그런 사회 체계를 가진 곳은 어디에도 없다." 일직선적인 발전을 믿지 않는 관점을 가진 윌슨이 주식 시장이 붕괴되고 1920년대 왕좌에 올랐던 기업들이 붕괴될 조짐이 보이자 즐거워하는 것은 하등 놀랄 만한 일이 아니다.

다른 지식인들과 개혁가들은 공황의 맹공격으로 대단히 마음이 어지러워져서 과거에 가졌던 깊은 확신을 엄청나게 수정하거나 아예 포기할 정도에 이르렀다. 아동 복지 옹호자였던 시도니 그루엔버그는, 어린이들은 새롭고 관대한 소비자 세계로부터 혜택을 받을 수 있다는 자신의 초기 정서를 변경했다. 20년대 그루엔버그는 모든 곳에서 강연을 하면서——심지어 메이시즈와 같은 백화점에서도 강연을 했다——어린이들에게 '많은 놀이 시간'과 '많은 장난감'을 줄 필요가 있다고 주장했다. 심지어 어린이들에게는 자신만의 완전히 분리된 세계가 있기 때문에 어린이의 '개성'은 자발적으로, 자유롭게 발전할 수 있다고 보았다. 하지만 남편인 벤저민과 함께 1933년에 쓴 《부모, 어린이, 돈》이라는 저서에서 그녀는 초기에 역설했던 입장으로부터 많이 후퇴했다. 이제 그녀는 초기의 자기 입장이 '일'의 요구, 즉 '현실 세계'의 요구에 대처하기 위해, 어린이들을 준비시키는 것에 부족했다고 인정했다. 심지어 그녀는 한때 자신이 그처럼 강력하게 옹호했던 아동 복지 입법화라는 목적까지 회의할 정도가 되었다. 체인스토어 등과 같은 "상업적인 일자리에서 입을 수 있는 심각한 상처로부터 어린 시절을 보호한 결과 중 하나는 일 전체를 불신하게 만들었다"는 점이라고 그녀는 주장했다. 우리는 "일을 회피하는 개인들을 칭송했다……. 거의 모든 사람들은 지금쯤 '오로지 일을 피하는 법'을 배우게 되었다." 그렇게 함으로써 우리는 소비와 낭비가 일을 충족시키는 것보다 인생에 있어서 훨씬 더 핵심적인 것처럼 보이도록 만들었다. 하지만 "젊은이들은 무엇인가를 성취하기 원하며 자신들이 자랑스러워할 만한 것을 성취하고 싶어한다. 식객이 된다는 것은 자랑할 만한 일이 결코 아니다. 게다가 어린이들을 자신의 작은 세계에 격리시켜 둠으로써 우리는 어른들과의 '일상적인 접촉'으로부터 그들을 차단시켰다. 어른과의 접촉은 성장하는 과정에서 필수적인 것임에도 말이다."[3]

루이스 멈퍼드·존 듀이·제임스 로티·스튜어트 체이스 등과 같은 비평가들은 개인을 지역 사회의 조직결과는 완전히 격리시켜 버리면서 개인들을——멈퍼드의 표현을 빌리자면——주변 환경과 접촉하거나 혹은 사회적 책임감과는 거리가 먼 소외된 인격으로 변질시키는 업계 문화에 대해 어느 정도 분노와 슬픔을 표현했다.[4] 동시에 이들 비평가들은 이런 엄청난 소용돌이로부터 상업주의의 또 다른 단계 이상의 것이 출현할 수 있으리라 믿었으며, 로티가 '편안한 생존,' 멈퍼드가 '돈, 크기, 효율성'이라고 불렀던 삶의 추구 이상으로 나갈 수 있을 것으로 보았다.[5] 멈퍼드는 무한한 진보(내년에는 올해보다 나을 것)와 지속적인 성장의 신화를 거부하도록 촉구했으며 한계에 대한 분별력을 수용하도록 재촉했다. 다른 학자들과 마찬가지로 그는 개인들이 '완전한 인간'으로 발전할 수 있는 안정된 지역 사회의 출현 가능성을 보았다. 1930년 무렵 개인주의에 관한 책을 저술하면서 듀이가 주장했다시피, '독창성과 고유성'은 경쟁으로 내몰리는 환경에서가 아니라, 그리고 규제받지 않는 무제한적인 기업 성장과 끝없는 소비 시장의 팽창에 의해 지속적으로 불안정해진 사회가 아니라, 정서적적으로 그리고 경제적으로 안정된 사회에서 번영할 수 있으리라고 보았다.[6]

이들 중 어느 누구도 미국이 '소비를 포기하고'(어떤 경우든지 그것은 부조리한 것으로 간주되었다), 즉 옷의 즐거움과 음주를 거부하고 인생을 즐길 수 있는 것들을 외면하고 유흥을 중단하면서까지 자발적인 스파르타식 가난으로 되돌아가야 한다고 주장하지 않았다. 그들이 거부했던 것과 그들을

---

3) Sidonie and Benjamin Gruenberg, *Parents, Children, and Money*(New York, 1933), pp.172-75.

4) Quoted in Richard Pells, *Radical Visions and American Dream*(Middletown, Conn., 1984), p.108. 펠스는 이런 사람들의 사상에 관한 탁월한 논의를 제시하고 있다. pp.69-150.

5) Quoted in Pells, pp.99, 107.

6) 듀이에 관한 인용은, see Pells, p.120; 완전성의 추구에 관해서는, see Pells, pp.97-102. 지속적인 성장에 관한 멈퍼드의 비판에 관해서는 see Pells, p.110.

두렵고 기분 나쁘게 만들었던 것은 기업들이 경제를 만들어 나가는 방식, 기업이 '새로운' 것을 조직해 내는 방식, 기업이 사치와 필수품의 특징에 영향을 미쳤던 방식, 기업이 모든 사람의 취향과 욕망에 스며들었던 그 방식들이었다. 이들 대다수 비평가들은 미국인들이 '보다 좋았던 과거'를 회복하고 기업 자본주의가 완전히 출현하기 이전에 존재했던 공유하고 민주적이었던 과거로 되돌아가기를 희망했다.[7] 이들은 문화적·정치적 주요한 질문에 대해 논쟁의 장을 열었을 뿐만 아니라 누가 이 비참의 나락으로 떨어지도록 만든 것에 책임이 있는가를 진지하게 질문했다.

이 모든 비판과 갱신에도 불구하고 의미심장한 문화적 변화가 1880년과 1930년 사이에 소개되었다. 그것은 쉽사리 뒤집거나 전복시키기에는 너무 깊숙이 스며든 변화였다. 확실히 제2차 세계대전과 마찬가지로 공황과 냉전의 초기 단계에 이르기까지 이 모든 것들은 미국인들의 생활을 향상시킬 것으로 주장했던 소비자본주의 문화의 팽창을 어느 정도 지연시켰다. 특히 모든 사람들의 힘과 희생을 요구했으며, 영웅주의와 때로는 귀족주의를 고취시켰다. 하지만 우리 역사에서 그런 에피소드들은 사태의 진행 과정을 중지시키지도 그렇다고 역전시키지도 못했다.

뉴딜 정책이 실시되었던 특히 1930년대 기업자본주의는 많은 비판가들이 눈치 빠르게 포착했던 것과는 다르게 그다지 위험에 처하지 않았다. 새뮤얼 스트라우스에게 "경영하고 감독하는 유형의 인간들, 식욕과 욕망의 포획자들은 이전보다 더더욱 통제력을 갖고 있는 것처럼 보였다."[8] 루스벨트의 뉴딜 정책이 과거의 실수를 만회하려는 조처라고 처음에는 옹호해 주었던 《국가》와 《새로운 공화국》 두 책 모두 30년대 중반에 이르면 뉴딜 정책이 '제조업자와 은행가들에게 베푸는 간접적인 장려금'이자, '독점을 지향하는 추세의 가속화'이며, '개별적으로 생산된 제품에 대한 요구를 자극'하는 것으로 매도되었다. 1935년 이후 정부는 업계를 돕기 위해 더욱 많이 보조했다. 그 중에서도 '분배 분야 직업'을 위한 직업 교육에 자금을 제공해 주거나

---

7) '공유된 미국 문화'에 관한 이런 연구 조사의 차원에 관해서는, Warren Susman, *Culture as History: The Transformation of American Society in the Twentieth Century*(New York, 1984), chap. 9, 〈The Culture of the Thirties〉, pp.150-83.

8) Samuel Strauss, *American Opportunity*(New York, 1935), pp.23-25.

아니면 1936년에는 연방 주택 법안 비호 아래 수백 달러어치를 융자해 주었다. 이 법안은 업계 '근대화'를 증진시켰을 뿐만 아니라 백화점·호텔·극장 등에 좀더 많은 냉난방 시설을 하도록 해주었으며 집을 소유할 수 있도록 길을 열어 주었다.[9]

저널리스트인 제임스 로티는 30년대 중반 미국 전역을 여행하면서 공황으로 인해 '꿈의 문화'라고 부른 미국의 힘을 위축시키고 있다는 증거는 어디서도 드러나지 않는다 말했다. 고작 보이는 것이라고는, 경제적 비참과 이윤 동기 모두 "꿈에 대한 요구를 증가시키고 있다"는 점이라고 주장했다. "돈이 기계를 낳고, 기계가 돈을 낳고, 돈이 돈을 낳는 하찮은 과정이 여전히 휩쓸고 있었다. 한쪽 해안에서 다른 한쪽 해안에 이르기까지 로티가 보았던 것은 완전히 실현된 소비 사회의 풍경이었을 따름이었다. 소비자 천국을 위해 다른 여러 지역에 물건을 팔면서 고립된 지역마저 개척하는 풍경만이 있었다. 디트로이트는 '대륙에 기동성을 부여하는 제조업'을 중심으로 했다. 할리우드는 '위안과 사랑의 최면술적인 꿈, 강력하고 길들여지지 않은 자아의 제조업'을 담당했다. 뉴욕은 '축배를 드는 라디오 낙관주의 …… 기름기가 잘잘 흐르는 아나운서에 의해 상품 물신화의 제조업'이 성행했다. 미국은 문화 제작자와 문화 담지자로서 많은 신교도들과 구교도들이 있었다. 로티가 인정했다시피 "이들은 아무런 영향을 미치지 못했다." 영향을 미치는 것, 지배하고 있는 것은 사람들이 원하든 원치 않든 간에 '고도로 투기적이고 기술적으로 발전된 꿈의 제조 체계'였다. 이 새로운 문화에 도전하기 위해 대기하고 있는 반(反)문화 장치는 없는 것처럼 보였다. '대량 문화의 대량 생산'은 여태껏 진행되었던 것보다 더욱 강해지고 있었다. 사실상 미국에서 '이보다 통합적인 유대'를 더 잘 보여주는 것은 없었다.[10] 1930년 이후부터 이 시기의 뚜렷한 특징은 불연속성이나 새로운 형태의 지역 공동체를 형성하는 것이 아니라 지속적으로 치솟는 소비자본주의의 물결이었다.

---

9) 정부의 현대화 프로그램에 관해서는, see ⟨Store Imporvement Planned and Is Greatly on the Increase⟩, *MRSW* 76(April 1935): 37, 78(April 1936): 1; and *DC* (November 30, 1936): 311. 《새로운 공화국》과 《국가》에 관해서는 see Pells, pp.81-86.

10) James Rorty, *Where Life Is Better: The Unsentimental American Journey*(New York, 1936), pp.103-110, p.157, p.169, p.287, 380-81.

거대한 유산이 전해졌다. 주식회사 · 투자 · 상업은행 · 비즈니스 스쿨 · 상업예술학교 · 미술관 · 대학교 · 연방 정부와 같은 제도적인 유산이 전해지게 되었다. 이들이 업계를 위해 실시했던 제도들과 서비스는 특히 1950년대 이후부터 극적으로 성장했다. 우리 시대 비즈니스 스쿨은 숫자와 서비스의 범위에 있어서 1925년에는 상상도 할 수 없을 정도로 증가되었다. 1년 코스, 2년 코스, 3년 코스의 **MBA** 졸업생들이 해마다 수천 명에 달하고 있다. 미국 정부 역시 허버트 후버도 결코 상상하지 못했을 방식으로 업계에 봉사하고 있다. "자본 체제를 제거하라"고 정치경제학자인 로버트 헤일브로너는 강조했다. "그러면 극적으로 변한다고 할지라도 국가가 남게 될 것이다. 국가를 제거하라, 그러면 자본의 체제는 하루도 지속되지 못할 것이다."[11]

국가와 업계는 서로 깊게 관여하고 있다. 업계는 정부의 은행 예치금의 보증에 의존하고 있으며 업계를 보호하기 위해 융자를 하고, 경솔하고 부패하지 않도록 업계를 구출해 주고 있다. 월 스트리트 분석가인 마이클 그랜트는 1980년대에 이렇게 기록하고 있다. 정부는 상업은행들이 막대한 대출 관행으로 인해 초래된 금융 손실을 떠안기 전에 과거 어느 때보다도 적극적으로 중재하고 있다.[12] 업계는 상업적인 재료(우송되는 것의 분량)를 이동시켜 주는 우편 서비스에 의존하고 있다. 즉 상품을 이동하기 위해 정부가 건설하고 정부가 보수한 도로들, 고속도로들, 공항 터미널에 의존한다. 고용에 필요한 노동자 교육을 위해 연방 돈에 의존한다. 정부(특히 레이건 대통령 재임 이후부터)는 개정된 이민 정책을 통해 중소기업과 주식회사들에게 값싼 노동력(숙련 노동력과 비숙련 노동력 모두)을 주로 제공해 주었다. 정부 기관들은 날마다 몇 톤의 데이터를 산출하고 사업가들에게 경제 형태, 잠재적인 진로, 국제적인 경제 무대의 특징에 관한 정보를 제공해 왔다. 데이터는 막힘없이 정부의 정기 간행물을 통해 흐른다. 이런 데이터들은 때로는 공짜로, 때로는 비용을 지불하기도 한다. 정부의 정기 간행물 중에는 《연방 준비 회람》(1915), 《현 업계 조사》(1921), 《업계 통계: 현 업계 조사에 대한 부록》

---

11) Robert Heilbroner, *The Nature and Logic of Capitalism*(New York, 1985), pp.104-5.
12) James Grant, *Money on the Mind: Borrowing and Lending in America from the Civil War to Michael Milken*(New York, 1992), p.5.

(1931), 《경제적인 지표들》(1948), 《미국 산업 전망》(1960), 《비즈니즈 컨디션 다이제스트》(1961), 《상업 뉴스와 최근 상업》(1979), 《최신 상업 출판물》(1980) 등이 있다.[13]

　오늘날 상무성은 많은 정부 기관들 가운데서 비즈니스 커뮤니티에 봉사하는 유일한 기관이다. 상무성은 여전히 온 마음으로 미국 제조업자·소매업·도매업·서비스 산업·운송 산업·광산업에 관한 경제적인 센서스를 매 5년마다 실시하고 있다. 상무성은 업계 동향과 추세를 분석하고(경제측정학 모델을 실시하고 비즈니스 사이클 지표 시스템을 정교하게 하는 것을 포함하고 있다), 국가적·국제적 거래에 관한 정기적인 보고서를 발표하면서 소비자·생산자·투자자·정부·외국고객에게 세밀한 최근 정보를 제공한다. 과학기술행정부(The Technology Administration)는 1990년대에 설립되었는데, 개별 섹터 이노베이션, 테크놀로지 이용 증진, 지속적인 생산성 확대에 우호적인 환경을 촉진시키기 위해 상무성 내부에 설치했다. 상무성은 미국 회사들의 무역 잠재력을 개발하기 위해 국제무역행정부(The International Administration)가 즉각적으로 경쟁력 평가를 해주고 국외 상업 서비스(Foreign Commerce Service)를 통해 직접적으로 시장 서비스를 전달한다. 이런 서비스는 미국 업계가 수출을 확장하고, 장기 무역할 곳을 알아내며, 투자 기회를 탐색하고, '교정 전략'을 개발하도록 해준다.[14] 걸프 전쟁 이후 상무성은 쿠웨이트에서의 투자 기회에 관한 무료 정보의 즉각적인 자원 출처로 부상했다. 사업가가 할 일이라고는 전화기를 들고 상무성의 전화번호를 돌린 다음, 페르시아만 투자를 위한 '핫라인'을 대달라고 하는 것이 전부였다.[15]

_____

13) Leroy C. Schwarz Kopf, *Government Reference Serials*(Englewood, Colo.: Libraries Unlimited, 1988); and Donna Andriot, ed., *Guide to U. S Government Publication*(McLean, Va., 1990). 나는 이런 논의가 공적 부분을 공격할 의도를 가진 것은 아니라는 점을 분명히 해두고 싶다. 오히려 많은 사업들이 존재하기 위해서는 공적 부분에 어떻게 의존하고 있는가를 나타내고자 한 것이다. 다른 주장을 하고자 하는 사업가가 있다면 그는 정직하지 못한 사람이다. 게다가 공적 부문과 사적 부문은 오늘날 너무 깊게 얽혀 있어서 오직 이데올로그들만이 이 양자가 분리될 수 있다거나 혹은 서로 모순이 없는 것으로 분석한다.

14) U. S. Government, *Budget of the United States Government, Fiscal Year 1990*(Washington, D. C., 1990), I-F7-F10.

상업적인 미학(상업적인 색깔, 유리, 빛)을 위해 시각적인 유혹의 수단으로 소비된 돈은 수십억 달러에 달했다. 새로운 매체를 통해 전략들이 강화되었다. 무엇보다도 텔레비전 위성을 통해 전 지구촌의 모든 촌락과 마을로 소비 욕망의 빔을 쏘았다. 사업가들과 광고주는 텔레커뮤니케이션을 통해 전 세계 사람들의 취향을 '동질화' 시키고 모든 사람들에게 동일한 상품과 서비스를 욕망하도록 자극할 수 있는 자신들의 능력을 자랑했다.[16] 마이클 슈드슨이 광고와 관련하여 주장했다시피, 미국 국내에서 시각적인 유혹은 소비자 구매에 미친 그들의 영향력 때문이라기보다는 기업 권력의 표현으로서 계속 번창해 나갔다. 확실히 유혹 전략은 새로운 이민 지역 사회에서 취향을 형성했으며 청년들과 어린이 시장의 많은 섹터에서, 그리고 가난하고 교육받지 못한 소비자들의 지역 사회에서, 심지어 유혹 전략에 전혀 영향을 받지 않는다고 자랑하는 교육받은 소비자들의 수준 높은 시장에서도 마찬가지로 취향을 형성하게 되었다. 슈드슨이 보여주었다시피(그는 주로 교육받은 전문직에 초점을 맞추었지만), 이 모든 시장에서 광고에 무심하고 광고를 경멸하는 그런 사람들이 있다. 그들은 주로 가족, 친구, 소비자 집단으로부터 상품에 관한 정보를 구했다. 광고에 점차 투자를 많이 한다는 것은 소비자 선택에 직접적이고 명백한 충격에만 전적으로 국한하는 것은 아니었다(지금도 그렇지 않다). 오히려 그런 투자는 저항이 없는 문화적 영향력을 가지려는 기업의 필요에 기초한 것이었다.[17]

보통의 미국 성인들——은행과 기업에 의해 오늘날 밤낮으로 전화로, 우편으로, 그리고 대량 매체를 통해 뼈 빠지게 일하는——은 3,4개의 크레디트 카드를 가지고 있다. 미국인(사춘기 청소녀들과 어린이를 포함하여)들은 10억 달러 이상의 크레디트 카드(독일인과 프랑스인들은 미국 인구의 절반인데 불과 2천 4백만 달러 상당의 크레디트 카드를 사용한다. 특히 독일은 대단히 소비 지향적인 사회로 명성이 자자함에도 말이다)를 이용한다. 미국인들은 이 세

---

15) 쿠웨이트 서비스에 관해서는, see *NYT*(March 22, 1991): DI; and the export licenses, see *The Wall Street Journal*(July 31, 1992): A14.

16) 〈Selling to the World〉, *The Wall Street Journal*(August 27, 1992): 1.

17) Michael Schudson, *Advertising, the Uneasy Persuasion: Its Dubious Impact on American Society*(New York, 1984).

상 사람들의 부채를 전부를 합친 것보다도 더 많은 소비자 부채를 안고 있다.[18] 미국의 패션 산업은 전지구촌에 걸쳐 있으며, 일본, 유럽과 치열하게 경쟁하고 있으면서도 전통적인 농부와 민속 문화의 디자인과 색깔로 포식시키고 있다. 식객 노릇의 한 본보기가 인도 뉴델리에 있는 패션 테크놀로지 국립연구소의 활동이다. 이 국립연구소는 뉴욕 시 패션 테크놀로지 연구소의 지배로 창설되었으며(멕시코·이스라엘·바베이도스·일본 등지에 이와 유사한 기관을 두고 있다), 인도의 농촌 지역과 빈곤한 도시 게토를 어슬렁거리면서 패션 아이디어를 끊임없이 찾고 있는 젊은 디자이너들을 직원으로 고용하고 있다. 힐다 Z. 프리드먼은 이 연구소의 초청 교수인데, 그는 《뉴욕 타임스》와 가진 인터뷰에서 "우리는 그들이 인도의 전통 유산과 인도의 느낌을 가지기를 원한다. 하지만 우리는 국제적인 의상을 원한다"[19]고 말했다.

또 다른 기업의 유산은 1930년 이전부터 전해져 내려온 것인데, 그것은 지칠 줄 모르는 욕망하는 기계이거나 혹은 무한한 욕망에 의해 지배되는 동물과 같은 존재로 인간을 보는 개념이다. 인간성이라는 개념은 논쟁적인데, 가장 '인간적인' 것은 새로운 것을 추구하고 끊임없이 경계를 위반하려는 의지, 낡고 습관적인 것을 혐오하며(새로운 것으로 열거된 것이 아니라면, 패션이나 스타일에서처럼 소비를 진작시키는 방식으로 사용된 것이 아니라면, 브랜드를 충실히 따르거나 구식 퀘이커 제품을 팔아 버리기를 권장하는 것이 아니라면), 점점 더 많이 상품, 돈, 경험, 그 모든 것들을 '점점 더 많이' 인간의 욕구에 통합하는 존재이다. 이런 개념에는 에머슨·휘트먼·윌리엄 제임스와 같은 위대한 작가들이 오래전에 설명했던 것들이 진실이었던 것처럼 보인다. 많은 사람들은 새로운 상품, 새로운 모험, 새로운 경험, 충족되고 살아 있음을 느끼도록 해줄 새로운 통찰을 단지 추구할 뿐만 아니라 **필요로 하는** 것이 분명하다. 사람들이 원하고 욕망할 수 있는 것, 혹은 그렇게 하도록 유혹할 수 있고 유혹받을 수 있는 것——경제적·성적·정치적·윤리적으로——은 본질적으로 한계가 없을 수도 있다. 인간 존재는 한없이

---

18) 〈Germans Sigh and Say 'Charge It'〉, *NYT*(April 13, 1991): L37.

19) 〈New Fashion School in India Draws from a Rich Heritage〉, *NYT*(June 21, 1989): C14.

유연하며 상당히 상상력을 부여받은 존재이다. 예술사가인 앤 홀란더는 최근 들어 '유동성'과 '치환'에 대한 욕망, 가면을 쓰고 벗는 것에 대한 열광, 실험에 대한 열정은 '우리 문명에 새겨진 것이다'[20]라고 주장했다.

이와 동시에 자본주의적인 용어에서 표현되고 자본주의에 의해 잘 활용된 욕망하는 자아라는 개념은 그것이 인간에게 의미하는 바가 무엇인지에 관해 일방적이고도 결함이 있는 개념화이다. 이런 개념화는 인간 존재에 관해 인간적일 수 있다는 것을 거부한다. 스스로 약속한 것을 준수하는 인간의 능력, 관계와 유대를 맺는 것, 영원한 뿌리를 찾는 것, 이전의 세대와 연속성을 유지하는 능력, 윤리적 판단을 하고 기억할 수 있는 능력, 일하는 데서 즐거움을 찾는 능력, 원칙을 위해 확고한 태도를 유지하는 능력, 지역 사회나 나라에 충성할 수 있는 능력(지역 사회나 국가가 정당하고 정정당당하기를 어느 정도 추구할 수 있는 능력), 자아를 넘어 영적인 초월을 할 수 있는 능력, 끝까지 대의명문을 위해 싸울 수 있는 능력을 부인하는 것이다.

하지만 아무리 결함이 있다고 하더라도 자아에 대한 자본주의적인 개념, 자아에 대한 소비주의적인 개념은 지배적인 미국인의 자아 개념이다. 그것은 사람들을 브로커로 보는 세계관이다. 말하자면 많은 소란 없이 다음에 올 것은 무엇인가를 생각하는 것을 제외하고는 어떤 것에도 헌신하지 않는 의미이다. 즉.자신들의 마음과 습관을 변화시키도록 유혹하고 자극하는 것을 제외하고는 어떤 것에도 근본적으로 헌신하지 않는다는 말이다. 이런 자아 개념은 또한 젊은이 본위이며, 늙어간다는 것은 불행하고 다소 반인간적인 것이라는 사상에 의존하고 있다. 이것은 또한 어린이 본위인 세계관이기도 하다. 왜냐하면 이것이 제시하고 있는 자아관 그 자체는 보채고 조르는 아이들의 관점이며, 원초적인 분노와 원초적인 갈망 모두를 폭발시키기 쉬운 경향이 있다고 보는 관점이다. 이것은 또한 우주의 '풍요'에 완벽하게 개방적이기를 선호하며 자아와 외부 세계를 분리시키는 데 아무런 한계가 없다는 허용적인 심리 치료의 개념에 바탕하고 있는 것이기도 하다.

두 가지 다른 유산이 있는데, 두 가지 모두 욕망하는 자아의 개념과 관련이 있으며 초기 시절부터 우리에게 전해져 내려온 것이었다. 그 중 하나는

---

20) Anne Hollander, 〈Dragtime〉, *The New Republic*(August 31, 1992): 41.

분리된 소비주의 세계를 마치 자유와 자기 표현과 자기실현의 영역과 동일시하는 신화이다. 다른 하나는 언제나 팽창하고 있으며, 언제나 아무런 한계가 없는 것으로 시장 개념을 이해하는 것이다. 오늘날 소비주의를 이상적인 자유의 세계로 간주하는 신화는 모든 소비의 순간을 해방적인 순간으로 묘사하고 모든 물건의 구입을 성적인 스릴이나 행복에 이르는 티켓으로 묘사하는 상업적인 매체에 의해서 강화되었다. 이런 문화적 결과물들은 오래된 위험을 심화시켜 왔다. 어른과 아동 노동자들을 보호하려는 진보적인 법안에도 불구하고, 소비자들에게 일터에서 발생하는 착취의 성격을 폭로하려고 함에도 불구하고, 추상화·무관심·나르시시즘으로 치닫는 추세는 증가 일로에 있으며 결코 줄어들지 않았다. 소비자와 노동자(사실상 특히 상상력 속에서) 사이의 거리는 점점 더 넓어지고, 정부와 대중 매체의 공모 추세는 노동의 진정한 성격을 부인하는 방향으로 나가게 되었다. 오늘날 웨즐리 클레어 미첼이 1912년에 지적했다시피 '모르는 사람의 손에 의해' 만들어진다. 이제 물건들은 점점 더 모르는 사람들의 손에 의해 만들어지며, 이런 물건들의 대다수는 3세계의 얼굴 없는 개인들에 의해 만들어진다(혹은 장차 미래에는 그렇게 될 것이며 미국 안에서도 3세계화된 도시에서 만들어진다). 1991년 30억 달러 이윤을 남긴 신발 회사인 나이키는 대부분이 가난하고 영양 부족 상태의 여성들인 인도네시아의 공장노동자들에게 하루 1.03달러를 지불했다. 이것은 음식과 주거비에도 충분하지 않은 임금이었다.[21] 하지만 이들 노동자들은 너무 멀리 떨어져 있고 그들을 옹호하는 사람은 너무 없다. 그래서 이들 3세계 노동자들이 어떻게 취급당하고 있고 그들의 임금은 얼마나 되며, 그런 취급과 착취에 책임 있는 사람은 누구인가에 관해 사람들이 그다지 관심을 가질 이유가 거의 없다.

1930년 이전부터 한계가 없는 시장 개념과 모든 형태의 판매에 개방적인 것으로서의 시장 개념은 많은 사업 관행에서 핵심이었다. 1923년 뉴욕의 저널리스트였던 새뮤얼 스트라우스는 자신이 '소비주의'라고 부르는 추세가 부상하고 있는 것에 심란해했다. 그는 자본주의 세력이 국가적인 경계선을

---

21) 나이키 광고에 관해서는, see *NYT*(December 27, 1991): D5; 인도네시아 공장에 관해서는, see letter to the editor, *NYT*(August 15, 1992): 119.

어느 정도까지 관통할 수 있는지에 주목했다. 미국 업계는 이미 역사상 최대 규모의 국내 시장을 창출했다. 하지만 이제 이런 움직임은 다른 나라에까지 미치고 있다고 그는 관찰했다. 스트라우스는 이런 추세를 걱정했으며, 심각한 시장 침범은 지역 공동체와 지역 문화, 즉 그가 '특수주의(particularism)'라고 부른 것의 파괴로 나아갈 것이라고 경고했다. "산업주의자들에 의하면 경계선은 더 이상 존재하지 않는다⋯⋯. 오로지 사람들만이 존재할 따름이며⋯⋯ 세계는 모두 유사하다. 세계는 곧 하나이다라고 생각한다는 점을 착각해서는 결코 안 된다"라고 그는 경고했다. 사이먼 패턴이 윤리적 진보를 위한 전제 조건이었다고 확신했던 것과 같은 표준화된 형태로 세계가 조금씩 조금씩 환원될 것이라고 스트라우스는 우려했다. 제1차 세계대전은 "민주주의와 민족주의를 위한 싸움이 아니라 산업주의를 위한 것이었다"라고 스트라우스는 기술했다. "생산의 힘은 두 번 다시 위험에 처하지 않게 될 것"이며 '올해보다 내년에는 좀더' 생산력이 향상될 것이라는 믿음은 결코 제지당하지 않을 것이라고 그는 역설했다.[22]

끔찍한 슬럼프가 있기는 했지만 대체로 그의 견해는 옳았다. 오늘날 경계가 없는 이 세계——진정으로 '지구촌'이 된 세계——는 우리와 더불어 있으며 부분적으로 현실이 그렇게 되었지만 보다 중요한 것이 이데올로기적으로 이미 우리는 하나가 되어 있다는 점이다. 기업과 기업 지향적인 정부가 우리에게 날마다 상기시켜 주듯이 말이다. 즉 이제 국가적인 경계선은 사라지고 있으며, 시장 몫을 성취하는 데 낡은 형태인 장애물은 사라지고 있으며, 미국인들——만약 생존을 원하는 미국인들이라면——은 특수한 문화, 특수한 믿음, 특수한 전통과 같은 협소한 특수주의로부터 벗어나야 한다는 것이었다. 지구촌 시장 개념은 미국기업연구소(American Enterprise Institute), 헤리티지 재단(Heritage Foundation)과 같은 정통 공화당의 싱크 탱크의 전망이기도 하다. 연구소와 재단 모두 부시와 레이건 대통령에게 자문했으며 경계선 없는 세계, 지구촌 자본주의, 심리 치료 소비문화를 수호했다. 전 지구촌적인 미국의 대중문화——특히 소비자 오락 · 상품 · 서비스와 같은 문화의 핵심——는 이런 관점의 열렬한 옹호자인 벤 와텐버그에 따르면 '역사

---

22) Samuel Strauss, 〈The Future〉, *The Villager* 6(April 28, 1923): 119.

상 위대한 민주주의적인 연장의 하나'[23]라는 것이었다.

미국 기업——많은 미국 기업 가운데서도 AT & T · ITT · 나비스코 · 콜카콜라 · 제너럴 모터스 · 맥도널드 등——은 확대된 시장 비전의 가장 열렬한 후원자들이거나 '새로운' 지구촌 경쟁 질서의 옹호자들이다. 여기서 내가 새로운에 따옴표를 했다면 그것은 이미 1910년 무렵에 허버트 후버와 같은 사람들에 의해서 천명한 정말 오래된 아이디어이므로 전혀 새로울 것이 없다는 의미에서였다. 이런 회사들이 최우선적으로 충성을 바치는 것은 미국이 아니라 다른 나라에 공장을 짓고 '아웃렛'을 세우는 것이다. 중국에서는 프로스티드 콘 프레이크를, 예루살렘에서는 짚차를, 모스크바에서는 햄버거를, 세계 도처에서는 담배를 파는 것이 이들 회사의 최우선 과제였다. 거대 복합 기업인 필립 모리스사는 1989년 권리 장전 기념비를 세웠다. 이것은 최근 기억으로 볼 때 가장 너저분한 행위 중 하나였다. 다른 한편 필립 모리스는 자신들의 주요 생산품——맥주 · 합성치즈 · 담배 등——으로 세계를 포식시키고 있다. 10년 전 과테말라에서 이와 마찬가지로 너저분한 모험을 감행했던 필립 모리스는 '코멘더'라고 이름붙었던 신종 담배를 팔았다. 그 당시 과테말라 군부는 그 나라의 핵심 저항 세력이었던 노조를 파괴하고 있었다. 이 회사(과테말라 지역 공장인 '타바칼레라 센트로 아메리카 s.a.는 필립 모리스가 주식을 91퍼센트 소유하고 있다) 군부로부터 후원을 이끌어내기 위해 그 담배를 제조했다. 노조는 그 담배에 반대했는데 왜냐하면 군부를 찬양하는 것이라는 이유에서였다. 무슨 이유를 대든지간에 노조는 이 신종 브랜드를 소개하려는 필립 모리스를 막아내는 데 성공했다.[24] 빌 클린턴 재임 시절 노동성 장관이자 자유주의 정치경제학자인 로버트 라이히는 《하버드 비즈니스 리뷰》에서 "IBM · 셸 석유회사 · 프록터 & 갬블 · 맥도널드와 같은 성공한 거대 경쟁자들은 국가적인 정체성을 드높였다고 칭찬하면서 전 세계 어디에서 그들이 사업을 하든지 간에 충실한 기업 시민이 되었다"는 기사를 실었다.[25]

---

23) 〈American Culture Examined as a Force That Groups the World〉, *NYT*(March 11, 1992): C17.

24) Deborah Levenson, *Death Into Life: Trade Unions and Terror in Guatemala, 1954-1985*(Chapel Hill, N.C., forthcoming).

1930년 이전 소비자본주의 미국은 새로운 차원의 힘과 영향력을 거머쥐게 되었다. 특히 공산주의의 붕괴의 궤적을 좇아서 소비자본주의는 모든 곳에서 성공하고 있는 것처럼 보인다. 소비자본주의는 또한 정치에서부터 문화에 이르기까지 미국 생활의 모든 측면에서 거의 도전받지 않는 것처럼 보인다. 그런 만큼 미국은 그밖의 다른 세계에게는 전설적인 시장처럼 보인다. 일부 미국인들에게 소비주의의 지속적인 힘은 미국인이 의미하는 바를 혹은 미국적인 것이 의미하는 바를 점점 더 타락시키는 방향으로 이끄는 것처럼 보인다. 다른 사람들에게 이런 발전은 이 나라가 호소하는 것을 충족시키고 향상시키는 것으로 간주된다. 즉 그 어느 때보다 에메랄드 시티·향연 백화점 등이 모든 사람을 초대하며 그럴 만한 자격이 있는 것처럼 보이게 만든다. 미국의 도시들이 내수 시장에서 소비자 욕망을 추동했던 발전기로서 작동했던 것처럼, 오늘날 미국은 전 지구촌 규모로 이와 유사한 기능을 하고 있다.

이와 동시에 확실한 승리의 한가운데 있는 소비자본주의는 그것을 창조하려고 그렇게 애썼던 바로 그 나라——미국에서 욕망의 땅——를 위험에 빠뜨리고 있는 것처럼 보인다. 1929년의 대공황에 뒤이은 시기에서처럼 오늘날 경제와 문화는 다시 한번 포위 공격을 받고 있다. 따라서 거대한 분수 이상의 건축과 지나친 투기는 수천 명의 노동자들을 실직 상태로 만들고 경영진을 합병하는 무수히 많은 기업을 양산하고 있다. 이런 조처는 경제적인 '건강'을 위한 것이기도 하지만 동시에 오로지 경솔하게 이윤만을 추구하면서 다른 사람들을 무시하는 경영진 스스로가 자초한 것이기도 하다.[26] 게다가 오늘날 부의 불균형은 미국 역사상 유래가 없을 정도로 커지고 있다. 심각한 불안정 심리가 미국 사회의 모든 부분을 휩쓸고 있다. 허버트 후버와 다른 학자들이 이 나라가 세계에 제공할 수 있는 최고의 선물이라고 명

---

25) Robert E. Reich, 〈Who Is Them?〉, *Harvard Business Review*(March-April 1991): 82; and 〈For Coke, World Is Its Oyster〉, *NYT*(November 21, 1991): DI.

26) 마리오트 호텔 주식회사와 회장인 J. W. 마리오트 주니어는 1980년에서부터 1990년에 이르기까지 이런 무시의 좋은 보기를 제공해 준다. 그들은 호텔의 숫자를 75개에서 6백50개로 증가시켰다. 엄청나게 낭비적인 과잉 신축은 결과적으로 건물의 공실률을 엄청나게 높였고, 결국 호텔을 하나씩 하나씩 처분하기에 이르렀다. *NYT*(March 22, 1991): DI.

명했던 바로 그 미국의 생활 수준과 미국의 핵심으로 간주되었던 생활 수준은 오히려 저하하고 있다. 다음 세대는 그 이전 세대보다는 생활이 향상될 것이라는 근본적인 미국의 확신은 이제 무너지는 찰나에 와 있다.[27]

하지만 지금은 변화를 요구하고 새로운 방향을 추구하는 그런 사람들에게는 좋은 기회이기도 하다. 미국인들이 직면해야 하는 새로운 딜레마는 오래된 반란의 정치를 소생시키는 방향으로 이끌 수도 있다. 반란의 정치학은 1912년 산업관계위원회에 소속되었던 진보적 인사인 프랭크 월시가 명료화시킨 개념이었다. 그는 존 D. 록펠러 2세의 탐욕을 폭로했던 인물이었다. 혹은 개혁가인 플로렌스 켈리처럼 소비자들은 자기가 살고 있는 세계에 책임을 져야 한다고 요구할 수도 있다. 따라서 소비자들은 자본주의를 정면으로 대면해야 하며, 노동자들이 어떤 노동 조건 아래서 어떤 물건을 만들어 내고 있는지를 알아야 한다고 주장할 수도 있다. 새로운 환경은 분노를 활성화할 수도 있으며 기업과 기업들과 공모하고 있는 제도들이 무슨 일이 일어나고 있는지에 대해 마땅히 책임을 져야 한다고 요구할 수도 있다. 웨즐리 클레어 미첼이 주장했다시피, 업계는 자신들이 초래한 비참과 혼란에 대해 해명하고 그들이 경제에 타격을 입히고 우리의 '시간을 낭비하도록 만든 것'에 책임져야 한다고 주장할 수 있다. 수년에 걸쳐 기업이 정부로부터 받아 온 도움과 보조를 참작해 보건대 그것에 대한 정당한 대가를 지불해야 한다고 바랄 수도 있다.

이런 도전들은 미국인들에게 다른 목소리에 귀기울이는 용기를 심어 줄수도 있다. 예를 들자면 30년대 초반의 목소리들인 제임스 로티·에드먼드 윌슨·피터 마우린 심지어 이보다 훨씬 더 거슬러 올라가서 존 라이언·윌리엄 제임스·엘리자베트 걸리 플린과 같은 비판가들의 목소리로 되돌아갈 수도 있다. 이런 사상가들은 상업적 가치를 거부했다. 그들은 새로운 것의 숭배와 단순한 안락함의 지속적인 추구와 욕망의 문화를 거절했다. 그 대신 이들은 인간적이라는 것이 의미하는 바가 무엇인지, 존재에 대한 보다

---

27) Robert E. Litan, Robert Z. Lawrence, and Charles L. Schultze, eds. *American Living Standards: Threats and Challenges*(Washington, 1988), p.14, 116-31; and Christopher Lasch, *The True and Only Heaven: Progress and Its Critics*(New York, 1991), pp.412-532.

충만한 개념에 관한 폭넓은 비전을 주장했다. 이들은 소유와 획득을 존재에 핵심이거나 존재 그 자체와 동일한 것으로 간주하기를 거부했다. 종교역사가인 조셉 하로우투니언이 말했다시피, "선(The Good)은 물품(goods)에 있는 것이 아니다. 선은 정의, 자비, 평화 속에 있다. 선은 일관성과 고결성 안에 있다. 그것은 진리와 권리와 일치하는 삶 속에 있다. 그것은 인간에게 내재한 것이지 물건 속에 있는 것이 아니다. 그것은 물품의 선이 아닌 곳에 있다. 만약 그런 선이 없다면 물품은 선일 수 없다."

색 인

이은경
이화여대 영문과 및 동대학원 졸업
현재 이화여대 강사
논문: 〈조지 엘리엇의 도덕관〉 외 다수
역서: 《랑데부》(공역)

임옥희
경희대학교 영문과 및 동대학원 졸업
역서: 《역사주의》《문학 이론》《랑데부》(공역) 외 다수

문예신서
317

욕망의 땅

초판발행 : 2006년 2월 25일

東文選

제10-64호, 78. 12. 16 등록
110-300 서울 종로구 관훈동 74번지
전화 : 737-2795

ISBN 89-8038-568-4 94300
ISBN 89-8038-000-3(세트 : 문예신서)

【東文選 現代新書】

1 21세기를 위한 새로운 엘리트	FORESEEN 연구소 / 김경현	7,000원
2 의지, 의무, 자유 — 주제별 논술	L. 밀러 / 이대희	6,000원
3 사유의 패배	A. 핑켈크로트 / 주태환	7,000원
4 문학이론	J. 컬러 / 이은경 · 임옥희	7,000원
5 불교란 무엇인가	D. 키언 / 고길환	6,000원
6 유대교란 무엇인가	N. 솔로몬 / 최창모	6,000원
7 20세기 프랑스철학	E. 매슈스 / 김종갑	8,000원
8 강의에 대한 강의	P. 부르디외 / 현택수	6,000원
9 텔레비전에 대하여	P. 부르디외 / 현택수	10,000원
10 고고학이란 무엇인가	P. 반 / 박범수	8,000원
11 우리는 무엇을 아는가	T. 나겔 / 오영미	5,000원
12 에쁘롱 — 니체의 문체들	J. 데리다 / 김다은	7,000원
13 히스테리 사례분석	S. 프로이트 / 태혜숙	7,000원
14 사랑의 지혜	A. 핑켈크로트 / 권유현	6,000원
15 일반미학	R. 카이유와 / 이경자	6,000원
16 본다는 것의 의미	J. 버거 / 박범수	10,000원
17 일본영화사	M. 테시에 / 최은미	7,000원
18 청소년을 위한 철학교실	A. 자카르 / 장혜영	7,000원
19 미술사학 입문	M. 포인턴 / 박범수	8,000원
20 클래식	M. 비어드 · J. 헨더슨 / 박범수	6,000원
21 정치란 무엇인가	K. 미노그 / 이정철	6,000원
22 이미지의 폭력	O. 몽젱 / 이은민	8,000원
23 청소년을 위한 경제학교실	J. C. 드루엥 / 조은미	6,000원
24 순진함의 유혹 〔메디시스賞 수상작〕 P. 브뤼크네르 / 김웅권		9,000원
25 청소년을 위한 이야기 경제학	A. 푸르상 / 이은민	8,000원
26 부르디외 사회학 입문	P. 보네위츠 / 문경자	7,000원
27 돈은 하늘에서 떨어지지 않는다	K. 아른트 / 유영미	6,000원
28 상상력의 세계사	R. 보이아 / 김웅권	9,000원
29 지식을 교환하는 새로운 기술	A. 벵토릴라 外 / 김혜경	6,000원
30 니체 읽기	R. 비어즈워스 / 김웅권	6,000원
31 노동, 교환, 기술 — 주제별 논술	B. 데코사 / 신은영	6,000원
32 미국만들기	R. 로티 / 임옥희	10,000원
33 연극의 이해	A. 쿠프리 / 장혜영	8,000원
34 라틴문학의 이해	J. 가야르 / 김교신	8,000원
35 여성적 가치의 선택	FORESEEN연구소 / 문신원	7,000원
36 동양과 서양 사이	L. 이리가라이 / 이은민	7,000원
37 영화와 문학	R. 리처드슨 / 이형식	8,000원
38 분류하기의 유혹 — 생각하기와 조직하기 G. 비뇨 / 임기대		7,000원
39 사실주의 문학의 이해	G. 라루 / 조성애	8,000원
40 윤리학 — 악에 대한 의식에 관하여 A. 바디우 / 이종영		7,000원
41 흙과 재 〔소설〕	A. 라히미 / 김주경	6,000원